Schriftenreihe

Betriebswirtschaftliche Steuerlehre in Forschung und Praxis

Band 28

ISSN 1616-1297

Verlag Dr. Kovač

Chris Mößinger

Die stille Gesellschaft als Instrument zur steuerlichen Optimierung der internationalen Konzernfinanzierung

Verlag Dr. Kovač

Hamburg
2006

VERLAG DR. KOVAČ

Leverkusenstr. 13 · 22761 Hamburg · Tel. 040 - 39 88 80-0 · Fax 040 - 39 88 80-55

E-Mail info@verlagdrkovac.de · Internet www.verlagdrkovac.de

Erstreferent: Prof. Dr. Wolfram Scheffler
Zweitreferent: Prof. Dr. Wolfram Reiß
Tag der mündlichen Prüfung: 19. Mai 2006

Bibliografische Information der Deutschen Nationalbibliothek
Die Deutsche Nationalbibliothek verzeichnet diese Publikation
in der Deutschen Nationalbibliografie;
detaillierte bibliografische Daten sind im Internet
über http://dnb.d-nb.de abrufbar.

ISSN: 1616-1297

ISBN-13: 978-3-8300-2601-3
ISBN-10: 3-8300-2601-3

Zugl.: Dissertation, Universität Erlangen-Nürnberg, 2006

© VERLAG DR. KOVAČ in Hamburg 2006

Printed in Germany
Alle Rechte vorbehalten. Nachdruck, fotomechanische Wiedergabe, Aufnahme in Online-Dienste
und Internet sowie Vervielfältigung auf Datenträgern wie CD-ROM etc. nur nach schriftlicher
Zustimmung des Verlages.

Gedruckt auf holz-, chlor- und säurefreiem Papier Tecno. Tecno ist alterungsbeständig und erfüllt
die Normen für Archivbeständigkeit ANSI 3948 und ISO 9706.

Inhaltsverzeichnis

Abbildungsverzeichnis XVII

Tabellenverzeichnis XIX

Abkürzungsverzeichnis XXV

Symbolverzeichnis XXXI

I. Einleitung 1
  1. Bedeutung der stillen Gesellschaft in der Steuerplanung 1
  2. Ziel und Gang der Untersuchung 2
  3. Abgrenzung des Untersuchungsgegenstands 8

II. Optimale klassische Finanzierungsform als Beurteilungsmaßstab 17
  1. Normenhierarchie und Prüfungsreihenfolge 18
  2. Besteuerung der Eigenfinanzierung 23
     2.1 Besteuerung im Ausland 23
     2.2 Besteuerung im Inland (Freistellung) 30
     2.3 Gesamtsteuerbelastung 34
  3. Besteuerungsfolgen der Fremdfinanzierung 36
     3.1 Besteuerung im Ausland 36
     3.2 Besteuerung im Inland (Anrechnung) 39
     3.3 Gesamtsteuerbelastung 43
  4. Determinanten der optimalen Finanzierungsform 44
     4.1 Finanzierung aus dem Eigenkapital der Muttergesellschaft 44
     4.2 Finanzierung aus dem Fremdkapital der Muttergesellschaft 49
        4.2.1 Auswirkung auf die Eigenfinanzierung 49

4.2.2 Auswirkung auf die Fremdfinanzierung..........52

    4.2.2.1 Kein Anrechnungsüberhang..........52

    4.2.2.2 Bestehen eines Anrechnungsüberhangs..........55

    4.2.2.3 Zwischenergebnis..........60

4.2.3 Auswirkung auf die Vorteilhaftigkeit..........63

5. Bestimmung der optimalen Finanzierungsform in den Ländern..........71

  5.1 Gewerbesteuerliche Schachtelbeteiligung..........71

    5.1.1 Finanzierung aus dem Eigenkapital der Muttergesellschaft..........71

    5.1.2 Finanzierung aus dem Fremdkapital der Muttergesellschaft..........73

  5.2 Gewerbesteuerliche Portfoliobeteiligung..........79

    5.2.1 Finanzierung aus dem Eigenkapital der Muttergesellschaft..........79

    5.2.2 Finanzierung aus dem Fremdkapital der Muttergesellschaft..........80

6. Einhaltung der ausländischen Unterkapitalisierungsregelungen zur Vermeidung steuerlicher Risiken..........82

  6.1 Besteuerung im Ausland..........82

    6.1.1 Grundsätzliche Rechtsfolge nach nationalem ausländischen Recht..........82

    6.1.2 Beschränkung durch EU-Recht..........83

    6.1.3 Beschränkung durch DBA-Recht..........86

  6.2 Besteuerung im Inland..........88

    6.2.1 Freistellung der Zinsen bei Erfüllung der Voraussetzungen des § 8a KStG auf Ebene der ausländischen Tochtergesellschaft..........88

    6.2.2 Kein Widerspruch zum EU-Recht..........91

    6.2.3 Mögliche Freistellung durch DBA..........93

  6.3 Analyse der Chancen und Risiken..........94

7. Zwischenergebnis..........98

III. Theoretisch mögliche Besteuerungsfolgen bei stiller Gesellschaft als Finanzierungsinstrument 101

1. Die stille Gesellschaft im deutschen Recht 101

   1.1 Wesensmerkmale der stillen Gesellschaft im Gesellschaftsrecht 101

   1.2 Abgrenzung zwischen typisch stiller und atypisch stiller Gesellschaft im deutschen Steuerrecht 105

      1.2.1 Grundsätze 105

         1.2.1.1 Der Mitunternehmer als Abgrenzungskriterium 105

         1.2.1.2 Typisch stille Gesellschaft 106

         1.2.1.3 Atypisch stille Gesellschaft 107

      1.2.2 Besonderheiten bei zusätzlicher Beteiligung des stillen Gesellschafters am gesellschaftsrechtlichen Kapital der Kapitalgesellschaft 107

2. Mögliche Besteuerungsfolgen im Ausland 112

   2.1 Folgen der Qualifikationsmöglichkeiten nach nationalem ausländischen Recht 112

      2.1.1 Grundsätzliche Abzugsfähigkeit der Vergütung bei Qualifikation als Fremdkapital 112

      2.1.2 Keine Abzugsfähigkeit der Vergütung bei Qualifikation als Eigenkapital 114

   2.2 Keine Anwendbarkeit von EG-Richtlinien 116

      2.2.1 Keine Beschränkung der Besteuerung der Gewinnentstehung 117

      2.2.2 Grundsätzlich keine Beschränkung der Besteuerung des Gewinntransfers (Quellenbesteuerung) 117

   2.3 Folgen der Qualifikationsmöglichkeiten zu den Verteilungsnormen der DBA 121

      2.3.1 Keine Beschränkung der Besteuerung der Gewinnentstehung 122

         2.3.1.1 Unternehmensgewinne (Art. 7 Abs. 1 Satz 1 HS 1 OECD-MA) 122

2.3.1.2 Betriebsstättengewinne
(Art. 7 Abs. 1 Satz 1 HS 2 OECD-MA) 124

2.3.1.3 Zinsen (Art. 11 OECD-MA) 124

2.3.2 Beschränkung der Besteuerung des Gewinntransfers
(Quellenbesteuerung) 125

2.3.2.1 Dividenden (Art. 10 OECD-MA) 125

2.3.2.2 Betriebsstättengewinne
(Art. 7 Abs. 1 Satz 1 HS 2 OECD-MA) 128

2.3.2.3 Zinsen (Art. 11 OECD-MA) 130

2.4 Quantifizierung der ausländische Steuerbelastung aufgrund
nationaler und DBA-rechtlicher Qualifikationsmöglichkeiten 130

3. Besteuerung im Inland 133

3.1 Bedeutung der nationalen und DBA-rechtlichen Qualifikation 133

3.2 Besteuerung der stillen Gesellschaft nach nationalem deutschen Recht 134

3.2.1 Grundsatz 134

3.2.2 Besonderheiten bei der typisch stillen Gesellschaft
durch § 8a KStG 137

3.3 Einschränkung der nationalen Steueransprüche durch DBA 138

3.3.1 Folgen der Qualifikationsmöglichkeiten zu den
Verteilungsnormen der DBA 138

3.3.1.1 Keine Einschränkung des Besteuerungsrechts
Deutschlands 138

3.3.1.2 Methode zur Vermeidung der Doppelbesteuerung 141

3.3.2 Anrechnungsmethode: Umfang der anzurechnenden Steuern 143

3.3.2.1 Grundsätzlicher Vorrang der abkommensrechtlichen
Anrechnung vor nationaler Anrechnungsvorschrift 143

3.3.2.2 Typisch stille Gesellschaft 145

3.3.2.3 Atypisch stille Gesellschaft 146

3.3.3 Freistellungsmethode: Umfang der Freistellung 149

3.4 Zwischenergebnis 150

4. Mögliche Steuerbelastungen 151

   4.1 Besteuerungsfolge „Doppelbelastung"
      (Eigenkapital im Ausland, Anrechnung im Inland) 154

      4.1.1 Typisch stille Gesellschaft 154

      4.1.2 Atypisch stille Gesellschaft 156

   4.2 Besteuerungsfolge „Schachtelfreistellung"
      (Eigenkapital im Ausland, Freistellung im Inland) 158

   4.3 Besteuerungsfolge „Eigenfinanzierung" bei typisch stiller Gesellschaft
      (Eigenkapital im Ausland, Anwendung des § 8a KStG im Inland) 159

   4.4 Besteuerungsfolge „Fremdfinanzierung"
      (Fremdkapital im Ausland, Anrechnung im Inland) 160

      4.4.1 Typisch stille Gesellschaft 160

      4.4.2 Atypisch stille Gesellschaft 161

   4.5 Besteuerungsfolge „weiße Einkünfte"
      (Fremdkapital im Ausland, Freistellung im Inland) 162

   4.6 Zwischenergebnis 162

IV. Vorteilhaftigkeitsanalyse zwischen optimaler klassischer Finanzierung und stiller Gesellschaft 165

1. Finanzierung aus Eigenkapital der Muttergesellschaft 166

   1.1 Eigenfinanzierung als optimale klassische Finanzierung 166

      1.1.1 Vergleich mit der Besteuerungsfolge „Doppelbelastung" 166

          1.1.1.1 Typisch stille Gesellschaft 166

          1.1.1.2 Atypisch stille Gesellschaft 168

      1.1.2 Vergleich mit der Besteuerungsfolge „Schachtelfreistellung" 174

      1.1.3 Vergleich mit der Besteuerungsfolge „Eigenfinanzierung" 175

      1.1.4 Vergleich mit der Besteuerungsfolge „Fremdfinanzierung" 175

          1.1.4.1 Typisch stille Gesellschaft 175

          1.1.4.2 Atypisch stille Gesellschaft 178

      1.1.5 Vergleich mit der Besteuerungsfolge „weiße Einkünfte" 181

1.2 Fremdfinanzierung als optimale klassische Finanzierung 183
    1.2.1 Vergleich mit der Besteuerungsfolge „Doppelbelastung" 184
        1.2.1.1 Typisch stille Gesellschaft 184
        1.2.1.2 Atypisch stille Gesellschaft 185
    1.2.2 Vergleich mit der Besteuerungsfolge „Schachtelfreistellung"..... 186
    1.2.3 Vergleich mit der Besteuerungsfolge „Eigenfinanzierung" 187
    1.2.4 Vergleich mit der Besteuerungsfolge „Fremdfinanzierung" 189
        1.2.4.1 Typisch stille Gesellschaft 189
        1.2.4.2 Atypisch stille Gesellschaft 189
    1.2.5 Vergleich mit der Besteuerungsfolge „weiße Einkünfte" 190
1.3 Zwischenergebnis 190
2. Finanzierung aus Fremdkapital der Muttergesellschaft 192
  2.1 Auswirkung auf die Höhe der Steuerbelastung 192
    2.1.1 Nötige Fallunterscheidungen zur Berücksichtigung der Refinanzierungszinsen 192
        2.1.1.1 Möglichkeiten zur Berücksichtigung der Refinanzierungszinsen im In- und Ausland 192
        2.1.1.2 Ableitung der Fallunterscheidungen 196
    2.1.2 Steuerbelastung in abstrakter Form 198
        2.1.2.1 Kein Anrechnungsüberhang – Anrechnungsmethode.... 199
        2.1.2.2 Anrechnungsüberhang – Anrechnungs- bzw. Abzugsmethode 200
        2.1.2.3 Freistellung der Einkünfte im Inland 202
    2.1.3 Konkrete Steuerbelastungen 202
  2.2 Auswirkung auf die Vorteilhaftigkeit 207
    2.2.1 Eigenfinanzierung als optimal klassische Finanzierung 208
        2.2.1.1 Vergleich mit der Besteuerungsfolge „Doppelbelastung" 209

2.2.1.2 Vergleich mit der Besteuerungsfolge
„Schachtelfreistellung"..209

2.2.1.3 Vergleich mit der Besteuerungsfolge
„Eigenfinanzierung"..210

2.2.1.4 Vergleich mit der Besteuerungsfolge
„Fremdfinanzierung"..210

2.2.1.5 Vergleich mit der Besteuerungsfolge
„weiße Einkünfte"..213

2.2.2 Fremdfinanzierung als optimale klassische Finanzierung..........213

2.2.2.1 Vergleich mit der Besteuerungsfolge
„Doppelbelastung"..213

2.2.2.2 Vergleich mit der Besteuerungsfolge
„Schachtelfreistellung"..214

2.2.2.3 Vergleich mit der Besteuerungsfolge
„Eigenfinanzierung"..214

2.2.2.4 Vergleich mit der Besteuerungsfolge
„Fremdfinanzierung"..215

2.2.2.5 Vergleich mit der Besteuerungsfolge
„weiße Einkünfte"..230

2.3 Zwischenergebnis..233

3. Auswirkung der Besteuerung der Dividenden und Zinsen bei klassischer Finanzierung nach der Mitunternehmerkonzeption bei Vorteilhaftigkeit der atypisch stillen Gesellschaft...235

3.1 Auswirkung auf die klassische Eigenfinanzierung.....................236

3.2 Auswirkung auf die klassische Fremdfinanzierung.....................237

V. Realisierbarkeit der Besteuerungsfolgen bei stiller Gesellschaft aufgrund konkreter Qualifikation in den einzelnen DBA..................239

1. Qualifikationskonflikte als Folge der Abkommensauslegung.............239

1.1 Möglichkeit des Entstehens von Qualifikationskonflikten als Ursache für Doppel- und Minderbesteuerungen.................................239

1.2 Auslegungsreihenfolge nach Art. 3 Abs. 2 OECD-MA 241

2. Abkommensberechtigung bei stiller Gesellschaft 244

2.1 „Person" und „Ansässigkeit" als Voraussetzung 244

2.2 Keine Abkommensberechtigung der stillen Gesellschaft
aus deutscher Sicht 244

2.3 Möglichkeit der Abkommensberechtigung der atypisch stillen
Gesellschaft aus ausländischer Sicht 245

2.4 Bedeutung einer ggf. vorliegenden Bindung an die Abkommens-
berechtigung im Ausland 246

3. DBA ohne Regelung zur stillen Gesellschaft
(dem OECD-Musterabkommen entsprechend) 247

3.1 Typisch stille Beteiligung: Zinsartikel (Art. 11 Abs. 3 OECD-MA) 248

3.1.1 Qualifikation aus deutscher Sicht 248

3.1.2 Qualifikation aus ausländischer Sicht 250

3.1.3 Mögliche Qualifikationskonflikte 251

3.2 Atypisch stille Beteiligung: Betriebsstättengewinn
(Art. 7 Abs. 1 OECD-MA) 252

3.2.1 Qualifikation aus deutscher Sicht 252

3.2.1.1 Zusammenhang zwischen den möglichen
Verteilungsnormen 252

3.2.1.2 Keine Dividenden i.S.d. Art. 10 Abs. 3 OECD-MA 253

3.2.1.3 Keine Zinsen i.S.d. Art. 11 Abs. 3 OECD-MA 254

3.2.1.4 Betriebsstättengewinne
i.S.d. Art. 7 Abs. 1 OECD-MA 254

3.2.2 Qualifikation aus ausländischer Sicht 258

3.2.2.1 Betriebsstättengewinne bei Besteuerung als
transparente Personengesellschaft 259

3.2.2.2 Dividenden bei Besteuerung als intransparente
Personengesellschaft oder als nennkapitalähnliche
Beteiligung am Unternehmen des Inhabers 259

3.2.2.3 Zinsen bei Besteuerung als Kreditverhältnis 262

3.2.3 Mögliche Qualifikationskonflikte und Lösungsmöglichkeiten 263

    3.2.3.1 Übereinstimmende Qualifikation als Betriebsstättengewinne 263

    3.2.3.2 Qualifikationskonflikt aufgrund abweichender Besteuerung als Dividenden 263

        3.2.3.2.1 Steuerbelastung bei Vorliegen des Qualifikationskonflikts 263

        3.2.3.2.2 Lösung des Konflikts bei intransparenter Besteuerung der stillen Gesellschaft 264

        3.2.3.2.3 Lösung des Konflikts bei Besteuerung als Nennkapitalbeteiligung 268

        3.2.3.2.4 Materielle Auswirkung der Konfliktlösung 269

    3.2.3.3 Qualifikationskonflikt aufgrund abweichender Besteuerung als Zinsen 272

4. DBA mit Regelung zur stillen Gesellschaft (deutscher Abkommenspraxis entsprechend) 274

4.1 Klassifizierung der Sonderregelungen 274

4.2 Typisch stille Gesellschaft 276

    4.2.1 Anwendungsbereich der typisch stillen Gesellschaft mit Zuordnung zum Dividendenartikel 276

        4.2.1.1 DBA mit expliziter Regelung zur typisch stillen Gesellschaft 276

        4.2.1.2 DBA mit undifferenzierter Regelung zur stillen Gesellschaft 276

    4.2.2 Bindungsrichtung 278

        4.2.2.1 Beidseitig formulierte DBA mit Bindung für beide Vertragsstaaten 278

        4.2.2.2 Einseitig formulierte DBA mit Bindung für Deutschland als Ansässigkeitsstaat 278

4.2.3 Konsequenzen für den ausländischen Quellenstaat des Inhabers 279

4.2.4 Konsequenzen für den inländischen Ansässigkeitsstaat des Stillen 280

4.2.5 DBA mit Österreich 284

4.3 Atypisch stille Gesellschaft 284

    4.3.1 Anwendungsbereich der atypisch stillen Gesellschaft mit Zuordnung zum Artikel für Unternehmensgewinne 284

    4.3.2 Konsequenzen der verbindlichen Qualifikation für beide Staaten ...285

5. Zwischenergebnis 286

    5.1 Typisch stille Gesellschaft 287

    5.2 Atypisch stille Gesellschaft 295

VI. Maßnahmen zur Vermeidung der Minderbesteuerung 299

1. Regelungen zum Wechsel von der Freistellung zur Anrechnungsmethode ...299

    1.1 Regelungen auf Abkommensebene 299

        1.1.1 Keine Anwendung von subject-to-tax Klauseln und Quellenregeln 299

        1.1.2 Switch-over Klauseln 301

            1.1.2.1 Voraussetzungen und Rechtsfolgen bei stiller Gesellschaft 301

            1.1.2.2 Mögliche Auswirkungen auf die Besteuerungsfolgen der Länder 304

    1.2 Einschränkende Auslegung des Methodenartikels durch die deutsche Finanzverwaltung 307

        1.2.1 Auffassung der Finanzverwaltung 307

        1.2.2 Kritik an der Auffassung der Finanzverwaltung 309

        1.2.3 Mögliche Auswirkungen auf die Besteuerungsfolgen der Länder ...313

2. Unterkapitalisierungsregelungen 314

    2.1 Grundsätzlich keine Abweichung von Besteuerungsfolgen bei Qualifikation der stillen Gesellschaft als Eigenkapital 314

2.2 Mögliche Abweichungen bei der typisch stillen Gesellschaft 315

2.2.1 Abweichende Besteuerungsfolge „Eigenfinanzierung" bei Anwendung des § 8a KStG im Inland 315

2.2.2 Grundsätzlich keine Abweichungen aufgrund abkommensrechtlicher Qualifikation 316

2.2.2.1 Für Deutschland verbindliche Sonderregelung zur typisch stillen Gesellschaft 316

2.2.2.2 Keine Sonderregelung zur typisch stillen Gesellschaft ... 317

2.3 Mögliche Abweichungen bei der atypisch stillen Gesellschaft 319

VII. Zusammenfassung der Ergebnisse 323

Anhang

Anhang I: Indifferenzsteuersätze zwischen Eigen- und Fremdfinanzierung bei gewerbesteuerlichem Schachtelprivileg (ohne Refinanzierung) für Portugal 331

Anhang II: Einflussgrößen und Bandbreiten der Indifferenzsteuersätze zwischen Eigen- und Fremdfinanzierung bei Bestehen eines Anrechnungsüberhangs 332

Anhang III: Maximale Verhältnisse von Refinanzierungszins zu Gewinn ($^Z/_G$) damit keine Anrechnungsüberhänge entstehen bzw. die Anrechnungsmethode die vorzuziehen ist 335

1. Besteuerungsfolge „Doppelbelastung" bei typisch stiller Gesellschaft 335

2. Besteuerungsfolge „Doppelbelastung" bei atypisch stiller Gesellschaft; Refinanzierungszinsen im Ausland nicht abziehbar 337

3. Besteuerungsfolge „Doppelbelastung" bei atypisch stiller Gesellschaft; Refinanzierungszinsen im Ausland abziehbar 338

4. Besteuerungsfolge „Fremdfinanzierung" bei typisch stiller Gesellschaft 339

5. Besteuerungsfolge „Fremdfinanzierung" bei atypisch stiller Gesellschaft ... 339

Anhang IV: Bandbreiten der Indifferenzsteuersätze (est_A^*) zwischen stiller Gesellschaft und Eigenfinanzierung bei (Refinanzierung) 340

1. Besteuerungsfolge „Fremdfinanzierung" bei stiller Gesellschaft 340

2. Besteuerungsfolge „weiße Einkünfte" bei stiller Gesellschaft 341

Anhang V: Bandbreiten der Indifferenzsteuersätze (est_A^*) zwischen Besteuerungsfolge „Eigenfinanzierung" bei typisch stiller Gesellschaft und Fremdfinanzierung mit QuStZ = 10% (Refinanzierung) 342

Anhang VI: Bandbreiten der Indifferenzsteuersätze (Quellensteuersatz bei stiller Gesellschaft) zwischen Besteuerungsfolge „Fremdfinanzierung" der atypisch stillen Gesellschaft und klassischer Fremdfinanzierung (Refinanzierung) 343

1. Kein Überhang bei Fremdfinanzierung, Überhang mit Vorteilhaftigkeit der Anrechnungsmethode bei stiller Gesellschaft 343

2. Überhang mit Vorteilhaftigkeit der Anrechnungsmethode bei beiden Finanzierungsalternativen 344

3. Überhang mit Vorteilhaftigkeit unterschiedlicher Methoden bei den jeweiligen Finanzierungsalternativen 345

4. Überhang mit Vorteilhaftigkeit der Abzugsmethode bei beiden Finanzierungsalternativen 346

Anhang VII: Bandbreiten der Indifferenzsteuersätze (Quellensteuersatz bei stiller Gesellschaft) zwischen Besteuerungsfolge „weiße Einkünfte" der stillen Gesellschaft und klassischer Fremdfinanzierung (Refinanzierung) 347

1. Kein Überhang bei Fremdfinanzierung 347

2. Überhang mit Vorteilhaftigkeit der Anrechnungsmethode bei Fremdfinanzierung 348

3. Überhang mit Vorteilhaftigkeit der Abzugsmethode bei Fremdfinanzierung 348

Literaturverzeichnis 349

Verzeichnis der Rechtsquellen und der sonstigen Quellen 383

Abbildungsverzeichnis

Abbildung I.1: Untersuchungsgegenstand 13

Abbildung II.1: Einordnung des EU-Rechts in die Normenhierarchie des Internationalen Steuerrechts 18

Abbildung II.2: Gesamtsteuerbelastung bei Ausstattung der Tochtergesellschaft mit Fremdkapital (Außenfinanzierung) 62

Abbildung III.1: Bedeutung der Beteiligung am Stammkapital und der Geschäftsführertätigkeit für das Vorliegen einer atypisch stillen Beteiligung 110

Abbildung III.2: Mögliche Besteuerungsfolgen der stillen Gesellschaft im Ausland 130

Abbildung III.3: Mögliche Besteuerungsfolgen der stillen Gesellschaft im Inland 151

Abbildung III.4: Fallunterscheidungen zur Bestimmung der theoretisch möglichen Gesamtsteuerbelastungen bei stiller Gesellschaft (keine Refinanzierung) 152

Abbildung IV.1: Fallunterscheidungen zur Bestimmung der theoretisch möglichen Gesamtsteuerbelastungen bei stiller Gesellschaft Refinanzierung) 197

Abbildung VI.2: Extremwerte für $^Z/_G$ zum Vergleich der klassischen Fremdfinanzierung mit der Besteuerungsfolge „Fremdfinanzierung" der atypisch stillen Gesellschaft 223

Abbildung V.1: Mögliche Besteuerungsfolgen in Abhängigkeit vom ausländischen Recht bei beidseitig formulierten Sonderregelungen zur typisch stillen Gesellschaft 288

Abbildung V.2: Mögliche Besteuerungsfolgen in Abhängigkeit vom ausländischen Recht bei nur für Deutschland bindenden Sonderregelungen zur typisch stillen Gesellschaft 289

Abbildung V.3: Mögliche Besteuerungsfolgen in Abhängigkeit vom ausländischen Recht ohne abkommensrechtliche Sonderregelungen zur typisch stillen Gesellschaft 293

Abbildung V.4: Mögliche Besteuerungsfolgen in Abhängigkeit vom ausländischen Recht ohne abkommensrechtliche Sonderregelungen zur atypisch stillen Gesellschaft 296

Tabellenverzeichnis

Tabelle I.1: Mögliche Besteuerungsfolgen aufgrund unterschiedlicher Qualifikationen beim Einsatz der stillen Gesellschaft 5

Tabelle I.2: Schematische Grundgliederung von Finanzierungsalternativen 8

Tabelle I.3: Gegenüberstellung der Merkmale von Eigen-, Fremdfinanzierung und Finanzierung mittels stiller Gesellschaft 9

Tabelle II.1: Effektive ausländische Tarifbelastungen 24

Tabelle II.2: Quellensteuersätze auf Dividenden 28

Tabelle II.3: Ausländische Steuerbelastung bei Ausstattung der Tochtergesellschaft mit Eigenkapital 30

Tabelle II.4: Inländische Steuerbelastung bei Ausstattung der Tochtergesellschaft mit Eigenkapital (keine Refinanzierung) 33

Tabelle II.5: Gesamtsteuerbelastung bei Ausstattung der Tochtergesellschaft mit Eigenkapital (keine Refinanzierung) 35

Tabelle II.6: Quellensteuersätze auf Zinsen 37

Tabelle II.7: Ausländische Steuerbelastung bei Ausstattung der Tochtergesellschaft mit Fremdkapital 39

Tabelle II.8: Inländische Steuerbelastung bei Ausstattung der Tochtergesellschaft mit Fremdkapital (keine Refinanzierung) 43

Tabelle II.9: Gesamtsteuerbelastung bei Ausstattung der Tochtergesellschaft mit Fremdkapital (keine Refinanzierung) 44

Tabelle II.10: Indifferenzsteuersatz (in %) zwischen Eigen- und Fremdfinanzierung bei gewerbesteuerlichem Schachtelprivileg (keine Refinanzierung) 46

Tabelle II.11: Indifferenzsteuersatz (in %) zwischen Eigen- und Fremdfinanzierung ohne gewerbesteuerliches Schachtelprivileg (keine Refinanzierung) 48

Tabelle II.12:	Gesamtsteuerbelastung bei Ausstattung der Tochtergesellschaft mit Eigenkapital (Refinanzierung)	51
Tabelle II.13:	Grenzwerte zur Anzeige fehlender Anrechnungsüberhänge bei fremdfinanzierter Darlehensvergabe	54
Tabelle II.14:	Grenzwerte zur Anzeige der Vorteilhaftigkeit der Anrechnungs- gegenüber der Abzugsmethode bei Bestehen eines Anrechnungsüberhangs	59
Tabelle II.15:	Werte zur Bestimmung der Bandbreite von Indifferenzsteuersätzen zwischen Eigen- und Fremdfinanzierung bei Refinanzierung	69
Tabelle II.16:	Bandbreite der Indifferenzsteuersätze zwischen Eigen- und Fremdfinanzierung (Refinanzierung)	70
Tabelle II.17:	Optimale klassische Finanzierungsform bei Vorliegen einer gewerbesteuerlichen Schachteldividende (keine Refinanzierung)	72
Tabelle II.18:	Optimale klassische Finanzierungsform bei Vorliegen einer gewerbesteuerlichen Schachteldividende (Refinanzierung)	75
Tabelle II.19:	Optimale klassische Finanzierungsform bei Vorliegen einer gewerbesteuerlichen Portfoliodividende (keine Refinanzierung)	80
Tabelle II.20:	Optimale klassische Finanzierungsform bei Vorliegen einer gewerbesteuerlichen Portfoliodividende (Refinanzierung)	81
Tabelle II.21:	Mögliche Besteuerungsfolgen bei ausländischer Unterkapitalisierungsregel	95
Tabelle II.22:	Optimale klassische Finanzierungsform	99
Tabelle III.1:	Ausländische Steuerbelastung bei Qualifikation der Finanzierungsalternative „stille Gesellschaft" als Eigenkapital	132
Tabelle III.2:	Ausländische Steuerbelastung bei Qualifikation der Finanzierungsalternative „stille Gesellschaft" als Fremdkapital	133

Tabellenverzeichnis

Tabelle III.3:	Gesamtsteuerbelastung der Besteuerungsfolge „Doppelbelastung" bei typisch stiller Gesellschaft (keine Refinanzierung, kein Anrechnungsüberhang)	155
Tabelle III.4:	Grenzsteuersätze zur Bestimmung eines Anrechnungsüberhangs bei Besteuerungsfolge „Doppelbelastung" der typisch stillen Gesellschaft	157
Tabelle III.5:	Gesamtsteuerbelastung der Besteuerungsfolge „Doppelbelastung" bei atypisch stiller Gesellschaft (keine Refinanzierung)	158
Tabelle III.6:	Gesamtsteuerbelastung der Besteuerungsfolge „Fremdfinanzierung" bei atypisch stiller Gesellschaft (keine Refinanzierung)	161
Tabelle III.7:	Mögliche Steuerbelastungen bei Finanzierung der Grundeinheit mittels stiller Gesellschaft (keine Refinanzierung)	163
Tabelle IV.1:	Indifferenzsteuersatz (est_{A^*}) zwischen Eigenfinanzierung bei gewerbesteuerlichem Schachtelprivileg und „Doppelbelastung" der atypisch stillen Gesellschaft ohne Anrechnungsüberhänge (keine Refinanzierung)	170
Tabelle IV.2:	Indifferenzsteuersatz (est_{A^*}) zwischen Eigenfinanzierung bei gewerbesteuerlicher Portfoliobeteiligung und „Doppelbelastung" der atypisch stillen Gesellschaft ohne Anrechnungsüberhang (keine Refinanzierung)	173
Tabelle IV.3:	Indifferenzsteuersatz (est_{A^*}) in % zwischen Eigenfinanzierung bei gewerbesteuerlichem Schachtelprivileg und „Fremdfinanzierung" der typisch stillen Gesellschaft ohne Anrechnungsüberhang (keine Refinanzierung)	177
Tabelle IV.4:	Indifferenzsteuersatz (est_{A^*}) zwischen Eigenfinanzierung bei gewerbesteuerlichem Schachtelprivileg und „Fremdfinanzierung" der atypisch stillen Gesellschaft (keine Refinanzierung)	179

Tabelle IV.5:	Indifferenzsteuersatz (est_{A*}) zwischen Eigenfinanzierung bei gewerbesteuerlicher Portfoliobeteiligung und „Fremdfinanzierung" der atypisch stillen Gesellschaft (keine Refinanzierung)	181
Tabelle IV. 6:	Indifferenzsteuersatz (est_{A*}) zwischen Eigenfinanzierung bei gewerbesteuerlichem Schachtelprivileg und „weiße Einkünfte" bei stiller Gesellschaft (keine Refinanzierung)	182
Tabelle IV.7:	Indifferenzsteuersatz (est_{A*}) zwischen Eigenfinanzierung bei gewerbesteuerlicher Portfoliobeteiligung und „weiße Einkünfte" bei stiller Gesellschaft (keine Refinanzierung)	183
Tabelle IV.8:	Indifferenzsteuersatz (est_{A*}) in % zwischen Fremdfinanzierung und „Doppelbelastung" bei atypisch stiller Gesellschaft und Anrechnungsüberhang (keine Refinanzierung)	186
Tabelle IV.9:	Indifferenzsteuersatz (est_{A*}) in % zwischen Fremdfinanzierung und „Eigenfinanzierung" der typisch stillen Gesellschaft (keine Refinanzierung)	188
Tabelle IV.10:	Vorteilhaftigkeitsvergleich zwischen Besteuerungsfolge „Eigenfinanzierung" bei stiller Gesellschaft und Fremdfinanzierung	189
Tabelle IV.11:	Mögliche Vorteile durch die stille Gesellschaft (keine Refinanzierung)	191
Tabelle IV12:	Berücksichtigung der Refinanzierungszinsen bei stiller Gesellschaft im In- und Ausland	196
Tabelle IV.13:	Ausprägungen der Summe der anzurechnenden und ausländischen Steuer sowie der Bruttovergütung	203
Tabelle IV.14:	Mögliche Steuerbelastungen bei Finanzierung der Grundeinheit mittels stiller Gesellschaft (Refinanzierung)	204
Tabelle IV.15:	Voraussetzungen an die Vorteilhaftigkeit der Besteuerungsfolge „Fremdfinanzierung" bei typisch stiller Gesellschaft im Vergleich zur klassischen Fremdfinanzierung	216

Tabelle IV.16:	Bandbreiten des Indifferenzsteuersatzes (QuStSG*) zwischen atypisch stiller Gesellschaft bei Besteuerungsfolge „Fremdfinanzierung" und klassischer Fremdfinanzierung (Refinanzierung)	225
Tabelle IV.17:	Bandbreiten des Indifferenzsteuersatzes (QuStSG*) zwischen stiller Gesellschaft bei Besteuerungsfolge „weiße Einkünfte" und klassischer Fremdfinanzierung (Refinanzierung)	232
Tabelle IV.18:	Mögliche Vorteile durch die stille Gesellschaft (Refinanzierung)	234
Tabelle VI.1:	Switch-over Klauseln in deutschen DBA	302
Tabelle VI.2:	Auswirkung von switch-over Klauseln auf die Besteuerungsfolgen bei Einkünften aus der typisch stillen Gesellschaft	305
Tabelle VI.3:	Auswirkung von switch-over Klauseln auf die Besteuerungsfolgen bei Einkünften aus der atypisch stillen Gesellschaft	307
Tabelle VII.1:	Besteuerungsfolgen bei stiller Gesellschaft und klassischer Finanzierung	324

Abkürzungsverzeichnis

Abl. EG	Amtsblatt der EG
Abs.	Absatz
Abschn.	Abschnitt
a.F.	alte Fassung
AG	Aktiengesellschaft
AktG	Aktiengesetz
Anh.	Anhang
Anm.	Anmerkung
AO	Abgabenordnung
Art.	Artikel
AStG	Außensteuergesetz
Aufl.	Auflage
BB	Betriebs-Berater
Bd.	Band
BFH	Bundesfinanzhof
BFHE	Sammlung der Entscheidungen des Bundesfinanzhofs
BFH/NV	Sammlung amtlich nicht veröffentlichter Entscheidungen des Bundesfinanzhofs
BGBl	Bundesgesetzblatt
BIFD	Bulletin for international fiscal documentation
BMF	Bundesministerium der Finanzen
BStBl	Bundessteuerblatt
Buchst.	Buchstabe
bzw.	beziehungsweise
ca.	circa
CCom	Código de Commercio (Spanisches Handelsgestz)
CDFI	Cahiers de Droit Fiscal International
czHGB	tschechisches Handelsgesetzbuch
czEStG	tschechisches Einkommensteuergesetz
DB	Der Betrieb

DBA	Doppelbesteuerungsabkommen
DBW	Die Betriebswirtschaft
DIHK	Deutscher Industrie- und Handelskammertag e.V.
d.h.	das heißt
Doppelbuchst.	Doppelbuchstabe
DStJG	Deutsche Steuerjuristische Gesellschaft e.V.
DStR	Deutsches Steuerrecht
DStRE	deutsches Steuerrecht – Entscheidungsdienst
DStZ	Deutsche Steuer-Zeitung
EG	Europäische Gemeinschaft
EGV	Vertrag zur Gründung der Europäischen Gemeinschaft
EK	Eigenkapital
Erg.-Lief.	Ergänzungslieferung
EStG	Einkommensteuergesetz
ET	European Taxation
EU	Europäische Union
EuGH	Gerichtshof der Europäischen Gemeinschaften
EuGHE	Gerichtshof der Europäischen Gemeinschaften, Sammlung der Rechtsprechung des Gerichtshofes und des Gerichts erster Instanz
evtl.	eventuell
EWG	Europäische Wirtschaftsgemeinschaft
EWS	Europäisches Wirtschafts- und Steuerrecht
FB	Finanz-Betrieb
FG	Finanzgericht
Fn.	Fußnote
FK	Fremdkapital
FR	Finanz-Rundschau
GewStG	Gewerbesteuergesetz
GewStR	Gewerbesteuer-Richtlinien
GG	Grundgesetz
ggf.	gegebenenfalls
gem.	gemäß

GmbH	Gesellschaft mit beschränkter Haftung
GmbHG	Gesetz betreffend die Gesellschaft mit beschränkter Haftung
GmbHR	GmbH-Rundschau
HFR	Höchstrichterliche Finanzrechtsprechung
HGB	Handelsgesetzbuch
HS	Halbsatz
Hrsg.	Herausgeber
IBFD	International Bureau of Fiscal Documentation
i.d.R.	in der Regel
IFA	International Fiscal Association
i.H.v.	in Höhe von
inkl.	inklusive
insbes.	insbesondere
IRAP	imposta regionale sulle attività produttive (regionale Wertschöpfungssteuer in Italien)
i.S.d.	im Sinne des
IStR	Internationales Steuerrecht
i.V.m.	in Verbindung mit
IWB	Internationale Wirtschafts-Briefe
i.w.S.	im weiteren Sinne
JbFfSt	Jahrbuch der Fachanwälte für Steuerrecht
JIT	Journal of International Taxation
KStG	Körperschaftsteuergesetz
KStR	Körperschaftsteuer-Richtlinien
LIR	loi concernant l'impôt sur le revenue (Luxemburgisches Einkommensteuergesetz)
m.E.	meines Erachtens

MTRL	Richtlinie des Rates über das gemeinsame Steuersystem der Mutter- und Tochtergesellschaften verschiedener Mitgliedstaaten (Mutter-Tochter-Richtlinie)
m.w.N.	mit weiteren Namen
Nr.	Nummer
NWB	Neue Wirtschafts-Briefe
OECD	Organization for Economic Cooperation and Development
OECD-MA	OECD-Musterabkommen 2003 zur Vermeidung der Doppelbesteuerung auf dem Gebiet der Steuern vom Einkommen und Vermögen
öEStG	österreichisches Einkommensteuergesetz
OFD	Oberfinanzdirektion
o.g.	oben genannt
öHGB	österreichisches Handelsgesetzbuch
o.V.	ohne Verfasserangabe
PIStB	Praxis Internationale Steuerberatung
Prot.	Protokoll
RIW	Recht der Internationalen Wirtschaft
RFH	Reichsfinanzhof
rkr.	rechtskräftig
Rn.	Randnummer
Rs.	Rechtssache
RStBl	Reichssteuerblatt
Rz.	Randziffer
s.	siehe
S.	Seite
SBV	Sonderbetriebsvermögen
sog.	sogenannte
SolZG	Solidaritätszuschlaggesetz 1995
Sp.	Spalte
SWI	Steuer und Wirtschaft International

StbJb	Steuerberaterjahrbuch
Stbg	Die Steuerberatung
StBp	Die steuerliche Betriebsprüfung
StEntlG	Steuerentlastungsgesetz
SteuerStud	Steuer und Studium
StSenkG	Steuersenkungsgesetz
StuB	Steuern und Bilanzen
StuW	Steuer und Wirtschaft
StVergAbG	Steuervergünstigungsabbaugesetz
SWI	Steuer & Wirtschaft International
TPI/EUF	Tax Planning International – European Union Focus
Tz.	Textziffer
u.a.	und andere, unter anderem
UM	Unternehmensbewertung & Management
US	United States
USA	United States of America
u.U.	unter Umständen
vgl.	vergleiche
WPg	Die Wirtschaftsprüfung
WÜRV	Wiener Übereinkommen über das Recht der Verträge
z.B.	zum Beispiel
ZEW	Zentrum für Europäische Wirtschaftsforschung GmbH
ZLRL	Richtlinie des Rates über eine gemeinsame Steuerregelung für Zahlungen von Zinsen und Lizenzgebühren zwischen verbundenen Unternehmen verschiedener Mitgliedstaaten (Zins- und Lizenzrichtlinie)
zzgl.	zuzüglich

Symbolverzeichnis

Basen:

E .... Entlastung bei den inländischen Ertragsteuern, die durch die Anrechnung bzw. den Abzug der ausländischen Steuer entsteht

$erstst_I$ .... inländischer Ertragsteuersatz bestehend aus Gewerbe- und Körperschaftsteuer zzgl. Solidaritätszuschlag

est_A .... effektive ausländische Tarifbelastung

est_{A^*} .... ausländischer Ertragsteuersatz als Indifferenzsteuersatz

G .... Gewinn

$G_{EF/SG}$ .... Gewinn bei Eigenfinanzierung bzw. Finanzierung mittels stiller Gesellschaft (Gewinn der Grundeinheit vor Steuern)

G_{FF} .... Gewinn bei Fremdfinanzierung (Zins auf Gesellschafterdarlehen)

gst .... effektiver Gewerbesteuersatz

K .... Kapitalbedarf

kst .... Körperschaftsteuersatz

kst_{solz} .... kombinierter Körperschaftsteuersatz, der den Solidaritätszuschlag berücksichtigt

QuStD .... Quellensteuersatz auf Dividenden

QuStD* .... Quellensteuersatz auf Dividenden als Indifferenzsteuersatz

QuStSG .... Quellensteuersatz auf die Vergütung aus der stillen Gesellschaft

QuStZ .... Quellensteuersatz auf Zinsen

R	Refinanzierungsbetrag
$r_{EF/SG}$	Rendite der Grundeinheit
r_{FF}	Zinssatz auf Gesellschafterdarlehen
S	Steuerbelastung
solz	Solidaritätszuschlagsatz
ΣSt_A	Summe der ausländischen Steuern (bei Finanzierung durch stille Gesellschaft)
$\Sigma StAnr_A$	Summe der auf die deutsche Steuer anrechenbaren ausländischen Steuern (bei Finanzierung durch stille Gesellschaft)
Z	Refinanzierungszinsen
z	Sollzinssatz auf Refinanzierungsdarlehen

Klammerzusätze:

(AS)	bei Finanzierung durch atypisch stille Gesellschaft
(DB-AS)	Besteuerungsfolge „Doppelbelastung" bei atypisch stiller Gesellschaft
(DB-TS)	Besteuerungsfolge „Doppelbelastung" bei typisch stiller Gesellschaft
(EF)	bei Eigenfinanzierung
(EF-TS)	Besteuerungsfolge „Eigenfinanzierung" bei typisch stiller Gesellschaft
(FF)	bei Fremdfinanzierung
(FF-AS)	Besteuerungsfolge „Fremdfinanzierung" bei atypisch stiller Gesellschaft
(FF-TS)	Besteuerungsfolge „Fremdfinanzierung" bei typisch stiller Gesellschaft

(SF-AS)	Besteuerungsfolge „Schachtelfreistellung" bei atypisch stiller Gesellschaft
(SF-TS)	Besteuerungsfolge „Schachtelfreistellung" bei typisch stiller Gesellschaft
(SG)	bei Finanzierung durch stille Gesellschaft
(TS)	bei Finanzierung durch typisch stille Gesellschaft
(WE-AS)	Besteuerungsfolge „weiße Einkünfte" bei atypisch stiller Gesellschaft
(WE-TS)	Besteuerungsfolge „weiße Einkünfte" bei typisch stiller Gesellschaft

Hochgestellte Indizes:

aus FK	Finanzierung aus dem Fremdkapital der Mutterkapitalgesellschaft (Refinanzierungsdarlehen)
aus EK	Finanzierung aus dem Eigenkapital der Mutterkapitalgesellschaft (kein Refinanzierungsdarlehen)

Tiefgestellte Indizes:

Abz	Anwendung der Abzugsmethode bei Bestehen eines Anrechnungsüberhangs
Anr	Anwendung der Anrechnungsmethode ohne Anrechnungsüberhang
AnrÜ	Anwendung der Anrechnungsmethode bei Bestehen eines Anrechnungsüberhangs
FS	Anwendung der Freistellungsmethode
$\geq 10\%$	gewerbesteuerliche Schachtelbeteiligung (Beteiligungsquote mindestens 10%)
$< 10\%$	gewerbesteuerliche Portfoliobeteiligung (Beteiligungsquote kleiner 10%)

Länderkennungen:

A	Österreich
AUS	Australien
B	Belgien
CDN	Kanada
CH	Schweiz
CZ	Tschechien
DK	Dänemark
E	Spanien
EST	Estland
F	Frankreich
FIN	Finnland
GB	Großbritannien
H	Ungarn
I	Italien
IRL	Irland
J	Japan
L	Luxemburg
LT	Litauen
LV	Lettland
NL	Niederlande
P	Portugal
PL	Polen
RC	China
S	Schweden
SK	Slowakei
SLO	Slowenien
USA	United States of America

I. Einleitung

1. Bedeutung der stillen Gesellschaft in der Steuerplanung

Die Finanzierung stellt eine der wesentlichen Planungsaufgaben von international tätigen Konzernen dar. Hierbei nimmt die Besteuerung wesentlichen Einfluss auf die Wahl der unterschiedlichen Finanzierungsalternativen, da Steuern als Kosten der Kapitalbeschaffung möglichst gering gehalten werden müssen, um dem allgemeinen betriebswirtschaftlichen Ziel der Gewinnmaximierung gerecht zu werden.[1] Ansatzpunkt für die Steuerplanung ist die Tatsache, dass einerseits die Besteuerung nicht entscheidungsneutral auf die zur Verfügung stehenden Finanzierungsformen wirkt und andererseits der durch den BFH[2] allgemein anerkannte Grundsatz der Finanzierungsfreiheit gilt.[3] Neben den klassischen Finanzierungsformen der Eigen- und Fremdfinanzierung besitzen auch hybride Finanzierungsinstrumente wie die hier untersuchte stille Gesellschaft große Bedeutung im grenzüberschreitenden Einsatz.[4] Hybride Finanzinstrumente – und damit auch die stille Gesellschaft – zeichnen sich dadurch aus, dass sie typische Eigenschaften von Eigen- und Fremdkapital miteinander verbinden und damit zwischen den beiden Formen der klassischen Kapitalüberlassung stehen.[5] Die Gründe für den Einsatz stiller Gesellschaften sind sehr vielfältig. Aus wirtschaftlicher Sicht besteht der entscheidende Vorteil in den flexiblen Ausgestaltungsmöglichkeiten und der Zwitterstellung zwischen Eigen- und Fremdkapital. Lassen sich die Interessen von Kapitalgeber und Kapitalnehmer durch klassische Finanzierungsformen nicht in Einklang bringen, dient die stille Gesellschaft oft als Lösungsmöglichkeit.[6] Der Mischcharakter der stillen Gesellschaft führt aus steuerlicher Sicht dazu, dass sich die Erträge weder einer Ein-

---

[1] Vgl. Burmester, G., Unternehmensfinanzierung, 2003, Rz. 1-2; Maiterth, R., FB 2002, S. 566.
[2] Vgl. BFH vom 5.2.1992, BStBl 1992 II, S. 532; BFH vom 24.4.1997, BStBl 1999 II, S. 342.
[3] Vgl. Jacobs, O.H., International, 2002, S. 764.
[4] Vgl. z.B. Böck, H./Böhringer, M./Weber, M., Stbg 2003, S. 309; Herzig, N., IStR 2000, S. 482; Müller, R., IStR 1996, S. 266; Schmidt, C., Konsequenzen, 2003, S. 1410.
[5] Vgl. Maier, J., DB 2005, S. 1709; Piltz, D.J., Hybride, 1995, S. 125-126. In der neueren Literatur wird auch der Ausdruck Mezzanine Finanzierung verwendet; vgl. Leopold, K./Reichling, C., DStR 2004, S. 1361.

kunftsart nach dem jeweiligen nationalen Recht eines Staats noch einer Verteilungsnorm der Doppelbesteuerungsabkommen (DBA) eindeutig zuordnen lassen. Weiterhin besteht die Möglichkeit, dass die beteiligten Staaten eine uneinheitliche Zuordnung zu einer der Einkunftsarten vornehmen (Qualifikationskonflikt).[7] Da an die unterschiedlichen nationalen und DBA-rechtlichen Einkunftsarten unterschiedliche steuerliche Folgen anknüpfen, besteht beim Vorliegen eines Qualifikationskonflikts die Chance, dass die Erträge aus der stillen Beteiligung einer Minderbesteuerung oder sogar überhaupt keiner Besteuerung unterliegen.[8] Solche Gestaltungen bedürfen jedoch einer sehr sorgfältigen Steuerplanung, da auf der anderen Seite die Gefahr einer Doppelbesteuerung besteht.

Die bisherigen Untersuchungen zur grenzüberschreitenden stillen Gesellschaft befassen sich einerseits lediglich mit steuerrechtlichen Fragestellungen.[9] Aus steuerplanerischen Gesichtspunkten existieren andererseits nur Untersuchungen zu einzelnen Ländern.[10] Bei einer Untersuchung einzelner Länder können aufgrund *einer* konkreten Behandlung im nationalen ausländischen Recht und im DBA-Recht lediglich einige steuerliche Konsequenzen der stillen Gesellschaft analysiert werden. Eine umfassende, sämtliche Besteuerungsfolgen, die durch den Einsatz einer stillen Gesellschaft entstehen können, berücksichtigende Untersuchung existiert bislang nicht.

2. Ziel und Gang der Untersuchung

Die Arbeit verfolgt zwei Ziele. Zum Ersten wird analysiert, ob und in welchen Fällen sich ertragsteuerliche Vorteile durch den Einsatz einer stillen Gesellschaft zur Finanzierung einer ausländischen Konzerngesellschaft im Vergleich zur klassischen Finanzierung mit Eigen- oder Fremdkapital erzielen lassen. Hierfür

---

[6] Zu weiteren wirtschaftlichen Vorteilen siehe Pyszka, T., IStR 1999, S. 578.
[7] Vgl. Herzig, N., IStR 2000, S. 484-485.
[8] Vgl. z.B. Bünning, M., Intertax 2003, S. 401.
[9] Vgl. Fu, R., Stille, 1997; Geuenich, M., Atypisch, 2005; Glessner, M., Stille, 2000; Schönhaus, Behandlung, 2005.
[10] Vgl. Becker, J.D., Atypisch, 2005 im Verhältnis zu Österreich und Frankreich; Haun, J., Hybride, 1996 im Verhältnis zu den USA; Höötmann, A., Stille, 2001 im Verhältnis zu den Niederlanden und den USA.

werden sämtliche Besteuerungsfolgen abgeleitet, die durch den Einsatz einer stillen Gesellschaft in Abhängigkeit der möglichen Ausgestaltungen des nationalen ausländischen Rechts und des Rechts der Doppelbesteuerungsabkommen theoretisch resultieren können. Die steuerliche Behandlung der an den stillen Gesellschafter bezahlten Vergütung beim Schuldner im konkreten nationalen ausländischen Recht ist nicht Ziel dieser Arbeit. Hierbei geht es im Wesentlichen darum, ob die Vergütung als Fremdkapitalvergütung anzusehen ist und somit beim Schuldner eine abzugsfähige Betriebsausgabe darstellt oder ob sie als Eigenkapitalvergütung und somit als eine Gewinnverteilung anzusehen ist, die beim Schuldner der ausländischen Ertragsbesteuerung unterliegt. Die Beantwortung dieser Frage gestaltet sich insbesondere in Ländern, die die stille Gesellschaft nicht kennen, sehr aufwendig. Weiterhin ist die steuerliche Einstufung hybrider Finanzierungsinstrumente als Eigen- oder Fremdkapital fließend und lässt sich auch für Gestaltungen, die sich aus deutscher Sicht eindeutig einer Kategorie zuordnen lassen, im Ausland nur anhand der konkreten Vertragsgestaltung im Einzelfall vornehmen. Nicht zuletzt ist es wegen der sich schnell ändernden nationalen Steuergesetze sinnvoll, beide Möglichkeiten zu berücksichtigen und deren steuerlichen Auswirkungen aufzuzeigen. Zum Zweiten verfolgt die Arbeit das Ziel, die abkommensrechtliche Behandlung der Vergütung aus der stillen Gesellschaft in den konkreten DBA mit den einzelnen Ländern daraufhin zu untersuchen, welche der zuvor theoretisch abgeleiteten Besteuerungsfolgen sich aufgrund der unterschiedlichen ausgestalteten Abkommensregelungen tatsächlich realisieren lassen.

Die Arbeit gliedert sich neben der Einleitung und der Zusammenfassung der Ergebnisse in fünf Hauptteile. In Kapitel II wird die optimale klassische Finanzierungsform mit Eigen- oder Fremdkapital ermittelt, da diese als Maßstab gilt, um die Finanzierung mittels der stillen Gesellschaft zu beurteilen. Hierzu werden die aus der Eigen- und Fremdfinanzierung resultierenden Ertragsteuerbelastungen in Form von allgemein gültigen mathematischen Formeln ermittelt und einander gegenüber gestellt. Es ist zu unterscheiden, ob zur Finanzierung der Tochterkapitalgesellschaft eigene finanzielle Mittel der Muttergesellschaft verwendet werden (Finanzierung aus dem Eigenkapital der Muttergesellschaft) oder ob ein Refinanzierungsdarlehen aufgenommen wird (Finanzierung aus dem Fremdkapital der Muttergesellschaft). Es lässt sich entweder allgemein für jedes Land oder in Abhängigkeit von der Beteiligungsquote, dem gewerbesteuerlichen Hebesatz und der Höhe der Refinanzierungszinsen für ein spezifisches Unternehmen feststellen, welche der beiden Finanzierungsformen zur geringeren Steuerbelastung führt. Zuletzt wird gezeigt, dass bei Vorteilhaftigkeit der Fremdfinanzierung ausländische Unterkapitalisierungsregelungen einzuhalten sind, um steuerliche Nachteile zu vermeiden.

In Kapitel III werden systematisch sämtliche Besteuerungsfolgen erarbeitet, die bei Finanzierung der ausländischen Grundeinheit durch die stille Gesellschaft theoretisch vorkommen können, und deren Steuerbelastungen mittels Formeln quantifiziert. Die Gesamtsteuerbelastung hängt von der Besteuerung im Aus- und Inland ab, wobei jeweils das nationale Steuerrecht, das DBA-Recht und EU-Recht zu berücksichtigen sind. Die Qualifikationen im ausländischen Steuerrecht und im DBA-Recht können im Gegensatz zur klassischen Finanzierung sehr unterschiedlich ausfallen. Deshalb werden sämtliche steuerrechtlichen Einstufungen berücksichtigt, die die stille Gesellschaft im nationalen ausländischen Recht und im DBA-Recht aus der jeweiligen Sicht beider Staaten erfahren kann. Somit kann sichergestellt werden, dass jede theoretisch denkbare Steuerbelastung in die Untersuchung einfließt. Im Ausland geht es im Wesentlichen darum, ob die Vergütung aus der stillen Beteiligung nach dem nationalen Steuerrecht als Fremdkapitalvergütung eine Betriebsausgabe darstellt oder als Eigenkapitalvergütung den steuerlichen Gewinn nicht mindert. Die DBA-rechtliche Einordnung hat Auswirkung auf die Höhe der Quellenbesteuerung und spielt lediglich eine untergeordnete Rolle. Ebenso muss untersucht werden, welchen Einfluss die Mutter-Tochter-Richtlinie und die Zins- und Lizenzrichtlinie haben. Die Besteuerung nach nationalem deutschen Recht kann abschließend geklärt werden. Hier gilt es, die unterschiedlichen Besteuerungskonsequenzen herauszuarbeiten, die an das Vorliegen einer typisch oder einer atypisch stillen Gesellschaft anknüpfen. Die DBA-rechtliche Einordnung hat im Inland einen materiell größeren Einfluss. Sie bestimmt, ob die Doppelbesteuerung durch die Anrechnungs- oder die Freistellungsmethode vermieden wird. Aus den beiden wesentlichen

I. Einleitung

Unterscheidungen im In- und Ausland ergeben sich somit vier grundsätzliche Besteuerungsfolgen (Tabelle I.1).[11]

Tabelle I.1: Mögliche Besteuerungsfolgen aufgrund unterschiedlicher Qualifikationen beim Einsatz der stillen Gesellschaft

	Besteuerung im Inland	
Besteuerung im Ausland	*Anrechnung*	*Freistellung*
Eigenkapital	„Doppelbelastung"	„Schachtelfreistellung"
Fremdkapital	„Fremdfinanzierung"	„weiße Einkünfte"

- Die Besteuerungsfolge „Schachtelfreistellung" bedeutet, dass die Vergütung an den Stillen aufgrund der Einstufung als Eigenkapitalvergütung im Ausland der Besteuerung unterliegt. Im Inland wird die Vergütung freigestellt. Es entsteht im Wesentlichen die gleiche Besteuerungsfolge wie bei der Eigenfinanzierung.

- Die Besteuerungsfolge „Fremdfinanzierung" bedeutet, dass die Vergütung als Fremdkapitalvergütung im Ausland nicht besteuert wird. Eine ggf. erhobene Quellensteuer wird angerechnet. Materiell ist die Steuerbelastung ähnlich wie bei der Fremdfinanzierung.

- Die Besteuerungsfolge „Doppelbelastung" bedeutet, dass die Vergütung wirtschaftlich im In- und Ausland besteuert wird. Lediglich kann die im Ausland anfallende Quellensteuer im Inland angerechnet werden.

- Die Besteuerungsfolge „weiße Einkünfte" bedeutet, dass die Vergütung weder im Ausland noch im Inland der Besteuerung unterliegt.

Zusätzlich muss berücksichtigt werden, dass die Vergütung aus der typisch stillen Gesellschaft in den Anwendungsbereich des § 8a KStG fallen kann, wenn die Vergütung im Ausland nicht abzugsfähig ist. Es entsteht die Besteuerungsfolge „Eigenfinanzierung".

Kapitel IV knüpft an die Ergebnisse der beiden vorangegangenen Kapitel an. Es ist die Steuerbelastung der optimalen klassischen Finanzierungsform mit der

---

[11] Siehe hierzu auch Jacobs, O.H., Internationale, 2002, S. 1252-1253.

Steuerbelastung der Finanzierung durch die stille Gesellschaft zu vergleichen. Zunächst erfolgt der Vergleich für den Fall, dass die Muttergesellschaft kein Refinanzierungsdarlehen aufnimmt. Es ist sowohl die Eigen- als auch die Fremdfinanzierung mit den vier möglichen Steuerbelastungen der stillen Gesellschaft zu vergleichen, sodass acht Vergleichspaare entstehen. Sodann wird die Auswirkung der Aufnahme eines Refinanzierungsdarlehens auf die Besteuerungsfolgen der stillen Gesellschaft untersucht. Aus dem Vergleich mit der optimalen klassischen Finanzierungsform entstehen wiederum vier grundsätzliche Vergleichspaare. Es werden bereits die Besteuerungskonsequenzen durch den Einsatz der stillen Gesellschaft daraufhin untersucht, ob sie in allgemeiner Form eindeutig zu einer geringeren bzw. höheren Steuerbelastung als die optimalen klassischen Finanzierungsformen führen oder ob die Vorteilhaftigkeit von der konkreten Ausprägung gewisser Einflussfaktoren[12] abhängt. Im zuletzt genannten Fall gilt es, die Einflussfaktoren zu bestimmen und deren Wirkungsrichtung auf die Vorteilhaftigkeit zu analysieren.

In Kapitel V wird untersucht, welche der in Kapitel III theoretisch abgeleiteten Besteuerungsfolgen durch die konkrete Qualifikation der Vergütung aus der stillen Gesellschaft unter die Verteilungsnormen der DBA mit den untersuchten Ländern tatsächlich realisiert werden können. Zunächst ist zu bestimmen, ob die stille Gesellschaft selbst oder lediglich deren Gesellschafter abkommensberechtigt sind. Bei der folgenden Zuordnung der Vergütung aus der stillen Gesellschaft zu einer abkommensrechtlichen Verteilungsnorm ist auf erster Ebene zu unterscheiden, ob die allgemeinen Abgrenzungsregeln zwischen den Verteilungsnormen Anwendung finden, weil das Abkommen keine Sonderreglungen zur stillen Gesellschaft enthält, oder ob das Abkommen eine Sonderregelung enthält, die die Vergütung einer bestimmten Verteilungsnorm explizit zuordnet. Auf zweiter Ebene ist nach der Ausprägungsvariante als typisch oder atypisch stille Gesellschaft zu gliedern, da beide Varianten eine unterschiedliche Behandlung im Abkommen erfahren. Auf dritter Ebene ist zu prüfen, ob beide Staaten die Vergütung demselben Abkommensartikel zuordnen. Ist dies nicht der Fall

---

[12] Solche Einflussfaktoren sind u.a. der ausländische Ertragsteuersatz, Quellensteuersätze, der Hebesatz der Gewerbesteuer aber auch unternehmensinterne Größen wie der Gewinn vor Steuern und die Höhe der Refinanzierungszinsen.

I. Einleitung

(Qualifikationskonflikt), muss bestimmt werden, ob Deutschland zur Beseitigung des Konflikts verpflichtet ist, der Qualifikation des Auslands zu folgen. Steht die Zuordnung der Vergütung aus der stillen Gesellschaft zu einer Verteilungsnorm fest, so lässt sich von den jeweils vier theoretisch möglichen Steuerbelastungen der Finanzierungsalternativen typisch oder atypisch stille Gesellschaft in Abhängigkeit von der Behandlung der Vergütung im nationalen ausländischen Recht als Eigen- oder Fremdkapitalvergütung genau eine Steuerbelastung realisieren. Bei der Behandlung als Eigen- oder Fremdkapital sind nämlich jeweils zwei Besteuerungsfolgen möglich, je nachdem, ob die Doppelbesteuerung durch die Anrechnungs- oder Freistellungsmethode vermieden wird. Die Zuordnung zu einer konkreten Verteilungsnorm bestimmt – neben der Höhe der Quellenbesteuerung im Ausland – welche Methode zur Vermeidung der Doppelbesteuerung im Inland Anwendung findet, sodass eine der vier möglichen Besteuerungsfolgen verbleibt. Da nun eine bestimmte Besteuerungsfolge feststeht und bereits die Eigen- bzw. Fremdfinanzierung als optimal klassische Finanzierungsform für jedes Land bzw. Unternehmen ermittelt wurde (Kapitel II), kann von den jeweils acht ermittelten Vergleichspaaren (Kapitel IV) genau eines zur Beurteilung herangezogen werden. Anhand der dort ermittelten Ergebnisse lässt sich schnell beurteilen, ob sich für das entsprechende Land bzw. Unternehmen Vorteile erzielen lassen.

Im Kapitel VI wird der Einfluss von Maßnahmen aufgezeigt, die Minderbesteuerungen durch den Einsatz einer stillen Gesellschaft verhindern können. Steuerplanerische Vorteile entstehen durch den Abzug der Vergütung beim Schuldner und/oder der Freistellung im Inland. So ist zunächst die Auswirkung von Regelungen, die bei einer geringen Besteuerung im Ausland einen Übergang von der Freistellungs- zur Anrechnungsmethode im Inland vorsehen, auf die Besteuerungsfolgen der stillen Gesellschaft zu untersuchen. Hierzu zählen switch-over Klauseln und ein zu den Vergütungen aus einer atypisch stillen Beteiligung ergangenes BMF-Schreiben. Weiterhin können die Vorteile durch den Einsatz stiller Gesellschaften durch Unterkapitalisierungsregelungen eingeschränkt werden, die die Abzugsfähigkeit der Vergütung im Inland einschränken.

3. Abgrenzung des Untersuchungsgegenstands

Untersuchungsgegenstand ist die Finanzierung einer ausländischen Grundeinheit im internationalen Konzern. Insofern müssen die Begriffe „Finanzierung" und „internationaler Konzern" für Zwecke dieser Untersuchung abgegrenzt werden.

Unter dem Begriff „Finanzierung" ist die Deckung eines gegebenen Kapitalbedarfs zu verstehen.[13] Um die unterschiedlichen Finanzierungsalternativen zu systematisieren, erfolgt eine zweidimensionale Unterscheidung, erstens nach der Herkunft der Mittel und zweitens nach der Rechtsstellung der Kapitalgeber. Bezüglich der Mittelherkunft ist nach der Inanspruchnahme unternehmensinterner und unternehmensexterner Finanzierungsquellen in Innen- und Außenfinanzierung zu unterscheiden. Bezüglich der Rechtsstellung wird in Eigen- und Fremdkapital unterschieden, sodass von Eigen- und Fremdfinanzierung die Rede ist.[14] Aus der Kombination der beiden Begriffspaare ergibt sich ein Muster mit vier Grundformen, in das sich jeder Finanzierungsvorgang einordnen lässt.

In Tabelle I.2 sind die wichtigsten Finanzierungsalternativen den vier Grundformen zugeordnet. Im Folgenden wird davon ausgegangen, dass die Grundeinheit ihren gesamten Kapitalbedarf nicht durch eigene finanzielle Überschüsse im Rahmen der Selbst- oder Rückstellungsfinanzierung decken kann, sodass ihr nur die Außenfinanzierungsmaßnahmen verbleiben. Die Innenfinanzierung bleibt aus der Untersuchung ausgeklammert, sodass im Folgenden die Begriffspaare Eigen- und Beteiligungsfinanzierung sowie Fremd- und Kreditfinanzierung synonym verwendet werden.

Tabelle I.2: **Schematische Grundgliederung von Finanzierungsalternativen**

	Mittelherkunft	
Rechtsstellung	Außenfinanzierung	Innenfinanzierung
Eigenfinanzierung	Beteiligungsfinanzierung	Selbstfinanzierung
Fremdfinanzierung	Kreditfinanzierung	Rückstellungsfinanzierung

Quelle: Rudolph, B., Kapitalstruktur, 1998, Rz. 2.10.

---

[13] Vgl. Gerke, W./Bank, M., Finanzierung, 2003, S. 1-2; Scheffler, E., Eigenkapitalfinanzierung, 1998, Rz. 8.1.
[14] Vgl. Rudolph, B., Kapitalstruktur, 1998, Rz. 2.7-2.11; Theisen, M.R., Konzern, 2000, S. 458.

Tabelle I.3: Gegenüberstellung der Merkmale von Eigen-, Fremdfinanzierung und Finanzierung mittels stiller Gesellschaft

Merkmal	Finanzierungsform		
	Eigenfinanzierung	stille Gesellschaft	Fremdfinanzierung
Ansprüche gegenüber Kapitalnehmer	gesellschaftsrechtlich	schuldrechtlich	schuldrechtlich
Vergütung	gewinnabhängig	gewinnabhängig	nicht gewinnabhängig
Mitbestimmungsrechte	ja	beschränkt	nein
Befristung	nein	ja	ja
Haftung für Verbindlichkeiten des Unternehmens	ja	nein	nein

Quelle: in Anlehnung an: Süchting, J., Finanzmanagement, 1995, S. 28; Zantow, R., Finanzierung, 2004, S. 14.

Bei der Eigenfinanzierung hat der Kapitalgeber Eigentumsrechte am Unternehmen, wodurch er einen Anspruch auf Gewinnbeteiligung und Mitbestimmungsrechte erlangt. Er kann seine Kapitaleinlage nicht zurückfordern. Bei der Fremdfinanzierung nimmt der Kapitalgeber lediglich eine Gläubigerstellung ein, d.h. er hat einen Anspruch auf gewinnunabhängige Zinszahlungen und auf die Rückzahlung des Kapitals, besitzt aber keine Eigentums- und somit Mitbestimmungsrechte. Die Ansprüche des Eigenkapitalgebers sind im Insolvenzfall gegenüber Gläubigern nachrangig; im Gegensatz zum Fremdkapitalgeber haftet der Eigenkapitalgeber mit seiner Einlage somit für Verbindlichkeiten des Unternehmens.[15]
Die Beteiligungs- und Kreditfinanzierung als klassische Finanzierungsformen der Außenfinanzierung werden mit der stillen Gesellschaft um eine dritte Finanzierungsalternative erweitert. Die Kapitalüberlassung in Form der stillen Gesellschaft steht als hybrides Finanzierungsinstrument zwischen den beiden Formen der Eigen- und Fremdfinanzierung. Der stille Gesellschafter als Kapitalgeber

---

[15] Scheffler, E., Eigenkapitalfinanzierung, 1998, Rz. 8.4.

erlangt einen Anspruch auf Gewinnbeteiligung und zumindest gewisse Mitspracherechte, kann aber auch die Rückzahlung des Kapitals fordern und ist im Insolvenzfall einem Gläubiger gleichgestellt.[16] In Tabelle I.3 (S. 9) sind die wichtigsten Eigenschaften von Eigen-, Fremdfinanzierung und Finanzierung mittels stiller Gesellschaft einander gegenüber gestellt, wodurch die wichtigsten Unterschiede und die Zwitterstellung der stillen Gesellschaft deutlich werden.

Unter einem Konzern versteht man in allgemeiner Form die Zusammenfassung mehrerer, rechtlich selbständiger Unternehmen, die wirtschaftlich betrachtet ein einheitliches Unternehmen unter gemeinsamer Leitung der Konzernspitze bilden.[17] Im steuerrechtlichen Sinn stellt der „internationale Konzern" eine Organisationsform dar, bei der sich ein inländisches Mutterunternehmen an einer ausländischen Kapitalgesellschaft[18] beteiligt, um über diese die grenzüberschreitende Geschäftstätigkeit auszuüben.[19] Die Wahl des internationalen Konzerns als Untersuchungsgegenstand wird damit begründet, dass die Beteiligung an einer Kapitalgesellschaft die häufigste Form für Auslandsinvestitionen darstellt.[20] Während der Begriff unabhängig von der Rechtsform der Spitzeneinheit verwendet wird, beschränkt sich die Untersuchung auf deutsche Mutterunternehmen, die in der Rechtsform der Kapitalgesellschaft (GmbH und AG) geführt werden.[21] Unter dem Begriff „internationaler Konzern" wird im Folgenden ein zweistufiger Unternehmensaufbau verstanden, bei dem eine inländische Mutterkapitalgesellschaft eine Beteiligung an einer ausländischen Tochterkapitalgesellschaft hält. Es finden ausländische Tochtergesellschaften mit Ausnahme von Malta und Zypern in sämtlichen EU-Staaten sowie in Australien, China, Japan, Kanada, der Schweiz und den USA Berücksichtigung.

---

[16] Eine genaue Definition der stillen Gesellschaft und die Unterscheidung zwischen der typischen und atypischen Ausprägung ist erst bei den Besteuerungsfolgen der stillen Gesellschaft im Inland von Bedeutung und wird dementsprechend dort vorgenommen, siehe Abschnitt III.1 (S. 101).

[17] Vgl. Lutter, M./Scheffler, E./Schneider, U.H., Konzern, 1998, Rz. 1.1-1.2; Theisen, M.R., Konzern, 2000, S. 15, der zusätzlich eine wirtschaftliche Organisationseinheit betont.

[18] Da sämtliche potentielle Investitionsstaaten Rechtsformen kennen, die mit den Kapitalgesellschaften nach deutschem Recht vergleichbar sind, stellt dies für die Steuersubjektqualifikation kein Problem dar; vgl. Jacobs, O.H., Internationale, 2002, S. 499-501.

[19] Vgl. Jacobs, O.H./Storck, A., DBW 1977, S. 380; Scheffler, W., Unternehmenstätigkeit, 2002, S. 199.

[20] Vgl. Jacobs, O.H., Internationale, 2002, S. 499; Schaumburg, H./Jesse, L., Holding, 1998, Rz. L 2.

[21] In Deutschland ist die GmbH die häufigste Gesellschaftsform; vgl. Haas, U., GmbHR 2004, S. 557.

I. Einleitung

Das typische Kennzeichen eines Konzerns besteht in der einheitlichen Leitung durch die Konzernmutter, die zumeist durch eine kapitalmäßige Verflechtung herbeigeführt wird.[22] Aus betriebswirtschaftlicher Sicht muss hierfür eine Mehrheitsbeteiligung (mindestens 50%) vorliegen, um die unternehmerischen Entscheidungen der Tochtergesellschaft maßgeblich bestimmen zu können (§ 18 AktG, § 290 HGB). Der Konzernbegriff wird dahingehend erweitert, dass nicht nur Mehrheitsbeteiligungen Berücksichtigung finden, sondern auch Beteiligungen von unter 50% untersucht werden.[23] Die Begründung liegt zum einen darin, dass die einheitliche Leitung im Konzern auch auf vertraglicher Grundlage oder faktischen Verhältnissen wie langfristigen Lieferbedingungen beruhen kann.[24] Somit kann ein Konzern auch bestehen, wenn die Konzernmutter keine Mehrheitsbeteiligung an der Konzerngesellschaft hält. Zum anderen ignoriert das Steuerrecht weitgehend die wirtschaftliche Einheit des Konzerns. Vielmehr knüpft das Steuerrecht aufgrund des für Kapitalgesellschaften geltenden Trennungsprinzips zwischen der Gesellschaft und ihren Anteilseignern regelmäßig an die rechtlich selbständigen Konzerngesellschaften an; die Zugehörigkeit zum Konzernverbund wird nur durch einige Spezialvorschriften im Steuerrecht berücksichtigt.[25] Für die Besteuerung eines internationalen Konzerns stehen die Beteiligungshöhe und die Frage, ob aus betriebswirtschaftlicher Sicht ein Konzern vorliegt, somit nicht im Vordergrund, nicht zuletzt auch aufgrund der Tatsache, dass eine grenzüberschreitende Organschaft mit einer ausländischen Kapitalgesellschaft als Organgesellschaft nicht möglich ist.[26]

Durch die Besonderheit des Konzerns als wirtschaftliche Einheit, die sich aus rechtlich selbständigen Unternehmen zusammensetzt, ergeben sich Auswirkungen auf die Finanzierung. Aus Sicht der zu finanzierenden ausländischen Tochtergesellschaft kann eine Außenfinanzierung einerseits durch nicht zum Konzern gehörende fremde Dritte und andererseits auch durch die Muttergesellschaft er-

---

[22] Vgl. Lutter, M./Scheffler, E./Schneider, U.H., Konzern, 1998, Rz. 1.1.
[23] Bei einer Beteiligungshöhe von weniger als 50% handelt es sich um eine Portfolioinvestition, bei einer Beteiligungshöhe von mindestens 50% um eine unternehmerische Beteiligung, vgl. Scheffler, W., Unternehmenstätigkeit, 2002, S. 199.
[24] Vgl. Picot, A./Dietl, H./Franck, E., Organisation, 2002, S. 326; Theisen, M.R., Konzern, 2000, S. 127.
[25] Vgl. Kessler, W., Konzernbesteuerung, 2004, Rz. 1-5; Schaumburg, H., Konzernsteuerrecht, 1998, Rz. 2, 3 jeweils mit Sonderregelungen für Konzernsachverhalte im deutschen Steuerrecht.
[26] Vgl. Scheffler, W. Unternehmenstätigkeit, 2002, S. 200.

folgen. Werden der Tochtergesellschaft von konzernexternen Kapitalgebern Mittel (Eigen- oder Fremdkapital) zugeführt, spricht man von konzernexterner Außenfinanzierung, da dem Konzern Mittel aus Quellen zufließen, die außerhalb des Konzernverbunds liegen.[27] Die konzernexterne Außenfinanzierung der Tochtergesellschaft wird im weiteren Verlauf der Untersuchung ausgeschlossen. Dies ist damit zu begründen, dass vor allem bei zentralistischer Organisation der Konzernfinanzierung die externe Fremdkapitalzuführung und die Aufnahme externer Eigenkapitalgeber lediglich durch die Muttergesellschaft erfolgt, die die so beschafften Mittel an die Grundeinheit weiterleitet.[28]

Es verbleibt somit lediglich die Außenfinanzierung durch die Muttergesellschaft. Da hierbei dem Konzern kein neues Kapital zufließt, sondern lediglich eine Umverteilung im Konzern erfolgt, liegt auf Konzernebene keine Außenfinanzierung vor. Man spricht von konzerninterner Außenfinanzierung.[29] Jedoch muss im Gegensatz zur Kapitalzuführung durch fremde Dritte zusätzlich die Finanzierung auf Ebene der Muttergesellschaft mit eingeschlossen werden, da Mutter- und Tochtergesellschaft im Konzern eine wirtschaftliche Einheit bilden. Der Kapitalbedarf, den die Muttergesellschaft zur Finanzierung der Tochtergesellschaft benötigt, kann auf unterschiedliche Weise gedeckt werden. Zunächst ist hier die Selbstfinanzierung als Innenfinanzierungsmaßnahme[30] zu nennen.[31] Reicht das Selbstfinanzierungspotential der Muttergesellschaft für die Deckung des Kapitalbedarfs nicht aus, kommt die Aufnahme konzernexterner Kapitalgeber durch die Beteiligungs- oder Kreditfinanzierung in Betracht.[32] Da in den beiden zuletzt genannten Fällen nicht nur auf Ebene der Muttergesellschaft, sondern auch auf Konzernebene Kapital von außen zufließt, handelt es sich um

---

[27] Vgl. Theisen, M.R., Konzern, 2000, S. 458.
[28] Vgl. Rudolph, B., Kapitalstruktur, 1998, Rz. 2.6. Die Möglichkeit einer konzerninternen Finanzierungsgesellschaft bleibt unberücksichtigt.
[29] Vgl. Theisen, M.R., Konzern, 2000, S. 458.
[30] Die anderen Formen der Innenfinanzierung, wie z.B. die Rückstellungsfinanzierung, bleiben unberücksichtigt.
[31] Es wird an dieser Stelle nicht unterschieden, ob die im Rahmen der Selbstfinanzierung einbehaltenen Gewinne aus Umsätzen mit anderen Konzernunternehmen (konzerninterne Innenfinanzierung) oder mit fremden Dritten (konzernexterne Innenfinanzierung) stammen.
[32] Die Kapitalbeschaffung durch die Muttergesellschaft mittels hybrider Finanzierungsinstrumente bleibt ausgeschlossen.

I. Einleitung

eine konzernexterne Außenfinanzierung.[33] Da es steuerlich keinen Unterschied macht, ob das an die Tochtergesellschaft weitergeleitete Eigenkapital aus Gewinnrücklagen oder externer Eigenkapitalerhöhungen stammt, werden diese beiden Fälle im Folgenden zusammengefasst.

Abbildung I.1: Untersuchungsgegenstand

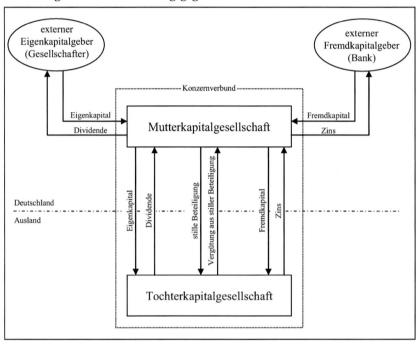

Durch den Einbezug der Muttergesellschaft als Kapitalgeber der Tochtergesellschaft erweitert sich die Anzahl der Finanzierungsalternativen; es entstehen Gestaltungsmöglichkeiten, die nur im Konzern möglich sind. Die Muttergesellschaft kann zur Finanzierung der Tochtergesellschaft selbst Eigenkapital (Gewinnrücklagen oder externe Eigenkapitalerhöhung) oder Fremdkapital (externes Darlehen) verwenden. Dieses Kapital kann sie als Eigen-, Fremdkapital oder als Kapi-

---

[33] Eine konzerninterne Außenfinanzierung auf Ebene der Muttergesellschaft ist ausgeschlossen. Theoretisch ist es zwar denkbar, dass in der Hierarchie tiefer stehende Konzerngesellschaften als externe Kapitalgeber fungieren (Upstream-Finanzierung), jedoch sind diese Gestaltungen in der Praxis nur in Ausnahmefällen vorzufinden, vgl. Schaumburg, H./Jesse, L., Konzernfinanzierung, 1998, Rz. 37.2.

talüberlassung in Form der stillen Gesellschaft an die Tochtergesellschaft weiterleiten, sodass sich sechs konzernspezifische Finanzierungsalternativen ergeben, die in Abbildung I.1 (S. 13) dargestellt sind.[34]

Insgesamt gilt es, die Finanzierungsalternative auszuwählen, die bezogen auf den Gesamtgewinn des Konzerns vor Steuern zur relativ geringsten Gesamtsteuerbelastung mit Ertragsteuern führt, unabhängig davon, auf welcher Konzernebene die Steuern anfallen.[35] Es ist die Steuer zu ermitteln, die auf der von der Tochtergesellschaft abfließenden und bei der Muttergesellschaft zufließenden Vergütung für die Kapitalüberlassung der jeweiligen Finanzierungsalternative lastet. Die Zahlungen bei den drei Finanzierungsalternativen müssen sich aus Gründen der Vergleichbarkeit der Höhe nach entsprechen. Sie werden als Gewinn (G) aus dem Finanzierungsgeschäft bezeichnet. Bei der Eigenfinanzierung und der Finanzierung mittels stiller Gesellschaft erhält die Muttergesellschaft eine Gewinnbeteiligung. Bei beiden Finanzierungsformen ist der Gewinn somit der durch das zusätzliche Kapital erwirtschaftete Gewinn der Grundeinheit vor Steuern ($G_{EF/SG}$). Er setzt sich aus dem Produkt aus dem als Eigenkapital bzw. stilles Beteiligungskapital zur Verfügung gestellten Kapitalbedarf (K) und der Rendite ($r_{EF/SG}$) zusammen. Der Gewinn stammt aus einer aktiven Tätigkeit i.S.d. § 8 Abs. 1 AStG und der Aktivitätsklauseln der Abkommen. Es wird angenommen, dass die Gewinne sofort an das Mutterunternehmen transferiert werden. Eine Verlustsituation der Tochtergesellschaft wird ausgeschlossen. Bei der Fremdfinanzierung ist der Gewinn der von der Grundeinheit auf das Gesellschafterdarlehen bezahlte Zins (G_{FF}) und setzt sich aus dem Produkt aus dem als Fremdkapital zur Verfügung gestellten Kapitalbedarf (K) und dem Verrechnungszins (r_{FF}) zusammen. Da sich die Gewinne aus der jeweiligen Finanzierungsalternative entsprechen, gilt: $G_{EF/SG} = G_{FF} = G$.

Mit $G_{EF/SG} = K \times r_{EF/SG}$ und $GF_{FF} = K \times r_{FF}$ folgt: $r_{EF/SG} = r_{FF}$. Es muss folglich die zusätzliche Annahme getroffen werden, dass sich die Rendite und der Verrechnungszins der Höhe nach entsprechen.

---

[34] Vgl. Theisen, M.R., Konzern, 2000, S. 459-460, der allerdings die stille Gesellschaft als Finanzierungsalternative nicht berücksichtigt.
[35] Vgl. Streu, V., Konzernfinanzierung, 1997, S. 38.

I. Einleitung

Die zwischen Mutter- und Tochtergesellschaft geschlossenen Finanzierungsgeschäfte halten einem Fremdvergleich stand.

Die Berechnung der Gesamtsteuerbelastungen der jeweiligen Finanzierungsalternative erfolgt mit Hilfe einer Teilsteuerrechnung. Hierfür werden zunächst die Berechnungen an einem Zahlenbeispiel verdeutlicht. Der Gewinn soll bei jeder Alternative annahmegemäß 100 Geldeinheiten (GE) betragen. Verluste bleiben aus der Untersuchung ausgeschlossen. Der Wert von 100 GE wurde gewählt, damit die ermittelte Steuerlast für das Beispiel auch als Prozentwert Gültigkeit besitzt. Für die Beispielsberechnungen wird die Annahme getroffen, dass der ausländische Ertragsteuersatz 20% beträgt, die Quellensteuersätze auf die Auszahlung der Vergütung aus dem jeweiligen Finanzierungsgeschäft den Höchstsätzen des OECD-MA entsprechen und der Gewerbesteuer ein Hebesatz von 400% zugrunde liegt. Weiterhin werden die Ergebnisse anhand von Formeln verallgemeinert.

Die Berechnungen erfolgen zunächst immer für den Fall, dass die Finanzierung aus dem Eigenkapital des Mutterunternehmens erfolgt, sodann für den Fall, dass die Finanzierung aus dem Fremdkapital der Muttergesellschaft gedeckt wird. Für die Steuerbelastung der Muttergesellschaft macht es keinen Unterschied, ob eine Dividende als Vergütung der Eigenkapitalüberlassung an ihre Gesellschafter gezahlt wird (§ 8 Abs. 3 KStG). Da die Besteuerung auf Ebene der externen Eigenkapitalgeber nicht betrachtet wird, weil diese nicht zum Konzernverbund gehören, wirkt sich die Finanzierung durch die Aufnahme externer Eigenkapitalgeber steuerlich nicht auf das Ergebnis aus. Hingegen mindern die an externe Fremdkapitalgeber gezahlten Zinsen als Betriebsausgabe den Gewinn der Muttergesellschaft und müssen somit Berücksichtigung finden. Wie die Eigentümer der Muttergesellschaft zählen auch konzernexterne Fremdkapitalgeber nicht zum Konzern und bleiben deshalb aus der Betrachtung ausgeschlossen. Die Kapitalkosten betragen annahmegemäß 70 GE, sodass sich auf Konzernebene ein Gewinn vor Steuern in Höhe von 30 GE errechnet. In allgemeiner Form setzen sich die Refinanzierungszinsen (Z) aus dem Produkt aus dem Refinanzierungsbetrag (R) und dem Sollzins (z) zusammen. Weiterhin soll gelten, dass die Refinanzierungszinsen den Gewinn nicht übersteigen. Dennoch kann ein steuerlicher Verlust aus dem Finanzierungsgeschäft entstehen. Zusätzlich soll die Muttergesellschaft neben dem Finanzierungsgewinn Gewinne aus einer eigenen gewerblichen Tätigkeit erwirtschaften, sodass die Verluste sofort verrechnet werden können. Da sich lediglich die Aufnahme eines Refinanzierungsdarlehens steuerlich auswirkt, wird im Folgenden unter dem Begriff Refinanzierung stets die Refinanzierung durch ein Darlehen verstanden.

II. Optimale klassische Finanzierungsform als Beurteilungsmaßstab

Der Maßstab zur Beurteilung der unterschiedlichen Steuerbelastungen, die aus der stillen Gesellschaft resultieren, ist die geringere der beiden Steuerbelastungen, die sich bei klassischer Finanzierung der Tochtergesellschaft mit Eigen- oder Fremdkapital ergibt. Deshalb wird nach der Beschreibung der Normenhierarchie und sinnvollen Prüfungsreihenfolge zwischen EU-Recht, DBA-Recht und nationalem Steuerrecht in den folgenden beiden Abschnitten die steuerliche Behandlung der Eigen- und Fremdfinanzierung im Aus- und im Inland beschrieben sowie daraus die Gesamtsteuerbelastungen der jeweiligen Finanzierungsalternativen abgeleitet.

Im vierten Abschnitt wird dann die optimale klassische Finanzierungsform ermittelt, indem die zuvor berechneten Steuerbelastungen einander gegenübergestellt werden. Da sich keine allgemeingültige Aussage über die Vorteilhaftigkeit der Eigen- bzw. Fremdfinanzierung treffen lässt, sondern diese von unternehmensinternen und unternehmensexternen Einflussgrößen abhängt, sind die Determinanten der optimalen klassischen Finanzierungsform zu bestimmen, um im Einzelfall für Grundeinheiten in unterschiedlichen Staaten den richtigen Beurteilungsmaßstab festlegen zu können. Da die Möglichkeit der Refinanzierung des zusätzlichen Kapitalbedarfs durch ein Darlehen in die Betrachtung mit einfließt, ist jeweils zwischen der Finanzierung aus dem Eigen- und dem Fremdkapital der Muttergesellschaft zu unterscheiden.

Im fünften Abschnitt wird für die konkreten Länder analysiert, bei welcher Ausprägung der Einflussgrößen die Eigen- oder die Fremdfinanzierung vorzuziehen ist.

Während die bisherigen Ausführungen davon ausgehen, dass ausländische Reglungen zur Unterkapitalisierung eingehalten werden, befasst sich der sechste Abschnitt mit der Auswirkung von Unterkapitalisierungsregelungen. Das Kapitel schließt mit einer Zusammenfassung der Ergebnisse.

1. Normenhierarchie und Prüfungsreihenfolge

Bei grenzüberschreitenden Sachverhalten tritt neben das nationale Steuerrecht das bilaterale Recht der Doppelbesteuerungsabkommen. Zusätzlich ist bei grenzüberschreitenden Sachverhalten zwischen Deutschland und einem anderen Mitgliedstaat der EU das EU-Recht zu beachten.[36] Somit stellt sich die Frage, ob zwischen den drei Rechtsgebieten eine Hierarchie besteht (Abbildung II.1), und in welcher Reihenfolge sie sinnvollerweise zu prüfen sind.

Abbildung II.1: Einordnung des EU-Rechts in die Normenhierarchie des Internationalen Steuerrechts

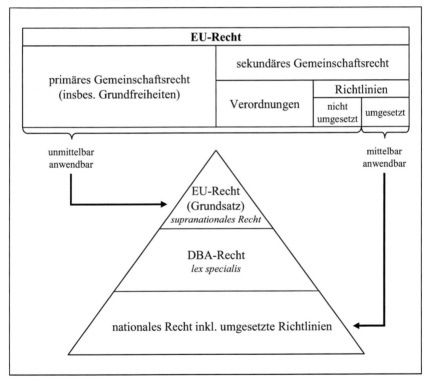

Doppelbesteuerungsabkommen sind völkerrechtliche Verträge, die darauf gerichtet sind, die nach innerstaatlichem Recht begründete Steuerpflicht zu be-

---

[36] Dieses Normengefüge wird als Internationales Steuerrecht i.w.S. bezeichnet; vgl. Scheffler, W., Unternehmenstätigkeit 2002, S. 27-28.

II. Optimale klassische Finanzierungsform als Beurteilungsmaßstab 19

schränken, um Doppelbesteuerungen zu vermeiden; sie können hingegen keine Besteuerungsgrundlagen schaffen (Schrankenwirkung).[37] Doppelbesteuerungsabkommen werden durch Umsetzung in innerstaatliches Recht unmittelbar anwendbar und gehen den nationalen Regelungen vor.[38] In Deutschland stehen DBA als völkerrechtliche Verträge nach Transformation in nationales Recht durch Zustimmungsgesetz (Art. 59 Abs. 2 GG) wie das nationale Steuerrecht auf dem Rang von Bundesgesetzen.[39] Sie gehen jedoch als lex specialis den innerstaatlichen Steuergesetzen vor (§ 2 AO).[40]

Das EU-Recht unterteilt sich in das primäre und das sekundäre Gemeinschaftsrecht.[41] Aus steuerlicher Sicht sind aus dem Bereich des primären Rechts insbesondere die im Vertrag über die Europäische Gemeinschaft verankerten Grundfreiheiten von Bedeutung. Für die Unternehmensbesteuerung sind die Niederlassungsfreiheit (Art. 43-48 EGV) und die Kapitalverkehrsfreiheit (Art. 56-60 EGV) von herausragender Bedeutung.[42] Beide richten sich gegen Beschränkungen und Diskriminierungen wirtschaftlicher Betätigung in der EU.[43] Zum sekundären Europäischen Recht gehören Verordnungen und Richtlinien. Verordnungen spielen im Ertragsteuerrecht derzeit keine Rolle und werden daher nicht weiter betrachtet.[44] Für Finanzierungsfragen besitzen von den bestehenden Richtlinien im Steuerrecht insbesondere die Mutter-Tochter-Richtlinie (MTRL)[45] und die Zins- und Lizenzrichtlinie (ZLRL)[46] Relevanz. Die Grund-

---

[37] Vgl. Debatin, H., DStR 1992, Beihefter zu Heft 23, S. 2.
[38] Zur Umsetzung in ausgewählten Staaten siehe Kerath, A., Maßstäbe, 1995, S. 156-160; Vogel, K., in: Vogel, K./Lehner, M., 2003, Einl., Rz. 59-60.
[39] Vgl. BFH vom 1.2.1989, BStBl 1990 II, S. 4 (S. 6); BFH vom 13.7.1994, BStBl 1995 II, S. 129; BFH vom 17.5.1995, BStBl 1995 II, S. 781 (S. 782); Geiger, R., Völkerrecht, 2002, S. 177.
[40] Vgl. Schaumburg, H., Internationales, 1998, Rz. 3.25-3.27. In vielen Staaten (28 der 42 europäischen Staaten) gehen völkerrechtliche Verträge bereits kraft geschriebenen oder ungeschriebenen Verfassungsrechts den nationalen Gesetzen vor. Zu den einzelnen Regelungen siehe Vogel, K., Verfassungsstaat, 2004, S. 488-497.
[41] Zum Unterschied zwischen primärem und sekundärem Gemeinschaftsrecht und zur Bedeutung der im primären Gemeinschaftsrecht verankerten Grundfreiheiten für die Besteuerung siehe ausführlich Kellersmann, D./Treisch, C., Europäische, 2002, S. 19-29, 131-207.
[42] Die Warenverkehrsfreiheit (Art. 28-30 EGV), die Freizügigkeit der Arbeitnehmer (Art. 39-42 EGV) und die Dienstleistungsfreiheit (Art. 49-55) hingegen sind von untergeordneter Bedeutung. Vgl. Herzig, N./Dautzenberg, N., DB 1997, S. 9-10; Jaeger, C., Europa, 2001, S. 51-52. Siehe Hahn, H., DStZ 2005, S. 469-481 zur Bedeutung aller fünf Grundfreiheiten für die direkten Steuern.
[43] Vgl. Schreiber, U., Besteuerung, 2005, S. 365-367; Stapperfend, T., FR 2003, S. 165-168.
[44] Vgl. Jacobs, O.H., Internationale, 2002, S. 99.
[45] Vgl. Richtlinie (90/435/EWG) vom 23.7.1990, Abl. EG vom 23.7.1990, L 225/6.
[46] Vgl. Richtlinie (2003/49/EG) vom 3.6.2003, Abl. EG vom 26.6.2003, L 157/49.

freiheiten und die im Bereich der direkten Steuern erlassenen Richtlinien haben eine ähnliche Wirkung wie Doppelbesteuerungsabkommen, da sie nicht zur Besteuerung verpflichten, sondern lediglich ihnen entgegenstehende Besteuerungstatbestände der Mitgliedstaaten beschränken.[47]

Die Beantwortung der Frage in welcher Rangordnung das EU-Recht zum nationalen Recht und zum DBA-Recht steht, hängt davon ab, ob die entsprechende EU-Norm unmittelbar für den Bürger anwendbares Recht darstellt oder ob sie lediglich die Mitgliedstaaten verpflichtet und somit für den Bürger nur mittelbar anwendbar ist.[48]

Auf die Grundfreiheiten kann sich der Unionsbürger (natürliche und juristische Personen) unmittelbar berufen. Sie stehen als supranationales Recht über dem nationalen Steuerrecht und dem Recht der DBA.[49] Den Grundfreiheiten entgegenstehendes nationales Recht ist nicht anzuwenden (Art. 10 EGV).[50]

Richtlinien wenden sich im Gegensatz zum primären Gemeinschaftsrecht an die Mitgliedstaaten, die sie durch Erlass von Rechtsnormen in nationales Recht umzusetzen haben. Die Richtlinie gibt hierbei lediglich das zu erreichende Ziel verbindlich vor (Art. 249 Abs. 3 EGV). Durch die Umsetzung in nationales Recht erlangt die Richtlinie für den Unionsbürger jedoch mittelbare Wirkung, da er sich auf das nationale Gesetz berufen kann, durch welches die Ziele der Richtlinie verwirklicht werden.[51] Um die praktische Wirksamkeit des Europarechts zu gewährleisten („effet utile"), wenn ein Staat seiner Verpflichtung zur fristgerechten und ordnungsmäßigen Umsetzung nicht nachkommt, kann die Richtlinie auch unmittelbare Wirkung entfalten.[52]

---

[47] Vgl. Lang, M., Einführung, 2002, S. 37.
[48] Vgl. Schaumburg, H., Internationales, 1998, Rz. 3.29.
[49] Vgl. Hamaekers, H., ET 1993, S. 26; Hinnekens, L., EC Tax Review 1994, S. 147; Wassermeyer, F., DStJG 1996, S. 155-156; Wunderlich, N./Albath, L., DStZ 2005, S. 549-550. Auch Verordnungen sind unmittelbar anwendbar (Art. 249 Abs. 2 EGV) und stehen über dem DBA und nationalem Recht; vgl. Scherer, T.B., Doppelbesteuerung, 1995, S. 136.
[50] Zur Bedeutung der Grundfreiheiten für die direkten Steuern siehe z.B. Schön, W., IStR 2004, S. 289-300; Thömmes, O., IWB 2003, Fach 11, Gruppe 2, S. 547-554.
[51] Vgl. Kellersmann, D./Treisch, C., Europäische, 2002, S. 24-26.
[52] Vgl. EuGH vom 5.4.1979 (Ratti), EuGHE 1979, S. 1621; EuGH vom 19.1.1982 (Becker), EuGHE 1982, S. 53; EuGH vom 26.2.1986 (Marshall), EuGHE 1986, S. 723; Dörr, I./Krauß, R./Schreiber, S., IStR 2004, S. 472-473; Weber-Grellet, H., StuW 1995, S. 341.

Somit stehen nicht fristgerecht und nicht korrekt umgesetzte Richtlinien, die unmittelbare Wirkung entfalten, über dem Recht der Doppelbesteuerungsabkommen und über dem nationalen Recht und können dies verdrängen.[53]

Fristgerecht und korrekt umgesetzte Richtlinien, die nur mittelbare Wirkung entfalten, stehen durch die Umsetzung auf dem Rang der nationalen Steuergesetze.[54] Da Doppelbesteuerungsabkommen zum innerstaatlichen Recht gehören, stehen auch sie auf demselben Rang wie die umgesetzten Richtlinien, wobei das DBA-Recht als lex specialis ggf. vorrangig anzuwenden ist.[55] Ein Konflikt mit den Doppelbesteuerungsabkommen kann jedoch nicht entstehen, unabhängig davon, ob die Richtlinie oder das Doppelbesteuerungsabkommen die günstigere Regelung enthält. Im Fall einer günstigeren Richtlinienregelung sind die Staaten nicht dazu gezwungen, das ihnen durch das DBA verbleibende Besteuerungsrecht in vollem Umfang auszuschöpfen, da das DBA keine Rechtsgrundlage schaffen kann. Vielmehr sind die Mitgliedstaaten verpflichtet, die günstigere Regelung der Richtlinie in nationales Recht umzusetzen. Ist das DBA günstiger, schränkt es das richtlinienkonforme, nationale Steuerrecht nur weiter ein.[56] Für den Steuerpflichtigen ist die günstigere Regel anwendbar.

Die Prüfungsreihenfolge erfolgt aus allgemeiner rechtssystematischer Sicht nach dem Rangverhältnis der Normen, wobei das höherrangige Recht zuerst zu prüfen ist, da die übergeordnete Norm in ihrer Rechtsfolge die niedrigere Norm verdrängt, die dann gar nicht zu prüfen ist.[57]

Diese allgemeine Maxime kann auch für das Internationale Steuerrecht übernommen werden. Demnach ist zuerst das EU-Recht, dann das DBA-Recht und zuletzt das nationale Recht zu prüfen.[58] Jedoch kann aufgrund der für das Abkommens- und Gemeinschaftsrecht geltenden Schrankenwirkung eine Prüfung

---

[53] Vgl. im Verhältnis zum nationalen Recht Kellersmann, D./Treisch, C., Europäische, 2002, S. 26-28; Spetzler, W., DB 1993, S. 553-554 und im Verhältnis zum DBA Schaumburg, H., Internationales, 1998, Rz. 16.45-16.46.
[54] Dennoch sind die auf Grund der Umsetzung einer Richtlinie erlassenen nationalen Vorschriften im Sinne der Richtlinie auszulegen; vgl. Jacobs, O.H., Internationale, 2002, S. 100.
[55] Vgl. Schaumburg, H., Internationales, 1998, Rz. 3.29, 3.31.
[56] Vgl. Herzig, N./Dautzenberg, N., DB 1992, S. 2521; Lang, M., Einführung, 2002, S. 37-38.
[57] Vgl. Schwacke, P., Methodik, 2003, S. 138.
[58] Vgl. im Verhältnis vom Abkommens- zum nationalen Recht Debatin, H., DB 1985, Beilage 23 zu Heft Nr. 39, S. 2; Debatin, H., DStR 1992, Beihefter zu Heft 23, S. 2.

des jeweils niederrangigen Rechts nur dann unterbleiben, wenn bereits das höherrangige Recht eine Besteuerung vollkommen verbietet. Dies ist beispielsweise der Fall, wenn die Verteilungsnorm eines DBA die Quellenbesteuerung von Dividenden untersagt. Belässt die EU-Norm oder das DBA hingegen ein (eingeschränktes) Besteuerungsrecht oder sind die Voraussetzungen hierfür nicht erfüllt, kann die anschließende Prüfung des nationalen Steuerrechts nicht ausgeschlossen werden, da weder das DBA noch das EU-Recht eine Steuerpflicht begründen kann. Beschränkt die Verteilungsnorm eines DBA beispielsweise die Quellenbesteuerung von Dividenden auf 15%, so ist weiterhin zu prüfen, ob dieses Besteuerungsrecht durch das nationale Recht auch ausgefüllt wird. Auf die Prüfung des die Besteuerung begründenden nationalen Rechts kann nur in Ausnahmefällen verzichtet werden. Deshalb sind grundsätzlich alle drei Rechtsgebiete zu prüfen. Insofern ist auch eine umgekehrte Prüfungsreihenfolge beginnend mit dem nationalen Recht möglich.[59]

Die sinnvolle Prüfungsreihenfolge bestimmt sich nach Praktikabilitätsgründen.[60] Hierfür bietet sich für die Besteuerung im In- und Ausland eine unterschiedliche Prüfungsreihenfolge an. Im Ausland wird nach einer kurzen Skizzierung der grundsätzlich möglichen steuerlichen Behandlung zuerst das EU-Recht, dann das DBA und zuletzt das konkrete nationale Recht geprüft, denn der Mutter-Tochter-Richtlinie oder der Zins- und Lizenzrichtlinie kann für ein Unternehmen eine Filterfunktion zugesprochen werden. Demnach ist zunächst zu prüfen, ob die Richtlinie eine Besteuerung verbietet und ob die Voraussetzungen für das konkrete Unternehmen erfüllt sind. Erst wenn die Mindestvoraussetzungen der Richtlinie nicht vorliegen, lohnt es sich, das DBA daraufhin zu untersuchen, ob es eine Besteuerung verbietet und letztendlich das nationale Steuerrecht des einzelnen Staats darauf hin zu untersuchen, ob und in welcher Höhe ein ggf. verbleibendes Besteuerungsrecht ausgefüllt wird. Dies ist damit zu begründen,

---

[59] Vgl. im Verhältnis vom Abkommens- zum nationalen Recht Djanani, C., International, 1998, S. 56; Loukota, H., Personengesellschaften, 2000, S. 23-24.
[60] Vgl. im Verhältnis vom Abkommens- zum nationalen Recht Lang, M., Einführung, 2002, S. 35; Mössner, J.M. u.a., International, 2005, Rz. B 437; Schaumburg, H., Internationales, 1998, Rz. 16.44; Vogel, K., DB 1986, S. 507; Vogel, K., in: Vogel, K./Lehner, M., 2003, Einl., Rz. 90; Wassermeyer, F., StuW 1990 S. 411.

dass sich das EU-Recht und das DBA schneller erschließen lassen als die unterschiedlichen nationalen Regelungen der untersuchten Länder.

Für die Besteuerung im Inland wird im Rahmen dieser Arbeit eine umgekehrte Prüfungsreihenfolge beginnend mit dem nationalen Recht vorgenommen. Der Grund ist darin zu sehen, dass die Mutter-Tochter-Richtlinie sowie die Zins- und Lizenzrichtlinie bereits in nationales Recht umgesetzt sind, weshalb eine separate Prüfung entfallen kann. Weiterhin wird sich zeigen, dass es für die entsprechenden Finanzierungsalternativen immer Fälle gibt, in denen Deutschland durch das DBA das Besteuerungsrecht zugewiesen wird, sodass die Prüfung des nationalen Rechts unerlässlich ist.

2. Besteuerung der Eigenfinanzierung

2.1 Besteuerung im Ausland

Bei der Besteuerung im Sitzstaat der ausländischen Kapitalgesellschaft ist zwischen der Besteuerung der durch die Gesellschaft erwirtschafteten Gewinne und der Besteuerung der an die Gesellschafter ausgeschütteten Gewinne zu unterscheiden.

Die Besteuerung der Eigenfinanzierung zwischen Kapitalgesellschaften wird innerhalb der EU durch die Mutter-Tochter-Richtlinie geregelt. Diese beschränkt im Quellenstaat nur die Besteuerung der Ausschüttung, nicht jedoch die Besteuerung der der Ausschüttung zugrunde liegenden Gewinne mit Körperschaftsteuer.[61] Auch die Doppelbesteuerungsabkommen weisen das Besteuerungsrecht der durch die rechtlich selbständige Kapitalgesellschaft erwirtschafteten Gewinne dem Ausland zu (Art. 7 Abs. 1 OECD-MA).[62] Die unbeschränkte Steuerpflicht der Kapitalgesellschaft knüpft nach nationalem ausländischem Recht entweder an deren gesellschaftsrechtlichen Sitz im Ausland an (Sitztheorie) oder an den Ort, nach dessen Recht sie gegründet wurde (Gründungstheo-

---

[61] Vgl. Schlussanträge des Generalanwalts Alber, S. vom 10.05.2001 (Athinaiki Zythopoiia), EuGHE 2001, S. I-6797, Rn. 27; Dautzenberg, N., UM 2003, S. 176. Die Doppelbelastung ausgeschütteter Gewinne soll im Ansässigkeitsstaat durch Anrechnung oder Freistellung vermieden werden (Art. 4 Abs. 1 MTRL).

[62] Vgl. Djanani, C., International, 1998, S. 163.

rie).⁶³ Oftmals wird als weiteres Kriterium zur Begründung der unbeschränkten Steuerpflicht auch der Ort der Geschäftsleitung herangezogen. Probleme der doppelten Ansässigkeit von Kapitalgesellschaften, die sich daraus ergeben, dass der Ort des Sitzes bzw. der Gründungsort und der Ort der Geschäftsleitung in unterschiedlichen Staaten liegen, werden in Abkommensfällen dadurch gelöst, dass auf den Ort der tatsächlichen Geschäftsleitung abgestellt wird (Art. 4 Abs. 3 OECD-MA).⁶⁴ Im Folgenden wird angenommen, dass die Tochtergesellschaft nur im Ausland unbeschränkt steuerpflichtig ist, d.h. dass sich dort nicht nur der Sitz befindet bzw. die Gesellschaft gegründet wurde, sondern sich dort auch der Ort der tatsächlichen Geschäftsleitung befindet.

Im Rahmen der unbeschränkten Steuerpflicht unterliegt der Gewinn der ausländischen Kapitalgesellschaft der ausländischen Körperschaftsteuer und ggf. noch einer anderen ertragsabhängigen Steuer, wie einer Zuschlagsteuer zur Körperschaftsteuer, einer auf Ebene der Gebietskörperschaften erhobenen Steuer oder einer der deutschen Gewerbesteuer vergleichbaren Steuer.⁶⁵ Im Folgenden soll von effektiven ausländischen Tarifbelastungen ausgegangen werden, die sämtliche ertragsabhängige Steuern und ihre Abhängigkeiten untereinander berücksichtigen. Diese sind in Tabelle II.1 aufgelistet.

Tabelle II.1: Effektive ausländische Tarifbelastungen

	Körperschaftsteuersatz	Zuschlagsteuer	lokale Ertragsteuer	effektive Tarifbelastung
Australien	30,00%	-	-	30,00%
Belgien	34,00%	-	-	34,00%
China	30,00%	-	3,00%	33,00%
Dänemark	30,00%	-	-	30,00%
Estland	26,00%ᵃ⁾	-	-	26,00%
Finnland	29,00%	-	-	29,00%
Frankreich	33,33%	4,80%ᵇ⁾	-	34,93%
Griechenland	35,00%	-	-	35,00%

---

⁶³ Vgl. Birk, D., IStR 2003, S. 469-470; Staringer, C., Kapitalgesellschaften, 1999, S. 41-47.
⁶⁴ Siehe hierzu Bendlinger, S., SWI 2004, S. 167-173; Hinnekens, L., Intertax 2003, S. 314-319; Kessler, W./Müller, M.A., IStR 2003, S. 361-369; Loukota, H., IStR 2004, S. 558-564.
⁶⁵ Vgl. Jacobs, O.H., Internationale, 2002, S. 525-526, 528.

II. Optimale klassische Finanzierungsform als Beurteilungsmaßstab 25

	Körperschaft-steuersatz	Zuschlagsteuer	lokale Ertragsteuer	effektive Tarifbelastung
Großbritannien	30,00%[c]	-	-	30,00%
Irland	12,50%	-	-	12,50%
Italien	33,00%	-	4,25%[d]	33,00%
Japan	30,00%	19,00%[e]	9,60%[f]	41,33%
Kanada	22,12%[g]	4,00%	12,00%[h]	34,12%
Lettland	15,00%	-	-	15,00%
Litauen	15,00%	-	-	15,00%
Luxemburg	22,00%	4,00%	7,50%	30,38%[i]
Niederlande	31,50%	-	-	31,50%[j]
Österreich	25,00%	-	-	25,00%
Polen	19,00%	-	-	19,00%
Portugal	25,00%	max. 10,00%	-	27,50%
Schweden	28,00%	-	-	28,00%
Schweiz	8,50%	-	[k]	15,00%[l]
Slowakei	19,00%	-	-	19,00%
Slowenien	25,00%	-	-	25,00%
Spanien	35,00%	-	-	35,00%
Tschechien	26,00%[m]	-	-	26,00%
Ungarn	16,00%	-	-	16,00%
USA	35,00%[n]	-	6,00%	38,68%

[a] Körperschaftsteuer wird nur auf ausgeschüttete Gewinne erhoben. Der Steuersatz auf die Nettodividende beträgt $^{26}/_{74}$. Dies entspricht 26% auf die Bruttodividende.
[b] Der Satz setzt sich aus einer Zuschlagsteuer von 1,50% und einem Sozialzuschlag von 3,30% auf die 763.000 € übersteigende Körperschaftsteuer zusammen, wodurch sich ein Spitzensteuersatz von 34,93% errechnet. Ab dem 1.1.2006 wird die Zuschlagsteuer abgeschafft, sodass sich der Spitzensteuersatz auf 34,43% reduziert. Vgl. Lefebvre, F., Fiscal, 2005, Rz. 3215, 3218.
[c] Hierbei handelt es sich um den Spitzensteuersatz.
[d] IRAP (regionale Steuer auf produktive Tätigkeiten) wird auf die Wertschöpfung des Unternehmens erhoben. Sie steht im Widerspruch zum europäischen Recht, vgl. Rolle, G./Mejnardi, C., TPI/EUF 2005, Nr. 4, S. 13-15. Sie wird deshalb nicht berücksichtigt.
[e] Die Zuschlagsteuer setzt sich aus dem Zuschlag der Präfekturen von 5%-6% und dem der Gemeinden von 12,3%-14,7% zusammen. Hier wurde jeweils der durchschnittliche Satz verwendet.
[f] Von Präfekturen erhobene Unternehmenssteuer, sie mindert als Betriebsausgabe die Bundessteuer sowie die eigene Bemessungsgrundlage, sodass sie effektiv nur 8,76% beträgt. Die Präfekturen können einen Zuschlag auf die Unternehmenssteuer von bis zu 10% erheben. Dieser wurde hier nicht berücksichtigt.
[g] Der allgemeine Körperschaftsteuersatz reduziert sich pauschal um 10%-Punkte bei Einkünften, die auch auf Ebene der Gebietskörperschaften besteuert werden. Nach Anwendung des Zuschlag-

> satzes von 4% wird seit dem Jahr 2004 eine Tarifabsenkung um 7%-Punkte gewährt. Es gibt zahlreiche Sondertarife, siehe hierzu Mennel, A./Förster, J., Steuern, Länderteil, Kanada, Rn. 325-342.
> h) Zuschlag von Ontario. Die Sätze steigen je nach Provinz und Territorium bis zu 17%.
> i) Steuersatz der Stadt Luxemburg. Der Steuersatz bewegt sich je nach Gemeinde zwischen 6% und 10,5%.
> j) Der Körperschaftsteuersatz wird ab dem 1.1.2006 auf 30,5% und ab dem 1.1.2007 auf 30% reduziert; vgl. Dörr, I./Küppers, C., IWB 2005, Fach 5, Niederlande, Gruppe 2, S. 420.
> k) Nach Rendite gestaffelter Tarif der Kantonalsteuer.
> l) Durchschnittliche effektive Ertragsteuerbelastung, die annähernd der Unternehmenssteuerlast der Stadt Zürich entspricht. Die Ertragsteuern mindern ihre eigene Bemessungsgrundlage.
> m) Ab dem Jahr 2006 beträgt der Körperschaftsteuersatz 24%.
> n) Körperschaftsteuersatz des Bundesstaats Georgia, abzugsfähig auf Ebene des Bundesstaats, sodass der effektive Körperschaftsteuersatz 5,66% beträgt. Die Körperschaftsteuer des Bundesstaats ist zusätzlich auf Bundesebene abzugsfähig.

Quelle: Ernst & Young/ZEW (Hrsg.), Taxation, 2004, S. 43; IBFD, Europa, Fach C, entsprechende Länderteile; Maier-Frischmuth, M., StuB 2003, S. 9-10; Mennel, A./Förster, J., Steuern, entsprechende Länderteile.

Der nach Steuern verbleibende Gewinn kann an den inländischen Anteilseigner ausgeschüttet werden. An die Ausschüttung knüpft die beschränkte Steuerpflicht des Anteilseigners im Sitzstaat der ausschüttenden Gesellschaft an, sodass auf der Dividende eine ausländische Quellensteuer lastet.[66]

Innerhalb der EU ist zunächst die Mutter-Tochter-Richtlinie (MTRL)[67] zu prüfen, die eine Quellensteuerbefreiung von Dividendenzahlungen zwischen in der EU ansässigen Kapitalgesellschaften gewährleistet (Art. 5 Abs. 1 MTRL). Mittlerweile haben alle Mitgliedstaaten die Mutter-Tochter-Richtlinie in nationales Recht umgesetzt, sodass bei Ausschüttungen an eine in einem anderen Mitgliedstaat der EU ansässige Kapitalgesellschaft keine Quellensteuer mehr erhoben wird, sofern die Voraussetzungen an die Mindestbeteiligung und die Haltefrist erfüllt sind.[68] Durch die Änderungsrichtlinie zur Mutter-Tochter-Richtlinie wurde die Mindestbeteiligung an der ausschüttenden Gesellschaft i.H.v. 25% als Voraussetzung für die Quellensteuerbefreiung seit dem 1.1.2005 auf nunmehr

---

[66] Vgl. Jacobs, O.H., Internationale, 2002, S. 526-527.
[67] Vgl. Richtlinie (90/435/EWG) vom 23.7.1990, Abl. EG vom 23.7.1990, L 225/6.
[68] Vgl. Jacobs, O.H., Internationale, 2002, S. 164. Mit ihrem Beitritt haben auch die zehn neuen Mitgliedstaaten der EU die Mutter-Tochter-Richtlinie umgesetzt, sodass die Quellensteuerbefreiung für Ausschüttungen aus diesen Ländern seit dem 1.5.2004 greift. Jedoch wurde Estland gestattet, über einen Zeitraum von acht Jahren noch Quellensteuer zu erheben. Vgl. Endres, D., PIStB Sonderdruck 2004, S. 22-23 ; KPMG, EU News No. 6, http://www.kpmg.at, Rubrik virtuelle Bibliothek/Express Informations Service/Nr. 34 (2.12.2004), S. 8-9.

II. Optimale klassische Finanzierungsform als Beurteilungsmaßstab

20% herabgesetzt (Art. 3 Abs. 1 Buchst. a MTRL).[69] Zusätzlich kann von den Mitgliedstaaten als weitere Voraussetzung gefordert werden, dass die Beteiligung für einen ununterbrochenen Zeitraum von mindestens zwei Jahren gehalten werden muss (Art. 3 Abs. 2 MTRL). Es ist jedoch nicht erforderlich, dass die Voraussetzung für die Mindesthaltedauer bereits zum Zeitpunkt der Ausschüttung erfüllt ist.[70] Unter der Voraussetzung einer 25%igen Mindestbeteiligung gewährt auch die Schweiz eine Quellensteuerbefreiung aufgrund eines mit der EU geschlossenen Abkommens, das inhaltlich der Mutter-Tochter-Richtlinie entspricht (Art. 15 Abs. 1 Zinsabkommen).[71] Sind die Voraussetzungen erfüllt, muss das Recht niedrigerer Rangordnung nicht mehr untersucht werden. Anderenfalls ist das DBA zu analysieren.

DBA schränken das nationale Recht der Staaten zur Erhebung von Quellensteuern ein, indem sie die Quellensteuersätze der Höhe nach begrenzen. Nach dem OECD-MA gilt für Ausschüttungen an eine Kapitalgesellschaft, die mindestens 25% der Anteile der zahlenden Gesellschaft hält (Schachteldividende), ein Satz von 5% (Art. 10 Abs. 2 Buchst. a OECD-MA). Wird die Anforderung an die Mindestbeteiligung nicht erfüllt, findet lediglich eine Begrenzung auf 15% Anwendung (Art. 10 Abs. 2 Buchst. b OECD-MA). Die einzelnen DBA können jedoch hiervon abweichende Regelungen enthalten.[72] Nur wenn das jeweilige DBA eine völlige Steuerbefreiung vorsieht und die entsprechenden Voraussetzungen erfüllt sind, kann die Betrachtung des nationalen Rechts unterbleiben.

In allen anderen Fällen ist zu prüfen, ob und in welcher Höhe das durch das DBA belassene Besteuerungsrecht durch das nationale Recht ausgefüllt wird. Ggf. stellen die einzelnen Mitgliedstaaten bei der Umsetzung der Mutter-Tochter-Richtlinie in nationales Recht auch weniger restriktive Anforderungen an die Quellensteuerbefreiung als in der Richtlinie vorgesehen. Es kommt auf-

---

[69] Vgl. Richtlinie (2003/123/EG) vom 22.12.2003, Abl. EG vom 13.1.2004, L 7/41. Die Beteiligungsquote wird ab dem 1.1.2007 auf 15% und letztendlich ab dem 1.1.2009 auf 10% gesenkt. Siehe auch Bullinger, P., IStR 2004, S. 406-412.
[70] Vgl. EuGH vom 17.10.1996 (Denkavit), EuGHE 1996, S. I-5063.
[71] Vgl. Abkommen zwischen der Europäischen Gemeinschaft und der Schweizerischen Eidgenossenschaft über Regelungen, die den in der Richtlinie 2003/48/EG des Rates im Bereich der Besteuerung von Zinserträgen festgelegten Regelungen gleichwertig sind (Zinsabkommen), Abl. EG vom 29.12.2004, L 385/30; Kessler, W./Eicker, K./Obser, R., IStR 2005, S. 661-664.
[72] Siehe hierzu, Jacobs, O.H., Internationale, 2002, S. 531-532.

grund der Schrankenwirkung von DBA jeweils die günstigere Regelung von nationalem Recht (inklusive der Sonderregelungen aus der Umsetzung der Mutter-Tochter-Richtlinie) und dem DBA-Recht zur Anwendung.[73] Eine Regelung kann im Hinblick auf den Steuersatz oder auch im Hinblick auf weniger strenge Anforderungen günstiger sein. Die Höhe des Quellensteuersatzes nach dem jeweiligen nationalen Steuerrecht des Sitzstaats der Grundeinheit liegt i.d.R. zwischen 15% und 35% der Bruttoausschüttung,[74] sodass zumeist der im DBA vorgesehene Steuersatz zur Anwendung kommen wird, wenn die Voraussetzungen der Mutter-Tochter-Richtlinie nicht erfüllt sind. Im Ergebnis gelten die in Tabelle II.2 aufgelisteten Steuersätze.

Tabelle II.2: Quellensteuersätze auf Dividenden

Quellenstaat	nationales Recht	maximale Quellensteuersätze (in %) nach DBA oder Umsetzung der Mutter-Tochter-Richtlinie				
		Regelsatz	besonderer Satz für Schachteldividenden		Mindestbeteiligung (in %) bei Schachteldividende	
			DBA	MTRL	DBA	MTRL
Australien	30%	15%	-	-	-	-
Belgien	25%	15%	-	0%	-	20%
China	0%	10%	-	-	-	-
Dänemark	28%	15%	5%	0%	10%	20%
Estland [a)]	26%	15%	5%	-	25%	-
Finnland	29%	15%	10%	0%	25%	20%
Frankreich	25%	15%	0%	0%	10%	20%
Griechenland	0%	25%	-	0%	-	10%[b)]
Großbritannien	0%	-	15%	0%	25%	10%[b)]
Irland	20%	-	-	0%	-	20%
Italien	27%	15%	10%	0%	25%	20%
Japan	20%	15%	10%	-	25%	-
Kanada	25%	15%	5%	-	10%	-
Lettland	10%	15%	5%	0%	25%	20%

---

[73] Vgl. Vogel, K., in: Vogel, K./Lehner, M., 2003, Einl., Rz. 270.
[74] Siehe hierzu Jacobs, O.H., Internationale, 2002, S. 526.

II. Optimale klassische Finanzierungsform als Beurteilungsmaßstab 29

Litauen	15%	15%	5%	0%	25%	10%
Luxemburg	20%	15%	10%	0%	25%	20%
Niederlande	25%	15%	10%	0%	25%	10%[b]
Österreich	25%	15%	5%	0%	10%	10%[b]
Polen	19%	15%	5%	0%	10%	20%
Portugal	25%	15%	-	0%	-	20%
Schweden	30%	15%	0%	0%	10%	20%
Schweiz	35%	15%	0%	0%	20%	25%
Slowakei	0%	15%	5%	0%	25%	0%
Slowenien[c]	25%	15%	-	0%	-	20%
Spanien	15%	15%	10%	0%	25%	10%[b]
Tschechien	15%	15%	5%	0%	25%	20%
Ungarn	20%	15%	5%	0%	25%	20%
USA	30%	15%	5%	-	10%	-

[a] Die Quellensteuer wird zusätzlich zur Ausschüttungssteuer erhoben, kann jedoch im Gegensatz zu dieser durch DBA oder MTRL reduziert werden.
[b] Regelung erfolgt auf Gegenseitigkeit, die auf deutscher Seite erfüllt ist (§ 43b Abs. 3 EStG).
[c] Art. 11 DBA-Slowenien regelt nur die Quellenbesteuerung für aus Deutschland abfließende Dividenden. Gemäß einer zwischen beiden Staaten getroffenen Verständigungsregelung (Art. 26 Abs. 3 DBA-Slowenien) gilt für aus Slowenien abfließende Dividenden der aus sozialistischen Zeiten stammende Art. 8 DBA-Slowenien zur Besteuerung von Gewinnen aus einer „Organisation der Vereinten Arbeit". Dieser sieht lediglich eine Steuersatzbegrenzung auf 15% vor. Vgl. BMF-Schreiben vom 21.7.1997, BStBl 1997 I, S. 724.

Quelle: Debatin, H./Wassermeyer, F., Art. 10 OECD-MA entsprechender Artikel der jeweiligen Länder bzw. Anhang; Degesys, R., ET 2004, S. 298, 300; Knaus, M., SWI 2005, S. 37-38; IBFD, Europa, Fach C, entsprechende Länderteile; KPMG, Express-Informations-Service Nr. 25, http://www.kpmg.at, Rubrik virtuelle Bibliothek/Express Informations Service/Nr. 25 (2.12.2004); Tischbirek, W., in: Vogel, K./Lehner, M., 2003, Art. 10 MA, Rz. 67.

Tabelle II.3 (S. 30) gibt für das Zahlenbeispiel und allgemeingültig in Formeln die Steuerbelastung im Ausland wieder, die sich aus der Ertragsteuer und der Quellensteuer zusammensetzt. Ist weder die Mindestbeteiligungsquote für das Vorliegen einer DBA-Schachtelbeteiligung noch die der Mutter-Tochter-Richtlinie erfüllt (Portfoliobeteiligung nach internationalem Recht), kommt eine Kapitalertragsteuer von 15% zur Anwendung. Diese führt zu einer Effektivbelastung von 12,00 GE, weil der Steuersatz auf den nach Ertragsteuern verbleibenden Gewinn angewendet wird. Somit summieren sich die ausländischen Steuern auf 32,00 GE. Ist die Mindestbeteiligungsquote des DBA-Schachtelprivilegs erfüllt (25%), führt die 5%ige Kapitalertragsteuer zu einer effektiven Belastung von 4,00 und somit zu einer Steuerbelastung von 24,00 GE. Sind die Voraussetzungen für die Mutter-Tochter-Richtlinie erfüllt (u.a. Mindestbeteiligung 20%), entfällt die Kapitalertragsteuer ganz, sodass die Steuerbelastung 20,00 GE beträgt.

Tabelle II.3: Ausländische Steuerbelastung bei Ausstattung der Tochtergesellschaft mit Eigenkapital

Besteuerung im Ausland		
ausländische Ertragsteuer	20,00	est_A
+ Kapitalertragsteuer		
• 15% (Portfoliobeteiligung)	12,00	$QuStD \times (1-est_A)$
• 5% (DBA Schachtelbeteiligung)	4,00	
• 0% (Mutter-Tochter-Richtlinie)	0,00	
= ausländische Steuerbelastung		
• Portfoliobeteiligung	32,00	$est_A + QuStD \times (1-est_A)$
• DBA-Schachtelbeteiligung	24,00	
• Mutter-Tochter-Richtlinie	20,00	
mit: est_A = effektive ausländische Tarifbelastung QuStD = Quellensteuersatz auf Dividenden		

2.2 Besteuerung im Inland (Freistellung)

Die deutsche Mutterkapitalgesellschaft ist im Inland unbeschränkt, d.h. mit ihrem Welteinkommen körperschaftsteuerpflichtig, da sich annahmegemäß Sitz und Ort der Geschäftsleitung im Inland befinden (§ 1 Abs. 1 Nr. 1, Abs. 2 KStG). Solange die ausländische Kapitalgesellschaft ihre Gewinne thesauriert, verhindert deren Selbständigkeit eine Besteuerung in Deutschland. Erst die Gewinnausschüttung in Form von Dividenden führt zu einer Erhöhung des Welt-

II. Optimale klassische Finanzierungsform als Beurteilungsmaßstab   31

einkommens der Muttergesellschaft.[75] Allerdings ist die Dividende für Zwecke der Körperschaftsteuer steuerfrei (§ 8b Abs. 1 KStG).[76] Hierfür werden keine Anforderungen an die Beteiligungshöhe, die Haltezeit oder an das Vorliegen einer aktiven Tätigkeit der Tochtergesellschaft gestellt.[77] Per gesetzlicher Fiktion gelten 5% der Bruttodividende als nicht abzugsfähige Betriebsausgabe und erhöhen somit den körperschaftsteuerpflichtigen Gewinn des Anteilseigners (§ 8b Abs. 5 KStG).[78] Hinzu kommt der Solidaritätszuschlag.[79] Im Ergebnis erstreckt sich die Steuerfreiheit hierdurch lediglich auf 95% der Dividende.[80] Eine Anrechnung der ggf. im Ausland bezahlten Quellensteuer ist wegen der Freistellung der Dividende bereits dem Grunde nach nicht möglich. Denn Voraussetzung für die Anrechnung nach § 26 Abs. 1 KStG ist u.a. die Gleichheit des Abgabetatbestands, die dann nicht vorliegt, wenn die Einkünfte im Inland steuerfrei sind.[81] Die Quellensteuer bleibt somit als definitive Belastung bestehen.[82]

Die inländische Mutterkapitalgesellschaft ist als Gewerbebetrieb kraft Rechtsform Steuergegenstand der Gewerbesteuer (§ 2 Abs. 1 Satz 1, Abs. 2 Satz 1 GewStG). Zur Ermittlung des Gewerbeertrags bildet das körperschaftsteuerliche Einkommen nach § 7 Abs. 1 KStG die Ausgangsgröße (§ 7 GewStG). Somit erhöhen auch nur die in nicht abzugsfähige Betriebsausgaben umqualifizierten 5%

---

[75] Vgl. Oestreicher, A., Einfluss, 2005, S. 65.
[76] Dies entspricht der Umsetzung der Mutter-Tochter-Richtlinie in nationales Recht; vgl. Köhler, S., DStR 2000, S. 614.
[77] Vgl. Dötsch, E./Pung, A., DB 2000, Beilage 4 zu Heft Nr. 34, S. 6; Schönwald, S., SteuerStud 2002, S. 137-138.
[78] Zur EU-rechtlichen Kritik siehe Körner, A., BB 2003, S. 2440-2441; Thömmes, O., IStR 2005, S. 691-693. Kerssenbrock, O.-F., BB 2003, S. 2156 und Suhrbier-Hahn, U., RIW 2003, S. 883 sehen in der Regelung keinen Verstoß gegen EU-Recht. Zu Bedenken der Vereinbarkeit mit dem Grundgesetz und DBA-Recht siehe Kerssenbrock, O.-F., BB 2003, S. 2156-2157.
[79] Vgl. Fischer, L./Kleineidam, H.-J./Warneke, P., Internationales, 2005, S. 68.
[80] Vgl. Krawitz, N./Büttgen, D./Hick, C., WPg 2002, S. 88.
[81] Vgl. Müller-Dott, J.P., in: Flick, H./Wassermeyer, F./Baumhoff, H., § 26 KStG, Anm. 71, 105; Täske, J., in: Blümich, W., § 26 KStG, Rz. 31-32. Auch eine anteilige Anrechnung auf die der Besteuerung unterliegenden 5% der Dividende ist nicht möglich. Zur Kritik hierzu siehe Schnitger, A., IStR 2003, S. 301-303. Jedoch hält Menhorn, M., DStR 2005, S. 1888-1890 einen alternativen Abzug als Betriebsausgabe gemäß § 26 Abs. 6 KStG unter gewissen Einschränkungen für möglich. Dies begründet er dadurch, dass die Anrechnung grundsätzlich möglich sei, jedoch lediglich durch den Anrechnungshöchstbetrag ins Leere liefe. Diese Meinung ist nicht haltbar, da übersehen wird, dass die Anrechnung bereits dem Grunde nach mangels Gleichheit des Abgabentatbestands ausscheidet.
[82] Vgl. Ritter, W., IStR 2001, S. 433. Diese Mehrbelastung stellt keinen Verstoß gegen die EG-Grundfreiheiten dar; vgl. Lehner, M., IStR 2001, S. 336.

der Dividende die Ausgangsgröße.[83] Für das weitere Vorgehen ist zu unterscheiden, ob die Beteiligung mindestens 10% oder weniger beträgt. Liegt die Beteiligungshöhe bei mindestens 10%, wird die Kürzung der Auslandsdividende nach § 9 Nr. 7, 8 GewStG materiell bedeutungslos, da die Dividende bereits nicht in der Ausgangsgröße enthalten ist. Jedoch werden die fiktiv angenommenen nicht abzugsfähigen Betriebsausgaben i.H.v. 5% wie inländische Einkünfte behandelt und fallen somit nicht unter das gewerbesteuerliche Schachtelprivileg des § 9 Nr. 7, 8 GewStG.[84] Im Ergebnis unterliegen 5% der Bruttodividende der Gewerbesteuer.

Liegen die Voraussetzungen des § 9 Nr. 7 GewStG nicht vor, beträgt insbesondere die Beteiligung an der ausländischen Kapitalgesellschaft weniger als 10%, geht die Dividende zu 100% in den Gewerbeertrag ein (§ 8 Nr. 5 GewStG).[85] Gesetzestechnisch wird dies umgesetzt, indem die Differenz zwischen der steuerfreien Dividende und den fiktiv nicht abzugsfähigen Betriebsausgaben zur Ausgangsgröße hinzugerechnet werden. Im Ergebnis unterliegt die Dividende gänzlich der Gewerbesteuer.[86]

Um die auf der Ausschüttung insgesamt lastenden deutschen Steuern zu bestimmen (Tabelle II.4, S. 33), ist es sinnvoll, eine Fallunterscheidung bei einer Beteiligungsgrenze von 10% zu ziehen, die über das Vorliegen einer gewerbesteuerlichen Schachtelbeteiligung entscheidet und somit zu einer unterschiedlich hohen Gewerbesteuerbelastung führt, die sich über den Betriebsausgabenabzug auch auf die Höhe der Körperschaftsteuer zzgl. Solidaritätszuschlag[87] auswirkt. Eine Differenzierung zwischen einer Schachtel- und einer Nicht-

---

[83] Vgl. Eilers, S./Schmidt, R., GmbHR 2003, S. 636; Herzig, N., DB 2003, S. 1467. Zweifelnd hieran Gosch, D., StBp 2001, S. 82.
[84] Vgl. Grotherr, S., BB 2001, S. 602; Scheffler, W., Unternehmenstätigkeit, 2002, S. 211-212.
[85] Als weitere Voraussetzungen sieht § 9 Nr. 7 GewStG unter anderem vor, dass die Beteiligung seit Beginn des Erhebungszeitraums ununterbrochen gehalten wird und dass die Tochtergesellschaft einer aktiven Tätigkeit i.S.d. § 8 Abs. 1 Nr. 1-6 AStG nachgeht. Hiervon wird im Folgenden ausgegangen. Somit entfällt die Diskussion, ob die Hinzurechnungsvorschrift auch für Dividenden gilt, die nach einem DBA von der Gewerbesteuer freigestellt sind. Siehe hierzu beispielhaft Fischer, E., DStR 2002, S. 614-615; Prinz, U./Simon, S., DStR 2002, S. 150; Rödder, T., WPg 2002, S. 626-627.
[86] Vgl. Prinz, U./Simon, S., DStR 2002, S. 150; Schmidt, V./Kieker, A., NWB 2003, Fach 5, S. 1524; Starke, P., FR 2005, S. 682.
[87] Die Körperschaftsteuer zzgl. Solidaritätszuschlag wird im Folgenden auch als „kombinierte Körperschaftsteuer" bezeichnet.

Schachtelbeteiligung nach DBA sowie einer den Vorgaben der Mutter-Tochter-Richtlinie entsprechenden Schachtelbeteiligung ist nicht notwendig, da die Höhe der deutschen Gewerbe- und Körperschaftsteuer zzgl. Solidaritätszuschlag von der ausländischen Kapitalertragsteuer unabhängig ist. Dies liegt daran, dass sich die Besteuerung in Deutschland nach der Bruttodividende bemisst, d.h. nach der Dividende vor Abzug der Kapitalertragsteuer.

Tabelle II.4: Inländische Steuerbelastung bei Ausstattung der Tochtergesellschaft mit Eigenkapital (keine Refinanzierung)

		Beteiligungsquote ≥ 10%		Beteiligungsquote < 10%
Besteuerung im Inland				
Gewerbesteuer[88]				
• auf 5% der Bruttodividende bzw.	0,67	0,05×gst×(1-est$_A$)		gst×(1-est$_A$)
• auf gesamte Bruttodividende			13,33	
+ kombinierte Körpershaftsteuer auf 5% der Bruttodividende (nach Abzug der Gewerbesteuer)	0,88	0,05×kst$_{solz}$×(1-gst) ×(1-est$_A$)	-2,46	kst$_{solz}$×(0,05-gst) ×(1-est$_A$)
= inländische Steuerbelastung	1,55	0,05×(1-est$_A$) ×[gst+kst$_{solz}$×(1-gst)]	10,87	[gst + kst$_{solz}$× (0,05-gst)]×(1-est$_A$)

mit: gst = effektiver Gewerbesteuersatz
kst$_{solz}$ = kombinierter Körperschaftsteuersatz, der den Solidaritätszuschlag berücksichtigt; er beträgt
kst×(1+solz) = 0,25×(1+0,055) = 0,26375 mit
kst = Körperschaftsteuersatz
solz = Solidaritätszuschlagsatz

Liegt die Beteiligungsquote bei mindestens 10%, so kommt es gemäß § 8b Abs. 5 KStG zu einer Besteuerung von 5% der Bruttodividende mit Gewerbe- (0,67 GE) und Körperschaftsteuer zzgl. Solidaritätszuschlag (0,88 GE) von insgesamt 1,55 GE im Fallbeispiel. Liegt die Beteiligungsquote unter 10%, so erhöht sich die Gewerbesteuer aufgrund der Hinzurechnung nach § 8 Nr. 5 GewStG auf 13,33 GE. Für Zwecke der Körperschaftsteuer zzgl. Solidaritätszuschlag unterliegen jedoch nicht 100%, sondern nur 5% der Bruttodividende der

---

[88] Hier handelt es sich um den effektiven Gewerbesteuersatz, der die Insichabzugsfähigkeit der Gewerbesteuer berücksichtigt. Er errechnet sich nach der Formel Hebesatz / (2.000 + Hebesatz). Siehe hierzu beispielsweise Scheffler, W., Besteuerung, 2005, S. 268-269.

Besteuerung. Unter Berücksichtigung des Abzugs der Gewerbesteuer als Betriebsausgabe kommt es bei isolierter Betrachtung regelmäßig zu einer negativen körperschaftsteuerlichen Bemessungsgrundlage. Dies gilt, solange die effektive Belastung der vollen Bruttobardividende mit Gewerbesteuer größer ist als 5% der Bruttobardividende, solange also der effektive Gewerbesteuersatz größer als 5% ist. Dies gilt für Gewerbesteuerhebsätze von mehr als 105,26%.[89] Für die sofortige steuerliche Wirksamkeit des körperschaftsteuerlichen Verlusts ist die oben getroffene Annahme nötig, dass genügend inländische Gewinne vorhanden sind. Die Minderung der Körperschaftsteuer zzgl. Solidaritätszuschlag beträgt 2,46 GE, sodass die Steuerbelastung in Deutschland bei 10,87 GE liegt.[90]

2.3 Gesamtsteuerbelastung

Aus der Kombination der Fallunterscheidungen im Aus- und Inland ergeben sich theoretisch sechs unterschiedliche Gesamtsteuerbelastungen in Abhängigkeit von den Beteiligungsquoten. Hierbei bietet es sich an, lediglich eine Unterscheidung zwischen einer gewerbesteuerlichen Schachtel- und einer Nicht-Schachtelbeteiligung vorzunehmen, da diese Unterscheidung dazu führt, dass sich die Gesamtsteuerbelastung bei Eigenfinanzierung unterschiedlich zusammensetzt. Eine Unterscheidung in eine Schachtel- (Mindestbeteiligungsquote des DBA und/oder der Mutter-Tochter-Richtlinie ist erfüllt) und eine Nicht-Schachtelbeteiligung nach internationalem Recht ist hingegen nicht nötig, da die sich daraus ergebenden unterschiedlichen Kapitalertragsteuersätze zwar zu einer unterschiedlich hohen Gesamtsteuerlast führen, jedoch nichts an der Zusammensetzung derselben ändern. Indem man den die reguläre inländische Ertragsteuerbelastung aus Gewerbe- und Körperschaftsteuer zzgl. Solidaritätszuschlag beschreibenden Ausdruck gst+kst$_{solz}$×(1-gst) bei einer Beteiligungsquote von mindestens 10% aus Tabelle II.4 (S. 33) durch ertst$_I$ ersetzt und zur ausländischen

---

[89] Die Bedingung, dass die effektive Belastung der vollen Bruttodividende größer ist als 5% der Bruttodividende, lässt sich mathematisch folgendermaßen darstellen:
gst × (1-est$_A$) ≥ 0,05 × (1-est$_A$) ⇔ gst ≥ 5 / 100; mit gst = Hebesatz / (2.000 + Hebesatz) folgt: Hebesatz / (2.000 + Hebesatz) ≥ 5/100 ⇔ Hebesatz ≥ 2.000 / 19 ⇔ Hebesatz ≥ 105,26%.

[90] Da es sich um eine ausländische Dividende handelt, wird die Diskussion irrelevant, ob die Gewerbesteuer unter das Abzugsverbot des § 3c Abs. 1 EStG fällt, da bei ausländischen Dividenden sämtliche mit der Dividende in wirtschaftlichem Zusammenhang stehende Ausgaben und somit auch die Gewerbesteuer abzugsfähig sind. Siehe hierzu Maiterth, R., FB 2002, S. 567.

Steuerbelastung (Tabelle II.3, S. 30) addiert, erhält man die nachstehenden zwei grundsätzlichen Gesamtsteuerbelastungen (Tabelle 2.5).

Tabelle II.5: Gesamtsteuerbelastung bei Ausstattung der Tochtergesellschaft mit Eigenkapital (keine Refinanzierung)

		Gesamtsteuerbelastung		
		Beteiligungsquote ≥ 10%		Beteiligungsquote < 10%
• Portfoliobeteiligung • DBA-Schachtelbeteiligung • Mutter-Tochter-Richtlinie	• 33,55 • 25,55 • 21,55	est_A $+ QuStD \times (1-est_A)$ $+ 0,05 \times (1-est_A)$ $\times erstst_I$	• 42,87 • nicht mgl. • nicht mgl.	est_A $+ QuStD \times (1-est_A)$ $+ (1-est_A) \times [gst+kst_{solz}$ $\times (0,05-gst)]$

mit: $erstst_I = gst+kst_{solz} \times (1-gst)$ inländischer Ertragsteuersatz bestehend aus Gewerbe- und kombinierter Körperschaftsteuer

Liegt eine gewerbesteuerliche Schachteldividende vor, so beträgt die Gesamtsteuerlast 33,55 GE bei gleichzeitigem Vorliegen einer Portfoliobeteiligung nach internationalem Recht, 25,55 GE bei Vorliegen einer DBA-Schachtelbeteiligung und 21,55 GE, wenn die Voraussetzungen der Mutter-Tochter-Richtlinie erfüllt sind. Die unterschiedlich hohen Steuerbelastungen resultieren lediglich aus dem Definitivcharakter der unterschiedlich hohen Kapitalertragsteuern.

Beim Vorliegen einer gewerbesteuerlichen Portfoliobeteiligung ist das Vorliegen einer Schachtelbeteiligung nach internationalem Recht immer ausgeschlossen, da die Anforderung an die Mindestbeteiligung für ein DBA-Schachtelprivileg sowie die in der Mutter-Tochter-Richtlinie geforderte Mindestbeteiligung nie unter 10% liegen.[91] Von den sechs theoretisch möglichen Steuerbelastungen kommen somit praktisch nur vier zur Anwendung. In diesem Fall erreicht die Gesamtsteuerlast mit 42,87 GE den höchsten Wert. Dies liegt am Definitivcharakter der hohen Kapitalertragsteuer und der vollen gewerbesteuerlichen Erfassung der Dividende.

---

[91] Zu den in den einzelnen DBA festgelegten Mindestbeteiligungsquoten siehe Tabelle II.2 (S. 28).

3. Besteuerungsfolgen der Fremdfinanzierung

3.1 Besteuerung im Ausland

Da Zinsen auf Gesellschafterdarlehen – bei Angemessenheit der Vergütungen – im Sitzstaat der Tochterkapitalgesellschaft steuerlich als Betriebsausgabe abzugsfähig sind, kommt es dort zu keiner Belastung mit Ertragsteuern.[92]

Ggf. unterliegt der inländische Gesellschafter im Rahmen der beschränkten Steuerpflicht im Ausland einer Quellensteuer auf Zinsen. Hier ist es wiederum sinnvoll, in einem ersten Schritt zu prüfen, ob die Quellenbesteuerung durch EU-Recht vollständig vermieden werden kann. Im zweiten Schritt ist dann das DBA-Recht zu beachten.

Innerhalb der EU wird die steuerliche Behandlung von Zinszahlungen durch die Zins- und Lizenzrichtlinie geregelt, die eine Quellenbesteuerung verbietet. Voraussetzung für die Anwendung der Richtlinie ist, dass eine grenzüberschreitende Zahlung zwischen verbundenen Unternehmen innerhalb der EU erfolgt. Begünstigte Unternehmen sind lediglich Kapitalgesellschaften, die in einem Staat der EU der Körperschaftsteuer unterliegen (Art. 3 Buchst. a ZLRL). Zwei Unternehmen gelten u.a. dann als verbunden, wenn eine Mindestbeteiligung i.H.v. 25% am Kapital besteht (Art. 3 Buchst. b ZLRL). Den Mitgliedstaaten steht es frei, eine ununterbrochene Mindestbehaltefrist von zwei Jahren zu fordern (Art. 1 Abs. 10 ZLRL).[93] Unter den gleichen Voraussetzungen gewährt auch die Schweiz eine Quellensteuerbefreiung (Art. 15 Abs. 2 Zinsabkommen).[94]

Die Richtlinie ist grundsätzlich seit dem 1.1.2004 anzuwenden. Für Griechenland, Portugal, Polen, Lettland und Litauen gelten jedoch Übergangsfristen von sechs bis acht Jahren, in denen der Höchstsatz für Quellensteuern in den ersten vier Jahren bei 10% und in den restlichen zwei (Griechenland, Portugal, Polen und Lettland) bzw. vier Jahren (Litauen) bei 5% liegt (Art. 6 Abs. 1 ZLRL). Der Beginn der Übergangsfrist war an den Zeitpunkt der erstmaligen Anwendung

---

[92] Vgl. Gouthière, B., ET 2005, S. 367; Heinrich, J., Hybride, 2005, S. 159; Piltz, D.J., CDFI 1996, S. 30. Auf Besonderheiten, die bei Unterkapitalisierungsregelungen im Ausland eintreten können, wird in Abschnitt 0 (S. 82) eingegangen.
[93] Vgl. Dörr, I./Krauß, R./Schreiber, S., IStR 2004, S. 471-472.
[94] Vgl. Kessler, W./Eicker, K./Obser, R., IStR 2005, S. 664-665.

der Richtlinie zur Besteuerung privater Zinserträge[95] gekoppelt.[96] Da diese Richtlinie seit dem 1.7.2005 angewendet wird,[97] gelten ab diesem Zeitpunkt auch die Übergangsfristen.

Tabelle II.6: Quellensteuersätze auf Zinsen

Quellenstaat	nationales Recht	maximale Quellensteuersätze nach DBA oder Umsetzung der Zins und Lizenzrichtlinie		
		DBA	ZLRL	
			Steuersatz	Mindestbeteiligung
Australien	10,0%	10,0%	-	-
Belgien	10,0%	15,0%	0,0%	25,0%
China	10,0%	10,0%	-	-
Dänemark	0,0%	0,0%	0,0%	25,0%
Estland	0,0%	10,0%	0,0%	25,0%
Finnland	0,0%	0,0%	0,0%	25,0%
Frankreich	16,0%	0,0%	0,0%	25,0%
Griechenland	35,0%	10,0%	10,0%	25,0%
Großbritannien	20,0%	0,0%	0,0%	25,0%
Irland	20,0%	0,0%	0,0%	25,0%
Italien	12,5%	10,0%	0,0%	25,0%
Japan	20,0%	10,0%	-	-
Kanada	25,0%	10,0%	-	-
Lettland	10%/25%[a)]	10,0%	10,0%	25,0%
Litauen	10,0%	10,0%	10,0%	25,0%
Luxemburg	0,0%	0,0%	0,0%	25,0%
Niederlande	0,0%	0,0%	0,0%	25,0%
Österreich	0,0%	0,0%	0,0%	25,0%
Polen	20,0%	5,0,%	10,0%	25,0%
Portugal	20,0%	15,0%	10,0%	25,0%
Schweden	0,0%	0,0%	0,0%	25,0%

---

[95] Vgl. Richtlinie (2003/48/EG) vom 3.6.2003, Abl. EG vom 26.6.2003, L 157/38.
[96] Vgl. Richtlinie (2004/76/EG) vom 29.4.2004, Abl. EG vom 30.4.2004, L 157/106.
[97] Vgl. Mueller, J., IWB Nr. 12 vom 22.6.2005, IWB Aktuell, S. 561-562.

Quellenstaat	nationales Recht	maximale Quellensteuersätze nach DBA oder Umsetzung der Zins und Lizenzrichtlinie		
		DBA	ZLRL	
			Steuersatz	Mindestbeteiligung
Schweiz	0,0%	0,0%	0,0%	25,0%
Slowakei	19,0%	0,0%	0,0%	25,0%
Slowenien	25,0%	0,0%	0,0%	25,0%
Spanien	15,0%	10,0%	0,0%	25,0%
Tschechien	15,0%	0,0%	0,0%	25,0%
Ungarn	0,0%	0,0%	0,0%	25,0%
USA	30,0%	0,0%	-	-

a) Steuersatz von 10% findet Anwendung, wenn die Zinsen an eine Gesellschaft gezahlt werden, die mehr als 50% des Kapitals oder der Stimmrechte der darlehensempfangenden Gesellschaft hält.

Quelle: Debatin, H./Wassermeyer, F., Art. 11 OECD-MA entsprechender Artikel der jeweiligen Länder bzw. Anhang; Degesys, R., ET 2004, S. 300 ; Knaus, M., SWI 2005, S. 39-40; IBFD, Europa, Fach C, entsprechende Länderteile; KPMG, Express-Informations-Service Nr. 25, http://www.kpmg.at, Rubrik virtuelle Bibliothek/Express Informations Service/Nr. 25 (2.12.2004); Pöllath, R., in: Vogel, K./Lehner, M., 2003, Art. 11 MA, Rz. 48.

Auch durch DBA wird die Quellensteuer der Höhe nach regelmäßig begrenzt. Das Musterabkommen sieht eine Begrenzung auf 10% vor (Art. 11 Abs. 2 OECD-MA). Die entsprechenden Regelungen der deutschen DBA weichen hiervon oftmals ab, wobei DBA mit Industriestaaten häufig eine Quellensteuerbefreiung vorsehen. Erst wenn weder das EG-Recht noch das DBA eine vollständige Steuerbefreiung gewähren, ist das nationale Recht zu prüfen. Wie bei Dividenden kommt auch hier die jeweils günstigste Regelung von nationalem Recht (inklusive der Sonderregelungen aus der Umsetzung der Zins- und Lizenzrichtlinie) und DBA-Recht zur Anwendung. Da die Höhe der Quellensteuer nach nationalem Recht der ausländischen Staaten i.d.R. zwischen 10% und 35% der Bruttovergütung liegt,[98] findet häufig der niedrigere Satz des DBA oder der

---

[98] Vgl. Scheffler, W., Unternehmenstätigkeit, 2002, S. 165.

II. Optimale klassische Finanzierungsform als Beurteilungsmaßstab 39

Zins- und Lizenzrichtlinie Anwendung. Die möglichen Quellensteuersätze sind in Tabelle II.6 (S. 37) zusammengestellt.

Somit besteht die ausländische Steuerbelastung bei Fremdfinanzierung lediglich aus der Kapitalertragsteuer (Tabelle II.7).

Tabelle II.7: Ausländische Steuerbelastung bei Ausstattung der Tochtergesellschaft mit Fremdkapital

Besteuerung im Ausland		
Ertragsteuer	0,00	-.-
+ ausländische Quellensteuer		QuStZ
• DBA	10,00	
• Zins- und Lizenzrichtlinie	0,00	
= ausländische Steuerbelastung		
• DBA	10,00	QuStZ
• Zins- und Lizenzrichtlinie	0,00	
mit: QuStZ = Quellensteuersatz auf Zinsen		

Im Beispielsfall beläuft sich die ausländische Steuerbelastung auf 10 GE. Erfolgt die Zinszahlung durch eine in einem anderen EU-Staat ansässige Tochterkapitalgesellschaft und sind die Voraussetzungen für die Zins- und Lizenzrichtlinie erfüllt, entfällt die Quellensteuer, sodass sich eine ausländische Steuerbelastung von 0 GE ergibt.

3.2 Besteuerung im Inland (Anrechnung)

Da die Quellensteuer als Steuer vom Einkommen nicht als Betriebsausgabe abzugsfähig ist (§ 12 Nr. 2 KStG), erhöhen die Zinsen als Bruttobetrag die inländische Bemessungsgrundlage der Muttergesellschaft im Rahmen der unbeschränkten Steuerpflicht (§ 1 Abs. 1 KStG).[99] Die von der Kapitalgesellschaft bezogenen Zinsen gehören zu den Einkünften aus Gewerbebetrieb (§ 8 Abs. 2 KStG) und sind somit auch in der Ausgangsgröße zur Ermittlung des Gewerbeertrags enthalten (§ 7 GewStG). Allerdings existiert für ausländische Zinsen keine ge-

---

[99] Vgl. Potthoff, A., Finanzierung, 1998, S. 48.

werbesteuerliche Kürzungsvorschrift, wodurch der Inlandscharakter der Gewerbesteuer durchbrochen wird und die Zinsen in voller Höhe der Gewerbesteuer unterliegen.[100]

Da es sich bei den Zinsen um ausländische Einkünfte i.S.d. § 34d Nr. 2 Buchst. a Nr. 6 EStG handelt, kann die Quellensteuer auf die inländische Körperschaftsteuer angerechnet werden (Art. 23B OECD-MA i.V.m. § 26 Abs. 1 KStG).[101] Die Anrechnung ist auf den Betrag der Körperschaftsteuer begrenzt, der auf die ausländischen Einkünfte entfällt. Formelmäßig errechnet sich der Anrechnungshöchstbetrag wie folgt (§ 26 Abs. 1, Abs. 6 Satz 1 i.V.m. § 34c Abs. 1 Satz 2 EStG):[102]

$$\text{Anrechnungshöchstbetrag} = \text{dt. Körperschaftsteuer} \times \frac{\text{ausländische Einkünfte}}{\text{Summe der Einkünfte}}$$

Da die Körperschaftsteuer einen proportionalen Tarif kennt, sind die ausländischen Steuern grundsätzlich bis zu 25% der ausländischen Einkünfte anrechenbar.[103] Im Folgenden gilt es zu untersuchen, ob sich über den Betriebsausgabenabzug der Gewerbesteuer bei der Körperschaftsteuer Auswirkungen auf den Anrechnungshöchstbetrag ergeben, wodurch der Anrechnungshöchstbetrag geringer ausfallen könnte. Hierfür müssen die drei Faktoren der o.g. Formel, die Einfluss auf den Anrechnungshöchstbetrag nehmen, betrachtet werden.

Zunächst sinkt die deutsche Körperschaftsteuer um 25% der auf den Zinsen lastenden Gewerbesteuer, was auch grundsätzlich zu einer Reduktion des Anrechnungshöchstbetrags führt.

Jedoch muss zusätzlich die Auswirkung der Veränderung des Verhältnisses zwischen ausländischen Einkünften zur Summe der Einkünfte Berücksichtigung finden. Die ausländischen Einkünfte sind nach den Vorschriften des deutschen Steuerrechts zu ermitteln; hierbei sind die Zinsen um Betriebsausgaben zu min-

---

[100] Vgl. Scheffler, W., Unternehmenstätigkeit, 2002, S. 166.
[101] Zu dieser und den übrigen Voraussetzungen siehe z.B. Mössner, J.M. u.a., International, 2005, Rz. B 365-B 381.
[102] Vgl. Müller-Dott, J.P., in: Flick, H./Wassermeyer, F./Baumhoff, H., § 26 KStG, Anm. 90. Zu dem im Körperschaftsteuergesetz an sich unbekannten Begriff „Summe der Einkünfte" siehe R 74 i.V.m. R 29 KStR. Hierbei handelt es sich im Wesentlichen um das zu versteuernde Einkommen vor Abzug von Spenden und vor Verlustabzug.
[103] Vgl. Scheffler, W., Unternehmenstätigkeit, 2002, S. 136.

II. Optimale klassische Finanzierungsform als Beurteilungsmaßstab 41

dern, die mit diesen in wirtschaftlichem Zusammenhang stehen (§ 26 Abs. 6 Satz 1 KStG i.V.m. § 34c Abs. 1 Satz 4 EStG). Durch diese Neuregelung[104] wird die bisherige BFH-Rechtsprechung,[105] die einen direkten wirtschaftlichen Zusammenhang fordert, aufgegeben und per Gesetz durch einen auch nur mittelbaren wirtschaftlichen Zusammenhang ersetzt.[106] Allerdings dürfte die Zuordnung der inländischen Gewerbesteuer zu den ausländischen Zinseinkünften aufgrund eines mangelnden – auch nur mittelbaren – wirtschaftlichen Zusammenhangs nicht zulässig sein. Denn selbst wenn neben den direkt zuordenbaren Aufwendungen auch diejenigen Aufwendungen von den Einnahmen abgezogen werden, die sich aufgrund eines gleichzeitigen Zusammenhangs zu anderen Einnahmen nur indirekt zuordnen lassen, so sind dennoch nur solche Aufwendungen zu berücksichtigen, die noch in einem spezifischen wirtschaftlichen Bezug zu den Einnahmen stehen.[107] Die Ausgaben müssen somit aufgrund der geforderten Einzelfallbetrachtung durch das Erzielen der ausländischen Einkünfte veranlasst sein, wodurch eine allgemeine betriebliche Veranlassung nicht ausreichen kann. Die auf den ausländischen Zinsen lastende Gewerbesteuer steht jedoch nicht mit dem Beziehen ausländischer Zinsen in wirtschaftlichem Zusammenhang, sondern wird eben durch den Gewerbebetrieb an sich ausgelöst.[108] Somit mindert die auf den Zinsen lastende Gewerbesteuer als allgemeine Betriebsausgabe die Summe der Einkünfte und nicht die ausländischen Einkünfte.[109] Die Reduktion der Summe der Einkünfte bedingt eine Erhöhung des Verhältnisses der ausländischen Einkünfte zur Summe der Einkünfte, was zu einer grundsätzlichen Erhöhung des Anrechnungshöchstbetrags führt.

---

[104] § 34c Abs. 1 S. 4 EStG wurde eingefügt durch das Gesetz zum Abbau von Steuervergünstigungen und Ausnahmeregelungen (Steuervergünstigungsabbaugesetz – StVergAbG) vom 16.5.2003, BGBl 2003 I, S. 660.
[105] Vgl. BFH vom 16.3.1994, BStBl 1994 II, S. 799; BFH vom 9.4.1997, BStBl 1997 II, S. 657; BFH vom 29.3.2000, BStBl 2000 II, S. 577.
[106] Vgl. Schönwald, S., SteuerStud 2003, S. 487.
[107] Vgl. Müller-Dott, J.P., DB 2003, S. 1470.
[108] Ähnlicher Ansicht ist auch Köhler, S., DStR 2003, S. 1156-1157. So auch Herzig, N., DB 2003, S. 1466 in einem anderen, aber durchaus vergleichbaren Fall: Hier geht es um die auf Streubesitzdividenden lastende Gewerbesteuer im Zusammenhang mit dem Abzugsverbot des § 3c Abs. 2 EStG, der ebenfalls einen lediglich wirtschaftlichen Zusammenhang fordert. Im Fall des §3c Abs. 2 EStG zweifelnd, aber kritisch beurteilend Fischer, E., DStR 2003, S. 613-614.
[109] Vgl. Müller-Dott, J.P., in: Flick, H./Wassermeyer, F./Baumhoff, H., 2003, § 26 KStG, Anm. 85 unter Berufung auf vor Gesetzesänderung ergangene Urteile; siehe BFH vom 27.10.1977, BStBl 1978 II, S. 100; BFH vom 26.1.1984, BStBl 1984 II, S. 347; BFH vom 9.4.1997, BStBl 1997 II, S. 657.

Bei einer gemeinsamen Betrachtung der beiden gegenläufigen, durch die Gewerbesteuer verursachten Effekte, heben sich diese in der Formel zur Berechnung des Anrechnungshöchstbetrags wieder auf. Einerseits mindert die Gewerbesteuer die im Zähler stehende deutsche Körperschaftsteuer um gst × 100, andererseits verringert sie die im Nenner stehende Summe der Einkünfte ebenfalls um gst × 100, sodass sich der Anrechnungshöchstbetrag im Vergleich zu einer Betrachtung ohne Gewerbesteuer nicht verändert. Hierzu ist es jedoch nötig, dass die Muttergesellschaft – wie in dieser Untersuchung anfangs unterstellt wurde – selbst über ausreichende inländische Einkünfte verfügt, die mit Körperschaftsteuer belastet sind. Denn die Anrechnung der ausländischen Steuer ist nach oben zusätzlich maximal auf die deutsche Körperschaftsteuer begrenzt.[110] Dieses Problem wird dann besonders deutlich, wenn überhaupt keine inländischen Einkünfte erwirtschaftet werden. In diesem Fall sind ohne Berücksichtigung der Gewerbesteuer die ausländischen Einkünfte gleich hoch wie die Summe der Einkünfte, sodass die ausländischen Steuern bis maximal in der Höhe der deutschen Körperschaftsteuer, d.h. bis zu 25% der ausländischen Einkünfte, angerechnet werden können. Unter Einbezug der Gewerbesteuer fällt die deutsche Körperschaftsteuer geringer aus, während die auf die ausländischen Einkünfte entfallende Körperschaftsteuer aufgrund des oben Gesagten unverändert bleibt. Anrechenbar ist die ausländische Steuer jedoch nur bis zur Höhe der geringeren Körperschaftsteuer.

Somit ist die ausländische Quellensteuer stets bis zu einer Höhe von 25% der ausländischen Zinsen – oder allgemein der ausländischen Einkünfte – anrechenbar. Da die DBA mit den untersuchten Ländern die Quellensteuer auf Zinsen auf einen Satz von weniger als 25% reduzieren,[111] können durch die begrenzte Anrechnung keine Anrechnungsüberhänge entstehen.

In Tabelle II.8 (S. 43) ist die inländische Steuerbelastung zusammengefasst. Auf die Zinsen fällt bei einem Hebesatz von 400% Gewerbesteuer von 16,67 GE an. Diese mindert die Bemessungsgrundlage der Körperschaftsteuer, sodass sich eine tarifliche Körperschaftsteuer von 20,83 GE errechnet; vermindert um die

---

[110] Vgl. Kußmaul, H./Beckmann, S., StuB 2000, S. 1189; Täske, J., in: Blümich, W., § 26 KStG, Rz. 55.
[111] Siehe Tabelle II.6 (S. 37).

anzurechnende Quellensteuer ergibt sich eine festzusetzende Körperschaftsteuer von 10,83 GE. Diese bildet gleichzeitig die Bemessungsgrundlage für den Solidaritätszuschlag (§ 3 Abs. 1 Nr. 1 SolZG), der zu einer Belastung von 0,60 GE führt.

Eine Annrechnung der Quellensteuer auf den Solidaritätszuschlag ist nicht möglich, denn im Solidaritätszuschlaggesetz ist keine dem § 26 Abs. 1 KStG oder § 34c Abs. 1 EStG nachgebildete Rechtsgrundlage enthalten. Auch wenn das DBA die Anrechnung im Methodenartikel vorsieht, kann dieser nicht als Rechtsgrundlage der Anrechnung dienen, da die Regelung zu unbestimmt ist und stets durch nationales Recht ausgefüllt werden muss.[112]

Tabelle II.8: Inländische Steuerbelastung bei Ausstattung der Tochtergesellschaft mit Fremdkapital (keine Refinanzierung)

Besteuerung im Inland			
Gewerbesteuer = 100×0,1667		16,67	gst
+ Körperschaftsteuer			
tarifliche Körperschaftsteuer = 0,25×(100-16,67)	20,83		
- anrechenbare Quellensteuer max. 25,00	10,00		
= festzusetzende Körperschaftsteuer	10,83	10,83	kst×(1-gst)-QuStZ
+ Solidaritätszuschlag = 10,83×0,055		0,60	solz× [kst×(1-gst)-QuStZ]
= inländische Steuerbelastung		28,10	gst + kst$_{solz}$×(1-gst) - QuStZ - solz×QuStZ

3.3 Gesamtsteuerbelastung

Indem die ausländische (Tabelle II.7) und die inländische (Tabelle II.8) Steuerbelastungen summiert werden, gelangt man zur Gesamtsteuerbelastung der Fremdfinanzierung (Tabelle II.9, S. 44), die sich im Beispiel auf 38,10 GE beläuft.

Die Gesamtsteuerbelastung entspricht nicht – so wie man es in einer Situation, in der keine Anrechnungsüberhänge bestehen, erwarten würde – der regulären inländischen Ertragsteuerbelastung. Vielmehr fällt sie um das Produkt aus Soli-

---

[112] Vgl. Grotherr, S., in: Becker, H./Höppner, H./Grotherr, S. u.a., Art. 23A/23B OECD-MA, Rn. 325 zur ähnlich gelagerten Problematik, weshalb eine Anrechnung auf die Gewerbesteuer ausscheidet.

daritätszuschlag und Quellensteuer auf Zinsen geringer aus. Dies liegt daran, dass der Solidaritätszuschlag nicht konsequent in das System der Anrechnung integriert ist. Der zusätzliche Vorteil ergibt sich aus der Anknüpfung der Bemessungsgrundlage für den Solidaritätszuschlag an die festzusetzende Körperschaftsteuer. Hierdurch wird die Quellensteuer vollständig auf die Körperschaftsteuer angerechnet und gleichzeitig die Bemessungsgrundlage des Solidaritätszuschlags zusätzlich verringert. Ziel der Steuerplanung muss es deswegen sein, eine Quellensteuer von möglichst 25% zu erreichen, da dann die Entlastung am höchsten ist. Dies führt zu dem unsachgemäßen Ergebnis, dass bei der Gewährung eines Gesellschafterdarlehens an eine ausländische Kapitalgesellschaft durch eine Quellensteuerreduktion aufgrund eines DBA oder der Zins- und Lizenzrichtlinie eine höhere Steuerlast entsteht, als wenn keine Quellensteuerreduktion stattfände.

Tabelle II.9: Gesamtsteuerbelastung bei Ausstattung der Tochtergesellschaft mit Fremdkapital (keine Refinanzierung)

Besteuerung im Ausland	10,00	QuStZ
Besteuerung im Inland	28,10	$gst + kst_{solz} \times (1-gst)$ $- QuStZ - solz \times QuStZ$
Gesamtsteuerbelastung	38,10	$erstst_I - solz \times QuStZ$

4. Determinanten der optimalen Finanzierungsform

4.1 Finanzierung aus dem Eigenkapital der Muttergesellschaft

Um die optimale Finanzierungsform bestimmen zu können, müssen die beiden möglichen Gesamtsteuerbelastungen der Eigenfinanzierung (Tabelle II.5, S. 35) derjenigen bei Fremdfinanzierung (Tabelle II.9, S. 44) gegenübergestellt werden. Indem die Formeln, die die jeweilige Finanzierungsform beschreiben, gleichgesetzt werden, lässt sich ein fiktiver ausländischer Ertragsteuersatz als Indifferenzsteuersatz berechnen, bei dem die beiden Finanzierungsformen zur gleichen Gesamtsteuerbelastung führen. Liegt in einem bestimmten Land der tatsächliche Ertragsteuersatz unter diesem Indifferenzsteuersatz, ist die Eigenfinanzierung die optimale Finanzierungsform, da ein niedrigerer ausländischer

II. Optimale klassische Finanzierungsform als Beurteilungsmaßstab 45

Ertragsteuersatz lediglich bei der Eigenfinanzierung zu einer niedrigeren Steuerlast führt; die Steuerlast der Fremdfinanzierung hingegen bleibt unverändert. Liegt der tatsächliche Ertragsteuersatz über dem Indifferenzsteuersatz, führt dies zu einer höheren Steuerbelastung der Eigenfinanzierung, während diejenige der Fremdfinanzierung unverändert bleibt. Somit ist die Fremdfinanzierung vorzuziehen.[113] Je weiter der tatsächliche Ertragsteuersatz vom Indifferenzsteuersatz abweicht, desto größer fallen die Vor- bzw. Nachteile aus.

Durch Gleichsetzen der Gesamtsteuerbelastungen bei Vorliegen einer gewerbesteuerlichen Schachtelbeteiligung ergibt sich folgender Indifferenzsteuersatz est_{A*}:

(II.1) $\quad ertst_I - solz \times QuStZ = est_{A*} + QuStD \times (1-est_{A*}) + 0,05 \times (1-est_{A*}) \times ertst_I$

$\Leftrightarrow \quad est_{A*} = \dfrac{0,95 \times ertst_I - QuStD - solz \times QuStZ}{1 - 0,05 \times ertst_I - QuStD}$

mit: $\quad est_{A*}$ = ausländischer Indifferenzsteuersatz

Gleichung (II.1) zeigt, dass die Vorteilhaftigkeit zwischen Eigen- und Fremdfinanzierung von folgenden drei Faktoren abhängt:

- Hebesatz, der die Höhe der inländischen Ertragsteuerbelastung beeinflusst,
- Quellensteuersatz auf Dividenden und
- Quellensteuersatz auf Zinsen.

In Tabelle II.10 (S. 46) sind die Indifferenzsteuersätze für ausgewählte Kombinationen dieser Faktoren zusammengestellt, bei deren (Über-) Unterschreiten die (Fremd-) Eigenfinanzierung die optimale Finanzierungsform darstellt. Durch die Quellensteuersätze werden mit Ausnahme von Polen und Portugal, die andere Quellensteuersätze auf Zinsen erheben, sämtliche Kombinationen der untersuchten Länder abgedeckt. Die Spannbreite des Hebesatzes umfasst alle Gemeinden mit einer Einwohnerzahl von über 50.000.[114]

---

[113] Zu diesem methodischen Ansatz siehe Maiterth, R., FB 2002, S. 569-570.
[114] Siehe DIHK, Hebesätze, http://www.dihk.de, Rubrik Recht und Fairplay/Steuerrecht/Gewerbe- und Grundsteuer (29.8.2005). Der zur Zeit höchste Hebesatz beträgt jedoch lediglich 490%.

Tabelle II.10: Indifferenzsteuersatz (in %) zwischen Eigen- und Fremdfinanzierung bei gewerbesteuerlichem Schachtelprivileg (keine Refinanzierung)

Hebe-satz	Kapitalertragsteuer auf Dividenden											
	0%		5%		10%		15%		20%		25%	
	Zinsen		Zinsen		Zinsen		Zinsen		Zinsen		Zinsen	
	0%	10%	0%	10%	0%	10%	0%	10%	0%	10%	0%	10%
350%	36,15	35,59	32,72	32,13	28,90	28,28	24,63	23,97	19,80	19,10	14,32	13,57
375%	36,80	36,24	33,40	32,81	29,63	29,00	25,39	24,73	20,61	19,91	15,18	14,43
400%	37,44	36,88	34,08	33,48	30,33	29,71	26,14	25,48	21,41	20,70	16,03	15,28
425%	38,06	37,50	34,73	34,14	31,03	30,40	26,87	26,21	22,19	21,48	16,86	16,11
450%	38,67	38,11	35,38	34,79	31,71	31,08	27,59	26,93	22,95	22,25	17,67	16,92
475%	39,28	38,71	36,01	35,42	32,37	31,75	28,30	27,63	23,70	22,99	18,47	17,72
500%	39,86	39,30	36,63	36,04	33,03	32,40	28,99	28,33	24,43	23,73	19,25	18,50

Im Folgenden wird der Einfluss der drei Faktoren auf die Vorteilhaftigkeit untersucht, wobei gilt, dass der Einfluss umso stärker ist, je mehr der Indifferenzsteuersatz in Abhängigkeit des jeweiligen Faktors streut. Während der Quellensteuersatz auf Dividenden eine relativ große Streuung bewirkt, verursachen der Hebesatz und der Quellensteuersatz auf Zinsen eine relativ geringe Streuung.

Der Indifferenzsteuersatz sinkt mit steigendem Quellensteuersatz auf Dividenden, weil der Definitivcharakter der Quellensteuer bewirkt, dass die Eigenfinanzierung im Vergleich zur Fremdfinanzierung relativ unattraktiv wird. Die große Streuung ist darauf zurückzuführen, dass die Quellensteuer auf den nach ausländischer Körperschaftsteuer verbleibenden Gewinn (Bruttodividende) erhoben wird und keine Abschwächung erfährt.

Je höher der Hebesatz ist, desto höher ist auch der inländische Ertragsteuersatz und desto höher ist auch der Indifferenzsteuersatz. Die Begründung liegt darin, dass ein höherer inländischer Steuersatz die Fremdfinanzierung im Vergleich zur Eigenfinanzierung relativ unattraktiv macht, da sich das inländische Steuerniveau bei Fremdfinanzierung auf den Zins in voller Höhe auswirkt, bei Eigen-

II. Optimale klassische Finanzierungsform als Beurteilungsmaßstab

finanzierung jedoch nur auf 5% der Dividende. Die geringe Streuung ist darauf zurück zu führen, dass eine Erhöhung des Hebesatzes um 25%-Punkte lediglich eine Erhöhung der Gewerbesteuer um ca. 1%-Punkt bewirkt; zusätzlich fällt die Körperschaftsteuer geringer aus.

Steigt die Quellensteuersatz auf Zinsen, sinkt der Indifferenzsteuersatz, was auf den ersten Blick etwas widersprüchlich erscheint. Dies liegt daran, dass die Quellensteuer zwar auf die Körperschaftsteuer angerechnet wird, jedoch gleichzeitig eine zusätzliche Entlastung durch die Verringerung der Bemessungsgrundlage des Solidaritätszuschlags eintritt. Je höher der Quellensteuersatz ist, desto größer ist auch die zusätzliche Entlastung der Fremdfinanzierung. Aufgrund des niedrigen Zuschlagsatzes von 5,5% wirkt sich dieser Effekt nur wenig aus.

Sind die Voraussetzungen für das Vorliegen einer gewerbesteuerlichen Schachtelbeteiligung nicht erfüllt, d.h. liegt die Beteiligungsquote unter 10%, ergibt sich durch Gleichsetzen der Gesamtsteuerbelastungen folgender Indifferenzsteuersatz est_{A^*}:

(II.2) $ertst_I - solz \times QuStZ = est_{A^*} + QuStD \times (1-est_{A^*})$
          $+ [gst + kst_{solz} \times (0,05-gst)] \times (1-est_{A^*})$

$\Leftrightarrow \quad est_{A^*} = \dfrac{0,95 \times kst_{solz} - QuStD - solz \times QuStZ}{1 - gst - kst_{solz} \times (0,05 - gst) - QuStD}$

Gleichung (II.2) lässt erkennen, dass der ausländische Indifferenzsteuersatz von denselben drei Variablen abhängt, d.h. vom Hebesatz, sowie vom Kapitalertragsteuersatz auf Dividenden und Zinsen. In Tabelle II.11 (S. 48) sind die Indifferenzsteuersätze für ausgewählte Kombinationen aus Gewerbesteuerhebesatz und Kapitalertragsteuersätzen zusammengestellt, bei deren (Unter-) Überschreiten die (Eigen-) Fremdfinanzierung die optimale Finanzierungsform darstellt.

Die Werte liegen jeweils unter denen beim Vorliegen einer gewerbesteuerlichen Schachteldividende. Dies ist der Fall, weil bei einer gewerbesteuerlichen Portfoliobeteiligung der Nachteil der Eigenfinanzierung, dass die Dividenden in voller Höhe der Gewerbesteuer unterliegen, durch eine niedrigere Vorbelastung der Ausschüttung mit ausländischer Ertragsteuer ausgeglichen werden muss. Wegen des Einbezugs der Dividende in die gewerbesteuerliche Bemessungsgrundlage sind einige Ergänzungen zu den Ausführungen beim Vorliegen einer Schachteldividende bezüglich der Wirkungsrichtung und der Streuung vorzunehmen.

Tabelle II.11: Indifferenzsteuersatz (in %) zwischen Eigen- und Fremdfinanzierung ohne gewerbesteuerliches Schachtelprivileg (keine Refinanzierung)

Hebe-satz	Kapitalertragsteuer auf Dividenden											
	0%		5%		10%		15%		20%		25%	
	Zinsen		Zinsen		Zinsen		Zinsen		Zinsen		Zinsen	
	0%	10%	0%	10%	0%	10%	0%	10%	0%	10%	0%	10%
350%	28,57	27,94	24,25	23,58	19,37	18,67	13,83	13,07	7,47	6,65	0,09	-0,79
375%	28,78	28,15	24,44	23,77	19,54	18,83	13,96	13,19	7,54	6,72	0,09	-0,80
400%	29,00	28,36	24,64	23,96	19,70	18,98	14,08	13,31	7,61	6,79	0,09	-0,80
425%	29,21	28,57	24,83	24,15	19,87	19,14	14,21	13,43	7,69	6,85	0,09	-0,81
450%	29,42	28,78	25,02	24,33	20,03	19,30	14,33	13,55	7,76	6,92	0,09	-0,82
475%	29,63	28,98	25,21	24,52	20,20	19,46	14,46	13,67	7,83	6,98	0,09	-0,83
500%	29,84	29,19	25,40	24,71	20,36	19,61	14,58	13,79	7,91	7,05	0,10	-0,84

Da bei einer Portfoliobeteiligung sowohl die Dividende als auch der Zins in voller Höhe der Gewerbesteuer unterliegt, ist das Steigen des Indifferenzsteuersatzes mit steigendem Hebesatz anders zu begründen. Bei der Fremdfinanzierung unterliegen die Zinsen vor Abzug jeglicher Steuern im Inland der Gewerbesteuer, bei Eigenfinanzierung jedoch nur die Bruttodividende, d.h. der im Ausland erwirtschaftete Ertrag nach Abzug der ausländischen Körperschaftsteuer. Dies bedeutet, dass die Gewerbesteuer bei der Fremdfinanzierung im Vergleich zur Eigenfinanzierung stärker ins Gewicht fällt. Steigt der Hebesatz, so wird die Fremdfinanzierung im Vergleich zur Eigenfinanzierung schlechter gestellt und auch der Indifferenzsteuersatz steigt an. Da die Unterschiede in der gewerbesteuerlichen Belastung der beiden Finanzierungsalternativen geringer ausfallen, ist auch die Streuung geringer.

Die Wirkung der Quellensteuer auf Dividenden und Zinsen auf den Indifferenzsteuersatz ist die gleiche wie in der Situation, wenn eine Schachteldividende vorliegt. Lediglich die Streuung ist größer. Dies liegt daran, dass die Unterschiede in der gewerbesteuerlichen Belastung geringer sind, sodass die Auswirkungen des Definitivcharakters bei der Quellensteuer auf Dividenden und die Zusatzentlastung beim Solidaritätszuschlag durch die Anrechnung der Quellensteuer auf Zinsen stärker ins Gewicht fallen.

4.2 Finanzierung aus dem Fremdkapital der Muttergesellschaft

Wird die Kapitaleinlage oder die Gewährung des Gesellschafterdarlehens der Spitzeneinheit durch die Aufnahme von Fremdkapital am Kapitalmarkt refinanziert, so gilt es zu untersuchen, wie die Refinanzierungszinsen die Gesamtsteuerbelastung der Eigen- und Fremdfinanzierung beeinflussen und welche Auswirkung dies auf die Vorteilhaftigkeitsreihenfolge der Finanzierungsform der Grundeinheit hat. Die Refinanzierungszinsen betragen im Fallbeispiel annahmegemäß 100 GE, wodurch sich der Gewinn der jeweiligen Finanzierungsalternative auf 70 GE reduziert. Da in den Formeln sämtliche Werte implizit in Prozent vom Gewinn (G) ausgedrückt sind, ist auch der Refinanzierungszins (Z) als absolute Zahl zum Gewinn (G) ins Verhältnis zu setzen ($^Z/_G$). Diese Vorgehensweise besitzt den Vorteil, dass die Ergebnisse ohne Refinanzierung unabhängig vom Kapitalbedarf der Grundeinheit Gültigkeit besitzen und gleichzeitig als Ausgangspunkt für die Berechnungen bei Refinanzierung übernommen werden können.

Die Refinanzierung nimmt lediglich Einfluss auf die Besteuerung im Inland, denn das Darlehen wird annahmegemäß von der inländischen Muttergesellschaft aufgenommen. Aufgrund des für Kapitalgesellschaften geltenden Trennungsprinzips ist eine Verrechnung der Zinsen auf Ebene der Tochtergesellschaft ausgeschlossen.

4.2.1 *Auswirkung auf die Eigenfinanzierung*

Im Fall der Eigenkapitalausstattung der Grundeinheit gelten 5% der Bruttodividende als nicht abzugsfähige Betriebsausgaben und erhöhen somit den Gewinn des Anteilseigners (§ 8b Abs. 5 KStG). Da § 8b Abs. 5 KStG als lex specialis gegenüber dem generellen Abzugsverbot des § 3c Abs. 1 EStG i.V.m. § 8 Abs. 2 KStG vorrangig anzuwenden ist, sind die mit der Dividende in unmittelbarem wirtschaftlichen Zusammenhang stehenden Finanzierungsaufwendungen für körperschaftsteuerliche Zwecke voll abzugsfähig.[115] Hierdurch mindert sich auch der Solidaritätszuschlag. Diese Regelung schlägt grundsätzlich über § 7 GewStG auch auf die Gewerbesteuer durch. Im Folgenden ist aufgrund der unterschiedlichen gewerbesteuerlichen Modifikationen wieder eine Fallunterscheidung vorzunehmen.

Liegt die Beteiligungsquote bei mindestens 10%, mindern die tatsächlich angefallenen Refinanzierungszinsen den Gewerbeertrag. Da davon ausgegangen wird, dass die Zinsen als Dauerschuldzinsen i.S.d. § 8 Nr. 1 GewStG zu qualifizieren sind, werden diese zur Hälfte wieder hinzugerechnet.[116] Im Ergebnis mindern die Refinanzierungszinsen somit den Gewerbeertrag nur hälftig.

Liegt die Beteiligungsquote unter 10%, bewirkt die Hinzurechnung nach § 8 Nr. 5 GewStG, dass die Dividende in voller Höhe der Gewerbesteuer unterliegt. Eine Korrektur der tatsächlich angefallenen Refinanzierungszinsen, die in der Ausgangsgröße zur Ermittlung des Gewerbeertrags (§ 7 GewStG) bereits gewinnmindernd berücksichtigt wurden, erfolgt durch die Hinzurechnungsvorschrift des § 8 Nr. 5 GewStG nicht.[117] Somit sind auch in diesem Fall die Darlehenszinsen zur Hälfte wieder hinzuzurechnen (§ 8 Nr. 1 GewStG).

Als Ergebnis bleibt festzuhalten, dass die Refinanzierungszinsen in beiden Fällen die gewerbesteuerliche Bemessungsgrundlage zu 50% mindern. Die körperschaftsteuerliche Bemessungsgrundlage wird stets um 100% der Refinanzierungszinsen gemindert, wodurch auch der Solidaritätszuschlag geringer ausfällt. Da die Refinanzierung die inländische Steuerbelastung in allen Fällen in gleichem Maße reduziert, kann zur Ermittlung der Gesamtsteuerlast von den Ergebnissen ohne Refinanzierung (Tabelle II.5, S. 35) ausgegangen und diese um die

---

[115] Vgl. Frotscher, G., DStR 2001, S. 2052; Hundsdoerfer, J., BB 2001, S. 2244; Maiterth, R., DBW 2002, S. 171-172; Scheffler, W., Unternehmenstätigkeit, 2002, S. 205-206.

[116] Die Dauerschuldzinsen werden für Zwecke der Hinzurechnung nicht um die pauschal angesetzten nicht abzugsfähigen Betriebsausgaben in Höhe von 5% der Dividende gekürzt, obwohl diese 5% bereits in voller Höhe der Gewerbesteuer unterliegen. Siehe hierzu Grotherr, S., BB 2001, S. 602-603 mit Kritik an der dadurch auftretenden gewerbesteuerlichen Doppelbelastung.

[117] Nach dem Gesetzeswortlaut erfolgt über die Hinzurechnung lediglich eine Korrektur der mit der Dividende in wirtschaftlichem Zusammenhang stehenden Ausgaben, soweit sie von der Ausgangsgröße zur Ermittlung des Gewerbeertrags nach § 8b Abs. 5 KStG nicht abzugsfähig waren. Vgl. Starke, V., FR 2005, S. 683.

II. Optimale klassische Finanzierungsform als Beurteilungsmaßstab

Auswirkung der Refinanzierungszinsen erweitert werden. Durch die Zinsen verringert sich die Gewerbesteuer um $0{,}5 \times {}^Z/_G \times \text{gewst}$ (5,83 GE im Fallbeispiel) und die Körperschaftsteuer zzgl. Solidaritätszuschlag unter Berücksichtigung des gegenläufigen Effekts durch den geringeren Betriebsausgabenabzug der Gewerbesteuer um ${}^Z/_G \times \text{kst}_{\text{solz}} \times (1 - {}^1/_2 \times \text{gewst})$ (16,92 GE im Fallbeispiel). Beide Effekte zusammengefasst, die zur Berücksichtigung der Refinanzierung benötigt werden, ergeben $- {}^Z/_G \times [{}^1/_2 \times \text{gst} + \text{kst}_{\text{solz}} \times (1 - {}^1/_2 \times \text{gst})]$ (22,76 GE im Fallbeispiel). Tabelle II.12 berücksichtigt diesen Subtrahenden.

Tabelle II.12: Gesamtsteuerbelastung bei Ausstattung der Tochtergesellschaft mit Eigenkapital (Refinanzierung)

	Gesamtsteuerbelastung			
	Beteiligungsquote $\geq 10\%$		Beteiligungsquote $< 10\%$	
• Portfoliobeteiligung • DBA-Schachtelbeteiligung • Mutter-Tochter-Richtlinie	• 10,79 • 2,79 • -1,21	est_A + QuStD $\times(1\text{-est}_A)$ + 0,05$\times$(1-est$_A$) $\times \text{ertst}_I$ $- {}^Z/_G \times [{}^1/_2 \times \text{gst}$ $+\text{kst}_{\text{solz}} \times (1 - {}^1/_2 \times \text{gst})]$	• 20,11 • nicht mgl. • nicht mgl.	est_A + QuStD $\times(1\text{-est}_A)$ + [gst + kst$_{\text{solz}}$ $\times(0{,}05\text{-gst})]\times(1\text{-est}_A)$ $- {}^Z/_G \times [{}^1/_2 \times \text{gst}$ $+\text{kst}_{\text{solz}} \times (1 - {}^1/_2 \times \text{gst})]$

Im Fallbeispiel reduziert sich die inländische Steuerbelastung jeweils um 22,76 GE. Sind beim Vorliegen einer gewerbesteuerlichen Schachteldividende gleichzeitig die Voraussetzungen an eine internationale Portfoliobeteiligung gegeben, beträgt die Steuerbelastung noch 10,79 GE, sind die Voraussetzungen an eine DBA-Schachtelbeteiligung gegeben, beträgt sie noch 2,79 GE und wenn die Voraussetzungen an die Mutter-Tochter-Richtlinie erfüllt sind, -1,21 GE. Unter der getroffenen Annahme, dass die Muttergesellschaft selbst über eigene gewerbliche Gewinne verfügt, entfalten negative Steuerzahlungen in Form von Ersparnissen sofort Liquiditätswirkung. Liegt eine gewerbesteuerliche und internationale Portfoliobeteiligung vor, reduziert sich die Gesamtsteuerlast auf 20,11 GE.

4.2.2 Auswirkung auf die Fremdfinanzierung

4.2.2.1 Kein Anrechnungsüberhang

Die von der Muttergesellschaft bezogenen Zinsen unterliegen der regulären deutschen Ertragsbesteuerung. Aufgrund der Steuerpflicht der Zinsen in Deutschland können auch die mit diesen Einnahmen zusammenhängenden Refinanzierungszinsen als Betriebsausgabe abgezogen werden (§ 4 Abs. 4 EStG i.V.m. § 8 Abs. 1 KStG).[118] Dies führt zu einer Minderung der körperschaftsteuerlichen Bemessungsgrundlage um 100% der Fremdkapitalzinsen, wodurch in gleichem Maße auch der Solidaritätszuschlag reduziert wird. Die gewerbesteuerliche Bemessungsgrundlage wird um 50% der Fremdkapitalzinsen gemindert.[119] Die daraus resultierende Minderung der Steuerbelastung wird wie bei der Eigenfinanzierung durch $-^Z/_G \times [^1/_2 \times gst + kst_{solz} \times (1 - ^1/_2 \times gst)]$ berücksichtigt. Indem der die Refinanzierungszinsen berücksichtigende Subtrahend von der Steuerbelastung ohne Refinanzierung (Tabelle II.9, S. 44) abgezogen wird, erhält man die Gesamtsteuerlast bei Refinanzierung mittels folgender Gleichung:

$$\text{(II.3)} \quad S(FF)_{Anr}^{ausFK} = ertst_I - QuStZ \times solz - ^Z/_G \times [^1/_2 \times gst + kst_{solz} \times (1 - ^1/_2 \times gst)]$$

$$= (1 - ^1/_2 \times ^Z/_G) \times gst \times (1 - kst_{solz}) + kst_{solz} \times (1 - ^Z/_G) - QuStZ \times solz$$

Dies gilt allerdings nur, solange es zu keinem Anrechnungsüberhang bei der Anrechnung der Quellensteuer kommt. Denn bei Bestehen eines Anrechnungsüberhangs setzt sich die Gesamtsteuerbelastung anders zusammen. Zusätzlich zum inländischen Steuerniveau ist noch der Teil der nicht anrechenbaren Quellensteuern zu berücksichtigen. Bei einer Darlehensgewährung aus eigenen Mitteln der Spitzeneinheit kann kein Anrechnungsüberhang entstehen.[120] Bei einer Darlehensvergabe aus fremdfinanzierten Mitteln mindern die Refinanzierungszinsen jedoch die ausländischen Einkünfte[121] und somit den Anrechnungshöchstbetrag.

---

[118] Vgl. Jacobs, O.H., Internationale, 2002, S. 801; Lühn, A./Engelsing, L., UM 2005, S. 48.
[119] Vgl. Fischer, L./Kleineidam, H.-J./Warneke, P., Internationale, 2005, S. 518.
[120] Siehe Abschnitt II.4.2 (S. 49).
[121] Die maximal anrechenbare Steuer ist das Minimum aus Anrechnungshöchstbetrag, ausländischer Steuer oder inländischer Körperschaftsteuer; vgl. Kußmaul, H./Beckmann, S., StuB 2000, S. 1189. Aufgrund der Annahme dass genügend inländische Einkünfte vorhanden sind, die der Körperschaftsteuer unterliegen, wird die Höhe der maximal anrechenbaren Steuer entweder durch die ausländische Steuer oder durch den Anrechnungshöchstbetrag bestimmt. Somit muss die Minderung der körperschaftsteuerlichen Bemessungsgrundlage hier nicht berücksichtigt werden.

II. Optimale klassische Finanzierungsform als Beurteilungsmaßstab

Da die ausländische Quellensteuer nach den Zinseinnahmen bemessen wird, während für Zwecke der Anrechnung die ausländischen Zinsen um die damit zusammenhängenden Zinsaufwendungen gekürzt werden, können leicht Anrechnungsüberhänge entstehen.[122] Um die Zusammensetzung der Gesamtsteuerbelastung zu bestimmen, ist somit zunächst zu differenzieren, ob es zu einem Anrechnungsüberhang kommt. Ist dies der Fall, so gilt es weiterhin zu unterscheiden, welche Methode zur Vermeidung der Doppelbesteuerung zu einem günstigeren Ergebnis führt. Hierzu kommen die Anrechnungs- und die Abzugsmethode in Betracht. Entsteht kein Anrechnungsüberhang, führt die Anrechnungsmethode im Vergleich zur Abzugsmethode immer zu einer niedrigeren Gesamtsteuerlast,[123] sodass in diesem Fall folglich keine weitere Unterscheidung notwendig ist.

Kein Anrechnungsüberhang entsteht, wenn im Ausland auf die Zinsen keine Quellensteuer erhoben wird oder wenn der ausländische Staat zwar eine Quellensteuer erhebt, diese aber nicht größer ist als die deutsche Körperschaftsteuer auf die um die Refinanzierungskosten geminderten Zinsen aus dem Gesellschafterdarlehen, wenn also folgende Ungleichung erfüllt ist:[124]

(II.4) $\quad \text{QuStZ} \leq (1 - {}^Z/_G) \times \text{kst}_I$

$\Leftrightarrow \quad {}^Z/_G \leq 1 - \dfrac{\text{QustZ}}{\text{kst}_I}$

Gleichung (II.4) zeigt, dass kein Anrechnungsüberhang entsteht, wenn ein bestimmtes Verhältnis von Refinanzierungszinsen zum Gewinn aus dem Gesellschafterdarlehen $({}^Z/_G)$ nicht überschritten wird. Dies liegt in Abhängigkeit des Kapitalertragsteuersatzes zwischen 0% und 100% (Tabelle II.13, S. 54). Je höher die Quellensteuer auf Zinsen ist, desto geringer ist dieses Verhältnis. Bei höheren Quellensteuern sind mehr inländische Steuern notwendig, auf die angerechnet werden kann. Bei einem linearen Körperschaftsteuersatz von 25% müssen hierfür die steuerpflichtigen inländischen Gewinne aus dem Gesellschafter-

---

[122] Vgl. Scheffler, W., Unternehmenstätigkeit 2002, S. 99-100.
[123] Vgl. Jacobs, O.H., Internationale, 2002, S. 57 ; Kußmaul, H./Beckmann, S., StuB 2000, S. 1196-1197.
[124] Zu diesem Ansatz siehe Potthof, A., Finanzierung, 1998, S. 223.

darlehen höher ausfallen, was einerseits durch höhere Zinsen oder andererseits durch geringere Refinanzierungszinsen möglich ist.

Um besseren einschätzen zu können, ob Anrechnungsüberhänge entstehen, lässt sich eine Mindestgewinnspanne zwischen Kapitalmarktzins für das durch die Muttergesellschaft aufgenommene und Verrechnungszins für das an die Tochtergesellschaft weitergeleitete Darlehen berechnen, wenn das Darlehen in voller Höhe refinanziert wird. In diesem Fall entspricht der Refinanzierungsbetrag (R) dem Kapitalbedarf der Grundeinheit (K). Die Refinanzierungszinsen betragen Z = R × z. Daraus folgt: Z = K × z.

Weiterhin gilt: G = K × r_{FF}

Setzt man die beiden Produkte für Z und G in Ungleichung (II.4) ein, so folgt nach Umformung:

(II.5) $\quad r_{FF} \geq \dfrac{1}{1 - \dfrac{QuStZ}{kst_I}} \times z$

Hieraus wird ersichtlich, dass der Verrechnungszinssatz ein Vielfaches des Refinanzierungszinssatzes sein muss, damit kein Anrechnungsüberhang entsteht. Zur Vermeidung von Anrechnungsüberhängen ist somit eine Mindestzinsspanne zwischen dem Kapitalmarktzins und dem Verrechnungszins nötig. Setzt man die in den DBA vorgesehenen Kapitalertragsteuersätze für Zinsen in die Formel ein, ergeben sich aus der Differenz zwischen Verrechnungs- und Kapitalmarktzins Gewinnspannen, die zwischen 0% und Unendlich liegen (Tabelle II.13).

Tabelle II.13: Grenzwerte zur Anzeige fehlender Anrechnungsüberhänge bei fremdfinanzierter Darlehensvergabe

Kapitalertragsteuer auf Zinsen	maximales Zins/Gewinn-Verhältnis	minimale Gewinnmarge
0,00%	100,00%	0,00%
5,00%	80,00%	25,00%
10,00%	60,00%	66,67%
15,00%	40,00%	150,00%
20,00%	20,00%	400,00%
25,00%	0,00%	∞

Bei dem in den meisten DBA vorkommenden Kapitalertragsteuersatz von 10% muss die Zinsmarge bereits 66,67% betragen, damit kein Anrechnungsüberhang entsteht. Der Verrechnungszinssatz muss für die Anerkennung vor der Finanzverwaltung dem Fremdvergleichsrundsatz entsprechen, d.h. dass er der Höhe nach so wie unter Fremden Dritten vereinbart werden muss.[125] Es wurde die Annahme getroffen, dass die tatsächliche Zinsmarge eines jedes Unternehmen dem Fremdvergleich entspricht. Je nachdem ob die tatsächliche Gewinnspanne über oder unter der Mindestgewinnspanne liegt, lässt sich ableiten, ob es zu einem Anrechnungsüberhang kommt. Aus dem Fremdvergleichsgrundsatz lässt sich folgern, dass der Verrechnungszinssatz in der Nähe des Kapitalmarktzinses liegen muss.[126] Bei refinanzierter Darlehensvergabe sind die Sollzinsen mit einem Gewinnaufschlag weiterzubelasten.[127] Der Gewinnaufschlag gleicht u.a. eine ggf. geringere Bonität der Tochtergesellschaft, Unterschiede in der Kredithöhe und Laufzeit, durch die Muttergesellschaft übernommene Währungsrisiken und bei der Muttergesellschaft entstandene Verwaltungskosten aus.[128] Bereits eine Gewinnmarge von 66,67% bei einem Quellensteuersatz von 10% dürfte nur in Ausnahmefällen durch die Finanzverwaltung akzeptiert werden, wenn z.B. die Bonität der Tochter- deutlich unter der der Muttergesellschaft liegt. Dies gilt zumindest für EU-Länder, bei denen kein Währungsrisiko besteht. Für diese Länder ist das Entstehen eines Überhangs sehr wahrscheinlich. Ab welcher Gewinnmarge die Anerkennung jedoch tatsächlich versagt wird und somit diese Marge aufgrund der Annahme, dass der Zinssatz dem Fremdvergleich entspricht, nicht verwirklicht werden kann, ist stark vom Einzelfall abhängig.

4.2.2.2 Bestehen eines Anrechnungsüberhangs

Erhebt der Staat der Grundeinheit eine Quellensteuer und ist die Ungleichung (II.4) bzw. (II.5) nicht erfüllt, d.h. das Verhältnis von Refinanzierungs- zu Verrechnungszinsen wird überschritten, bzw. die Mindestgewinnspanne kann mangels Anerkennung durch die Finanzverwaltungen nicht realisiert werden, entsteht ein Anrechnungsüberhang. Im Regelfall wird die Quellensteuer auf die

---

[125] Vgl. Jacobs, O.H., Internationale, 2002, S. 784-786.
[126] Vgl. Potthof, A., Finanzierung, 1998, S. 224.
[127] Vgl. Vögele, A./Borstell, T./Engler, G. u.a., Verrechnungspreise, 2004, Rn. Q 65.
[128] Vgl. BMF-Schreiben vom 23.2.1983 (Verwaltungsgrundsätze), BStBl 1983 I, S. 218, Tz. 4.2.

inländische Körperschaftsteuer angerechnet. Auf Antrag kann statt der Anrechnungsmethode die Abzugsmethode zur Vermeidung der Doppelbesteuerung gewählt werden (§ 26 Abs. 6 Satz 1 KStG i.V.m. § 34c Abs. 2, Abs. 6 Satz 2 EStG). Hierzu ist es Bedingung, dass die Voraussetzungen für die Anrechnung gegeben sind.[129] Es stellt sich die Frage, welche der beiden Methoden vorzuziehen ist. Somit ist eine weitere Differenzierung notwendig, da bei Bestehen eines Anrechnungsüberhangs die Anrechnungsmethode oder die Abzugsmethode zum günstigeren Ergebnis führen kann.

So gilt es die Bedingungen herauszuarbeiten, die erfüllt sein müssen, damit die Anrechnungsmethode bzw. die Abzugsmethode die günstigere Methode zur Vermeidung der Doppelbesteuerung ist. Es ist folglich die Entlastungswirkung der Anrechnungsmethode auf die inländische Steuerbelastung mit derjenigen der Abzugsmethode zu vergleichen. Bei Anwendung der Anrechnungsmethode kommt es bei Bestehen eines Anrechnungsüberhangs zu einer Entlastung der auf die Nettozinsen entfallenden kombinierten Körperschaftsteuer. Diese wird durch die folgende Gleichung beschrieben:

(II.6) $\quad E(FF)_{AnrÜ}^{ausFK} = kst_{solz} \times (1 - Z/G)$

Die Abzugsmethode führt zu einem Abzug der im Ausland bezahlten Quellensteuer auf Zinsen als Betriebsausgabe bei der Gewerbe- und Körperschaftsteuer zzgl. Solidaritätszuschlag. Die Minderung der Gewerbesteuer bewirkt durch den geringeren Abzug als Betriebsausgabe bei der kombinierten Körperschaftsteuer einen leicht gegenläufigen Effekt. Formelmäßig ausgedrückt beträgt die Entlastung:

(II.7) $\quad E(FF)_{Abz}^{ausFK} = QuStZ \times kst_{solz} + QuStZ \times gst - QuStZ \times gst \times kst_{solz}$

$\quad\quad\quad\quad\quad\quad = QuStZ \times ertst_I$

Die Anrechnungsmethode führt dann zum günstigeren Ergebnis, wenn die Entlastungswirkung der Anrechnungsmethode größer ist als die der Abzugsmethode, wenn also gilt:[130]

---

[129] Vgl. Mössner, J.M. u.a., International, 2005, Rz. B 358, B 385.
[130] Zu diesem Ansatz siehe Große, S., RIW 2001, S. 592-593; Scheffler, W., DB 1993, S. 847-848.

II. Optimale klassische Finanzierungsform als Beurteilungsmaßstab 57

(II.8) $\quad E(FF)_{AnrÜ}^{ausFK} > E(FF)_{Abz}^{ausFK}$

Nach Einsetzen der Gleichungen (II.6) und (II.7) in Ungleichung (II.8) erhält man nach Umformung folgendes maximales Verhältnis zwischen Refinanzierungs- und Verrechnungszinsen, bei dessen Unterschreiten die Anrechnungsmethode die vorzuziehende Methode zur Vermeidung der Doppelbesteuerung darstellt:

(II.9) $\quad {}^Z/_G < 1 - \dfrac{QuStZ \times ertst_I}{kst_{solz}}$

Wird die Grenze von $^Z/_G$, ab der es zu einem Anrechnungsüberhang kommt,[131] erreicht, so führt die Anrechnungsmethode zu einer geringeren Steuerlast. Dies liegt darin begründet, dass die Anrechnungsmethode am Steuerbetrag ansetzt und somit die inländische Körperschaftsteuer um die ausländische Steuer in voller Höhe mindert. Hingegen führt der Abzug der ausländischen Steuer von der inländischen körperschaftsteuerlichen Bemessungsgrundlage lediglich zu einer Entlastung in Höhe von 26,38% der ausländischen Steuer. Weiterhin mindert der Abzug der ausländischen Steuer ebenenfalls den Gewerbeertrag, während eine Anrechnung auf die Gewerbesteuer nicht möglich ist, sodass die Vorteilhaftigkeit der Anrechnungsmethode stets dann gegeben ist, solange die körperschaftsteuerlichen Vorteile der Anrechnungsmethode nicht durch den Abzug der ausländischen Steuer vom Gewerbeertrag überkompensiert werden.[132] Wie sich ersehen lässt, ist dies beim Erreichen der Grenze von $^Z/_G$, ab der es zu einem Anrechnungsüberhang kommt ($^Z/_G = 1 - QuStZ/kst$),[133] stets der Fall. Bei jedem gegebenen Quellensteuersatz auf Zinsen liegt nämlich dieser Wert unter dem Verhältnis von $^Z/_G$, das für die Vorteilhaftigkeit der Abzugsmethode überschritten werden muss ($^Z/_G < 1 - QuStZ \times ertst_I/kst_{solz}$).[134]

Erst mit steigendem $^Z/_G$ kann bei einem gegebenen Quellensteuersatz auf Zinsen und Hebesatz die Grenze für die Vorteilhaftigkeit der Abzugsmethode überschritten werden. Wächst das Verhältnis $^Z/_G$, d.h. die Refinanzierungszinsen

---
[131] Siehe Abschnitt II.4.2.2.1 (S. 52), Ungleichung (II.4), Tabelle II.13 (S. 54).
[132] Vgl. Scheffler, W., Unternehmenstätigkeit, 2002, S. 137-139.
[133] Abgeleitet aus Ungleichung (II.4).
[134] Siehe Ungleichung (II.9) sowie Tabelle II.14 (S. 59) zum Vergleich der konkreten Werte.

nehmen zu oder die Verrechnungszinsen nehmen ab, dann sinkt bei der Anrechnungsmethode der Anrechnungshöchstbetrag und damit auch die Entlastung. Hingegen verändert dies nichts an der Entlastung der Abzugsmethode. Die ausländische Kapitalertragsteuer, die durch den Betriebsausgabenabzug zur Entlastung führt, bleibt nämlich unverändert. Steigen die Refinanzierungszinsen, so ändert sich nichts an der Höhe der Kapitalertragsteuer, da diese auf den Bruttobetrag der von der Tochtergesellschaft bezahlten Zinsen erhoben wird. Kommt es zu einer Minderung der an die Tochtergesellschaft verrechneten Zinsen, so bleibt dennoch die prozentuale Belastung der Kapitalertragsteuer bezogen auf diese Verrechnungszinsen gleich, sodass sich auch an der prozentualen Entlastung nichts ändert.

Das Verhältnis von Refinanzierungs- zu den Verrechnungszinsen ($^Z/_G$), bei dem Anrechnungs- und Abzugsmethode zur gleichen Entlastung führen, wird von den Variablen Kapitalertragsteuersatz auf Zinsen (QuStZ) und effektiver Gewerbesteuersatz (gst), der wiederum vom Hebesatz abhängt, beeinflusst. $^Z/_G$ nimmt für die möglichen Quellensteuer- und Hebesätze immer Werte an, die kleiner als Eins sind und sinkt mit zunehmendem Kapitalertragsteuersatz auf Zinsen und zunehmendem Hebesatz. Je höher diese beiden Werte sind, desto früher ist das Verhältnis von $^Z/_G$ erreicht, ab dessen Überschreiten die Abzugsmethode vorzuziehen ist.[135] Dies deshalb, weil bei der Anrechnungsmethode die Entlastungswirkung bei Bestehen eines Anrechnungsüberhangs lediglich vom den Anrechnungsüberhang beeinflussenden $^Z/_G$ abhängt. Bei einem gegebenem $^Z/_G$ ist die Entlastung bei der Abzugsmethode hingegen umso größer, je höher der Kapitalertragsteuersatz ist, je mehr Steuern also als Betriebsausgabe abzugsfähig sind. Zusätzlich fällt die Entlastung umso größer aus, je höher der Gewerbesteuerhebesatz ist.

Bei Refinanzierung des Darlehens in voller Höhe kann zur besseren Einschätzung der Vorteilhaftigkeit der beiden Methoden wieder eine Mindestgewinnspanne zwischen Refinanzierungszinssatz und Verrechnungszinssatz bestimmt werden, die überschritten werden muss, damit bei der Anrechnungsme-

---

[135] Siehe Tabelle II.14 (S. 59).

thode eine geringere Steuerlast entsteht als bei der Abzugsmethode.[136] Durch Umformung der Ungleichung (II.9) erhält man:

(II.10) $r_{FF} > \dfrac{kst_{solz}}{kst_{solz} - QuStZ \times ertst_I} \times z$

Durch Einsetzen konkreter Werte in Ungleichung (II.10) erhält man nach Bildung der Differenzen zwischen Verrechnungs- und Kapitalmarktzins die in Tabelle II.14 dargestellten minimalen Gewinnspannen.

Tabelle II.14: Grenzwerte zur Anzeige der Vorteilhaftigkeit der Anrechnungs- gegenüber der Abzugsmethode bei Bestehen eines Anrechnungsüberhangs

Hebe-satz	Kapitalertragsteuersatz auf Zinsen									
	5%		10%		15%		20%		25%	
	$^z/_G$ <	Marge >	$^z/_G$ <	Marge >	$^z/_G$ <	Marge >	$^z/_G$ <	Marge >	$^z/_G$ <	Marge >
350%	92,92%	7,62%	85,84%	16,49%	78,76%	26,96%	71,68%	39,50%	64,61%	54,78%
375%	92,80%	7,76%	85,59%	16,83%	78,39%	27,57%	71,18%	40,48%	63,98%	56,30%
400%	92,67%	7,91%	85,35%	17,17%	78,02%	28,17%	70,70%	41,45%	63,37%	57,81%
425%	92,55%	8,05%	85,11%	17,50%	77,66%	28,76%	70,22%	42,42%	62,77%	59,31%
450%	92,44%	8,18%	84,87%	17,82%	77,31%	29,35%	69,75%	43,38%	62,18%	60,82%
475%	92,32%	8,32%	84,64%	18,14%	76,96%	29,93%	69,29%	44,33%	61,61%	62,32%
500%	92,21%	8,45%	84,42%	18,46%	76,63%	30,50%	68,83%	45,28%	61,04%	63,82%
Vor ÜH	$^z/_G$ > 80,00%	M < 25,00%	$^z/_G$ > 60,00%	M < 66,67%	$^z/_G$ > 40,00%	M < 150%	$^z/_G$ > 20,00%	M < 400%	$^z/_G$ > 0,00%	M < ∞

In allen untersuchten Ländern, bei denen auf Zinszahlungen Kapitalertragsteuer anfällt und es somit leicht zu Überhängen kommt, beträgt der Satz mit Ausnahme von Polen und Portugal 10%. Hierfür bewegt sich die Gewinnmarge zwischen 16,49% bei einem Hebesatz von 350% und 18,46% bei einem Hebesatz von 500%. Es dürfte regelmäßig gelingen, diese geringen Gewinnspannen zu

---

[136] Siehe Abschnitt II.4.2.2.1 (S. 52) zur analogen Beurteilung des Entstehens von Anrechnungsüberhängen.

realisieren, sodass im Regelfall die Anrechnungsmethode zum günstigeren Ergebnis führen wird. Im Einzelfall kann hingegen etwas anderes gelten.

Die Gesamtsteuerbelastung bei Anwendung der Anrechnungsmethode bei Bestehen eines Anrechnungsüberhangs wird durch folgende Gleichung beschrieben:

$$
\begin{aligned}
\text{(II.11)} \quad E(FF)_{AnrÜ}^{ausFK} &= QuStZ + (1-\tfrac{1}{2}\times{}^Z/_G)\times gst - kst_{solz}\times(1-\tfrac{1}{2}\times{}^Z/_G)\times gst \\
&= (1-\tfrac{1}{2}\times{}^Z/_G)\times gst\times(1-kst_{solz}) + QuStZ
\end{aligned}
$$

Bei Anwendung der Anrechnungsmethode fällt bei Bestehen eines Anrechnungsüberhangs keine inländische Körperschaftsteuer und damit kein Solidaritätszuschlag mehr an. Da sich die Anrechnungsmethode nicht auf die Gewerbesteuer auswirkt, ist auf die um die hälftigen Refinanzierungszinsen gekürzten Zinseinnahmen noch Gewerbesteuer zu erheben. Wegen der Annahme, dass genügend inländische Einkünfte vorhanden sind, muss zusätzlich die Minderung der Körperschaftsteuer und des Solidaritätszuschlags durch den Betriebsausgabenabzug der auf den Nettozinsen lastenden Gewerbesteuer berücksichtigt werden.

Die Abzugsmethode führt zum Abzug der im Ausland gezahlten Steuer als Betriebsausgabe von der körperschaftsteuerlichen und gewerbesteuerlichen Bemessungsgrundlage. Durch die niedrigere Körperschaftsteuer reduziert sich auch der Solidaritätszuschlag. Zusätzlich sind bei der Berechnung der Gewerbesteuer die Zinsausgaben zur Hälfte und für Zwecke der kombinierten Körperschaftsteuer in voller Höhe zu berücksichtigen. Die Gesamtsteuerlast unter Anwendung der Abzugsmethode setzt sich somit aus ausländischer Quellensteuer und deutscher Gewerbe- und Körperschaftsteuer zzgl. Solidaritätszuschlag zusammen:

$$
\begin{aligned}
\text{(II.12)} \quad E(FF)_{Abz}^{ausFK} &= QuStZ + (1-\tfrac{1}{2}\times{}^Z/_G - QuStZ)\times gst + [1 - Z/G - QuStZ \\
&\quad - (1-\tfrac{1}{2}\times{}^Z/_G - QuStZ)\times gst]\times kst_{solz} \\
&= (1-\tfrac{1}{2}\times{}^Z/_G)\times gst\times(1-kst_{solz}) + (1-{}^Z/_G)\times kst_{solz} + QuStZ\times(1-ertst_I)
\end{aligned}
$$

4.2.2.3 Zwischenergebnis

Abbildung II.2 (S. 62) zeigt die geringste Gesamtsteuerbelastung bei der Darlehensvergabe aus fremden Mitteln, die durch die Wahl der günstigsten Methode zur Vermeidung der Doppelbesteuerung entsteht. Um die optimale Methode zur

Vermeidung der Doppelbesteuerung zu ermitteln, ist eine zweistufige Vorgehensweise erforderlich. Auf der ersten Stufe ist zu prüfen, ob es zu Anrechnungsüberhängen kommt. Wird eine Quellensteuer auf Zinsen erhoben und das in Tabelle II.13 (S. 54) geforderte Verhältnis von Refinanzierungs- zu Verrechnungszins nicht überschritten oder wird keine Quellensteuer erhoben, entsteht kein Anrechnungsüberhang und die Anrechnungsmethode führt zur geringsten Gesamtsteuerlast (Gleichung (II.3)). Wird das Verhältnis überschritten, entsteht ein Anrechnungsüberhang, sodass auf der zweiten Stufe die Auswahl der günstigeren Methode zur Vermeidung der Doppelbesteuerung nötig ist. Das für das Vorliegen eines Anrechnungsüberhangs nötige Verhältnis $Z/_G$ (Ungleichung (II.4)) liegt immer unterhalb des minimalen Verhältnisses, das für die Vorteilhaftigkeit der Abzugsmethode nötig ist (Ungleichung (II.9)). Somit führt bei steigendem $Z/_G$ zunächst die Anrechnungsmethode zur geringsten Gesamtsteuerbelastung (Gleichung (II.11)), wird jedoch das Verhältnis überschritten, kehrt sich die Vorteilhaftigkeit zur Abzugsmethode um und Gleichung (II.12) beschreibt die geringste Steuerbelastung. Der Zusammenhang zwischen steigendem $Z/_G$ und der geringsten Gesamtsteuerbelastung in Abhängigkeit der Methode zur Vermeidung der Doppelbesteuerung ist im unteren Teil der Abbildung dargestellt.

Abbildung II.2: Gesamtsteuerbelastung bei Ausstattung der Tochtergesellschaft mit Fremdkapital (Refinanzierung)

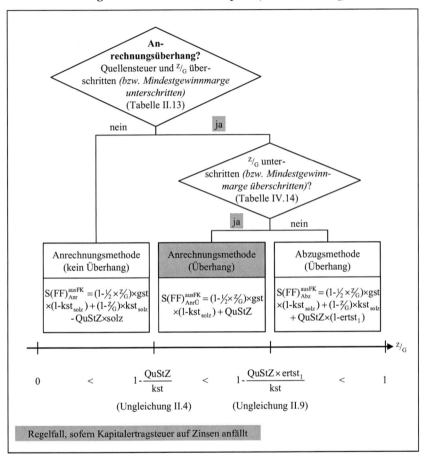

Die Mindestgewinnspannen werden in erster Linie dazu herangezogen, um besser einschätzen zu können, wie wahrscheinlich das Entstehen von Anrechnungsüberhängen ist und welche Methode zu wählen ist, um die Doppelbesteuerung zu vermeiden. Bei einem in den meisten Ländern vorkommenden Kapitalertragsteuersatz von 10% kann i.d.R. davon ausgegangen werden, dass es zu Anrechnungsüberhängen kommt und die Doppelbesteuerung durch die Anrechnungsmethode zu vermeiden ist. Der Regelfall ist in der Abbildung grau hinterlegt.[137]

4.2.3 Auswirkung auf die Vorteilhaftigkeit

Um die optimale Finanzierungsform bestimmen zu können, müssen die zwei möglichen Gesamtsteuerbelastungen der Eigenfinanzierung (Tabelle II.12, S. 51)[138] den drei möglichen Gesamtsteuerbelastungen bei Fremdfinanzierung (Abbildung II.2, S. 62) gegenübergestellt werden. Für die sich daraus ergebenden sechs Kombinationsmöglichkeiten muss jeweils ein ausländischer Ertragsteuersatz als Indifferenzsteuersatz berechnet werden, indem die Formeln, die die Steuerbelastung der jeweiligen Finanzierungsform beschreiben, gleichgesetzt werden. Wird der Indifferenzsteuersatz durch den tatsächlichen Ertragsteuersatz unterschritten, stellt die Eigenfinanzierung die optimale Finanzierungsform für das jeweilige Land dar, wird er überschritten, so ist es die Fremdfinanzierung.

Entsteht kein Anrechnungsüberhang, führt die refinanzierte Darlehensfinanzierung im Vergleich zur Darlehensgewährung aus eigenen Mitteln zu einer Reduktion der deutschen Steuerbelastung, die durch die hälftige Abzugsfähigkeit der Refinanzierungszinsen bei der Gewerbesteuer und der vollen Abzugsfähigkeit bei der kombinierten Körperschaftsteuer entsteht.[139] Bei der Eigenfinanzierung führt die Refinanzierung genau zum gleichen Ergebnis,[140] sodass sich die durch die Refinanzierung ergebende Steuerminderung herauskürzt, wenn die beiden Formeln, die die Steuerbelastung beschreiben,[141] gleichgesetzt werden. Es ändert sich deshalb nichts an der Vorteilhaftigkeit zwischen

---

[137] Zu Einzelheiten siehe die entsprechenden Absätze in Abschnitt II.4.2.2.1 (S. 52) und Abschnitt II.4.2.2.2 (S. 55).
[138] Es wird lediglich danach unterschieden, ob eine gewerbesteuerliche Schachteldividende vorliegt oder nicht, da dies zu einer unterschiedlichen Zusammensetzung der Gesamtsteuerbelastung führt. Bei Vorliegen einer gewerbesteuerlichen Schachteldividende muss nicht weiter danach unterschieden werden, ob eine internationale Schachtel- oder Portfoliobeteiligung vorliegt, da dies lediglich Einfluss auf die Höhe der Quellensteuer, nicht aber auf die Zusammensetzung der Steuerlast nimmt.
[139] Siehe Abschnitt II.4.2.2.1 (S. 52).
[140] Siehe Abschnitt II.4.2.1 (S. 49).
[141] Siehe hierzu die Formeln aus Tabelle II.12 (S. 51) zur Eigenfinanzierung und Gleichung (II.3) zur Fremdfinanzierung.

Eigen- und Fremdfinanzierung. Hier wird auf die Ausführungen bei der Finanzierung der Tochter- aus eigenen Mitteln der Muttergesellschaft verwiesen.[142]

Entsteht bei der Erhebung einer Quellensteuer auf Zinsen ein Anrechnungsüberhang und ist die Eigenfinanzierung bereits ohne Refinanzierung die vorzuziehende Finanzierungsform, ändert sich auch bei der Refinanzierung nichts an der Vorteilhaftigkeitsreihenfolge, weil die Aufnahme von Fremdkapital zur Refinanzierung sowohl bei der Eigenfinanzierung als auch bei der Fremdfinanzierung durch die steuerliche Abzugsfähigkeit der Refinanzierungszinsen zu einer gleich hohen Reduktion der Steuerbelastung führt. Bei der Fremdfinanzierung können dann zusätzliche Nachteile entstehen, wenn die Doppelbesteuerung aus Kapitalertragsteuer auf Zinsen und inländischer Ertragsteuer nicht vollständig vermieden werden kann.[143] Dies ist der Fall, wenn es im Rahmen der Anrechnungsmethode zu Anrechnungsüberhängen kommt oder wenn die Abzugsmethode Anwendung findet, denn die Abzugsmethode führt lediglich zu einer Abschwächung, nicht aber zu einer Vermeidung der Doppelbesteuerung.[144]

Für den Fall, dass die Fremdfinanzierung ohne Refinanzierung die optimale Finanzierungsform darstellt und durch die Aufnahme eines Refinanzierungsdarlehens im Rahmen der Fremdfinanzierung ein Anrechnungsüberhang entsteht, gilt es im Folgenden, die restlichen vier Kombinationsmöglichkeiten zu untersuchen. Diese Kombinationsmöglichkeiten ergeben sich aus der Verknüpfung der beiden möglichen Steuerbelastungen der Eigenfinanzierung (Steuerbelastung bei Bestehen einer gewerbesteuerlichen Schachtelbeteiligung bzw. bei einer Beteiligung im Streubesitz) und der beiden unterschiedlichen Steuerbelastungen der Fremdfinanzierung bei Bestehen eines Anrechnungsüberhangs (Steuerbelastung bei Anwendung der Abzugsmethode bzw. der Anrechnungsmethode).

Sind bei der Eigenfinanzierung die Voraussetzungen für eine gewerbesteuerliche Schachtelbeteiligung erfüllt[145] und führt die Anrechnungsmethode bei der

---

[142] Siehe hierzu Abschnitt II.4.1 (S. 49).
[143] Bei der Darlehensvergabe aus dem Eigenkapital kann die Doppelbesteuerung hingegen stets vermieden werden. Siehe hierzu Abschnitt II.3.2 (S. 39).
[144] Vgl. Jacobs, O.H., Internationale, 2002, S. 57.
[145] D.h. die Beteiligungsquote liegt bei mindestens 10%.

Fremdfinanzierung zum günstigeren Ergebnis,[146] so errechnet sich der ausländische Indifferenzsteuersatz, indem die Formeln gleichgesetzt werden, die entsprechende Steuerlast beschreiben (Tabelle II.12 (S. 51) bei Eigen- und Gleichung (II.11) bei Fremdfinanzierung):

(II.13) $S(FF)_{AnrÜ}^{ausFK} = S(EF)_{\geq 10\%}^{ausFK}$

$\Leftrightarrow$ $QuStZ + (1-{}^1/_2 \times {}^Z/_G) \times gst \times (1-kst_{solz})$
$= est_{A*} + QuStD \times (1-est_{A*}) + 0,05 \times (1-est_{A*}) \times ertst_I - {}^Z/_G \times [{}^1/_2 \times gst$
$+ kst_{solz} \times (1-{}^1/_2 \times gst)]$

$\Leftrightarrow$ $est_{A*} = \dfrac{(QuStZ - QuStD) - 0{,}05 \times ertst_I + \left[gst + kst_{solz} \times ({}^Z/_G - gst)\right]}{1 - QuStD - 0{,}05 \times ertst_I}$

Sind bei der Eigenfinanzierung die Voraussetzungen für eine gewerbesteuerliche Schachtelbeteiligung erfüllt[147] und führt die Abzugsmethode bei der Fremdfinanzierung zum günstigeren Ergebnis,[148] so errechnet sich der ausländische Indifferenzsteuersatz, indem die die entsprechende Steuerlast beschreibende Formeln (Tabelle II.12 (S. 51) bei Eigen- und Gleichung (II.12) bei Fremdfinanzierung) gleichgesetzt werden:

(II.14) $S(FF)_{Abz}^{ausFK} = S(EF)_{\geq 10\%}^{ausFK}$

$\Leftrightarrow$ $QuStZ + (1-\frac{1}{2} \times {}^Z/_G - QuStZ) \times gst \times (1-kst_{solz}) + (1-{}^Z/_G - QuStZ) \times kst_{solz}$
$= est_{A*} + QuStD \times (1-est_{A*}) + 0,05 \times (1-est_{A*}) \times ertst_I - {}^Z/_G \times [{}^1/_2 \times gst$
$+ kst_{solz} \times (1-{}^1/_2 \times gst)]$

$\Leftrightarrow$ $est_{A*} = \dfrac{QuStZ \times (1 - ertst_I) - QuStD + 0{,}95 \times ertst_I}{1 - QuStD - 0{,}05 \times ertst_I}$

Zur Berechnung des ausländischen Indifferenzsteuersatzes im Fall, dass bei der Eigenfinanzierung die Voraussetzungen für eine gewerbesteuerliche Schachtel-

---

[146] D.h. das Verhältnis ${}^Z/_G$ überschreitet zwar die Werte aus Tabelle II.13 (S. 54), unterschreitet jedoch die Werte aus Tabelle II.14 (S. 59).
[147] D.h. die Beteiligungsquote liegt bei mindestens 10%.
[148] D.h. das Verhältnis ${}^Z/_G$ überschreitet sowohl die Werte aus Tabelle II.13 (S. 54) als auch aus Tabelle II.14 (S. 59).

beteiligung nicht erfüllt sind[149] und dass die Anrechnungsmethode bei der Fremdfinanzierung zum günstigeren Ergebnis führt,[150] müssen die die entsprechende Steuerlast beschreibenden Formeln (Tabelle II.12 (S. 51) bei Eigen- und Gleichung (II.11) bei Fremdfinanzierung) gleichgesetzt werden:

(II.15) $\quad S(FF)_{AnrÜ}^{ausFK} = S(EF)_{<10\%}^{ausFK}$

$\Leftrightarrow \quad QuStZ + (1 - \frac{1}{2} \times {}^{Z}/_{G}) \times gst \times (1 - kst_{solz})$
$= est_A + QuStD \times (1 - est_A) + [gst + kst_{solz} \times (0{,}05 - gst)] \times (1 - est_A)$
$- {}^{Z}/_{G} \times [\frac{1}{2} \times gst + kst_{solz} \times (1 - \frac{1}{2} \times gst)]$

$\Leftrightarrow \quad est_{A*} = \dfrac{(QuStZ - QuStD) + kst_{solz} \times ({}^{Z}/_{G} - 0{,}05)}{1 - QuStD - [gst + kst_{solz} \times (0{,}05 - gst)]}$

Zur Berechnung des ausländischen Indifferenzsteuersatzes im Fall, dass bei der Eigenfinanzierung die Voraussetzungen für eine gewerbesteuerliche Schachtelbeteiligung nicht erfüllt sind[151] und dass die Abzugsmethode bei der Fremdfinanzierung zum günstigeren Ergebnis führt,[152] müssen die die entsprechende Steuerlast beschreibenden Formeln (Tabelle II.12 (S. 51) bei Eigen- und Gleichung (II.12) bei Fremdfinanzierung) gleichgesetzt werden:

(II.16) $\quad S(FF)_{Abz}^{ausFK} = S(EF)_{<10\%}^{ausFK}$

$\Leftrightarrow \quad QuStZ + (1 - \frac{1}{2} \times {}^{Z}/_{G} - QuStZ) \times gst \times (1 - kst_{solz}) + (1 - {}^{Z}/_{G} - QuStZ) \times kst_{solz}$
$= est_A + QuStD \times (1 - est_A) + [gst + kst_{solz} \times (0{,}05 - gst)] \times (1 - est_A)$
$- {}^{Z}/_{G} \times [\frac{1}{2} \times gst + kst_{solz} \times (1 - \frac{1}{2} \times gst)]$

$\Leftrightarrow \quad est_{A*} = \dfrac{QuStZ \times (1 - ertst_I) - QuStD + 0{,}95 \times kst_{solz}}{1 - QuStD - [gst + kst_{solz} \times (0{,}05 - gst)]}$

Die Gleichungen (II.14) und (II.15) lassen erkennen, dass die Vorteilhaftigkeit zwischen Eigen- und Fremdfinanzierung von unternehmensinternen und stand-

---

[149] D.h. die Beteiligungsquote liegt unter 10%.
[150] D.h. das Verhältnis ${}^{Z}/_{G}$ überschreitet zwar die Werte aus Tabelle II.13 (S. 54), unterschreitet jedoch die Werte aus Tabelle II.14 (S. 59).
[151] D.h. die Beteiligungsquote liegt unter 10%.
[152] D.h. das Verhältnis ${}^{Z}/_{G}$ überschreitet sowohl die Werte aus Tabelle II.13 (S. 54) als auch aus Tabelle II.14 (S. 59).

ortbedingten Faktoren abhängt. Die unternehmensinternen Faktoren werden durch das Verhältnis der Refinanzierungszinsen zum Gewinn dargestellt. Die standortabhängigen Faktoren umfassen die Kapitalertragsteuersätze auf Zinsen und Dividenden, sowie den Gewerbesteuerhebesatz, der sowohl die Gewerbesteuerbelastung als auch die inländische Ertragsteuerbelastung beeinflusst.

In allen vier Fällen gilt, dass eine Erhöhung des Quellensteuersatzes auf Zinsen zu einer relativen Schlechterstellung der Fremdfinanzierung und damit zu einem Anstieg des Indifferenzsteuersatzes führt, denn in einer Situation, in der Anrechnungsüberhänge bestehen, kann die Doppelbelastung aus ausländischer Quellensteuer und inländischer Ertragsteuer nur abgeschwächt, jedoch nie vermieden werden. Durch einen höheren Kapitalertragsteuersatz auf Zinsen erhöht sich folglich die Steuerbelastung der Fremdfinanzierung, während die Steuerbelastung der Eigenfinanzierung unverändert bleibt. Dagegen führt ein höherer Kapitalertragsteuersatz auf Dividenden wegen des Definitivcharakters lediglich zu einer Schlechterstellung der Eigenfinanzierung, während die Fremdfinanzierung unberührt bleibt. Der Indifferenzsteuersatz sinkt hierdurch.

Eine Erhöhung des Gewerbesteuerhebesatzes – und damit verbunden eine Erhöhung des inländischen Ertragsteuersatzes – führt immer zu einer Erhöhung des Indifferenzsteuersatzes und damit zu einer relativen Verschlechterung der Fremdfinanzierung. Bei Bestehen eines gewerbesteuerlichen Schachtelprivilegs wirkt sich ein höherer Hebesatz bei der Fremdfinanzierung belastender aus als bei der Eigenfinanzierung, da die Zinsen in vollem Umfang der Gewerbesteuer unterliegen, während die Dividenden über § 8b Abs. 5 KStG nur zu 5% erfasst werden. In beiden Fällen mindern die Refinanzierungszinsen den Gewerbeertrag zur Hälfte, sodass sich bei der Berücksichtigung der Refinanzierungszinsen keine Unterschiede ergeben. Es bleibt bei der höheren Belastung der Fremdfinanzierung mit Gewerbesteuer. Liegt keine gewerbesteuerliche Schachtelbeteiligung vor, so unterliegen sowohl die Zinsen als auch die Dividenden wegen der Hinzurechnung nach § 8 Nr. 5 GewStG der Gewerbesteuer. Da die Zinsen und der Gewinn der Grundeinheit vor Steuern annahmegemäß gleich hoch sind, ist die Dividende betragsmäßig stets kleiner als die Zinsen, weil die Dividende den um die ausländische Ertragsteuer gekürzten Gewinn darstellt. Die Zinsen auf das Refinanzierungsdarlehen reduzieren gleichermaßen die Gewerbesteuer, sodass ein höherer Gewerbesteuersatz die Fremdfinanzierung stärker belastet als die Eigenfinanzierung.

In den Fällen, in denen die Anrechnungsmethode zur Anwendung kommt, wird der Indifferenzsteuersatz zusätzlich durch das Verhältnis von Zinsen zum Gewinn beeinflusst. Je größer dieses Verhältnis ist, desto größer ist auch der Indifferenzsteuersatz. Denn in einer Situation von Anrechnungsüberhängen fällt bei Anwendung der Anrechnungsmethode keine inländische Körperschaftsteuer mehr an, sodass höhere Refinanzierungszinsen bei der Fremdfinanzierung lediglich zu einer hälftigen Minderung der Gewerbesteuerbelastung führen, während bei der Eigenfinanzierung zusätzlich eine Minderung der Körperschaftsteuerbelastung erfolgt. Es kommt zu einer relativen Schlechterstellung der Fremdfinanzierung.[153]

Die Bandbreite der Indifferenzsteuersätze lässt sich bestimmen, indem man Extremwerte in die Gleichungen (II.13) bis (II.16) einsetzt. Der Zusammenhang zwischen den Einflussgrößen und dem Indifferenzsteuersatz sowie die für die Bandbreite einzusetzenden Werte sind in Tabelle II.15 (S. 69) dargestellt.

Der Indifferenzsteuersatz ist umso niedriger, desto höher der Kapitalertragsteuersatz auf Dividenden bzw. desto geringer der Kapitalertragsteuersatz auf Zinsen, der Gewerbesteuerhebesatz und das Verhältnis von Refinanzierungszinsen zum Gewinn sind. Et vice versa.

Die Untergrenze errechnet sich, indem der höchstmögliche Quellensteuersatz auf Dividenden sowie die niedrigsten vorkommenden Werte für den Quellensteuersatz auf Zinsen, den Hebesatz und das Verhältnis $^Z/_G$ eingesetzt werden. Hierbei handelt es sich bei den untersuchten Ländern um einen Quellensteuersatz auf Dividenden von 15%[154] und um einen Hebesatz von 350%. Beim Einsetzen der Minimalwerte für den Quellensteuersatz auf Zinsen und das Verhältnis $^Z/_G$ ist zu berücksichtigen, dass die Bedingungen zum Vorliegen eines Anrechnungsüberhangs erfüllt sein müssen. D.h. es muss ein Kapitalertrag-

---

[153] Bei Anwendung der Abzugsmethode reduzieren die Refinanzierungszinsen ebenfalls die körperschaftsteuerliche Bemessungsgrundlage. Somit ist in diesen Fällen der Indifferenzsteuersatz von der Höhe der Refinanzierungszinsen unabhängig, da es durch die Refinanzierung zur gleichen Minderung der Steuerbelastung bei Eigen- und Fremdfinanzierung kommt.
[154] Siehe Tabelle II.2 (S. 28). Eine Ausnahme bildet Irland mit 20%.

II. Optimale klassische Finanzierungsform als Beurteilungsmaßstab 69

steuersatz auf Zinsen erhoben werden und zugleich die für diesen geltenden Werte für $^Z/_G$ aus Tabelle II.13 (S. 54) überschritten werden. Sofern eine Quellensteuer auf Zinsen anfällt, beträgt diese bei allen untersuchten Ländern[155] 10%, sodass das entsprechende Verhältnis von $^Z/_G$ nicht unter 60,00% sinken kann, weil ansonsten kein Überhang entsteht.

Tabelle II.15: Werte zur Bestimmung der Bandbreite von Indifferenzsteuersätzen zwischen Eigen- und Fremdfinanzierung bei Refinanzierung

	QuStD	QuStZ	Hebesatz	$^Z/_G$
Zusammenhang	invers	positiv	positiv	positiv
Untergrenze	↑ 15%	↓ 10%	↓ 350%	↓ 60,00%
Obergrenze	↓ 0%	↑ 10%	↑ 500%	↑ 84,42%

Die Obergrenze errechnet sich, indem der niedrigste vorkommende Quellensteuersatz auf Dividenden sowie die höchst möglichen Werte für den Quellensteuersatz auf Zinsen, den Hebesatz und das Verhältnis $^Z/_G$ eingesetzt werden. Hierbei handelt es sich bei den untersuchten Ländern um einen Quellensteuersatz auf Dividenden von 0%, auf Zinsen von 10% und um einen Hebesatz von 500%. Der höchst mögliche Wert für $^Z/_G$ ist bei Indifferenzsteuersätzen, die die Eigenfinanzierung mit der Anrechnungsmethode vergleichen (Gleichung (II.13) und (II.15)), maximal der Wert, bei dessen Überschreiten die Abzugsmethode vorzuziehen ist. Dieser beträgt 84,42% bei einem Quellensteuersatz auf Zinsen von 10% und einem Hebsatz von 500%.[156]

In Tabelle II.16 (S. 70) sind die Ober- und Untergrenze der Indifferenzsteuersätze angegeben, die sich aus dem Einsetzen der Extremwerte in die Formeln (II.13) bis (II.16) ergeben. Es ist dabei jeweils danach zu differenzieren, ob eine gewerbesteuerliche Schachtelbeteiligung vorliegt oder nicht. Für beide Fälle ergeben sich unterschiedliche Bandbreiten in Abhängigkeit davon, ob die Anrechnungs- oder die Abzugsmethode zum günstigeren Ergebnis führt.

---

[155] Siehe Tabelle II.6 (S. 37). Ausnahmen bilden Polen mit 5% und Portugal mit 15%.
[156] Zwar beträgt das Verhältnis für Indifferenzsteuersätze, die den Vergleich mit der Abzugsmethode vornehmen, maximal eins. Das Verhältnis nimmt jedoch keinen Einfluss auf die Höhe dieser Indifferenzsteuersätze.

Tabelle II.16: Bandbreite der Indifferenzsteuersätze zwischen Eigen- und Fremdfinanzierung (Refinanzierung)

	Schachteldividende		Nicht-Schachteldividende	
	Anrechnung	Abzug	Anrechnung	Abzug
	tatsächlicher Steuersatz unterhalb der Bandbreite: **Eigenfinanzierung vorteilhaft**			
- Untergrenze	23,97%	32,16%	13,07%	22,45%
	tatsächlicher Steuersatz innerhalb der Bandbreite: vorteilhafte Finanzierungsform **unbestimmt**			
- Obergrenze	45,88%	45,88%	36,86%	36,86%
	tatsächlicher Steuersatz oberhalb der Bandbreite: **Fremdfinanzierung vorteilhaft**			

Sowohl bei einer Schachteldividende als auch bei der Nicht-Schachteldividende sind die Obergrenzen der Anrechnungs- und Abzugsmethode jeweils gleich hoch. Dies liegt darin begründet, dass zur Berechnung der Obergrenze der Indifferenzsteuersätze, die die Anrechnungsmethode mit der Eigenfinanzierung vergleichen, der höchst mögliche Wert für $^Z/_G$ derjenige ist, bei dem die Anrechnungs- und die Abzugsmethode zur gleichen Belastung führen.

Liegt der effektive Ertragsteuersatz in einem Land unterhalb der Bandbreite, bedeutet dies, dass unter den gegebenen Annahmen die Eigenfinanzierung in jedem Fall die vorzuziehende Finanzierungsform darstellt. Liegt er darüber, ist es die Fremdfinanzierung. Befindet sich der Ertragsteuersatz innerhalb der Bandbreite, so ist in Abhängigkeit von den unternehmensinternen Faktoren (Zins im Verhältnis zum Gewinn) und den standortabhängigen Faktoren (Quellensteuersätze und Gewerbesteuerhebesatz) entweder die Eigen- oder die Fremdfinanzierung die vorzuziehende Alternative. Soweit die Bandbreiten der Anrechnungs- und Abzugsmethode deckungsgleich sind, bedeutet dies, dass die Vorteilhaftigkeit zwischen den Methoden in Abhängigkeit vom konkreten Verhältnis von $^Z/_G$ und vom Hebesatz wechseln kann. Die Bandbreite der Abzugsmethode fällt stets in diejenige der Anrechnungsmethode, umgekehrt jedoch nicht.

5. Bestimmung der optimalen Finanzierungsform in den Ländern

In diesem Abschnitt werden die bisherigen Ergebnisse dazu verwendet, für die einzelnen Länder die optimale klassische Finanzierungsform abzuleiten. Für die meisten Länder kann keine pauschale Aussage getroffen werden, da je nach Ausprägung der die Finanzierung bestimmenden Einflussgrößen die Vorteilhaftigkeit wechseln kann. Es bietet sich an, zunächst danach zu unterscheiden, ob eine gewerbesteuerliche Schachteldividende vorliegt, denn für die meisten Länder wechselt hierdurch die Vorteilhaftigkeit.

Anschließend empfiehlt es sich, zunächst die optimale Finanzierungsform für den Fall zu bestimmen, dass die Finanzierung der Tochter- aus eigenen Mitteln der Muttergesellschaft erfolgt. Ist die Eigenfinanzierung günstiger, so ändert sich nichts an der Vorteilhaftigkeit, wenn ein Refinanzierungsdarlehen aufgenommen wird.[157] Ist die Fremdfinanzierung günstiger, so muss untersucht werden, ob die Vorteilhaftigkeit zur Eigenfinanzierung kippen kann.

5.1 Gewerbesteuerliche Schachtelbeteiligung

5.1.1 Finanzierung aus dem Eigenkapital der Muttergesellschaft

Tabelle II.17 (S. 72) zeigt die vorteilhafte Finanzierungsform bei Vorliegen einer gewerbesteuerlichen Schachteldividende, wenn die Finanzierung aus dem Eigenkapital der Muttergesellschaft erfolgt.

In den meisten Ländern (**China, Dänemark, Frankreich, Griechenland, GB, Irland, Lettland, Litauen, Niederlande, Österreich, Polen, Schweden, Schweiz, Slowakei, Spanien, Ungarn**) stellt die Eigenfinanzierung immer die optimale Finanzierungsform dar. Beim höchstmöglichen Kapitalertragsteuersatz auf Dividenden und Zinsen[158] liegt nämlich der Ertragsteuersatz bereits unter dem maßgeblichen Indifferenzsteuersatz.[159] Die Vorteile sind umso größer, je weiter der Ertrag- vom Indifferenzsteuersatz abweicht. Findet ein niedrigerer Kapitalertragsteuersatz Anwendung – etwa weil die Voraussetzungen der Mut-

---

[157] Siehe Anfang von Abschnitt II.4.2.3 (S. 63) zur Begründung.
[158] Siehe Tabelle II.2 (S. 28) zu den Quellensteuersätzen auf Dividenden und Tabelle II.6 (S. 37) zu den Quellensteuersätzen auf Zinsen.
[159] Siehe Abschnitt II.4.1 (S. 44), Gleichung (II.1) und Tabelle II.10 (S. 6) zu den konkreten Werten.

ter-Tochter-Richtline, der Zins- und Lizenzrichtlinie oder für das Vorliegen einer DBA-Schachteldividende erfüllt sind – erhöht sich die Vorteilhaftigkeit.[160]

Tabelle II.17: Optimale klassische Finanzierungsform bei Vorliegen einer gewerbesteuerlichen Schachteldividende (keine Refinanzierung)

gewerbesteuerliche Schachteldividende (Beteiligung ≥ 10%)			
EF immer besser	EF | FF vorteilhaft, wenn		FF immer besser
China, Dänemark, Frankreich, Griechenland, GB, Irland, Lettland, Litauen, Niederlande, Österreich, Polen, Schweden, Schweiz, Slowakei, Spanien, Ungarn	Belgien, Finnland, Italien, Luxemburg Beteiligung ≥ 20%	Beteiligung < 20%	Australien, Japan, USA
^	Estland (EST), Portugal (P), Slowenien (SLO), Tschechien (CZ)		^
^	• Beteiligung ≥ 20% • Beteiligung < 20% und HS > 395% (CZ, EST) HS > 482% (P) HS > 362% (SLO)	• Beteiligung < 20% und HS ≤ 395% (CZ, EST) HS ≤ 482% (P) HS ≤ 362% (SLO)	^
^	Kanada		
^	HS > 424%	HS ≤ 424%	
Legende: keine Quellensteuer auf Zinsen			

Im Gegenzug ist nur bei sehr wenigen Ländern **(Australien, Japan, USA)** die Fremdfinanzierung stets die optimale Finanzierungsform. Dies liegt zum einen daran, dass in diesen Ländern bereits die Tarifbelastung im Vergleich zu Deutschland relativ hoch ist, zum anderen werden auf Dividendenzahlungen immer Quellensteuern erhoben, die Mutter-Tochter-Richtlinie findet keine Anwendung.

In den übrigen untersuchten Ländern, hängt die vorteilhafte Finanzierungsform von der die Quellensteuersätze bestimmenden Beteiligungshöhe und/oder dem Hebesatz der Gewerbesteuer ab. In **Belgien, Finnland, Italien** und **Luxemburg** ist bei einer Beteiligungsquote von weniger als 20% die Fremdfinanzierung vorzuziehen, bei mindestens 20% hingegen die Eigenfinanzierung. Zwar liegt in allen Ländern die tarifliche Ertragsteuerbelastung unter dem deutschen Niveau, jedoch machen Quellensteuersätze auf Dividenden von 15% die Eigenfinanzie-

---

[160] In vielen neueren Abkommen ist die Voraussetzung für eine Schachteldividende bereits ab einer Beteiligungsquote von 10% erfüllt, also stets bei Vorliegen einer gewerbesteuerlichen Schachtelbeteiligung, so in Dänemark, Finnland, Frankreich, Kanada, Österreich, Polen, Schweden, Tschechien und den USA.

rung unattraktiv. Ab einer Beteiligungsquote von 20% werden aufgrund der Mutter-Tochter-Richtlinie keine Quellensteuern mehr erhoben, sodass das niedrigere ausländische Steuerniveau durch die Eigenfinanzierung genutzt werden kann. Wird eine Quellensteuer auf Zinsen erhoben, entfällt diese aufgrund der Zins- und Lizenzrichtlinie ab einer Beteiligungsquote von 25%.[161] Somit entfällt die zusätzliche Minderung des Solidaritätszuschlags bei der Fremdfinanzierung, die durch die Anrechnung der Quellensteuer entsteht. Die Vorteilhaftigkeit der Eigenfinanzierung verringert sich hierdurch geringfügig.

Das gleiche gilt für **Estland, Portugal,**[162] **Slowenien** und **Tschechien** mit der Maßgabe, dass bei einer Beteiligungsquote von weniger als 20% die ausländische Steuerbelastung aus Ertrag- und Quellensteuern in Abhängigkeit des Hebesatzes der deutschen Gewerbesteuer über oder unter der inländischen Steuerbelastung liegt. Bei einem Hebesatz von 395,30% (Estland, Tschechien), 482,07% (Portugal) bzw. von 362,14% (Slowenien) errechnet sich ein Indifferenzsteuersatz (Gleichung (II.1)), der exakt der jeweiligen Tarifbelastung entspricht. Mit steigendem Hebesatz wächst auch der Indifferenzsteuersatz, sodass ab einem Hebesatz von 396% (Estland, Tschechien), 483% (Portugal) bzw. von 363% (Slowenien) der tatsächliche Ertragsteuersatz darunter liegt und die Eigenfinanzierung die optimale klassische Finanzierungsform ist; liegt der Hebesatz bei 395% (Estland, Tschechien), 482% (Portugal) bzw. 362% (Slowenien) oder weniger, liegt der tatsächliche Ertragsteuersatz darüber und die Fremdfinanzierung ist vorzuziehen.

In **Kanada** hängt die Vorteilhaftigkeit lediglich vom Hebesatz ab, da bereits ab einer Beteiligungsquote von 10% der reduzierte Quellensteuersatz für DBA-Schachteldividenden von 5% maßgeblich ist. Bis zu einem Hebesatz von maximal 424% ist die Fremdfinanzierung und ab einem Hebesatz von mehr als 424% die Eigenfinanzierung vorzuziehen.

5.1.2 *Finanzierung aus dem Fremdkapital der Muttergesellschaft*

Im Folgenden werden die Auswirkungen untersucht, die durch die Aufnahme eines Refinanzierungsdarlehens durch die Muttergesellschaft entstehen. In den

---

[161] So in Belgien und Italien.
[162] Die Indifferenzsteuersätze aus Tabelle II.10 (S. 6) gelten lediglich für Quellensteuersätze auf Zinsen von 0% und 10%. Somit können diese nicht für Portugal herangezogen werden, da in Portugal bei einer Beteiligungsquote von weniger als 25% ein Quellensteuersatz von 15% maßgeblich ist. Es sei auf die Indifferenzsteuersätze im Anhang I (S. 302) verwiesen.

Ländern, in denen die Eigenfinanzierung stets die optimale Finanzierungsform ist, ändert sich nichts an der Vorteilhaftigkeit.

Von den übrigen Ländern, in denen die Fremdfinanzierung entweder immer oder nur unter bestimmten Bedingungen besser ist, kann sich die Vorteilhaftigkeitsreihenfolge nur dann umkehren, wenn bei der Fremdfinanzierung durch die Aufnahme eines Refinanzierungsdarlehens ein Anrechnungsüberhang entsteht. Dies ist in **Estland, Finnland, Luxemburg, Slowenien, Tschechien** und den **USA** nicht der Fall, da in diesen Staaten keine Quellensteuer auf Zinsen erhoben wird. Somit reduzieren die Refinanzierungszinsen die Steuerbelastung bei der Eigen- sowie bei der Fremdfinanzierung in gleichem Maße, wodurch die Vorteilhaftigkeit unter den gleichen Bedingungen wie ohne Refinanzierung bestehen bleibt. Die Frage nach welcher Methode die Doppelbesteuerung zu vermeiden ist, stellt sich nicht.

Die Ergebnisse der verbleibenden Länder (**Australien, Belgien, Italien, Japan, Kanada, Portugal**) sind in Tabelle II.18 (S. 75) zusammengefasst. Ist die Eigenfinanzierung ohne Refinanzierung unter gewissen Bedingungen vorzuziehen, so ist sie unter den gleichen Bedingungen auch mit Refinanzierung vorzuziehen.

Sofern die Fremdfinanzierung bereits ohne Refinanzierung die optimale Finanzierungsform darstellt, kann sich die Vorteilhaftigkeit nur dann hin zur Eigenfinanzierung wenden, wenn Anrechnungsüberhänge entstehen. Dies ist nur möglich, wenn das Verhältnis $^Z/_G$ überschritten wird, ab dem Anrechnungsüberhänge entstehen.[163] Mit Ausnahme von Portugal beträgt die Kapitalertragsteuer in jedem Land 10%, sodass die Fremdfinanzierung bis zu einem Verhältnis $^Z/_G$ von 60% vorzuziehen ist. Für Portugal gilt dies aufgrund des höheren Quellensteuersatzes von 15% nur bis zu einem Verhältnis $^Z/_G$ von 40%.[164]

---

[163] Siehe Abschnitt II.4.2.2.1 (S. 52), Ungleichung (II.4) zu diesem Verhältnis.
[164] Siehe Abschnitt II.4.2.2.1 (S. 52), Tabelle II.13 (S. 54) zu den konkreten Werten von $^Z/_G$.

Tabelle II.18: Optimale klassische Finanzierungsform bei Vorliegen einer gewerbesteuerlichen Schachteldividende (Refinanzierung)

gewerbesteuerliche Schachteldividende (Beteiligung ≥ 10%)		
EF vorteilhaft, wenn	**optimale Finanzierungsform unbestimmt, wenn**	**FF vorteilhaft, wenn**
Belgien, Italien		
• Beteiligung ≥ 20%		
• Beteiligung < 20% - $^Z/_G$ > 85,84% und HS > 417% (Belgien) HS > 380% (Italien)	• Beteiligung < 20% - 77,84% < $^Z/_G$ < 84,42% (B) 74,70% < $^Z/_G$ < 84,42% (I) Anrechnung (ÜH) - 84,42% < $^Z/_G$ < 85,84% Methode unbestimmt (ÜH)	• Beteiligung < 20% - $^Z/_G$ < 60,00% Anrechnung (kein ÜH) - 60,00% < $^Z/_G$ < 77,84% (B) 60,00% < $^Z/_G$ < 74,70% (I) Anrechnung (ÜH) - $^Z/_G$ > 85,84% Abzug HS ≤ 417% (Belgien) HS ≤ 380% (Italien)
Australien		
- $^Z/_G$ > 79,02%	- 65,26% < $^Z/_G$ < 79,02% Anrechnung (ÜH)	- $^Z/_G$ < 60,00% Anrechnung (kein ÜH) - 60,00% < $^Z/_G$ < 65,26% Anrechnung (ÜH)
Japan		
		• unabhängig von Beteiligung - $^Z/_G$ < 60,00% Anrechnung (kein ÜH) - 60,00% < $^Z/_G$ < 84,42% Anrechnung (ÜH) - 84,42% < $^Z/_G$ < 85,84% Methode unbestimmt (ÜH) - $^Z/_G$ > 85,84%: Abzug
Kanada		
• HS > 424% • HS ≤ 424% - $^Z/_G$ > 76,03%	• HS ≤ 424% - 60,00 < $^Z/_G$ < 67,03% Anrechnung (ÜH)	• HS ≤ 424% - $^Z/_G$ < 60,00% Anrechnung (kein ÜH)
Portugal		
• Beteiligung ≥ 20% • Beteiligung < 20% und HS > 482% - $^Z/_G$ > 52,18%	• Beteiligung < 20% und HS ≤ 482% - 40,00% < $^Z/_G$ < 52,18% Anrechnung (ÜH)	• Beteiligung < 20% und HS ≤ 482% - $^Z/_G$ < 40,00% Anrechnung (kein ÜH)

Ist $^Z/_G$, ab dem Überhänge entstehen, überschritten, so gilt es, die Methode zur Vermeidung der Doppelbesteuerung bei der Fremdfinanzierung und in Abhängigkeit davon die optimale Finanzierungsform zu bestimmen. Bis zu dem Verhältnis $^Z/_G$, bei dem die Anrechnungs- und Abzugsmethode zur gleichen Steuerbelastung führen, ist die Anrechnungsmethode vorzuziehen.[165] $^Z/_G$ sinkt mit steigendem Hebesatz, sodass es für Portugal bei einem Hebesatz von 500% mit 76,63% und für die übrigen Länder mit 84,42% die niedrigsten Werte annimmt. Bei einem Hebesatz von 350% erreicht $^Z/_G$ in Portugal mit 78,76% und in den übrigen Ländern mit 85,84% den höchsten Wert.[166] In diesem Bereich ist in Abhängigkeit vom Hebesatz die Anrechnungs- oder die Abzugsmethode vorzuziehen. Wird die Obergrenze überschritten, so ist die Abzugsmethode vorzuziehen.

Die optimale Finanzierungsform lässt sich in Abhängigkeit der optimalen Methode zur Vermeidung der Doppelbesteuerung bestimmen, indem die entsprechenden Bandbreiten der Indifferenzsteuersätze untersucht werden. Da die Quellensteuersätze stets feststehen, variiert die (allgemeine) Bandbreite für den Fall, dass die Anrechnungsmethode vorzuziehen ist (Abschnitt II.4.2.3, S. 63, Gleichung (II.13)) lediglich in Abhängigkeit vom Hebesatz und $^Z/_G$; für den Fall, dass die Abzugsmethode vorzuziehen ist (Abschnitt II.4.2.3, S. 63, Gleichung (II.14)), lediglich in Abhängigkeit vom Hebesatz. Eindeutig ist die Eigenfinanzierung vorzuziehen, wenn der Ertragsteuersatz unterhalb der Bandbreite der Indifferenzsteuersätze beider Methoden zur Vermeidung der Doppelbesteuerung liegt bzw. die Fremdfinanzierung, wenn er darüber liegt. Liegt er bei einer Methode jedoch innerhalb der Bandbreite, so lassen sich dennoch Grenzwerte für den Hebesatz und $^Z/_G$ bestimmen, ab denen die eine Finanzierungsform der anderen eindeutig vorzuziehen ist.

Liegt der Ertragsteuersatz innerhalb der Bandbreite des für die Anrechnung maßgeblichen Indifferenzsteuersatzes, so lässt sich eine (modifizierte) Obergrenze in Abhängigkeit von $^Z/_G$ bestimmen, die bei einem maximalen Hebesatz von 500% genau mit dem jeweiligen Ertragsteuersatz übereinstimmt. Mit sinkendem Hebesatz und $^Z/_G$ sinkt auch der Indifferenzsteuersatz, sodass für Werte,

---

[165] Siehe Abschnitt II.4.2.2.2 (S. 55), Ungleichung (II.1) zu diesem Verhältnis.
[166] Siehe Abschnitt II.4.2.2.2 (S. 55), Tabelle II.14 (S. 59) zu den konkreten Werten von $^Z/_G$.

II. Optimale klassische Finanzierungsform als Beurteilungsmaßstab 77

die unterhalb von diesem Verhältnis liegen, der Ertragsteuersatz unabhängig vom Hebesatz immer über dem Indifferenzsteuersatz liegt und die Fremdfinanzierung somit vorzuziehen ist. Entsprechend lässt sich in Abhängigkeit von $^Z/_G$ auch eine (modifizierte) Untergrenze bei einem minimalen Hebesatz von 350% bestimmen, bei der mit steigendem Hebesatz und $^Z/_G$ der Ertragsteuersatz immer niedriger ist als der Indifferenzsteuersatz, sodass die Eigenfinanzierung vorteilhaft ist.

Liegt der Ertragsteuersatz innerhalb der Bandbreite des für die Abzugsmethode maßgeblichen Indifferenzsteuersatzes, lässt sich in Abhängigkeit vom Hebesatz ein Wert für den Indifferenzsteuersatz bestimmen, der mit dem jeweiligen Ertragsteuersatz übereinstimmt. Das Verhältnis $^Z/_G$ kann unberücksichtigt bleiben, da lediglich der Hebesatz Einfluss auf diesen Indifferenzsteuersatz nimmt. Liegt der Hebesatz über diesem Wert, steigt der Indifferenzsteuersatz an, sodass der Ertragsteuersatz darunter liegt und die Eigenfinanzierung vorzuziehen ist; liegt er darunter ist es die Fremdfinanzierung.

In **Belgien** und **Italien** liegen die Ertragsteuersätze bei beiden Methoden innerhalb der Bandbreiten der Indifferenzsteuersätze.[167] Führt die Anrechnungsmethode bei der Fremdfinanzierung zur geringeren Steuerbelastung (60,00% < $^Z/_G$ < 84,42%), so wird die modifizierte Obergrenze, bei der der Indifferenzsteuersatz mit dem Ertragsteuersatz übereinstimmt, in Belgien bei einem Wert für $^Z/_G$ von 77,84% und in Italien bei 74,70% erreicht. Liegt das Verhältnis darunter, so ist stets die Fremdfinanzierung vorzuziehen. Die modifizierte Untergrenze wird in beiden Ländern erst bei einem Wert für $^Z/_G$ erreicht, der oberhalb des Wertes liegt, ab dem die Abzugsmethode vorzuziehen ist (oberhalb 85,84%), sodass dieser Wert bei Vorteilhaftigkeit der Anrechnungsmethode nie erreicht werden kann. Hieraus folgt, dass für Werte von $^Z/_G$ zwischen 77,84% für Belgien bzw. 74,70% für Italien einerseits und 85,84% andererseits in Abhängigkeit vom Hebesatz und $^Z/_G$ entweder die Eigen- oder die Fremdfinanzierung vorzuziehen ist.

Führt die Abzugsmethode bei der Fremdfinanzierung zur geringeren Steuerbelastung ($^Z/_G$ > 85,84%), so stimmt in Belgien der Indifferenzsteuersatz bei ei-

---

[167] Siehe Anhang II.1 (S. 303) zur Ausprägung der die Indifferenzsteuersätze beeinflussenden Größen und den dazugehörenden Bandbreiten.

nem Hebesatz von 417% bzw. in Italien bei 380% mit dem jeweiligen Ertragsteuersatz überein. Liegt der Hebesatz darüber, so ist die Eigenfinanzierung die optimale klassische Finanzierungsform; liegt er darunter, so ist es die Fremdfinanzierung.

In **Australien** liegt der Ertragsteuersatz lediglich innerhalb der Badbreite, wenn die Anrechnungsmethode vorzuziehen ist (60,00% < $^Z/_G$ < 84,42%).[168] Die modifizierte Obergrenze wird bei $^Z/_G$ von 65,26% erreicht, sodass die Fremdfinanzierung günstiger ist, wenn das Verhältnis darunter liegt. Die modifizierte Untergrenze wird bei $^Z/_G$ von 79,02% erreicht, sodass die Eigenfinanzierung günstiger ist, wenn das Verhältnis diesen Wert übersteigt. Liegt $^Z/_G$ zwischen 65,26% und 79,02% kann die optimale Finanzierungsform nur in Abhängigkeit von konkreten Werten für $^Z/_G$ und Hebesatz bestimmt werden. Ist die Abzugsmethode vorzuziehen ($^Z/_G$ > 85,84%), dann liegt der Ertragsteuersatz unterhalb der Bandbreite des Indifferenzsteuersatzes, sodass stets die Eigenfinanzierung vorteilhaft ist.

In **Japan** liegt der Ertragsteuersatz unabhängig vom maßgeblichen Quellensteuersatz auf Dividenden (15% bzw. 10%) sowohl oberhalb der Bandbreite des Indifferenzsteuersatzes bei Vorteilhaftigkeit der Anrechnungs- als auch der Abzugsmethode.[169] Die Fremdfinanzierung ist stets die optimal klassische Finanzierungsform.

In **Kanada** ist folgende Besonderheit zu beachten. Führt die Anrechnungsmethode zum günstigeren Ergebnis, so ist für die Berechnung der unteren Bandbreite ein Hebesatz von 424,15% einzusetzen, weil die Fremdfinanzierung ohne Refinanzierung erst dann die vorzuziehende Finanzierungsform darstellt, wenn dieser unterschritten wird. Bei diesem Hebesatz stimmt die Untergrenze der Bandbreite genau mit dem Ertragsteuersatz überein. Da bei diesem Hebesatz die Eigen- und Fremdfinanzierung ohne ein Refinanzierungsdarlehen zum gleichen Ergebnis führen, ist dies auch bei einem Wert für $^Z/_G$ von 60,00% der Fall, der die Grenze für das Entstehen von Anrechnungsüberhängen darstellt, weil bis zu

---

[168] Siehe Anhang II.1 (S. 303) zur Ausprägung der die Indifferenzsteuersätze beeinflussenden Größen und den dazugehörenden Bandbreiten.
[169] Siehe Anhang II.1 und 2 (S. 303) zur Ausprägung der die Indifferenzsteuersätze beeinflussenden Größen und den dazugehörenden Bandbreiten.

II. Optimale klassische Finanzierungsform als Beurteilungsmaßstab 79

diesem Wert die Refinanzierungszinsen die Steuerbelastung beider Finanzierungsformen in gleichem Maße reduzieren. Bei niedrigeren Werten von $^Z/_G$ entsteht kein Überhang, sodass die Vorteilhaftigkeit derjenigen ohne Refinanzierung entspricht, d.h. die Fremdfinanzierung ist vorteilhaft. Die modifizierte Obergrenze wird bei $^Z/_G$ von 67,03% erreicht. Somit ist die Finanzierungsform für Werte zwischen 60,00% und 67,03% unbestimmt; liegt der Wert über 67,03% ist die Eigenfinanzierung vorzuziehen.[170]

Für **Portugal** gilt das Gleiche wie für Kanada, mit der Maßgabe, dass der Hebesatz bei dem die Eigen- und Fremdfinanzierung bis zur Grenze, ab der Anrechnungsüberhänge entstehen, 482,07% beträgt. Die Grenze wird aufgrund des höheren Quellensteuersatzes auf Zinsen von 15% bereits für $^Z/_G$ von 40,00% erreicht. Liegt das Verhältnis darunter, entsteht kein Überhang und die Fremdfinanzierung ist vorteilhaft. Die modifizierte Obergrenze wird bei $^Z/_G$ von 52,18% erreicht, sodass für Werte zwischen 40,00% und 52,18% die optimale Finanzierungsform nur in Abhängigkeit konkreter Werte für $^Z/_G$ und Hebesatz zu bestimmen ist. Liegt $^Z/_G$ über 52,18%, ist die Eigenfinanzierung bei jedem Hebesatz vorzuziehen.[171]

5.2 Gewerbesteuerliche Portfoliobeteiligung

5.2.1 *Finanzierung aus dem Eigenkapital der Muttergesellschaft*

Tabelle II.19 (S. 80) zeigt die vorteilhafte Finanzierungsform, bei Vorliegen einer gewerbesteuerlichen Portfoliodividende, wenn die Finanzierung aus dem Eigenkapital der Muttergesellschaft erfolgt.

Im Gegensatz zum Fall, dass eine gewerbesteuerliche Schachtelbeteiligung vorliegt, ist hier in den meisten Ländern (**Australien, Belgien, China, Dänemark, Estland, Finnland, Frankreich, Griechenland, Großbritannien, Italien, Irland, Japan, Kanada, Litauen, Luxemburg, Niederlande, Österreich, Polen, Portugal, Schweden, Schweiz, Slowenien, Spanien, Tschechien, Ungarn, USA**) die Fremdfinanzierung die vorteilhafte Finanzierungsform. Beim jeweili-

---

[170] Siehe Anhang II.3 (S. 304) zur Ausprägung der die Indifferenzsteuersätze beeinflussenden Größen und den dazugehörenden Bandbreiten.
[171] Siehe Anhang II.4 (S. 304) zur Ausprägung der die Indifferenzsteuersätze beeinflussenden Größen und den dazugehörenden Bandbreiten.

gen Quellensteuersatz auf Dividenden und Zinsen[172] liegt der Ertragsteuersatz unabhängig vom Hebesatz über dem für gewerbesteuerliche Portfoliodividenden maßgeblichen Indifferenzsteuersatz.[173] Dies liegt daran, dass aufgrund der niedrigen Beteiligungsquote die Quellensteuersätze auf Dividenden regelmäßig höher ausfallen. Zusätzlich benachteiligt die volle gewerbesteuerliche Erfassung die Eigenfinanzierung. Lediglich in **Lettland** und der **Slowakei** ist die Eigenfinanzierung wegen der niedrigen Quellensteuersätze auf Dividenden und Ertragsteuersätze stets vorzuziehen.

Tabelle II.19: Optimale klassische Finanzierungsform bei Vorliegen einer gewerbesteuerlichen Portfoliodividende (keine Refinanzierung)

keine gewerbesteuerliche Schachtdividende (Beteiligung < 10%)	
EF immer besser	FF immer besser
Lettland (10%), Slowakei (0%)	Australien, Belgien, China (0%), Dänemark, Estland, Finnland, Frankreich, Griechenland (0%), GB (0%), Italien, Irland (20%), Japan, Kanada, Litauen, Luxemburg, Niederlande, Österreich, Polen, Portugal, Schweden, Schweiz, Slowenien, Spanien, Tschechien, Ungarn, USA
Klammerzusatz	Quellensteuersatz auf Dividenden, wenn abweichend von 15%
	keine Quellensteuer auf Zinsen

5.2.2 Finanzierung aus dem Fremdkapital der Muttergesellschaft

Um die Aufnahme eines Refinanzierungsdarlehens auf die Vorteilhaftigkeitsreihenfolge zu bestimmen, wird analog zur Vorgehensweise bei Bestehen einer gewerbesteuerlichen Schachtelbeteiligung verfahren. Die Ergebnisse sind in Tabelle II.20 (S. 81) zusammengefasst. In **Lettland** und der **Slowakei** bleibt es bei der Vorteilhaftigkeit der Eigenfinanzierung, da diese bereits ohne Refinanzierung die optimale Finanzierung ist.

In **Dänemark, Estland, Finnland, Frankreich, Großbritannien, Irland, Luxemburg**, den **Niederlanden, Österreich, Schweden**, der **Schweiz, Slowenien, Tschechien, Ungarn** und den **USA** bleibt es bei der Fremdfinanzierung, da in

---

[172] Siehe Tabelle II.2 (S. 28) zu den Quellensteuersätzen auf Dividenden und Tabelle II.6 (S. 37) zu den Sätzen auf Zinsen.
[173] Siehe Abschnitt II.4.1 (S. 44), Gleichung (II.2) und Tabelle II.11 (S. 48) zu den konkreten Werten.

diesen Ländern auf Zinszahlungen keine Kapitalertragsteuer anfällt, und somit keine Anrechnungsüberhänge entstehen.

Tabelle II.20: Optimale klassische Finanzierungsform bei Vorliegen einer gewerbesteuerlichen Portfoliodividende (Refinanzierung)

keine gewerbesteuerliche Schachteldividende (Beteiligung < 10%)	
EF vorteilhaft, wenn	**FF vorteilhaft, wenn**
• immer	Lettland, Slowakei
Dänemark, Estland, Finnland, Frankreich, GB, Irland, Luxemburg, Niederlande, Österreich, Schweden, Schweiz, Slowenien, Tschechien, Ungarn, USA	• immer
Australien, Belgien, Griechenland, Italien, Japan, Kanada, Spanien (QuStZ = 10%)	• immer - $Z/G > 60{,}00\%$: Anrechnung (ÜH) - $84{,}42\% < Z/G < 85{,}84\%$: Methode unbestimmt (ÜH) - $Z/G > 85{,}84\%$: Abzug (ÜH)
Polen (QuStZ = 5%)	• immer - $Z/G > 80{,}00\%$: Anrechnung (ÜH) - $92{,}21\% < Z/G < 92{,}92\%$ Methode unbestimmt (ÜH) - $Z/G > 92{,}92\%$: Abzug (ÜH)
Portugal (QuStZ = 15%)	• immer - $Z/G > 40{,}00\%$: Anrechnung (ÜH) - $76{,}63\% < Z/G < 78{,}76\%$ Methode unbestimmt (ÜH) - $Z/G > 78{,}76\%$: Abzug (ÜH)
China, Litauen (QuStZ = 10%)	

- China: $Z/G > 76{,}83\%$
- Litauen: $Z/G > 65{,}31\%$
	- China: $60{,}00\% < Z/G < 72{,}13\%$:
	  Anrechnung (ÜH)
	- Litauen: $60{,}00\% < Z/G < 63{,}17\%$:
	  Anrechnung (ÜH)

In den übrigen Ländern **(Australien, Belgien, Griechenland, Italien, Japan, Kanada, Polen, Portugal, Spanien)** liegt mit Ausnahme von China und Litauen der Ertragsteuersatz immer oberhalb der Bandbreiten der für die Anrechnungs-

und Abzugsmethode maßgeblichen Indifferenzsteuersätze,[174] sodass die Fremdfinanzierung immer die optimal klassische Finanzierungsform darstellt. Die unterschiedlichen Grenzwerte von $^Z/_G$, die dazu dienen, die optimale Methode zur Vermeidung der Doppelbesteuerung zu bestimmen, resultieren aus den unterschiedlichen Quellensteuersätzen auf Zinsen, die in den verschiedenen Staaten anfallen.[175]

Führt in **China** und **Litauen** die Anrechnungsmethode zum günstigeren Ergebnis (60,00% < $^Z/_G$ < 84,42%), so liegt der Ertragsteuersatz innerhalb der allgemeinen Bandbreite des Indifferenzsteuersatzes.[176] Die modifizierte Obergrenze wird in China bei $^Z/_G$ von 72,13% bzw. in Litauen bei 63,17% erreicht, sodass für darunter liegende Verhältnisse stets die Fremdfinanzierung vorzuziehen ist. Die modifizierte Untergrenze wird in China bei $^Z/_G$ von 76,83% bzw. in Litauen bei 65,31% erreicht, sodass für darüber liegende Verhältnisse die Eigenfinanzierung vorteilhaft ist. Für dazwischen liegende Werte (China: 72,13% < $^Z/_G$ < 76,83%; Litauen: 63,17% < $^Z/_G$ < 65,31%) ist die Finanzierungsform unbestimmt. Führt die Abzugsmethode zum günstigeren Ergebnis ($^Z/_G$ > 85,84%), so liegt der Ertragsteuersatz unterhalb der Bandbreite des entsprechenden Indifferenzsteuersatzes, was bedeutet, dass die Eigenfinanzierung vorteilhaft ist.

6. Einhaltung der ausländischen Unterkapitalisierungsregelungen zur Vermeidung steuerlicher Risiken

6.1 Besteuerung im Ausland

6.1.1 Grundsätzliche Rechtsfolge nach nationalem ausländischen Recht

Im Ausland bestehen häufig dem § 8a KStG vergleichbare Regelungen, die die übermäßige Vergabe von Fremdkapital durch den Anteilseigner der Höhe nach einschränken, wenn der Darlehensgeber über eine bestimmte Mindestbeteiligung an der darlehensempfangenden Kapitalgesellschaft verfügt (sog. thin-

---

[174] Siehe Anhang II.1 (S. 303), II.6 (S. 305) und II.7 (S. 305) zur Ausprägung der die Indifferenzsteuersätze beeinflussenden Größen und den dazugehörenden Bandbreiten.
[175] Siehe hierzu Abschnitt II.4.2.2.2, Tabelle II.14 (S. 59).
[176] Siehe Anhang II.1 (S. 303) und II.5 (S. 304) zur Ausprägung der die Indifferenzsteuersätze beeinflussenden Größen und den dazugehörenden Bandbreiten.

II. Optimale klassische Finanzierungsform als Beurteilungsmaßstab 83

capitalization-rules).[177] Deshalb wird untersucht, welche Risiken und ggf. auch Chancen sich daraus ergeben können. Die Regelungen sind sehr unterschiedlich ausgestaltet.[178] Bezüglich der Voraussetzungen unterscheiden sich Regelungen, die einzelfallspezifisch beurteilen, ob der Umfang der Fremdkapitalausstattung dem Fremdvergleich standhält, von solchen, die an festen steuerunschädlichen Eigen-/Fremdkapitalrelationen (sog. safe-haven) anknüpfen.[179] Aufgrund der getroffenen Annahme, dass die Vereinbarungen zwischen der in- und ausländischen Kapitalgesellschaft denen zwischen fremden Dritten entsprechen, werden im Folgenden nur die Regelungen betrachtet, die wegen Überschreiten des safe-haven eingreifen. Auch hinsichtlich der Rechtsfolgen lassen sich grundsätzlich zwei Möglichkeiten unterscheiden. Zum einen ist es möglich, dass die Zinsen nicht abzugsfähige Betriebsausgaben darstellen, sich aber an ihrer Eigenschaft als Zinsen nichts ändert. Zum anderen können die Zinsen auch in verdeckte Gewinnausschüttungen umqualifiziert werden.[180] Allen Regelungen ist gemeinsam, dass sie letztendlich dazu führen, die steuerliche Abzugsfähigkeit der Zinszahlung beim Schuldner zu verwehren, wodurch die Zinszahlung mit ausländischer Ertragsteuer belastet wird. Zusätzlich kann eine Quellensteuer auf die Zinszahlung erhoben werden. Im Folgenden muss herausgearbeitet werden, ob durch EU-Recht oder das DBA einerseits die Belastung der Zinszahlung mit Ertragsteuer und andererseits mit Quellensteuer eingeschränkt oder untersagt werden kann.

6.1.2 Beschränkung durch EU-Recht

Führt die Rechtsfolge zu nicht abzugsfähigen Betriebsausgaben, ändert dies nichts an deren Eigenschaft als Zinsen, sodass innerhalb der EU die Zins- und

---

[177] Vgl. Thömmes, O./Stricof, R./Nakhai, K., Intertax 2004, S. 127-128.
[178] Zu den unterschiedlichen nationalen Regelungen siehe Brosens, L., EC Tax Review 2004, S. 197-203; Gouthière, B., ET 2005, S. 370-451; Kastl, M./Schleweit, K.A., Unterkapitalisierung, 2003, S. 456-470 speziell zu mittel- und osteuropäischen Staaten; Kessler, W./Obser, R., IStR 2004, S. 187-191.
[179] Vgl. Grotherr, S., IWB 1995, Fach 10, Gruppe 2, S. 1078. Daneben besteht auch beim Überschreiten fester Eigen-/Fremdkapitalrelationen – entsprechend § 8a Abs. 1 Satz 1 Nr. 2 KStG – die Möglichkeit, die Angemessenheit durch einen Fremdvergleich zu widerlegen.
[180] Vgl. Fischer, L./Kleineidam, H.-J./Warneke, P., Internationale, 2005, S. 522; Grotherr, S., Unterkapitalisierung, 1995, S. 74-77. Daneben ist noch die Umqualifizierung des Fremdkapitals in verdecktes Eigenkapital möglich, was allerdings nach der hier vertretenen Auffassung materiell keine Auswirkung hat.

Lizenzrichtlinie zur Anwendung kommt, sofern die Voraussetzungen an die Mindestbeteiligung und Haltefrist erfüllt sind.[181] Diese regelt im Quellenstaat, dass Zinszahlungen „von allen in diesem Staat darauf erhebbaren Steuern – unabhängig davon, ob sie an der Quelle abgezogen oder durch Veranlagung erhoben werden – befreit" sind (Art. 1 Abs. 1 ZLRL), während die Mutter-Tochter-Richtlinie lediglich davon spricht, dass Gewinnausschüttungen „vom Steuerabzug an der Quelle befreit" sind (Art. 5 Abs. 1 MTRL). Deshalb ist zu prüfen, ob die Richtlinie den Quellenstaat verpflichtet, Zinszahlungen steuerlich zum Abzug zuzulassen, um der Anforderung Befreiung „von allen ... darauf erhebbaren Steuern" gerecht zu werden. Unumstritten verbietet die Richtlinie die Erhebung von Steuern, die die Zinszahlung direkt besteuern und somit formell an den Empfänger anknüpfen, unabhängig davon, ob sie an der Quelle einbehalten werden oder der Empfänger im Rahmen der beschränkten Steuerpflicht veranlagt wird. Fraglich ist hingegen, ob die Richtlinie auch eine Besteuerung verbietet, die formell an das zahlende Unternehmen anknüpft und damit indirekt die Zinszahlung belastet, indem der Aufwand nicht zum Abzug zugelassen wird.[182] Das zahlende Unternehmen fällt in den Regelungsbereich der Vorschrift, wenn es nicht durch den Wortlaut ausgeschlossen ist und der Einbezug dem Zweck der Vorschrift entspricht. Der Wortlaut der Richtlinie macht keine Einschränkung dahingehend, dass sich die Befreiung nur auf den Empfänger, nicht aber auf den Schuldner beziehen soll, sondern spricht von *allen* Steuern, die im *Quellenstaat* erhoben werden, und deckt somit beide Möglichkeiten ab.[183] Erklärter Zweck der Zins-Lizenz-Richtlinie ist es, die Darlehensgewährung zwischen verbundenen Unternehmen verschiedener Mitgliedstaaten nicht gegenüber der Darlehensgewährung innerhalb eines Mitgliedstaats zu diskriminieren.[184] Hierzu muss gewährleistet werden, dass Zinseinkünfte nur einmal in einem Mitgliedstaat besteuert werden, da die nationalen und die DBA-Vorschriften eine

---

[181] Vgl. Brosens, L., EC Tax Review 2004, S. 206.
[182] Vgl. Dautzenberg, N., BB 2004, S. 18.
[183] Vgl. Brosens, L., EC Tax Review 2004, S. 206-207; Dautzenberg, N., StuB 2005, S. 527-528; Eicker, K./Aramini, F., EC Tax Review 2004, S. 140; Kessler, W./Eicker, K./Schindler, J., IStR 2004, S. 680. In diesem Sinne auch EuGH vom 4.10.2001 (Athinaiki Zythopoiia), EuGHE 2001, S. I-6797.
[184] Vgl. Begründung der ZLRL, Abs. 1, Abl. EG vom 26.6.2003, L 157/49.

Doppelbesteuerung nicht immer vermeiden können.[185] Wird die Zinszahlung durch die Kapitalgesellschaft im Quellenstaat steuerlich nicht zum Abzug zugelassen, so ist sie dort mit ausländischer Körperschaftsteuer belastet. Zusätzlich unterliegt sie in Deutschland der inländischen Ertragsbesteuerung, sodass eine wirtschaftliche Doppelbelastung entsteht.[186] Aus Sicht des Landes des zahlenden Unternehmens liegt hierin jedoch keine Diskriminierung, wenn der Betriebsausgabenabzug auch bei Zahlung an einen Steuerinländer verwehrt wird. Die Richtlinie nimmt zur Beurteilung der Diskriminierung jedoch auch den Standpunkt des Staats ein, in dem der Darlehensgeber ansässig ist, weil die Zahlung im Quellenstaat von der Steuer befreit und im Ansässigkeitsstaat besteuert werden soll. Da sich die Besteuerung somit nach den Verhältnissen des Staats richtet, in dem der Empfänger ansässig ist, muss die Diskriminierung auch aus Sicht dieses Staats beurteilt werden. Eine Diskriminierung liegt somit vor, weil die Darlehensvergabe an ein inländisches Konzernunternehmen, bei dem die Zahlung grundsätzlich abzugsfähig ist, steuerlich schlechter gestellt ist als die Darlehensvergabe an ein ausländisches Unternehmen, bei dem die Zinsen nicht abzugsfähig sind.[187] Somit entspricht es dem Ziel der Richtlinie, den Abzug der Zinszahlung im Quellenstaat nicht zu verwehren, da nur so die Diskriminierung vermieden werden kann. Im Ergebnis ist in EU-Staaten der steuerliche Zinsabzug gewährleistet, sofern die Voraussetzungen der Richtlinie erfüllt sind.

Hingegen kann die Zins-Lizenz-Richtlinie die Behandlung einer Zinszahlung als verdeckte Gewinnausschüttung in Folge von Unterkapitalisierungsregelungen nicht verhindern, da der Quellenstaat die Vorteile der Richtlinie nicht gewähren muss, wenn die Zahlung nach dessen innerstaatlichem Recht als Gewinnausschüttung zu behandeln ist (Art. 4 Abs. 1 Buchst. a ZLRL).[188] Jedoch ist hierfür der Anwendungsbereich der Mutter-Tochter-Richtlinie eröffnet, da diese auch verdeckte Gewinnausschüttungen – insbesondere infolge einer thin-capitalization-

---

[185] Vgl. Begründung der ZLRL, Abs. 2, 3, Abl. EG vom 26.6.2003, L 157/49.
[186] Vgl. Dautzenberg, N., StuB 2005, S. 525.
[187] Vgl. Kessler, W./Eicker, K./Schindler, J., IStR 2004, S. 679; Köhler, S., DStR 2005, S. 231.
[188] Vgl. Sedemund, J., IStR 2003, S. 596 sowie Kempf, A., IStR 2005, S. 774, der für Deutschland im Inboundfall allerdings davon ausgeht, dass durch § 8a KStG umqualifizierte Zinsen in den Anwendungsbereich der Richtlinie fallen können, da nicht feststehe, ob die Umqualifizierung in eine verdeckte Gewinnausschüttung lediglich wie eine nicht abzugsfähige Betriebsausgabe wirke.

rule umqualifizierter Zinsen – erfasst.[189] Unproblematisch wird der Verzicht auf die Quellenbesteuerung erachtet, wobei das den safe-haven übersteigende Fremdkapital als verdecktes Nennkapital zu betrachten ist und zur Berechnung der Mindestbeteiligung mit einbezogen werden muss.[190] Allerdings verbietet es die Mutter-Tochter-Richtlinie im Gegensatz zur Zins- und Lizenzrichtlinie nicht, die Zahlung in den körperschaftsteuerlichen Gewinn des Schuldners einzubeziehen.[191]

6.1.3 Beschränkung durch DBA-Recht

Insbesondere für Nicht-EU-Staaten ist zusätzlich zu prüfen, in welchem Umfang auch das DBA zu Beschränkungen der Besteuerungsrechte führen kann. Entscheidend hierfür ist die Frage, ob die Zinsen aus dem Gesellschafterdarlehen abkommensrechtlich Zinsen oder Dividenden darstellen. Kommt es zu keiner Umqualifikation der Zinsen in eine verdeckte Gewinnausschüttung nach nationalem Recht, werden diese auch abkommensrechtlich als Zinsen i.S.d. Art. 11 Abs. 3 OECD-MA behandelt, da die Definition Einkünfte aus Forderungen jeder Art umfasst.[192] Demnach kommt es zu einer Reduktion der Quellensteuer nach Maßgabe der für Zinsen vorgesehenen Sätze (Art. 11 Abs. 2 OECD-MA).[193] Art. 11 OECD-MA sagt jedoch nichts über die Abzugsfähigkeit der Zinsen im Quellenstaat aus.[194] Regelungen über die Abzugsfähigkeit von Zinsen im Quellenstaat finden sich nur in Art. 24 Abs. 4 OECD-MA, der bestimmt, dass Zinsen, die an einen Steuerausländer gezahlt werden, bei der Gewinnermittlung des Schuldners zum Abzug zugelassen werden müssen, wenn sie auch bei Zahlung

---

[189] Vgl. Gutmann, D./Hinnekens, L., EC Tax Review 2003, S. 95; Heinrich, J., Hybride, 2005, S. 165-166; Rodrigues, J.L. in: IBFD, EC Tax Law, Chapter 8, Commentary on the Interest and Royalties Directive, Rn. 173; Terra, B./Wattel, P., European, 2001, S. 354.
[190] Vgl. Dautzenberg, N., BB 2004, S. 19; Thömmes, O., in: IBFD, EC Tax Law, Chapter 6.1, Commentary on Article 1 of the Parent-Subsidiary Directive, Rn. 13.
[191] Vgl. Heinrich, J., Hybride, 2005, S. 166; Schnitger, A., GmbHR 2003, S. 1244. Kritisch hierzu Dautzenberg, N., BB 2004, S. 19-20; Spengel, C./Golücke, M., RIW 2003, S. 340: Sie sehen die aufgrund der Umqualifizierung anfallende Körperschaftsteuer in eine verdeckte Quellensteuer an. Obser, R., IStR 2005, S. 802 sieht darin keinen Verstoß, wenn die Umqualifizierung auch in reinen Inlandssachverhalten erfolgt, da dann keine Benachteiligung einer grenzüberschreitenden Dividendenzahlung gegeben ist, die durch die Richtlinie verhindert werden müsste.
[192] Vgl. Piltz, D.J., CDFI 1996, S. 71.
[193] Siehe Tabelle II.6 (S. 37) zu den zulässigen Quellensteuersätzen in den einzelnen Ländern.
[194] Vgl. OECD, Convention, Art. 11 OECD-MA, Nr. 1-2, 4.

II. Optimale klassische Finanzierungsform als Beurteilungsmaßstab

an einen Steuerinländer Betriebsausgaben darstellen.[195] Dies bedeutet, dass das Abzugsverbot nicht greift, wenn die Unterkapitalisierungsreglung nur für ausländische Anteilseigner anwendbar ist. Jedoch lässt sich in letzter Zeit eine Ausweitung der Regelungen auch für inländische Anteilseigner feststellen.[196]

Die Einordnung von Gesellschafterzinsen, die in eine verdeckte Gewinnausschüttung umqualifiziert werden, kann abkommensrechtlich auch zum Dividendenartikel erfolgen, wenn es sich um Einkünfte aus „Gesellschaftsanteilen" handelt und die umqualifizierten Zinsen nach dem Recht des Quellenstaats „den Einkünften aus Aktien steuerlich gleichgestellt sind" (Art. 10 Abs. 3 OECD-MA). Wenn auch die zweite Voraussetzung eindeutig erfüllt ist, so bestehen bezüglich der Voraussetzung des Stammens aus „Gesellschaftsanteilen" Zweifel.[197] Es ist eine Abgrenzung gegenüber den im Zinsartikel definierten „Einkünften aus Forderungen jeder Art" (Art. 11 Abs. 3 OECD-MA) vorzunehmen. Wenn die Einkünfte nicht durch die Forderung, sondern durch den Gesellschaftsanteil, also das Gesellschaftsverhältnis veranlasst sind, werden sie mit abkommensrechtlicher Wirkung unter den Dividendenartikel subsumiert. Dies ist regelmäßig nur dann der Fall, wenn die übermäßige Fremdkapitalausstattung dem Fremdvergleich nicht standhält, und dadurch ein unternehmerisches Risiko eingegangen wird. Fest vorgegebene Eigen-/Fremdkapitalrelationen reichen für die Annahme einer gesellschaftsrechtlichen Veranlassung jedoch nicht aus.[198] Dennoch kann in der Staatenpraxis eine vorschnelle Einordnung unter den Dividendenartikel konstatiert werden, damit der Quellensteuersatz für Dividenden zur Anwendung kommt, der zumeist über dem für Zinsen liegt.[199] Eine Einordnung unter den Dividendenartikel ist auch dann möglich, wenn das entsprechende DBA – so wie in vielen neueren Abkommen – auf die Voraussetzung des

---

[195] Vgl. Wassermeyer, F., in: Debatin, H./Wassermeyer, F., Art. 24 OECD-MA, Rz. 62-85; Portner, R., IStR 1996, S. 30.
[196] Vgl. Kessler, W./Obser, R., IStR 2004, S. 187-188.
[197] Vgl. Kessler, W., IStR 2004, S. 810. Selbst wenn die nationale Vorschrift einen Verstoß gegen das DBA darstellt, kann sie dennoch anwendbar bleiben. Steht das DBA-Recht – wie in Deutschland – auf der gleichen Rangordnung wie nationales Steuerrecht, kann es durch späteres (und/oder spezielleres) Recht verdrängt werden, wenn der gesetzgeberische Willen zum Verstoß gegen Abkommensrecht erkennbar ist („treaty overriding"). Siehe hierzu Frotscher, G., IStR 1994, S. 210; Schaumburg, H., Internationales, 1998, Rz. 3.26-3.28.
[198] Vgl. Kessler, DB 2003, S. 2508. Siehe hierzu noch ausführlicher Abschnitt VI.2.2.2.2 (S. 317).
[199] Vgl. Piltz, D.J., CDFI 1996, S. 72.

Stammens aus „Gesellschaftsanteilen" verzichtet und lediglich an „Einkünfte" anknüpft.[200] Weiterhin ist es möglich, dass das DBA keine Definition der Dividende enthält, sodass jeder Anwenderstaat auf sein nationales Recht zurückgreift (Art. 3 Abs. 2 OECD-MA).[201] Bei einer Einordnung unter den Dividendenartikel kommt entweder der für Schachteldividenden maßgebliche reduzierte Quellensteuersatz zur Anwendung, wenn die Voraussetzungen an die Mindestbeteiligung gegeben sind (Art. 10 Abs. 2 Buchst. a OECD-MA), oder andernfalls der reguläre Satz (Art. 10 Abs. 2 Buchst. b OECD-MA).[202] Zudem wird bei einer Dividende davon ausgegangen, dass diese aus dem körperschaftsteuerpflichtigen Gewinn der ausschüttenden Gesellschaft bezahlt wird, sodass die Zuordnung zum Dividendenartikel die Belastung der in eine Dividende umqualifizierten Zinsen mit Körperschaftsteuer gerade nicht einschränken kann (Art. 10 Abs. 2 Satz 3 OECD-MA).[203]

6.2 Besteuerung im Inland

6.2.1 Freistellung der Zinsen bei Erfüllung der Voraussetzungen des § 8a KStG auf Ebene der ausländischen Tochtergesellschaft

In Deutschland hängt die Besteuerung nach nationalem Recht davon ab, ob die Voraussetzungen des § 8a KStG erfüllt sind. Die Vorschrift ist anzuwenden, wenn folgende Voraussetzungen gleichzeitig erfüllt sind (§ 8a Abs. 1 Satz 1 Nr. 2 KStG):

- Der Anteilseigner ist zu einem Zeitpunkt im Wirtschaftsjahr zu mehr als 25% an der zu finanzierenden Kapitalgesellschaft beteiligt (§ 8a Abs. 3 KStG).

- Das Gesellschafterdarlehen überschreitet das anteilige Eigenkapital des Anteilseigners um das Eineinhalbfache (Überschreitung des safe-haven) und der Gegenbeweis durch Fremdvergleich gelingt nicht.

- Die Zinsen aus Gesellschafterdarlehen betragen mehr als 250.000 €.

---

[200] Vgl. Achatz, M., Unterkapitalisierung, 2005, S. 3-4; Portner, R., in: Becker, H./Höppner, H./Grotherr, S. u.a., Art. 10 OECD-MA, Rn. 207; Kluge, V., Steuerrecht, 2000, Rn. S 198; Portner, R., IStR 1994, S. 68; Schaumburg, H., Internationales, 1998, Rz. 16.339.
[201] So von den hier untersuchten Ländern in den DBA mit Irland, Luxemburg und den Niederlanden; vgl. Kessler, W., IStR 2004, S. 812.
[202] Siehe Tabelle II.2 (S. 28) zu den Quellensteuersätzen der einzelnen Länder.
[203] Vgl. Frotscher, G., in: Frotscher, G./Maas, E., § 8a KStG, Rz. 24.

II. Optimale klassische Finanzierungsform als Beurteilungsmaßstab

Liegt eine Voraussetzung nicht vor, werden die Zinsen aus dem Gesellschafterdarlehen unabhängig von der Behandlung im Ausland als Zinsen i.S.d. § 20 Abs. 1 Nr. 7 i.V.m. § 8 Abs. 2 KStG der regulären inländischen Ertragsbesteuerung unterzogen.[204]

Fraglich ist zunächst, ob die Rechtsfolge des § 8a KStG auf Ebene der darlehensgewährenden Muttergesellschaft nur im reinen Inlandsfall anwendbar ist oder ob sie auch für die Gesellschafterfremdfinanzierung einer ausländischen Tochterkapitalgesellschaft (sog. Outbound-Fall) Bedeutung erlangt.[205] Hierzu muss zunächst die Rechtsfolge – die Umqualifikation der Gesellschafterzinsen in eine verdeckte Gewinnausschüttung – im Inlandsfall differenzierter betrachtet werden. Auf Ebene der darlehensempfangenden Tochtergesellschaft führt die verdeckte Gewinnausschüttung dazu, dass die umqualifizierten Zinsen den Gewinn nicht mindern (§ 8 Abs. 3 Satz 2 KStG).[206] Will man eine Doppelbelastung vermeiden, so muss die Zinszahlung auch auf Ebene des Anteilseigners in eine verdeckte Gewinnausschüttung i.S.d. § 20 Abs. 1 Nr. 1 Satz 2 EStG i.V.m. § 8 Abs. 1 KStG umqualifiziert werden, die nach § 8b Abs. 1 KStG steuerbefreit ist, wobei 5% der Bruttovergütung als nicht abzugsfähige Betriebsausgabe gelten (§ 8b Abs. 5 KStG).[207]

Im Outbound-Fall kann die Rechtsfolge einer verdeckten Gewinnausschüttung mit einer damit verbundenen Gewinnerhöhung auf Ebene der das Darlehen erhaltenden ausländischen Kapitalgesellschaft nicht eintreten, da diese im Inland weder beschränkt noch unbeschränkt steuerpflichtig ist.[208] Jedoch muss die Rechtsfolge der verdeckten Gewinnausschüttung auch beim Anteilseigner schon aus Gründen der Vermeidung einer Doppelbesteuerung im reinen Inlandsfall eintreten, sodass zu prüfen ist, ob dies auch der Fall ist, wenn die Voraussetzungen lediglich auf Ebene der ausländischen Tochtergesellschaft erfüllt sind. Da im Gesetz lediglich von einer Kapitalgesellschaft die Rede ist, sind auch auslän-

---

[204] Vgl. Fischer, L./Kleineidam, H.-J./Warneke, P., Internationale, 2005, S. 525.
[205] Vgl. Herrmann, C./Heuer, G./Raupach, A., Jahresband 2004, § 8a KStG, Anm. J 03-14.
[206] Vgl. Frotscher, G., DStR 2004, S. 378-379; Wassermeyer, F., DStR 2004, S. 752.
[207] Vgl. Booten, V./Schnitger, A./Rometzki, S., DStR 2005, S. 907-908; Frotscher, G., DStR 2004, S. 379; Rödder, T./Schumacher, A., DStR 2004, S. 759-760; anderer Ansicht ist Wassermeyer, F., DStR 2004, S. 750.
[208] Vgl. Grotherr, S., IWB 2004, Fach 3, Gruppe 1, S. 2023.

dische Kapitalgesellschaften betroffen, selbst wenn diese im Inland nicht beschränkt steuerpflichtig sind.[209] Im Ergebnis qualifiziert § 8a KStG Zinsen auf Ebene der die Zinsen empfangenden Kapitalgesellschaft im Inland in eine verdeckte Gewinnausschüttung um (§ 20 Abs. 1 Nr. 1 Satz 2 EStG i.V.m. § 8 Abs. 1 KStG), wenn die Voraussetzungen bei der ausländischen Kapitalgesellschaft vorliegen.[210] Ein generelles Versagen der Rechtsfolge des § 8a KStG bei einer Beteiligung an einer ausländischen Kapitalgesellschaft würde primärem EU-Recht mit der Konsequenz widersprechen, dass die Norm nicht anwendbar wäre.[211] Ein Verstoß gegen primäres Gemeinschaftsrecht sieht der EuGH in Finanzierungsfragen immer dann gegeben, wenn Erträge aus Investitionen im Wohnsitzstaat des Empfängers ungünstiger behandelt werden als die Erträge aus vergleichbaren rein innerstaatlichen Investitionen und kein Rechtfertigungsgrund für die Benachteiligung vorliegt.[212] Durch das Versagen der Rechtsfolge einer verdeckten Gewinnausschüttung im Outbound-Fall käme es auf Ebene der inländischen Muttergesellschaft zu einer ungerechtfertigten Benachteiligung der Darlehensvergabe an eine ausländische im Vergleich zu einer inländischen Tochterkapitalgesellschaft. Während bei Darlehensfinanzierung einer inländischen Kapitalgesellschaft die als verdeckte Gewinnausschüttungen umqualifizierten Zinsen von der Steuer befreit sind, unterliegen die Zinsen der ausländischen Tochtergesellschaft der regulären Ertragsbesteuerung.[213]

Auch die Finanzverwaltung hat sich im Ergebnis dieser Auffassung angeschlossen. Allerdings macht sie dahingehend eine Einschränkung, dass die Rechtsfolge nur eintritt, wenn die Zinsen im Ausland den steuerlichen Gewinn nicht gemindert haben,[214] da ansonsten sog. „weiße" Einkünfte entstünden, die weder im

---

[209] Vgl. Rödder, T./Ritzer, K., DB 2004, S. 892, die das letztendlich als selbstverständlich ansehen.
[210] Vgl. Benecke, A./Schnittger, A., IStR 2004, S. 45; Herzig, N./Lochmann, U., StuW 2004, S. 145; Golücke, M./Franz, M., GmbHR 2004, S. 710; Grotherr, S., GmbHR 2004, S. 863; Köhler, S./Eicker, K., DStR 2004, S. 674-675; Prinz, U., FR 2004, S. 1253; Rödder, T./Schumacher, A., DStR 2004, S. 1454; Schaumburg, DB 2005, S. 1136-1137; Strunk, G./Kaminski, B., Stbg 2004, S. 305. Anderer Ansicht sind Dötsch, E./Eversberg, H./Jost, W.F. u.a, § 8a KStG n.F., Rz. 274; Praetzler, O., DB 2004, S. 624.
[211] Vgl. Dötsch, E./Pung, A., DB 2004, S. 96; Schön, W., IStR 2004, S. 300.
[212] Vgl. Heinrich, J., Hybride, 2005, S. 161-162.
[213] Vgl. Kessler, W., DB 2003, S. 2512-2513; Weßling, J./Romswinkel, M., GmbHR 2003, S. 927.
[214] Vgl. BMF-Schreiben vom 15.7.2004, BStBl 2004 I, S. 593, Tz. 27.

II. Optimale klassische Finanzierungsform als Beurteilungsmaßstab 91

Aus- noch im Inland der Besteuerung unterliegen.[215] Der Grund, weshalb die Zinsen den Gewinn nicht mindern, ist hierbei unbedeutend, sodass es keinen Unterschied macht, ob die Zinsen im Ausland lediglich eine nicht abziehbare Betriebsausgabe darstellen oder ob sie in eine verdeckte Gewinnausschüttung umqualifiziert werden.[216] Im Folgenden wird gezeigt, dass diese Einschränkung nicht im Widerspruch zum sekundären und primären EU-Recht steht.

6.2.2 Kein Widerspruch zum EU-Recht

Die Einschränkung wird den Vorgaben der Mutter-Tochter-Richtlinie gerecht.[217] Werden die Zinsen im Ausland als verdeckte Gewinnausschüttungen qualifiziert, fallen sie aus ausländischer Sicht in deren Anwendungsbereich. Für den Sitzstaat der Muttergesellschaft sieht die Richtlinie die Freistellung oder die indirekte Anrechnung der auf der Ausschüttung lastenden ausländischen Körperschaftsteuer vor (Art. 4 Abs. 1 MTRL). Da die Richtlinie jedoch ein autonomes Begriffsverständnis kennt, kann von der Qualifikation des Quellenstaats keine Bindungswirkung ausgehen.[218] Eine Gegenberichtigung wird allerdings dann anzunehmen sein, wenn der Sitzstaat der Muttergesellschaft im konkreten Fall nach seinem innerstaatlichen Recht auch eine Umqualifikation annehmen würde.[219]

Bezüglich des primären Gemeinschaftsrechts liegt zwar die oben beschriebene Ungleichbehandlung auf Ebene der kapitalgebenden inländischen Muttergesellschaft in Abhängigkeit davon vor, ob ein Darlehen einer in- oder ausländischen Tochtergesellschaft gewährt wird, wenn die Zinsen im Ausland den Gewinn mindern. Dies kann auch zu einer Beschränkung der Kapitalverkehrs- (Art. 56 EGV) oder Niederlassungsfreiheit (Art. 43 EGV) führen.[220] Jedoch wurde durch den Aspekt der staatenübergreifenden Gesamtschau auf Tatbestandsebene seit dem Manninen-Urteil des EuGH deutlich, dass nicht jede Ungleichbehandlung

---

[215] Das Entstehen „weißer" Einkünfte bejahend z.B. Hahn, H., GmbHR 2004, S. 279.
[216] Vgl. Prinz, U., FR 2004, S. 1253.
[217] Vgl. Englisch, J./Schütze, A., ET 2005, S. 498.
[218] Vgl. Brosens, L., EC Tax Review 2004, S. 204; Kessler, W., DB 2003, S. 2511.
[219] Vgl. Helminen, M., EC Tax Review 2000, S. 167-168; Kessler, W., IStR 2004, S. 815; Schenke, R., IStR 2005, S. 191-192.
[220] Vgl. Kessler, W./Eicker, K./Obser, R., IStR 2004, S. 328-329; Schenke, R., IStR 2005, S. 189-190.

zu einer Beschränkung der Grundfreiheiten führt. Demnach ist eine Ungleichbehandlung unschädlich, wenn das Ziel einer Vorschrift (hier: die Vermeidung der wirtschaftlichen Doppelbelastung durch die Freistellung) bereits durch eine Maßnahme des anderen Staats (hier: keine Besteuerung aufgrund der Abzugsfähigkeit) gewährleistet wird. Die Einschränkung der Finanzverwaltung führt folglich nicht zu einer Beschränkung der Grundfreiheiten.[221] Die bisherige Auffassung zur Kohärenz des Steuersystems als Rechtfertigungsgrund einer Beschränkung der Grundfreiheiten, dass die steuerlichen Vor- und Nachteile bei dem selben Steuerpflichtigen eintreten müssen, wurde ebenfalls für den Fall aufgegeben, wenn zumindest dieselben Einnahmen betroffen sind.[222] Insofern muss selbst dann, wenn eine Beschränkung als gegeben angenommen wird, die Kohärenz als Rechtfertigungsgrund neu überdacht werden.

Gegen die Auffassung der Finanzverwaltung, der Umqualifizierung in eine verdeckte Gewinnausschüttung nur zu folgen, wenn das Ausland die Zinszahlung nicht zum Abzug zulässt, wird vorgebracht, dass es hierfür einer gesetzlichen Grundlage fehle.[223] Will man jedoch die Regelung des § 8a KStG schon deshalb nicht europarechtswidrig und dementsprechend als nicht anwendbar erklären, weil die Fremdfinanzierung in- und ausländischer Tochterkapitalgesellschaften unterschiedliche Rechtsfolgen nach sich ziehen, so ist die Finanzverwaltung gerade dazu gezwungen, die Norm EU-rechtskonform auszulegen und eine steuerbefreite verdeckte Gewinnausschüttung auch bei Outboundfinanzierungen grundsätzlich anzuwenden, auch wenn dies nicht dem ursprünglichen Gesetzeszweck der Vorschrift entspricht.[224] Hierfür ist es jedoch nur nötig, die Umqualifizierung vorzunehmen, wenn im Ausland die Zinsen nicht abzugsfähig sind. Vertreter der Auffassung, die eine Umqualifikation im Inland unabhängig von

---

[221] Vgl. EuGH vom 7.10.2004 (Manninen), HFR 2004, S. 1262, Rn. 34; Englisch, J., GmbHR 2004, S. R 421; Englisch, J./Schütze, A., ET 2005, S. 498; Wagner, S., DStZ 2005, S. 332. Siehe auch Englisch, J., RIW 2005, S. 192-193 allerdings ohne Bezug zu § 8a KStG.
[222] Vgl. Schlussanträge der Generalanwältin Kokott, J. vom 18.3.2004 (Manninen), HFR 2004, S. 1262, Rn. 61. Zwar sind diese Gedanken im Urteil nicht mehr in der selben Ausführlichkeit enthalten, dennoch kommt der EuGH zum selben Ergebnis; vgl. Herzig, N./Wagner, T., DB 2005, S. 2377, Fn. 23.
[223] Vgl. Grotherr, S., IWB 2004, Fach 3, Gruppe 2, S. 464; Ruhser, A.-K., DStR 2004, S. 2036.
[224] Vgl. Prinz, U., FR 2004, S. 1253.

der Behandlung im Ausland vornehmen wollen, berücksichtigen dabei die neure Rechtsprechung des EuGH nicht.

6.2.3 Mögliche Freistellung durch DBA

Erfolgt nicht bereits durch § 8a KStG eine unilaterale Freistellung der nicht abzugsfähigen Zinsen aus dem Gesellschafterdarlehen, ist zu prüfen, ob eine DBA-rechtliche Freistellung möglich ist. Hierbei ist entscheidend, ob die Vergütung abkommensrechtlich aus deutscher Sicht als Zinsen (Art. 11 Abs. 3 OECD-MA) oder Dividenden (Art. 10 Abs. 3 OECD-MA) zu behandeln sind.[225] Nach der deutschen Abkommenspraxis ist Deutschland bei Zinsen lediglich zur Anrechnung der Quellensteuer verpflichtet. Entsprechendes gilt für Dividenden, wenn die Voraussetzungen an die Mindestbeteiligung für das Vorliegen einer Schachteldividende nicht erfüllt sind.[226] Liegt hingegen eine Schachteldividende vor, so sind die Einnahmen freizustellen. Die DBA-rechtliche Qualifikation der Vergütung als Dividenden ändert nichts an der Behandlung als Zinsen im nationalen Recht, da die beiden Rechtskreise voneinander zu trennen sind. Auch wenn die Vergütungen aufgrund des Schachtelprivilegs von der inländischen Besteuerung auszunehmen sind, führt dies nicht dazu, dass auch nach nationalem Recht eine verdeckte Gewinnausschüttung nach § 20 Abs. 1 Nr. 1 Satz 2 EStG anzunehmen wäre, sodass auch keine 5%ige Pauschalbesteuerung (§ 8b Abs. 5) stattfindet.[227] Da nach dem Abkommen lediglich die Einnahmen freizustellen sind, beinhaltet dies im Gegenzug, dass die Refinanzierungszinsen als Aufwendungen, die in unmittelbarem wirtschaftlichen Zusammenhang mit steuerfreien Einnahmen stehen, nicht abgezogen werden dürfen (§ 3c Abs. 1 EStG).[228]

Die Subsumtion unter eine der beiden Verteilungsnormen kann jedoch nicht losgelöst vom nationalen ausländischen Recht erfolgen. Art. 10 OECD-MA betrifft in starkem Maße auch den Wohnsitzstaat, da er nicht nur das Besteuerungsrecht des Quellenstaats einschränkt, sondern auch das volle Besteuerungsrecht dem

---

[225] Vgl. Herzig, N., DB 1994, S. 114; Rödder, T./Ritzer, C., DB 2004, S. 892.
[226] Vgl. Reith, T., International, 2004, S. 313.
[227] Vgl. Fischer, L./Kleineidam, H.-J./Warneke, P., Internationale, 2005, S. 527-528.
[228] Vgl. BFH vom 5.12.1984, BStBl 1985 II, S. 311; BFH vom 29.5.1996, BStBl 1997 II, S. 57; BFH vom 29.3.2000, BStBl 2000 II, S. 577; Wassermeyer, F., in: Debatin, H./Wassermeyer, F., Art. 23A OECD-MA, Rz. 26; Vogel, K., in: Vogel, K./Lehner, M., 2003, Art. 23 OECD-MA, Rz. 66-67.

Wohnsitzstaat zuweist. Für Zwecke der Dividendendefinition verweist Art. 10 Abs. 3 OECD-MA jedoch explizit auf das nationale Recht des Quellenstaats, wodurch dieses zum Abkommensrecht erhoben wird und für die Abkommensanwendung des Wohnsitzstaats auch im Rahmen des Methodenartikels verbindlich wird (Qualifikationsverkettung).[229] Wird die Vergütung im Ausland als verdeckte Gewinnausschüttung behandelt und verzichtet das DBA auf die Voraussetzung des Stammens aus einem Gesellschaftsanteil, so ist auch Deutschland hieran gebunden.[230] Verlangt das DBA für das Vorliegen einer Dividende, dass die Einkünfte aus einem Gesellschaftsanteil stammen und erfolgt im Ausland „fälschlicherweise" eine Zuordnung zum Dividendenartikel, ist Deutschland hieran gerade nicht gebunden.[231] Da es sich wegen eines bloßen Überschreitens des safe-haven nicht um Einkünfte aus einem Gesellschaftsanteil, sondern um solche aus einer Forderung handelt, erfolgt dann eine abweichende Subsumtion unter den Zinsartikel. Entsprechendes gilt, wenn es an einer Definition von Dividenden im Abkommen fehlt, da dann die Qualifikation des Auslands als verdeckte Gewinnausschüttung nicht verbindlich wird.[232]

6.3 Analyse der Chancen und Risiken

In Tabelle II.21 (S. 95) sind die Besteuerungsfolgen dargestellt, die bei Vorliegen einer ausländischen Unterkapitalisierungsregelung eintreten können. Im Ausland interessiert in erster Linie, welche Rechtsfolge die ausländische Unterkapitalisierungsregelung vorsieht und im Inland, ob eine verdeckte Gewinnausschüttung aufgrund der Erfüllung der Voraussetzungen des § 8a KStG auf Ebene der ausländischen Tochtergesellschaft vorliegt.[233] Nur wenn nach nationalem deutschen Recht keine verdeckte Gewinnausschüttung i.S.d. § 8a KStG vorliegt

---

[229] Vgl. Grotherr, S., in: Becker, H./Höppner, H./Grotherr, S. u.a., Art. 23A/23B OECD-MA, Rn. 104; Michielse, G.M.M., StuW 1994, S. 337; Tischbirek, W., in: Vogel, K./Lehner, M., 2003, Art. 10, Rz. 184; Vogel, K., in: Vogel, K./Lehner, M., 2003, Art. 23 OECD-MA, Rz. 108; Wassermeyer, F., in: Debatin, H./Wassermeyer, F., Art. 10 OECD-MA, Rz. 91a, 119.
[230] Vgl. Blumenberg, J., Fremdfinanzierung, 1997, S. 402; Piltz, D.J., Zinsen, 1995; Kessler, W., IStR 2004, S. 813; Rödder, T./Ritzer, C., IStR 2004, S. 892. Dies zumindest für die Bindung eines ausländischen Anteilseigners an die deutsche Qualifikation ablehnend Menck, T., FR 1994, S. 70.
[231] Vgl. Achatz, M., Unterkapitalisierung, 2005, S. 5; Wassermeyer, F., in: Debatin, H./Wassermeyer, F., Art. 10 OECD-MA Rz. 91b.
[232] Vgl. Kessler, W., DB 2005, S. 2510.
[233] Eine ähnliche Unterscheidung wird vorgenommen von Fischer, L./Kleineidam, H.-J./Warneke, P., Internationale, 2005, S. 525-526.

und deshalb keine Freistellung der Vergütung erfolgt, ist im nächsten Schritt die DBA-rechtliche Behandlung zu prüfen.

Tabelle II.21: Mögliche Besteuerungsfolgen bei ausländischer Unterkapitalisierungsregel

			Inland: Voraussetzungen des § 8a KStG sind		
		erfüllt	nicht erfüllt, dann abkommensrechtliche Qualifikation		
			Dividenden		Zinsen
			• Dividendendefinition verzichtet auf die Voraussetzung des Stammens aus einem Gesellschaftsanteil • Vergütung ist den Einkünften aus Aktien steuerlich gleichgestellt		Dividendendefinition verlangt das Stammen aus einem Gesellschaftsanteil (Voraussetzung wird nie erfüllt)
		(Freistellung, §8b I)	Schachteldiv. (DBA-Freistellung)	Portfoliodiv. (Anrechnung)	Zins (Anrechnung)
Ausland: Rechtsfolge	nBA, ZLRL	nicht mgl.	nicht mgl.	nicht mgl.	wie Fremdfinanzierung
	nBA, ~~ZLRL~~	wie Eigenfinanzierung	nicht mgl.	nicht mgl.	Doppelbelastung
	vGA	wie Eigenfinanzierung	ausländisches Steuerniveau	Doppelbelastung	Doppelbelastung

Legende:
nBA   Rechtsfolge: nicht abzugsfähige Betriebsausgabe
vGA   Rechtsfolge: verdeckte Gewinnausschüttung
ZLRL Voraussetzungen der Zins- und Lizenzrichtlinie liegen vor
~~ZLRL~~ Voraussetzungen der Zins- und Lizenzrichtlinie liegen nicht vor

Die folgenden Ausführungen werden nach den Rechtsfolgen der ausländischen thin-capitalization-rules gegliedert, da diese maßgeblich die abkommensrechtliche Qualifikation und damit auch die Besteuerung in Deutschland beeinflussen.

(1) Nicht abzugsfähige Betriebsausgabe als Rechtsfolge, Voraussetzungen der Zins- und Lizenzrichtlinie erfüllt. Besteht die Rechtsfolge der ausländischen Unterkapitalisierungsregelung lediglich in einer nicht abzugsfähigen Betriebsausgabe der Zinszahlung und sind die Voraussetzungen der Zins- und Lizenzrichtlinie erfüllt, so verstößt diese Rechtsfolge gegen sekundäres Gemeinschaftsrecht und ist nicht anzuwenden. Da die Zinszahlung den steuerlichen Gewinn im Ausland mindert, ist keine verdeckte Gewinnausschüttung i.S.d. § 8a KStG anzu-

nehmen. Auf Abkommensebene können keine Dividenden angenommen werden, da die Zinszahlung nach nationalem ausländischen Recht nicht wie eine Ausschüttung behandelt wird. Vielmehr liegen abkommensrechtlich Zinsen vor, die in Deutschland nach nationalem Recht besteuert werden dürfen. Da bereits aufgrund der Zins- und Lizenzrichtlinie keine Quellensteuer anfällt, stimmt die Steuerbelastung exakt mit der Situation ohne Unterkapitalisierungsregelung überein. Es bleibt jedoch auf die Gefahr hinzuweisen, dass die ausländische Steuerverwaltung die nationale Rechtsfolge ungeachtet des Verstoßes gegen die Richtlinie anwendet und sich das Ergebnis nur durch einen langwierigen Rechtsstreit herbeiführen lässt.

(2) Nicht abzugsfähige Betriebsausgabe als Rechtsfolge, Voraussetzungen der Zins- und Lizenzrichtlinie nicht erfüllt. Kommt es infolge der Unterkapitalisierung zu einer nicht abzugsfähigen Betriebsausgabe im Ausland und lässt sich die Abzugsfähigkeit auch nicht durch die Zins- und Lizenzrichtlinie herbeiführen, da deren Voraussetzungen nicht vorliegen, so ist weiterhin zu unterscheiden, ob die Voraussetzungen des § 8a KStG im Inland erfüllt sind. Ist dies der Fall, werden die Zinsen in Deutschland als verdeckte Gewinnausschüttungen gewertet und wie eine Dividende besteuert. Es kommt exakt zur gleichen Steuerbelastung wie bei der Eigenfinanzierung mit der Maßgabe, dass der Quellensteuersatz von dem auf Dividenden abweichen kann, da die Vergütung nach nationalem ausländischen Recht und nach Abkommensrecht weiterhin als Zinszahlung eingestuft wird. Unterstellt man, dass die Tochtergesellschaft nur mit Fremdkapital ausgestattet wird, wenn die Fremdfinanzierung gegenüber der Eigenfinanzierung Vorteile bringt, führt eine übermäßige Fremdfinanzierung in diesem Fall zur gleichen Steuerbelastung wie die nachteilige Eigenfinanzierung, sodass die Vorteile der Fremdfinanzierung durch die Unterkapitalisierungsregelung wieder aufgehoben werden. Vorteile können sich nur dann ergeben, wenn der Quellensteuersatz auf Zinsen unter dem auf Dividenden liegt.

Sind die Voraussetzungen des § 8a KStG nicht erfüllt, wird die Zinszahlung in Deutschland der regulären Ertragsbesteuerung unterworfen, da aufgrund der Besteuerung als Zinsen im nationalen ausländischen Recht lediglich eine Subsumtion unter den Zinsartikel möglich ist, der Deutschland das volle Besteuerungsrecht unter Anrechnung der ausländischen Quellensteuer einräumt. Da die Zah-

II. Optimale klassische Finanzierungsform als Beurteilungsmaßstab 97

lung sowohl im Aus- als auch im Inland der Ertragsbesteuerung unterworfen ist, kommt es zu einer nachteiligen wirtschaftlichen Doppelbelastung der Zinszahlung.

(3) Verdeckte Gewinnausschüttung als Rechtsfolge. Besteht die Rechtsfolge der ausländischen Unterkapitalisierungsregelung in einer verdeckten Gewinnausschüttung, so mindert diese den Gewinn der zahlenden Gesellschaft ebenfalls nicht. Sind die Voraussetzungen der Mutter-Tochter-Richtlinie erfüllt, fällt keine Quellensteuer an. Abkommensrechtlich wird im Ausland die Tendenz bestehen, die Zahlung selbst dann unter den Dividendenartikel zu subsumieren, wenn das DBA das Stammen aus einem Gesellschaftsanteil erfordert, obwohl diese Voraussetzung bei Überschreiten des safe-haven nicht vorliegt. Ist in Deutschland eine verdeckte Gewinnausschüttung i.S.d. § 8a KStG anzunehmen, erfolgt auch hier die Besteuerung nach den für Dividenden geltenden Grundsätzen. Da in der Gesamtschau genau die gleiche Steuerbelastung wie bei der Eigenfinanzierung resultiert, lassen sich durch die übermäßige Fremdfinanzierung keine Vorteile erzielen.

Liegen die Voraussetzungen des § 8a KStG nicht vor, kommt es dennoch zu einer Freistellung als DBA-Schachteldividende, wenn auch aus deutscher Sicht abkommensrechtlich eine Dividende vorliegt (Dividendendefinition verzichtet auf das Stammen aus einem Gesellschaftsanteil) und die Voraussetzung an die Mindestbeteiligungsquote erfüllt ist. Die Gesamtsteuerbelastung stimmt dann genau mit dem ausländischen Steuerniveau – bestehend aus ausländischer Ertragsteuer zzgl. Quellensteuer auf Dividenden – überein. Da die Fremd- anstelle der Eigenfinanzierung der ausländischen Tochtergesellschaft in einer pauschalen Betrachtung nur dann gewählt wird, wenn dieses ausländische Steuerniveau über dem deutschen liegt, lassen sich durch die übermäßige Fremdfinanzierung durch die Umqualifizierung der Zinsen grundsätzlich keine Vorteile erzielen. Geringfügige Vorteile sind ausnahmsweise möglich, wenn keine Refinanzierung erfolgt, da die Pauschalbesteuerung der nicht abzugsfähigen Betriebsausgaben i.H.v. 5% der Bruttodividende bei den umqualifizierten Zinsen aus dem Gesellschafterdarlehen unterbleibt und sich die DBA-Freistellung somit auf 100% der Vergütung erstreckt. Erfolgt jedoch eine Refinanzierung des Gesellschafterdarlehens im Inland, so führt die abkommensrechtliche Schachtelfreistellung dazu, dass die Refinanzierungszinsen nicht abzugsfähig sind, sodass die übermäßige Fremdfinanzierung umso eher nachteilig wird, je höher die Refinanzierungszinsen ausfallen.

Ist bei Subsumtion der Vergütung aus deutscher Sicht unter den Dividendenartikel die Mindestbeteiligung für das Vorliegen einer Schachteldividende nicht gegeben oder wird in Deutschland die Vergütung dem Zinsartikel zugeordnet, steht Deutschland unter Anrechnung der Quellensteuer das volle Besteuerungsrecht zu, sodass die Vergütung nach den für Zinsen geltenden Grundsätzen der vollen Ertragsbesteuerung unterworfen werden kann. Es entsteht eine nachteilige Doppelbelastung der umqualifizierten Zinsen.

Die Analyse der steuerlichen Chancen und Risiken, die durch das Eingreifen von thin-capitalization-rules entstehen können, zeigen folgendes Ergebnis. Aus den in Tabelle II.21 dargestellten Kombinationsmöglichkeiten treten insbesondere dann, wenn in Deutschland weder aufgrund des nationalen Dividendenprivilegs noch aufgrund eines DBA-rechtlichen Schachtelprivilegs eine Freistellung erfolgt, Doppelbelastungen auf, die sich gegenüber der Fremdfinanzierung immer schlechter darstellen.[234] Kommt es hingegen zur Freistellung, so liegt die Gesamtsteuerbelastung nur in Ausnahmefällen unter derjenigen der Fremdfinanzierung. Aufgrund dieses hohen Risikos der steuerlichen Nachteile, ist stets anzuraten, die ausländische Tochtergesellschaft bei Vorteilhaftigkeit der Fremd- gegenüber der Eigenfinanzierung nur in der Höhe mit Fremdkapital auszustatten, dass der safe-haven nicht überschritten bzw. die Fremdkapitalausstattung dem Fremdvergleich standhält, sodass die Unterkapitalisierungsregelungen nicht eingreifen.

7. Zwischenergebnis

Tabelle II.22 (S. 99) fasst die wichtigsten Ergebnisse des Kapitels zusammen. Lediglich in Japan und den USA ist die Fremdfinanzierung in allen Fällen vorteilhaft. Auf der anderen Seite ist in Lettland und der Slowakei die Eigenfinanzierung immer zu empfehlen. In allen anderen Ländern kann eine eindeutige Aussage nur unter gewissen Bedingungen getroffen werden. Liegt eine gewerbesteuerliche Schachteldividende vor, ist in den meisten Ländern die Eigenfinanzierung vorzuziehen. Liegt hingegen eine Portfoliobeteiligung vor, ist es fast immer die Fremdfinanzierung. Während bei einer gewerbesteuerlichen Schachtelbeteiligung die Grenzen ausländischer Unterkapitalisierungsregelungen eingehalten werden müssen, kann bei einer Portfoliobeteiligung die Fremdfinanzierung in unbegrenztem Maße erfolgen, da eine wesentliche Beteiligung für das Eingreifen ausländischer Unterkapitalisierungsregelungen regelmäßig über 10% liegt.

Tabelle II.22: Optimale klassische Finanzierungsform

gewerbesteuerliche Schachtelbeteiligung		
EF immer vorteilhaft	unbestimmt	FF immer vorteilhaft
China, Dänemark, Frankreich, Finnland, Griechenland, GB, Irland, Lettland, Litauen, Niederlande, Österreich, Polen, Schweden, Schweiz, Slowakei, Spanien, Ungarn	Australien, Belgien, Estland, Finnland, Italien, Kanada, Luxemburg, Portugal, Slowenien, Tschechien	Japan, USA
gewerbesteuerliche Portfoliobeteiligung		
EF immer vorteilhaft	unbestimmt	FF immer vorteilhaft
Lettland, Slowakei	China, Litauen	Australien, Belgien, Dänemark, Estland, Finnland, Frankreich, Griechenland, GB, Italien, Irland, Japan, Kanada, Luxemburg, Niederlande, Österreich, Polen, Portugal, Schweden, Schweiz, Slowenien, Spanien, Tschechien, Ungarn, USA

■ lediglich bei Refinanzierung unbestimmt, ansonsten FF vorteilhaft
☐ bei Beteiligung < 20% FF vorteilhaft, bei Beteiligung ≥ 20% EF vorteilhaft
▨ lediglich bei Beteiligung < 20% unbestimmt, ansonsten EF vorteilhaft

---

[234] So auch Achatz, M., Unterkapitalisierung, 2005, S. 5.

III. Theoretisch mögliche Besteuerungsfolgen bei stiller Gesellschaft als Finanzierungsinstrument

1. Die stille Gesellschaft im deutschen Recht

Die Besteuerung der stillen Gesellschaft ist auch im Ausland davon abhängig, wie sie sich in die Normen des EU- und des DBA-Rechts einordnen lässt, und ob es dadurch zu Beschränkungen der nationalen Besteuerungsansprüche kommen kann. Hierfür sind Kenntnisse über das Verständnis der stillen Gesellschaft unerlässlich. Deswegen werden zunächst die gesellschafts- und steuerrechtlichen Grundlagen der stillen Gesellschaft erläutert. Die Ausführungen beziehen sich auf das deutsche Recht, da sich selbst dann, wenn im Ausland den deutschen vergleichbare Regelungen unbekannt sind, aufgrund der Vertragsfreiheit grundsätzlich Wirtschaftsgebilde errichten lassen, die aus deutscher Sicht als stille Gesellschaft zu werten sind.[235] Das Steuerrecht verwendet den Begriff des stillen Gesellschafters, ohne ihn selbst zu definieren. Deshalb ist zunächst auf den zivilrechtlichen Begriff zurückzugreifen, um beurteilen zu können, ob eine stille Gesellschaft vorliegt.[236]

1.1 Wesensmerkmale der stillen Gesellschaft im Gesellschaftsrecht

Das Wesen der stillen Gesellschaft wird in den §§ 230-237 HGB umschrieben. Eine stille Gesellschaft liegt vor, wenn sich eine Person am Handelsgewerbe eines anderen mit einer Vermögenseinlage derart beteiligt, dass diese in das Vermögen des Inhabers des Handelsgeschäfts übergeht (§ 230 Abs. 1 HGB). Aus den mit dem Unternehmen getätigten Geschäften wird alleine der Inhaber berechtigt und verpflichtet (§ 230 Abs. 2 HGB). Als Vergütung erhält der stille Gesellschafter eine Beteiligung am Gewinn und Verlust (§ 231 Abs. 1 HGB). Hierbei handelt es sich um keine gesetzliche Definition, da die umschriebenen Grundsätze nicht Voraussetzungen, sondern Rechtsfolgen darstellen.[237] Dennoch lassen sich daraus unverzichtbare Merkmale ableiten, die für das Vorliegen einer stillen Gesellschaft zumindest erfüllt sein müssen. Entspricht die stille Gesell-

---

[235] Vgl. Glessner, M., Stille, 2000, S. 101; Lüdicke, J., StBJb 1997/1998, S. 478-479; Strobl, E./Schäfer, K., IStR 1993, S. 207.
[236] Vgl. Blaurock, U., Handbuch, 2003, Rn. 20.5.
[237] Vgl. Blaurock, U., Handbuch, 2003, Rn. 4.1-4.2; Küting, K./Dürr, U.L., DB 2005, S. 1532.

schaft diesem gesetzlichen Leitbild, spricht man von einer typisch stillen Gesellschaft.[238]

Zum Ersten muss es sich um eine Gesellschaft handeln, die nicht nach Außen in Erscheinung tritt (Innengesellschaft). Zum Zweiten muss eine Beteiligung am Handelsgewerbe eines anderen erfolgen. Zum Dritten muss dem Stillen eine Gewinnbeteiligung gewährt werden.[239]

Die stille Gesellschaft gehört zu den Gesellschaften des bürgerlichen Rechts i.S.d. § 705 BGB, die jedoch in der Sonderform der Innengesellschaft ausgestaltet ist.[240] Wie bei jeder Gesellschaft bildet der Gesellschaftsvertrag die Grundlage der stillen Gesellschaft. Demnach müssen sich die Gesellschafter zur Förderung eines gemeinsamen Zwecks verpflichten. Der gemeinsame Zweck besteht darin, im Rahmen eines auf gemeinsame Rechnung betriebenen Gewerbes einen Gewinn zu erzielen.[241] Zur Förderung des gemeinsamen Zwecks verpflichtet sich der Geschäftsinhaber, das Unternehmen nach bestem Wissen eigenverantwortlich, aber auf gemeinsame Rechnung zu führen. Der stille Gesellschafter leistet seinen Beitrag dadurch, dass er eine Vermögenseinlage i.d.R. in Form einer Kapitalüberlassung tätigt.[242] Die gesellschaftsrechtlichen Kontroll- und Informationsrechte des Stillen erschöpfen sich in der Prüfung des Jahresabschlusses (§ 233 HGB).[243] Die Besonderheit der stillen Gesellschaft besteht in ihrer Ausgestaltung als Innengesellschaft. Kennzeichen einer Innengesellschaft sind die fehlende Außenwirkung und die fehlende Rechtsfähigkeit. Nicht die Gesellschaft an sich ist Trägerin von Rechten und Pflichten, sondern aus den im Rahmen des Gewerbes geschlossen Geschäften wird alleine der Inhaber, der das Unternehmen auf eigenen Namen betreibt, berechtigt und verpflichtet (§ 230

---

[238] Vgl. Hofert, S./Arends, V., GmbHR 2005, S. 1382; Schmidt, K., Gesellschaftsrecht, 2002, S. 1845-1846.
[239] Diese Merkmale werden in der Literatur oftmals anders klassifiziert, sind aber inhaltlich identisch. Zu einer ähnlichen Klassifikation siehe Fichtelmann, H., Still, 2000, S. 13; Post, M./Hoffmann, G.F., Beteiligung, 1984, S. 25; Stüttgen, H.-G., Beteiligung, 1988, S. 97-107; Zacharias, E./Hebig, M./Rinnewitz, J., Stille, 2000, S. 32. Eine andere Einteilung nehmen z.B. vor Blaurock, U., Handbuch, 2003, Rn. 4.1-7.41, insbesondere Rn. 7.1; Schmidt, K., Gesellschaftsrecht, 2002, S. 1840-1845; Schulze zur Wiesche, D., GmbH, 1997, S. 5.
[240] Vgl. Kraft, A./Kreutz, P., Gesellschaftsrecht, 2004, S. 236.
[241] Vgl. Blaurock, U., Handbuch, 2003, Rn. 4.6-4.7; Stuhlfelner, U./Glenegger, P., in: Glanegger, P./Güroff, G./Kusterer, S. u.a., 1999, § 230 HGB, Rz. 1.
[242] Vgl. Blaurock, U., Handbuch, 2003, Rn. 4.6; Post, M./Hoffmann, G.F., Beteiligung, 1984, S. 21-22.
[243] Vgl. Hopt, K.J., in: Baumbach, A./Hopt, K.J./Merkt, H., 2003, § 233 HGB, Rn. 4.

III. Theoretisch mögliche Besteuerungsfolgen bei stiller Gesellschaft 103

Abs. 2 HGB); nicht aber der stille Gesellschafter.[244] Ein weiteres Kennzeichen der Innengesellschaft ist, dass kein gesamthänderisch gebundenes Vermögen existiert. Die Vermögenseinlage hat so zu erfolgen, dass sie in das Vermögen des Inhabers des Handelsgeschäfts übergeht (§ 230 Abs. 1 HGB). Der stille Gesellschafter ist somit an den Wertsteigerungen, Rücklagen und am Geschäfts- und Firmenwert nicht beteiligt, da das Vermögen rechtlich dem Inhaber zugeordnet ist. Er hat lediglich einen schuldrechtlichen Anspruch auf seinen Gewinnanteil.[245] Dem entspricht es auch, dass der stille Gesellschafter in der Insolvenz seine Einlage als Gläubiger geltend machen kann, soweit diese nicht durch Verluste aufgezehrt wurde (§ 236 Abs. 1 HGB).[246]

Als zweites unabdingbares Merkmal für das Vorliegen einer stillen Gesellschaft muss die Beteiligung am Handelsgewerbe eines anderen erfolgen (§ 230 Abs. 1 HGB). Hieraus werden zwei Bedingungen abgeleitet. Erstens muss der Geschäftsinhaber Kaufmann i.S.d. §§ 1-6 HGB sein. Die AG und GmbH gehören als wichtigste Vertreter juristischer Personen, die bereits kraft Rechtsform Kaufmannseigenschaft besitzen, zu den Handelsgesellschaften, sodass eine stille Beteiligung am Betrieb dieser Gesellschaften möglich ist.[247] Zweitens muss es sich beim stillen Gesellschafter und dem Inhaber des Handelsgewerbes um unterschiedliche Personen handeln. Aufgrund der rechtlichen Selbständigkeit der Kapitalgesellschaft ist die Beteiligung des Anteilseigners am Betrieb der eigenen Kapitalgesellschaft ebenfalls möglich.[248] Bedeutend ist hierbei, dass sich der Stille nicht an der Kapitalgesellschaft selbst beteiligt – das wäre der GmbH-Gesellschafter bzw. der Aktionär – sondern am Handelsgewerbe, also am Unternehmen, das von der Kapitalgesellschaft betrieben wird.[249] Ist im Folgenden

---

[244] Vgl. Blaurock, U., Handbuch, 2003, Rn. 4.10-4.16.
[245] Vgl. Blaurock, U., Handbuch, 2003, Rn. 4.3.
[246] Vgl. Gehrlein, M., in: Ebenroth, T.C./Boujong, K./Joost, D., 2001, § 236 HGB, Rn. 7.
[247] Vgl. Post, M./Hoffmann, G.F., Beteiligung, 1984, S. 36-38. Daneben kommt insbesondere eine stille Beteiligung auch an der OHG und KG als Personenhandelsgesellschaften und am Gewerbe i.S.d. § 1 Abs. 2 HGB, das von einer natürlichen Person betrieben wird, in Betracht; vgl. Kraft, A./Kreutz, P., Gesellschaftsrecht, 2004, S. 238; Schmidt, K., Gesellschaftsrecht, 2002, S. 1841; Werner, H.S., Still, 2004, S. 44 sowie ausführlich Zacharias, E./Hebig, M./Rinnewitz, J., Stille, 2000, S. 38-39.
[248] Vgl. Schoor, H.W./Natschke, T., GmbH, 2005, Rdn. 92; Schulze zur Wiesche, GmbHR 1983, S. 202.
[249] Vgl. Post, M./Hoffmann, G.F., Beteiligung, 1984, S. 39.

vereinfachend von der stillen Beteiligung an einer Kapitalgesellschaft die Rede, so ist damit stets die Beteiligung am Betrieb der Kapitalgesellschaft gemeint.

Als letztes unabdingbares Merkmal einer stillen Gesellschaft ist es erforderlich, dass dem stillen Gesellschafter eine Beteiligung am Gewinn des Unternehmens gewährt wird (§ 231 Abs. 2 HS 2 HGB). Die Beteiligung am Verlust kann hingegen vertraglich ausgeschlossen werden (§ 231 Abs. 2 HS 1 HGB).[250]

Dem Wesen nach entspricht die typisch stille Gesellschaft am ehesten einem Kreditverhältnis, da die Beziehungen vorwiegend schuldrechtlicher Art sind.[251] Hierbei darf jedoch nicht übersehen werden, dass sich die stille Gesellschaft keineswegs in einem Schuldverhältnis erschöpft, sondern eine Gesellschaft im eigentlichen Sinne darstellt. Im Vergleich zum reinen Schuldverhältnis unterscheidet sich ein Gesellschaftsverhältnis dadurch, dass die Gesellschafter einen gemeinsamen Zweck verfolgen. Weiterhin zeigt sich das Vorliegen eines Gesellschaftsverhältnisses daran, dass dem stillen Gesellschafter zumindest gewisse gesellschaftsrechtliche Kontroll- und Informationsrechte zustehen und die Beteiligung am Geschäftsgewinn nicht ausgeschlossen werden kann.[252] Die stille Gesellschaft vereinigt somit stets Komponenten eines Gesellschaftsverhältnisses und eines schuldrechtlichen Austauschverhältnisses in Form einer Einlage.[253] Vom gesetzlichen Idealtypus kann in einzelnen Bereichen durch vertragliche Vereinbarungen abgewichen werden und die stille Gesellschaft durch zusätzliche gesellschaftsrechtliche Komponenten ausgestaltet werden. In solchen Fälle spricht man handelsrechtlich allgemein von einer atypisch stillen Gesellschaft.[254] Je nach Umfang der Ausgestaltung der beiden Komponenten kann die stille Gesellschaft in ihrer wirtschaftlichen Funktion einer Handelsgesellschaft oder einem Kreditverhältnis nahe stehen.[255] Die Unterscheidung zwischen typisch und

---

[250] Vgl. Hueck, G./Windbichler, C., Gesellschaftsrecht, 2003, S. 222; Schmidt, K., in: Schmidt, K., 2002, § 230 HGB, Rn. 38.
[251] Vgl. Schmidt, K., in: Schmidt, K., 2002, § 230 HGB, Rn. 17.
[252] Vgl. Blaurock, U., Handbuch, 2003, Rn. 4.9; Schulze zur Wiesche, D., GmbH, 1997, S. 8-9.
[253] Vgl. Reusch, P., Stille, 1989, S. 68-69; Schmidt, K., Gesellschaftsrecht, 2002, S. 1840.
[254] Vgl. Lange, J., Personengesellschaften, 2005, Rn. 78.
[255] Vgl. Schmidt, K., Gesellschaftsrecht, 2002, S. 1839.

atypisch stiller Gesellschaft im Handelsrecht kann hier allerdings unterbleiben, da das Steuerrecht eigene Abgrenzungskriterien kennt.[256]

1.2 Abgrenzung zwischen typisch stiller und atypisch stiller Gesellschaft im deutschen Steuerrecht

1.2.1 Grundsätze

1.2.1.1 Der Mitunternehmer als Abgrenzungskriterium

Aus steuerlicher Sicht sind die typische und die atypische Ausprägungsform der stillen Gesellschaft für die Zuordnung zu den Einkunftsarten relevant. Einkünfte aus der Beteiligung als stiller Gesellschafter gehören zu den Einkünften aus Kapitalvermögen, es sei denn, die Ausgestaltungsform der stillen Gesellschaft weicht vom gesetzlichen Typus derart ab, dass der stille Gesellschafter als Mitunternehmer anzusehen ist (§ 20 Abs. 1 Nr. 4 EStG). Ist er als Mitunternehmer anzusehen, so bezieht er Einkünfte aus Gewerbebetrieb (§ 15 Abs. 1 Nr. 2 EStG). Abgrenzungskriterium zwischen den Einkunftsarten ist somit der Mitunternehmer.[257] Diese Grundsätze gelten auch für die grenzüberschreitende stille Gesellschaft.[258]

Der Begriff des Mitunternehmers setzt voraus, dass der Gesellschafter eine zivilrechtliche Gesellschafterstellung innehat, Mitunternehmerrisiko trägt und Mitunternehmerinitiative entfaltet.[259] Die zivilrechtliche Gesellschafterstellung des Stillen besteht zweifellos, da die stille Gesellschaft zu den Gesellschaften des bürgerlichen Rechts i.S.d. § 705 BGB gehört.[260] Mitunternehmerinitiative bedeutet die Teilnahme an unternehmerischen Entscheidungen, wie sie Gesellschaftern oder ihnen vergleichbaren Personen wie Geschäftsführern, Prokuristen

---

[256] Zu den handelsrechtlichen Ausgestaltungsformen siehe Fichtelmann, H., Still, 2000, S. 20-21; Schmidt, K., Gesellschaftsrecht, 2002, S. 1845-1849.
[257] Vgl. Blaurock, U., Handbuch, 2003, Rn. 20.47.
[258] Zurückgehend auf die sog. „Venezuela-Entscheidung", vgl. RFH vom 12.2.1930, RStBl 1930, S. 444; Suchanek, M., FR 2003, S. 606; Pyszka, T., IStR 1999, S. 577.
[259] Vgl. grundlegend hierzu BFH vom 25.6.1984, BStBl 1984 II, S. 751 (S. 769) in Übereinstimmung mit früherer Rechtsprechung sowie z.B. Jacobs, O.H., Rechtsform, 2002, S. 190; Söffing, G. (Hrsg.), Mitunternehmer, 2005, Rn. 251 mit umfassender Auswertung der Rechtsprechung.
[260] Vgl. Fichtelmann, H., Still, 2000, S. 82. Siehe auch Abschnitt III.1.1 (S. 101).

oder leitenden Angestellten zuteil wird.[261] Mitunternehmerrisiko zeigt sich regelmäßig durch die Beteiligung am Gewinn und Verlust des Unternehmens sowie der Teilhabe an den stillen Reserven einschließlich des Geschäfts- und Firmenwerts.[262] Hierbei handelt es sich um keine abschließende Definition durch die Rechtsprechung, vielmehr können die beiden Hauptmerkmale Mitunternehmerinitiative und Mitunternehmerrisiko unterschiedlich stark ausgeprägt sein, jedoch kann auf keines ganz verzichtet werden.[263] So gilt, dass ein Gesellschafter – und somit auch ein stiller Gesellschafter – dann als Mitunternehmer anzusehen ist, wenn ihm mindestens die Rechte zustehen, die auch einem Kommanditisten nach dem HGB verpflichtend zugestanden werden müssen.[264] Dies macht deutlich, dass der BFH nur sehr geringe Anforderungen an das Kriterium der Mitunternehmerinitiative stellt, da ein Kommanditist lediglich berechtigt ist, den Jahresabschluss zu prüfen (§ 166 HGB) und ihm ein Vetorecht bei außergewöhnlichen Geschäften zusteht, jedoch von der Geschäftsführung ausgeschlossen ist (§ 166 Abs. 1 HGB). Auch ist bezüglich des Mitunternehmerrisikos keine unbeschränkte Haftungsübernahme nötig. Vielmehr reicht es aus, wenn der Gesellschafter nur bis zur Höhe seiner Einlage an Verlusten, am laufenden Gewinn und bei Ausscheidung oder Liquidation an den stillen Reserven beteiligt wird.[265]

1.2.1.2 Typisch stille Gesellschaft

Der stille Gesellschafter, der dem gesetzlichen Leitbild entspricht, stellt keinen Mitunternehmer dar und bezieht somit Einkünfte aus Kapitalvermögen (typisch stille Gesellschaft). Dies wird durch den Vergleich des gesetzlichen Leitbildes eines stillen Gesellschafters mit dem eines Kommanditisten deutlich, da die Rechte des Stillen weit hinter denen des Kommanditisten zurückbleiben.[266] Dies gilt weniger hinsichtlich der Mitunternehmerinitiative. Dem Stillen steht das gleiche Recht zur Prüfung des Jahresabschlusses zu; ebenfalls ist er von der Ge-

---

[261] Vgl. BFH vom 23.1.1974, BStBl 1974 II, S. 480; BFH vom 9.10.1986, BStBl 1987 II, S. 124; BFH vom 10.12.1992, BStBl 1993 II, S. 538.
[262] Vgl. BFH vom 19.2.1981, BStBl 1981 II, S. 602; BFH vom 1.8.1996, BStBl 1997 II, S. 272 (S. 275); BFH vom 28.10.1999, BStBl 2000 II, S. 183 (S. 184).
[263] Vgl. BFH vom 25.6.1984, BStBl 1984 II, S. 751 (S. 769); BFH vom 21.4.1988, BStBl 1989 II, S. 722; BFH vom 4.11.1997, BStBl 1999 II, S. 384 (S. 384).
[264] Vgl. BFH vom 15.12.1992, BStBl 1994 II, S. 702 (S. 704).
[265] Vgl. Stuhrmann, G., in: Blümich, W., § 15 EStG, Rz. 360.
[266] Vgl. Costede, J., StuW 1983, S. 309.

schäftsführung ausgeschlossen. Lediglich das Vetorecht bei ungewöhnlichen Geschäften wird dem Stillen nicht zugestanden. Gravierender sind die Unterschiede beim Mitunternehmerrisiko. Aufgrund des fehlenden Gesamthandsvermögens ist der stille Gesellschafter weder an den stillen Reserven noch am Geschäfts- und Firmenwert, sondern lediglich in gleicher Weise wie der Kommanditist am Gewinn und bis zur Höhe seiner Einlage am Verlust beteiligt.[267]

1.2.1.3 Atypisch stille Gesellschaft

Weicht die stille Gesellschaft vom gesetzlichen Leitbild derart ab, dass eine Mitunternehmerschaft vorliegt, spricht man von einer atypisch stillen Gesellschaft.[268] Der stille Gesellschafter ist eindeutig als Mitunternehmer anzusehen, wenn er wirtschaftlich einem Kommanditisten gleichgestellt ist.[269] Hierzu ist es nötig, dass ein Vetorecht bei außergewöhnlichen Geschäftsvorfällen eingeräumt und die Verlustbeteiligung nicht ausgeschlossen wird. Weiterhin muss der stille Gesellschafter an den stillen Reserven einschließlich des Geschäftswerts beteiligt werden. Da die stille Gesellschaft selbst kein Betriebsvermögen besitzt, kann die Beteiligung an den Wertänderungen des Betriebsvermögens nur dadurch schuldrechtlich vereinbart werden, dass dem stillen Gesellschafter beim Ausscheiden zusätzlich zur Rückzahlung seiner Einlage ein Betrag ausgezahlt wird, der seinem Anteil an den stillen Reserven der Höhe nach entspricht.[270] Während auf das Vetorecht verzichtet werden kann,[271] ist die Beteiligung am Verlust und an den stillen Reserven ein unabdingbares Merkmal für die Begründung einer atypisch stillen Gesellschaft.[272]

1.2.2 Besonderheiten bei zusätzlicher Beteiligung des stillen Gesellschafters am gesellschaftsrechtlichen Kapital der Kapitalgesellschaft

Es steht außer Frage, dass sich der Gesellschafter einer Kapitalgesellschaft neben seiner Beteiligung am Grund- oder Stammkapital zusätzlich an der eigenen Kapitalgesellschaft still beteiligen kann, und dass diese Gestaltung auch steuer-

---

[267] Vgl. Blaurock, U., Handbuch, 2003, Rn. 20.56.
[268] Vgl. grundlegend Becker, E., StuW 1925, Sp. 1604-1610.
[269] Vgl. Blaurock, U., Handbuch, 2003, Rn. 20.57.
[270] Vgl. Söffing, G. (Hrsg.), Mitunternehmer, 2005, Rn. 300.
[271] Vgl. BFH vom 11.12.1990, BStBl 1992 II, S. 232; BFH vom 22.8.2002, BFH/NV 2003, S. 36 (S. 37).
[272] Vgl. Glessner, M., Stille, 2000, S. 53; Zacharias, E./Hebig, M./Rinnewitz, J., Stille, 2000, S. 149.

lich anerkannt wird.[273] Jedoch ergeben sich hieraus bei der steuerlichen Abgrenzung zwischen einer typisch und atypisch stillen Gesellschaft besondere Probleme. Diese Problematik findet ihren Ursprung in dem Umstand, dass sich die Stellung als Mitunternehmer zwar grundsätzlich aus dem stillen Gesellschaftsverhältnis zu ergeben hat, jedoch zur Beurteilung der Mitunternehmerschaft sämtliche Umstände mit einzubeziehen sind, die die rechtliche oder wirtschaftliche Stellung des Stillen beeinflussen (Gesamtbetrachtung).[274] Unklar ist hierbei, welche zusätzlichen Rechtsbeziehungen dem stillen Gesellschaftsverhältnis zugerechnet werden können. Es ist zwischen der Gesellschafterstellung an der Kapitalgesellschaft und der vertraglichen Beziehung als Geschäftsführer derselben zu unterscheiden.

Die generelle Zurechnung der Gesellschafterstellung zum stillen Gesellschaftsverhältnis muss abgelehnt werden. Es könnte zwar argumentiert werden, dass der stille Gesellschafter selbst dann, wenn er als Stiller nur über die Grundrechte der §§ 230-233 HGB verfügt, bereits durch seine Stellung als Gesellschafter der Kapitalgesellschaft alle Merkmale des Mitunternehmers erfüllt. Er ist an den stillen Reserven beteiligt und kann über sein Stimmrecht in der Gesellschafter- bzw. Hauptversammlung Mitunternehmerinitiative entfalten. Somit läge per se eine atypisch stille Beteiligung vor.[275] Die gesellschaftsrechtliche Beteiligung des Stillen an der Kapitalgesellschaft allein darf jedoch nicht zur Beurteilung herangezogen werden, ob die Stille Gesellschaft als Mitunternehmerschaft anzusehen ist, vielmehr sind die zivilrechtlichen Beteiligungsformen an einer Kapitalgesellschaft auch steuerlich relevant und dürfen nicht vermischt werden.[276] Ansonsten würde es zu einer Aufhebung des Trennungsprinzips kommen, das zwischen der Kapitalgesellschaft und deren Anteilseigner unterscheidet. Während lediglich die Kapitalgesellschaft gewerbliche Einkünfte erzielt, bezieht der Anteilseigner dem Grunde nach Einkünfte aus Kapitalvermögen. Würde die

---

[273] Vgl. BFH vom 15.12.1992, BStBl 1994 II, S. 702 (S. 704); BFH vom 31.8.1999, BFH/NV 2000, S. 554 (S. 555). Auch die stille Beteiligung des alleinigen Gesellschafters ist möglich, vgl. BFH vom 26.4.1989, BFH/NV 1990, S. 63; Blaurock, U., BB 1992, S. 1969. Zu den Anerkennungsvoraussetzungen siehe z.B. Schoor, H.W./Natschke, T., GmbH, 2005, Rdn. 93-96.
[274] Vgl. BFH vom 19.2.1981, BStBl 1981 II, S. 602.
[275] So Knobbe-Keuk, B., StuW 1982, S. 221; Knobbe-Keuk, B., Bilanz, 1992, S. 404 (hier bereits zweifelnd); Sudhoff, H./Sudhoff, M., GmbHR 1984, S. 78.
[276] Vgl. BFH vom 6.2.1980, BStBl 1980 II, S. 477; BFH vom 21.6.1983, BStBl 1983 II, S. 563; Littmann, E./Bitz, H./Pust, H., § 15 EStG, Rn. 51a; Stuhrmann, G., in: Blümich, W., § 15 EStG, Rz. 320.

vermögensrechtliche Beteiligung und die Teilhaberechte, die sich aus der Gesellschafterstellung an der Kapitalgesellschaft ergeben, ausreichen, um durch das Tragen von Mitunternehmerrisiko und das Entfalten von Mitunternehmerinitiative eine Mitunternehmerschaft zu begründen, so könnte zumindest der Alleingesellschafter einer Kapitalgesellschaft keine Einkünfte aus Kapitalvermögen mehr beziehen, sondern nur gewerbliche Einkünfte aus der Mitunternehmerschaft.[277] Richtigerweise ist bei der Zurechnung der Gesellschafterstellung in der Kapitalgesellschaft zum stillen Beteiligungsverhältnis zwischen der das Mitunternehmerrisiko stärkenden vermögensrechtlichen Beteiligung und den die Mitunternehmerinitiative stärkenden Teilhaberechte zu unterscheiden. Während die vermögensrechtliche Beteiligung nicht auf das stille Gesellschaftsverhältnis durchschlagen kann, da dies einer Vermischung der vermögensrechtlichen Sphären gleichkäme, ist dies bei den Teilhaberechten möglich, denn es kann nicht unterschieden werden, ob das Stimmrecht in der Eigenschaft als stiller Gesellschafter oder als Gesellschafter der Kapitalgesellschaft ausgeübt wird.[278]

So hat der BFH in einigen Urteilen entschieden, dass ein schwach ausgeprägtes Mitunternehmerrisiko eines stillen Gesellschafters durch eine stark ausgeprägte Mitunternehmerinitiative, die durch eine beherrschende Gesellschafterstellung in der Kapitalgesellschaft gestärkt wird, ausreicht, um eine atypisch stille Gesellschaft zu begründen. Jedoch wird hierbei nicht alleine auf die Gesellschafterstellung abgestellt, vielmehr ist der stille Gesellschafter gleichzeitig Geschäftsführer der Kapitalgesellschaft. Eines der Urteile bezieht sich auf eine GmbH & Co. KG (Abbildung , Fall 1).[279] Im Urteilsfall ist der alleinige Gesellschafter und Geschäftsführer der Komplementär-GmbH gleichzeitig in der Weise am Betrieb der KG still beteiligt, dass er lediglich am Gewinn, nicht aber den stillen Reserven beteiligt ist. Hier entschied der BFH, dass eine atypisch stille Gesellschaft vorliegt, da der Stille über die durch die Beteiligung an der GmbH gestärkte Geschäftsführerstellung maßgeblich die Höhe seines Gewinnanteils mitbestimmen kann. Ähnlich entschied der BFH in Fällen, in denen sich der wesentlich betei-

---

[277] Vgl. OFD Erfurt, Verfügung vom 23.10.2003, FR 2003, S. 1299, Tz. 2; OFD Frankfurt am Main, Verfügung vom 14.9.2000, FR 2000, S. 1367, Tz. 1.3; Costede, J., StuW 1983, S. 309; Höötmann, A., Stille, 2001, S. 50.
[278] Vgl. Blaurock, U., Handbuch, 2003, Rn. 20.60.
[279] Vgl. BFH vom 11.12.1990, BFHE 1991, Bd. 163, S. 346.

ligte Gesellschafter-Geschäftsführer einer GmbH zusätzlich derart still an dieser beteiligt, dass er am Gewinn und Verlust, nicht aber an den stillen Reserven beteiligt ist (Abbildung, Fall 2).[280]

Abbildung III.1: Bedeutung der Beteiligung am Stammkapital und der Geschäftsführertätigkeit für das Vorliegeiner atypisch stillen Beteiligung

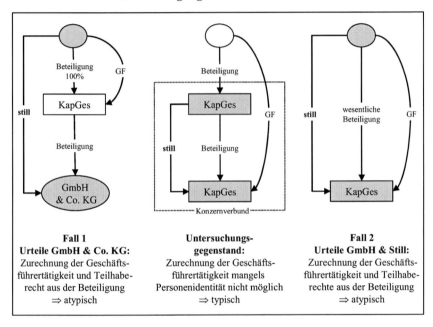

Beide Sachverhalte sind einerseits zwar nicht unmittelbar auf den Untersuchungsgegenstand dieser Arbeit übertragbar. Die Ursache liegt darin, dass die stillen Gesellschafter in den Urteilen ausschließlich natürliche Personen sind, während in dieser Arbeit lediglich der Fall behandelt wird, in dem sich eine Mutterkapitalgesellschaft an der eigenen Tochterkapitalgesellschaft still beteiligt (Abbildung). Sowohl der Geschäftsführer einer GmbH als auch die Vorstandsmitglieder einer AG, die gemeinsam die Geschäfte führen, können jedoch nur natürliche Personen sein (§ 6 Abs. 2 Satz 1 GmbHG bzw. § 76 Abs. 3 Satz 1 AktG). Somit kann keine personelle Identität zwischen dem stillem Gesellschaf-

---

[280] Vgl. BFH vom 15.12.1992, BStBl 1994 II, S. 702; BFH vom 18.6.2001, BFH/NV 2001, S. 1550; BFH vom 28.3.2003, BFH/NV 2003, S. 1308; BFH vom 14.10.2003, BFH/NV 2004, S. 188.

III. Theoretisch mögliche Besteuerungsfolgen bei stiller Gesellschaft

ter (Mutterkapitalgesellschaft) und dem Geschäftsführer vorliegen, der als natürliche Person allenfalls an der Mutter- oder Tochterkapitalgesellschaft beteiligt, nicht aber mit ihr identisch sein kann.[281]

Berücksichtigt man andererseits jedoch den Umstand, dass der Geschäftsführer den Anteilseigner gegenüber weisungsgebunden ist und ihm die Geschäftsführertätigkeit durch Mehrheitsbeschluss entzogen werden kann, so wird deutlich, dass es auf die Anstellung als Geschäftsführer alleine nicht ankommen kann, sondern die mehrheitliche Beteiligung auch eine gewichtige Rolle zur Beurteilung einer Mitunternehmerschaft spielt.[282] In den zur GmbH & Co. KG und zur GmbH & Still ergangenen Urteilen reicht die durch die beherrschende Gesellschafter-Geschäftsführerstellung gestärkte Mitunternehmerinitiative alleine nicht aus, um das schwach ausgeprägte Mitunternehmerrisiko auszugleichen, wenn der Stille lediglich am Gewinn der GmbH beteiligt ist. Es müssen weitere Umstände hinzutreten, die auch das Mitunternehmerrisiko bestärken. Hier kommt insbesondere die Verlustbeteiligung oder eine im Vergleich zum Stammkapital erhebliche Vermögenseinlage mit einer hohen Gewinnbeteiligung in Betracht.[283] Um die Anerkennung einer typisch stillen Beteiligung an der ausländischen Kapitalgesellschaft sicherzustellen, sofern diese steuerplanerisch erwünscht ist, sollte deshalb darauf geachtet werden, dass eine Verlustbeteiligung ausgeschlossen bleibt und die stille Beteiligung der Höhe nach zumindest nicht die Nennkapitalbeteiligung übersteigt.

Im Folgenden liegt eine typisch stille Gesellschaft vor, wenn eine Beteiligung am Gewinn, nicht aber am Verlust und an den stillen Reserven vereinbart wurde und dem Stillen das Recht zur Prüfung des Jahresabschlusses eingeräumt wird. Eine atypisch stille Gesellschaft ist gegeben, wenn eine Beteiligung am Gewinn und Verlust sowie an den stillen Reserven und am Geschäfts- und Firmenwert vorliegt. Dem Stillen steht zumindest ein Vetorecht bei außergewöhnlichen Geschäftsvorfällen zu.

---

[281] Vgl. Günkel, M., JbFfSt 1996/97, S. 208; Weber, K., GmbHR 1994, S. 146.
[282] Vgl. Blaurock, U., Handbuch, 2003, Rn. 20.62.
[283] Vgl. Schoor, H.W./Natschke, T., GmbH, 2005, Rdn. 110-111.

2. Mögliche Besteuerungsfolgen im Ausland

Um sämtliche Besteuerungsfolgen zu erfassen, die durch den Einsatz der stillen Gesellschaft im Ausland auftreten können, ist es zunächst nötig, die Besteuerungsfolgen aufzuzeigen, die nach nationalem Recht eintreten können. Dann ist zu prüfen, ob durch das EG-Recht eine Besteuerung ausgeschlossen werden kann. Da dies nicht der Fall ist, gilt es zu überprüfen, ob und in welchem Umfang die Doppelbesteuerungsabkommen im Ausland ein Besteuerungsrecht überlassen. Wie dieses Besteuerungsrecht durch das konkrete nationale Steuerrecht der einzelnen Länder ausgefüllt wird, ist nicht Gegenstand der Arbeit. Jedoch werden die theoretisch möglichen Besteuerungsfolgen auch durch Länderbeispiele belegt. Es ist jeweils zwischen der Besteuerung der Entstehung des Gewinnanteils, der der Vergütung an den Stillen zugrunde liegt, und der Quellenbesteuerung beim Gewinntransfer zu unterscheiden.

2.1 Folgen der Qualifikationsmöglichkeiten nach nationalem ausländischem Recht

Im Ausland geht es im Wesentlichen darum, ob die Kapitalüberlassung durch den Stillen als Fremdkapital oder als Eigenkapital einzustufen ist.[284] Aufgrund des hybriden Charakters der stillen Gesellschaft kann keine allgemein gültige Aussage getroffen werden, vielmehr wird die Einstufung von Staat zu Staat unterschiedlich erfolgen. In diesem Abschnitt werden alle theoretisch möglichen Besteuerungsfolgen abgeleitet, die bei einer grenzüberschreitend stillen Gesellschaft eintreten können. Deshalb sind beide Möglichkeiten in die Betrachtung einzubeziehen.

2.1.1 *Grundsätzliche Abzugsfähigkeit der Vergütung bei Qualifikation als Fremdkapital*

Wird die Kapitalüberlassung im Rahmen der stillen Gesellschaft nach nationalem ausländischen Recht wie Fremdkapital (z.B. typisch stille Gesellschaft in Luxemburg,[285] Österreich[286] und Spanien[287] sowie die atypisch stille Gesell-

---

[284] Pyszka, T./Brauer, M., Personengesellschaften, 2004, S. 153, Fn. 346.
[285] Der stille Gesellschafter (bailleur de fonds) wird als Darlehensgeber betrachtet und bezieht Einkünfte aus Kapitalvermögen i.S.d. Art. 97 Abs. 1 Nr. 2 LIR. Die Vergütung ist beim Inhaber abzugsfähig. Vgl. Suchanek, M./Herbst, C., FR 2003, S. 1109; Wagner, S., StBp 2001, S. 349; Warner, P.J., Luxembourg, 2004, S. 152, 154.

III. Theoretisch mögliche Besteuerungsfolgen bei stiller Gesellschaft 113

schaft in der Schweiz[288] nach alter Rechtslage) behandelt, erfolgt die Besteuerung im Grunde wie bei der klassischen Fremdfinanzierung. D.h. die Vergütung an den Stillen stellt bei der steuerlichen Gewinnermittlung der ausländischen Tochterkapitalgesellschaft regelmäßig eine Betriebsausgabe dar. Somit wird die Gewinnbeteiligung im Ausland im Rahmen der unbeschränkten Steuerpflicht nicht mit Ertragsteuern belastet. Die inländische Muttergesellschaft kann mit der von ihr bezogenen Vergütung im Ausland der beschränkten Steuerpflicht unterliegen.[289] Die Höhe der Quellensteuer richtet sich nach ausländischem Recht und kann unter Umständen von dem für Zinsen vorgesehen Satz abweichen.

Bestehen jedoch im Ausland Unterkapitalisierungsregelungen, kann die Abzugsfähigkeit eingeschränkt werden.[290] Es können drei unterschiedliche Gründe für das Versagen des Betriebsausgabenabzugs relevant sein:[291]

- Die Finanzierung mittels der stillen Gesellschaft hält einem Fremdvergleich nicht stand (z.B. in Luxemburg[292] und Österreich[293]).

- Der (anteilseignerbezogene) Verschuldungsgrad übersteigt eine gewisse Grenze, wobei die Kapitalüberlassung im Rahmen der stillen Gesellschaft zum Fremdkapital zählt (z.B. in Spanien[294]).

---

[286] Der echte (entspricht in Deutschland dem typischen) stille Gesellschafter (§§ 178-188 öHGB) wird steuerlich wie ein Darlehensgeber behandelt und bezieht Einkünfte aus Kapitalvermögen i.S.d. § 27 Abs. 1 Nr. 2 öEStG. Beim Inhaber stellt die Vergütung eine Betriebsausgabe dar. Vgl. Bertl, R./Djanani, C./Eberhartinger, E. u.a., Finanzierung, 2004, S. 105, 111-112; Schuch, J./Haslinger, K., in: Debatin, H./Wassermeyer, F., Art. 10 DBA-Österreich, Rz. 12; Sutter, F.P., Atypisch, 2000, S. 208.

[287] Die cuenta en paticipatión (Art. 239-243 CCom) stellt als Innengesellschaft lediglich ein Schuldverhältnis dar und entspricht somit der typisch stillen Gesellschaft, da die Beteiligung an den stillen Reserven nicht vorgesehen ist; vgl. Geuenich, M., Atypisch, 2005, S. 33-34. Die Zahlungen sind beim Inhaber entsprechend abzugsfähig; vgl. Muniozguren, J.I.G., JIT 2002, S. 60.

[288] In der Jahren 1987 bis 1992 wurde eine atypisch stille Beteiligung an einer schweizerische Kapitalgesellschaft als Darlehen betrachtet und die Zahlung beim Inhaber zum Abzug zugelassen; vgl. Kubaile, H./Kapalle, U., PIStB 2004, S. 274-275.

[289] Siehe hierzu ausführlich Abschnitt II.2.1 (S. 23).

[290] Vgl. Tischbirek, W., in: Vogel, K./Lehner, M., 2003, Art. 10 OECD-MA, Rz. 2.

[291] Vgl. Menck, T., in: Blümich, W., § 8a KStG, Rz. 28.

[292] Vgl. Gouthière, B., ET 2005, S. 413-414.

[293] So nimmt die Finanzverwaltung bei hybriden Finanzierungsinstrumenten verdecktes Eigenkapital an und damit eine verdeckte Gewinnausschüttung an, wenn eine Beteiligung am Gewinn und am Vermögen besteht; vgl. Gouthière, B., ET 2005, S. 371. Bei der typisch stillen Gesellschaft ist letzteres nicht der Fall.

[294] Zwar gilt die Einlage des Stillen als schädliches Fremdkapital für die Berechnung des safe-haven (Fremd-/Eigenkapitalrelation von 3:1); vgl. Muniozguren, J.I.G., JIT 2002, S. 60. Jedoch ist eine deutsche Kapitalgesellschaft als ein in der EU ansässiger Fremdkapitalgeber von der Regelung ausgenommen; vgl. Kessler, W./Obser, R., IStR 2004, S. 190.

- Vergütungen aus hybriden Finanzierungsformen wie der stillen Gesellschaft, die dem Eigenkapital nahe stehen (z.B. in Litauen[295]), fallen generell in den Regelungsbereich der Unterkapitalisierungsregelung.

Ein Abzugsverbot wegen des ersten Grunds greift im Rahmen dieser Arbeit nicht, da die Annahme getroffen wurde, dass die Vereinbarungen dem Fremdvergleich standhalten. Da die Besteuerung bei einem Abzugsverbot derjenigen bei einer Qualifikation als Eigenkapital entspricht, wird sie im Folgenden implizit darunter gefasst, sofern nichts anderes erwähnt wird.

2.1.2 Keine Abzugsfähigkeit der Vergütung bei Qualifikation als Eigenkapital

Wird die Kapitalüberlassung durch den stillen Gesellschafter nach nationalem ausländischem Recht wie Eigenkapital behandelt, erfolgt die Besteuerung im Grunde wie bei der klassischen Eigenfinanzierung.[296] Dies bedeutet, dass der Gewinn der ausländischen Kapitalgesellschaft, aus dem die Gewinnbeteiligung des Stillen bedient wird, im Rahmen der unbeschränkten Steuerpflicht der Tochterkapitalgesellschaft der regulären ausländischen Ertragsbesteuerung unterliegt. Die Vergütung ist somit Teil des steuerlichen Gewinns und kann nicht als Betriebsausgabe abgezogen werden.[297] Hierbei sind in Abhängigkeit davon, ob die stille Gesellschaft steuerlich als Personengesellschaft ein Gesellschaftsverhältnis begründet zwei grundsätzliche Fälle zu unterscheiden.

Wenn im ersten Fall eine stille Gesellschaft als Innengesellschaft im Ausland steuerlich kein Gesellschaftsverhältnis begründet, kann die Kapitalüberlassung wie eine reguläre Nennkapitalbeteiligung an der Kapitalgesellschaft des Inhabers behandelt werden (z.B. die typisch stille Gesellschaft in Italien[298], unabhän-

---

[295] Zinsen, deren Höhe vom Gewinn des Schuldners abhängen, gelten als verdeckte Gewinnausschüttung, wenn der Gläubiger über 50% der Anteile hält; vgl. Gouthière, B., ET 2005, S. 411, 412.
[296] Siehe Kapitel II.2.1 (S. 20).
[297] Vgl. Funk, T.E., RIW 1998, S. 140.
[298] Die associazione in partecipazione zählt nicht zu den Gesellschaftsformen, sondern stellt nur eine schuldrechtliche Beteiligungsform dar. Eine Beteiligung an den stillen Reserven bleibt ausgeschlossen. Ebenso können lediglich Kontroll- und Aufsichtsbefugnisse vereinbart werden, sodass sie nur einer typisch stillen Gesellschaft vergleichbar ist. Vgl. Lobis, E., in: Debatin, H./Wassermeyer, F., Exkurs zu Art. 10 DBA-Italien, Rz. 61, Italien Anh., Rz. 129. Steuerlich wird die Gewinnbeteiligung wie eine Dividende behandelt und ist seit dem 1.1.2004 deshalb nicht mehr abzugsfähig; vgl. Lobis, E., in: Debatin, H./Wassermeyer, F., Exkurs zu Art. 10 DBA-Italien, Rz. 62; Hilpold, P./Steinmair, W., Grundriss, 2005, S. 344-346. Auch wird die Einlage für Zwecke der Unterkapitalisierung als Eigenkapital behandelt; vgl. Gusmeroli, M./Massimiliano, R., Intertax 2004, S. 504.

III. Theoretisch mögliche Besteuerungsfolgen bei stiller Gesellschaft 115

gig von der Ausprägungsvariante die stille Gesellschaft in Tschechien[299] sowie die atypisch stille Gesellschaft in Spanien[300] und den USA[301]). Der Unterschied zu dem Fall, dass die stille Gesellschaft grundsätzlich als Fremdkapital angesehen wird, die Vergütung aufgrund einer Unterkapitalisierungsregelung aber nicht abzugsfähig ist, besteht darin, dass bei einer Behandlung wie eine reguläre Nennkapitalbeteiligung die Vergütung unabhängig von der Beteiligungshöhe nicht abzugsfähig ist, während Unterkapitalisierungsregelungen erst bei einem beherrschenden Einfluss durch den Stillen eingreifen.

Im zweiten Fall wird die stille Gesellschaft als Personengesellschaft besteuert. Dies wird nur bei der atypisch stillen Gesellschaft möglich sein, da die typisch stille Gesellschaft sowohl zivilrechtlich als auch wirtschaftlich kaum über ein Schuldverhältnis hinausgeht.[302] Bei der Besteuerung als Personengesellschaft sind zwei Möglichkeiten denkbar. Erstens ist es möglich, dass die stille Gesellschaft nach dem Transparenzprinzip (z.B. die atypisch stille Gesellschaft in

---

[299] Das tschechische Recht enthält Regelungen über eine stille Teilhaberschaft (§§ 673-681 czHGB); das Institut der atypisch stillen Gesellschaft ist jedoch unbekannt. Auch wenn sich durch dispositive Bestimmungen mit der atypisch stillen Gesellschaft vergleichbare Informationsrechte und die Teilnahme am Unternehmerrisiko begründen lassen, liegt nach tschechischem Verständnis kein Gesellschaftsverhältnis, sondern ein reines Schuldverhältnis vor. Vgl. Kocmánková, J., IStR 1999, S. 559; Schönhaus, M., Behandlung, 2005, S. 199. Die Einlage des Stillen ist als Forderung anzusehen, steuerlich werden die Einkünfte jedoch den Dividenden i.S.d. § 8 Abs. 1 Buchst. a czEStG gleichgestellt; vgl. Safarik, F.J., in: Debatin, H./Wassermeyer, F., Art. 10 DBA-Tschechien, Rz. 44. Die Zahlung ist deshalb beim Inhaber nicht abzugsfähig; vgl. Moudry, M., CDFI 2000, S. 248.

[300] Wenn auch unüblich, kann die spanische cuenta en participatión insbesondere durch eine umfassende Beteiligung am Vermögen und der Einräumung von Mitwirkungsrechten einer atypisch stillen Gesellschaft gleichgestellt werden, was grundsätzlich die steuerliche Behandlung nicht berührt; vgl. Geuenich, M., Atypisch, 2005, S. 49; Glessner, M., Stille, 2000, S. 100-101. Wenn – wie in dieser Untersuchung – der Stille hingegen gleichzeitig im Außenverhältnis an der Kapitalgesellschaft des Inhabers beteiligt ist, wird die Vergütung wie eine im übrigen bezogene Dividende behandelt und damit den Gewinn des Inhabers nicht mindern; vgl. Becker, J.D., Atypisch 2005, S. 73; Courage, C, IWB 1998, Fach 5, Spanien, Gruppe 2, S. 239.

[301] Auch diese Möglichkeit besteht in den USA, wenn nach dem wirtschaftlichen Gehalt kein Personengesellschaftsverhältnis anzunehmen ist; vgl. Wolff, U., in: Debatin, H./Wassermeyer, F., Art. 10 DBA-USA, Rz. 129.

[302] Vgl. Burmester, G., Probleme, 1996, S. 143.

Belgien,[303] Italien,[304] Luxemburg,[305] den Niederlanden,[306] Österreich[307] und den USA[308]) besteuert wird. Dann wird der Gewinn der stillen Gesellschaft ermittelt und anteilig beim inländischen Gesellschafter im Rahmen seiner beschränkten Steuerpflicht mit ausländischer Körperschaftsteuer belastet. Zweitens kann es trotz der Ausgestaltung als Innengesellschaft auch sein, dass die stille Gesellschaft als Personengesellschaft entweder aufgrund einer Option (z.b. die atypisch stille Gesellschaft in den USA[309]) oder sogar zwingend (z.b. die atypisch stille Gesellschaft in Frankreich[310]) als Kapitalgesellschaft intransparent besteuert wird.

Es besteht die Möglichkeit, dass bei Zahlung an den Stillen zusätzlich eine Quellensteuer im Rahmen der beschränkten Steuerpflicht der inländischen Muttergesellschaft einbehalten wird. Ggf. ist hierfür ein anderer Quellensteuersatz als für Dividenden vorgesehen.

2.2 Keine Anwendbarkeit von EG-Richtlinien

Aufgrund des hybriden Charakters der stillen Gesellschaft ist es durchaus denkbar, dass für deren steuerliche Behandlung die die Eigenkapitalüberlassung regelnde Mutter-Tochter-Richtlinie oder die die Fremdkapitalüberlassung regelnde Zins- und Lizenzrichtlinie anwendbar ist. Da beide Richtlinien eine Besteuerung im Quellenstaat – wenn auch in unterschiedlichem Umfang – verbieten, ist es

---

[303] So wird in Belgien die der deutschen atypisch stillen Gesellschaft vergleichbare association en participation im Gegensatz zu den meisten übrigen belgischen Personengesellschaften aufgrund ihrer fehlenden Rechtspersönlichkeit transparent besteuert; vgl. Straka, K., in: Debatin, H./Wassermeyer, F., DBA-Belgien, Anhang, Rz. 9; Heyvaert, W., Belgium, 1996, S. 45-46.
[304] Werden dem Stillen eine Vermögensbeteiligung und umfassendere Mitbestimmungsrechte gewährt, liegt eine faktische Personengesellschaft vor, die transparent besteuert wird; vgl. Glessner, M., Stille, 2000, S. 101; Segat, G., ET 2000, S. 499-500.
[305] Vgl. Siegers, D./Steichen, A., in: Debatin, H./Wassermeyer, F., DBA-Luxemburg, Art. 5 DBA-Luxemburg, Rz. 351; Warner, P.J., Luxembourg, 2004, S. 154.
[306] Vgl. Höötmann, A., Stille, 2001, S. 110-111.
[307] Vgl. Bertl, R./Djanani, C./Eberhartinger, E. u.a., Finanzierung, 2004, S. 111-113; Hebig, M./Heuer, F., RIW 1985, S. 797.
[308] Eine der atypisch stillen Gesellschaft vergleichbare Rechtsform ist den USA zwar fremd, jedoch wird sie transparent besteuert, wenn sie nach dem wirtschaftlichen Gehalt eine Personengesellschaft begründet; vgl. Hasbargen, U./Johnsen, K.M., Intertax 1990, S. 381.
[309] Vgl. Geuenich, M., Atypisch, 2005, S. 56-58.
[310] So die der deutschen atypisch stillen entsprechende société en participation, wenn der stille Gesellschafter nicht unbeschränkt haftet; vgl. Lefebvre, F., Fiscal, 2005, Rz. 3345.

aufgrund der Filterfunktion der Richtlinien sinnvoll, diese bezüglich der Anwendbarkeit auf die stille Gesellschaft zu prüfen.

2.2.1 Keine Beschränkung der Besteuerung der Gewinnentstehung

Zu einem Verbot der Besteuerung im Rahmen der unbeschränkten Steuerpflicht, also zur Verpflichtung die an den Stillen gezahlte Vergütung steuerlich zum Abzug zuzulassen, kann es nur durch die Zins- und Lizenzrichtlinie kommen. Während die Mutter-Tochter-Richtlinie lediglich die Quellenbesteuerung verbietet, erfordert die Zins- und Lizenzrichtlinie zusätzlich, dass die Zahlung steuerlich zum Abzug zugelassen wird und verbietet somit jegliche Besteuerung im Quellenstaat.[311] Somit ist zu prüfen, ob die Vergütung aus dem stillen Gesellschaftsverhältnis in den Regelungsbereich der Richtlinie fällt.

Die Richtlinie definiert Zinsen als „Einkünfte aus Forderungen jeder Art, auch wenn die Forderungen ... mit einer Beteiligung am Gewinn des Schuldners ausgestattet sind" (Art. 2 Buchst. a ZLRL). Die Definition der Richtlinie ist wörtlich der Definition des OECD-Musterabkommens nachgebildet (Art. 11 Abs. 3 OECD-MA). Da die Gewinnbeteiligung des (typisch) Stillen grundsätzlich unter den Zinsbegriff des OECD-Musterabkommens fällt,[312] fällt sie auch in den Regelungsbereich der Richtlinie. Jedoch räumt die Richtlinie den Mitgliedstaaten ein Wahlrecht ein, gewinnabhängige Zahlungen von den Vergünstigungen auszunehmen (Art. 4 Abs. 1 Buchst. b ZLRL).[313] Insofern kann auch von der Zins- und Lizenzrichtlinie kein allgemeines Verbot ausgehen, die Vergütung in den steuerpflichtigen Gewinn der zahlenden Gesellschaft einzubeziehen.

2.2.2 Grundsätzlich keine Beschränkung der Besteuerung des Gewinntransfers (Quellenbesteuerung)

Beide Richtlinien untersagen eine Quellenbesteuerung, jedoch kann aufgrund des bereits erläuterten Wahlrechts bei der Zins- und Lizenzrichtlinie von keinem allgemeinen Besteuerungsverbot ausgegangen werden, sodass es lediglich noch die Mutter-Tochter-Richtlinie zu prüfen gilt. Es muss geklärt werden, ob die

---

[311] Siehe Abschnitt II.6.1.2 (S. 83).
[312] Vgl. Wassermeyer, F., in: Debatin, H./Wassermeyer, F., Art. 11 OECD-MA, Rz. 88; siehe auch Abschnitt V.3.1 (S. 248).
[313] Vgl. Müller, J., TPI/EUF 2005, Nr. 6, S. 14-15; Seiler, D./Lohr, J.-A., StuB 2005, S. 111-112.

Vergütung eine Gewinnausschüttung im Sinne der Richtlinie darstellt, sodass es zu einer Quellensteuerbefreiung kommt, wenn die übrigen Voraussetzungen erfüllt sind. Da die Richtlinie von „Gewinnausschüttungen" (Art. 1 Abs. 1 MTRL) spricht, ohne den Begriff selbst zu definieren, ist auf die Definition des Begriffs „Dividende" des OECD-Musterabkommens zurückzugreifen (Art. 10 Abs. 3 OECD-MA), um eine von den Mitgliedstaaten akzeptierte, einheitliche Begriffsabgrenzung vornehmen zu können.[314] Allen Einkünften, die unter den abkommensrechtlichen Dividendenbegriff fallen, ist gemeinsam, dass sie aufgrund eines Gesellschaftsanteils bezahlt werden. Der Begriff ist DBA-rechtlicher Natur und beinhaltet zwei Elemente, zum einen die Gesellschaft als Abgrenzungskriterium zur Mitunternehmerschaft und zweitens den Anteil als Abgrenzung zur Forderung.[315]

Eine Gesellschaft ist eine juristische Person oder ein Rechtsträger, der für die Besteuerung wie eine juristische Person behandelt wird (Art. 3 Abs. 1 Buchst. b OECD-MA).

Für das Vorliegen eines Anteils ist es nicht erforderlich, dass eine Beteiligung am Kapital im gesellschaftsrechtlichen Sinn besteht. Es ist vielmehr eine wirtschaftliche Betrachtung zugrunde zu legen, bei der auch reine Gläubigerrechte schuldrechtlicher Art genügen, wenn sie eine beteiligungsähnliche Stellung vermitteln.[316] Hierbei sind Einschränkungen der Stimmrechte unbedeutend.[317] Die Abgrenzung zur Forderung richtet sich danach, ob ein unternehmerisches Risiko eingegangen wird, das über den reinen Vergütungsanspruch einer Forderung hinausgeht.[318] Ein solches Risiko liegt vor, wenn die Möglichkeit des Verlusts des eingesetzten Kapitals besteht. Dem Risiko des Verlusts des eingesetzten Kapitals steht die Möglichkeit, an den Wertsteigerungen des Gesellschaftsvermögens teilzuhaben, gegenüber.[319] Somit liegt unternehmerisches Risiko und

---

[314] Vgl. Thömmes, O., in: IBFD, EC Tax Law, Chapter A. 6.1., Commentary on Article 1 of the Parent-Subsidiary Directive, Rn. 9, 10.
[315] Vgl. Schaumburg, H., Internationales, 1998, Rz. 16.331.
[316] Vgl. Tischbirek, W., in: Vogel, K./Lehner, M., 2003, Art. 10 OECD-MA, Rz. 189; Widmayer, G., IStR 2001, S. 341.
[317] Vgl. Wassermeyer, F., in: Debatin, H./Wassermeyer, F., Art. 10 OECD-MA, Rz. 99.
[318] Vgl. Altehoefer, D./Landendinger, M., IStR 1997, S. 323-324; Kluge, V., Steuerrecht, 2000, Rn. S 185.
[319] Vgl. Portner, R., in: Becker, H./Höppner, H./Grotherr, S. u.a., Art. 10 OECD-MA, Rn. 167.

III. Theoretisch mögliche Besteuerungsfolgen bei stiller Gesellschaft

damit ein Anteil vor, wenn neben der Gewinnbeteiligung auch eine Beteiligung an den stillen Reserven vereinbart ist.[320]

In den Fällen, in denen die stille Gesellschaft als Personengesellschaft einer transparenten Besteuerung unterliegt, kann sie als Innengesellschaft aufgrund fehlender selbständiger Steuerpflicht selbst dann, wenn sie an einer Kapitalgesellschaft besteht, keine Gesellschaft i.S.d. Art. 3 Abs. 1 Buchst. b OECD-MA darstellen, sodass die Zuordnung der Vergütung unter den Dividendenbegriff des OECD-Musterabkommens bereits deshalb ausscheidet, da eine Dividende die Zahlung durch eine Gesellschaft im Abkommenssinn voraussetzt.[321] Hinzu kommt bei der typisch stillen Gesellschaft, dass keine Beteiligung am Liquidationserlös vermittelt wird.[322] Die Vergütung an den stillen Gesellschafter wird in den deutschen Abkommen mit konstitutiver Wirkung unter den Dividendenartikel subsumiert, obwohl sie nicht aufgrund eines Gesellschaftsanteils bezahlt wird.[323] Jedoch stellt dies eine Besonderheit der deutschen DBA-Praxis dar. Nach dem Musterabkommen zählen die Einkünfte eines stillen Gesellschafters nicht zu den Dividenden i.S.d. Art. 10 Abs. 3 OECD-MA[324] und werden somit auch nicht vom Begriff der Gewinnausschüttung i.S.d. Mutter-Tochter-Richtlinie erfasst.[325]

Allerdings ist es möglich, dass Staaten, in denen das Rechtsinstitut der stillen Gesellschaft im Gesellschaftsrecht nicht verankert ist, aufgrund der wirtschaftlichen Funktion der Kapitalüberlassung diese *steuerlich wie* eine Beteiligung am Nennkapital der Kapitalgesellschaft behandeln und die Vergütung somit unter den Dividendenartikel subsumieren.[326] Sodann spricht folgendes Argument dagegen, die Vergütung aus der stillen Gesellschaft unter den Begriff der Gewinnausschüttung der Richtlinie zu fassen. Der Umstand, dass in der Richtlinie dar-

---

[320] Vgl. Wassermeyer, F., in: Debatin, H./Wassermeyer, F., Art. 10 OECD-MA, Rz. 91; Helminen, M., Dividend, 1999, S. 292.
[321] Vgl. Wassermeyer, F., in: Debatin, H./Wassermeyer, F., Art. 11 OECD-MA, Rz. 88; Schnieder, E.-A., IStR 1999, S. 394; Tischbirek, W., in: Vogel, K./Lehner, M., 2003, Art. 10 OECD-MA, Rz. 210.
[322] Vgl. Schaumburg, H., Internationales, 1998, Rz. 16.332.
[323] Vgl. OECD, Convention, Art. 10 OECD-MA, Nr. 80; Riegler, B./Salomon, K., DB 1991, S. 2205-2207.
[324] Vgl. Kluge, V., Steuerrecht, 2000, Rn. S 216; Strunk, G., Stbg 2005, S. 347.
[325] Vgl. Fries, W., IStR 2005, S. 807.
[326] Siehe Abschnitt V.3.1.2 (S. 250), Abschnitt V.3.2.2.2 (S. 259).

auf verzichtet wurde, den Begriff „Dividende" zu verwenden, zeigt, dass trotz des Rückgriffs Unterschiede zwischen den Begriffen bestehen.[327] Auch wenn allgemein der Begriff „Gewinnausschüttung" zwar weiter gefasst wird als der Begriff „Dividende",[328] macht die Richtlinie dennoch eine Einschränkung. So umfasst der abkommensrechtliche Dividendenbegriff auch Bezüge, die aufgrund einer beteiligungsähnlichen Stellung des Gläubigers bezahlt werden, wenn eine Beteiligung am Liquidationsvermögen gewährleistet ist. Der Begriff der Richtlinie ist jedoch dahingehend enger gefasst, als dass die Gewinnausschüttung aufgrund einer Beteiligung am *gesellschaftsrechtlichen* Kapital erfolgen muss. Dies wird besonders in Art. 4 Abs. 1 MTRL deutlich, der fordert, dass an die „Muttergesellschaft als Teilhaberin ihrer Tochtergesellschaft Gewinne ... ausgeschüttet werden".[329]

Das gesellschaftsrechtliche Kapital einer Kapitalgesellschaft ist das Nominalkapital, das dem Anteilseigner Gewinnbeteiligungs- und Stimmrechte sowie ein Recht auf Beteiligung am Liquidationserlös vermittelt.[330] Jedoch kann die Kapitalüberlassung in Form einer stillen Gesellschaft keine Beteiligung am Nominalkapital begründen, da sie rechtlich zumeist Fremdkapital darstellt, das ein mehr oder weniger ausgeprägtes gesellschaftsrechtliches Element in sich trägt.[331] Auch wenn die Kapitalüberlassung durch vertragliche Vereinbarungen dem gezeichneten Kapital wirtschaftlich gleichgestellt werden kann – insbesondere wenn dem Stillen Kontroll- und Stimmrechte zugewiesen werden – wird dadurch die Stellung des Stillen nicht mit der eines Gesellschafters an einer Kapitalgesellschaft vergleichbar.[332] Hierfür spricht auch die Bilanzierung. Das Nominalkapital ist handelsrechtlich unter dem gezeichneten Kapital zu erfassen (§ 272 Abs. 1 HGB, § 152 Abs. 1 AktG, § 42 Abs. 1 GmbHG). Die Kapitalüberlassung in Form der stillen Gesellschaft gehört hingegen je nach Art ihrer Ausgestaltung entweder zum Fremdkapital oder unter gewissen Voraussetzungen

---

[327] Vgl. Helminen, M., Dividend, 1999, S. 73-74, 89.
[328] Vgl. Sommerhalder, R.A., ET 1996, S. 93-94.
[329] Vgl. Maisto, G., EC Tax Review 2004, S. 177-178; Thömmes, O., in: IBFD, EC Tax Law, Chapter 6.1, Commentary on Article 1 of the Parent-Subsidiary Directive, Rn. 12.
[330] Vgl. Portner, R., in: Becker, H./Höppner, H./Grotherr, S. u.a., Art. 10 OECD-MA, Rn. 74; Wassermeyer, F., in: Debatin, H./Wassermeyer, F., Art. 10 OECD-MA, Rz. 73.
[331] Siehe Abschnitt III.1.1 (S. 101).
[332] Vgl. Portner, R., in: Becker, H./Höppner, H./Grotherr, S. u.a., Art. 10 OECD-MA, Rn. 106; Fu, R., Stille, 1997, S. 160; Glessner, M., Stille, 2000, S. 230; Tischbirek, W., in: Vogel, K./Lehner, M., 2003, Art. 10 OECD-MA, Rz. 167.

III. Theoretisch mögliche Besteuerungsfolgen bei stiller Gesellschaft   121

zum Eigenkapital.[333] Sie ist dort als eigenkapitalähnlicher Posten gesondert und nicht unter dem gezeichneten Kapital auszuweisen.[334]

Wird die stille Gesellschaft im Ausland zwingend als Kapitalgesellschaft besteuert, darf seit der Änderung der Mutter-Tochter-Richtline zum 1.1.2005 keine Quellensteuer mehr erhoben werden. In den subjektiven Anwendungsbereich der Richtlinie fallen Gesellschaften, die im Anhang aufgelistet sind und ohne Optionsmöglichkeit zwingend der Körperschaftsteuer unterliegen (Art. 2 Abs. 1 Buchst. a, c MTR). Der Anhang wurde erstmals um intransparent besteuerte Personengesellschaften erweitert.[335] Eine der deutschen stillen Gesellschaft vergleichbare Rechtsform enthält der Anhang zwar nicht, jedoch werden als Auffangtatbestand regelmäßig andere Gesellschaften mit einbezogen, die im jeweiligen Staat der Körperschaftsteuer unterliegen.

Ebenfalls kann die Quellensteuerbefreiung in Anspruch genommen werden, wenn die Vergütung aufgrund einer Unterkapitalisierungsregelung in eine verdeckte Gewinnausschüttung umqualifiziert wird.[336]

2.3 Folgen der Qualifikationsmöglichkeiten zu den Verteilungsnormen der DBA

Im Recht der DBA können Vergütungen an einen stillen Gesellschafter entweder als Unternehmensgewinne (Art. 7 Abs. 1 Satz 1 OECD-MA), Dividenden (Art. 10 OECD-MA) oder Zinsen (Art. 11 OECD-MA) angesehen werden.[337] Dies gilt grundsätzlich unabhängig davon, ob die Zahlung als abzugsfähige Vergütung für Fremdkapital oder als nicht abzugsfähige Vergütung für Eigenkapital nach dem ausländischen nationalen Recht eingestuft wird, da die beiden Ebenen der Qualifikation voneinander zu trennen sind.[338] Im Folgenden muss untersucht

---

[333] Zu den Voraussetzungen gehören zumindest die Verlustbeteiligung, die Nachrangigkeit des Kapitalrückzahlungsanspruchs und die Nachhaltigkeit der Kapitalüberlassung. Siehe hierzu Baetge, J./Kirsch, H.-J./Thiele, S., Bilanzen, 2005, S. 518-519; Blaurock, U., Handbuch, 2003, Rn. 13.85-13.100; Küting, K./Dürr, U.L., DB 2005, S. 1532-1533.
[334] Vgl. Blaurock, U., Handbuch, 2003, Rn. 13.102; Schulze zur Wiesche, D., GmbH, 1997, S. 11.
[335] Vgl. Bullinger, P., IStR 2005, S. 407; Dautzenberg, N., StuB 2005, S. 258-259; Hörnschemeyer, A./Lühn, M., GmbHR 2005, S. 1398-1399.
[336] Siehe Abschnitt II.6.1.2 (S. 83).
[337] Vgl. z.B. Günkel, M./Lieber, B., IWB 1999, Fach 10, Gruppe 2, S. 1395-1396; Schmidt, C., Konsequenzen, 2003, S. 1419; Suchanek, M., FR 2003, S. 607.
[338] Vgl. Debatin, H., DB 1985, Beilage 23, S. 3; Schmidt, C., Konsequenzen, 2003, S. 1419.

werden, ob die Zuordnung zu einer der drei Verteilungsnormen zu einer Beschränkung der nationalen Steueransprüche führen kann. Hierbei ist zwischen der Besteuerung der Gewinnentstehung und der Besteuerung der Weiterleitung (Quellensteuer) der Gewinne zu unterscheiden.

2.3.1 Keine Beschränkung der Besteuerung der Gewinnentstehung

2.3.1.1 Unternehmensgewinne (Art. 7 Abs. 1 Satz 1 HS 1 OECD-MA)

Die Besteuerung von Unternehmensgewinnen richtet sich abkommensrechtlich nach dem Betriebsstättenprinzip, das zwei Tatbestände mit unterschiedlichen Rechtsfolgen kennt:[339]

- Grundsatz des Betriebstättenprinzips: „Gewinne eines Unternehmens eines Vertragsstaats können nur in diesem Staat besteuert werden" (Art. 7 Abs. 1 Satz 1 HS 1 OECD-MA).

- Ausnahme des Betriebstättenprinzips: Sofern das Unternehmen durch eine Betriebsstätte im anderen Vertragsstaat grenzüberschreitend tätig wird, „können die Gewinne des Unternehmens im anderen Vertragsstaat besteuert werden" (Art. 7 Abs. 1 Satz 2 i.V.m. Satz 1 HS 2 OECD-MA).

Ein Unternehmen eines Vertragsstaats ist definiert als ein Unternehmen, das von einer in diesem Vertragsstaat ansässigen und damit abkommensberechtigten Person betrieben wird (Art. 3 Abs. 1 Buchst. d OECD-MA). Diese Person ist dann Unternehmer. Nach dem Grundsatz besitzt der Ansässigkeitsstaat des Unternehmers das alleinige Besteuerungsrecht für die Unternehmensgewinne. Dies kommt durch die Worte „können nur" zum Ausdruck.[340] Durch die Ausnahmeregelung wird auch dem anderen Staat, in dem die Betriebsstätte belegen ist, als Quellenstaat das Besteuerungsrecht eingeräumt, ohne den Ansässigkeitsstaat des Unternehmers in seinem Besteuerungsrecht zu beschneiden.[341]

Der Grundsatz des Betriebsstättenprinzips gilt u.a. für die Beteiligung an einer ausländischen Kapitalgesellschaft oder an einer intransparent besteuerten Personengesellschaft, auf die auch abkommensrechtlich das Trennungsprinzip anzu-

---

[339] Vgl. Schmidt, C., IStR 1996, S. 16-17.
[340] Vgl. Hemmelrath, A., in: Vogel, K./Lehner, M., 2003, Art. 7 OECD-MA, Rz. 3; Vogel, K., in: Vogel, K./Lehner, M., 2003, Vor Art. 6-22 OECD-MA, Rz. 4.
[341] Vgl. Wassermeyer, F., in: Wassermeyer, F./Lang, M./Schuch, J., 2004, Art. 7 OECD-MA, Rz. 2, 171.

III. Theoretisch mögliche Besteuerungsfolgen bei stiller Gesellschaft 123

wenden ist. Beide können als im Ausland ansässige abkommensberechtigte Personen als Unternehmer angesehen werden, sodass für deren Unternehmensgewinne der ausländische Ansässigkeitsstaat zum Zeitpunkt der Gewinnentstehung das alleinige Besteuerungsrecht besitzt. Erst zum Zeitpunkt der Ausschüttung dieser Gewinne an den inländischen Anteilseigner handelt es sich abkommensrechtlich um Dividenden.[342] Zu diesem Ergebnis kann man hauptsächlich in folgenden zwei Fällen gelangen, in denen die Kapitalüberlassung mittels stiller Gesellschaft im nationalen ausländischen Steuerrecht wie eine Eigenkapitalüberlassung behandelt wird. Erstens kann die Kapitalüberlassung im Rahmen der stillen Gesellschaft wie eine Beteiligung der inländischen Muttergesellschaft an der rechtlich selbständigen ausländische Kapitalgesellschaft behandelt werden, auf die das Trennungsprinzip anzuwenden ist. Sodann ist der Inhaber der Unternehmer.[343] Entsprechendes gilt zweitens, wenn die stille Gesellschaft selbst als eigenständiges Steuersubjekt einer intransparenten Besteuerung unterliegt. Sodann ist die stille Gesellschaft selbst Unternehmer.[344] Dennoch ist es möglich, dass die ausbezahlte Vergütung im nationalen ausländischen Recht nach den für Fremdkapital geltenden Grundsätzen besteuert wird, jedoch aufgrund einer expliziten Abkommensregelung unter den Dividendenartikel subsumiert wird, was impliziert, dass der der Ausschüttung zugrunde liegende Gewinnanteil zu den Unternehmensgewinnen gehört,[345] auch wenn er aufgrund der Abzugsfähigkeit keiner Besteuerung unterliegt.

---

[342] Vgl. Djanani, C., International, 1998, S. 162-163 zur Kapitalgesellschaft sowie Lieber, B., in: Becker, H./Höppner, H./Grotherr, S. u.a., Art. 7 OECD-MA, Rn. 300, 302 zur intransparent besteuerten Personengesellschaft.
[343] Vgl. Kessler, W., StBJb 2002/2003, S. 401.
[344] Vgl. Geuenich, M., Atypisch, 2005, S. 95.
[345] Das DBA geht nämlich bei Dividenden von einem klassischen Körperschaftsteuersystem aus: der Sitzstaat der Gesellschaft soll das volle Besteuerungsrecht der von ihr erwirtschafteten Gewinne besitzen (Art. 10 Abs. 2 Satz 3 OECD-MA) und die Ausschüttung auf Gesellschafterebene nochmals mit Quellensteuer belegen können (Art. 10 Abs. 2 Satz 2 OECD-MA; vgl. Aigner, H.-J./ Züger, M., SWI 2000, S. 257.

2.3.1.2 Betriebsstättengewinne (Art. 7 Abs. 1 Satz 1 HS 2 OECD-MA)

Die Ausnahmeregelung des Betriebsstättenprinzips gilt für den Gewinnanteil aus im Ausland transparent besteuerten Personengesellschaften, die selbst keine Abkommensberechtigung besitzen und deshalb nicht Unternehmer sein können. Demnach stellt der Geschäftsbetrieb einer ausländischen Personengesellschaft eine rechtlich unselbständige Betriebsstätte dar, die dem inländischen Gesellschafter als abkommensberechtigter Unternehmensbetreiber anteilig zugerechnet wird.[346] Ausländische Betriebsstättengewinne können bereits zum Zeitpunkt ihrer Entstehung sowohl im Betriebsstättenstaat als auch im Inland besteuert werden (Art. 7 Abs. 1 Satz 1 HS 2 OECD-MA).[347] Dieser Grundsatz lässt sich hauptsächlich auf eine transparent besteuerte stille Gesellschaft übertragen. Der Betrieb der stillen Gesellschaft ist mit dem Betrieb der ausländischen Kapitalgesellschaft identisch, sodass der Betrieb der Kapitalgesellschaft anteilig eine ausländische Betriebsstätte des im Inland ansässigen stillen Gesellschafters darstellt.[348] Dennoch besteht die Möglichkeit, dass die Kapitalüberlassung im Ausland steuerlich dem Fremdkapital gleichsteht, die Vergütung jedoch wegen einer expliziten Abkommensregelung als ausländischer Betriebsstättengewinn des Stillen gewertet wird.

2.3.1.3 Zinsen (Art. 11 OECD-MA)

Fällt die Vergütung abkommensrechtlich unter den Zinsartikel, so ergibt sich hieraus grundsätzlich keine Beschränkung der Besteuerung des der Vergütung zugrunde liegenden Gewinnanteils. Nur wenn die Zahlung lediglich dann nicht zum Abzug zugelassen wird, wenn sie an einen Ausländer erfolgt, wird dies durch das Diskriminierungsverbot des Art. 24 Abs. 4 OECD-MA unterbunden.[349] Die Zuordnung zum Zinsartikel kann losgelöst davon erfolgen, ob die Kapitalüberlassung im ausländischen Steuerrecht als Eigen- oder Fremdkapital zu werten ist.

---

[346] Vgl. BMF-Schreiben vom 24.12.1999, BStBl 1999 I, S. 1076, Tz. 1.1.5.1; Fischer, L., Personengesellschaften, 2000, S. 964.
[347] Vgl. Löwenstein, U./Looks, C. (Hrsg.), Betriebsstätten, 2003, S. 125; Schaumburg, H., Internationales, 1998, Rz. 16.224.
[348] Vgl. BMF-Schreiben vom 28.12.1999, BStBl 1999 I, S. 1121, Tz. 2; Günkel, M./Lieber, B., IWB 1999, Fach 3, Gruppe 2, S. 1398; Suchanek, M., FR 2004, S. 608-609.
[349] Siehe Abschnitt II.6.1.3 (S. 86).

2.3.2 Beschränkung der Besteuerung des Gewinntransfers (Quellenbesteuerung)

2.3.2.1 Dividenden (Art. 10 OECD-MA)

Die Zuordnung zu einer der drei DBA-rechtlichen Verteilungsnormen besitzt für die Quellenbesteuerung eine weitaus größere Bedeutung. Sie wirkt sich auf die Höhe der Quellensteuer aus, die ggf. auf den an die Spitzeneinheit gezahlten Gewinnanteil erhoben wird.

Die Vergütung fällt unter den Dividendenartikel, wenn der ihr zugrunde liegende Gewinnanteil zum Zeitpunkt des Entstehens als Unternehmensgewinn nach dem Trennungsprinzip ausschließlich im Ausland besteuert werden konnte (Art. 7 Abs. 1 Satz 1 HS 1 OECD-MA).[350] Für Dividenden wird dem Ausland ein Quellenbesteuerungsrecht gewährt (Art. 10 Abs. 2 OECD-MA), jedoch kommt es zu einer Begrenzung des Steuersatzes. Dieser beträgt bei den dem Musterabkommen entsprechenden DBA 15%, falls die Dividende nicht als Schachteldividende zu qualifizieren ist (Art. 10 Abs. 2 Buchstabe b OECD-MA). In einigen DBA wird jedoch dieser Steuersatz nur dann gewährt, wenn die Dividende den Gewinn der ausschüttenden Gesellschaft nicht mindert, folglich nur, wenn die Kapitalüberlassung des Stillen Eigenkapital darstellt. Für abzugsfähige Vergütungen bleibt hingegen das nationale Quellenbesteuerungsrecht bestehen oder es findet ein besonderer Steuersatz Anwendung, der über dem für Streubesitzdividenden geltenden liegt.[351] Weiterhin ist fraglich, ob der für Schachteldividenden vorgesehene niedrigere Steuersatz i.H.v. 5% (Art. 10 Abs. 2 Buchstabe a OECD-MA) Anwendung findet. Eine Schachteldividende liegt vor, wenn

- der Dividendenempfänger eine Gesellschaft ist,
- die eine Mindestbeteiligung (i.d.R. 25%) am Kapital
- der ausschüttenden Gesellschaft hält.[352]

---

[350] Vgl. Kessler, W., StBJb 2002/2003, S. 401 bei einer Besteuerung wie eine Beteiligung am Nennkapital sowie Geuenich, M., Atypisch, 2005, S. 95 bei einer intransparenten Besteuerung der stillen Gesellschaft.

[351] Siehe hierzu die Übersicht bei Tischbirek, W., in: Vogel, K./Lehner, M., 2003, Art. 10 OECD-MA, Rz. 67. Siehe auch Portner, R., IStR 1996, S. 409-410.

[352] Vgl. Tischbirek, W., in: Vogel, K./Lehner, M., 2003, Art. 10 OECD-MA, Rz. 53.

Gesellschaften sind jeweils im abkommensrechtlichen Sinne zu verstehen, d.h. juristische Personen oder Rechtsträger, die steuerlich wie juristische Personen behandelt werden (Art. 3 Abs. 1 Buchst. b OECD-MA).[353] Sowohl der Stille als auch der Inhaber sind in dieser Untersuchung Kapitalgesellschaften und somit als juristische Personen eindeutig Gesellschaften im Sinne des Abkommens. Dass die Vergütung abkommensrechtlich als Dividende gelten kann, wird an dieser Stelle, wo nur die theoretisch möglichen Besteuerungsfolgen abgeleitet werden, unterstellt.[354] Fraglich ist allerdings, ob die stille Beteiligung die Mindestbeteiligung am Kapital der ausschüttenden Gesellschaft begründen kann. Hierbei muss danach unterschieden werden, ob die stille Gesellschaft wie eine Nennkapitalbeteiligung behandelt wird, oder ob die stille Gesellschaft selbst einer intransparenten Besteuerung unterliegt.

(1) Besteuerung wie eine Nennkapitalbeteiligung. Die Beteiligung muss am Kapital im gesellschaftsrechtlichen Sinn bestehen.[355] Hierbei handelt es sich um das Nominalkapital (auch gezeichnetes Kapital).[356] Die Kapitalüberlassung durch den stillen Gesellschafter kann zwar durch vertragliche Vereinbarungen dem gezeichneten Kapital wirtschaftlich gleichgestellt werden – insbesondere wenn dem Stillen Kontroll- und Stimmrechte zugewiesen werden – doch wird dadurch die Stellung des Stillen nicht mit der eines wesentlich beteiligten Gesellschafters an einer Kapitalgesellschaft vergleichbar, sodass die stille Beteiligung keine Beteiligung am Kapital i.S.d. Art. 10 Abs. 2 Buchst. a OECD-MA darstellt und der reduzierte Quellensteuersatz nicht in Anspruch genommen werden kann.[357] Etwas anderes gilt, wenn die inländische Kapitalgesellschaft, die still an der ausländischen Kapitalgesellschaft beteiligt ist, zugleich eine Schachtelbeteiligung an der ausländischen Tochtergesellschaft hält. In diesem

---

[353] Vgl. Wassermeyer, F., in: Debatin, H./Wassermeyer, F., Art. 10 OECD-MA, Rz. 28, 71.
[354] Siehe Abschnitt V.3.1.2 (S. 250) und V.4.2.1-4.2.2 (S. 276) zur Begründung bei der typisch stillen Gesellschaft sowie Abschnitt V.3.2.2.2 (S. 259) bei der atypisch stillen Gesellschaft.
[355] Vgl. OECD, Convention, Art. 10 OECD-MA, Nr. 15 Buchstabe a.
[356] Vgl. Tischbirek, W., in: Vogel, K./Lehner, M., 2003, Art. 10 OECD-MA, Rz. 57; Wassermeyer, F., in: Debatin, H./Wassermeyer, F., Art. 10 OECD-MA, Rz. 73-74.
[357] Vgl. Fu, R., Stille, 1997, S. 160; Glessner, M., Stille, 2000, S. 230; Portner, R., in: Becker, H./Höppner, H./Grotherr, S. u.a., Art. 10 OECD-MA, Rn. 106; Tischbirek, W., in: Vogel, K./Lehner, M., 2003, Art. 10 OECD-MA, Rz. 167. Anderer Ansicht ist Haun, J., Hybride, 1996, S. 165-166, der die Zuordnung – unter Berufung auf den Musterkommentar – zum gezeichneten Kapital dann für zulässig hält, wenn die Einkünfte des Stillen bei der Gewinnermittlung der ausschüttenden Gesellschaft nicht abzugsfähig sind. Diese Auffassung wird im Folgenden widerlegt.

Fall ist der für Schachtelbeteiligungen vorgesehene reduzierte Quellensteuersatz auch auf die Gewinnbeteiligung des stillen Gesellschafters anzuwenden.[358]

Ausnahmsweise kann statt auf die gesellschaftsrechtliche Behandlung des Kapitals auch auf die steuerrechtliche Behandlung abgestellt werden. Werden finanzielle Mittel überlassen, die gesellschaftsrechtlich kein Eigenkapital darstellen, und werden die aus der Kapitalüberlassung abfließenden Erträge nach innerstaatlichem Recht wie Dividenden behandelt, gelten diese Mittel auch als Kapital i.S.d. Art. 10 Abs. 2 Buchstabe a OECD-MA.[359] Jedoch vermag der Musterkommentar keine eigene Besteuerungsgrundlage zu begründen, sondern muss durch nationales Recht ausgefüllt werden. Deshalb ist es – entgegen der missverständlichen Formulierung des Musterkommentars – nicht nur nötig, dass die Erträge als Dividenden behandelt werden, sondern auch, dass die Kapitalüberlassung eine Beteiligung am gezeichneten Kapital vermittelt.[360] Dies ist insbesondere dann möglich, wenn nach dem Steuerrecht des Quellenstaats infolge von Unterkapitalisierungsregelungen nicht nur die Zinsen in eine verdeckte Gewinnausschüttung, sondern auch das Darlehen in verdecktes Grund- oder Stammkapital umqualifiziert wird.[361]

Zusammenfassend gilt, dass in den Fällen, in denen zusätzlich zur stillen Beteiligung eine Schachtelbeteiligung an der ausländischen Kapitalgesellschaft nach der dem Art. 10 Abs. 2 Buchstabe a OECD-MA entsprechenden Vorschrift des jeweiligen DBA besteht, der dort vorgesehene niedrigere Steuersatz zur Anwendung kommt. Ist dies nicht der Fall, so ist der für Streubesitzdividenden vorgesehene höhere Steuersatz anzuwenden. Im Gegensatz zur Finanzierung mit Eigenkapital muss die Mindestbeteiligungsquote bereits vor der Überlassung der zusätzlichen finanziellen Mittel vorliegen.[362] Denn eine Kapitalerhöhung im Rahmen der Eigenfinanzierung führt zu einer Erhöhung des gezeichneten Kapitals, die Mittelzuwendung mittels einer stillen Gesellschaft hingegen nicht. Die

---

[358] Vgl. Grotherr, S., IWB 2002, Fach 3, Gruppe 2, S. 992; Mössner, J.M. u.a., International, 2005, Rz. B 178; Portner, R., in: Becker, H./Höppner, H./Grotherr, S. u.a., Art. 10 OECD-MA, Rn. 105; Tischbirek, W., in: Vogel, K./Lehner, M., 2003, Art. 10 OECD-MA, Rz. 168.
[359] Vgl. OECD, Convention, Art. 10 OECD-MA, Nr. 15 Buchstabe d.
[360] Vgl. Wassermeyer, F., in: Debatin, H./Wassermeyer, F., Art. 10 OECD-MA, Rz. 75; Grotherr, S., IWB 2002, Fach 3, Gruppe 2, S. 991.
[361] Vgl. Portner, R., in: Becker, H./Höppner, H./Grotherr, S. u.a., Art. 10 OECD-MA, Rn. 76-77; Wassermeyer, F., in: Debatin, H./Wassermeyer, F., Art. 10 OECD-MA, Rz. 74; Tischbirek, W., in: Vogel, K./Lehner, M., 2003, Art. 10 OECD-MA, Rz. 58.
[362] Vgl. Suchanek, M./Herbst, C., FR 2003, S. 1111.

Kapitalüberlassung des Stillen ist ausnahmsweise zu berücksichtigen, wenn sie unter das Fremdkapital einer Unterkapitalisierungsregelung fällt, die als Rechtsfolge zusätzlich zur Vergütung auch das Fremdkapital umqualifiziert.

(2) Besteuerung als intransparente Personengesellschaft. Der reduzierte Steuersatz für Schachteldividenden ist bei intransparent besteuerten Personengesellschaften anwendbar, da sich die Frage, ob ein Rechtsträger für die Besteuerung wie eine juristische Person behandelt wird, allein nach dem Recht des Quellenstaats richtet.[363] Wird die stille Gesellschaft wie eine Kapitalgesellschaft besteuert, so muss m.E. auch das überlassene Kapital als das gesellschaftsrechtliche Kapital derselben angesehen werden. Es ist der regulären Nennkapitalbeteiligung des Gesellschafters für Zwecke der Bestimmung seiner Beteiligungsquote hinzuzurechnen. Zu beachten sind ggf. Abweichungen vom Musterabkommen. So enthält z.B. das DBA mit Frankreich eine Sonderregelung, die den vergünstigten Steuersatz nur für Ausschüttungen einer Kapitalgesellschaft, nicht hingegen für Ausschüttungen einer transparent besteuerten Personengesellschaft gewährt (Art. 9 Abs. 3 DBA-Frankreich), sodass lediglich der reguläre Satz Anwendung findet (Art. 9 Abs. 7 DBA-Frankreich).[364]

2.3.2.2 Betriebsstättengewinne (Art. 7 Abs. 1 Satz 1 HS 2 OECD-MA)

Ist der Gewinnanteil unter die Betriebsstättengewinne (Art. 7 Abs. 1 Satz 1 HS 2 OECD-MA) zu subsumieren, ist zu prüfen, ob eine Quellensteuer durch das Diskriminierungsverbot des Art. 24 Abs. 3 OECD-MA untersagt wird. Ein ausländisches Unternehmen darf mit seiner inländischen Betriebsstätte nicht ungünstiger besteuert werden als ein inländisches Unternehmen mit der gleichen Tätigkeit (Art. 24 Abs. 3 OECD-MA). Für das Vorliegen einer Diskriminierung muss die gesamte steuerliche Belastung der Betriebsstätte höher sein als die eines inländischen Unternehmens.[365] In Bezug auf die Quellensteuer der stillen Gesellschaft ist eine Fallunterscheidung in Abhängigkeit von deren nationaler Qualifikation zu treffen. Wird die stille Gesellschaft auch nach nationalem Recht als Betriebsstätte behandelt, so wird eine Quellenbesteuerung regelmäßig

---

[363] Vgl. Djanani, C., International, 1998, S. 189; Schmidt, C., Investitionen, 1998, S. 74; Menhorn, M., Behandlung, 2001, S. 120-121 zu intransparent besteuerten Personengesellschaften im Allgemeinen. Es ist allerdings zu beachten, dass die einzelnen Abkommen Sondervorschriften enthalten können, die die Anwendung für Ausschüttungen von Personengesellschaften untersagen.
[364] Vgl. Kramer, J.-D., in: Debatin, H./Wassermeyer, F., Art. 10 DBA-Frankreich, Rz. 28-29, 57-58.
[365] Vgl. Loukota, H., SWI 2005, S. 58; Rust, A., IStR 2004, S. 392-393.

III. Theoretisch mögliche Besteuerungsfolgen bei stiller Gesellschaft 129

ausscheiden, da nach der Besteuerungskonzeption von Betriebsstätten der Transfer der Gewinne von der Betriebsstätte zum Stammhaus regelmäßig keine Besteuerung auslöst. Als Ausnahme hiervon sind sog. Betriebsstättensteuern (branch profits taxes) zu nennen, die als zusätzliche Quellensteuer neben der Besteuerung des auf die Betriebsstätte entfallenden Gewinnanteils erhoben werden. Sie stellen ein Äquivalent der bei selbständigen Tochterkapitalgesellschaften auf Ausschüttungen anfallenden Kapitalertragsteuer dar. Da branch profits taxes nur bei inländischen Betriebsstätten eines ausländischen Unternehmens erhoben werden, fallen sie eindeutig unter das Diskriminierungsverbot.[366] Derzeit kennen von den untersuchten Ländern nur Kanada und die USA eine branch profits tax, die als zusätzliche Quellensteuer auf die Betriebsstättengewinne eine diskriminierende Steuer i.S.d. Art. 24 Abs. 2 DBA-Kanada bzw. Art. 24 Abs. 2 DBA-USA darstellt.[367] Jedoch enthalten die DBA beider Staaten eine ausdrückliche Regelung, die die Erhebung der Quellensteuern sicherstellt und die Diskriminierung somit unwirksam macht (Art. 10 Abs. 6 DBA-Kanada, Art. 10 Abs. 8-10 DBA-USA).[368]

Wird die Vergütung aus der stillen Beteiligung nach nationalem Recht wie eine Zinszahlung behandelt, so wird bei Auskehrung an den ausländischen stillen Gesellschafter regelmäßig eine Quellensteuer anfallen. Diese stellt allerdings nur dann eine nach Art. 24 Abs. 3 OECD-MA verbotene Diskriminierung der abkommensrechtlich als Betriebsstätte angesehenen stillen Gesellschaft dar, wenn die Quellensteuer bei Zahlung an einen Steuerinländer nicht erhoben wird. Da eine Quellensteuer i.d.R. unabhängig davon anfällt, ob der Empfänger Steuerinländer oder –ausländer ist, muss davon ausgegangen werden, dass das Quellenbesteuerungsrecht bestehen bleibt.

---

[366] Vgl. Fischer-Zernin, J., in: Becker, H./Höppner, H./Grotherr, S. u.a., Art. 24 OECD-MA, Rn. 35; Loukota, W., Betriebsstättendiskriminierung, 2005, S. 336-337.
[367] Vgl. Rust, A., in: Vogel, K./Lehner, M., 2003, Art. 24 OECD-MA, Rz. 107. Zur Regelung in den USA siehe Fischer-Zernin, J., DB 1990, S. 1940-1943 sowie Hensel, C., IWB 2002, Fach 8, Gruppe 2, S. 211 zur kanadischen Regelung.
[368] Vgl. Löwenstein, U./Looks, C. (Hrsg.), Betriebsstätten, 2003, S. 170.

2.3.2.3 Zinsen (Art. 11 OECD-MA)

Stellt die Zahlung aus dem stillen Gesellschaftsverhältnis nach dem jeweiligen DBA Zinsen dar, kommt es zu einer Begrenzung der Höhe des Quellensteuersatzes. Sofern das entsprechende DBA dem OECD-MA nachgebildet ist, beträgt der Quellensteuersatz 10% (Art. 11 Abs. 2 OECD-MA). Einige DBA sehen jedoch für gewinnabhängige Zinsen keine Quellensteuerreduktion vor.[369]

2.4 Quantifizierung der ausländische Steuerbelastung aufgrund nationaler und DBA-rechtlicher Qualifikationsmöglichkeiten

Abbildung III.2: Mögliche Besteuerungsfolgen der stillen Gesellschaft im Ausland

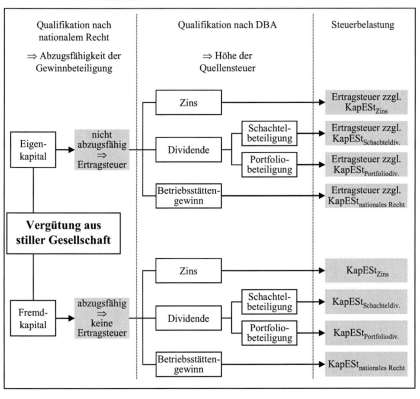

---

[369] Siehe hierzu die Abkommensübersicht bei Pöllath, R., in: Vogel, K./Lehner, M., 2003, Art. 11 OECD-MA, Rz. 48.

Die Besteuerungsfolgen, die die stille Gesellschaft im Ausland erfahren kann, sind in Abbildung III.2 (S. 130) zusammengefasst. Die Besteuerung des Gewinnanteils, aus dem die Vergütung an den stillen Gesellschafter bezahlt wird, richtet sich allein nach ausländischem Recht, da weder das EG-Recht noch die DBA zu Einschränkungen führen. Dabei ist zu unterscheiden, ob die Kapitalüberlassung als Eigen- oder Fremdkapital eingestuft wird. Für die Höhe der Quellensteuer nimmt die Qualifikation unter eine der Verteilungsnormen maßgeblichen Einfluss.

Es muss grundsätzlich davon ausgegangen werden, dass sich der für die Zahlung an den stillen Gesellschafter maßgebliche Quellensteuersatz von dem Satz auf Dividenden bzw. Zinsen bei klassischer Finanzierung unterscheidet. Dies liegt zum einen daran, dass die Mutter-Tochter-Richtlinie nur in Ausnahmefällen und die Zins- und Lizenzrichtlinie auf Zahlungen der stillen Gesellschaft keine Anwendung findet. Zum anderen wird der nach nationalem Recht vorgesehene Quellensteuersatz bei der stillen Gesellschaft nur dann reduziert, wenn sich die Zahlung abkommensrechtlich unter den Zins- oder Dividendenartikel subsumieren lässt, nicht aber, wenn die stille Gesellschaft als Betriebsstätte behandelt wird. Bei den klassischen Finanzierungsformen kommt es hingegen immer zu einer Beschränkung der Quellenbesteuerung, entweder durch den Zins- oder den Dividendenartikel. Ein weiterer Grund besteht darin, dass einige Staaten für gewinnabhängige Zahlungen unterschiedliche Steuersätze anwenden. Im Folgenden wird deshalb von einem besonderen Quellensteuersatz ausgegangen, der bei der stillen Gesellschaft zur Anwendung kommt. Hierbei wird es sich oftmals um den reduzierten Steuersatz des DBA handeln, der für Zinsen, Schachtel- oder Streubesitzdividenden vorgesehen ist.

Tabelle III.1 (S. 132) zeigt die ausländische Steuerbelastung, wenn die Kapitalüberlassung in Form der stillen Gesellschaft steuerlich wie Eigenkapital behandelt wird. Die Steuerbelastung setzt sich aus der Ertragsteuer auf den Gewinnanteil und der Quellensteuer zusammen.

Im Beispiel[370] werden wieder die Quellensteuersätze des OECD-MA verwendet. Der nationale Quellensteuersatz auf die Vergütung aus der stillen Gesellschaft soll annahmegemäß 30% betragen.

Tabelle III.1: Ausländische Steuerbelastung bei Qualifikation der Finanzierungsalternative „stille Gesellschaft" als Eigenkapital

Besteuerung im Ausland		
ausländische Ertragsteuer	20,00	est_A
+Kapitalertragsteuer bei Qualifikation als		$KapEStSG \times (1-est_A)$
• Schachteldividende (5%)	4,00	
• Zins (10%)	8,00	
• Portfoliodividende (15%)	12,00	
• Betriebsstättengewinn (30%)	24,00	
=ausländische Steuerbelastung		$est_A + KapEStSG \times (1-est_A)$
• Schachteldividende (5%)	24,00	
• Zins (10%)	28,00	
• Portfoliodividende (15%)	32,00	
• Betriebsstättengewinn (30%)	44,00	

Tabelle III.2 (S. 133) zeigt die ausländische Steuerbelastung für den Fall, dass die Kapitalüberlassung wie Fremdkapital behandelt wird. Hier fallen aufgrund des Betriebsausgabenabzugs keine Ertragsteuern an, sodass die Gesamtsteuerbelastung lediglich aus der Quellensteuer besteht.

---

[370] Siehe Abschnitt I.3 (S. 8) zu den übrigen Annahmen.

Tabelle III.2: Ausländische Steuerbelastung bei Qualifikation der Finanzierungsalternative „stille Gesellschaft" als Fremdkapital

Besteuerung im Ausland		
ausländische Ertragsteuer	0,00	-.-
+Kapitalertragsteuer bei Qualifikation als		KapEStSG
• Schachteldividende (5%)	5,00	
• Zins (10%)	10,00	
• Portfoliodividende (15%)	15,00	
• Betriebsstättengewinn (30%)	30,00	
=ausländische Steuerbelastung		KapEStSG
• Schachteldividende (5%)	5,00	
• Zins (10%)	10,00	
• Portfoliodividende (15%)	15,00	
• Betriebsstättengewinn (30%)	30,00	

3. Besteuerung im Inland

3.1 Bedeutung der nationalen und DBA-rechtlichen Qualifikation

In Deutschland unterscheiden sich die Besteuerungsfolgen nach nationalem Recht danach, ob im steuerrechtlichen Sinn eine typisch oder eine atypisch stille Gesellschaft vorliegt. Die Besteuerung der Vergütungen an den Stillen nach nationalem Recht kann – im Gegensatz zur Besteuerung im Ausland – abschließend beurteilt werden.

Ob und in welchem Umfang das jeweilige DBA die nationalen Steueransprüche begrenzt, hängt im Ansässigkeitsstaat Deutschland davon ab, welche Methode zur Vermeidung der Doppelbesteuerung zur Anwendung kommt. Die Methode zur Vermeidung der Doppelbesteuerung richtet sich danach, welcher Einkunftsart im Sinne des DBA Deutschland die Vergütung zuordnet. Aufgrund des Mischcharakters der stillen Gesellschaft und den unterschiedlichen Formulierungen in den DBA ist keine allgemeine DBA-rechtliche Qualifikation möglich. Somit müssen sämtliche theoretisch möglichen Qualifikationen, die Auswirkung auf die Steuerbelastung haben, in die Betrachtung mit einfließen.

3.2 Besteuerung der stillen Gesellschaft nach nationalem deutschen Recht

3.2.1 Grundsatz

Die typisch stille Gesellschaft stellt steuerrechtlich lediglich eine Kapitalüberlassung dar[371] und besitzt somit keinerlei Steuerrechtsfähigkeit.[372] Der Besteuerung unterliegen somit nur der Inhaber des Handelsgeschäfts und der stille Gesellschafter.[373] Die atypisch stille Gesellschaft hingegen ist als Mitunternehmerschaft ausgestaltet. Zwar stellt sie kein Subjekt der Einkommensbesteuerung dar, sodass die Besteuerung wie bei jeder anderen Personengesellschaft auch bei den Gesellschaftern erfolgt, d.h. beim Inhaber des Handelsgeschäfts und beim stillen Gesellschafter. Dennoch ist sie steuerrechtlich Subjekt der Gewinnerzielung und Gewinnermittlung.[374]

Für die stille Beteiligung einer inländischen Kapitalgesellschaft am Handelsgewerbe einer ausländischen Kapitalgesellschaft bedeutet dies, dass lediglich die inländische Kapitalgesellschaft als stiller Gesellschafter der deutschen Körperschaftsteuer unterliegt (§ 1 Abs. 1, Nr. 1, Abs. 2 KStG).[375]

Für die Höhe der Körperschaftsteuerbelastung macht es im Ergebnis kaum einen Unterschied, ob sich die inländische Kapitalgesellschaft typisch oder atypisch still am Handelsgewerbe der ausländischen Kapitalgesellschaft beteiligt, sofern bei der typisch stillen Gesellschaft nicht die Voraussetzungen des § 8a KStG erfüllt sind. Der Gewinnanteil aus der stillen Beteiligung gehört unabhängig von der einkommensteuerlichen Qualifikation zu den Einkünften aus Gewerbebetrieb (§ 8 Abs. 2 KStG) und unterliegt in voller Höhe der Körperschaftsteuer zzgl. Solidaritätszuschlag.[376] Unterschiede können sich jedoch aus der Tatsache ergeben, dass der im Gesellschaftsvertrag vereinbarte Gewinnanteil i.d.R. aus dem handelsrechtlichen Jahresabschluss des Geschäftsinhabers abgeleitet

---

[371] Vgl. Degethof, M., StBp 2002, S. 353.
[372] Vgl. Blaurock, U., Handbuch, 2003, Rn. 22.122.
[373] Vgl. Jacobs, O.H., Rechtsform, 2002, S. 304.
[374] Vgl. BFH vom 10.8.1994, BStBl 1995 II, S. 357; BFH vom 26.11.1996, BStBl 1998 II, S. 328; BFH vom 15.12.1998, BStBl 1999 II, S. 286; BFH vom 5.2.2002, BStBl 2002 II, S. 464; Lieber, B./Stifter, J., FR 2003, S. 832; Ruban, R., DStR 1995, S. 641-642; Suchanek, M./Hagedorn, S., FR 2004, S. 1149-1151; anderer Ansicht noch Döllerer, G., DStR 1985, S. 296.
[375] Der Inhaber des Handelsgeschäfts, der auch Gesellschafter der stillen Gesellschaft ist, ist im Ausland ansässig und in Deutschland somit nicht steuerpflichtig.
[376] Vgl. Blaurock, U., Handbuch, 2003, Rn. 23.1.

wird,[377] während für die Besteuerung die Höhe der Einkünfte des stillen Gesellschafters nach deutschem Steuerrecht zu ermitteln sind.[378]

Der typisch stille Gesellschafter hat für Zwecke der deutschen Besteuerung eine Forderung in Höhe des (erwarteten) Gewinnanteils einzubuchen, der im Gesellschaftsvertrag als Gegenleistung für die Kapitalüberlassung vereinbart wurde.[379] Maßgeblich für die Bewertung ist der Devisenkurs nach Ablauf des Wirtschaftsjahres, in dem der Gewinn entstanden ist; auf den tatsächlichen Zufluss kommt es nicht an.[380] Unterschiede zwischen dem zu versteuernden und dem im Gesellschaftsvertrag vereinbarten Gewinnanteil können sich somit lediglich in Form von Währungsgewinnen bzw. –verlusten ergeben.[381]

Die Besteuerung der atypisch stillen Gesellschaft erfolgt zwar auch beim stillen Gesellschafter, jedoch hat die stille Gesellschaft selbst als Subjekt der Gewinnerzielung und Gewinnermittlung zunächst ihren Gewinn durch Betriebsvermögensvergleich zu ermitteln und dann auf die Gesellschafter aufzuteilen.[382] Der Gewinnanteil ist beim Stillen in dem Wirtschaftsjahr zu erfassen, in das der Bilanzstichtag des Geschäftsinhabers fällt; auf den Zufluss kommt es nicht an.[383] Da die stille Gesellschaft als Innengesellschaft selbst über kein Gesamthandsvermögen verfügt, übernimmt das Betriebsvermögen des Inhabers des Handelsgeschäfts für Zwecke der Gewinnermittlung diese Funktion.[384] Die ausländische stille Gesellschaft ist nach deutschem Steuerrecht nicht verpflichtet, Bücher zu führen, sodass der Gewinn durch Betriebsvermögensvergleich nach § 4 Abs. 1 EStG auf der Grundlage einer eigenständigen Steuerbilanz zu ermitteln und nicht aus der Handelsbilanz abzuleiten ist. Dies bedeutet dennoch, dass die materiellen Grundsätze ordnungsmäßiger Buchführung wie das Realisationsprinzip,

---

[377] Vgl. Wachter, S., Gewinnermittlung, 1996, S. 27-31.
[378] Vgl. Pyszka, T., IStR 1999, S. 579.
[379] Vgl. Kessler, W./Reitsam, M., DStR 2003, S. 271-272.
[380] Vgl. Schmidt, C., Konsequenzen, 2003, S. 1416.
[381] Diese Währungsgewinne (-verluste) erhöhen (mindern) den steuerbaren Gewinn. Da sie nicht zu den ausländischen Einkünften i.S.d. § 34d Nr. 6 EStG gehören, sind sie nicht von der Besteuerung freigestellt, falls die Freistellungsmethode zur Vermeidung der Doppelbesteuerung Anwendung findet und erhöhen (mindern) auch nicht den Anrechnungshöchstbetrag, falls die Anrechnungsmethode maßgeblich ist. Vgl. Jacobs, O.H., Internationale, 2002, S. 617-120; Pering, W., DB 1986, S. 2299-2302.
[382] Vgl. BFH vom 5.7.2002, DStRE 2002, S. 1339; Groh, M., Atypisch, 2001, S. 424.
[383] Vgl. Werner, H.S., Still, 2004, S. 53; Schoor, H.W./Natschke, T., GmbH, 2005, Rdn. 354-355.
[384] Vgl. Degethof, M., StBp 2003, S. 4; Psyzka, T., DStR 2003, S. 858-859.

das Imparitätsprinzip und der Einzelbewertungsgrundsatz beachtet werden müssen.[385] Dementsprechend ist für die Währungsumrechnung grundsätzlich jeder einzelne Geschäftsvorfall mit dem Devisenkurs umzurechnen, der an dem Tag gilt, an dem der Geschäftsvorfall steuerlich zu erfassen ist (Zeitbezugsmethode).[386] Hieraus ergeben sich im Vergleich zur typisch stillen Gesellschaft Währungsgewinne bzw. -verluste in unterschiedlicher Höhe, da der Gewinnanteil nicht zu einem bestimmten Stichtag umgerechnet wird, sondern die Kursentwicklung im Laufe des Jahres Berücksichtigung findet.[387] Weitere Abweichungen zwischen dem handelsrechtlich ermittelten Gewinnanteil des atypisch stillen Gesellschafters und der Höhe der in Deutschland steuerpflichtigen Einkünfte und somit auch zwischen den steuerpflichtigen Einkünften eines typisch und atypisch still Beteiligten ergeben sich, wenn die ausländische Gesellschaft Tatbestände verwirklicht, die sich auf das ausländische handelsrechtliche Ergebnis auswirken, jedoch nach deutschen steuerlichen Gewinnermittlungsvorschriften nicht steuerpflichtig sind und umgekehrt.[388] Insbesondere ist hier an steuerbefreite Beteiligungserträge aus Enkelkapitalgesellschaften zu denken, soweit diese anteilig im Gewinnanteil der inländischen Kapitalgesellschaft enthalten sind (§ 8b Abs. 6 KStG).[389]

Die zuvor beschriebenen Unterschiede zwischen typisch und atypisch stiller Gesellschaft, die sich auf die Höhe der körperschaftsteuerlichen Bemessungsgrundlage auswirken, bleiben im weiteren Verlauf der Untersuchung unberücksichtigt. Ebenfalls sei an dieser Stelle darauf hingewiesen, dass aus Gründen der Ver-

---

[385] Vgl. BFH vom 13.9.1998, BStBl 1990 II, S. 57; BMF-Schreiben vom 24.12.1999, BStBl 1999 I, S. 1076, Tz. 1.1.5.4; Krabbe, H., IWB 2000, Fach 3, Gruppe 2, S. 867-868.
[386] Vgl. BFH vom 9.8.1989, BStBl 1990 II, S. 175; BFH vom 13.9.1998, BStBl 1990 II, S. 57; BMF-Schreiben vom 24.12.1999, BStBl 1999 I, S. 1076, Tz. 2.8.1; Kumpf, W./Roth, A., DB 2000, S. 789-790; Malinski, P., IStR 2000, S. 501; anderer Ansicht ist Baranowski, K.-H., Auslandsbeziehungen, 1996, Rn. 403. Ausführlich zum Zeitbezugsverfahren siehe Baetge, J./Kirsch, H.-J./Thiele, S., Konzernbilanzen, 2004, S. 174-184.
[387] Auch werden die Währungsdifferenzen unterschiedlich behandelt. Zwar wirken sie sich grundsätzlich erfolgswirksam auf den steuerbaren Gewinn aus. Jedoch sind sie den ausländischen Einkünften hinzuzurechnen, sodass sie nicht steuerpflichtig sind, wenn die Freistellungsmethode zur Anwendung kommt bzw. im Fall der Anrechnungsmethode den Anrechnungshöchstbetrag beeinflussen. Siehe hierzu BFH vom 16.2.1996, BStBl 1996 II, S. 588; BFH vom 16.2.1996, BStBl 1997 II, S. 128; BMF-Schreiben vom 24.12.1999, BStBl 1999 I, S. 1076, Tz. 2.8.1; Kumpf, W., FR 2001, S. 454; Kraft, G., ET 2001, S. 86; Schaumburg, H., Internationales, 1998, Rz. 18.20-18.21; Strunk, G./Kaminski, B., IStR 2000, S. 38. Für eine Zuordnung zu den inländischen Einkünften sind z.B. Frotscher, G., DStR 2001, S. 2052-2054; Uhrmann, K., StBp 1996, S. 244-245.
[388] Vgl. Pyszka, T., IStR 1999, S. 579-581.
[389] Vgl. Pyszka, T., DB 2003, S. 687.

gleichbarkeit davon ausgegangen wird, dass sich die nach handelsrechtlichen Vorschriften ermittelten Gewinnanteile bei beiden Ausprägungsformen der Höhe nach entsprechen. Es wird somit vernachlässigt, dass bei einer atypisch stillen Beteiligung zusätzlich zur Gewinnbeteiligung aus der laufenden Geschäftstätigkeit eine Beteiligung an den Wertänderungen hinzutritt.

Bedeutender sind die Unterschiede bei der Gewerbesteuer. Die ausländische stille Gesellschaft unterliegt nicht der deutschen Gewerbesteuer.[390] Jedoch ist der Gewinnanteil bei der inländischen Kapitalgesellschaft in der Ausgangsgröße zur Ermittlung des Gewerbeertrags enthalten (§ 7 GewStG). Für den Gewinnanteil aus der typisch stillen Beteiligung existiert keine Kürzungsvorschrift, sodass er mit Gewerbesteuer belastet ist. Hingegen ist der Gewinnanteil aus der atypisch stillen Beteiligung als Anteil am Gewinn aus einer ausländischen Personengesellschaft zu kürzen (§ 9 Nr. 2 GewStG), sodass keine Gewerbesteuer anfällt.[391]

3.2.2 Besonderheiten bei der typisch stillen Gesellschaft durch § 8a KStG

Die gewinnabhängige Vergütung aus der typisch stillen Gesellschaft fällt unabhängig von der Höhe der Einlage in den Anwendungsbereich des § 8a KStG, wenn eine Mindestbeteiligung i.H.v. 25% (§ 8a Abs. 3 KStG) vorliegt und die Freigrenze von 250.000 € überschritten ist (§ 8a Abs. 1 Satz 1 Nr. 1 KStG).[392]

§ 8a KStG ist auch auf die Finanzierung einer ausländischen Tochtergesellschaft anzuwenden, wenn die Vergütung beim Schuldner nicht abzugsfähig ist und somit mit ausländischer Ertragsteuer belastet ist. Nach dem Wortlaut des BMF-Schreibens kommt es dabei nicht darauf an, ob das Abzugsverbot aufgrund einer ausländischer thin-capitalization-rule erfolgt.[393] Als Rechtsfolge sind die Zahlungen bei der inländischen Muttergesellschaft als verdeckte Gewinnausschüttungen nach § 8b Abs. 1 KStG steuerbefreit, mit der Folge, dass nach § 8b Abs. 5 KStG 5% der Zahlungen als nicht abzugsfähige Betriebsausgaben gel-

---

[390] Die typisch stille Gesellschaft stellt kein Steuerobjekt der Gewerbesteuer dar; vgl. Hinder, J.-U./Bleschke, C., StuB 2004, S. 626; Werner, H.S., Still, 2004, S. 49. Die atypisch stille Gesellschaft als Mitunternehmerschaft ist zwar Gegenstand der Gewerbesteuer (§ 2 Abs. 1 Satz 2 GewStG i.V.m. § 15 Abs. 3 Nr. 1 EStG, Abschn. 11 Abs. 4 GewStR); vgl. BFH vom 25.7.1995, BStBl 1995 II, S. 794. Als ausländischer Gewerbebetrieb unterliegt sie jedoch mangels inländischer Betriebsstätte nicht der Besteuerung (§ 2 Abs. 1 Satz 3 GewStG).
[391] Vgl. Degethof, M., StBp 2003, S. 6.
[392] Vgl. Watrin, C./Lühn, M., StuB 2004, S. 729-730.
[393] Vgl. BMF-Schreiben vom 15.7.2004, BStBl. I 2004, S. 593, Tz. 27; siehe auch Abschnitt II.6.2.1-II 6.2.2 (S. 88).

ten.³⁹⁴ Im Ergebnis kommt es zu einer Freistellung i.H.v. 95% der Bruttovergütung für Zwecke der Körperschaftsteuer zzgl. Solidaritätszuschlag und der Gewerbesteuer. Es entsteht im Inland genau die gleiche Steuerbelastung wie beim Vorliegen einer gewerbesteuerlichen Schachtelbeteiligung bei Eigenfinanzierung.³⁹⁵

§ 8a KStG kann auf die Gewinnbeteiligung aus der atypisch stillen Gesellschaft keine Anwendung finden, da die atypisch stille Gesellschaft eine Mitunternehmerschaft ist, und die Gewinnbeteiligung im Gegensatz zur typisch stillen Gesellschaft keine Vergütung für Fremdkapital darstellt, sondern einen gesellschaftsrechtlichen Beteiligungsertrag aus der atypisch stillen Gesellschaft.³⁹⁶ Dies gilt unabhängig von der Bilanzierung der Einlage beim Inhaber.³⁹⁷

3.3 Einschränkung der nationalen Steueransprüche durch DBA

3.3.1 *Folgen der Qualifikationsmöglichkeiten zu den Verteilungsnormen der DBA*

3.3.1.1 Keine Einschränkung des Besteuerungsrechts Deutschlands

Die Zuordnung zu Verteilungsnorm bestimmt zum einen, welcher Staat für die Einkünfte das Besteuerungsrecht hat und zum anderen, wie eine Doppelbesteuerung vermieden wird, wenn beiden Staaten das Besteuerungsrecht zusteht.³⁹⁸

In den Doppelbesteuerungsabkommen kann die Gewinnbeteiligung aus der stillen Gesellschaft unter folgende Verteilungsnormen fallen:

- Unternehmensgewinne, die durch eine ausländische Betriebsstätte erzielt werden (Art. 7 Abs. 1 Satz 1 HS 2 OECD-MA),
- Dividenden (Art. 10 OECD-MA) oder
- Zinsen (Art. 11 OECD-MA).³⁹⁹

---

[394] Vgl. Benecke, A./Schnittger, A., IStR 2004, S. 45; Herzig, N./Lochmann, U., StuW 2004, S. 145.
[395] Siehe Abschnitt II.2.2 (S. 30), insbesondere Tabelle II.4 (S. 33). Aufgrund der Mindestbeteiligung von 25% als Voraussetzung des § 8a KStG, kann keine gewerbesteuerliche Portfoliobeteiligung vorliegen.
[396] Vgl. Bornheim, W., Stbg 2004, S. 311.
[397] Vgl. Mensching, O., DStR 2004, S. 409-410.
[398] Vgl. Lang, M., Kapitaleinkommensbesteuerung, S. 2, http://www2.wu-wien.ac.at/taxlaw/sfb/Working_Papers/workingpaper5.pdf (1.8.2005); Strunk, G./Kaminski, B., IStR 2003, S. 181.
[399] Siehe Abschnitt III.2.3 (S. 121).

III. Theoretisch mögliche Besteuerungsfolgen bei stiller Gesellschaft   139

Ausländische Betriebsstättengewinne können sowohl im Betriebsstättenstaat als auch im Inland besteuert werden (Art. 7 Abs. 1 Satz 1 HS 2 OECD-MA),[400] sodass Deutschland die Einkünfte aus der stillen Gesellschaft nach seinen nationalen Regeln besteuern darf.

Zählt die Vergütung abkommensrechtlich zu den Dividenden oder Zinsen, so können die Vergütungen in Deutschland besteuert werden (Art. 10 Abs. 1 OECD-MA bzw. Art. 11 Abs. 1 OECD-MA).[401] Voraussetzung für die Zuweisung des Besteuerungsrechts ist, dass die Vergütung gezahlt wird.[402] Die Besteuerung nach nationalem deutschen Recht erfolgt jedoch bereits vor der Zahlung in dem Jahr, in dem der Gewinn entstanden ist. Auf die Zahlung kommt es eben nicht an.[403] Bei einer engen Auslegung des Begriffs Zahlung könnte man zu dem Ergebnis kommen, dass Deutschland nach Ablauf des Wirtschaftsjahres des Inhabers den Gewinnanteil nicht besteuern darf, weil das Besteuerungsrecht noch bis zur Zahlung im Quellenstaat verbleibt.[404] Jedoch ist der Begriff „Zahlung" weit auszulegen; er erfasst bereits die Entstehung des Anspruchs auf die Zahlung.[405] Der Gewinnanspruch des stillen Gesellschafters entsteht bereits mit Ablauf des Wirtschaftsjahres der den Gewinn erzielenden Kapitalgesellschaft. Die Tatsache, dass der Gewinn des Geschäftsinhabers noch wesentlich durch die Bilanzerstellung beeinflusst wird, betrifft lediglich die Höhe des Gewinnanteils nicht aber dessen Entstehung dem Grunde nach.[406] Einem gesellschaftsrechtlichen Beschluss der Gewinnverteilung, wie bei Kapitalgesellschaften oder Personengesellschaften, die im Ausland intransparent besteuert werden, bedarf es bei der stillen Gesellschaft deutschen Rechts nicht.[407] Da Deutschland bereits zum Zeitpunkt der Entstehung des Gewinns das Besteuerungsrecht zusteht, kön-

---

[400] Vgl. Schaumburg, H., Internationales, 1998, Rz. 16.224.
[401] Vgl. Reith, T., International, 2004, S. 198.
[402] Vgl. Pöllath, R., in: Vogel, K./Lehner, M., 2003, Art. 11 OECD-MA, Rz. 13; Tischbirek, W., in: Vogel, K./Lehner, M., 2003, Art. 10, Rz. 20.
[403] Siehe Abschnitt III.3.2.1 (S. 134).
[404] Vgl. Krabbe, H., IWB 1998, Fach 3, Gruppe 2, S. 765; Piltz, Personengesellschaften, 1981, S. 174 zu im Ausland intransparent besteuerten Personengesellschaften.
[405] Vgl. Wassermeyer, F., in: Debatin, H./Wassermeyer, F., Art. 10 OECD-MA Rz. 39, Art. 11 OECD-MA, Rz. 36.
[406] Vgl. Schoor, H.W./Natschke, T., GmbH, 2005, Rdn. 293.
[407] Vgl. Schnittker, H./Lemaitre, C., GmbHR 2003, S. 1317.

nen die Einkünfte auch bei einer Zuordnung zum Zins- oder Dividendenartikel nach nationalem Recht besteuert werden.

Dennoch läuft das Besteuerungsrecht bei einer Zuordnung der Einkünfte aus der atypisch stillen Gesellschaft zum Dividendenartikel leer. Dividenden setzen auch abkommensrechtlich voraus, dass diese aus Unternehmensgewinnen einer Gesellschaft bezahlt werden. Auch auf Abkommensebene gilt das Trennungsprinzip. Die Unternehmensgewinne des Inhabers dürfen nur im Sitzstaat der ausländischen Kapitalgesellschaft besteuert werden (Art. 7 Abs. 1 Satz 1 HS 1 OECD-MA).[408] Kommt es zur Auszahlung, hat Deutschland zwar ein Besteuerungsrecht (Art. 10 Abs.1 OECD-MA). Jedoch stellt die Auszahlung nach innerstaatlichem Recht eine nicht steuerbare Entnahme dar,[409] da Deutschland bei der atypisch stillen Gesellschaft – anders als bei der typisch stillen Gesellschaft – innerstaatlich nicht das Entstehen des Anspruchs des atypisch Stillen auf Auszahlung des Gewinnanteils besteuert, sondern bereits die anteilig zugerechneten Unternehmensgewinne des Inhabers zum Zeitpunkt der Gewinnentstehung.[410] Auch ist es nicht möglich, nach nationalem Recht gewissermaßen nachträglich die Gewinnentstehung zu besteuern, wenn abkommensrechtlich das Besteuerungsrecht für die Gewinnverteilung als Dividende zugewiesen wird, da das Besteuerungsrecht der der Gewinnverteilung zugrunde liegenden Unternehmensgewinne zum Zeitpunkt ihrer Entstehung bereits abschließend zugunsten des Auslands verteilt wurde.[411]

Anders verhält es sich bei einer Zuordnung der Einkünfte aus der atypisch stillen Gesellschaft zum Zinsartikel. Zwar gilt die Auszahlung weiterhin als Entnahme. Da der Zinsartikel jedoch nicht davon ausgeht, dass die Vergütung aus den Unternehmensgewinnen des Schuldners getätigt wird[412] und somit für die der Zahlung zugrunde liegenden Gewinne nicht bereits abschließend das Besteuerungsrecht dem Ausland zugeteilt wurde, kann nach nationalem deutschen Recht nicht

---

[408] Siehe Abschnitt III.2.3.1 (S. 122).
[409] Vgl. Kessler, W., StbJb 2002/2003, S. 401-402; Weggenmann, H., Personengesellschaften, 2002, S. 322-323. Anderer Ansicht ist Knobbe-Keuk, B., RIW 1991, S. 315-316, die als Folge der Anerkennung der intransparent besteuerten Personengesellschaft auch im nationalen Recht nicht mehr von einer Entnahme sondern einer Ausschüttung i.S.d § 20 Abs. 1 Nr. 1 EStG ausgeht.
[410] Vgl. Schönhaus, M., Behandlung, 2005, S. 169.
[411] Vgl. Menhorn, M., Behandlung, 2001, S. 119-120.
[412] Siehe Abschnitt II.6.1.3 (S. 86).

III. Theoretisch mögliche Besteuerungsfolgen bei stiller Gesellschaft

die Entnahme sondern das Entstehen des anteiligen Gewinns aus der Mitunternehmerschaft besteuert werden.

3.3.1.2 Methode zur Vermeidung der Doppelbesteuerung

Da das Besteuerungsrecht für Einkünfte aus der stillen Gesellschaft beiden[413] Vertragsstaaten zusteht (unvollständige Verteilungsnorm), stellt sich die Frage, wie die daraus resultierende Doppelbesteuerung zu vermeiden ist.[414] Die Doppelbesteuerung wird nach dem OECD-Musterabkommen entweder durch die Freistellungsmethode (Art. 23A OECD-MA) oder durch die Anrechnungsmethode (Art. 23B OECD-MA) vermieden. In der deutschen Abkommenspraxis hat sich jedoch ein eigener deutscher Standardtext herausgebildet, der für gewisse Einkünfte die Anrechnung und für andere die Freistellung vorsieht.[415] Ob die Doppelbesteuerung in Deutschland durch die Anrechnungs- oder die Freistellungsmethode vermieden wird, hängt somit davon ab, unter welche Verteilungsnorm der Gewinnanteil zu subsumieren ist.[416]

Für Betriebsstättengewinne ist in allen deutschen Abkommen die Freistellungsmethode vorgesehen.[417] Somit sind die Einkünfte aus der stillen Gesellschaft bei einer abkommensrechtlichen Zuordnung zu den Betriebsstätteneinkünften grundsätzlich freizustellen.[418]

Bei einer Zuordnung zum Dividendenartikel ist zwischen der atypisch und der typischen Ausprägungsvariante zu unterscheiden. Bei der Vergütung aus der atypisch stillen Gesellschaft erfolgt die Freistellung als Unternehmensgewinn bei Gewinnentstehung bereits durch die vollständige Verteilungsnorm (Art. 7 Abs. 1 Satz 1 HS 1 OECD-MA). Bei Ausschüttung läuft das Besteuerungsrecht Deutschlands für Dividenden (Art. 10 Abs. 1 OECD-MA) leer, da es sich inner-

---

[413] Zum Besteuerungsrecht des Quellenstaats siehe Abschnitt III.2.3 (S. 121).
[414] Vgl. Schaumburg, H., Internationales, 1998, Rz. 16.206-16.206. Im Gegensatz hierzu gibt es auch vollständige Verteilungsnormen, bei denen nur einem Staat das Besteuerungsrecht zugewiesen wird und der andere Staat die Einkünfte nicht besteuern darf. In diesen Fällen bedarf es keiner Vermeidung der Doppelbesteuerung. Vgl. Grotherr, S./Herfort, C./Strunk, G. u.a., International, 2003, S. 455-456.
[415] Vgl. Vogel, K., in: Vogel, K./Lehner, M., 2003, Art. 23 OECD-MA, Rz. 18.
[416] Vgl. Benecke, A./Schnitger, A., RIW 2002, S. 440; Strunk, G./Kaminski, B., IStR 2003, S. 181.
[417] Vgl. die Abkommensübersicht bei Vogel, K./Lehner, M., 2003, Art. 23 OECD-MA, Rz. 16.
[418] Vgl. Eilers, S./Schiessl, M., Einsatz, 2003, S. 452.

staatlich um eine nicht steuerbare Entnahme handelt.[419] Bei den Einkünften aus der typisch stillen Gesellschaft kann das Deutschland zugewiesene Besteuerungsrecht für Dividenden (Art. 10 Abs. 1 OECD-MA) ausgeübt werden, da im innerstaatlichen Recht die Zahlung bzw. bei bilanzierenden Steuerpflichtigen das Entstehen der Forderung auf die Auszahlung besteuert wird.[420] Wie die Doppelbesteuerung zu vermeiden ist, richtet sich danach ob die Vergütung aus der typisch stillen Beteiligung die Voraussetzung an eine Schachteldividende erfüllt. Für Schachteldividenden sehen die deutschen Abkommen regelmäßig die Freistellungsmethode vor (internationales Schachtelprivileg).[421] Die Definition der Schachteldividende des Methodenartikels entspricht grundsätzlich der Definition der Schachteldividende der Verteilungsnorm für Zwecke der Reduktion der Quellensteuer.[422] Eine Schachteldividende liegt vor, wenn die Dividende an eine deutsche Kapitalgesellschaft ausgeschüttet wird, die eine Mindestbeteiligung am Kapital der ausschüttenden Gesellschaft hält. Die Mindestbeteiligung stimmt in den DBA mit den untersuchten Ländern mit jener der Verteilungsnorm überein.[423] Ggf. wird anstelle der Mindestbeteiligung am Kapital auch auf eine Mindestbeteiligung an den stimmberechtigten Anteilen abgestellt.[424] Es wurde bereits erörtert, dass die stille Einlage die Mindestbeteiligung am Kapital oder an den stimmberechtigten Anteilen nicht erfüllen kann, sondern dass es zusätzlich einer gesellschaftsrechtlichen Beteiligung am Nennkapital (ggf. an den stimmberechtigten Anteilen) der ausländischen Kapitalgesellschaft bedarf, die die Anforderung an die Beteiligungsquote erfüllt.[425] Liegt eine zusätzliche Nennkapitalbeteiligung vor, findet grundsätzlich das internationale Schachtelprivileg Anwendung.[426] Jedoch wird der Begriff der Schachteldividende in eini-

---

[419] Siehe Abschnitt III.3.3.1.1 (S. 138).
[420] Vgl. Weber-Grellet, H., in: Schmidt, L., 2005, § 20 EStG, Rz. 30, 141.
[421] Vgl. Mössner, J.M. u.a., International, 2005, Rz. E 270.
[422] Vgl. Grotherr, S., in: Becker, H./Höppner, H./Grotherr, S. u.a., Art. 23A/23B OECD-MA, Rn. 104.
[423] Siehe hierzu Tabelle II.2 (S. 28).
[424] Siehe hierzu die Abkommensübersicht bei Vogel, K., in: Vogel, K./Lehner, M., 2003, Art. 23 OECD-MA, Rz. 90.
[425] Siehe Abschnitt III.2.3.2.1 (S. 125).
[426] Vgl. Burmester, G., Probleme, 1996, S. 140-141; Fu, R., Stille, 1997, S. 161; Grotherr, S., in: Becker, H./Höppner, H./Grotherr, S. u.a., Art. 23A/23B OECD-MA, Rn. 110; Jacobs, O.H., Internationale 2002, S. 84; Lehner, M., IStR 2001, S. 335; Piltz, D.J., Hybride, 1995, S. 130; anderer Ansicht Krabbe, H., IStR 1999, S. 592; Krabbe, H., IStR 2000, S. 55: vom Schachtelprivileg seien nur Dividenden erfasst, die aus einer wesentlichen Nennkapitalbeteiligung als solcher abfließen.

gen Abkommen im Methodenartikel enger definiert als in der Verteilungsnorm.[427] Auf Einzelheiten in den einzelnen DBA wird ausführlich in Kapitel V eingegangen, da hier nur die theoretisch möglichen Besteuerungsfolgen abgeleitet werden.[428] Die Freistellung von Betriebsstättengewinnen und Schachteldividenden ist in vielen DBA an einen Aktivitätsvorbehalt gekoppelt.[429] Dieser ist aufgrund der unterstellten aktiven Tätigkeit der Kapitalgesellschaft bedeutungslos.

Zählt die Vergütung aus der typisch stillen Gesellschaft abkommensrechtlich zu den Dividenden, sind jedoch die Voraussetzungen an eine Schachteldividende nicht erfüllt, so ist nach der für Streubesitzdividenden geltenden deutschen Abkommenspraxis die Anrechnungsmethode anzuwenden. Das gleiche gilt unabhängig von der Ausprägungsform der stillen Gesellschaft, wenn die Gewinnbeteiligung unter den abkommensrechtlichen Zinsbegriff fällt.[430]

3.3.2 Anrechnungsmethode: Umfang der anzurechnenden Steuern

3.3.2.1 Grundsätzlicher Vorrang der abkommensrechtlichen Anrechnung vor nationaler Anrechnungsvorschrift

Im Folgenden wird untersucht, ob in Deutschland lediglich die auf den Gewinnanteil ggf. erhobene Quellensteuer angerechnet werden kann oder ob auch die ausländische Körperschaftsteuer berücksichtigt wird, falls die Vergütung im körperschaftsteuerpflichtigen Gewinn der ausländischen Kapitalgesellschaft enthalten ist. Ausgangspunkt der Überlegungen ist, dass sowohl eine abkommensrechtliche als auch eine nationale Rechtsgrundlage zur Anrechnung der ausländischen Steuern existiert. Wie sich zeigen wird, ist nach der Vorschrift des Abkommens unabhängig von der Ausprägungsvariante der stillen Gesellschaft lediglich die Anrechnung der ausländischen Quellensteuer, nach der deutschen Vorschrift hingegen bei der atypisch stillen Gesellschaft zusätzlich die

---

[427] Vgl. Grotherr, S., in: Becker, H./Höppner, H./Grotherr, S. u.a., Art. 23A/23B OECD-MA, Rn. 104.
[428] Siehe Abschnitt V.3.1.3 (S. 251), V.4.2.4 (S. 280), V.5.1 (S. 287).
[429] Zu den Regelungen in den einzelnen DBA siehe Schieber, P.H./Wassermeyer, F., in: Debatin, H./Wassermeyer, F., Art. 23A/B OECD-MA, Anlage 1; Wassermeyer, F., IStR 2000, S. 65-70.
[430] Vgl. Reith, T., International, 2004, S. 198 zur Vermeidung der Doppelbesteuerung von Zinsen und Dividenden in der deutschen Abkommenspraxis. Siehe auch die Abkommensübersicht bei Vogel, K., in: Vogel, K./Lehner, M., 2003, Art. 23 OECD-MA, Rz. 16.

Anrechnung der ausländischen Körperschaftsteuer möglich. Es ist zunächst das Verhältnis zwischen der innerstaatlichen und der abkommensrechtlichen Vorschrift zu klären.

Grundsätzlich gilt, dass die innerstaatliche Vorschrift nicht anzuwenden ist, wenn die Einkünfte aus einem Staat stammen, mit dem ein Doppelbesteuerungsabkommen besteht (§ 26 Abs. 6 Satz 1 i.V.m. § 34c Abs. 6 Satz 1 EStG). Diese nationale Vorschrift ist lediglich klarstellend, da bereits aufgrund des lex spezialis-Charakters des DBA die abkommensrechtliche Regelung die nationale verdrängt.[431] Zwar bestimmen die Methodenartikel der mit Deutschland abgeschlossenen DBA regelmäßig, dass die Anrechnung „unter Beachtung der Vorschriften des deutschen Steuerrechts über die Anrechnung ausländischer Steuern" zu erfolgen hat. Dennoch regelt das Abkommen selbst in abstrakter Form, welche Steuern dem Grunde nach angerechnet werden können; der Verweis auf das innerstaatliche Recht betrifft nur die Frage, wie die Anrechnung im Einzelnen durchzuführen ist. Die Durchführung betrifft insbesondere die Berechnung des Anrechnungshöchstbetrags und die zeitliche Zuordnung der anzurechnenden Steuer (§ 34c Abs. 1 Satz 2-5 EStG).[432]

Ausnahmsweise kommt die Anrechnung nach deutschem Recht in Betracht, wenn die Doppelbesteuerung der ausländischen Einkünfte durch das Abkommen nicht vermieden wird (§ 26 Abs. 6 Satz 1 i.V.m. § 34c Abs. 6 Satz 4 EStG).[433] Der Grund, weshalb die Doppelbesteuerung trotz DBA nicht vermieden wird, ist für die Anwendung der Anrechnung nach nationalem Recht unbedeutend. Der Steuerpflichtige darf jedenfalls nicht schlechter gestellt werden, als wenn kein DBA bestünde.[434] Ein erfolgloses Verständigungsverfahren ist keine Vorausset-

---

[431] Vgl. Wied, E., in: Blümich, W., § 34c EStG, Rz. 123.
[432] Vgl. Grotherr, S., in: Becker, H./Höppner, H./Grotherr, S. u.a., Art. 23A/23B OECD-MA, Rn. 209; Reith, T., International, 2004, S. 315-316. Dies steht in keinem Widerspruch zum DBA, da der die Anrechnung regelnde Artikel entweder explizit auf nationales Recht verweist oder selbst eine unvollständige Regelung zur Berechnung des Höchstbetrags enthält, die im Grundsatz der deutschen entspricht, jedoch im Detail durch nationales Recht auszufüllen ist; vgl. Wassermeyer, F., in: Debatin, H./Wassermeyer, F., Art. 23A OECD-MA, Rz. 107-113 sowie die Übersicht zu den unterschiedlichen Formulierungen bei Vogel, K., in: Vogel, K./Lehner, M., 2003, Art. 23 OECD-MA, Rz. 171.
[433] Vgl. Grotherr, S., in: Becker, H./Höppner, H./Grotherr, S. u.a., Art. 23A/23B OECD-MA, Rn. 213; Wied, E., in: Blümich, W., § 34c EStG, Rz. 132-133.
[434] Vgl. Frotscher, G., in: Frotscher, G./Maas, E., § 26 KStG, Rz. 48; Wassermeyer, F./Lüdicke, J., in: Flick, H./Wassermeyer, F./Baumhoff, H., § 34c EStG, Anm. 304-305.

III. Theoretisch mögliche Besteuerungsfolgen bei stiller Gesellschaft 145

zung.[435] Somit muss untersucht werden, ob nach dem Abkommen eine Doppelbesteuerung verbleibt, die nach der deutschen Vorschrift vermieden werden könnte. Hierbei ist zwischen der typischen und der atypischen Ausprägungsvariante zu unterscheiden.

3.3.2.2 Typisch stille Gesellschaft

Die abkommensrechtliche Anrechnung kommt bei der typisch stillen Gesellschaft zur Anwendung, wenn die Einkünfte abkommensrechtlich zu den Zinsen oder Dividenden zählen.[436] Die DBA sind lediglich darauf ausgerichtet, die juristische Doppelbesteuerung zu vermeiden.[437] Eine juristische Doppelbesteuerung liegt vor, wenn

- dieselben Einkünfte (Identität des Steuerobjekts), hier die Vergütung aus der stillen Gesellschaft, die abkommensrechtlich Zins oder Dividende darstellen
- bei derselben Person (Identität des Steuersubjekts), hier dem inländischen stillen Gesellschafter,

von zwei Staaten besteuert werden.[438] Aufgrund der Subjektidentität verpflichtet das Abkommen auch nur zur Anrechnung der Steuer, die bei der die Anrechnung beanspruchenden Person – hier bei der inländischen Kapitalgesellschaft – erhoben wird.[439] Hierbei handelt es sich um die reduzierte Quellensteuer.[440] Die Anrechnung der ausländischen Körperschaftsteuer scheidet bereits mangels Subjektidentität aus.[441] Auch liegt die Identität des Steuerobjekts nur bezüglich der Quellensteuer vor. Während die Quellensteuer auf die Zins- oder Dividenden-

---

[435] Vgl. Müller-Dott, J.P., in: Flick, H./Wassermeyer, F./Baumhoff, H., § 26 KStG, Anm. 62.4. Anderer Ansicht ist Wied, E., in: Blümich, W., § 34c EStG, Rz. 133, wonach vorrangig Abhilfe durch ein Verständigungsverfahren nach dem DBA zu schaffen ist, falls die Ursache der Doppelbesteuerung in einem Qualifikationskonflikt liegt. Da es jedoch aus Sicht des Abkommens zu keiner Doppelbesteuerung kommt, wird dies wohl erfolglos bleiben.
[436] Siehe Abschnitt III.3.3.1.2 (S. 141).
[437] Vgl. Grotherr, S., in: Becker, H./Höppner, H./Grotherr, S. u.a., Art. 23A/23B OECD-MA, Rn. 6; Lang, M., Application, 2000, S. 29; OECD, Convention, Art. 23 OECD-MA, Nr. 1-2.
[438] Vgl. Fischer, L./Warneke, P., Internationale, 1998, S. 23; OECD, Convention, Introduction, Nr. 1.
[439] Vgl. Frotscher, G., International, 2001, S. 91.
[440] Vgl. BFH vom 15.3.1995, BStBl 1995 II, S. 580; Schaumburg, H., Internationales, 1998, Rz. 15.14, 16.564.
[441] Zwar sehen die DBA bei Schachteldividenden ausnahmsweise die Vermeidung der wirtschaftlichen Doppelbesteuerung vor, jedoch geschieht dies ausschließlich durch Freistellung; vgl. Siegers, D., in: Dötsch, E./Eversberg, H./Jost, W.F. u.a, § 26 KStG, Rz. 233 mit Verweis auf Rz. 117.

einkünfte erhoben wird und somit mit den im Inland steuerbaren Einkünften übereinstimmt, belastet die Körperschaftsteuer andere Einkünfte, nämlich die Unternehmensgewinne, aus denen die Zinsen oder Dividenden bezahlt werden.[442]

Für Zwecke der nationalen Anrechnungsvorschrift sind die Einkünfte aus der typisch stillen Gesellschaft ausländische Einkünfte (§ 34d Nr. 6 EStG), sodass die darauf entfallenden Steuern grundsätzlich angerechnet werden können.[443] Aufgrund der auch im nationalen Recht geforderten Steuersubjektindentität kann nur die Steuer angerechnet werden, die zu Lasten des stillen Gesellschafters erhoben wird (§ 26 Abs. 1 KStG).[444] Da die typisch stille Gesellschaft nach nationalem Verständnis lediglich eine Kapitalüberlassung darstellt, trifft diese Voraussetzung nur auf die Quellensteuer zu. Die Körperschaftsteuer der ausländischen Kapitalgesellschaft stellt eine Steuer eines anderen Steuersubjekts dar und ist nicht anrechenbar. Eine Schlechterstellung gegenüber dem DBA-Fall, der ebenfalls nur die Anrechnung der Quellensteuer vorsieht, liegt nicht vor.

Die Anrechnung der Quellensteuer erfolgt lediglich auf die Körperschaftsteuer. Eine Anrechnung auf die Gewerbesteuer scheidet wegen einem fehlenden nationalen Anrechnungsmechanismus aus.[445]

Wahlweise kann die Quellensteuer auch auf Antrag abgezogen werden (§ 26 Abs. 6 Satz 1 KStG i.V.m. § 34c Abs. 2, Abs. 6 Satz 2 EStG).[446]

3.3.2.3 Atypisch stille Gesellschaft

Bei der atypisch stillen Gesellschaft kommt nach den bisherigen Erkenntnissen die Anrechnung nur in Frage, wenn die Vergütung abkommensrechtlich als Zinsen zu qualifizieren ist.[447] Jedoch existieren in einigen DBA Sonderregelungen in Form von switch-over Klauseln, die trotz Qualifikation der Vergütung aus der atypisch stillen Gesellschaft als Betriebsstättengewinne die Freistellung nicht gewähren und stattdessen die Anrechnung der ausländischen Steuern vorsehen, wenn das Ausland abweichend von der deutschen Qualifikation eine Zuordnung

---

[442] Vgl. Reith, T., International, 2004, S. 289.
[443] Vgl. Fu, R., Stille, 1997, S. 75.
[444] Vgl. Siegers, D., in: Dötsch, E./Eversberg, H./Jost, W.F. u.a, § 26 KStG, Rz. 113.
[445] Vgl. Grotherr, S., in: Becker, H./Höppner, H./Grotherr, S. u.a., Art. 23A/23B OECD-MA, Rn. 325.
[446] Vgl. Wied, E., in: Blümich, W., § 34c EStG, Rz. 143.
[447] Siehe Abschnitt III.3.3.1.2 (S. 141).

III. Theoretisch mögliche Besteuerungsfolgen bei stiller Gesellschaft

zum Dividenden- oder Zinsartikel vornimmt, und infolgedessen die Vergütung nur einer reduzierten Quellenbesteuerung unterliegt. Entsprechend möchte die Finanzverwaltung[448] auch verfahren, wenn das jeweilige DBA keine switch-over Klausel enthält.[449] Im Folgenden ist danach zu unterscheiden, welche DBA-rechtliche Einordnung die Vergütungen bei Anrechnung erfahren.

Handelt es sich um Zinsen, so ist auf Abkommensebene lediglich die Quellensteuer anzurechnen.[450] Für den Umfang der Anrechnung auf Grundlage der nationalen Anrechnungsvorschrift hat eine Wertung nach deutschen Maßstäben zu erfolgen. Demnach stellt die atypisch stille Gesellschaft eine Mitunternehmerschaft dar. Die Vergütungen zählen als Einkünfte aus Gewerbebetrieb, die durch eine ausländische Betriebsstätte erzielt werden, zu den ausländischen Einkünften (§ 34c Nr. 2 Buchst. a EStG), sodass die darauf im Ausland gezahlten Steuern anrechenbar sind, wenn zusätzlich die Identität des Steuersubjekts und des Steuerobjekts vorliegt. Hierbei ist zwischen der Körperschaftsteuer und der Quellensteuer zu unterscheiden. Für die ausländische Körperschaftsteuer ist die Objektidentität eindeutig gegeben. Auch liegt Subjektidentität vor. Wird die Kapitalüberlassung im Ausland als eine Beteiligung am gesellschaftsrechtlichen Kapital der ausländischen Kapitalgesellschaft angesehen oder wird die stille Gesellschaft als Personengesellschaft intransparent besteuert, ist zwar streng genommen die ausländische Kapitalgesellschaft bzw. die stille Gesellschaft Schuldner der Körperschaftsteuer.[451] Da jedoch aus deutscher Sicht keine Beteiligung an einer Kapitalgesellschaft bzw. intransparenten Personengesellschaft, sondern eine Mitunternehmerschaft vorliegt, die selbst kein Steuersubjekt darstellt, und somit die Besteuerung der anteiligen Gewinne beim Mitunternehmer erfolgt, muss konsequenterweise auch die Steuer der Kapitalgesellschaft bzw. der intransparenten Personengesellschaft in eine Steuer des stillen Gesellschaf-

---

[448] Vgl. BMF-Schreiben vom 28.12.1999, BStBl 1999 I, S. 1121.
[449] Siehe Abschnitt VI.1.1.2 (S. 301) zu den switch-over Klauseln und Abschnitt VI.1.2 (S. 307) zur Auffassung der Finanzverwaltung.
[450] Siehe die Ausführungen zur typisch stillen Gesellschaft, Abschnitt III.3.3.2.2 (S. 145).
[451] Wird die atypisch stille Beteiligung im Ausland als transparent besteuerte Personengesellschaft behandelt, erfolgt die Besteuerung direkt beim inländischen Gesellschafter, sodass keine Probleme entstehen.

ters umgedeutet werden.[452] Wenn die anteiligen Gewinne des Geschäftsinhabers dem stillen Gesellschafter zugerechnet werden, muss dies auch mit der Körperschaftsteuer geschehen, die auf diesen Gewinnen lastet.

Die ggf. auf die tatsächliche Gewinnauszahlung erhobene Kapitalertragsteuer kann ebenfalls angerechnet werden. Zweifellos ist Subjektidentität gegeben. Ebenfalls liegt Objektidentität vor. Zwar knüpft die Steuer an die Auszahlung des Gewinnanteils an, die aus deutscher Sicht eine nicht steuerbare Entnahme darstellt.[453] Dennoch handelt es sich nach deutscher Wertung wirtschaftlich um eine zusätzliche Steuer auf den dem Gesellschafter zuzurechnenden Gewinnanteil aus der Mitunternehmerschaft, sodass im In- und Ausland dieselben Einkünfte besteuert werden.[454] Erfolgt die Zahlung erst nach dem Jahr der Gewinnerzielung, ist die Veranlagung des Jahres der Gewinnerzielung zu berichtigen (Berichtigungsveranlagung, § 175 Abs. 1 Nr. 2 AO).[455] Da nach dem DBA lediglich die Anrechnung der Quellensteuer erfolgt, bleibt aus deutscher Sicht eine Doppelbesteuerung mit in- und ausländischer Körperschaftsteuer bestehen. Während sich die Rechtsgrundlage für die Anrechnung der Quellensteuer im Abkommen selbst befindet, erfolgt die Anrechnung der Körperschaftsteuer aufgrund der nationalen Vorschrift.

Zum gleichen Ergebnis gelangt man, wenn die Einkünfte des atypisch stillen Gesellschafters ausländische Betriebstättengewinne i.S.d. DBA darstellen. Für Zwecke der Anrechnung der ausländischen Körperschaftsteuer ist diese bereits auf Abkommensebene in eine Steuer des inländischen stillen Gesellschafters

---

[452] Vgl. Frotscher, G., International, 2001, S. 165-166; Jacobs, O.H., Internationale, 2002, S. 588; Scheffler, W., Unternehmenstätigkeit, 2002, S. 233-234; Siegers, D., in: Dötsch, E./Eversberg, H./Jost, W.F. u.a, § 26 KStG, Rz. 118, 120; Wassermeyer, F./Lüdicke, J., in: Flick, H./Wassermeyer, F./Baumhoff, H., § 34c EStG, Anm. 41-42; Wied, E., in: Blümich, W., § 34c EStG, Rz. 28 zur intransparent besteuerten Personengesellschaft sowie Schmidt, C., Konsequenzen, 2003, S. 1418 zur atypisch stillen Gesellschaft.

[453] Vgl. Siegers, D., in: Dötsch, E./Eversberg, H./Jost, W.F. u.a, § 26 KStG, Rz. 120, der aus diesem Grund die Anrechnung mangels Objektidentität ablehnt.

[454] Vgl. Becker, J.D., Atypisch, 2005, S. 77-78 zur atypisch stillen Gesellschaft; allgemein zu im Ausland intransparent besteuerten Personengesellschaften Frotscher, G., International, 2001, S. 165; Jacobs, O.H., Internationale, 2002, S. 588; Kahle, H., StuW 2005, S. 66; Krabbe, H., IWB 1998, Fach 3, Gruppe 2, S. 765; Scheffler, W., Unternehmenstätigkeit, 2002, S. 234; Piltz, D.J., Personengesellschaften, 1981, S. 114; Wied, G., in: Blümich, W., § 34c EStG, Rz. 28.

[455] Vgl. Scheffler, W., Unternehmenstätigkeit, 2002, S. 234.

umzudeuten und somit die Subjektidentität herzustellen.[456] Die Quellensteuer kann auch auf Abkommensebene als nachträgliche Steuer auf den Gewinnanteil angesehen werden.[457]

Die Anrechnung ist lediglich auf die Körperschaftsteuer möglich, nicht jedoch auf die Gewerbesteuer. Dies wirkt sich bei der atypisch stillen Gesellschaft jedoch nicht negativ aus, da aufgrund der nationalen Kürzungsvorschrift keine Gewerbesteuer anfällt.[458]

Erfolgt die Anrechnung der ausländischen Steuer auf abkommensrechtlicher Rechtsgrundlage, so kann sie wahlweise nach § 26 Abs. 6 Satz 1 KStG i.V.m. § 34c Abs. 2, Abs. 6 Satz 2 EStG von der inländischen Bemessungsgrundlage abgezogen werden; erfolgt die Anrechnung aufgrund der nationalen Anrechnungsvorschrift, so ist der Abzug gemäß § 26 Abs. 6 Satz 1 KStG i.V.m. § 34c Abs. 2, Abs. 6 Satz 4 EStG möglich.

3.3.3 Freistellungsmethode: Umfang der Freistellung

Da sich die abkommensrechtliche Freistellungsmethode sowohl auf die Körperschaftsteuer und den Solidaritätszuschlag als auch auf die Gewerbesteuer auswirkt,[459] beläuft sich die inländische Steuerbelastung auf Null, wenn die Gewinnbeteiligung aus dem stillen Gesellschaftsverhältnis abkommensrechtlich Betriebsstätteneinkünfte oder Schachteldividenden darstellt. Dies gilt unabhängig davon, ob es sich um eine typisch oder atypisch stille Gesellschaft handelt. Bei der atypisch stillen Gesellschaft erfolgt bei der Zuordnung zum Dividendenartikel die Freistellung der zugrunde liegenden Unternehmensgewinne bereits

---

[456] Vgl. Frotscher, G., International, 2001, S. 172-173; Krabbe, H., IWB 1998, Fach 3, Gruppe 2, S. 763-764; OECD, Partnership, 1999, Nr. 139. In diesem Sinne auch BMF-Schreiben vom 28.5.1998, BStBl 1998 I, Tz. 3 zur Beteiligung an intransparent besteuerten spanischen Personengesellschaften.

[457] Vgl. BMF-Schreiben vom 28.12.1999, BStBl 1999 I, S. 1121, Tz. 2 speziell zur atypisch stillen Gesellschaft, wobei über die Anrechenbarkeit der Körperschaftsteuer wird keine Aussage getroffen; Krabbe, H., IWB 1998, Fach 3, Gruppe 2, S. 765 und Wassermeyer, F., IStR 1998, S. 493 allgemein zur intransparent besteuerten Personengesellschaft. Anderer Ansicht OECD, Convention, Nr. 69.3 sowie BMF-Schreiben vom 28.5.1998, BStBl 1998 I, Tz. 3 zur spanischen Personengesellschaft, die betonen dass es sich im Inland um eine nicht steuerbare Entnahme handelt. Diese Auffassung ist m.E. im Ergebnis jedoch nur dann richtig, wenn bereits die Gewinnanteile im Inland freigestellt sind.

[458] Siehe Abschnitt III.3.2 (S. 134).

[459] Vgl. Grotherr, S., in: Becker, H./Höppner, H./Grotherr, S. u.a., Art. 23A/23B OECD-MA, Rn. 325.

durch die vollkommene Verteilungsnorm des Art. 7 Abs. 1 Satz 1 HS 2 OECD-MA unabhängig davon, ob die Voraussetzungen für eine Schachteldividende vorliegen.

Eine pauschale Besteuerung von 5% der Vergütung nach § 8b Abs. 5 KStG erfolgt nicht, da diese nur für Gewinnausschüttungen i.S.d. § 20 Abs. 1 Nr. 1 EStG anzuwenden ist. Bei den Vergütungen aus der atypisch stillen Gesellschaft handelt es sich hingegen um originär gewerbliche Einkünfte (§ 15 Abs. 1 Nr. 2 EStG), bei der typisch stillen Gesellschaft originär um Einkünfte aus Kapitalvermögen i.S.d. § 20 Abs. 1 Nr. 4 EStG; hieran ändert auch die DBA-rechtliche Qualifikation als Dividende nichts.[460]

3.4 Zwischenergebnis

Die Besteuerungsfolgen, die die stille Gesellschaft in Deutschland erfahren kann, sind in Abbildung III.3 (S. 151) zusammengefasst, wenn bei der typisch stillen Gesellschaft die Voraussetzungen des § 8a KStG nicht erfüllt sind. Die Zuordnung zu einer der Verteilungsnormen bestimmt grundsätzlich unabhängig von der Ausprägung der stillen Gesellschaft, wie die Doppelbesteuerung in Deutschland vermieden wird. Zählt die Vergütung abkommensrechtlich zu den Zinsen oder Dividenden aus einer Portfoliobeteiligung, kommt es zur Anrechnung, zählt sie zu Dividenden aus einer Schachtelbeteiligung oder zu Unternehmensgewinnen, die über eine Betriebsstätte erzielt werden, erfolgt die Freistellung. Als Ausnahme gilt, dass bei einer Zuordnung der Vergütung aus der atypisch stillen Gesellschaft zu den Dividenden die Einkünfte stets freigestellt werden. Im Anrechnungsfall bestimmt die Unterscheidung zwischen der typisch und der atypischen Ausprägung nach nationalem Recht, ob Gewerbesteuer anfällt und welche Steuern angerechnet werden. Bei der atypisch stillen Gesellschaft fällt im Inland lediglich Körperschaftsteuer zzgl. Solidaritätszuschlag an, auf die die ausländische Körperschaft- und Quellensteuer angerechnet werden. Bei der typisch stillen Gesellschaft fällt im Inland Körperschaftsteuer zzgl. Solidaritätszuschlag und Gewerbesteuer an. Auf die Körperschaftsteuer wird lediglich die ausländische Quellensteuer angerechnet. Im Freistellungsfall erfolgt in

---

[460] Vgl. Eilers, S./Schiessl, M., Einsatz, 2003, S. 451; Grotherr, S., in: Becker, H./Höppner, H./Grotherr, S. u.a., Art. 23A/23B OECD-MA, Rn. 114; Kroppen, K.-H./Schreiber, K., IWB 1999, Fach 3, Gruppe 3, S. 1241-1242; Pyszka, T., IStR 1999, S. 578 sowie Fischbach, N., IWB 2002, Fach 8, Brasilien, Gruppe 2, S. 160 zur Vergütung aus einer typisch stillen Beteiligung an einer brasilianischen Kapitalgesellschaft.

Deutschland keine Besteuerung, so dass auch nicht zwischen den Ausprägungsformen unterschieden werden muss.

Abbildung III.3: Mögliche Besteuerungsfolgen der stillen Gesellschaft im Inland

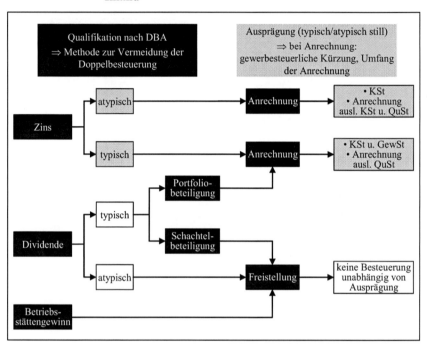

Liegen bei der typisch stillen Gesellschaft die Voraussetzungen des § 8a KStG vor (Mindestbeteiligung von 25%, Vergütung übersteigt 250.000 €), wird die Vergütung im Ergebnis als verdeckte Gewinnausschüttung nach nationalem Recht zu 95% freigestellt (§ 8b Abs. 1, Abs. 5 KStG).

4. Mögliche Steuerbelastungen

Um sämtliche theoretischen Steuerbelastungen zu ermitteln, müssen die steuerlichen Folgen, die die stille Gesellschaft im Ausland erfahren kann, mit den möglichen Besteuerungsfolgen im Inland kombiniert werden. Die sich daraus ergebenden Kombinationsmöglichkeiten sind in Abbildung III.4 (S. 152) dargestellt; die Abbildung spiegelt gleichzeitig den Aufbau dieses Abschnitts wider.

Abbildung III.4: Fallunterscheidungen zur Bestimmung der theoretisch möglichen Gesamtsteuerbelastungen bei stiller Gesellschaft (keine Refinanzierung)

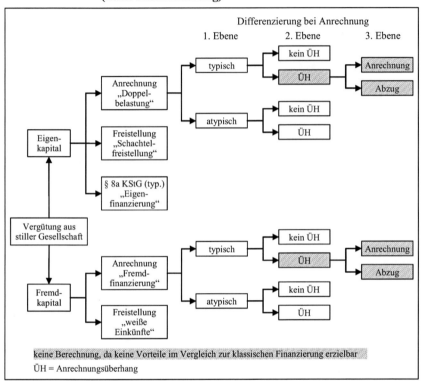

Im Ausland geht es im Wesentlichen darum, ob die Kapitalüberlassung Eigenkapital darstellt und der Gewinnanteil mit ausländischen Ertragsteuern belastet ist, oder ob die Kapitalüberlassung Fremdkapital darstellt und der Gewinnanteil nicht mit Ertragsteuern belastet ist.[461] Eine Unterscheidung nach der Höhe der ausländischen Quellensteuer erfolgt hier nicht. Diese bestimmt zwar die Höhe der Steuerbelastung mit, ändert aber nichts an ihrer Zusammensetzung. Im Inland geht es im Wesentlichen darum, ob die Anrechnungs- oder die Freistellungsmethode zur Anwendung kommt. Aufgrund welcher konkreter DBA-rechtlicher Qualifikation die entsprechende Methode zur Vermeidung der Doppelbesteuerung Anwendung findet, kann unberücksichtigt bleiben. Stellt die

---

[461] Siehe Abschnitt II.2.4 (S. 130), Abbildung III.2 (S. 130).

III. Theoretisch mögliche Besteuerungsfolgen bei stiller Gesellschaft

Vergütung im Ausland Eigenkapital dar und ist deshalb nicht abzugsfähig, müssen bei der typisch stillen Gesellschaft zusätzlich die Konsequenzen des § 8a KStG berücksichtigt werden. In Fällen der Anrechnung (Besteuerungsfolgen „Doppelbelastung" und „Fremdfinanzierung") ist jeweils zusätzlich eine Fallunterscheidung auf drei Ebenen vorzunehmen.

Auf erster Ebene muss danach differenziert werden, ob eine typisch oder atypisch stille Gesellschaft vorliegt. Dies bestimmt den Anfall der Gewerbesteuer und den Umfang der Anrechnung der Steuern dem Grund nach.[462]

Auf zweiter Ebene gilt es zu klären, ob ein Anrechnungsüberhang entsteht. Sind die Steuern in voller Höhe anrechenbar, ist die Doppelbesteuerung bei der typisch und der atypisch stillen Gesellschaft stets durch die Anrechnungsmethode zu vermeiden, da diese zu einer niedrigeren Steuerbelastung als die Abzugsmethode führt.[463] Entsteht ein Überhang, kann durch die wahlweise Anwendung der Abzugsmethode bei der atypisch stillen Gesellschaft keine niedrigere Steuerbelastung erzielt werden. Da die Vergütung nicht der Gewerbesteuer unterliegt, wäre für die Vorteilhaftigkeit eine ausländische Gesamtsteuerbelastung von über 100% nötig. Denn der Abzug der ausländischen Steuer von der inländischen kombinierten körperschaftsteuerlichen Bemessungsgrundlage führt lediglich zu einer Entlastung in Höhe von 26,38% der ausländischen Steuer. Hingegen setzt die Anrechnungsmethode am Steuerbetrag an und mindert somit die inländische Körperschaftsteuer um die ausländische Steuer in voller Höhe.[464] Da bei einem Anrechnungsüberhang keine inländische Körperschaftsteuer mehr anfällt, entfällt auch der Solidaritätszuschlag in voller Höhe, insgesamt kommt es zu einer Entlastung von 26,38%. Um bei der Abzugsmethode die gleiche Entlastung zu erreichen, müssten die ausländischen Steuern 100% betragen. Dennoch ist danach zu differenzieren, ob es zu einem Überhang kommt, da bei einem Überhang zusätzlich der Teil der nicht anrechenbaren Steuern berücksichtigt werden muss.

---

[462] Siehe Abschnitt III.3.4 (S. 150), Abbildung III.3 (S. 151).
[463] Vgl. Jacobs, O.H., Internationale 2002, S. 57; Kußmaul, H./Beckmann, S., StuB 2000, S. 1196-1197.
[464] Vgl. Scheffler, W., Unternehmenstätigkeit, 2002, S. 137-139.

Bei der typisch stillen Gesellschaft muss auf dritter Ebene untersucht werden, ob bei Bestehen eines Anrechnungsüberhangs die Abzugsmethode günstiger ist als die Anrechnungsmethode, da die Vergütung der Gewerbesteuer unterliegt. Jedoch können durch die typisch stille Gesellschaft bereits dann keine Vorteile im Vergleich zur klassischen Finanzierung erzielt werden, wenn die Vergütung in der inländischen Bemessungsgrundlage enthalten ist und es zu keinem Anrechnungsüberhang kommt.[465] Da ein Anrechnungsüberhang eine noch höhere Belastung nach sich zieht, wird aus Gründen der Komplexitätsreduktion darauf verzichtet, diese höheren Belastungen zu berechnen.

In den folgenden Abschnitten werden die Steuerbelastungen der einzelnen Besteuerungsfolgen mittels Formeln allgemeingültig quantifiziert und anhand des Ausgangsbeispiels[466] veranschaulicht. Die Steuerbelastungen bei stiller Gesellschaft im Ausland wurden bereits quantifiziert, sodass sowohl bezüglich der Formeln als auch bezüglich des Beispiels auf die dortigen Ausführungen verwiesen werden kann.[467]

4.1 Besteuerungsfolge „Doppelbelastung" (Eigenkapital im Ausland, Anrechnung im Inland)

Die Kombination aus Eigenkapital im Ausland und Anrechnung im Inland wird mit der Besteuerungsfolge „Doppelbelastung" umschrieben, da der Gewinnanteil aufgrund seiner Nichtabzugsfähigkeit im Ausland mit Ertragsteuer und ggf. einer Quellensteuer auf die Zahlung belastet ist und auch in Deutschland im steuerpflichtigen Gewinn enthalten ist. Eine Doppelbelastung bleibt dann bestehen, wenn nicht alle ausländischen Steuern dem Grunde nach anrechenbar sind oder Anrechnungsüberhänge entstehen.

4.1.1 Typisch stille Gesellschaft

Die Einkünfte aus der typisch stillen Gesellschaft unterliegen im Inland der Gewerbe- und Körperschaftsteuer zzgl. Solidaritätszuschlag. Steuerpflichtig ist der anteilige Gewinn, der nach ausländischen Ertragsteuern verbleibt. Die Quel-

---

[465] Siehe Abschnitt IV.1.1.1.1 (S. 166) und IV.1.1.4.1 (S. 175) bei Eigenfinanzierung als optimale klassische Finanzierungsform sowie Abschnitt IV.1.2.1.1 (S. 184) und IV.1.2.4.1 (S. 189) bei Fremdfinanzierung als optimale klassische Finanzierungsform.
[466] Siehe Abschnitt I.3 (S. 8).
[467] Siehe Abschnitt III.2.4 (S. 130).

III. Theoretisch mögliche Besteuerungsfolgen bei stiller Gesellschaft   155

lensteuer ist als Steuer vom Einkommen des stillen Gesellschafters nicht als Betriebsausgabe abzugsfähig (§ 10 Nr. 2 KStG). Jedoch wird sie auf die deutsche Körperschaftsteuer angerechnet, die auf die ausländischen Einkünfte entfällt. Da sich sowohl die Quellensteuer als auch die Körperschaftsteuer nach dem nach ausländischen Ertragsteuern verbleibenden Gewinn bemessen, ist die Quellensteuer in voller Höhe anrechenbar, wenn der Quellensteuersatz den Körperschaftsteuersatz von 25% nicht übersteigt.[468] Hierzu ist aufgrund des Betriebsausgabenabzugs der Gewerbesteuer bei der Körperschaftsteuer die Annahme nötig, dass zusätzlich inländische Einkünfte in ausreichender Höhe erwirtschaftet werden.[469]

Tabelle III.3: Gesamtsteuerbelastung der Besteuerungsfolge „Doppelbelastung" bei typisch stiller Gesellschaft (keine Refinanzierung, kein Anrechnungsüberhang)

Besteuerung im Ausland		28,00	$est_A + QuStSG \times (1-est_A)$
Besteuerung im Inland			
Gewerbesteuer = 80×0,1667		13,33	$gst \times (1-est_A)$

+ Körperschaftsteuer
  tarifliche KSt = 0,25×(80-13,33)   16,67
  - anrechenbare QuSt (max. 20,00 = 80×0,25)   8,00
  = festzusetzende Körperschaftsteuer   8,67
	8,67	$+ kst \times (1-est_A) \times (1-gst)$
		$- QuStSG \times (1-est_A)$

+ Solidaritätszuschlag = 4,67×0,055		0,48	$+ solz \times [kst \times (1-est_A) \times (1-gst)$ $- QuStSG \times (1-est_A)]$
= inländische Steuerbelastung		22,48	$(1-est_A) \times [ertst_I$ $- QuStSG \times (1-solz)]$
Gesamtsteuerbelastung		50,48	est_A $+(1-est_A) \times [ertst_I-$ $QuStSG \times solz]$

Tabelle III.3 zeigt die Steuerbelastung, wenn bei der typisch stillen Gesellschaft die Besteuerungsfolge „Doppelbelastung" eintritt. Diese tritt beispielsweise im folgenden Fall ein: Im Ausland wird die Kapitalüberlassung als gesellschafts-

---

[468] Ein Anrechnungsüberhang entsteht ausnahmsweise nur dann, wenn der nationale Quellensteuersatz über 25% liegt und nicht durch DBA eingeschränkt wird. Dieser Fall wird nicht untersucht, da sich bereits keine Vorteile erzielen lassen, wenn kein Überhang entsteht.

[469] Siehe Abschnitt II.3.2 (S. 39).

rechtliche Beteiligung am gezeichneten Kapital qualifiziert, sodass die Vergütung im steuerpflichtigen Gewinn enthalten ist. DBA-rechtlich handelt es sich hingegen um Zinsen, sodass ein Quellensteuersatz von 10% maßgeblich ist. Nimmt Deutschland DBA-rechtlich ebenfalls Zinsen an, kommt es in Deutschland zur Anrechnung der ausländischen Quellensteuer. Da es bei Anrechnung der Quellensteuer zu keinem Überhang kommt, setzt sich die Gesamtsteuerbelastung aus ausländischer Ertragsteuer und deutscher Gewerbe- und Körperschaftsteuer zzgl. Solidaritätszuschlag auf den danach verbleibenden Gewinn zusammen. Zusätzlich ist zu berücksichtigen, dass sich der Solidaritätszuschlag durch die Anrechnung der Quellensteuer mindert. Die Gesamtsteuerbelastung beträgt im Beispielsfall 50,48 GE.

4.1.2 Atypisch stille Gesellschaft

Die Einkünfte aus der atypisch stillen Gesellschaft unterliegen in Deutschland lediglich der kombinierten Körperschaftsteuer. Sowohl die im Ausland gezahlte Ertragsteuer als auch eine ggf. erhobene Quellensteuer sind als Steuern vom Einkommen des stillen Gesellschafters anzusehen und somit nicht abzugsfähig (§ 10 Nr. 2 KStG). Steuerpflichtig ist demnach der auf den Gesellschafter entfallende Gewinnanteil vor Abzug sämtlicher Steuern. Die im Ausland bezahlten Steuern werden angerechnet. Die Höhe der Gesamtsteuerbelastung hängt davon ab, ob es zu einem Anrechnungsüberhang kommt oder nicht.

Zu einem Anrechnungsüberhang kommt es, wenn die Effektivbelastung aus ausländischer Ertragsteuer und Quellensteuer über dem deutschen Körperschaftsteuersatz von 25% liegt, wenn also gilt:

(III.1) $\quad est_A + QuStSG \times (1-est_A) > kst$

$\Leftrightarrow \quad est_A > \dfrac{kst - QuStSG}{1 - QuStSG}$

Wie Ungleichung (III.1) vor Umformung erkennen lässt, kommt es zu einem Anrechnungsüberhang, wenn entweder die ausländische Tarifbelastung oder der Quellensteuersatz über dem deutschen Körperschaftsteuersatz von 25% liegt. Beträgt der Quellensteuersatz bis maximal 25%, so lässt sich hierfür ein minimaler ausländischer Ertragsteuersatz errechnen, bei dessen Überschreiten es ebenfalls zu einem Anrechnungsüberhang kommt. Die Werte sind in Tabelle III.4 abgebildet.

Von den untersuchten Ländern liegt lediglich in Irland, Lettland, Litauen, Österreich, Polen, der Schweiz, Slowakei, Slowenien und Ungarn der Ertragsteuersatz nicht über 25%.[470] Somit kommt es hier in Abhängigkeit des Ertragsteuersatzes zu keinem Anrechnungsüberhang, wenn keine oder nur eine geringe Quellensteuer erhoben wird. In allen anderen Ländern kommt es auf jeden Fall zu Anrechnungsüberhängen, da bereits der Ertragsteuersatz über diesem kritischen Wert liegt.

Tabelle III.4: Grenzsteuersätze zur Bestimmung eines Anrechnungsüberhangs bei Besteuerungsfolge „Doppelbelastung" der atypisch stillen Gesellschaft

Quellensteuersatz	ausländischer Ertragsteuersatz
0,00%	25,00%
5,00%	21,05%
10,00%	16,67%
15,00%	11,76%
20,00%	6,26%
25,00%	0,00%

Bei einem Überhang fällt keine deutsche Körperschaftsteuer und kein Solidaritätszuschlag mehr an, sodass die Gesamtsteuerbelastung mit der höheren ausländischen Gesamtsteuerbelastung aus Ertrag- und Quellensteuer übereinstimmt.

Liegt die effektive ausländische Gesamtsteuerbelastung unter dem deutschen Körperschaftsteuersatz von 25%, ist Ungleichung (III.1) also nicht erfüllt, kommt es zu keinem Anrechnungsüberhang. In diesem Fall entspricht die Gesamtsteuerbelastung dem inländischen Körperschaftsteuersatz zzgl. des durch die Anrechnung geminderten Solidaritätszuschlags. Da die im Ausland gezahlten Steuern von der inländischen Körperschaftsteuer abgezogen werden, kom-

---

[470] Siehe Tabelle II.1 (S. 24)

men diese nicht zum Tragen. In Tabelle III.5 sind die Ergebnisse zusammengefasst.

Tabelle III.5: Gesamtsteuerbelastung der Besteuerungsfolge „Doppelbelastung" bei atypisch stiller Gesellschaft (keine Refinanzierung)

	Bedingung	
	kein Anrechnungsüberhang: $est_A + QuStSG \times (1-est_A) \leq kst$	Anrechnungsüberhang: $est_A + QuStSG \times (1-est_A) > kst$
Gesamtsteuerbelastung • QuStSG = 15% • QuStSG = 0%	25,28	$kst_{solz} - [est_A + QuStSG \times (1-est_A)] \times solz$ 28,00	$est_A + QuStSG \times (1-est_A)$

Zur „Doppelbelastung" kann es beispielsweise kommen, wenn die Vergütung aus der atypisch stillen Gesellschaft aufgrund einer Unterkapitalisierungsregelung im Ausland nicht abzugsfähig ist und auf Abkommensebene für beide Staaten Zinsen vorliegen, sodass im Inland die Anrechnung erfolgt. Kein Anrechnungsüberhang entsteht, wenn die Mutter-Tochter-Richtlinie eine Quellenbesteuerung verbietet, sodass auf der Vergütung nur die ausländische Ertragsteuer von 20% lastet. Die Gesamtsteuerbelastung beträgt dann 25,28 GE. Zu einem Anrechnungsüberhang kann es hingegen kommen, wenn die Voraussetzungen der Mutter-Tochter-Richtlinie nicht erfüllt sind und die für Zinsen vorgesehene Quellensteuer von 10% Anwendung findet. Die ausländische Gesamtsteuerlast aus Ertrag- und Quellensteuer beträgt 28,00 GE und übersteigt die deutsche Körperschaftsteuer, sodass ein Anrechnungsüberhang entsteht. Die Gesamtsteuerlast entspricht der höheren ausländischen Steuerbelastung von 28,00 GE.

4.2 Besteuerungsfolge „Schachtelfreistellung" (Eigenkapital im Ausland, Freistellung im Inland)

Die Besteuerungsfolge „Schachtelfreistellung" umschreibt den Fall, in dem die Kapitalüberlassung im Ausland als Eigenkapital eingestuft und in Deutschland die Doppelbesteuerung durch die Freistellung vermieden wird, da die steuerliche Behandlung im Aus- und Inland weitgehend der klassischen Freistellung von DBA-Schachteldividenden vor Einführung des nationalen Dividendenprivilegs

III. Theoretisch mögliche Besteuerungsfolgen bei stiller Gesellschaft   159

(§ 8b Abs. 1 KStG)[471] und der Pauschalbesteuerung nicht abzugsfähiger Betriebsausgaben (§ 8b Abs. 5 KStG)[472] entspricht.

Im Ausland unterliegt die Vergütung der Ertragsteuer und ggf. einer Quellensteuer. Da es im Inland wegen der Freistellung zu keiner weiteren Besteuerung kommt, stimmt die Gesamtsteuerbelastung mit der ausländischen Steuerbelastung überein.

Im Beispiel sei wieder angenommen, dass die stille Gesellschaft im Ausland nicht bekannt ist, und die Vergütung nach nationalem und DBA-Recht wie eine Dividende behandelt wird. Sind weiterhin die Voraussetzungen für eine Schachteldividende erfüllt, kommt der reduzierte Quellensteuersatz von 5% zur Anwendung. In Deutschland kann der Grund der Freistellung darin liegen, dass die Einkünfte als Betriebsstätteneinkünfte angesehen werden. Die Steuerbelastung beläuft sich dann auf 24%.

4.3 Besteuerungsfolge „Eigenfinanzierung" bei typisch stiller Gesellschaft (Eigenkapital im Ausland, Anwendung des § 8a KStG im Inland)

Sind bei der typisch stillen Gesellschaft wegen des Vorliegens der Mindestbeteiligung von 25% und des Überschreitens der Freigrenze von 250.000 € die Voraussetzungen des § 8a KStG erfüllt, ist die Vergütung eine verdeckte Gewinnausschüttung, wenn sie im Ausland nicht abzugsfähig ist (§ 8a Abs. 1 Satz 1 Nr. 1 KStG). Ob die Vergütung infolge einer Unterkapitalisierungsregelung oder wegen der Einstufung als steuerliches Eigenkapital nicht abzugsfähig ist, hat keine Bedeutung. Abgesehen von einem abweichenden Quellensteuersatz im Ausland entspricht die Besteuerung der klassischen Eigenfinanzierung, sodass die dortigen Ergebnisse übernommen werden können.[473] Wegen der Mindestbeteiligung von 25% braucht die Steuerbelastung bei einer gewerbesteuerlichen Portfoliobeteiligung nicht beachtet werden:

---

[471] § 8b Abs. 1 KStG wurde geändert das Gesetz zur Senkung der Steuersätze und zur Reform der Unternehmensbesteuerung (Steuersenkungsgesetz – StSenkG) vom 23.10.2000, BGBl 2000 I, S. 1433.
[472] § 8b Abs. 7 KStG a.F. (entspricht § 8b Abs. 5 KStG n.F.) wurde eingefügt durch das Steuerentlastungsgesetz 1999/2000/2002 (StEntlG) vom 24.3.1999, BGBl 1999 I, S. 402.
[473] Siehe Abschnitt II.2.3 (S. 34), insbesondere Tabelle II.5 (S. 35).

(III.2) $S(EF-AS)^{aus\,EK} = est_A + QuStSG \times (1-est_A) + 0{,}05 \times (1-est_A) \times erstst_I$

Wird im Beispiel angenommen, dass der für eine DBA-Schachteldividende maßgebliche Quellensteuersatz von 5% Anwendung findet, beläuft sich die Gesamtsteuerbelastung auf 25,55 GE.

4.4 Besteuerungsfolge „Fremdfinanzierung" (Fremdkapital im Ausland, Anrechnung im Inland)

Die Besteuerungsfolge „Fremdfinanzierung" betrifft den Fall, in dem die Kapitalüberlassung im Ausland als Fremdkapital eingestuft und in Deutschland die Doppelbesteuerung durch die Anrechnungsmethode vermieden wird, da die steuerliche Behandlung im Aus- und Inland weitgehend der klassischen Fremdfinanzierung entspricht. Im Ausland unterliegt die Vergütung aufgrund des Betriebsausgabenabzugs allenfalls einer Quellensteuer. Im Inland ist die Vergütung grundsätzlich im steuerpflichtigen Gewinn enthalten, wobei die Quellensteuer angerechnet wird.

4.4.1   Typisch stille Gesellschaft

Liegt eine typisch stille Gesellschaft vor, so besteht der einzige Unterschied im Vergleich zur klassischen Fremdfinanzierung in der Höhe des Quellensteuersatzes. Deshalb können die dortigen Ergebnisse übernommen werden, sofern es zu keinem Anrechnungsüberhang kommt, sofern der maßgebliche Quellensteuersatz also unter 25% liegt.[474] Hier stimmt die Gesamtsteuerbelastung mit der inländischen Belastung aus Gewerbe- und Körperschaftsteuer zzgl. dem durch die Anrechnung der Quellensteuer verminderten Solidaritätszuschlag überein:[475]

(III.3) $S(FF-TS)^{aus\,EK}_{Anr} = erstst_I - solz \times QuStSG$

Wird im Beispiel angenommen, dass entsprechend der nationalen Einstufung der Kapitalüberlassung als Fremdkapital auch DBA-rechtlich die Vergütung unter

---

[474] Ein Anrechnungsüberhang entsteht ausnahmsweise nur dann, wenn der nationale Quellensteuersatz über 25% liegt und nicht durch DBA eingeschränkt wird. Wenn kein Anrechnungsüberhang besteht, kann durch die typisch stille Gesellschaft bei der Besteuerungsfolge „Fremdfinanzierung" bereits kein Vorteil im Vergleich zur klassischen Finanzierung realisiert werden. Ein Anrechnungsüberhang würde diese Steuerbelastung noch übertreffen, sodass es sich nicht lohnt, diesen Fall weiter zu untersuchen.
[475] Siehe Abschnitt II.3.3 (S. 43), Tabelle II.9 (S. 39).

den Zinsartikel fällt und der reduzierte Quellensteuersatz von 10% auch für gewinnabhängige Vergütungen Anwendung findet, so beträgt die Gesamtsteuerbelastung wie bei klassischer Fremdfinanzierung 38,10%.

4.4.2 Atypisch stille Gesellschaft

Bei der atypisch stillen Gesellschaft fällt auf die gezahlte Vergütung in Deutschland nur Körperschaftsteuer zzgl. Solidaritätszuschlag an. Die ggf. im Ausland erhobene Quellensteuer kann auf die Körperschaftsteuer angerechnet werden. Liegt der ausländische Quellensteuersatz unter dem deutschen Körperschaftsteuersatz, entsteht kein Überhang, sodass die Gesamtsteuerbelastung mit dem höheren Körperschaftsteuersatz zzgl. dem durch die Anrechnung geminderten Solidaritätszuschlag übereinstimmt. Liegt er darüber, fällt im Inland keine Körperschaftsteuer und somit auch kein Solidaritätszuschlag mehr an, sodass die Gesamtsteuerbelastung dem höheren ausländischen Quellensteuersatz entspricht (Tabelle III.6). Der Abzug kann mangels inländischer Gewerbesteuer nie zu einem besseren Ergebnis führen.

Tabelle III.6: Gesamtsteuerbelastung der Besteuerungsfolge „Fremdfinanzierung" bei atypisch stiller Gesellschaft (keine Refinanzierung)

	Bedingung			
	kein Anrechnungsüberhang: QuStSG ≤ kst		Anrechnungsüberhang: QuStSG > kst	
Gesamtsteuerbelastung	25,83	kst_{solz} - QuStSG×solz	30,00	QuStSG

Beträgt der Quellensteuersatz nach nationalem Recht wie im Beispiel angenommen 30%, und erfolgt aufgrund der Zuordnung zum Zinsartikel eine Beschränkung auf 10%, entsteht kein Anrechnungsüberhang, sodass die Gesamtsteuerlast 25,83 GE beträgt. Erfolgt hingegen durch die Zuordnung zum Betriebsstättenartikel keine Begrenzung des Quellensteuersatzes, beträgt die Gesamtsteuerbelastung 30 GE, weil die Quellensteuer nicht in voller Höhe angerechnet werden kann.

4.5 Besteuerungsfolge „weiße Einkünfte" (Fremdkapital im Ausland, Freistellung im Inland)

Die Besteuerungsfolge „weiße Einkünfte" betrifft den Fall, in dem die Kapitalüberlassung im Ausland als Fremdkapital eingestuft wird und in Deutschland die Einkünfte freigestellt sind. Im Ausland erfolgt aufgrund des Betriebsausgabenabzugs keine Belastung mit Ertragsteuer; allenfalls wird auf die Zahlung eine Quellensteuer erhoben. Im Inland fallen wegen der Freistellung ebenfalls keine Steuern an. Es entstehen hierdurch unbesteuerte „weiße" oder nur mit einer geringen Quellensteuer belastete „graue" Einkünfte.[476]

Erfolgt im Beispiel entsprechend der Behandlung der Kapitalüberlassung nach nationalem ausländischen Recht als Fremdkapital auch eine DBA-rechtliche Einordnung der Vergütung unter den Zinsartikel, während im Inland aufgrund der Qualifikation als Betriebsstätteneinkünfte oder Schachteldividenden die Einkünfte freigestellt sind, stimmt die Gesamtsteuerbelastung mit dem für Zinsen geltenden reduzierten Quellensteuersatz von 10 GE überein.

4.6 Zwischenergebnis

Die möglichen Gesamtsteuerbelastungen, zu denen die Finanzierung der ausländischen Tochterkapitalgesellschaft durch eine Kapitalüberlassung in Form der stillen Gesellschaft führen kann, sind in Tabelle III.7 (S. 163) zusammengefasst. Die Steuersätze gelten nur für den Beispielsfall und die in den Abschnitten III.4.1-III.4.5 beispielhaft im Ausland vorgenommenen nationalen und DBA-rechtlichen Qualifikationen. Andere Qualifikationen können zu einer unterschiedlichen Höhe der Quellensteuer und damit zu einer anderen Gesamtsteuerbelastung führen.

---

[476] Zum Begriff der weißen oder grauen Einkünfte siehe Günkel, M./Lieber, B., IWB 1999, Fach 10, Gruppe 2, S. 1396-1397; Piltz, D.J., Hybride 1995, S. 143.

III. Theoretisch mögliche Besteuerungsfolgen bei stiller Gesellschaft

Tabelle III.7: Mögliche Steuerbelastungen bei Finanzierung der Grundeinheit mittels stiller Gesellschaft (keine Refinanzierung)

			Besteuerung im Ausland	
			Eigenkapital • Ertragsteuer • ggf. QuSt	**Fremdkapital** • keine Ertragsteuer • ggf. QuSt
Besteuerung im Inland	**Anrechnung**	typisch • GewSt • KSt, Anr. • ausl. QuSt	„Doppelbelastung" *kein Überhang, wenn* *QuStSG ≤ kst* [a] est_A $+(1-est_A)\times[ertst_I-QuStSG\times solz]$ [b] 50,48%	„Fremdfinanzierung" *kein Überhang, wenn* *QuStSG ≤ kst* [a] $ertst_I - solz \times QuStSG$ 38,10%
		atypisch • keine GewSt • KSt, Anr. • ausl. QuSt u. Ertragsteuer	*kein Überhang, wenn* *$est_A + QuStSG \times (1-est_A) \leq kst$* *kein Überhang:* *Überhang:* kst_{solz} $est_A +$ $-[est_A+QuStSG$ $QuStSG\times(1-est_A)$ $\times(1-est_A)]\times solz$ 25,28% 28,00%	*kein Überhang, wenn* *QuStSG ≤ kst* *kein Überhang:* *Überhang:* kst_{solz} $QuStSG$ $- QuStSG\times solz$ 25,83% 30,00%
	Freistellung		„Schachtelfreistellung" $est_A + QuStSG\times(1-est_A)$ [b] 24,00%	„weiße Einkünfte" $QuStSG$ 10,00%

[a] keine Berechnung der Steuerbelastung bei Bestehen eines Anrechnungsüberhangs, da keine Vorteile durch die stille Gesellschaft möglich
[b] Steuerbelastung bei typisch stiller Gesellschaft nur gültig, wenn Voraussetzungen des § 8a KStG nicht vorliegen (Mindestbeteiligung 25%, Freigrenze von 250.000 €), ansonsten:

„Eigenfinanzierung"

$est_A + QuStSG\times(1-est_A) + 0,05\times(1-est_A)\times ertst_I$

25,55%

IV. Vorteilhaftigkeitsanalyse zwischen optimaler klassischer Finanzierung und stiller Gesellschaft

In diesem Kapitel wird untersucht, ob und bei welcher Ausprägung der Einflussgrößen (ausländischer Ertragsteuersatz, Hebesatz der Gewerbesteuer, Quellensteuersätze) sich durch die Finanzierung über eine stille Beteiligung an der ausländischen Kapitalgesellschaft Vorteile im Vergleich zur optimalen klassischen Finanzierungsform ergeben können. Zu diesem Zweck müssen sämtliche Steuerbelastungen der beiden klassischen Finanzierungsformen jeweils allen möglichen Steuerbelastungen der stillen Gesellschaft gegenübergestellt werden. Die Grobgliederung orientiert sich dabei an Ergebnissen aus Kapitel II: Zunächst ist zu differenzieren, ob die Finanzierung der Tochtergesellschaft aus eigenen Mitteln der Muttergesellschaft erfolgt oder ob eine Refinanzierung bei einem konzernexternen Kreditgeber erforderlich ist. Im jeweiligen Unterfall ist weiter zu differenzieren, welche der beiden klassischen Finanzierungsformen für ein konkretes Land bzw. ein konkretes Unternehmen die optimale Alternative darstellt. Anhand der Ergebnisse aus Kapitel II kann für jedes Land bzw. Unternehmen der relevante Abschnitt bestimmt werden. Die Feingliederung erfolgt im jeweiligen Abschnitt entsprechend der möglichen Besteuerungsfolgen der stillen Gesellschaft (Abschnitt III.4). Welche Besteuerungsfolgen für das jeweilige Land bzw. Unternehmen durch die stille Gesellschaft aufgrund der DBA-rechtlichen Qualifikation realisiert werden können, ist in Kapitel V zu bestimmen. Um die Vorteilhaftigkeit der stillen Gesellschaft gegenüber der klassischen Finanzierungsform zu ermitteln, muss für jedes Vergleichspaar eine Einflussgröße bestimmt werden, die für die Unterschiede der Höhe der Steuerbelastung der beiden Finanzierungsalternativen ursächlich ist. Hierbei wird es sich entweder um den ausländischen Ertragsteuer- oder einen Quellensteuersatz handeln. Indem die die jeweilige Steuerbelastung beschreibenden Formeln gleichgesetzt und nach der Einflussgröße aufgelöst werden, lässt sich ein Indifferenzsteuersatz bestimmen, bei dem die beiden Finanzierungsalternativen zur gleichen Steuerbelastung führen. In Abhängigkeit davon, ob der tatsächliche Quellen- bzw. Ertragsteuersatz im konkreten Fall über oder unter dem Indifferenzsteuersatz liegt, kann schnell abgeleitet werden, welche der Finanzierungsalternativen vorzuziehen ist. Es werden die Fälle herausgearbeitet, die eindeutig Vor- oder Nachteile gegenüber der für das einzelne Unternehmen optimalen klassischen Finanzierungsform bringen. Für nicht eindeutige Fälle sind die Vorteilhaftigkeitskriterien und deren Ausprägungen herauszuarbeiten.

1. Finanzierung aus Eigenkapital der Muttergesellschaft

1.1 Eigenfinanzierung als optimale klassische Finanzierung

Ist die Eigenfinanzierung die optimale klassische Finanzierungsform, ist im Vergleich mit der stillen Gesellschaft für jede Besteuerungsfolge zu unterscheiden, ob die Beteiligungshöhe von mindestens 10% überschritten ist. Dies liegt an der unterschiedlichen gewerbesteuerlichen Behandlung der Dividende in Deutschland.

Der ausländische Ertragsteuersatz kann nicht als Indifferenzsteuersatz zur Bestimmung der Vorteilhaftigkeit dienen, wenn die Vergütung aus dem stillen Gesellschaftsverhältnis im Ausland der Ertragsbesteuerung unterliegt (Besteuerungsfolgen „Doppelbelastung" und „Schachtelfreistellung" sowie „Eigenfinanzierung" bei der typisch stillen Gesellschaft). Denn bei den zu vergleichenden Finanzierungsalternativen sind die Zahlungen in gleicher Weise mit ausländischer Ertragsteuer belastet, sodass der Ertragsteuersatz nicht ursächlich für die Belastungsunterschiede ist.[477] Als Entscheidungskriterium wird deshalb ein Quellensteuersatz als Indifferenzsteuersatz gewählt. Die die möglichen Steuerbelastungen der stillen Gesellschaft beschreibenden Formeln sind Tabelle III.7 (S. 163) und die die möglichen Steuerbelastungen der Eigenfinanzierung beschreibenden Formeln sind Tabelle II.5 (S. 35) zu entnehmen.

1.1.1 Vergleich mit der Besteuerungsfolge „Doppelbelastung"

1.1.1.1 Typisch stille Gesellschaft

Sind bei der Eigenfinanzierung die Voraussetzungen für eine gewerbesteuerliche Schachtelbeteiligung erfüllt und führt die typisch stille Gesellschaft zur Besteuerungsfolge „Doppelbelastung", so lässt sich ein Quellensteuersatz auf Dividen-

---

[477] Dies zeigt sich mathematisch daran, dass sich der ausländische Ertragsteuersatz nach Gleichsetzen der beiden Steuerbelastungen stets herauskürzt.

den als Indifferenzsteuersatz errechnen, indem die die entsprechende Steuerlast beschreibende Formeln gleichgesetzt werden:

(IV.1) $est_A + QuStD^* \times (1-est_A) + 0{,}05 \times (1-est_A) \times ertst_I$
$= est_A + (1-est_A) \times [ertst_I - QuStSG \times solz]$

$\Leftrightarrow \quad QuStD^* = 0{,}95 \times ertst_I - QuStSG \times solz$

Die Wahl des Quellensteuersatzes auf Dividenden liegt darin begründet, dass dieser einer der wesentlichen Faktoren ist, der für die unterschiedliche Steuerbelastung der beiden Finanzierungsalternativen verantwortlich ist. Der ausländische Ertragsteuersatz ist für die Belastungsunterschiede unerheblich, sodass der inländische Ertragsteuersatz und die ausländischen Quellensteuersätze verbleiben. Der Quellensteuersatz wurde gewählt, weil dieser in Abhängigkeit des Sitzstaats der zu finanzierenden Grundeinheit variiert, während der gewerbesteuerliche Hebesatz und somit der inländische Ertragsteuersatz eine fixe Größe darstellen, die durch die Gemeinde festgelegt wird, in der das Mutterunternehmen ansässig ist.

Bei einem Quellensteuersatz auf Dividenden in Höhe des Indifferenzsteuersatzes führen die Eigenfinanzierung und die typisch stille Gesellschaft zum gleichen Ergebnis. Ist der tatsächliche Quellensteuersatz niedriger, entlastet dies die Eigenfinanzierung im Vergleich zur stillen Gesellschaft, sodass die Eigenfinanzierung die günstigere Finanzierungsform ist. Der niedrigste Indifferenzsteuersatz wird bei einem Hebesatz von 350% und einem für die Vergütung aus der stillen Beteiligung maßgeblichen Quellensteuersatz erreicht, der annahmegemäß 40%[478] nicht übersteigt. Für diese Werte beträgt er 35,45%. Da in allen untersuchten Ländern der höchste vorkommende Kapitalertragsteuersatz auf Dividenden 25% beträgt,[479] können durch die typisch stille Gesellschaft keine Vorteile erzielt werden.

---

[478] Die Annahme liegt darin begründet, dass die Quellensteuersätze regelmäßig unter den Ertragsteuersätzen liegen, da die Quellensteuer im Vergleich zur Veranlagung auf Bruttobasis erhoben wird; vgl. Schaumburg, H., Internationales, 1998, Rz. 15.82. Der Quellensteuersatz von 40% liegt somit knapp unter dem höchsten, in den untersuchten Ländern geltenden Ertragsteuersatz.

[479] Siehe Tabelle II.2 (S. 28).

IV. Vorteilhaftigkeitsanalyse zwischen klassischer Finanzierung und stiller Gesellschaft

Liegt die Beteiligungsquote unter 10%, errechnet sich der entsprechende Quellensteuersatz, indem die die jeweilige Steuerbelastung beschreibenden Formeln gleichgesetzt werden:

(IV.2) $est_A + QuStD^* \times (1-est_A) + [gst + kst_{solz} \times (0,05-gst)] \times (1-est_A)$
$= est_A + (1-est_A) \times [ertst_I - QuStSG \times solz]$

$\Leftrightarrow$ $QuStD^* = 0,95 \times kst_{solz} - QuStSG \times solz$

Bei diesem Quellensteuersatz auf Dividenden führen die Eigenfinanzierung und die typisch stille Gesellschaft zum gleichen Ergebnis. Der niedrigste Wert für den Indifferenzsteuersatz wird unabhängig vom Hebesatz bei einem Quellensteuersatz auf die Vergütung der stillen Gesellschaft von 40% erreicht. Er beträgt 22,86%. Ist der tatsächliche Quellensteuersatz auf Dividenden niedriger, entlastet dies die Eigenfinanzierung im Vergleich zur stillen Gesellschaft, sodass die Eigenfinanzierung die günstigere Finanzierungsform ist. Da der maßgebliche Quellensteuersatz in den untersuchten Ländern maximal 20% beträgt,[480] können durch die typisch stille Gesellschaft keine Vorteile erzielt werden.

1.1.1.2 Atypisch stille Gesellschaft

Tritt bei der Finanzierung mittels atypisch stiller Gesellschaft die Besteuerungsfolge „Doppelbelastung" ein, ist zusätzlich zu differenzieren, ob in Deutschland ein Anrechnungsüberhang entsteht.[481]

Liegt eine gewerbesteuerliche Schachteldividende vor und kommt es gleichzeitig zu einem Überhang (Regelfall: von den untersuchten Ländern in sämtlichen westeuropäischen und Nicht-EU-Staaten mit Ausnahme von Irland, Österreich und der Schweiz sowie in Tschechien und Lettland), so errechnet sich der Quellensteuersatz auf Dividenden als Indifferenzsteuersatz, indem die folgenden Formeln gleichgesetzt werden:

(IV.3) $est_A + QuStD^* \times (1-est_A) + 0,05 \times (1-est_A) \times ertst_I$
$= est_A + QuStSG \times (1-est_A)$

$\Leftrightarrow$ $QuStD^* = QuStSG - 0,05 \times ertst_I$

---

[480] Siehe Tabelle II.2 (S. 28).
[481] Zu den Voraussetzungen für das Vorliegen eines Anrechnungsüberhangs siehe Abschnitt III.4.1.2 (S. 156), insbesondere Tabelle III.4 (S. 157).

IV. Vorteilhaftigkeitsanalyse zwischen klassischer Finanzierung und stiller Gesellschaft

Liegt der tatsächliche Kapitalertragsteuersatz für Dividenden über dem Indifferenzsteuersatz, belastet dies die Eigenfinanzierung stärker, sodass die atypisch stille Gesellschaft das vorzuziehende Finanzierungsinstrument darstellt. Dies bedeutet, dass die atypisch stille Gesellschaft immer dann Vorteile bringt, wenn der tatsächliche Quellensteuersatz bei stiller Gesellschaft den tatsächlichen Quellensteuersatz auf Dividenden maximal um den Summanden $0{,}05 \times \text{ertst}_I$ aus Gleichung (IV.3) übersteigt. Der Summand variiert zwischen 1,87% und 2,06% (in Abhängigkeit eines gewerbesteuerlichen Hebesatzes zwischen 350% und 500%). Die atypisch stille Gesellschaft ist somit vorteilhaft, wenn

- die stille Gesellschaft im Ausland nach dem Transparenzprinzip besteuert wird und aufgrund dessen nach nationalem Recht auf die Vergütung keine Quellensteuer erhoben wird oder

- nach nationalem ausländischen Recht eine Quellensteuer anfällt und
  - der Satz aufgrund der Zuordnung der Vergütung zum Dividendenartikel in der gleichen Weise reduziert wird wie die Quellensteuer auf Dividenden. (Vorsicht: Die Quellensteuerbefreiung durch die Mutter-Tochter-Richtlinie ist auf Gewinnbeteiligung aus stiller Gesellschaft nur anzuwenden, wenn diese zwingend als Kapitalgesellschaft besteuert wird.[482])
  - aufgrund der Zuordnung zum Zinsartikel auf einen Satz reduziert wird, der maximal so hoch ist wie der für Dividenden.

Kommt es bei Vorliegen einer gewerbesteuerlichen Schachteldividende zu keinem Anrechnungsüberhang (Ausnahme: von den untersuchten Ländern möglich in allen osteuropäischen Staaten mit Ausnahme von Estland und Tschechien sowie in Irland, Österreich und der Schweiz), lässt sich ein ausländischer Ertragsteuersatz als Indifferenzsteuersatz ermitteln:

(IV.4) $\text{est}_{A*} + \text{QuStD} \times (1-\text{est}_{A*}) + 0{,}05 \times (1-\text{est}_{A*}) \times \text{ertst}_I$
$= \text{kst}_{solz} - [\text{est}_{A*} + \text{QuStSG} \times (1-\text{est}_{A*})] \times \text{solz}$

$\Leftrightarrow \quad \text{est}_{A*} = \dfrac{\text{kst}_{solz} - \text{QuStD} - 0{,}05 \times \text{ertst}_I - \text{QuStSG} \times \text{solz}}{1 - \text{QuStD} - 0{,}05 \times \text{ertst}_I + \text{solz} \times (1 - \text{QuStSG})}$

---

[482] Siehe Abschnitt III.2.2.2 (S. 117).

Liegt der tatsächliche Steuersatz darüber, führt dies zu einer relativen Schlechterstellung der Eigenfinanzierung, sodass die atypisch stille Gesellschaft vorteilhaft ist. Zwar bestimmt der ausländische Ertragsteuersatz auch die Steuerbelastung bei der stillen Gesellschaft, jedoch bewirkt ein höherer Steuersatz eine stärkere Entlastung, da es durch die Anrechnung der ausländischen Steuern zu einer Entlastung des Solidaritätszuschlags kommt. Gleichung (IV.4) macht deutlich, dass der Indifferenzsteuersatz umso niedriger ist, je höher der den inländischen Ertragsteuersatz beeinflussende Hebesatz und der ausländische Quellensteuersatz auf Dividenden und auf die an den Stillen gezahlte Vergütung sind et vice versa. In Tabelle IV.1 sind für ausgewählte Fälle die Indifferenzsteuersätze dargestellt.

Tabelle IV.1: Indifferenzsteuersatz (est_A^*) zwischen Eigenfinanzierung bei gewerbesteuerlichem Schachtelprivileg und „Doppelbelastung" der atypisch stillen Gesellschaft ohne Anrechnungsüberhänge (keine Refinanzierung)

QuStD	HS	Quellensteuersatz bei stiller Gesellschaft (QuStSG)					
		0%	5%	10%	15%	20%	25%
0%	350%	23,65%	23,45%	23,24%	23,04%	22,83%	22,62%
	500%	23,51%	23,31%	23,10%	22,90%	22,69%	22,48%
5%	350%	19,78%	19,55%	19,33%	19,10%	18,87%	18,64%
	500%	19,63%	19,40%	19,17%	18,95%	18,72%	18,49%
10%	350%	15,49%	15,25%	15,00%	14,74%	14,49%	14,24%
	500%	15,32%	15,07%	14,82%	14,57%	14,32%	14,06%
15%	350%	10,73%	10,45%	10,17%	9,89%	9,61%	9,32%
	500%	10,54%	10,26%	9,98%	9,70%	9,41%	9,12%
20%	350%	5,39%	5,08%	4,76%	4,45%	4,13%	3,81%
	500%	5,18%	4,86%	4,55%	4,23%	3,91%	3,59%
25%	350%	-0,63%	-0,98%	-1,33%	-1,69%	-2,05%	-2,42%
	500%	-0,87%	-1,22%	-1,58%	-1,94%	-2,30%	-2,67%

Legende:
Eigenfinanzierung ist immer vorteilhaft, da die Voraussetzung erfüllt sein muss, dass kein Anrechnungsüberhang entsteht, d.h. bei einem gegebenen Quellensteuersatz bei stiller Gesellschaft muss der tatsächliche ausländische Ertragsteuersatz unter einem gewissen Grenzwert liegen, siehe Tabelle III.4 (S. 157). Ist diese Voraussetzung erfüllt, so liegt der tatsächliche Ertragsteuersatz in den grau schraffierten Feldern auch unter dem Indifferenzsteuersatz, sodass die Eigenfinanzierung vorteilhaft ist.

Alle drei Einflussgrößen wirken invers auf den Indifferenzsteuersatz, da ein Anstieg dieser zu einer relativ höheren Belastung der Eigenfinanzierung führt. Lediglich die Intensität des Einflusses ist unterschiedlich. Am stärksten belastet die Quellensteuer auf Dividenden die Eigenfinanzierung. Sie wird auf die Bruttodividende erhoben, die aufgrund des niedrigen ausländischen Ertragsteuersatzes relativ hoch ausfällt, und bleibt wegen der Freistellung der Dividende definitiv. Der Hebesatz belastet die Eigenfinanzierung deutlich weniger, da die Gewerbesteuer nur auf 5% der Bruttodividende anfällt. Die Quellensteuer auf die Gewinnbeteiligung aus der stillen Gesellschaft führt durch die Anrechnung zu einer geringfügigen Entlastung beim Solidaritätszuschlag, die mit steigendem Quellensteuersatz zunimmt und dadurch die Eigenfinanzierung relativ schlechter stellt. Die niedrigen Indifferenzsteuersätze belegen, dass ab einem Quellensteuersatz auf Dividenden von 15% der Indifferenzsteuersatz von jedem der untersuchten Länder überschritten wird, sodass die atypisch stille Gesellschaft stets die günstigere Finanzierungsalternative darstellt.[483] Liegt der Quellensteuersatz unter 15%, kann je nach Höhe des ausländischen Ertragsteuersatzes in Ausnahmefällen die Eigenfinanzierung vorteilhaft sein.

Liegt keine gewerbesteuerliche Schachteldividende vor und kommt es bei der atypisch stillen Gesellschaft zu einem Anrechnungsüberhang (Regelfall), so lässt sich durch Gleichsetzen der die entsprechenden Steuerbelastungen beschreibenden Formeln ein Kapitalertragsteuersatz auf Dividenden als Indifferenzsteuersatz berechnen:

(IV.5) $est_A + QuStD^* \times (1-est_A) + [gst+kst_{solz} \times (0,05-gst)] \times (1-est_A)$
$= est_A + QuStSG \times (1-est_A)$

$\Leftrightarrow \quad QuStD^* = QuStSG - [gst + kst_{solz} \times (0,05-gst)]$

Liegt der tatsächliche Kapitalertragsteuersatz für Dividenden über dem Indifferenzsteuersatz, belastet dies die Eigenfinanzierung stärker, sodass die atypisch stille Gesellschaft das vorzuziehende Finanzierungsinstrument darstellt. Dies bedeutet, dass die atypisch stille Gesellschaft immer dann Vorteile bringt, wenn

---

[483] Zusätzlich darf kein Anrechnungsüberhang bestehen, d.h. bei einem gegebenen Quellensteuersatz auf die Gewinnbeteiligung des stillen Gesellschafters, muss ein gewisser ausländischer Ertragsteuersatz unterschritten sein; siehe Tabelle III.4 (S. 157). Liegt der Ertragsteuersatz darüber ist auf die Ausführungen bei Bestehen eines Anrechnungsüberhangs zu verweisen.

der tatsächliche Quellensteuersatz bei stiller Gesellschaft den tatsächlichen Quellensteuersatz auf Dividenden maximal um den Summanden gst + $kst_{solz} \times (0,05-gst)$ aus Gleichung (IV.5) übersteigt. Der Summand variiert zwischen 12,28% und 16,04% (in Abhängigkeit eines gewerbesteuerlichen Hebesatzes zwischen 350% und 500%). Die atypisch stille Gesellschaft ist vorzuziehen, wenn

- aufgrund des nationalen Rechts keine Quellensteuer beim Gewinntransfer der stillen Gesellschaft erhoben wird oder

- eine Quellensteuer nach dem nationalen Recht erhoben wird und

  - die Quellensteuer durch die Zuordnung zum Dividendenartikel in gleicher Weise reduziert wird wie der Quellensteuersatz bei Eigenfinanzierung. Dies ist regelmäßig der Fall, da bei einer Beteiligungsquote von weniger als 10% immer nur der Regelsatz, nie aber der reduzierte Quellensteuersatz oder die Mutter-Tochter-Richtlinie Anwendung findet.

  - eine Zuordnung zum Zinsartikel erfolgt und der für Dividenden maßgebliche Steuersatz den für Zinsen um weniger als 12,28-16,04%-Punkte übersteigt. Die maximale Steuersatzdifferenz beträgt 15%-Punkte.

  - keine Beschränkung des Quellensteuersatzes bei stiller Gesellschaft erfolgt und der Satz nach nationalem Recht maximal 12,28-16,04%-Punkte über dem der Dividenden liegt.

Kommt es bei einer Beteiligungsquote von weniger als 10% bei der atypisch stillen Gesellschaft zu keinem Anrechnungsüberhang (Ausnahme), so ist als Indifferenzsteuersatz folgender ausländischer Ertragsteuersatz zu bestimmen:

(IV.6) $est_{A^*} + QuStD \times (1-est_{A^*}) + [gst+kst_{solz} \times (0,05-gst)] \times (1-est_{A^*})$
$= kst_{solz} - [est_{A^*}+QuStSG \times (1-est_{A^*})] \times solz$

$$\Leftrightarrow est_A^* = \frac{0,95 \times kst_{solz} - QuStD - gst \times (1-kst_{solz}) - QuStSG \times solz}{1 - 0,05 \times kst_{solz} - QuStD - gst \times (1-kst_{solz}) + solz \times (1-QuStSG)}$$

IV. Vorteilhaftigkeitsanalyse zwischen klassischer Finanzierung und stiller Gesellschaft

Tabelle IV.2: Indifferenzsteuersatz (est_A^*) zwischen Eigenfinanzierung bei gewerbesteuerlicher Portfoliobeteiligung und „Doppelbelastung" der atypisch stillen Gesellschaft ohne Anrechnungsüberhang (keine Refinanzierung)

QuStD	HS	Quellensteuersatz bei stiller Gesellschaft (QuStSG)					
		0%	5%	10%	15%	20%	25%
0%	350%	15,12%	14,87%	14,61%	14,36%	14,10%	13,85%
	400%	13,91%	13,65%	13,39%	13,13%	12,87%	12,60%
	450%	12,72%	12,46%	12,19%	11,92%	11,65%	11,38%
	500%	11,55%	11,28%	11,00%	10,73%	10,45%	10,17%
5%	350%	10,31%	10,02%	9,74%	9,46%	9,17%	8,89%
	400%	8,96%	8,67%	8,38%	8,09%	7,79%	7,49%
	450%	7,63%	7,33%	7,03%	6,73%	6,43%	6,12%
	500%	6,31%	6,01%	5,70%	5,39%	5,08%	4,76%
10%	350%	4,92%	4,60%	4,28%	3,96%	3,64%	3,32%
	400%	3,40%	3,08%	2,75%	2,42%	2,09%	1,75%
	450%	1,90%	1,57%	1,23%	0,89%	0,54%	0,20%
	500%	0,42%	0,07%	-0,28%	-0,63%	-0,98%	-1,34%

Legende:
Eigenfinanzierung ist immer vorteilhaft, da die Voraussetzung erfüllt sein muss, dass kein Anrechnungsüberhang entsteht, d.h. bei einem gegebenen Quellensteuersatz bei stiller Gesellschaft muss der tatsächliche ausländische Ertragsteuersatz unter einem gewissen Grenzwert liegen, siehe Tabelle III.4 (S. 157). Ist diese Voraussetzung erfüllt, so liegt der tatsächliche Ertragsteuersatz in den grau schraffierten Feldern auch unter dem Indifferenzsteuersatz, sodass die Eigenfinanzierung vorteilhaft ist.

Liegt der tatsächliche Steuersatz darüber, führt dies zu einer relativen Schlechterstellung der Eigenfinanzierung, sodass die atypisch stille Gesellschaft Vorteile bringt. Gleichung (IV.6) macht deutlich, dass der Indifferenzsteuersatz umso höher ist, je niedriger der Hebesatz der Gewerbesteuer sowie der ausländische Quellensteuersatz auf Dividenden und auf die Vergütung des Stillen sind. Zur Begründung der inversen Wirkungsrichtung der Einflussfaktoren sei auf die Ausführungen bei Vorliegen einer gewerbesteuerlichen Schachtelbeteiligung dieses Abschnitts verwiesen. Lediglich wirkt sich der Hebesatz bei einer Portfoliobeteiligung stärker aus, da die Dividende in voller Höhe der Gewerbesteuer unterliegt. Dies ist der Grund für die in Tabelle IV.2 dargestellten niedrigen Indifferenzsteuersätze für ausgewählte Werte der Einflussfaktoren. Tabelle IV.2

zeigt, dass ab einem Quellensteuersatz auf Dividenden von mindestens 5% bei jedem Hebesatz und bei jedem für die stille Gesellschaft maßgeblichen Quellensteuersatz der Indifferenzsteuersatz in allen untersuchten Ländern überschritten wird. Da bei einer gewerbesteuerlichen Portfoliobeteiligung weder die Mutter-Tochter-Richtlinie noch die DBA-Schachtelvergünstigung zu einer Reduktion der Quellensteuer führen, liegt der Quellensteuersatz auf Dividenden regelmäßig[484] über 5%, was bedeutet, dass die atypisch stille Gesellschaft stets vorzuziehen ist.[485]

1.1.2 Vergleich mit der Besteuerungsfolge „Schachtelfreistellung"

Resultiert aus den zufließenden Erträgen der stillen Beteiligung – unabhängig von deren Ausprägungsform – die Besteuerungsfolge „Schachtelfreistellung", so impliziert dies formelmäßig die gleiche Steuerbelastung wie bei der Besteuerungsfolge „Doppelbelastung" der atypisch stillen Gesellschaft bei Bestehen eines Anrechnungsüberhangs. Erstgenannte führt zu einer Steuerbelastung aus ausländischer Ertragsteuer, ggf. zuzüglich einer Quellensteuer auf den Gewinntransfer. Da die Einkünfte in Deutschland freigestellt sind, bleibt es bei dieser Steuerbelastung. Bei der zweitgenannten erfolgt aufgrund des Anrechnungsüberhangs keine Belastung mit Körperschaftsteuer und Solidaritätszuschlag sowie aufgrund der gewerbesteuerlichen Kürzungsvorschrift ebenfalls keine Belastung mit Gewerbesteuer, sodass es ebenfalls bei der Belastung mit ausländischen Steuern bleibt.[486] Zum Vergleich mit der Eigenfinanzierung kann deswegen mit der Maßgabe, dass die Voraussetzungen für einen Anrechnungsüberhang hier nicht zu gelten haben, auf die dortigen Ausführungen verwiesen werden.[487]

---

[484] Von den Ländern, bei denen die Möglichkeit besteht, dass es zu keinem Überhang kommt, liegt lediglich in der Slowakei der Quellensteuersatz mit 0% darunter, jedoch liegt der Ertragsteuersatz mit 19% stets über dem Indifferenzsteuersatz, sodass auch hier die stille Gesellschaft Vorteile bringen kann.

[485] Zusätzlich darf kein Anrechnungsüberhang bestehen, d.h. bei einem gegebenen Quellensteuersatz auf die Gewinnbeteiligung des stillen Gesellschafters, muss ein gewisser ausländischer Ertragsteuersatz unterschritten sein; siehe Tabelle III.4 (S. 157). Liegt der Ertragsteuersatz darüber ist auf die Ausführungen bei Bestehen eines Anrechnungsüberhangs zu verweisen.

[486] Siehe hierzu ausführlich Abschnitt III.4.1.2 (S. 156) zur „Doppelbelastung" bei atypisch stiller Gesellschaft und Abschnitt II.4.2 (S. 158) zur „Schachtelfreistellung".

[487] Siehe Abschnitt IV.1.1.1.2 (S. 168), insbesondere Gleichung (IV.3), die den Indifferenzsteuersatz bei Vorliegen einer gewerbesteuerlichen Schachteldividende beschreibt sowie Gleichung (IV.5), die den Indifferenzsteuersatz für den Fall beschreibt, dass keine Schachteldividende vorliegt.

IV. Vorteilhaftigkeitsanalyse zwischen klassischer Finanzierung und stiller Gesellschaft 175

1.1.3 Vergleich mit der Besteuerungsfolge „Eigenfinanzierung"

Zur Besteuerungsfolge „Eigenfinanzierung" kann es nur bei der typisch stillen Gesellschaft kommen, wenn die Voraussetzungen des § 8a KStG erfüllt sind und die Vergütung im Ausland nicht abzugsfähig ist. Sodann resultiert die gleiche Steuerbelastung wie bei klassischer Eigenfinanzierung, wobei lediglich die Quellensteuersätze voneinander abweichen können. Werden die beiden Steuerbelastungen gleichgesetzt, um einen Quellensteuersatz auf Dividenden als Indifferenzsteuersatz zu berechnen, stimmt dieser mit dem bei der typisch stillen Gesellschaft maßgeblichen Quellensteuersatz überein:

(IV.7) $est_A + QuStD^* \times (1-est_A) + 0,05 \times (1-est_A) \times ertst_I$
$= est_A + QuStSG \times (1-est_A) + 0,05 \times (1-est_A) \times ertst_I$

$\Leftrightarrow \quad QuStD^* = QuStSG$

Durch die typisch stille Gesellschaft können also nur Vorteile erzielt werden, wenn der bei ihr maßgebliche Quellensteuersatz unter dem für Zinsen liegt.

1.1.4 Vergleich mit der Besteuerungsfolge „Fremdfinanzierung"

1.1.4.1 Typisch stille Gesellschaft

An dieser Stelle wird die Vorteilhaftigkeit der stillen Gesellschaft lediglich für Länder bzw. Unternehmen untersucht, bei denen die Eigenfinanzierung die optimale klassische Finanzierungsform darstellt. Vorteile durch die stille Gesellschaft können sich somit nur dann ergeben, wenn die stille Gesellschaft zu einer Steuerbelastung führt, die niedriger ist als die Steuerbelastung bei Fremdfinanzierung. Bei der typisch stillen Gesellschaft resultiert aus der Besteuerungsfolge „Fremdfinanzierung" die gleiche Steuerbelastung wie bei der klassischen Fremdfinanzierung mit der Maßgabe, dass Quellensteuersätze in unterschiedlicher Höhe einschlägig sein können.[488] Hinsichtlich der Frage, ob es durch die verschiedenen Quellensteuersätze zu einer geringeren Steuerlast als bei der Fremdfinanzierung und dadurch zu Vorteilen der typisch stillen Gesellschaft im Vergleich zur Eigenfinanzierung kommen kann, ist zu differenzieren, ob bei der stillen Gesellschaft Anrechnungsüberhänge bestehen.

---

[488] Siehe Abschnitt III.4.4.1 (S. 160).

Entsteht bei der typisch stillen Gesellschaft ein Anrechnungsüberhang, weil eine Kapitalertragsteuer von über 25% anfällt, kommt es stets zu einer höheren Steuerbelastung als bei der klassischen Fremdfinanzierung und damit auch als bei der klassischen Eigenfinanzierung. Bei der klassischen Fremdfinanzierung können keine Überhänge anfallen, weil der Quellensteuersatz stets unter 25% liegt. Bei der stillen Gesellschaft ist die Steuerbelastung höher, weil der Teil der nicht anrechenbaren Steuern berücksichtigt werden muss. Durch die typisch stille Gesellschaft können somit keine Vorteile erzielt werden.

Entsteht kein Anrechnungsüberhang, wird auf den Gewinntransfer an den stillen Gesellschafter also eine Kapitalertragsteuer von maximal 25% erhoben, können durch die typisch stille Gesellschaft keine Vorteile erzielt werden, wenn der bei ihr maßgebliche Quellensteuersatz maximal so hoch ist wie der Quellensteuersatz auf Zinsen bei Fremdfinanzierung. In beiden Fällen kann die Quellensteuer in voller Höhe angerechnet werden. Jedoch ist im Fall von niedrigeren Quellensteuersätzen aufgrund einer geringeren Reduktion des Solidaritätszuschlags durch die Anrechnung die Steuerbelastung bei der stillen Gesellschaft noch höher als bei der Fremdfinanzierung und damit auch als bei der Eigenfinanzierung.

Liegt der Quellensteuersatz bei der stillen Gesellschaft über dem für Zinsen, so führt dies bei der stillen Gesellschaft zu einer stärkeren Entlastung beim Solidaritätszuschlag, wodurch die stille Gesellschaft nicht nur im Vergleich zur Fremdfinanzierung, sondern auch im Vergleich zur Eigenfinanzierung Vorteile erlangen kann. In einer Situation, in der bei der typisch stillen Gesellschaft keine Anrechnungsüberhänge möglich sind, beträgt die Quellensteuersatzdifferenz maximal 25%, wodurch sich aus der Multiplikation mit dem Solidaritätszuschlag ein maximaler Vorteil der stillen Gesellschaft von 1,38%-Punkten ergeben kann. Bei Ländern, in denen die Vorteilhaftigkeit zwischen klassischer Eigen- und Fremdfinanzierung sehr knapp, d.h. um weniger als 1,38%-Punkte, zugunsten der Eigenfinanzierung ausgefallen ist, muss deshalb untersucht werden, ob sich durch die typisch stille Gesellschaft Vorteile ergeben können.

Beim Vorliegen einer gewerbesteuerlichen Schachtelbeteiligung errechnet sich folgender Indifferenzsteuersatz, bei dessen Unterschreiten durch den tatsächli-

IV. Vorteilhaftigkeitsanalyse zwischen klassischer Finanzierung und stiller Gesellschaft

chen ausländischen Ertragsteuersatz die Eigenfinanzierung der stillen Gesellschaft vorzuziehen ist:[489]

$$(\text{IV.8}) \quad \text{est}_{A^*} = \frac{0{,}95 \times \text{ertst}_I - \text{QuStD} - \text{QuStSG} \times \text{solz}}{1 - 0{,}05 \times \text{ertst}_I - \text{QuStD}}$$

Tabelle IV.3: **Indifferenzsteuersatz (est$_A^*$) in % zwischen Eigenfinanzierung bei gewerbesteuerlichem Schachtelprivileg und „Fremdfinanzierung" der typisch stillen Gesellschaft ohne Anrechnungsüberhang (keine Refinanzierung)**

Hebe-satz	Kapitalertragsteuer auf Dividenden											
	0%		5%		10%		15%		20%		25%	
	SG 0%	SG 25%	SG 0%	SG 25%	SG 0%	SG 25%	SG 0%	SG 25%	SG 0%	SG 25%	SG 0%	SG 25%
350%	36,15	34,75	32,72	31,24	28,90	27,34	24,63	22,97	19,80	18,04	14,32	12,44
375%	36,80	35,40	33,40	31,93	29,63	28,06	25,39	23,74	20,61	18,85	15,18	13,30
400%	37,44	36,03	34,08	32,60	30,33	28,77	26,14	24,48	21,41	19,65	16,03	14,15
425%	38,06	36,66	34,73	33,26	31,03	29,46	26,87	25,22	22,19	20,43	16,86	14,98
450%	38,67	37,27	35,38	33,90	31,71	30,14	27,59	25,94	22,95	21,19	17,67	15,79
475%	39,28	37,87	36,01	34,53	32,37	30,81	28,30	26,64	23,70	21,94	18,47	16,59
500%	39,86	38,46	36,63	35,15	33,03	31,46	28,99	27,33	24,43	22,67	19,25	17,37

Aus der Analyse der in Tabelle IV.3 dargestellten Indifferenzsteuersätze lässt sich ableiten, dass es in Estland, Frankreich, Griechenland, Kanada, Portugal, Slowenien und Tschechien in Abhängigkeit des Hebesatzes und des Quellensteuersatzes bei typisch stiller Gesellschaft zu Vorteilen kommen kann, falls die Besteuerungsfolge „Fremdfinanzierung" eintritt, denn je nach Ausprägung dieser Einflussgrößen liegt der Ertragsteuersatz über oder unter dem Indifferenzsteuersatz. Bei allen anderen Ländern liegt er darunter, sodass die Eigenfinanzierung stets vorzuziehen ist.

Liegt eine gewerbesteuerliche Portfoliobeteiligung vor, so stellt lediglich in Lettland und der Slowakei die Eigenfinanzierung die optimale klassische Finan-

---

[489] Die Ergebnisse aus Abschnitt II.4.1 (S. 44) können analog übernommen werden.

zierungsform dar.[490] Jedoch fällt die Vorteilhaftigkeit gegenüber der Fremdfinanzierung eindeutig aus, d.h. die Steuerbelastung der Eigenfinanzierung liegt mindestens 1,38%-Punkte unter derjenigen der Fremdfinanzierung. Durch einen höheren Quellensteuersatz auf die Vergütung aus der stillen Gesellschaft als auf Zinsen bei der Fremdfinanzierung kann sich bei der stillen Gesellschaft lediglich eine um 1,38%-Punkte niedrigere Steuerbelastung als bei der Fremdfinanzierung ergeben. Somit ist die stille Gesellschaft noch schlechter als die Eigenfinanzierung.

1.1.4.2 Atypisch stille Gesellschaft

Führt die atypisch stille Gesellschaft zur Besteuerungsfolge „Fremdfinanzierung" ist im Vergleich mit der Eigenfinanzierung zunächst danach zu unterscheiden, ob bei dieser eine gewerbesteuerliche Schachtelbeteiligung vorliegt. Weiterhin muss differenziert werden, ob bei der stillen Gesellschaft Anrechnungsüberhänge entstehen. Kein Anrechnungsüberhang entsteht, wenn der bei der stillen Gesellschaft maßgebliche Quellensteuersatz maximal 25% beträgt (Regelfall). Liegt er über 25%, entsteht ein Überhang (Ausnahmefall). Aus den zu bildenden Vergleichspaaren müssen vier Indifferenzsteuersätze berechnet werden, bei dessen Überschreiten durch den ausländischen Ertragsteuersatz die atypisch stille Gesellschaft der Eigenfinanzierung vorzuziehen ist.

Sind bei der Eigenfinanzierung die Voraussetzungen für eine gewerbesteuerliche Schachteldividende gegeben, so errechnen sich folgende Indifferenzsteuersätze:

- kein Überhang (Regelfall)

(IV.9) $\text{est}_A + \text{QuStD} \times (1-\text{est}_A) + 0{,}05 \times (1-\text{est}_A) \times \text{ertst}_I = \text{kst}_{\text{solz}} - \text{QuStSG} \times \text{solz}$

$\Leftrightarrow \quad \text{est}_A^* = \dfrac{\text{kst}_{\text{solz}} - \text{QuStD} - 0{,}05 \times \text{ertst}_I - \text{QuStSG} \times \text{solz}}{1 - \text{QuStD} - 0{,}05 \times \text{ertst}_I}$

- Überhang (Ausnahmefall)

(IV.10) $\text{est}_{A^*} + \text{QuStD} \times (1-\text{est}_{A^*}) + 0{,}05 \times (1-\text{est}_{A^*}) \times \text{ertst}_I = \text{QuStSG}$

$\Leftrightarrow \quad \text{est}_A^* = \dfrac{\text{QuStSG} - \text{QuStD} - 0{,}05 \times \text{ertst}_I}{1 - \text{QuStD} - 0{,}05 \times \text{ertst}_I}$

---

[490] Siehe Abschnitt II.5.2.1 (S. 79).

Tabelle IV.4: Indifferenzsteuersatz (est$_A^*$) zwischen Eigenfinanzierung bei gewerbesteuerlichem Schachtelprivileg und „Fremdfinanzierung" der atypisch stillen Gesellschaft (keine Refinanzierung)

QuStD	HS	Quellensteuersatz bei stiller Gesellschaft (QuStSG)						
		0%	5%	10%	15%	20%	25%	30%
		kein Überhang						Überhang
0%	350%	24,97%	24,69%	24,41%	24,13%	23,85%	23,57%	28,67%
	500%	24,83%	24,55%	24,27%	23,99%	23,71%	23,43%	28,53%
5%	350%	20,95%	20,65%	20,36%	20,06%	19,77%	19,47%	24,84%
	500%	20,79%	20,49%	20,19%	19,90%	19,60%	19,31%	24,69%
10%	350%	16,46%	16,15%	15,84%	15,53%	15,21%	14,90%	20,57%
	500%	16,28%	15,97%	15,66%	15,34%	15,03%	14,72%	20,40%
15%	350%	11,44%	11,11%	10,78%	10,44%	10,11%	9,78%	15,80%
	500%	11,24%	10,90%	10,57%	10,24%	9,91%	9,58%	15,61%
20%	350%	5,77%	5,42%	5,07%	4,71%	4,36%	4,01%	10,41%
	500%	5,54%	5,19%	4,84%	4,48%	4,13%	3,78%	10,19%
25%	350%	-0,67%	-1,05%	-1,42%	-1,80%	-2,18%	-2,55%	4,28%
	500%	-0,93%	-1,31%	-1,69%	-2,06%	-2,44%	-2,82%	4,04%

Tabelle IV.4 zeigt Indifferenzsteuersätze für ausgewählte Werte der Einflussgrößen. Hierbei handelt es sich um den Hebesatz sowie die Quellensteuersätze auf Dividenden und auf die Vergütung aus der stillen Beteiligung. Bezüglich des inversen Zusammenhangs zwischen den Einflussgrößen und dem Indifferenzsteuersatz kann grundsätzlich auf die entsprechenden Ausführungen zur atypisch stillen Gesellschaft bei der Besteuerungsfolge „Doppelbelastung" verwiesen werden.[491] Kommt es zu keinem Überhang, stimmt sowohl bei der Besteuerungsfolge „Doppelbelastung" als auch bei „Fremdfinanzierung" der atypisch stillen Gesellschaft die Gesamtsteuerbelastung mit dem inländischen Körperschaftsteuersatz überein. Zusätzlich ist die Minderung des Solidaritätszuschlags durch die Anrechnung der ausländischen Steuern zu berücksichtigen. Hierbei

---

[491] Siehe Abschnitt IV.1.1.1.2 (S. 168).

führt die Besteuerungsfolge „Fremdfinanzierung" zu einer geringeren Entlastung, da im Ausland lediglich Quellensteuer anfällt, die angerechnet werden kann. Diese geringfügig höhere Steuerbelastung der Besteuerungsfolge „Fremdfinanzierung" ist die Ursache für die etwas niedrigeren Indifferenzsteuersätze. Die niedrigen Indifferenzsteuersätze belegen, dass diese bereits bei einem Kapitalertragsteuersatz auf Dividenden von 0% nur von einigen osteuropäischen Ländern und Irland unterschritten werden, sodass die atypisch stille Gesellschaft zumeist vorzuziehen ist. Ab einem Quellensteuersatz von 15% ist sie in allen untersuchten Ländern vorzuziehen.

Entsteht ein Überhang, entfallen bei der Besteuerungsfolge „Fremdfinanzierung" zwar die inländische Körperschaftsteuer und der Solidaritätszuschlag, stattdessen kommt die höhere ausländische Quellensteuer voll zum Tragen, wodurch der Indifferenzsteuersatz steigt und die atypisch stille Gesellschaft weniger attraktiv wird.

Liegt eine gewerbesteuerliche Portfoliobeteiligung vor, so lässt sich die Vorteilhaftigkeit aus folgenden Indifferenzsteuersätzen ableiten:

- kein Überhang (Regelfall)

(IV.11) $est_{A^*} + QuStD \times (1-est_{A^*}) + [gst+kst_{solz} \times (0{,}05-gst)] \times (1-est_A)$
$= kst_{solz} - QuStSG \times solz$

$\Leftrightarrow \quad est_A^* = \dfrac{0{,}95 \times kst_{solz} - QuStD - gst \times (1 - kst_{solz}) - QuStSG \times solz}{1 - 0{,}05 \times kst_{solz} - QuStD - gst \times (1 - kst_{solz})}$

- Überhang (Ausnahmefall)

(IV.12) $est_{A^*} + QuStD \times (1-est_{A^*}) + [gst+kst_{solz} \times (0{,}05-gst)] \times (1-est_A)$
$= QuStSG$

$\Leftrightarrow \quad est_A^* = \dfrac{QuStSG - QuStD - 0{,}05 \times kst_{solz} - gst \times (1 - kst_{solz})}{1 - 0{,}05 \times kst_{solz} - QuStD - gst \times (1 - kst_{solz})}$

Auch bei einer gewerbesteuerlichen Portfoliodividende gilt das bisher Gesagte, wobei zu berücksichtigen ist, dass aufgrund der vollen gewerbesteuerlichen Erfassung der Dividende die Vorteilhaftigkeit der Eigenfinanzierung und damit des Indifferenzsteuersatzes weiter sinkt. Die konkreten Werte sind in Tabelle IV.5 (S. 181) dargestellt.

IV. Vorteilhaftigkeitsanalyse zwischen klassischer Finanzierung und stiller Gesellschaft

Tabelle IV.5: Indifferenzsteuersatz (est$_A^*$) zwischen Eigenfinanzierung bei gewerbesteuerlicher Portfoliobeteiligung und „Fremdfinanzierung" der atypisch stillen Gesellschaft (keine Refinanzierung)

QuStD	HS	Quellensteuersatz bei stiller Gesellschaft (QuStSG)						
		0%	5%	10%	15%	20%	25%	30%
		kein Überhang						Überhang
0%	350%	16,06%	15,75%	15,44%	15,12%	14,81%	14,50%	20,20%
	400%	14,80%	14,48%	14,16%	13,84%	13,52%	13,20%	18,99%
	450%	13,54%	13,22%	12,90%	12,57%	12,25%	11,93%	17,80%
	500%	12,31%	11,98%	11,65%	11,32%	11,00%	10,67%	16,62%
5%	350%	10,99%	10,66%	10,33%	9,99%	9,66%	9,33%	15,37%
	400%	9,56%	9,23%	8,89%	8,55%	8,21%	7,87%	14,02%
	450%	8,15%	7,81%	7,46%	7,12%	6,78%	6,44%	12,67%
	500%	6,75%	6,40%	6,06%	5,71%	5,36%	5,01%	11,34%
10%	350%	5,26%	4,91%	4,56%	4,20%	3,85%	3,49%	9,93%
	400%	3,65%	3,29%	2,93%	2,57%	2,21%	1,85%	8,39%
	450%	2,04%	1,67%	1,31%	0,94%	0,58%	0,21%	6,86%
	500%	0,45%	0,08%	-0,30%	-0,67%	-1,04%	-1,41%	5,35%

In den untersuchten Ländern stellt bei einer gewerbesteuerlichen Schachteldividende lediglich in Lettland (est$_A$ = 15%; QuStD = 10%) und der Slowakei (est$_A$ = 19%; QuStD = 0%) die Eigenfinanzierung die optimale klassische Finanzierungsform dar. Beim maßgeblichen Quellensteuersatz auf Dividenden liegt der Ertragsteuersatz über dem Indifferenzsteuersatz, sodass durch die atypisch stille Gesellschaft Vorteile bei der Besteuerungsfolge „Fremdfinanzierung" erzielt werden können.[492]

1.1.5 Vergleich mit der Besteuerungsfolge „weiße Einkünfte"

Führt die stille Gesellschaft zur Besteuerungsfolge „weiße Einkünfte", so entsteht formelmäßig die gleiche Steuerbelastung wie bei der Besteuerungsfolge

---

[492] In der Slowakei nur, wenn der Quellensteuersatz bei stiller Gesellschaft 25% nicht übersteigt.

„Fremdfinanzierung" der atypisch stillen Gesellschaft bei Bestehen eines Anrechnungsüberhangs. In beiden Fällen entspricht die Gesamtsteuerbelastung der Quellensteuer, die auf die an den Stillen ausbezahlte Gewinnbeteiligung erhoben wird. Somit kann zum Vergleich mit der Eigenfinanzierung auf die dortigen Formeln verwiesen werden, die den ausländischen Ertragsteuersatz als Indifferenzsteuersatz abbilden.[493] Hierbei gilt es zu beachten, dass auch Quellensteuersätze auf die Gewinnbeteiligung des Stillen von unter 25% möglich sind. Je niedriger dieser ausfällt, desto niedriger wird auch der Indifferenzsteuersatz.

Tabelle IV.6: Indifferenzsteuersatz (est_A^*) zwischen Eigenfinanzierung bei gewerbesteuerlichem Schachtelprivileg und „weiße Einkünfte" bei stiller Gesellschaft (keine Refinanzierung)

QuStD	HS	\multicolumn{7}{c}{Quellensteuersatz bei stiller Gesellschaft (QuStSG)}						
		0%	5%	10%	15%	20%	25%	30%
0%	350%	-1,90%	3,19%	8,29%	13,38%	18,48%	23,57%	28,67%
	500%	-2,10%	3,01%	8,11%	13,22%	18,32%	23,43%	28,53%
5%	350%	-7,37%	-2,00%	3,36%	8,73%	14,10%	19,47%	24,84%
	500%	-7,59%	-2,21%	3,17%	8,55%	13,93%	19,31%	24,69%
10%	350%	-13,46%	-7,79%	-2,12%	3,55%	9,23%	14,90%	20,57%
	500%	-13,71%	-8,02%	-2,34%	3,35%	9,03%	14,72%	20,40%
15%	350%	-20,29%	-14,27%	-8,26%	-2,25%	3,77%	9,78%	15,80%
	500%	-20,56%	-14,53%	-8,51%	-2,48%	3,55%	9,58%	15,61%
20%	350%	-27,99%	-21,59%	-15,19%	-8,79%	-2,39%	4,01%	10,41%
	500%	-28,30%	-21,88%	-15,47%	-9,05%	-2,64%	3,78%	10,19%
25%	350%	-36,74%	-29,90%	-23,06%	-16,23%	-9,39%	-2,55%	4,28%
	500%	-37,09%	-30,24%	-23,38%	-16,53%	-9,67%	-2,82%	4,04%

Die in Tabelle IV.6 dargestellten Indifferenzsteuersätze bei Vorliegen einer gewerbesteuerlichen Schachtelbeteiligung machen deutlich, dass mit Ausnahme von Irland die stille Gesellschaft in jedem der untersuchten Länder Vorteile aufweisen kann, wenn der bei stiller Gesellschaft maßgebliche Steuersatz maxi-

---

[493] Siehe Abschnitt IV.1.1.4.2 (S. 178), Gleichung (IV.10) bei Vorliegen einer gewerbesteuerlichen Schachteldividende und Gleichung (IV.12) bei einer Portfoliodividende.

mal 15% beträgt. In diesem Fall übersteigt der Ertragsteuersatz nämlich immer den Indifferenzsteuersatz. Liegt er über 15%, kann er in einigen Ländern unterschritten werden und somit die Eigenfinanzierung vorteilhaft sein. Praktische dürfte dieser Fall jedoch unbedeutend sein, denn für die Vorteilhaftigkeit der Eigenfinanzierung muss der ausländische Ertragsteuersatz stets den für die stille Gesellschaft maßgeblichen Quellensteuersatz unterschreiten. In der Realität hingegen sind bei Quellensteuern zumeist Steuersätze anzutreffen, die unter den regulären Ertragsteuersätzen liegen, da die Quellensteuer im Vergleich zur Veranlagung auf Bruttobasis erhoben wird.[494]

Tabelle IV.7: **Indifferenzsteuersatz (est$_A^*$) zwischen Eigenfinanzierung bei gewerbesteuerlicher Portfoliobeteiligung und „weiße Einkünfte" bei stiller Gesellschaft (keine Refinanzierung)**

		Quellensteuersatz bei stiller Gesellschaft (QuStSG)						
QuStD	HS	0%	5%	10%	15%	20%	25%	30%
0%	350%	-14,00%	-8,30%	-2,60%	3,10%	8,80%	14,50%	20,20%
	500%	-19,11%	-13,15%	-7,20%	-1,24%	4,71%	10,67%	16,62%
5%	350%	-20,90%	-14,85%	-8,81%	-2,76%	3,28%	9,33%	15,37%
	500%	-26,65%	-20,32%	-13,99%	-7,65%	-1,32%	5,01%	11,34%
10%	350%	-28,67%	-22,24%	-15,81%	-9,37%	-2,94%	3,49%	9,93%
	500%	-35,22%	-28,45%	-21,69%	-14,93%	-8,17%	-1,41%	5,35%

Die in Tabelle IV.7 dargestellten Indifferenzsteuersätze verdeutlichen, dass nur in extremen Ausnahmefällen die Eigenfinanzierung bei Vorliegen eine gewerbesteuerlichen Portfoliobeteiligung günstiger sein kann als die stille Gesellschaft bei der Besteuerungsfolge „weiße Einkünfte". Ein solcher Ausnahmefall kann in den untersuchten Ländern nicht vorkommen.

1.2 Fremdfinanzierung als optimale klassische Finanzierung

Stellt die Fremdfinanzierung die optimal klassische Finanzierungsform dar, so muss jede Steuerbelastung, die aus der stillen Gesellschaft resultieren kann, mit

---

[494] Vgl. Schaumburg, H., Internationales, 1998, Rz. 15.82.

der Steuerbelastung bei Fremdfinanzierung verglichen werden.[495] Aufgrund der Tatsache, dass bei der Fremdfinanzierung aus dem Eigenkapital der Muttergesellschaft die ausländische Quellensteuer in voller Höhe angerechnet werden kann, führt die Fremdfinanzierung immer zu *einer* Steuerbelastung, sodass jeweils nur *ein* Vergleichspaar zu bilden ist.[496] Die die möglichen Steuerbelastungen der stillen Gesellschaft beschreibenden Formeln sindTabelle III.7 (S. 163) und die die Steuerbelastung der Fremdfinanzierung beschreibend Formel ist Tabelle II.9 (S. 44) zu entnehmen.

Immer wenn die Vergütung aus der stillen Gesellschaft als Fremdkapital angesehen wird (Besteuerungsfolgen „Fremdfinanzierung" und „weiße Einkünfte"), kann der Ertragsteuersatz nicht als Indifferenzsteuersatz dienen, da beide zu vergleichenden Finanzierungsalternativen aufgrund der Abzugsfähigkeit nicht mit ausländischer Ertragsteuer belastet sind. In diesen Fällen übernimmt der Quellensteuersatz diese Funktion.

1.2.1 Vergleich mit der Besteuerungsfolge „Doppelbelastung"

1.2.1.1 Typisch stille Gesellschaft

Führt die typisch stille Gesellschaft zur Besteuerungsfolge „Doppelbelastung", können im Vergleich zur Fremdfinanzierung keine Vorteile erzielt werden. Da die Vergütung des stillen Gesellschafters im Gegensatz zu den Zinsen bei Fremdfinanzierung im Ausland nicht abzugsfähig ist, führt dies zu einer erheblichen Mehrbelastung der stillen Gesellschaft mit ausländischer Ertragsteuer. Die Quellensteuern beider Finanzierungsalternativen fallen aufgrund der Anrechnung im Inland weniger ins Gewicht. Im Inland unterliegen sowohl die Zinsen als auch die Einkünfte aus der stillen Gesellschaft der regulären Ertragsbesteuerung abzüglich der durch die Anrechnung der ausländischen Quellensteuern verursachten Minderung des Solidaritätszuschlags. Bei einer maximalen Differenz der beiden Quellensteuersätze von 25% können hinsichtlich der Besteuerung im Inland zwischen den beiden Finanzierungsalternativen maximale Belastungsunterschiede i.H.v. 1,38%-Punkten auftreten.[497] Die geringen Besteue-

---

[495] Siehe Tabelle III.7 (S. 163) zu den Steuerbelastungen der stillen Gesellschaft und Tabelle II.9 S. 39) zur Steuerbelastung bei Fremdfinanzierung.
[496] Siehe Abschnitt II.3.2 (S. 39).
[497] Siehe Abschnitt IV.1.1.4.1 (S. 175).

rungsdifferenzen im Inland können den Nachteil der stillen Gesellschaft durch die Belastung mit ausländischer Ertragsteuer nicht ausgleichen, sodass die daraus erzielten Einkünfte immer höher belastet sind als die Zinsen.

1.2.1.2 Atypisch stille Gesellschaft

Beim Vergleich mit der Besteuerungsfolge „Doppelbelastung" der atypisch stillen Gesellschaft ist zu unterscheiden, ob diese zu einem Anrechnungsüberhang führt.[498]

Entsteht ein Anrechnungsüberhang (Regelfall), so errechnet sich folgender Indifferenzsteuersatz:

(IV.13) $\text{ertst}_I - \text{solz} \times \text{QuStZ} = \text{est}_A + \text{QuStSG} \times (1-\text{est}_A)$

$\Leftrightarrow \quad \text{est}_A{}^* = \dfrac{\text{ertst}_I - \text{QuStSG} - \text{solz} \times \text{QuStZ}}{1 - \text{QuStSG}}$

Liegt der tatsächliche ausländische Ertragsteuersatz darunter, so sind die Einkünfte aus der stillen Gesellschaft niedriger belastet, da nur diese den Ertragsteuern unterliegen, nicht jedoch die Zinsen bei Fremdfinanzierung. Somit ist die stille Gesellschaft die vorzuziehende Finanzierungsalternative. Der Indifferenzsteuersatz ist umso höher, je niedriger der Quellensteuersatz auf die Einkünfte des Stillen sowie auf Zinsen und je höher der inländische Ertragsteuersatz – folglich der Hebesatz der Gewerbesteuer – ausfällt.

Die in Tabelle IV.8 (S. 186) dargestellten Indifferenzsteuersätze belegen, dass nur bei extremen Werten eindeutige Aussagen über die Vorteilhaftigkeit getroffen werden können. Wird auf die Einkünfte aus der stillen Gesellschaft keine Quellensteuer erhoben, etwa weil die atypisch stille Gesellschaft im Ausland intransparent besteuert wird, so liegt – mit Ausnahme von Japan und den USA – unabhängig vom Hebesatz in jedem der untersuchten Länder der tatsächlichen Ertragsteuersatz unter dem Indifferenzsteuersatz, sodass die stille Gesellschaft die vorzuziehende Finanzierungsalternative darstellt. Wird hingegen eine Quellensteuer von 30% erhoben, so kann der Indifferenzsteuersatz nur noch von Ir-

---

[498] Zu den Voraussetzungen für das Vorliegen eines Anrechnungsüberhangs siehe Abschnitt III.4.1.2 (S. 156), insbesondere Tabelle III.4 (S. 157).

land und Litauen unterschritten werden, d.h. für die übrigen Länder kann die stille Gesellschaft keine Vorteile mehr bringen.[499]

Tabelle IV.8: Indifferenzsteuersatz (est$_A^*$) in % zwischen Fremdfinanzierung und „Doppelbelastung" bei atypisch stiller Gesellschaft und Anrechnungsüberhang (keine Refinanzierung)

Hebe-satz	Kapitalertragsteuer bei stiller Gesellschaft													
	0%		5%		10%		15%		20%		25%		30%	
	Zins		Zins		Zins		Zins		Zins		Zins		Zins	
	0%	10%	0%	10%	0%	10%	0%	10%	0%	10%	0%	10%	0%	10%
350%	37,34	36,79	34,04	33,46	30,38	29,77	26,28	25,64	21,68	20,99	16,45	15,72	10,49	9,70
375%	38,00	37,45	34,74	34,16	31,11	30,50	27,06	26,41	22,50	21,81	17,33	16,60	11,43	10,64
400%	38,65	38,10	35,42	34,84	31,83	31,22	27,82	27,17	23,31	22,62	18,19	17,46	12,35	11,57
425%	39,28	38,73	36,08	35,50	32,53	31,92	28,56	27,92	24,10	23,41	19,04	18,30	13,25	12,47
450%	39,90	39,35	36,73	36,16	33,22	32,61	29,29	28,64	24,87	24,18	19,86	19,13	14,14	13,35
475%	40,51	39,96	37,37	36,79	33,89	33,28	30,01	29,36	25,63	24,94	20,67	19,94	15,01	14,22
500%	41,10	40,55	38,00	37,42	34,56	33,94	30,71	30,06	26,38	25,69	21,47	20,73	15,86	15,07
500%	41,10	40,55	38,00	37,42	34,56	33,94	30,71	30,06	26,38	25,69	21,47	20,73	10,49	9,70

Entsteht bei der atypisch stillen Gesellschaft kein Anrechnungsüberhang (Ausnahme), so ist die atypisch stille Gesellschaft stets die günstigere Finanzierungsalternative. In diesem Fall sind die Einkünfte aus beiden Finanzierungsalternativen mit inländischer Körperschaftsteuer zzgl. des durch die Anrechnung der ausländischen Steuern geminderten Solidaritätszuschlags belastet. Bei der stillen Gesellschaft fällt die Minderung stets größer aus, weil neben den Quellensteuern noch die Ertragsteuer angerechnet wird. Während es bei der stillen Gesellschaft bei dieser Belastung bleibt, ist bei der Fremdfinanzierung noch die Gewerbesteuer zu berücksichtigen.

1.2.2 Vergleich mit der Besteuerungsfolge „Schachtelfreistellung"

Führt die typisch oder atypisch stille Gesellschaft zu der Besteuerungsfolge „Schachtelfreistellung", so entsteht formelmäßig die gleiche Belastung wie bei

---

[499] Auch von Lettland wird der Indifferenzsteuersatz unterschritten, jedoch stellt hier stets die Eigenfinanzierung die optimal klassische Finanzierungsform dar.

der Besteuerungsfolge „Doppelbelastung" der atypisch stillen Gesellschaft bei Bestehen eines Anrechnungsüberhangs.[500] Somit kann bezüglich des Indifferenzsteuersatzes und dessen Ausprägung auf die dortigen Ausführungen verwiesen werden,[501] mit der Maßgabe, dass die Bedingungen an das Vorliegen eines Anrechnungsüberhangs hier nicht gegeben sein müssen. Ebenso ist zu berücksichtigen, dass bei der typisch stillen Gesellschaft ein anderer Quellensteuersatz Anwendung finden kann.

1.2.3 Vergleich mit der Besteuerungsfolge „Eigenfinanzierung"

Resultiert bei der typisch stillen Gesellschaft die Besteuerungsfolge „Eigenfinanzierung", weil die Vergütung in den Anwendungsbereich des § 8a KStG fällt, stimmt die Steuerbelastung mit dem Unterschied, dass abweichende Quellensteuersätze relevant sein können, genau mit der Steuerbelastung bei klassischer Fremdfinanzierung überein. Deshalb kann zum Vergleich mit der Fremdfinanzierung auf die Ausführungen, die die klassischen Finanzierungsformen vergleichen, verwiesen werden, wobei aufgrund der Mindestbeteiligung von 25% lediglich eine gewerbesteuerliche Schachtelbeteiligung vorliegen kann.[502] Es errechnet sich folgender Indifferenzsteuersatz:

$$(IV.14) \quad est_{A^*} = \frac{0{,}95 \times erst_I - QuStSG - solz \times QuStZ}{1 - 0{,}05 \times erst_I - QuStSG}$$

In Tabelle IV.9 (S. 188) sind die Indifferenzsteuersätze dargestellt, bei dessen Unterschreiten durch den tatsächlichen ausländischen Ertragsteuersatz die Besteuerungsfolge „Eigenfinanzierung" bei der typisch stillen Gesellschaft der klassischen Fremdfinanzierung vorzuziehen ist.

---

[500] Siehe hierzu Abschnitt IV.1.1.2 (S. 174).
[501] Siehe Abschnitt IV.1.2.1.2 (S. 185), insbesondere Gleichung (IV.13) und Tabelle IV.8 (S. 186).
[502] Siehe Abschnitt II.4.1 (S. 44), insbesondere Gleichung (II.1).

Tabelle IV.9: Indifferenzsteuersatz (est_A^*) in % zwischen Fremdfinanzierung und „Eigenfinanzierung" der typisch stillen Gesellschaft (keine Refinanzierung)

Hebe-satz	Kapitalertragsteuer bei stiller Gesellschaft										
	0%		5%		10%		15%		20%		25%
	Zins		Zins		Zins		Zins		Zins		Zins
	0%	10%	0%	10%	0%	10%	0%	10%	0%	10%	0%	10%
350%	36,15	35,59	32,72	32,13	28,90	28,28	24,63	23,97	19,80	19,10	14,32	13,57
375%	36,80	36,24	33,40	32,81	29,63	29,00	25,39	24,73	20,61	19,91	15,18	14,43
400%	37,44	36,88	34,08	33,48	30,33	29,71	26,14	25,48	21,41	20,70	16,03	15,28
425%	38,06	37,50	34,73	34,14	31,03	30,40	26,87	26,21	22,19	21,48	16,86	16,11
450%	38,67	38,11	35,38	34,79	31,71	31,08	27,59	26,93	22,95	22,25	17,67	16,92
475%	39,28	38,71	36,01	35,42	32,37	31,75	28,30	27,63	23,70	22,99	18,47	17,72
500%	39,86	39,30	36,63	36,04	33,03	32,40	28,99	28,33	24,43	23,73	19,25	18,50

Bei einer Beteiligungsquote von mindestens 25% ist in den untersuchten Ländern lediglich in Australien (est_A = 30%; QuStZ = 10%), Japan (est_A = 41,33%; QuStZ = 10%), Kanada (est_A = 34,12%; QuStZ = 10%) und den USA (est_A = 36,68%; QuStZ = 0%) die Fremdfinanzierung die optimale klassische Finanzierungsform.[503]

Tabelle IV.10: Vorteilhaftigkeitsvergleich zwischen Besteuerungsfolge „Eigenfinanzierung" bei stiller Gesellschaft und Fremdfinanzierung

	stille Gesellschaft stets vorteilhaft	vorteilhafte Finanzierungsform unbestimmt	Fremdfinanzierung stets vorteilhaft
Australien	QuStSG ≤ 5%	QuStSG = 10%	QuStSG > 10%
Japan	nie	nie	immer
Kanada	QuStSG = 0%	QuStSG = 5%	QuStSG ≥ 10%
USA	nie	QuStSG = 0%	QuStSG ≥ 5%

Tabelle IV.10 zeigt unter welchen Voraussetzungen an den Quellensteuersatz bei stiller Gesellschaft diese gegenüber der Fremdfinanzierung zu Vorteilen führen kann, falls die Besteuerungsfolge „Eigenfinanzierung" eintritt.

1.2.4 Vergleich mit der Besteuerungsfolge „Fremdfinanzierung"

1.2.4.1 Typisch stille Gesellschaft

Führt die typisch stille Gesellschaft zur Besteuerungsfolge „Fremdfinanzierung", können im Vergleich zur klassischen Fremdfinanzierung grundsätzlich keine Vorteile erzielt werden. Mit der Maßgabe, dass unterschiedliche Quellensteuersätze angewendet werden können, führen beide Finanzierungsformen zur gleichen Steuerbelastung. Jedoch ist bei der klassischen Fremdfinanzierung durch die Reduktion des Quellensteuersatzes auf maximal 25% gewährleistet, dass in Deutschland alle Steuern angerechnet werden können,[504] während bei der stillen Gesellschaft Überhänge entstehen können, da der Quellensteuersatz nur unter bestimmten Voraussetzungen durch das DBA oder EU-Richtlinien reduziert wird.[505] Sind bei der stillen Gesellschaft keine Überhänge vorhanden, liegt der Quellensteuersatz also unter 25%, so kann sich ein geringfügiger Vorteil für die stille Gesellschaft ergeben, wenn der Quellensteuersatz auf Zinsen niedriger ist. Aufgrund des höheren Steuersatzes kommt es bei der stillen Gesellschaft zu einer stärkeren Minderung beim Solidaritätszuschlag. Da die maximale Quellensteuersatzdifferenz 25% beträgt, errechnet sich aus der Multiplikation mit dem Zuschlagsatz ein maximaler Vorteil von 1,38%-Punkten. Bestehen bei der stillen Gesellschaft Anrechnungsüberhänge, liegt die Steuerbelastung immer über derjenigen der Fremdfinanzierung.

1.2.4.2 Atypisch stille Gesellschaft

Bei der atypisch stillen Gesellschaft können hingegen immer Vorteile realisiert werden. Dies gilt unabhängig vom Auftreten von Anrechnungsüberhängen. Wenn die ausländische Quellensteuer auf die Einkünfte aus der stillen Gesellschaft in voller Höhe angerechnet werden kann, stimmt die Gesamtsteuerbelastung mit dem inländischen Körperschaftsteuersatz zzgl. dem um die Anrechnung geminderten Solidaritätszuschlag überein. Die höchste Steuerbelastung wird somit erreicht, wenn keine Quellensteuer anfällt. Sie stimmt mit dem kombinier-

---

[503] Siehe Abschnitt II.5.1.1 (S. 71), insbesondere Tabelle II.17 (S. 72).
[504] Siehe hierzu Abschnitt II.3.2 (S. 39).
[505] Siehe hierzu Abschnitt III.2.2.2 (S. 117), Abschnitt III.2.3.2 (S. 125).

ten Körperschaftsteuersatz überein und beträgt 26,38%. Bei der Fremdfinanzierung ist zusätzlich die Gewerbesteuer zu berücksichtigen. Die geringste Steuerbelastung wird bei einem Hebesatz von 350% und einem Quellensteuersatz auf Zinsen von 25% erreicht. Sie liegt mit 35,97% deutlich über der Steuerbelastung der stillen Gesellschaft.

Kann die Quellensteuer nicht in voller Höhe angerechnet werden, führt die atypisch stille Gesellschaft zu einer Gesamtsteuerbelastung in Höhe des ausländischen Quellensteuersatzes. Sie bringt somit gegenüber der klassischen Fremdfinanzierung Vorteile, wenn der Quellensteuersatz unter der Steuerbelastung der Fremdfinanzierung liegt. Die Steuerbelastung bei Fremdfinanzierung bewegt sich in Abhängigkeit des Hebesatzes und des Quellensteuersatzes auf Zinsen zwischen 35,97% und 41,10%, sodass diese Bedingung stets erfüllt sein dürfte.

1.2.5 Vergleich mit der Besteuerungsfolge „weiße Einkünfte"

Resultiert aus der Finanzierungsalternative die Besteuerungsfolge „weiße Einkünfte", lassen sich durch die stille Gesellschaft im Vergleich zur klassischen Fremdfinanzierung grundsätzlich Vorteile erzielen. Die Steuerbelastung der stillen Gesellschaft stimmt dann mit dem Quellensteuersatz überein, während die Zinsen bei Fremdfinanzierung annähernd mit dem inländischen Ertragsteuerniveau belastet sind. Die Quellensteuer dürfte aufgrund des hohen deutschen Steuerniveaus stets niedriger sein.

1.3 Zwischenergebnis

In Tabelle IV.11 (S. 191) sind die Fälle dargestellt, in denen es durch die stille Gesellschaft im Vergleich zur klassischen Finanzierung zu Vorteilen kommen kann, wenn die Finanzierung aus dem Eigenkapital der Muttergesellschaft erfolgt. Bei einigen Besteuerungsfolgen kann die Vorteilhaftigkeit in allen untersuchten Ländern einheitlich erfolgen. Die Voraussetzungen für die Vorteilhaftigkeit der stillen Gesellschaft sind kursiv dargestellt.

IV. Vorteilhaftigkeitsanalyse zwischen klassischer Finanzierung und stiller Gesellschaft 191

Tabelle IV.11: Mögliche Vorteile durch die stille Gesellschaft (keine Refinanzierung)

	optimale klassische Finanzierung		
	Eigenfinanzierung		Fremdfinanzierung
	Schachtelbeteiligung	Portfoliobeteiligung	
„Doppelbelastung" • typisch still	keine Vorteile	keine Vorteile	keine Vorteile
• atypisch still - kein Überhang (Ausnahme)	einzelfallspezifische Beurteilung	zumeist Vorteile	stets Vorteile
- Überhang (Regel)	Vorteile: Differenz zwischen $QuStSG$ und $QuStD$ max. 2%	Vorteile: Differenz zwischen $QuStSG$ und $QuStD$ max. 12%-16%	Vorteile: keine $QuStSG$ (intransparente Besteuerung)[a] ansonsten: einzelfallspezifische Beurteilung
„Schachtelfreistellung"	Vorteile: Differenz zwischen $QuStSG$ und $QuStD$ max. 2%-Punkte	Vorteile: Differenz zwischen $QuStSG$ und $QuStD$ max. 12%-16%-Punkte	einzelfallspezifische Beurteilung
„Eigenfinanzierung" nur typisch still	Vorteile: $QuStSG < QuStD$	nicht möglich	einzelfallspezifische Beurteilung
„Fremdfin." • typisch still - kein Überhang (Regel)	Vorteil max. 1,38%[b]	keine Vorteile [c]	Vorteil max. 1,38%
- Überhang (Ausnahme)	keine Vorteile	keine Vorteile	keine Vorteile
• atypisch still - kein Überhang (Regel)	Vorteile: $est_A > 25\%$ ansonsten: einzelfallspezifische Beurteilung	stets Vorteile [c]	stets Vorteile
- Überhang (Ausnahme)	Vorteile: $est_A > 28\%$ ansonsten: einzelfallspezifische Beurteilung	stets Vorteile [c]	stets Vorteile
„weiße Einkünfte"	zumeist Vorteile	zumeist Vorteile	stets Vorteile

[a] Ausnahme Japan und USA
[b] nur möglich in: Estland, Frankreich, Lettland, Griechenland, Polen, Slowenien, Tschechien
[c] nur möglich in: Lettland und der Slowakei, weil dort bei gewerbesteuerlicher Portfoliobeteiligung die Eigenfinanzierung vorteilhaft ist

2. Finanzierung aus Fremdkapital der Muttergesellschaft

2.1 Auswirkung auf die Höhe der Steuerbelastung

2.1.1 Nötige Fallunterscheidungen zur Berücksichtigung der Refinanzierungszinsen

2.1.1.1 Möglichkeiten zur Berücksichtigung der Refinanzierungszinsen im In- und Ausland

Wird die Kapitalzuführung der Tochtergesellschaft durch ein Darlehen auf Ebene der Muttergesellschaft refinanziert, so ist die Abzugsfähigkeit der Refinanzierungszinsen zu klären. Kommt es bei der typisch stillen Gesellschaft zur Besteuerungsfolge „Eigenfinanzierung", weil die Vergütung als verdeckte Gewinnausschüttung i.S.d. § 8a KStG behandelt wird, erfolgt die Besteuerung nach den für Dividenden geltenden Grundsätzen und stimmt mit der klassischen Eigenfinanzierung überein: Da § 8b Abs. 5 KStG das Abzugverbot des § 3c Abs. 1 EStG i.V.m. § 8 Abs. 2 KStG verdrängt, mindern die Refinanzierungszinsen die gewerbesteuerliche Bemessungsgrundlage zur Hälfte und die körperschaftsteuerliche in voller Höhe.[506] Da die typisch stille Gesellschaft in ihrer wirtschaftlichen Funktion einem Kreditverhältnis gleich kommt, sind die Refinanzierungszinsen im Ausland nicht abzugsfähig.[507] Die Steuerbelastung beträgt wie bei Eigenfinanzierung:

(IV.15) $S(EF-TS)^{aus\,FK} = est_A + QuStD \times (1-est_A) + 0{,}05 \times (1-est_A) \times ertst_I$
$- {}^{Z}\!/_{G} \times [{}^{1}\!/_{2} \times gst + kst_{solz} \times (1-{}^{1}\!/_{2} \times gst)]$

Für alle übrigen Besteuerungsfolgen der stillen Gesellschaft müssen die Möglichkeiten zum Abzug der Refinanzierungszinsen erarbeitet werden. Die Möglichkeit des Abzugs besteht sowohl auf Ebene der inländischen Mutter- als auch auf Ebene der ausländischen Tochtergesellschaft, sodass vier Kombinationsmöglichkeiten entstehen: Die Refinanzierungszinsen sind entweder

- nur im Inland,
- nur im Ausland,

---

[506] Siehe Abschnitt II.4.2.1 (S. 49) zur Berücksichtigung der Refinanzierungszinsen bei klassischer Eigenfinanzierung.
[507] Siehe den folgenden Abschnitt IV.2.1.1.2 (S. 196) zur Begründung.

- im In- und Ausland oder

- weder im Inland noch im Ausland abzugsfähig.

Im Weiteren wird bestimmt, welche der vier Fälle bei den einzelnen Besteuerungsfolgen der stillen Gesellschaft möglich sind.

Sind die Einkünfte aus der stillen Gesellschaft im Inland steuerpflichtig (Besteuerungsfolgen „Doppelbelastung" und „Fremdfinanzierung"), so können die Refinanzierungszinsen steuerlich geltend gemacht werden. Die typisch stille Gesellschaft stellt lediglich ein Kreditverhältnis dar, sodass die Refinanzierungszinsen wie bei der klassischen Fremdfinanzierung als Betriebsausgabe den steuerpflichtigen Gewinn mindern (§ 4 Abs. 4 EStG). Für körperschaftsteuerliche Zwecke sind sie voll, für gewerbesteuerliche Zwecke wegen der hälftigen Hinzurechnung als Dauerschuldzinsen (§ 8 Nr. 1 GewStG) zur Hälfte abzugsfähig.[508]

Bei der atypisch stillen Gesellschaft stellt der Kredit zur Finanzierung der Vermögenseinlage nach nationaler deutscher Wertung Sonderbetriebsvermögen II dar, da es sich um ein Wirtschaftsgut zur Begründung (oder Stärkung) der Beteiligung an der Personengesellschaft handelt. Die für diesen Kredit aufgewendeten Zinsen sind entsprechend Sonderbetriebsausgaben.[509] Es ist lediglich die Minderung des körperschaftsteuerpflichtigen Einkommens zu berücksichtigen, da die Einkünfte als Gewinn aus einer ausländischen Mitunternehmerschaft aus dem Gewerbeertrag gekürzt werden.[510]

Sind die Einkünfte in Deutschland aufgrund einer DBA-rechtlichen Regelung steuerbefreit (Besteuerungsfolgen „Schachtelfreistellung" und „weiße Einkünfte"), so richtet sich der Umfang der Steuerbefreiung allein nach den deutschen Gewinnermittlungsvorschriften.[511] Da die Refinanzierungszinsen bei der Ermittlung der Einkünfte aus der stillen Gesellschaft als (Sonder-) Betriebsausgaben

---

[508] Siehe Abschnitt II.4.2.2.1 (S. 52).
[509] Vgl. Degehof, M., StBp 2003, S. 4; Döllerer, G., DStR 1985, S. 299; Schoor, H.W./Natschke, T., GmbH, 2005, Rdn. 224, 228.
[510] Vgl. Pyszka, T., IStR 1999, S. 583.
[511] Vgl. BFH vom 13.9.1989, BStBl 1990 II, S. 57; BFH vom 22.5.1991, BStBl 1992 II, S. 94; BFH vom 24.3.1999, BStBl 2000 II, S. 399; Grotherr, S., Zweifelsfragen, 2005, S. 305-306; OECD, Convention, Art. 23A OECD-MA, Nr. 39-43; Wassermeyer, F., StuW 1990, S. 405, 407.

abgezogen werden, bewirkt die Freistellung, dass die Refinanzierungszinsen im Inland steuerlich nicht berücksichtigt werden können.[512]

Die Verrechnung der bei der inländischen Mutterkapitalgesellschaft anfallenden Refinanzierungszinsen auf Ebene der ausländischen Tochterkapitalgesellschaft im Rahmen ihrer unbeschränkten Steuerpflicht scheidet aufgrund des Trennungsprinzips regelmäßig aus. Eine Verrechnung kann nur im Rahmen der beschränkten Steuerpflicht der inländischen Kapitalgesellschaft im Ausland möglich sein. Die Möglichkeit des Abzugs der Refinanzierungszinsen richtet sich hierbei nach der Qualifikation der stillen Gesellschaft im nationalen ausländischen Recht.

Zählt die Kapitalüberlassung zum Eigenkapital und erfolgt die Besteuerung entsprechend der für Kapitalgesellschaft geltenden Grundsätze – sei es aufgrund der Besteuerung wie bei einer Nennkapitalbeteiligung oder der Besteuerung als intransparente Personengesellschaft – oder zählt sie zum Fremdkapital, so bezieht sich die beschränkte Steuerpflicht lediglich auf die Quellenbesteuerung der als Dividenden oder Zinsen gezahlten Vergütung. Diese wird stets auf den Bruttobetrag der Zahlung erhoben; Aufwendungen des Steuerpflichtigen sind also gerade nicht zum Abzug zugelassen.[513]

Wird die Kapitalüberlassung im Ausland als Eigenkapital angesehen und erfolgt die Besteuerung hingegen nach dem Transparenzprinzip, so können die Refinanzierungszinsen des inländischen Gesellschafters nur abgezogen werden,

---

[512] Vgl. Grotherr, S., in: Becker, H./Höppner, H./Grotherr, S. u.a., Art. 23A/23B OECD-MA, Rn. 114 zur typisch stillen Gesellschaft; Pyszka, T., IStR 1999, S. 582 zur atypisch stillen Gesellschaft. Allgemein zu Beteiligungsaufwendungen bei steuerfreien Betriebsstättengewinnen aus ausländischen Personengesellschaften siehe Burmester, G., Unternehmensfinanzierung, 2003, S. 71; Fischer, L./Kleineidam, H.-J./Warneke, P., Internationale, 2005, S. 490-491 sowie Lühn, A., IWB 2004, Fach 11, Gruppe 2, S. 647-648, der die Nichtberücksichtigung mit § 3c Abs. 1 EStG begründet. Streng genommen muss hierbei unterschieden werden, ob die Freistellung aufgrund des Vorliegens von Betriebsstättengewinnen oder einer Schachteldividende erfolgt. Bei Betriebsstättengewinnen werden die Refinanzierungszinsen als negative Erfolgskomponente der freizustellenden ausländischen Einkünfte (Bruttogröße) nicht berücksichtigt; bei Schachteldividenden werden DBA-rechtlich lediglich die Dividenden (Nettogröße) freigestellt, während die Refinanzierungszinsen nach nationalem Recht als mit steuerfreien Einnahmen in unmittelbarem wirtschaftlichen Zusammenhang stehende Aufwendungen nicht abgezogen werden dürfen (§ 3c Abs. 1 EStG); vgl. Wassermeyer, F., in: Wassermeyer, F., in: Debatin, H./Wassermeyer, F., Art. 23A OECD-MA, Rz. 21-24. Diese Unterscheidung kann insbesondere für den innerstaatlichen Progressionsvorbehalt (§ 32b Abs. 1 Nr. EStG) Bedeutung erlangen, sodass sie sich in dieser Untersuchung materiell nicht auswirkt.

[513] Vgl. Flick, H., Finanzierung, 1983, S. 328.

wenn das Ausland eine der deutschen Mitunternehmerkonzeption vergleichbare Regelung kennt, die über die Zuordnung des Refinanzierungsdarlehens zum Sonderbetriebsvermögen die gesellschafterbezogenen Aufwendungen bei der Personengesellschaft zum Abzug zulässt.[514] Eine Besteuerung nach der Mitunternehmerkonzeption dürfte bei der typisch stillen Gesellschaft jedoch auch nach ausländischem Recht nicht gelingen.[515] Dem Recht ausländischer Staaten ist nämlich gemeinsam, dass eine lediglich schuldrechtliche Beteiligung am Gewinn ohne die Übernahme von unternehmerischem Risiko keine Mitunternehmerschaft begründen kann.[516] Die typisch stille Beteiligung vermittelt gerade kein Unternehmerrisiko.

Die Möglichkeit der Abzugsfähigkeit im Ausland verbleibt nur für die atypisch stille Gesellschaft. Dies stellt jedoch die Ausnahme dar, da den meisten Staaten, die zwar eine transparente Besteuerung von Personengesellschaften kennen, das Konzept des Abzugs gesellschafterbezogener Aufwendungen als Sonderbetriebsausgaben unbekannt ist.[517] Dennoch ist für die vollständige Erfassung aller Besteuerungsfolgen diese Möglichkeit als Fallunterscheidung zu berücksichtigen.

In Tabelle IV.12 (S. 196) sind die Ergebnisse zusammengefasst. Grundsätzlich gilt, dass die Refinanzierungszinsen nur im Inland berücksichtigt werden können, und zwar nur dann, wenn die Einkünfte unter Anrechnung der ausländischen Steuer im Inland steuerpflichtig sind. Sind die Einkünfte freigestellt, scheidet ein Abzug auch im Inland aus. Die Berücksichtigung im Ausland ist nur im folgenden Ausnahmefall möglich: Die atypisch stille Gesellschaft wird nach nationalem ausländischen Recht als Eigenkapital eingestuft und die Besteuerung erfolgt nach der Mitunternehmerkonzeption, die die Verrechnung der

---

[514] Vgl. Fischer, L./Kleineidam, H.-J./Warneke, P., Internationale, 2005, S. 490.
[515] Die Besteuerung im Ausland erfolgt eher nach den für Zinsen oder Dividenden geltenden Grundsätzen; vgl. Burmester, G., Probleme, 1996, S. 143 m.w.N.
[516] Vgl. Le Gall, J.-P., CDFI 1995, S. 713.
[517] Vgl. Pyszka, T., IStR 1999, S. 583 zur ausländischen atypisch stillen Gesellschaft und Jacobs, O.H., Internationale, 2002, S. 811; Pyszka, T./Brauer, M., Personengesellschaften, 2004, S. 94-95 zur ausländischen Personengesellschaft. Ein solcher Abzug ist möglich bei Personengesellschaften in Luxemburg; vgl. Warner, P.J., Luxembourg, 2004, S. 152. Das gleiche für Österreich; vgl. Fischer, L./Kleineidam, H.-J./Warneke, P., Internationale, 2005, S. 490, Fn. 3. Da die atypisch stille Gesellschaft in beiden Ländern als transparent besteuerte Personengesellschaften gelten, ist dort der Abzug gesellschafterbezogener Refinanzierungsaufwendungen m.E. möglich.

Refinanzierungszinsen des inländischen Gesellschafters als Sonderbetriebsausgaben im Ausland zulässt. Es besteht die Gefahr von „vagabundierendem" Refinanzierungsaufwand, der in keinem der beiden Staaten abzugsfähig ist,[518] wenn die Einkünfte im Inland freigestellt sind und die Ausnahmeregelung im Ausland nicht zutrifft.

Tabelle IV.12: Berücksichtigung der Refinanzierungszinsen bei stiller Gesellschaft im In- und Ausland

		Besteuerung im Ausland		
		Eigenkapital		Fremdkapital
		typisch: nicht abzugsfähig	atypisch: unterschiedlich	nicht abzugsfähig
		„Doppelbelastung"		„Fremdfinanzierung"
Besteuerung im Inland	Anrechnung abzugsfähig	BA I	BA I bzw. BA I + A	BA I
		„Schachtelfreistellung"		„weiße Einkünfte"
	Freistellung nicht abzugsfähig	nBA I + A	nBA I + A bzw. BA A	nBA I + A

BA I	Refinanzierungszinsen nur im Inland abzugsfähig
BA A	Refinanzierungszinsen nur im Ausland abzugsfähig
BA I + A	Refinanzierungszinsen im In- und Ausland abzugsfähig
nBA I + A	Refinanzierungszinsen weder im In- noch im Ausland abzugsfähig

2.1.1.2 Ableitung der Fallunterscheidungen

Um sämtliche Steuerbelastungen, die bei Refinanzierung entstehen können, zu erfassen, sind zusätzlich zu den Fallunterscheidungen bei der Besteuerung ohne Refinanzierung[519] weitere Differenzierungen vorzunehmen. Es ergeben sich 20 Fälle, die in Abbildung IV.1 (S. 197) dargestellt sind.

---

[518] Vgl. Prinz, U./Breuninger, G., IWB 1997, Fach 10, Gruppe 2, S. 1309-1310.
[519] Siehe vor Abschnitt III.4.1 (S. 151), insbesondere Abbildung III.4 (S. 152).

IV. Vorteilhaftigkeitsanalyse zwischen klassischer Finanzierung und stiller Gesellschaft 197

Abbildung IV.1: Fallunterscheidungen zur Bestimmung der theoretisch möglichen Gesamtsteuerbelastungen bei stiller Gesellschaft (Refinanzierung)

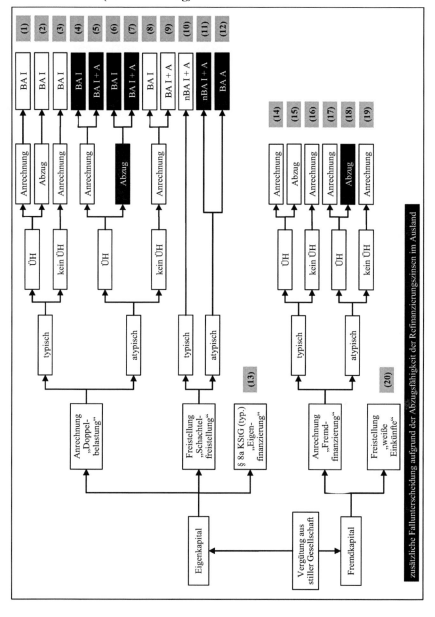

Es sind bei der atypisch stillen Gesellschaft die in Abbildung IV.1 schwarz hinterlegten zwei Differenzierungen zu berücksichtigen. Zum Ersten besteht immer dann, wenn bei der atypisch stillen Gesellschaft Anrechnungsüberhänge entstehen (Besteuerungsfolgen „Doppelbelastung" und „Fremdfinanzierung"), wie bei der typisch stillen Gesellschaft bereits ohne Refinanzierung die Möglichkeit, dass die Abzugsmethode zum günstigeren Ergebnis führt. Zwar unterliegt die Vergütung nicht der Gewerbesteuer, sodass sich nur Vorteile ergeben können, wenn die auf die inländische Bemessungsgrundlage der Körperschaftsteuer bezogene Steuerbelastung im Ausland über 100% liegt. Diese Steuerbelastung ist bei Refinanzierung möglich, da im Ausland die Refinanzierungszinsen bei der Bemessung der Steuer grundsätzlich nicht berücksichtigt werden, sie im Inland hingegen die körperschaftsteuerliche Bemessungsgrundlage mindern. Finden die Refinanzierungszinsen im Ausland ausnahmsweise Berücksichtigung, so wird eine ggf. anfallende Quellensteuer dennoch auf Bruttobasis erhoben, sodass auch in diesem Fall die Abzugsmethode vorteilhaft werden kann.

Zum Zweiten ist in Abhängigkeit der Ausgestaltung des ausländischen Rechts danach zu unterscheiden, ob die Refinanzierungszinsen im Ausland abzugsfähig sind, falls die atypisch stille Gesellschaft im Ausland als Eigenkapital behandelt wird (Besteuerungsfolgen „Doppelbelastung" und „Schachtelfreistellung"). Im Inland kann die Behandlung der Refinanzierungszinsen abschließend geklärt werden, sodass hier keine Fallunterscheidung nötig ist.

2.1.2 Steuerbelastung in abstrakter Form

Um die unterschiedlichen Steuerbelastungen formelmäßig abzubilden, werden die Steuerbelastungen zunächst in abstrakter Form dargestellt, indem lediglich die Summe der ausländischen Steuern, die Höhe der im Inland steuerpflichtigen Bruttovergütung und die Summe der anzurechnenden ausländischen Steuern in die Berechnungen einbezogen werden. Im nächsten Schritt werden die konkreten Steuerbelastungen tabellarisch aufgelistet, indem konkrete Werte für die zuvor nur abstrakt berücksichtigen Größen eingesetzt werden. Abstrakt ist danach zu unterscheiden, ob die Einkünfte aus der stillen Gesellschaft im Inland der Besteuerung unterliegen (Besteuerungsfolgen „Doppelbelastung" und „Fremdfinanzierung") oder ob sie freigestellt werden (Besteuerungsfolgen „Schachtelfreistellung" und „weiße Einkünfte"). Unterliegen die Einkünfte der Besteuerung, so ist weiter zu differenzieren, ob es zu einem Anrechnungsüberhang kommt und welche Methode zur Vermeidung der Doppelbesteuerung günstiger ist.

2.1.2.1 Kein Anrechnungsüberhang – Anrechnungsmethode

Zu keinem Anrechnungsüberhang kommt es in abstrakter Form, wenn die Summe der anrechenbaren ausländischen Steuern kleiner ist als die Körperschaftsteuer auf die um die Refinanzierungszinsen geminderte Bruttovergütung aus der stillen Gesellschaft. Unter der Bruttovergütung ist die Vergütung vor Abzug der anrechenbaren ausländischen Steuern zu verstehen. Zu keinem Überhang kommt es, wenn:

(IV.16) $\sum StAnr_A \leq kst_I \times (BV - {}^Z\!/_G)$

$\Leftrightarrow \quad {}^Z\!/_G \leq BV - \dfrac{\sum StAnr_A}{kst_I}$

mit: $\sum StAnr_A$ = Summe der anrechenbaren ausländischen Steuern
BV = Bruttovergütung

In diesem Fall ist bei der typisch stillen Gesellschaft von der Steuerbelastung ohne Refinanzierung $[S(TS)^{aus\,EK}]$[520] die durch die Refinanzierungszinsen verursachte Minderung der Steuerbelastung im Inland abzuziehen. Die Zinsen mindern die körperschaftsteuerliche Bemessungsgrundlage in voller Höhe und damit auch den Solidaritätszuschlag. Zusätzlich ist die hälftige Minderung der gewerbesteuerlichen Bemessungsgrundlage zu berücksichtigen. Unter Beachtung des Abzugs der Gewerbesteuer als Betriebsausgabe der Körperschaftsteuer errechnet sich der Ausdruck $- {}^Z\!/_G \times [{}^1\!/_2 \times gst + kst_{solz} \times (1 - {}^1\!/_2 \times gst)]$.[521] Es ergibt sich folgende Steuerbelastung:

(IV.17) $S(TS)_{Anr}^{aus\,FK} = S(TS)^{aus\,EK} - {}^Z\!/_G \times [{}^1\!/_2 \times gst + kst_{solz} \times (1 - {}^1\!/_2 \times gst)]$

Bei der atypisch stillen Gesellschaft sind sämtliche ausländischen Steuern anzurechnen, sodass in einer Situation, in der keine Anrechnungsüberhänge existieren, diese grundsätzlich nicht zum Tragen kommen. Da keine Gewerbesteuer

---

[520] Siehe Tabelle III.7 (S. 163).

anfällt, stimmt die Gesamtsteuerbelastung grundsätzlich mit der inländischen Körperschaftsteuer überein, die auf die um die Refinanzierungszinsen verringerte Bruttovergütung entfällt. Trotz Anrechnung sind die anzurechnenden ausländischen Steuern insofern zu berücksichtigen, als sie den Solidaritätszuschlag durch die Anrechnung mindern. Es ergibt sich folgende Steuerbelastung:

(IV.18) $\quad S(AS)_{Anr}^{aus\,FK} = kst_{solz} \times (1 - {}^Z/_G) - \Sigma StAnr_A \times solz$

2.1.2.2 Anrechnungsüberhang – Anrechnungs- bzw. Abzugsmethode

Entsteht ein Anrechnungsüberhang, so ist zunächst zu bestimmen, ab welchem Verhältnis von ${}^Z/_G$ die Anrechnungs- im Vergleich zur Abzugsmethode zur geringeren Steuerbelastung führt, und anschließend die Steuerbelastung bei Anwendung der vorzuziehenden Methode zu ermitteln. Um die vorteilhafte Methode zur Vermeidung der Doppelbesteuerung festzulegen, sind deren Entlastungswirkungen zu bestimmen und einander gegenüber zu stellen.[522]

Die Anrechnungsmethode führt stets zu einer Entlastung von der Körperschaftsteuer zzgl. Solidaritätszuschlag auf die um die Refinanzierungszinsen geminderte Bruttovergütung aus der stillen Gesellschaft.

(IV.19) $\quad E(SG)_{AnrÜ}^{aus\,FK} = kst_{solz} \times (BV - {}^Z/_G)$

Die Abzugsmethode führt bei der typisch stillen Gesellschaft zu einer Entlastung, die durch den Betriebsausgabenabzug der anrechenbaren Steuern von der inländischen Bemessungsgrundlage der Ertragsteuern zustande kommt, bzw. bei der atypisch stillen Gesellschaft lediglich von der Bemessungsgrundlage der Körperschaftsteuer zzgl. Solidaritätszuschlag:

(IV.20) $\quad E(TS)_{Abz}^{aus\,FK} = \Sigma StAnr_A \times ertst_I$ bzw.

(IV.21) $\quad E(AS)_{Abz}^{aus\,FK} = \Sigma StAnr_A \times kst_{solz}$

Durch Vergleich der Entlastungen erhält man folgende Ungleichungen, die erfüllt sein müssen, damit die Anrechnungsmethode vorteilhaft ist:

---

[521] Dies entspricht der Minderung wie bei der klassischen Finanzierung, siehe Abschnitt II.4.2.2.1 (S. 52).
[522] Siehe Abschnitt II.4.2.2.2 (S. 55) zur analogen Vorgehensweise bei klassischer Fremdfinanzierung.

IV. Vorteilhaftigkeitsanalyse zwischen klassischer Finanzierung und stiller Gesellschaft 201

- bei der typisch stillen Gesellschaft

(IV.22) $\quad {}^Z/_G \leq BV - \dfrac{\sum StAnr_A \times ertst_I}{kst_I}$ bzw.

- bei der atypisch stillen Gesellschaft

(IV.23) $\quad {}^Z/_G \leq BV - \Sigma StAnr_A$

Ist die Anrechnungsmethode vorzuziehen, so setzt sich die Gesamtsteuerbelastung bei Bestehen eines Überhangs aus der Summe der ausländischen Steuern und ggf. noch aus inländischer Gewerbesteuer zusammen. Aufgrund der Anrechnung fallen im Inland weder Körperschaftsteuer noch Solidaritätszuschlag an. Die Gewerbesteuer wird auf die um die hälftigen Refinanzierungszinsen gekürzte Bruttovergütung aus der stillen Gesellschaft erhoben. Unter Berücksichtigung der Abzugsfähigkeit der Gewerbesteuer von den übrigen – nicht ausländischen – körperschaftsteuerpflichtigen Einkünften wird die Steuerbelastung durch folgende Formel beschrieben:

(IV.24) $\quad S(SG)_{AnrÜ}^{ausFK} = \Sigma St_A + (BV - {}^1/_2 \times {}^Z/_G) \times gst - kst_{solz} \times (BV - {}^1/_2 \times {}^Z/_G) \times gst$

$\qquad = \Sigma St_A + (BV - {}^1/_2 \times {}^Z/_G) \times gst \times (1 - kst_{solz})$

mit: $\quad \Sigma St_A$ = Summe der ausländischen Steuern

Da bei der atypisch stillen Gesellschaft keine Gewerbesteuer anfällt, entspricht die Gesamtsteuerbelastung der Summe der ausländischen Steuern.

Ist die Abzugsmethode vorteilhaft, so setzt sich die Steuerbelastung aus der Summe der ausländischen Steuern, inländischer Körperschaftsteuer zzgl. Solidaritätszuschlag und ggf. Gewerbesteuer zusammen. Die Summe der anrechenbaren ausländischen Steuern mindert die körperschaftsteuerliche und gewerbesteuerliche Bemessungsgrundlage in voller Höhe, während die Refinanzierungszinsen für Gewerbesteuerzwecke nur hälftig abzugsfähig sind. Unter Berücksichtigung des Betriebsausgabenabzugs der Gewerbesteuer errechnet sich folgende Gesamtsteuerbelastung:

(IV.25) $\quad S(SG)_{Abz}^{ausFK} = \Sigma St_A + (BV - {}^Z/_G - \Sigma StAnr_A) \times kst_{solz}$

$\qquad + (BV - {}^1/_2 \times {}^Z/_G - \Sigma StAnr_A) \times gst \times (1 - kst_{solz})$

Bei der atypisch stillen Gesellschaft entfällt die Gewerbesteuer.

2.1.2.3 Freistellung der Einkünfte im Inland

Sind die Einkünfte im Inland freigestellt, fallen im Inland keinerlei Steuern an. Die Refinanzierungszinsen können wegen der Freistellung nicht gewinnmindernd berücksichtigt werden, sodass die Gesamtsteuerbelastung der Summe der ausländischen Steuern entspricht:

(IV.26) $\qquad S(SG)_{FS}^{aus\,FK} = S(SG)_{FS}^{ausFK} = \Sigma St_A$

2.1.3 Konkrete Steuerbelastungen

Um die konkreten Steuerbelastungen der in Abschnitt IV.2.1.1.2 (S. 196) getroffenen Fallunterscheidungen[523] zu ermitteln, müssen konkrete Werte für die Summe der ausländischen Steuern, die Bruttovergütung und die Summe der anrechenbaren ausländischen Steuern, die es im Folgenden zu bestimmen gilt, in die abstrakten Formeln eingesetzt werden. Die Ergebnisse sind in Tabelle IV.13 (S. 203) zusammengefasst. Um die Summe der ausländischen Steuern festzulegen, ist auf der ersten Stufe zu unterscheiden, ob die Vergütung steuerlich Eigen- oder Fremdkapital darstellt. Zählt sie zum Fremdkapital, fällt allenfalls eine Quellensteuer an; zählt sie zum Eigenkapital, fällt zusätzlich Ertragsteuer an.[524] Auf der zweiten Stufe muss bei der Qualifikation als Eigenkapital nach der Ausprägungsvariante der stillen Gesellschaft differenziert werden. Während bei der typischen Form die Refinanzierungszinsen im Ausland nie abgezogen werden dürfen, ist diese Möglichkeit bei der atypischen Variante als Option mit einzubeziehen.[525]

Im Inland ist für den Umfang der dem Grunde nach anrechenbaren Steuern lediglich von Bedeutung, ob eine typisch oder atypisch stille Gesellschaft vorliegt. Während bei der atypisch stillen Gesellschaft sämtliche ausländischen Steuern angerechnet werden können, ist bei der typischen nur die Quellensteuer anrechenbar.[526] Dies bringt nur Nachteile für die typisch stille Gesellschaft, wenn die Kapitalüberlassung im Ausland zum Eigenkapital zählt, da anderenfalls keine Ertragsteuer anfällt, die angerechnet werden könnte.

---

[523] Siehe Abbildung IV.1 (S. 197).
[524] Siehe hierzu ausführlich Abschnitt III.2.4 (S. 130).
[525] Die Möglichkeit des Abzugs scheidet bei der Qualifikation als Fremdkapital aus, siehe Abschnitt IV.2.1.1 (S. 192).
[526] Siehe Abschnitt III.3.3.2 (S. 143).

Tabelle IV.13: Ausprägungen der Summe der anzurechnenden und ausländischen Steuer sowie der Bruttovergütung

			Summe ausländischer Steuern	Summe anzurechnender Steuenr	Bruttovergütung
EK	typisch		$est_A + QuStSG \times (1-est_A)$	$QuStSG \times (1-est_A)$	$1-est_A$
	atypisch	nBA	$est_A + QuStSG \times (1-est_A)$	$est_A + QuStSG \times (1-est_A)$	1
		BA	$QuStSG + est_A \times (1-QuStSG) \times (1-{}^Z/_G)$ [527]	$QuStSG + est_A \times (1-QuStSG) \times (1-{}^Z/_G)$	1
FK			$QuStSG$	$QuStSG$	1

Unter der Bruttovergütung ist die Vergütung vor Abzug der anrechenbaren ausländischen Steuern zu verstehen. Da die Summe der ausländischen mit der Summe der anrechenbaren Steuern grundsätzlich übereinstimmt, entspricht die Bruttovergütung in diesen Fällen der Gewinnbeteiligung vor Abzug sämtlicher ausländischen Steuern und nimmt somit den Wert eins an. Lediglich wenn die typisch stille Gesellschaft im Ausland zum Eigenkapital zählt, ist zur Berechnung der im Inland steuerpflichtigen Bruttovergütung der Gewinnanteil um die nicht anrechenbare ausländische Ertragsteuer zu kürzen.

Indem die konkreten Werte in die Formeln (IV.16)-(IV.26) eingesetzt werden bzw. bei der typisch stillen Gesellschaft in den Fällen, in denen keine Überhänge existieren, der die Refinanzierungszinsen berücksichtigende Summand abgezogen wird, gelangt man zu den in Tabelle IV.14 (S. 204) aufgelisteten Steuerbelastungen und den Verhältnissen von ${}^Z/_G$, die überschritten werden müssen, damit ein Anrechnungsüberhang vorliegt und bei Vorliegen eines Anrechnungsüberhangs, damit die Abzugsmethode zur geringeren Steuerbelastung führt.

---

[527] Abgeleitet aus der Ausgangsgleichung $(1-{}^Z/_G) \times est_A + QuStSG \times [1 - (1-{}^Z/_G) \times est_A]$. Zu berücksichtigen ist, dass im Fall der Abzugsfähigkeit der Refinanzierungszinsen im Ausland die Besteuerung implizit der Mitunternehmerkonzeption folgt, was in der Regel eine Quellenbesteuerung ausschließt, sodass sich die Summe der ausländischen Steuern auf $(1-{}^Z/_G) \times est_A$ beschränkt. Eine Ausnahme hiervon bilden Länder, die eine Betriebsstättensteuer auf den Gewinntransfer erheben, so in Kanada und die USA; siehe Abschnitt III.2.3.2.2 (S. 128).

Tabelle IV.14: Mögliche Steuerbelastungen bei Finanzierung der Grundeinheit mittels stiller Gesellschaft (Refinanzierung)

		Refinanzierungszinsen im Ausl.	kein Überhang bzw. vorteilhafte Methode zur Vermeidung der DB, wenn $^{z}/_G$	Steuerbelastung
"Doppelbelastung"	**typisch**	kein ÜH: Anrechnung		$\leq 1 - est_A - \dfrac{QuStSG \times (1 - est_A)}{kst_I}$	$est_A + (1 - est_A) \times [ertst_I - QuStSG \times solz]$ $- \,^{z}/_G \times [^{1}/_2 \times gst + kst_{solz} \times (1 - ^{1}/_2 \times gst)]$
		ÜH: Anrechnung		$\leq 1 - est_A - \dfrac{QuStSG \times (1 - est_A) \times ertst_I}{kst_{solz}}$	$est_A + QuStSG \times (1 - est_A) + (1 - est_A - ^{1}/_2 \times ^{z}/_G) \times gst \times (1 - kst_{solz})$
		ÜH: Abzug		$\geq 1 - est_A - \dfrac{QuStSG \times (1 - est_A) \times ertst_I}{kst_{solz}}$	$est_A + QuStSG \times (1 - est_A) + [1 - est_A - ^{1}/_2 \times ^{z}/_G - QuStSG \times (1 - est_A)]$ $\times gst \times (1 - kst_{solz}) + [1 - est_A - ^{z}/_G - QuStSG \times (1 - est_A)] \times kst_{solz}$
	atypisch	kein ÜH: Anrechnung	nicht abzugsfähig	$\leq 1 - \dfrac{est_A + QuStSG \times (1 - est_A)}{kst_I}$	$kst_{solz} \times (1 - ^{z}/_G) - [est_A + QuStSG \times (1 - est_A)] \times solz$
			abzugsfähig	$\leq 1 - \dfrac{QuStSG}{kst_I - est_A \times (1 - QuStSG)}$	$kst_{solz} \times (1 - ^{z}/_G) - [QuStSG + est_A \times (1 - QuStSG) \times (1 - ^{z}/_G)] \times solz$
		ÜH: Anrechnung	nicht abzugsfähig	$\leq 1 - est_A - QuStSG \times (1 - est_A)$	$est_A + QuStSG \times (1 - est_A)$
			abzugsfähig	$\leq 1 - \dfrac{QuStSG}{1 - est_A \times (1 - QuStSG)}$	$QuStSG + est_A \times (1 - QuStSG) \times (1 - ^{z}/_G)$
		ÜH: Abzug	nicht abzugsfähig	$\geq 1 - est_A - QuStSG \times (1 - est_A)$	$est_A + QuStSG \times (1 - est_A) + [1 - est_A - ^{z}/_G - QuStSG \times (1 - est_A)] \times kst_{solz}$ $= [est_A + QuStSG \times (1 - est_A)] \times (1 - ^{z}/_G)$
			abzugsfähig	$\geq 1 - \dfrac{QuStSG}{1 - est_A \times (1 - QuStSG)}$	$[QuStSG + est_A \times (1 - QuStSG) \times (1 - ^{z}/_G)] \times (1 - kst_{solz}) + kst_{solz} \times (1 - ^{z}/_G)$

IV. Vorteilhaftigkeitsanalyse zwischen klassischer Finanzierung und stiller Gesellschaft

			Bedingung	Formel
"Schachtelfreistellung"	typ.			$est_A + QuStSG \times (1-est_A)$
"EF"	atypisch	nicht abzugsfähig		$est_A + QuStSG \times (1-est_A)$
	typ.	abzugsfähig		$QuStSG + est_A \times (1-QuStSG) \times (1 - {}^Z/_G)$
"Fremdfinanzierung"	typisch	kein ÜH Anrechnung		$= est_A + QuStD \times (1-est_A) + 0{,}05 \times (1-est_A) \times ertst_I$ $- {}^Z/_G \times [{}^1/_2 \times gst + kst_{solz} \times (1 - {}^1/_2 \times gst)]$
		ÜH: Anrechnung	$\leq 1 - \dfrac{QuStSG}{kst_I}$	$ertst_I - QuStSG \times solz - {}^Z/_G \times [{}^1/_2 \times gst + kst_{solz} \times (1 - {}^1/_2 \times gst)]$
		ÜH: Anrechnung	$\leq 1 - \dfrac{QuStSG \times ertst_I}{kst_{solz}}$	$QuStSG + (1 - {}^1/_2 \times {}^Z/_G) \times gst \times (1 - kst_{solz})$
		ÜH: Abzug	$\geq 1 - \dfrac{QuStSG \times ertst_I}{kst_{solz}}$	$QuStSG + (1 - {}^1/_2 \times {}^Z/_G - QuStSG) \times gst \times (1 - kst_{solz})$ $+ (1 - {}^Z/_G - QuStSG) \times kst_{solz}$
	atypisch	kein ÜH Anrechnung	$\leq 1 - \dfrac{QuStSG}{kst_I}$	$kst_{solz} \times (1 - {}^Z/_G) - QuStSG \times solz$
		ÜH: Anrechnung	$\leq 1 - QuStSG$	$QuStSG$
		ÜH: Abzug	$\geq 1 - QuStSG$	$QuStSG + (1 - {}^Z/_G - QuStSG) \times kst_{solz}$
"weiß"				$QuStSG$

Die Refinanzierungszinsen mindern bei der stillen Gesellschaft die Steuerbelastung nur in geringem Maße. Dies liegt darin begründet, dass die Refinanzierungszinsen regelmäßig nur im Inland, im Ausland hingegen nur ausnahmsweise berücksichtigt werden können.

Werden die Einkünfte aus der stillen Gesellschaft freigestellt (Besteuerungsfolgen „Schachtelfreistellung" und „weiße Einkünfte"), können die Refinanzierungsaufwendungen in keinem Land abgezogen werden. Sind sie im Ausland ausnahmsweise zum Abzug zugelassen, kommt es lediglich zu einer Entlastung in Höhe des ausländischen Ertragsteuerniveaus, das regelmäßig unter dem deutschen liegt.

Sind die Einkünfte unter Anrechnung der ausländischen Steuer im Inland steuerpflichtig („Doppelbelastung" und „Fremdfinanzierung"), können die Refinanzierungszinsen im Inland abgezogen werden. Da ein Abzug im Ausland jedoch zumeist nicht möglich ist, bleibt die Höhe der ausländischen Steuern unverändert, sodass Anrechnungsüberhänge möglich sind. Soweit Überhänge entstehen, wirkt sich die Minderung im Inland nicht aus. Lediglich in Situationen, in denen die Steuern vollumfänglich angerechnet werden können, reduzieren die Refinanzierungszinsen die körperschaftsteuerliche Bemessungsgrundlage in voller Höhe und ggf. die gewerbesteuerliche zur Hälfte. Bei der stillen Gesellschaft verursachen schon verhältnismäßig geringe Refinanzierungszinsen das Entstehen von Anrechnungsüberhängen, wenn die Vergütung im Ausland mit Ertragsteuern belastet ist („Doppelbelastung").[528] Dies liegt bei der typisch stillen Gesellschaft daran, dass die Quellensteuer auf den Gewinn nach Ertragsteuer ($1-est_A$) erhoben wird. So entsteht ab einem Verhältnis von $^Z/_G$ in Höhe von $1-est_A$ ein Anrechnungsüberhang, da aufgrund einer körperschaftsteuerlichen Bemessungsgrundlage von Null keine Steuer mehr anfällt, auf die angerechnet werden kann. Bei der atypisch stillen Gesellschaft liegt es daran, dass sowohl die Ertrag- als auch die Quellensteuer angerechnet werden und bereits ohne Refinanzierung Anrechnungsüberhänge die Regel darstellen.[529] Können die Aufwendungen bei der atypisch stillen Gesellschaft im Ausland ausnahmsweise berücksichtigt wer-

---

[528] Siehe Anhang III.1.-III.3 (S. 306) zu den konkreten Werten.
[529] Siehe Abschnitt III.4.1.2 (S. 156).

den, entsteht ein sog. Double-Dip,[530] bei dem derselbe Aufwand zweimal verrechnet werden kann.[531] Jedoch kann hierdurch keine stärkere Entlastung erzielt werden, als dies durch die einmalige Berücksichtigung im Inland möglich wäre. Sind die vor Berücksichtigung der Refinanzierungszinsen anrechenbaren Steuern niedriger als die bereits durch die Zinsen geminderte deutsche Körperschaftsteuer, können die Beteiligungsaufwendungen zwar die ausländischen Steuern weiter mindern, jedoch werden diese durch die Anrechnung auf deutsches Steuerniveau angehoben. Liegt das ausländische Steuerniveau über dem deutschen, kann durch die Abzugsfähigkeit lediglich das Ausmaß der Anrechnungsüberhänge gemindert werden.

2.2 Auswirkung auf die Vorteilhaftigkeit

Um bei Refinanzierung die Vorteilhaftigkeit der stillen Gesellschaft im Vergleich zur optimal klassischen Finanzierungsform zu bestimmen, müssten deren 20 Steuerbelastungen jeweils mit den zwei Steuerbelastungen bei Eigenfinanzierung und den drei Steuerbelastungen bei Fremdfinanzierung verglichen werden. Es müssen 100 (= 20×2 + 20×3) Indifferenzsteuersätze bestimmt werden. Der Grenznutzen hierfür fällt sehr gering aus, da die Vorteilhaftigkeit einzelfallspezifisch zwischen den Finanzierungsalternativen wechseln kann. Im Folgenden werden deshalb nur ausgewählte Vergleichspaare untersucht, für die sich eindeutige Aussagen ableiten lassen oder mit deren Eintreten in der Praxis häufig zu rechnen ist. Deshalb werden zusätzliche Einschränkungen vorgenommen:

- Eine gewerbesteuerliche Portfoliobeteiligung wird ausgeschlossen, sodass nur diese Fälle bei Vorliegen einer gewerbesteuerlichen Schachtelbeteiligung untersucht werden. Dies stellt im internationalen Konzern die Regel dar.

- Der Abzug der gesellschafterbezogenen Refinanzierungszinsen bei der atypisch stillen Gesellschaft im Ausland wird ausgeschlossen.

---

[530] Vgl. Menck, T., StBp 1997, S. 177.
[531] Diese sind regelmäßig nur für die Beteiligung eines Ausländers an einer inländischen Personengesellschaft möglich, da die Zuordnung des Gesellschafteraufwands über die Sonderbetriebsausgaben im Ausland nicht bekannt ist, vgl. Prinz, U./Breuninger, G., IWB 1997, Fach 10, Gruppe 2, S. 1309. Siehe Müller, M.A., IStR 2005, S. 182-187 zu solchen Outbound-Gestaltungen.

- Es wird von einer Refinanzierung der Einlage in voller Höhe ausgegangen. Hierbei wird ein Verhältnis von $^Z/_G$ von mindestens 80% angenommen, das einer maximalen Gewinnmarge von 25% entspricht. Zwar erscheint diese Marge hoch, da dargelegt wurde, dass der Verrechnungszins in der Nähe des Kapitalmarktzinses liegen muss.[532] Dennoch können die Werte als realistisch erachtet werden, da für hybride Finanzierungen bereits Risikozuschläge in Höhe von 3%-20% über den normalen Fremdkapitalzinsen üblich sind.[533]

Für alle übrigen Vergleichspaare ist die Vorteilhaftigkeit durch einen direkten Vergleich der jeweiligen Steuerbelastungen zu bestimmen. Erstens ist die Steuerbelastung der optimal klassischen Finanzierung durch Einsetzen der konkreten Werte in die Formeln aus Tabelle II.12 (S. 51) bei Eigenfinanzierung bzw. aus Abbildung II.2 (S. 62) bei Fremdfinanzierung zu bestimmen. Zweitens erhält man die Steuerbelastung bei stiller Gesellschaft aus Tabelle IV.14 (S. 204). Die hierfür nötigen Werte von $^Z/_G$ zur Bestimmung des Entstehens von Anrechnungsüberhängen und der Wahl zwischen der Anrechnungs- und Abzugsmethode sind Anhang III (S. 306) für die konkreten Länder zu entnehmen. Es ist die Finanzierungsalternative auszuwählen, die zur geringeren Steuerbelastung führt.

2.2.1 Eigenfinanzierung als optimal klassische Finanzierung

Man kommt zu dem allgemeinen Ergebnis, dass sich durch die stille Gesellschaft bei Refinanzierung weniger Vorteile erzielen lassen als in einer Situation ohne Refinanzierung. Bei der Eigenfinanzierung werden die Beteiligungsaufwendungen stets vollumfänglich, d.h. bei der Körperschaftsteuer zu 100% und bei der Gewerbesteuer zu 50%, gewinnmindernd berücksichtigt. Bei der stillen Gesellschaft stellt dies hingegen die Ausnahme dar; zu einer umfassenderen Steuerminderung als bei der Eigenfinanzierung kann es durch die Refinanzierungszinsen nicht kommen. Zusätzlich ist bei der atypisch stillen Gesellschaft zu berücksichtigen, dass eine Minderung der Gewerbesteuer stets unterbleibt, da keine Gewerbesteuer anfällt.[534] Dies bedeutet, dass die Eigenfinanzierung die

---

[532] Siehe Abschnitt II.4.2.2.1 (S. 52).
[533] Vgl. Kühnberger, M., DB 2004, S. 663.
[534] Siehe Abschnitt II.4.2.1 (S. 49) zur Eigenfinanzierung und Abschnitt IV.2.1.3 (S. 202) zur stillen Gesellschaft.

optimale Finanzierungsform bleibt, wenn sie dies bereits ohne Refinanzierungszinsen ist.

2.2.1.1 Vergleich mit der Besteuerungsfolge „Doppelbelastung"

Da bereits in einer Situation ohne Refinanzierung die Eigenfinanzierung günstiger ist,[535] sind mit der typisch stillen Gesellschaft bei der Besteuerungsfolge „Doppelbelastung" keine Vorteile realisierbar.

Bei der atypisch stillen Gesellschaft stellt bei einem Verhältnis von $^Z/_G$ von mindestens 80% in den meisten Ländern die Abzugsmethode die günstigere Methode zur Vermeidung der Doppelbesteuerung dar.[536] Deshalb wird diese zum Vergleich mit der Eigenfinanzierung herangezogen. Durch Gleichsetzen der entsprechenden Gleichungen errechnet sich folgender Quellensteuersatz auf Dividenden als Indifferenzsteuersatz, bei dessen Unterschreiten die Eigenfinanzierung stets Vorteile bringt:

(IV.27) $\quad \text{QuStD}^* = \text{QuStSG} \times (1 - \text{kst}_{\text{solz}}) - 0{,}05 \times \text{ertst}_\text{I} + \text{kst}_{\text{solz}}$

$$+ \frac{^Z/_G \times 0{,}5 \times \text{gst} \times (1 - \text{kst}_{\text{solz}})}{1 - \text{est}_\text{A}}$$

Da bereits der Ausdruck $- 0{,}05 \times \text{ertst}_\text{I} + \text{kst}_{\text{solz}}$ bei einem Hebesatz von 500% mit 24,32% den niedrigsten Wert annimmt und die übrigen Summanden stets positiv sind, liegt der Quellensteuersatz auf Dividenden stets unter dem Indifferenzsteuersatz, sodass sich durch die stille Gesellschaft keine Vorteile erzielen lassen.[537]

2.2.1.2 Vergleich mit der Besteuerungsfolge „Schachtelfreistellung"

Bei der Besteuerungsfolge „Schachtelfreistellung" unterscheidet sich die Steuerbelastung der stillen Gesellschaft formelmäßig nicht in Abhängigkeit von deren Ausprägungsvariante. Setzt man die Formeln, die die Steuerbelastung der zu vergleichenden Finanzierungsalternativen beschreiben, gleich, erhält man nach Umformung einen Quellensteuersatz auf Dividenden als Indifferenzsteuersatz.

---

[535] Siehe Abschnitt IV.1.1.1.1 (S. 166).
[536] Ausnahmen hiervon können lediglich in Irland, Lettland, Litauen, Polen, der Slowakei, der Schweiz und in Ungarn auftreten, siehe Anhang III.2 (S. 308).
[537] In den untersuchten Ländern kommt maximal ein Quellensteuersatz auf Dividenden von 20% vor; siehe Tabelle II.2 (S. 28).

Liegt der tatsächliche Kapitalertragsteuersatz darunter, zeigt dies die Vorteilhaftigkeit der Eigenfinanzierung an.

(IV.28) $\text{QuStD}^* = \text{QuStSG} - 0{,}05 \times \text{ertst}_I + {}^Z\!/_G \times [{}^1\!/_2 \times \text{gst} + \text{kst}_{\text{solz}} \times (1 - {}^1\!/_2 \times \text{gst})]$

Der Indifferenzsteuersatz nimmt mit 23,62% den niedrigsten Wert an, wenn die kleinstmöglichen Werte für den Quellensteuersatz bei stiller Gesellschaft (0%), ${}^Z\!/_G$ (80%) und Hebesatz (350%) eingesetzt werden. Dieser Wert spricht auch für die eindeutige Vorteilhaftigkeit der Eigenfinanzierung.

2.2.1.3 Vergleich mit der Besteuerungsfolge „Eigenfinanzierung"

Die Besteuerungsfolge „Eigenfinanzierung", die nur bei der typisch stillen Gesellschaft möglich ist, führt ausgenommen von unterschiedlichen Quellensteuersätzen genau zur gleichen Steuerbelastung wie die klassische „Eigenfinanzierung". Da lediglich die Quellensteuersätze für Unterschiede in der Steuerbelastung verantwortlich sind, errechnet sich folgender Quellensteuersatz auf Dividenden als Indifferenzsteuersatz:

(IV.29) $\text{QuStD}^* = \text{QuStSG}$

Vorteile können sich durch die stille Gesellschaft ergeben, wenn der bei ihr maßgebliche Quellensteuersatz unter dem für Dividenden liegt.

2.2.1.4 Vergleich mit der Besteuerungsfolge „Fremdfinanzierung"

Führt die stille Gesellschaft zur Besteuerungsfolge „Fremdfinanzierung", kann in Abhängigkeit des Kapitalertragsteuersatzes bei stiller Gesellschaft einerseits die Situation eintreten, in der keine Anrechnungsüberhänge entstehen, und andererseits in einer Situation, in der es zu Anrechnungsüberhängen kommt, sowohl die Anrechnungs- als auch die Abzugsmethode zur geringeren Steuerlast führen.

Unter der getroffenen Annahme, dass das Verhältnis von ${}^Z\!/_G$ mindestens 80% beträgt, besteht sowohl bei der typisch als auch bei der atypisch stillen Gesellschaft nur dann die Möglichkeit, dass keine Überhänge entstehen, wenn keine Quellensteuer anfällt. Entstehen aufgrund höherer Sätze Anrechnungsüberhänge, so kann bei der typisch stillen Gesellschaft bei Quellensteuersätzen zwischen 5% und 10% sowie bei der atypisch stillen zwischen 5% und 15% entweder die

Anrechnungs- oder die Abzugsmethode vorzuziehen sein, bei darüber liegenden Sätzen ist stets die Abzugsmethode günstiger.[538]

Bei der typisch stillen Gesellschaft entsteht bei der Besteuerungsfolge „Fremdfinanzierung" bis auf die Tatsache, dass andere Quellensteuersätze einschlägig sein können, genau die gleiche Steuerbelastung wie bei der klassischen Fremdfinanzierung, sodass zum Vergleich mit der Eigenfinanzierung grundsätzlich auf die dortigen Ausführungen verwiesen werden kann.[539] Auf Unterschiede wird im Folgenden eingegangen.

Entsteht bei der stillen Gesellschaft kein Anrechnungsüberhang, fällt also keine Kapitalertragsteuer an, so wirkt sich die durch die Refinanzierung verursachte Minderung der Steuerbelastung bei der stillen Gesellschaft und bei der Eigenfinanzierung in gleichem Maße aus und kürzt sich somit beim Vergleich der Steuerbelastungen heraus. Es ist der Indifferenzsteuersatz zum Vergleich der klassischen Eigen- und Fremdfinanzierung ohne Refinanzierung heranzuziehen, indem der Quellensteuersatz auf Zinsen auf Null gesetzt wird.[540] Eine Analyse der Indifferenzsteuersätze macht deutlich, dass bei einer Beteiligungsquote von mindestens 20% lediglich in Kanada Vorteile durch die stille Gesellschaft erzielt werden können. Bei einer Beteiligungsquote zwischen 10% und 20% ist eine einzelfallspezifische Beurteilung unerlässlich.

Entsteht ein Anrechnungsüberhang (Quellensteuersätze zwischen 5% und 30%), so können zur Berechnung der Indifferenzsteuersätze ebenfalls die Gleichungen herangezogen werden, die die klassische Fremd- mit der Eigenfinanzierung vergleichen, indem der Quellensteuersatz für Zinsen durch den bei stiller Gesellschaft ersetzt wird.[541] Da nicht feststeht, welcher Quellensteuersatz bei der stillen Gesellschaft zum Tragen kommt, können für die Indifferenzsteuersätze nur Bandbreiten festgelegt werden, indem für die unterschiedlichen Kombinationsmöglichkeiten aus Quellensteuersatz auf Dividenden und bei stiller Gesellschaft Extremwerte für den Hebesatz und das Verhältnis $^Z/_G$ eingesetzt werden. Bei der

---

[538] Siehe Anhang III.3 (S. 309) und III.4 (S. 310).
[539] Siehe Abschnitt II.4.2.3 (S. 63).
[540] Siehe Abschnitt II.4.1 (S. 44), Gleichung (II.1) und Tabelle II.10 (S. 46).
[541] Siehe Abschnitt II.4.2.3 (S. 63), Gleichung (II.13) zur Anrechnungsmethode sowie Gleichung (II.14) zur Abzugsmethode.

Anrechnungsmethode berechnet sich die Untergrenze stets bei einem Hebesatz von 350% und einem $^Z/_G$, ab dem Anrechnungsüberhänge entstehen, minimal jedoch 80%; die Obergrenze berechnet sich bei einem Hebesatz von 500% und dem $^Z/_G$, ab dem die Abzugsmethode vorteilhaft ist. Bei der Abzugsmethode sind zur Berechnung der Bandbreiten nur Extremwerte für den Hebesatz einzusetzen, da die Vorteilhaftigkeit nicht durch $^Z/_G$ beeinflusst wird. Liegt der tatsächliche Ertragsteuersatz bei gegebenen Quellensteuersätzen unterhalb der Bandbreite, ist die Eigenfinanzierung vorzuziehen, liegt er darüber, ist es die stille Gesellschaft. Liegt er dazwischen, kann in Abhängigkeit vom Hebesatz und $^Z/_G$ die eine oder andere Finanzierungsform vorzuziehen sein. Eine Analyse der Bandbreiten macht deutlich,[542] dass die Eigenfinanzierung stets vorzuziehen ist, wenn keine Quellensteuer auf Dividenden anfällt.

Entsprechend lassen sich auch für die atypisch stille Gesellschaft folgende Indifferenzsteuersätze zum Vergleich mit der Eigenfinanzierung bilden:

- kein Anrechnungsüberhang (IV.30)

$$est_{A*} = \frac{kst_{solz} - QuStD - 0{,}05 \times erstst_I - QuStSG \times solz + \tfrac{2}{G} \times 0{,}5 \times gst \times (1 - kst_{solz})}{1 - QuStD - 0{,}05 \times erstst_I}$$

- Anrechnungsüberhang bei Vorteilhaftigkeit der Anrechnungsmethode (IV.31)

$$est_{A*} = \frac{QuStSG - QuStD - 0{,}05 \times erstst_I + \tfrac{2}{G} \times [0{,}5 \times gst + kst_{solz} \times (1 - 0{,}5 \times gst)]}{1 - QuStD - 0{,}05 \times erstst_I}$$

- Anrechnungsüberhang bei Vorteilhaftigkeit der Abzugsmethode (IV.32)

$$est_{A*} = \frac{QuStSG + (1 - QuStSG) \times kst_{solz} - QuStD - 0{,}05 \times erstst_I + \tfrac{2}{G} \times 0{,}5 \times gst \times (1 - kst_{solz})}{1 - QuStD - 0{,}05 \times erstst_I}$$

Bei der atypisch stillen Gesellschaft ist zusätzlich zu berücksichtigen, dass im Vergleich zur typisch stillen Gesellschaft auch in Situationen, in denen keine Überhänge bestehen und für den Fall, dass bei Bestehen eines Überhangs die Abzugsmethode vorzuziehen ist, der Indifferenzsteuersatz und damit die Vorteilhaftigkeit von $^Z/_G$ beeinflusst wird. Dies liegt daran, dass die Einkünfte aus

---

[542] Siehe Anhang IV.1 (S. 311) zu den konkreten Werten.

der atypisch stillen Gesellschaft nicht der Gewerbesteuer unterliegen und die Refinanzierungszinsen sich somit nicht auf die Höhe der Gewerbesteuer, sondern nur auf die der Körperschaftsteuer auswirken. Bei der Eigenfinanzierung mindern die hälftigen Refinanzierungszinsen hingegen zusätzlich die Gewerbesteuer. Da sich die Refinanzierungszinsen bei der Eigenfinanzierung stärker auswirken als bei der atypisch stillen Gesellschaft, kommt es durch höhere Zinsen zu einer relativen Schlechterstellung der atypisch stillen Gesellschaft und dadurch zu einem Anstieg des Indifferenzsteuersatzes.

Da die Bandbreiten in Abhängigkeit der Quellensteuersätze sehr stark streuen,[543] lassen sich nur schwer allgemeingültige Aussagen bezüglich der Vorteilhaftigkeit treffen. Bei einem Quellensteuersatz auf Dividenden von 0% ist die Eigenfinanzierung für die Länder vorteilhaft, deren Ertragsteuersatz unter 30% liegt.

2.2.1.5 Vergleich mit der Besteuerungsfolge „weiße Einkünfte"

Da sich bei der Besteuerungsfolge „weiße Einkünfte" mathematisch genau die gleiche Steuerbelastung wie bei der Besteuerungsfolge „Fremdfinanzierung" der atypisch stillen Gesellschaft bei Anwendung der Anrechnungsmethode ergibt, wenn Überhänge bestehen, kann bezüglich des Indifferenzsteuersatzes auf die dortigen Ausführungen verwiesen werden.[544] Zu beachten ist lediglich, dass die Methodenwahl aufgrund der Freistellung im Inland nicht zur Frage steht. Da deswegen die Voraussetzungen für das Vorliegen von Überhängen nicht gegeben sein müssen, ist auch ein Quellensteuersatz von 0% möglich. Auch hier streuen die Indifferenzsteuersätze sehr stark.[545] Selbst wenn keine Quellensteuer auf Dividenden anfällt, bringt die Eigenfinanzierung nur dann eindeutig Vorteile, wenn der Ertragsteuersatz unter 25% liegt.

2.2.2 Fremdfinanzierung als optimale klassische Finanzierung

2.2.2.1 Vergleich mit der Besteuerungsfolge „Doppelbelastung"

Bereits die Eigenfinanzierung führt stets zu einer geringeren Steuerlast als die Finanzierung mittels stiller Gesellschaft. Somit sind für Länder bzw. Unterneh-

---

[543] Siehe Anhang IV.1 (S. 311) zu den konkreten Werten.
[544] Siehe Abschnitt IV.2.2.1.4 (S. 210), insbesondere Gleichung (IV.31).
[545] Siehe Anhang IV.2 (S. 312) zu den konkreten Werten.

men, bei denen die Fremdfinanzierung die optimale klassische Finanzierungsform darstellt, für die die Steuerbelastung der Fremdfinanzierung also noch unter der der Eigenfinanzierung liegt, erst recht keine Vorteile erzielbar.

2.2.2.2 Vergleich mit der Besteuerungsfolge „Schachtelfreistellung"

Da auch bei der Besteuerungsfolge „Schachtelfreistellung" die stille Gesellschaft stets zu einer höheren Steuerbelastung als die Eigenfinanzierung führt, verstärkt sich der Nachteil der stillen Gesellschaft noch weiter, wenn die Steuerbelastung der Fremdfinanzierung noch unter der der Eigenfinanzierung liegt, wenn die Fremdfinanzierung also die optimal klassische Finanzierungsform darstellt.

2.2.2.3 Vergleich mit der Besteuerungsfolge „Eigenfinanzierung"

Fällt die Vergütung aus der typisch stillen Gesellschaft in den Anwendungsbereich des § 8a KStG (Mindestbeteiligung von 25%, Freigrenze von 250.000 €), so führt die daraus resultierende Besteuerungsfolge „Eigenfinanzierung" genau zur gleichen Steuerbelastung wie die Eigenfinanzierung. Lediglich können bei der stillen Gesellschaft andere Quellensteuersätze maßgeblich sein, sodass zum Vergleich mit der Fremdfinanzierung grundsätzlich auf die Ausführungen verwiesen werden kann, die die klassischen Finanzierungsformen vergleichen.[546]

Im Vergleich mit der Fremdfinanzierung ist zu unterscheiden, ob bei dieser ein Anrechnungsüberhang entsteht. Wird auf die Zinszahlung keine Quellensteuer erhoben, entsteht kein Überhang. In diesem Fall wirkt sich die durch den Anfall der Refinanzierungszinsen verursachte Minderung der Steuerbelastung bei der typisch stillen Gesellschaft und bei der Fremdfinanzierung in gleichem Maße aus, sodass sie sich beim Vergleich der Steuerbelastungen herauskürzt. Es ist der ausländische Ertragsteuersatz als Indifferenzsteuersatz zwischen der klassischen Eigen- und Fremdfinanzierung heranzuziehen, indem der Quellensteuersatz auf Dividenden durch den Quellensteuersatz bei der stillen Gesellschaft zu ersetzen ist.[547] In den untersuchten Ländern, in denen bei einer Beteiligungsquote von mindestens 25% und einem Verhältnis $^Z/_G$ von mindestens 80% die Fremdfinanzierung die optimale klassische Finanzierungsalternative darstellt, beträgt ledig-

---

[546] Siehe Abschnitt II.4.2.3 (S. 63).
[547] Siehe Abschnitt II.4.1 (S. 44), Gleichung (II.1) und Tabelle II.10 (S. 46).

lich in den USA der Quellensteuersatz auf Zinsen 0%.[548] Eine Analyse der Indifferenzsteuersätze zeigt, dass in Abhängigkeit vom Quellensteuersatz bei stiller Gesellschaft und vom Hebesatz die Vorteilhaftigkeit zwischen den Alternativen wechseln kann.[549]

Wird auf die Zinszahlung ein höherer Quellensteuersatz erhoben, können Anrechnungsüberhänge entstehen. Unter der getroffenen Annahme, dass $^Z/_G$ 80% übersteigt, ist dies in Ländern, bei denen die Fremdfinanzierung bei einer Mindestbeteiligung von 25% die optimale klassische Finanzierungsform ist, nur in Japan (est$_A$ = 41,33%) bei einem Quellensteuersatz auf Zinsen von 10% möglich.[550] Zum Vergleich der Steuerbelastung der stillen Gesellschaft mit der Fremdfinanzierung können zur Berechnung der Indifferenzsteuersätze die Gleichungen, die die Eigen- mit der Fremdfinanzierung vergleichen, analog herangezogen werden, indem der Quellensteuersatz auf Dividenden durch den bei stiller Gesellschaft ersetzt wird.[551] Nachdem der Quellensteuersatz bei stiller Gesellschaft nicht feststeht, lassen sich dennoch Bandbreiten des Indifferenzsteuersatzes für die Kombinationsmöglichkeiten aus einem Quellensteuersatz auf Zinsen von 10% und den möglichen Quellensteuersätzen bei stiller Gesellschaft festlegen, indem Extremwerte für den Hebesatz und $^Z/_G$ eingesetzt werden. Eine Analyse der Bandbreiten zeigt,[552] dass ab einem Quellensteuersatz bei stiller Gesellschaft von mindestens 10% die Fremdfinanzierung stets Vorteile bringt, da der tatsächliche Ertragsteuersatz über den Bandbreiten liegt. Bei niedrigeren Quellensteuersätzen, kann in Abhängigkeit von $^Z/_G$ und vom Hebesatz die Vorteilhaftigkeit zwischen den Finanzierungsalternativen wechseln. Während bei einem Quellensteuersatz von 5% entweder die Anrechnungs- oder die Abzugsmethode günstiger sein kann, ist bei einem Quellensteuersatz von 0% die Anrechnungsmethode günstiger.

2.2.2.4 Vergleich mit der Besteuerungsfolge „Fremdfinanzierung"

(1) Typisch stille Gesellschaft. Da die typisch stille Gesellschaft bei der Besteuerungsfolge "Fremdfinanzierung" abgesehen von der Höhe der Quellensteuersät-

---

[548] Siehe Abschnitt II.5.1.2 (S. 73).
[549] Siehe auch Abschnitt IV.1.2.3 (S. 187).
[550] Siehe Abschnitt II.5.1.2 (S. 73).
[551] Siehe Abschnitt II.4.2.3 (S. 63), Gleichung (II.13) zur Anrechnungsmethode sowie Gleichung (II.14) zur Abzugsmethode.
[552] Siehe Anhang V (S. 313) zu den konkreten Werten.

ze genau zur gleichen Steuerbelastung führt wie die klassische Fremdfinanzierung, lassen sich nur dann Vorteile realisieren, wenn die Quellensteuersätze voneinander abweichen. Hierbei ist danach zu unterscheiden, ob es bei einer, keiner oder beiden Finanzierungsalternativen zu Anrechnungsüberhängen kommt. Die Ergebnisse sind in Tabelle IV.15 zusammengefasst.

Tabelle IV.15: Voraussetzungen an die Vorteilhaftigkeit der Besteuerungsfolge „Fremdfinanzierung" bei typisch stiller Gesellschaft im Vergleich zur klassischen Fremdfinanzierung

stille Gesellschaft	Fremdfinanzierung	Bedingung an Quellensteuersätze	Vorteilhaftigkeit
kein Überhang	kein Überhang	QuStSG > QuStZ [a]	stille Gesellschaft
kein Überhang	Überhang	QuStSG < QuStZ	stille Gesellschaft
Überhang	kein Überhang	QuStSG > QuStZ	Fremdfinanzierung
Überhang	Überhang	QuStSG < QuStZ	stille Gesellschaft

[a] Praktisch nicht möglich, da nur dann kein Überhang entsteht, wenn keine Quellensteuer erhoben wird.

Können die Quellensteuern bei beiden Finanzierungsalternativen vollständig angerechnet werden, ist es für die Vorteilhaftigkeit der stillen Gesellschaft nötig, dass der für sie maßgebliche Quellensteuersatz über dem für Zinsen liegt, da es dann zu einer größeren Entlastung durch die Anrechnung beim Solidaritätszuschlag kommt. Unter der hier getroffenen Annahme eines Verhältnisses von Z/G von mindestens 80% ist dies nur möglich, wenn bei beiden Alternativen keine Quellensteuer auf den Gewinntransfer anfällt. Dies bedeutet, dass sich durch die stille Gesellschaft keine Vorteile erzielen lassen, da die Quellensteuersätze gleich hoch sind.

Entsteht nur bei einer der Finanzierungsalternativen ein Überhang, so impliziert dies bei einem gegebenem Z/G bei dieser Alternative einen höheren Quellensteuersatz. Da die Steuerbelastung bei einem Überhang stets höher ist, bringt diese Finanzierungsalternative keinen Vorteil.

Entstehen bei beiden Finanzierungsalternativen Anrechnungsüberhänge und führt jeweils die gleiche Methode zur Vermeidung der Doppelbesteuerung zum günstigeren Ergebnis, so ist es offensichtlich, dass bei einem gegebenen Z/G die

Quellensteuer auf die Vergütung aus der stillen Gesellschaft für deren Vorteilhaftigkeit kleiner sein muss als die Quellensteuer auf Zinsen. Ist die Anrechnungsmethode vorteilhaft, so fällt der Anrechnungsüberhang bei der stillen Gesellschaft hierdurch geringer aus. Bei der Abzugsmethode fällt bei beiden Finanzierungsformen im Inland auf die um die Refinanzierungszinsen gekürzte Vergütung Ertragsteuer an. Zusätzlich ist die ausländische Quellensteuer in voller Höhe zu berücksichtigen, die sich lediglich durch Abzug von der inländischen Bemessungsgrundlage abschwächt. Mathematisch zeigt sich dies daran, dass sich durch Gleichsetzen der die Steuerbelastung beschreibenden Formeln bei einem gegebenen $^Z/_G$ sämtliche Variablen bis auf die Quellensteuersätze herauskürzen.

Auch wenn unterschiedliche Methoden zur Vermeidung der Doppelbesteuerung bei Bestehen eines Überhangs vorteilhaft sind, ist die stille Gesellschaft vorzuziehen, wenn deren Quellensteuersatz unter dem für Zinsen liegt. Der höhere Satz bei der Fremdfinanzierung bewirkt, dass sich die Vorteilhaftigkeit der Anrechnungs- gegenüber Abzugsmethode bereits bei einem niedrigeren Wert für $^Z/_G$ umkehrt. Es tritt folglich bei einem gegebenen $^Z/_G$ die Situation ein, in der bei der Fremdfinanzierung bereits die Abzugsmethode vorteilhaft ist, während bei der stillen Gesellschaft noch die Anrechnungsmethode günstiger ist. Die stille Gesellschaft ist dann vorteilhaft, wenn deren Steuerbelastung bei Anrechnung der Quellensteuer kleiner ist als die Steuerbelastung der Fremdfinanzierung bei Abzug der Quellensteuer:

(IV.33) $\underbrace{(1-{}^1\!/_2 \times {}^Z\!/_G) \times gst \times (1-kst_{solz})}_{\text{❶}} + QuStSG$

$\leq (1-{}^1\!/_2 \times {}^Z\!/_G) \times gst \times (1-kst_{solz}) + QuStZ + (1-{}^Z\!/_G) \times kst_{solz} - QuStZ \times ertst_I$

$\Leftrightarrow \quad QuStSG \leq QuStZ + \underbrace{(1-{}^Z\!/_G) \times kst_{solz}}_{\text{❷}} - \underbrace{QuStZ \times ertst_I}_{\text{❸}}$

Der durch ❶ markierte Ausdruck beschreibt die um die hälftigen Refinanzierungszinsen gekürzte Gewerbesteuer unter Berücksichtigung des Betriebsausgabenabzugs bei der Körperschaftsteuer, der sich auf beiden Seiten herauskürzt. Somit verbleiben neben den Quellensteuersätzen folgende Ausdrücke: Der durch ❷ gekennzeichnete Summand stellt die um die Refinanzierungszinsen gekürzte kombinierte Körperschaftsteuer, die der Entlastungswirkung der Anrechnungsmethode entspricht, und der durch ❸ gekennzeichnete Summand die Entlastungswirkung der Abzugsmethode dar. Wird bei der Fremdfinanzierung gerade das Verhältnis von $^Z/_G$ erreicht, bei dem beide Methoden zur gleichen Belastung führen, dann entsprechen sich die Entlastungswirkungen der Anrechnungsmethode ❷ und der Abzugsmethode ❸ der Höhe nach,[553] sodass Ungleichung (IV.33) durch die höhere Quellensteuer auf Zinsen erfüllt und die stille Gesellschaft günstiger ist.

Steigt das Verhältnis $^Z/_G$ weiter an, so sinkt die Entlastungswirkung der Anrechnungsmethode ❷, während die übrigen Werte unverändert bleiben. Im Folgenden wird gezeigt, dass dies nie dazu führen kann, dass Ungleichung (IV.33) nicht mehr erfüllt ist, solange der Quellensteuersatz auf Zinsen den bei stiller Gesellschaft übersteigt. Hierzu muss der höchstmögliche Wert für $^Z/_G$ eingesetzt werden. Dies ist der Wert, ab dem auch bei der stillen Gesellschaft die Vorteilhaftigkeit von der Anrechnungs- zur Abzugsmethode wechselt. Liegt er nämlich darüber, so ist für beide Finanzierungsalternativen die Abzugsmethode günstiger und somit die Vorteilhaftigkeit zugunsten der stillen Gesellschaft eindeutig. Er wird in allgemeiner Form durch $1 - \text{QuStSG} \times \text{ertst}_I/\text{kst}_{solz}$ beschrieben.[554] Nach Umformung gelangt man zu folgender Ungleichung:

(IV.34) $\quad \text{ertst}_I \times (\text{QuStZ} - \text{QuStSG}) \leq \text{QuStZ} - \text{QuStSG}$

Da die inländische Ertragsteuerbelastung unter 100% liegt, beweist Ungleichung (IV.34) eindeutig die Vorteilhaftigkeit der stillen Gesellschaft, wenn der Quellensteuersatz unter dem auf Zinsen liegt. Auf analoge Weise lässt sich herleiten, dass die Fremdfinanzierung immer dann vorzuziehen ist, wenn der Quellensteuersatz auf Zinsen kleiner ist als auf die Vergütung aus der typisch stillen Gesellschaft.

(2) Atypisch stille Gesellschaft. Resultiert aus der atypisch stillen Gesellschaft die Besteuerungsfolge „Fremdfinanzierung", gilt grundsätzlich das für die typisch stille Gesellschaft Gesagte. Jedoch muss berücksichtigt werden, dass die Vergütung aus der atypisch stillen Gesellschaft nicht der Gewerbesteuer unter-

---

[553] Siehe Abschnitt II.4.2.2.2 (S. 55).
[554] Siehe Tabelle IV.14 (204).

liegt. Fallen die Quellensteuersätze bei dieser und bei Fremdfinanzierung gleich hoch aus, so bedeutet dies die eindeutige Vorteilhaftigkeit der atypisch stillen Gesellschaft, denn der einzige Unterschied zwischen den beiden Finanzierungsalternativen besteht dann in der gewerbesteuerlichen Erfassung der Zinsen bei der klassischen Fremdfinanzierung. Die Belastung der Zinsen mit Gewerbesteuer führt immer zu einem Nachteil der Fremdfinanzierung, da aufgrund der hälftigen Hinzurechnung für Dauerschuldzinsen in einer Situation, in der annahmegemäß durch die Refinanzierungszinsen keine Verluste entstehen, die Gewerbesteuerbelastung zumindest hälftig bestehen bleibt. Im Übrigen gilt es, auch die vier Fälle wie bei der typisch stillen Gesellschaft zu unterscheiden.[555]

Besteht weder bei der stillen Gesellschaft noch bei der klassischen Fremdfinanzierung ein Überhang, so bewirken steigende Quellensteuern bei der jeweiligen Finanzierungsalternative aufgrund der stärkeren Reduktion des Solidaritätszuschlags durch die Anrechnung eine abnehmende Gesamtsteuerbelastung. Der Nachteil der Fremdfinanzierung durch die gewerbesteuerliche Erfassung der Zinsen kann somit nur durch eine höhere Quellensteuer auf Zinsen ausgeglichen werden. Durch Gleichsetzen der die beiden Steuerbelastungen beschreibenden Formeln errechnet sich als Indifferenzsteuersatz nachstehender Quellensteuersatz auf die Vergütung aus der stillen Gesellschaft:

(IV.35) $kst_{solz} \times (1-{}^Z/_G) - QuStSG \times solz$

$= (1-{}^1/_2 \times {}^Z/_G) \times gst \times (1-kst_{solz}) + kst_{solz} \times (1-{}^Z/_G) - QuStZ \times solz$

$\Leftrightarrow \quad QuStSG = QuStZ - \dfrac{(1-\frac{1}{2}\times{}^Z/_G)\times gst \times (1-kst_{solz})}{solz}$

Liegt der tatsächliche Quellensteuersatz darüber, führt die stärkere Entlastung beim Solidaritätszuschlag zu einer geringeren Steuerlast der atypisch stillen Gesellschaft, sodass diese vorteilhaft ist. Selbst bei einem Quellensteuersatz auf Zinsen von 25%, einem Verhältnis von ${}^Z/_G$ von 100% und einem Hebesatz von 350% nimmt der Indifferenzsteuersatz noch einen negativen Wert an, was die eindeutige Vorteilhaftigkeit der stillen Gesellschaft belegt.

---

[555] Siehe Tabelle IV.15 (S. 216).

Entsteht nur bei der klassischen Fremdfinanzierung aufgrund eines höheren Quellensteuersatzes ein Anrechnungsüberhang, so erhöht sich deren Steuerbelastung noch zusätzlich, wodurch der Vorteil der stillen Gesellschaft noch größer ausfällt.

Entsteht bei der atypisch stillen Gesellschaft ein Anrechnungsüberhang, kann sich der Vorteil der gewerbesteuerlichen Nichterfassung lediglich durch einen höheren Quellensteuersatz umkehren, da in einer Situation von Anrechnungsüberhängen ein höherer Quellensteuersatz immer eine höhere Steuerbelastung bedingt. In Abhängigkeit davon, ob bei der klassischen Fremdfinanzierung ebenfalls ein Überhang entsteht, und welche Methode zur Vermeidung der Doppelbesteuerung bei Bestehen eines Anrechnungsüberhangs bei der jeweiligen Finanzierungsalternativen vorteilhaft ist, müssen folgende fünf Fälle unterschieden werden:

Fall ❶: Überhang mit Vorteilhaftigkeit der Anrechnungsmethode bei der stillen Gesellschaft und kein Überhang bei der Fremdfinanzierung[556]

Fall ❷: Überhang mit Vorteilhaftigkeit der Anrechnungsmethode bei beiden Finanzierungsalternativen

Fall ❸: Überhang mit Vorteilhaftigkeit der Abzugsmethode bei der stillen Gesellschaft und der Anrechnungsmethode bei der Fremdfinanzierung

Fall ❹: Überhang mit Vorteilhaftigkeit der Anrechnungsmethode bei der stillen Gesellschaft und der Abzugsmethode bei der Fremdfinanzierung

Fall ❺: Überhang mit Vorteilhaftigkeit der Abzugsmethode bei beiden Finanzierungsalternativen

Für jeden Fall wird im Folgenden durch Gleichsetzen der jeweiligen Steuerbelastungen ein Quellensteuersatz bei stiller Gesellschaft als Indifferenzsteuersatz bestimmt. Bei gegebenen Kombinationsmöglichkeiten aus den Quellensteuersätzen der beiden Finanzierungsalternativen variiert der jeweilige Indifferenzsteuersatz lediglich in Abhängigkeit vom Hebesatz und $^Z/_G$. Indem für diese bei-

---

[556] Dass in einer Situation, in der bei der der stillen Gesellschaft die Quellensteuer in voller Höhe angerechnet werden kann, während bei der Fremdfinanzierung bereits Überhänge entstehen, die stille Gesellschaft stets vorteilhaft ist, wurde bereits begründet.

IV. Vorteilhaftigkeitsanalyse zwischen klassischer Finanzierung und stiller Gesellschaft 221

den Variablen Extremwerte eingesetzt werden, lassen sich für jede Kombinationsmöglichkeit der Quellensteuersätze Bandbreiten des Indifferenzsteuersatzes bestimmen. Liegt der tatsächliche Quellensteuersatz der stillen Gesellschaft unterhalb der Bandbreite, ist die stille Gesellschaft vorteilhaft, liegt er darüber, ist es die Fremdfinanzierung, liegt er dazwischen, kann die Vorteilhaftigkeit in Abhängigkeit vom Hebesatz und $^Z/_G$ wechseln. Hierbei wird zunächst die Annahme außer Acht gelassen, dass das Verhältnis von $^Z/_G$ mindestens 80% beträgt, sodass die Aussagen allgemeine Gültigkeit besitzen. Anschließend wird untersucht, wie sich die Bandbreiten und damit die Vorteilhaftigkeit durch die Einhaltung der Annahme ändern. Ebenso erfolgt eine Einschränkung auf Quellensteuersätze auf Zinsen in Höhe von 0% und 10%, da diese in den Ländern vorkommen, in denen bei Vorliegen einer gewerbesteuerlichen Schachtelbeteiligung die Fremdfinanzierung vorteilhaft ist.[557]

Der Indifferenzsteuersatz sinkt in jedem der fünf Fälle mit sinkendem Hebesatz und mit Ausnahme des Falls, in dem bei der Fremdfinanzierung die Anrechnungs- und bei stiller Gesellschaft die Abzugsmethode vorteilhaft ist,[558] mit steigendem $^Z/_G$. Da lediglich die Zinsen, nicht hingegen die Einkünfte aus der stillen Gesellschaft, der Gewerbesteuer unterliegen, führt ein niedrigerer Hebesatz zu einer stärkeren Entlastung der Finanzierungsalternative Fremdfinanzierung und damit zu einem Sinken des Indifferenzsteuersatzes. Steigende Refinanzierungszinsen mindern bei beiden Finanzierungsalternativen die Körperschaftsteuer in gleichem Maße. Bei der Fremdfinanzierung tritt durch die hälftige Abzugsfähigkeit bei der Gewerbesteuer eine zusätzliche Entlastung ein, wodurch eine relative Besserstellung der Fremdfinanzierung und dadurch ein Sinken des Indifferenzsteuersatzes hervorgerufen wird. Zur Bestimmung der Untergrenze der Bandbreite sind der niedrigste mögliche Hebesatz von 350% und ein möglichst hohes $^Z/_G$ sowie zur Bestimmung der Obergrenze der höchstmögliche Hebesatz von 500% und ein möglichst niedriges $^Z/_G$ einzusetzen.

---

[557] Siehe Abschnitt II.5.1.2 (S. 73). Hierbei handelt es sich um Australien, Belgien, Estland, Finnland, Italien, Japan, Kanada, Luxemburg, Portugal, Slowenien, Tschechien und die USA, wobei Portugal mit 15% eine Ausnahme bildet.
[558] Hierauf wird an gegebener Stelle (Ausführungen zu Fall ❸) eingegangen.

Setzt man die Steuerbelastung der atypisch stillen Gesellschaft bei Anwendung der Anrechnungsmethode in einer Situation von Anrechnungsüberhängen mit der der Fremdfinanzierung ohne Überhang gleich, ergibt sich folgender Quellensteuersatz als Indifferenzsteuersatz:

(IV.36) $\quad \text{QuStSG} = (1 - \tfrac{1}{2} \times {}^{Z}/_{G}) \times \text{gst} \times (1 - \text{kst}_{\text{solz}}) + \text{kst}_{\text{solz}} \times (1 - {}^{Z}/_{G}) - \text{QuStZ} \times \text{solz}$

Zur Bestimmung der Extremwerte von ${}^{Z}/_{G}$ muss zunächst die Schnittmenge aller möglichen Werte von ${}^{Z}/_{G}$ bestimmt werden, für die bei der Fremdfinanzierung keine Anrechnungsüberhänge entstehen, während bei der stillen Gesellschaft bei Bestehen eines Überhangs die Anrechnungsmethode vorzuziehen ist. Anschließend sind die Ober- und Untergrenze der Schnittmenge abzuleiten. Entsprechendes gilt für die übrigen vier Fälle. Die Schnittmengen sind in Abbildung IV.2 (S. 223) jeweils mittels eines Paares von Zahlenstrahlen dargestellt. Der Doppelpfeil oberhalb des ersten Zahlenstrahls zeigt die Werte für ${}^{Z}/_{G}$ an, die bei der Fremdfinanzierung in Abhängigkeit des Vorliegens eines Überhangs und der Wahl der günstigeren Methode zur Vermeidung der Doppelbesteuerung möglich sind; die Doppelpfeile unterhalb des zweiten Zahlenstrahls zeigen Entsprechendes für die stille Gesellschaft an. Die Balken zwischen beiden Zahlenstrahlen spiegeln die Schnittmenge wider. Es ist jeweils zu berücksichtigen, dass der Wert für ${}^{Z}/_{G}$, ab dem bei der stillen Gesellschaft Anrechnungsüberhänge entstehen, unterhalb des Wertes liegt, ab dem bei der Fremdfinanzierung ein Überhang entsteht. Dies geht darauf zurück, dass dieses Verhältnis bei beiden Finanzierungsalternativen mathematisch durch die gleiche Formel beschrieben wird und sich nur hinsichtlich des Quellensteuersatzes unterscheidet. Mit steigendem Quellensteuersatz nimmt dieses Verhältnis ab. Sollen durch die Fremdfinanzierung Vorteile erzielt werden, so muss der Quellensteuersatz auf Zinsen unter dem bei stiller Gesellschaft liegen, sodass bei der stillen Gesellschaft bereits bei niedrigeren Werten für ${}^{Z}/_{G}$ Überhänge entstehen. Das Verhältnis ${}^{Z}/_{G}$, das bei der stillen Gesellschaft für den Wechsel der Vorteilhaftigkeit von der Anrechnungs- zur Abzugsmethode überschritten werden muss, kann hingegen innerhalb des Bereichs liegen, bei dem bei der Fremdfinanzierung noch kein Überhang vorliegt, bei dem bei Vorliegen eines Überhangs die Anrechnungs- oder die Abzugsmethode vorzuziehen ist. Diese drei Möglichkeiten sind jeweils auf dem unteren Zahlenstrahl abgebildet.

IV. Vorteilhaftigkeitsanalyse zwischen klassischer Finanzierung und stiller Gesellschaft

Abbildung IV.2: Extremwerte für $^z/_G$ zum Vergleich der klassischen Fremdfinanzierung mit der Besteuerungsfolge „Fremdfinanzierung" der atypisch stillen Gesellschaft

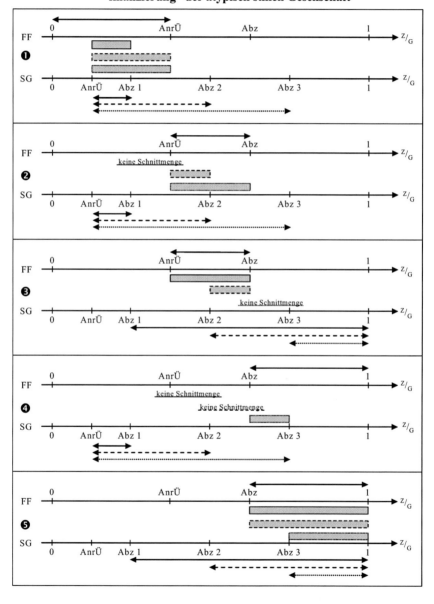

Liegt bei der stillen Gesellschaft ein Überhang vor und führt die Anrechnungsmethode zum günstigeren Ergebnis, während bei der Fremdfinanzierung keine Überhänge existieren (Abbildung IV.2 (S. 223), Fall ❶), so nimmt $^Z/_G$ den niedrigsten Wert an, wenn bei der stillen Gesellschaft ein Überhang entsteht. Nach oben erfährt $^Z/_G$ eine Begrenzung, wenn entweder bei der stillen Gesellschaft die Vorteilhaftigkeit hin zur Abzugsmethode wechselt oder bei der Fremdfinanzierung ein Anrechnungsüberhang entsteht. Der höchst mögliche Wert ist der niedrigre von beiden. Die vorliegende Situation ist bei jeder Kombinationsmöglichkeit der Quellensteuersätze möglich, da die Voraussetzung, dass der Wert für $^Z/_G$, ab dem bei der stillen Gesellschaft ein Überhang entsteht, überschritten und gleichzeitig derjenige unterschritten werden muss, ab dem bei der Fremdfinanzierung ein Überhang entsteht, aufgrund des höheren Quellensteuersatzes auf die Vergütung aus der stillen Gesellschaft stets erfüllt ist.

Die konkreten Werte der allgemeinen Bandbreiten[559] – d.h. die Werte für $^Z/_G$ können auch weniger als 80% betragen und der Quellensteuersatz auf Zinsen kann andere Werte als 0% oder 10% annehmen – belegen, dass die stille Gesellschaft immer dann noch Vorteile bringt, wenn der Quellensteuersatz maximal 5%-Punkte über dem für Zinsen liegt, da in diesem Fall der Quellensteuersatz unterhalb der Bandbreite liegt. Liegt er mindestens 10%-Punkte über dem Quellensteuersatz auf Zinsen, ist die Vorteilhaftigkeit unbestimmt, da der Quellensteuersatz innerhalb der Bandbreite liegt.

Wird zusätzlich berücksichtigt, dass das Verhältnis $^Z/_G$ annahmegemäß mindestens 80% beträgt, so tritt die Situation, in der bei der Fremdfinanzierung kein Überhang besteht, während bei der stillen Gesellschaft bei Bestehen eines Überhangs die Anrechnungsmethode vorteilhaft ist, nur bei einem Quellensteuersatz auf Zinsen von 0% ein. Ebenso nimmt die Obergrenze der Bandbreiten des Indifferenzsteuersatzes mit 14,11% immer den gleichen Wert an. Zur Berechnung der Obergrenze muss nämlich ein möglichst kleiner Wert für $^Z/_G$ eingesetzt werden. Dies ist der Wert, bei dem bei stiller Gesellschaft ein Überhang entsteht. Dieser Wert sinkt mit steigendem Quellensteuersatz. Bei einem Quellensteuer-

---

[559] Siehe Anhang VI.1 (S. 314).

satz von 5% beträgt er bereits 80%, sodass durch die Begrenzung auf mindestens 80% ein weiteres Sinken bei höheren Quellensteuersätzen nicht möglich ist.

Tabelle IV.16: Bandbreiten des Indifferenzsteuersatzes (QuStSG*) zwischen atypisch stiller Gesellschaft bei Besteuerungsfolge „Fremdfinanzierung" und klassischer Fremdfinanzierung (Refinanzierung)

QuStSG				0,00%	5,00%	10,00%	15,00%	20,00%	25,00%	30,00%
$z/_G$ ÜH				100%	80%	(60%)	(40%)	(20%)	(0%)	(0%)
$z/_G$ Abz				100%	95%	90%	85%	80%	(75%)	(70%)
QuStZ	$z/_G$ ÜH	$z/_G$ Abz	bei HS	Fall ❶						
0,00%	100%	100%	350%		7,08%	8,67%	*10,26%*	*11,85%*	-	-
		100%	500%		**14,11%**	14,11%	*14,11%*	*14,11%*	-	-
				Fall ❷						
10,00%	(60%)	85,84%	350%				**16,31%**	*16,58%*	-	-
		84,42%	500%				**18,84%**	*18,84%*	-	-
				Fall ❸ und ❹						
10,00%	(60%)	85,84%	350%				**16,77%**	*15,35%*	*15,35%*	*15,35%*
		84,42%	500%				**18,51%**	*19,56%*	*19,56%*	*19,56%*
				Fall ❺						
10,00%	(60%)	85,84%	350%				**15,96%**	*15,96%*	*15,96%*	*15,96%*
		84,42%	500%				**19,50%**	*19,56%*	*19,56%*	*19,56%*

Legende:
fett Vorteilhaftigkeit der stillen Gesellschaft
kursiv Vorteilhaftigkeit der Fremdfinanzierung
normal Vorteilhaftigkeit unbestimmt
    Vorteilhaftigkeit der stillen Gesellschaft, da QuStSG ≤ QuStZ
    bei stiller Gesellschaft Abzugs-, bei Fremdfinanzierung Anrechnungsmethode
    bei stiller Gesellschaft Anrechnungs-, bei Fremdfinanzierung Abzugsmethode

Ein Vergleich des tatsächlichen Quellensteuersatzes bei stiller Gesellschaft mit den Bandbreiten des Indifferenzsteuersatzes zeigt, dass bei einem Quellensteuersatz von 5% die stille Gesellschaft vorteilhaft ist, da der Quellensteuersatz unterhalb der Bandbreite liegt. Bei 10% ist die Vorteilhaftigkeit unbestimmt, da der Quellensteuersatz innerhalb der Bandbreite liegt; bei darüber liegenden Quellensteuersätzen ist die Fremdfinanzierung vorteilhaft, da der Quellensteuersatz oberhalb der Bandbreite liegt. Dieses Ergebnis ist Tabelle IV.16 (S. 225) zu entnehmen.

Führt bei beiden Finanzierungsalternativen bei Bestehen eines Überhangs die Anrechnungsmethode zum günstigeren Ergebnis (Abbildung IV.2 (S. 223), Fall ❷), so ergibt sich durch Gleichsetzen der Steuerbelastungen folgender Indifferenzsteuersatz:

(IV.37) $\quad \text{QuStSG} = (1 - \tfrac{1}{2} \times {}^Z/_G) \times \text{gst} \times (1 - \text{kst}_{\text{solz}}) + \text{QuStZ}$

Damit diese Situation eintritt, muss die Voraussetzung erfüllt sein, dass der Wert für ${}^Z/_G$, ab dem die Vorteilhaftigkeit bei der stillen Gesellschaft zur Abzugsmethode wechselt, oberhalb des Werts liegt, ab dem bei der Fremdfinanzierung ein Überhang entsteht. Das Verhältnis ${}^Z/_G$ erfährt dann den niedrigsten möglichen Wert, wenn bei der Fremdfinanzierung ein Anrechnungsüberhang entsteht. Nach oben wird ${}^Z/_G$ begrenzt, wenn bei einer der beiden Finanzierungsalternativen die Abzugsmethode vorteilhaft wird. Der niedrigere der beiden Werte stellt dann den höchst möglichen Wert dar. Ist die Voraussetzung nicht erfüllt, entsteht keine Schnittmenge.

Die konkreten Bandbreiten zeigen in allgemeiner Form,[560] dass die stille Gesellschaft Vorteile bringt, wenn der Quellensteuersatz maximal 5%-Punkte über dem für Zinsen liegt. In Abhängigkeit des Quellensteuersatzes auf Zinsen kann für Quellensteuersätze bei stiller Gesellschaft, die mindestens 10%-Punkte über dem für Zinsen liegen, entweder die Fremdfinanzierung eindeutig vorteilhaft sein oder die Vorteilhaftigkeit unbestimmt sein. Unter der Annahme eines Verhältnisses ${}^Z/_G$ von mindestens 80% kann der Fall, dass bei beiden Finanzierungsalternativen bei Bestehen eines Überhangs die Anrechnungsmethode vorteilhaft ist, nur bei einem Quellensteuersatz auf Zinsen von 10% und bei stiller Gesellschaft von 15% und 20% eintreten. Beträgt der Quellensteuersatz bei stiller Gesellschaft 15% ist die stille Gesellschaft vorteilhaft, beträgt er 20% ist es die Fremdfinanzierung (Tabelle IV.16 (S. 225)).

Weiterhin besteht die Möglichkeit, dass bei Bestehen eines Anrechnungsüberhangs bei einer Finanzierungsalternative die Abzugs- und bei der anderen die

---

[560] Siehe Anhang VI.2 (S. 315).

IV. Vorteilhaftigkeitsanalyse zwischen klassischer Finanzierung und stiller Gesellschaft

Anrechnungsmethode vorteilhaft ist. Ist bei der stillen Gesellschaft die Abzugs- und bei der Fremdfinanzierung die Anrechnungsmethode günstiger (Abbildung IV.2 (S. 223), Fall ❸), errechnet sich durch Gleichsetzen der beiden Steuerbelastungen folgender Indifferenzsteuersatz:

(IV.38) $\text{QuStSG} + \text{kst}_{\text{solz}} \times (1 - ^Z/_G - \text{QuStSG}) = (1 - ^1/_2 \times ^Z/_G) \times \text{gst} \times (1 - \text{kst}_{\text{solz}}) + \text{QuStZ}$

$\Leftrightarrow \quad \text{QuStSG} = \dfrac{(1 - \frac{1}{2} \times ^Z/_G) \times \text{gst} \times (1 - \text{kst}_{\text{solz}}) - \text{kst}_{\text{solz}} \times (1 - ^Z/_G) + \text{QuStZ}}{1 - \text{kst}_{\text{solz}}}$

In der vorliegenden Situation ist im Gegensatz zu den übrigen Fällen zu berücksichtigen, dass die Untergrenze beim niedrigsten und die Obergrenze beim höchst möglichen Verhältnis von $^Z/_G$ erreicht wird. Dies liegt im hier ausnahmsweise positiven Wirkungszusammenhang zwischen $^Z/_G$ und Indifferenzsteuersatz begründet. Steigen die Refinanzierungszinsen, bewirkt dies bei der stillen Gesellschaft eine stärkere Entlastung als bei der Fremdfinanzierung und die dadurch verursachte Schlechterstellung der Fremdfinanzierung führt wiederum zu einem steigenden Indifferenzsteuersatz. Die Refinanzierungszinsen mindern nämlich bei der stillen Gesellschaft die Bemessungsgrundlage der kombinierten Körperschaftsteuer in voller Höhe, während sie bei der Fremdfinanzierung bei Bestehen eines Überhangs lediglich die gewerbesteuerliche Bemessungsgrundlage zur Hälfte mindern.[561] Hinzu kommt, dass der kombinierte Körperschaftsteuersatz stets über dem effektiven Satz der Gewerbesteuer liegt und sich die volle Abzugsfähigkeit dadurch noch stärker auswirkt. Der gegenläufige Effekt, der bei der Fremdfinanzierung durch den höheren Betriebsausgabenabzug der nur um die Hälfte der Refinanzierungszinsen gekürzten Gewerbesteuer entsteht, fällt dagegen weniger ins Gewicht.

Voraussetzung für das Eintreten des vorliegenden Falls ist, dass der Wert für $^Z/_G$, bei dessen Überschreiten bei der stillen Gesellschaft die Abzugsmethode vorteilhaft ist, unterhalb von dem liegt, bei dessen Überschreiten bei der Fremdfinanzierung die Abzugsmethode vorteilhaft wird. Ansonsten entsteht keine ge-

---

[561] Auch in der Situation, in der bei Bestehen eines Überhangs in beiden Fällen die Anrechnungsmethode vorzuziehen ist (Fall ❸), tritt durch steigende Refinanzierungszinsen bei der Fremdfinanzierung keine Entlastung bei der Körperschaftsteuer ein. Dies ist jedoch auch bei der stillen Gesellschaft der Fall, sodass wie in allen anderen Fällen durch den hälftigen Abzug bei der Gewerbesteuer eine stärkere Entlastung der Fremdfinanzierung resultiert.

meinsame Schnittmenge. Ist diese Voraussetzung erfüllt, so stimmt der niedrigste Wert für $^Z/_G$ mit dem Maximum aus dem Wert überein, bei dem bei der Fremdfinanzierung ein Überhang entsteht oder bei dem bei der stillen Gesellschaft die Abzugsmethode vorteilhaft wird.

Ist umgekehrt bei der atypisch stillen Gesellschaft die Anrechnungs- und bei der Fremdfinanzierung die Abzugsmethode günstiger (Abbildung IV.2 (S. 223), Fall ❹), errechnet sich folgender Indifferenzsteuersatz:

(IV.39) $\text{QuStSG} = (1 - {}^1/_2 \times {}^Z/_G) \times \text{gst} \times (1 - \text{kst}_{\text{solz}}) + \text{kst}_{\text{solz}} \times (1 - {}^Z/_G) + \text{QuStZ} \times (1 - \text{ertst}_I)$

Dementsprechend muss als Voraussetzung der umgekehrte Fall des zuvor beschriebenen Falls vorliegen. Voraussetzung ist, dass der Wert für $^Z/_G$, bei dessen Überschreiten bei der stillen Gesellschaft die Abzugsmethode vorteilhaft ist, nicht unterhalb, sondern oberhalb des Werts liegt, bei dessen Überschreiten bei der Fremdfinanzierung die Abzugsmethode Vorteile bringt. Liegt diese Voraussetzung vor, so stellt der kleinere der beiden Werte die Unter- und der größere die Obergrenze dar. Ist die Voraussetzung nicht erfüllt, entsteht in der hier vorliegenden Situation keine gemeinsame Schnittmenge, jedoch liegt dann aufgrund der sich gegenseitig ausschließenden Voraussetzungen die zuvor beschriebene Situation vor, in der bei der stillen Gesellschaft die Abzugsmethode vorteilhaft ist, während bei der Fremdfinanzierung die Anrechnungsmethode günstiger ist. Im Folgenden erfolgt deshalb die Interpretation der Bandbreiten des Indifferenzsteuersatzes gemeinsam.

Aus dem Vergleich der allgemeinen Bandbreiten der Indifferenzsteuersätze mit dem tatsächlichen Quellensteuersatz bei stiller Gesellschaft folgt,[562] dass die stille Gesellschaft immer die vorteilhafte Finanzierungsform darstellt, wenn der für sie maßgebliche Quellensteuersatz maximal 5%-Punkte über dem für Zinsen liegt. Ist der Abstand größer, wechselt die Vorteilhaftigkeit zur Fremdfinanzierung. Auch wenn annahmegemäß das Verhältnis von $^Z/_G$ mindestens 80% beträgt, ändert sich nichts an dieser Aussage (Tabelle IV.16 (S. 225)).

---

[562] Siehe Anhang VI.3 (S. 315).

Zuletzt besteht die Möglichkeit, dass bei beiden Finanzierungsalternativen die Abzugsmethode vorteilhaft ist (Abbildung IV.2 (S. 223), Fall ❺). In diesem Fall errechnet sich folgender Indifferenzsteuersatz:

(IV.40) $\text{QuStSG} + \text{kst}_{\text{solz}} \times (1 - ^Z/_G - \text{QuStSG})$

$= (1 - ^1/_2 \times ^Z/_G) \times \text{gst} \times (1 - \text{kst}_{\text{solz}}) + \text{kst}_{\text{solz}} \times (1 - ^Z/_G) + \text{QuStZ} \times (1 - \text{ertst}_I)$

$\Leftrightarrow \quad \text{QuStSG} = (1 - ^1/_2 \times ^Z/_G) \times \text{gst} + \text{QuStZ} \times (1 - \text{gst})$

Voraussetzung ist lediglich, dass bei beiden Finanzierungsalternativen der Wert für $^Z/_G$ überschritten wird, ab dem die Abzugsmethode vorteilhaft wird. Der niedrigere von beiden stellt dann die Untergrenze dar. Die Obergrenze wird durch den Wert 1,00 erreicht, da annahmegemäß keine Verluste entstehen.

Auch hier gilt, dass die stille Gesellschaft immer dann Vorteile bringt, wenn der für sie einschlägige Quellensteuersatz 5%-Punkte über dem für Zinsen liegt. Liegt er hingegen mindestens 10%-Punkte darüber, wechselt die Vorteilhaftigkeit zur Fremdfinanzierung.[563] Hieran ändert sich auch nichts, wenn $^Z/_G$ den Wert von 80% nicht unterschreitet (Tabelle IV.16 (S. 225)). Lediglich bei einem Quellensteuersatz auf Zinsen von 25% können durch die Fremdfinanzierung bereits Vorteile entstehen, wenn der Quellensteuersatz bei stiller Gesellschaft 30% beträgt. Ursächlich hierfür ist, dass bei der Fremdfinanzierung durch den Abzug der Quellensteuer auf Zinsen als Betriebsausgabe auch für gewerbesteuerliche Zwecke der Nachteil der gewerbesteuerlichen Erfassung der Zinsen abgeschwächt wird. Die Abschwächung des gewerbesteuerlichen Nachteils fällt umso mehr ins Gewicht, je höher der Quellensteuersatz auf Zinsen ist. Dieser Effekt tritt auch in der Situation ein, in der lediglich bei der Fremdfinanzierung die Abzugsmethode vorteilhaft ist, während bei der stillen Gesellschaft die Anrechnungsmethode vorzuziehen ist (Fall ❹). Jedoch sind in dieser Situation die Höchstwerte für $^Z/_G$ niedriger, sodass es bei der Vorteilhaftigkeit der stillen Gesellschaft bleibt, wenn der für sie einschlägige Quellensteuersatz 5%-Punkte über dem für Zinsen liegt.

Zusammenfassend ist die Vorteilhaftigkeit der stillen Gesellschaft immer gegeben, wenn

---

[563] Siehe Anhang VI.4 (S. 316).

- die Quellensteuersätze gleich hoch sind,
- bei der stillen Gesellschaft kein Überhang entsteht oder
- bei der stillen Gesellschaft ein Anrechnungsüberhang entsteht und der Quellensteuersatz bei stiller Gesellschaft maximal 5%-Punkte über dem auf Zinsen liegt.

2.2.2.5 Vergleich mit der Besteuerungsfolge „weiße Einkünfte"

Die Gesamtsteuerbelastung der Besteuerungsfolge „weiße Einkünfte" der stillen Gesellschaft besteht unabhängig von deren Ausprägungsvariante lediglich aus der Quellensteuer. Diese entspricht mathematisch der Steuerbelastung der Besteuerungsfolge „Fremdfinanzierung" bei der atypisch stillen Gesellschaft, wenn bei Bestehen eines Überhangs die Anrechnungsmethode Anwendung findet. Somit kann zum Vergleich mit den drei möglichen Steuerbelastungen der Fremdfinanzierung grundsätzlich auf die Ausführungen des vorigen Abschnitts verwiesen werden. Im Folgenden wird deshalb nur das Wesentliche zusammengefasst und auf Unterschiede eingegangen. Indem die Steuerbelastung der stillen Gesellschaft der jeweiligen der Fremdfinanzierung gegenübergestellt wird, ergibt sich der Quellensteuersatz bei stiller Gesellschaft als Indifferenzsteuersatz, bei dessen Überschreiten durch den tatsächlichen Steuersatz die Fremdfinanzierung und bei dessen Unterschreiten die stille Gesellschaft vorzuziehen ist. Hierbei sind bei der Fremdfinanzierung folgende Fälle zu unterscheiden:

- kein Überhang

    (IV.41) $QuStSG = (1-\frac{1}{2} \times {}^Z/_G) \times gst \times (1-kst_{solz}) + kst_{solz} \times (1-{}^Z/_G) - QuStZ \times solz$

- Vorteilhaftigkeit der Anrechnungsmethode bei Bestehen eines Überhangs

    (IV.42) $QuStSG = (1-\frac{1}{2} \times {}^Z/_G) \times gst \times (1-kst_{solz}) + QuStZ$

- Vorteilhaftigkeit der Abzugsmethode bei Bestehen eines Überhangs

    (IV.43) $QuStSG = (1-\frac{1}{2} \times {}^Z/_G) \times gst \times (1-kst_{solz}) + kst_{solz} \times (1-{}^Z/_G) + QuStZ \times (1-ertst_t)$

Da der Indifferenzsteuersatz in allen drei Fällen steigt, wenn das Verhältnis ${}^Z/_G$ sinkt und der Hebesatz steigt, sind zur Bestimmung der Untergrenze der Bandbreiten des Indifferenzsteuersatzes möglichst hohe Werte für ${}^Z/_G$ und der niedrigste Hebesatz von 350% sowie zur Bestimmung der Obergrenze möglichst niedriger Werte für $^Z/_G$ und der höchste Hebesatz von 500% einzusetzen. Der Tatsache, dass der Indifferenzsteuersatz im ersten Fall mit sinkendem und in den letzten beiden Fällen mit steigendem Quellensteuersatz auf Zinsen steigt, wird nur indirekt Rechnung getragen, indem für jede Kombinationsmöglichkeit aus den Quellensteuersätzen der beiden Finanzierungsalternativen eine Bandbreite bestimmt wird.

Entsteht bei der Fremdfinanzierung kein Anrechnungsüberhang, so ist zur Berechnung der Untergrenze der Bandbreite des Indifferenzsteuersatzes der Wert für $^Z/_G$ zu verwenden, bei dem ein Anrechnungsüberhang entsteht und zur Bestimmung der Obergrenze der Wert Null. Die Analyse der Bandbreiten zeigt,[564] dass die stille Gesellschaft stets vorzuziehen ist, wenn der für sie maßgebliche Quellensteuersatz maximal 5%-Punkte über dem für Zinsen liegt. Beträgt die Differenz mindestens 10%-Punkte, ist die Vorteilhaftigkeit unbestimmt. Die großen Bandbreiten belegen, dass in diesem Fall große Belastungsunterschiede zwischen den Finanzierungsalternativen in Abhängigkeit der Einflussfaktoren bestehen, wobei der stärkste Einfluss von $^Z/_G$ und dem Quellensteuersatz bei stiller Gesellschaft ausgeht. Eine einzelfallspezifische Untersuchung ist somit unerlässlich, um Nachteile zu vermeiden. Unter Berücksichtigung der Annahme, dass das Verhältnis $^Z/_G$ nicht unter 80% liegt, tritt die Situation, in der bei der Fremdfinanzierung keine Überhänge entstehen, lediglich bei einem Kapitalertragsteuersatz auf Zinsen von 0% ein. Beträgt gleichzeitig der Quellensteuersatz bei stiller Gesellschaft 0%-10%, ist die stille Gesellschaft vorteilhaft, beträgt er 10%, ist die Vorteilhaftigkeit unbestimmt und liegt er darüber, so ist die Fremdfinanzierung vorzuziehen (Tabelle IV.17 (S. 232)).

Die Situation von Anrechnungsüberhängen vermag nur einzutreten, wenn Quellensteuern auf Zinsen erhoben werden, folglich in den zu untersuchenden Ländern, in denen bei Vorliegen einer gewerbesteuerlichen Schachtelbeteiligung die Fremdfinanzierung die optimale klassische Finanzierung ist, wenn der Steuersatz 10% beträgt. Führt dann die Anrechnungsmethode zur geringeren Steuerlast, so sind zur Bestimmung der Untergrenze der Bandbreite die Werte für $^Z/_G$ einzusetzen, bei denen die Vorteilhaftigkeit der Methoden wechselt, und zur Be-

---

[564] Siehe Anhang VII.1 (S. 317).

stimmung der Obergrenze die Werte, bei denen ein Überhang entsteht. Aus der Analyse der Bandbreiten ergibt sich,[565] dass die stille Gesellschaft vorzuziehen ist, wenn deren Quellensteuersatz maximal 5%-Punkte über dem für Zinsen liegt. Liegt er 5 bis 10%-Punkte darüber, kann in Abhängigkeit des Quellensteuersatzes bei stiller Gesellschaft entweder die Fremdfinanzierung bereits Vorteile bringen oder die Vorteilhaftigkeit ist unbestimmt, bei noch höheren Steuersätzen ist stets die Fremdfinanzierung vorzuziehen.

Tabelle IV.17: Bandbreiten des Indifferenzsteuersatzes (QuStSG) zwischen stiller Gesellschaft bei Besteuerungsfolge „weiße Einkünfte" und klassischer Fremdfinanzierung (Refinanzierung)

QuStZ	$^Z/_G$	HS	QuStSG 0,00%	5,00%	10,00%	15,00%	20,00%	25,00%	30,00%
0,00%	100,00%	350%	**5,48%**	**5,48%**	5,48%	*5,48%*	*5,48%*	*5,48%*	*5,48%*
	80,00%	500%	**14,11%**	**14,11%**	14,11%	*14,11%*	*14,11%*	*14,11%*	*14,11%*
			Überhang (Anrechnungsmethode vorteilhaft)						
10,00%	84,42%	350%	**16,26%**	**16,26%**	**16,26%**	**16,26%**	*16,26%*	*16,26%*	*16,26%*
	80,00%	500%	**18,84%**	**18,84%**	**18,84%**	**18,84%**	*18,84%*	*18,84%*	*18,84%*
			Überhang (Abzugsmethode vorteilhaft)						
10,00%	100,00%	350%	**11,75%**	**11,75%**	**11,75%**	11,75%	*11,75%*	*11,75%*	*11,75%*
	85,84%	500%	**18,51%**	**18,51%**	**18,51%**	18,51%	*18,51%*	*18,51%*	*18,51%*
Legende:									
fett	Vorteilhaftigkeit der stillen Gesellschaft								
kursiv	Vorteilhaftigkeit der Fremdfinanzierung								
normal	Vorteilhaftigkeit unbestimmt								

Unter der Annahme eines Mindestverhältnisses von $^Z/_G$ von 80% kippt die Vorteilhaftigkeit zur Fremdfinanzierung erst bei einem Quellensteuersatz bei stiller Gesellschaft von 20% (Tabelle IV.17 (S. 232)).

Führt die Abzugsmethode zum günstigeren Ergebnis, so sind zur Bestimmung der Untergrenze die Werte für $^Z/_G$ einzusetzen, ab denen diese Methode vorzuziehen ist, und zur Bestimmung der Obergrenze der Wert 1,00. Die Analyse der

---

[565] Siehe Anhang VII.2 (S. 318).

IV. Vorteilhaftigkeitsanalyse zwischen klassischer Finanzierung und stiller Gesellschaft 233

allgemeinen Bandbreiten zeigt,[566] dass bis zu einem Quellensteuersatz auf Zinsen von 10% die stille Gesellschaft vorteilhaft ist, wenn der für sie maßgebliche Quellensteuersatz maximal genauso hoch ist. Liegt er 5 bis 10%-Punkte darüber, ist die Vorteilhaftigkeit unbestimmt oder die Fremdfinanzierung ist bereits vorteilhaft; bei noch höheren Sätzen ist stets die Fremdfinanzierung vorzuziehen. Bei einem Quellensteuersatz auf Zinsen von über 10% ist die stille Gesellschaft nur bei Quellensteuersätzen vorteilhaft, die maximal 5%-Punkte darunter liegen. Sind sie gleich hoch oder liegen sie maximal 5%-Punkte darüber, ist die Vorteilhaftigkeit unbestimmt; bei noch höheren Sätzen ist stets die Fremdfinanzierung günstiger. Die Annahme des Mindestverhältnisses von $^Z/_G$ von 80% ändert nichts an diesen Aussagen (Tabelle IV.17 (S. 232)).

2.3 Zwischenergebnis

In Tabelle IV.18 (S. 234) sind die Fälle dargestellt, in denen es durch die stille Gesellschaft bei Refinanzierung im Vergleich zur klassischen Finanzierung zu Vorteilen kommen kann. Zu beachten sind die Einschränkungen, dass keine gewerbesteuerliche Portfoliobeteiligung vorliegt, die Möglichkeit des Abzugs der Refinanzierungszinsen bei der atypisch stillen Gesellschaft im Ausland ausgeschlossen wurde und das Verhältnis von $^Z/_G$ mindestens 80% beträgt. In einigen Fällen kann die Vorteilhaftigkeit in allen untersuchten Ländern einheitlich beurteilt werden, in anderen ist sie an gewisse Voraussetzungen geknüpft, die kursiv dargestellt sind. Im Vergleich zu einer Situation ohne Refinanzierung haben Fälle, in denen die stille Gesellschaft stets vorteilhaft ist, abgenommen und Fälle, in denen die stille Gesellschaft stets nachteilig ist, zugenommen.

---

[566] Siehe Anhang VII.3 (S. 318).

Tabelle IV.18: Mögliche Vorteile durch die stille Gesellschaft (Refinanzierung)

	optimale klassische Finanzierung	
	Eigenfinanzierung	Fremdfinanzierung
„Doppelbelastung"		
• typisch still	keine Vorteile	keine Vorteile
• atypisch still	keine Vorteile	keine Vorteile
„Schachtelfreistellung"	keine Vorteile	keine Vorteile
„Eigenfinanzierung" nur typisch still	Vorteile: $QuStSG < QuStD$	einzelfallspezifische Beurteilung [a]
„Fremdfinanzierung" • typisch still		
- kein Überhang ($QuStSG = 0\%$)	keine Vorteile [b] $Beteiligung \geq 20\%$ ansonsten: einzelfallspezifische Beurteilung	keine Vorteile: $QuStZ = 0\%$ Vorteile: $QuStZ > 0\%$
- Überhang ($QuStSG > 0\%$)	keine Vorteile: $QuStD = 0\%$ ansonsten: einzelfallspezifische Beurteilung	Vorteile: $QuStSG < QuStZ$
• atypisch still		
- kein Überhang	einzelfallspezifische Beurteilung	**stets Vorteile**
- Überhang	einzelfallspezifische Beurteilung	Vorteile: *Differenz zwischen QuStSG und QuStZ max. 5%-Punkte* ansonsten: einzelfallspezifische Beurteilung
„weiße Einkünfte"	einzelfallspezifische Beurteilung	Vorteile: *Differenz zwischen QuStSG und QuStZ max. 5%-Punkte* ansonsten: einzelfallspezifische Beurteilung

[a] Nur für Japan und USA von Bedeutung, da bei einer Beteiligungsquote von mindestens 25% (§ 8a Abs. 3 KStG) nur in diesen Ländern die Fremdfinanzierung vorteilhaft ist.
[b] Ausnahme Kanada

3. Auswirkung der Besteuerung der Dividenden und Zinsen bei klassischer Finanzierung nach der Mitunternehmerkonzeption bei Vorteilhaftigkeit der atypisch stillen Gesellschaft

Der Maßstab zur Beuteilung der Finanzierungsalternative stille Gesellschaft ist die klassische Finanzierung der ausländischen Kapitalgesellschaft mit Eigen- oder Fremdkapital. Die Errichtung einer atypisch stillen Gesellschaft, die in Deutschland als Mitunternehmerschaft besteuert wird, kann dazu führen, dass die Dividenden bei Eigenfinanzierung bzw. die Zinsen bei Fremdfinanzierung als Sonderbetriebseinnahmen des stillen Gesellschafters zu werten sind und es dadurch zu einer anderen Steuerbelastung kommt, da es sich dann nicht mehr um originäre Einkünfte aus Kapitalvermögen (§ 20 Abs. 1 Nr. 1 bzw. Nr. 7 EStG) handelt, sondern um originär gewerbliche Einkünfte (§ 15 Abs. 1 Satz 1 Nr. 2 EStG). Zwar ist die zweite Gewinnermittlungsstufe bei der stillen Gesellschaft grundsätzlich ohne Bedeutung, da mit der stillen Gesellschaft als Innengesellschaft keine Verträge möglich sind. Dennoch werden Entgelte aus Rechtsbeziehungen zwischen dem Stillen und dem Inhaber, die als Beitrag zur Förderung des gemeinsamen Gesellschaftszwecks angesehen werden, als Sondervergütungen erfasst, um die gewünschte Gleichstellung des Stillen mit einem Mitunternehmer zu verwirklichen.[567]

Eine Besteuerung nach der Mitunternehmerkonzeption, wonach Vergütungen aus schuldrechtlichen Vertragsbeziehungen zwischen dem Gesellschafter einer transparent besteuerten Personengesellschaft und ihrem Gesellschafter als Sondervergütungen dem gewerblichen Bereich zugeordnet werden, ist im Ausland äußerst selten anzutreffen.[568] Noch unwahrscheinlicher ist es deshalb, dass Vergütungen aus Rechtsbeziehungen zwischen dem Inhaber und dem Stillen dem gewerblichen Bereich zuzurechnen sind, sodass nur der Fall betrachtet wird, dass sich im Ausland keine Änderungen ergeben.

---

[567] Vgl. Jacobs, O.H., Rechtsform, 2002, S. 312. Andere Ansicht ist Costede, J., StuW 1983, S. 308-317, der die Einkunftsart davon abhängig macht, ob die Vertragsbeziehungen der stillen Gesellschaft (Mitunternehmerkonzeption) oder der Beteiligung an der Kapitalgesellschaft (Trennungsprinzip) zugerechnet werden können.
[568] Vgl. Hey, J., IStR 2005, S. 649-657 zur Behandlung in den einzelnen Staaten, die die meisten Länder dieser Untersuchung abdecken.

Eine genaue Quantifizierung und Analyse dieser Effekte kann im Rahmen dieser Arbeit nicht erfolgen, dennoch wird im Folgenden gezeigt, in welchen Fällen sich dadurch zusätzliche Vorteile ergeben können und in Fällen, in denen Nachteile entstehen, wie diese vermieden werden können. Hierbei ist zwischen den Dividenden bei Eigenfinanzierung und den Zinsen bei Fremdfinanzierung zu unterscheiden.

3.1 Auswirkung auf die klassische Eigenfinanzierung

Bei der atypisch stillen Gesellschaft werden die Anteile an der ausländischen Kapitalgesellschaft als Sonderbetriebsvermögen II angesehen, wenn die Kapitalgesellschaft nicht noch einer anderen Geschäftstätigkeit von nicht untergeordneter Bedeutung nachgeht.[569] Gehören die Kapitalgesellschaftsanteile – wie in dieser Untersuchung – gleichzeitig zum Betriebsvermögen der Mutterkapitalgesellschaft, wird die Bilanzierungskonkurrenz zugunsten des Sonderbetriebsvermögens der Personengesellschaft aufgelöst.[570] Bei Zuordnung zum SBV II werden die Gewinnausschüttungen der Kapitalgesellschaft abkommensrechtlich dennoch weiterhin als Dividenden erfasst, eine Zuordnung zu den Betriebsstättengewinnen erfolgt nicht.[571] Somit dürfen die nach deutschem Recht gewerblichen Einkünfte im Zeitpunkt, in dem die Vermögensmehrung bei der ausländischen Kapitalgesellschaft eintritt, nach dem Grundsatz des Betriebsstättenprinzips nicht besteuert werden. Im Zeitpunkt des Gewinntransfers kann das Deutschland zugewiesene Besteuerungsrecht mangels nationaler Rechtsgrundlage nicht ausgeübt werden. Eine pauschale Besteuerung von 5% der Vergütung nach § 8b Abs. 5 KStG unterbleibt, da diese nur für Gewinnausschüttungen i.S.d. § 20 Abs. 1 Nr. 1 EStG anzuwenden ist. Bei den Vergütungen aus der atypisch stillen Gesellschaft handelt es sich hingegen um originär gewerbliche Einkünfte (§ 15 Abs. 1 Satz 1 Nr. 2 EStG); hieran ändert auch die DBA-rechtliche Qualifikation als Dividende nichts.[572] Da die Refinanzierungszinsen bei der Er-

---

[569] Vgl. BFH vom 15.10.1998, BStBl 1999 II, S. 289 (290).
[570] Vgl. BFH vom 18.7.1979, BStBl 1979 II, S. 750; BFH vom 24.3.1999, BStBl 2000 II, S. 399; BFH vom 6.3.2002, BStBl 2002 II, S. 737; BFH vom 24.2.2005, IV R 12/03, FR 2005, S. 933.
[571] Vgl. Pyszka, T., IStR 1999, S. 581; Schoor, H.W./Natschke, T., GmbH, 2005, Rdn. 241-245.
[572] Vgl. Eilers, S./Schiessl, M., Einsatz, 2003, S. 451; Grotherr, S., in: Becker, H./Höppner, H./Grotherr, S. u.a., Art. 23A/23B OECD-MA, Rn. 114; Kroppen, K.-H./Schreiber, K., IWB 1999, Fach 3, Gruppe 3, S. 1241-1242.

mittlung der Einkünfte aus der stillen Gesellschaft als Sonderbetriebsausgaben abgezogen werden, bewirkt die Freistellung, dass die Refinanzierungszinsen im Inland steuerlich nicht berücksichtigt werden können.[573]

Besteht die stille Beteiligung hingegen nur an Teilbereichen des Unternehmens des Geschäftsinhabers („tracking-stock" Gestaltung), handelt es sich nicht um Sonderbetriebsvermögen und die Gewinnausschüttung zählt zu originären Einkünften aus Kapitalvermögen,[574] sodass sich an der Besteuerung der Dividende nichts ändert.

Aufgrund der Freistellung ergeben zusätzliche Vorteile, da im Vergleich zur Besteuerung der Dividende als originäre Einkünfte aus Kapitalvermögen der Nachteil der ertragsteuerlichen Erfassung von 5% der Bruttodividende entfällt, sofern keine Refinanzierung erfolgt oder die Refinanzierungszinsen geringer als 5% der Bruttodividende ausfallen. In diesen Fällen ist nach Möglichkeit von einer tracking-stock Gestaltung abzuraten.

Übersteigen die Refinanzierungszinsen 5% der Bruttodividende, können die in diesem Kapitel errechneten Vorteile durch den Einsatz der atypisch stillen Gesellschaft bei einer tracking-stock Gestaltung realisiert werden. Ob es ohne eine solche Gestaltung durch die Besteuerung der Dividende nach der Mitunternehmerkonzeption zu Vor- oder Nachteilen kommt, muss im Einzelfall abgewogen werden. Es ist zu prüfen, ob die Vorteile – der im Vergleich zur Besteuerung der Dividenden als originäre Einkünfte aus Kapitalvermögen – günstigere Besteuerung der Vergütung aus der atypisch stillen Gesellschaft die Nachteile des Abzugsverbots der Refinanzierungszinsen bei der Besteuerung der Dividende als originär gewerbliche Einkünfte überwiegen.

3.2 Auswirkung auf die klassische Fremdfinanzierung

Zinsen aus Darlehen zwischen stillem Gesellschafter und Geschäftsinhaber sind aus nationaler Sicht als Sonderbebetriebseinnahmen gewerbliche Einkünfte, auf Abkommensebene jedoch Zinsen, die Deutschland unter Anrechnung der Quel-

---

[573] Vgl. Pyszka, T., IStR 1999, S. 582; Fischer, L./Kleineidam, H.-J./Warneke, P., Internationale, 2005, S. 490-491. Siehe auch Abschnitt IV.2.1.1.1 (S. 192).
[574] Vgl. Kessler, W./Becker, J.D., IStR 2005, S. 507.

lensteuer nach DBA besteuern darf.[575] Zusätzlich ist nach der nationalen Anrechnungsvorschrift die Anrechnung der ausländischen Ertragsteuer möglich, da nach deutschem Recht die Doppelbesteuerung durch das Abkommen nicht vermieden wird (§ 26 Abs. 6 Satz 1 i.V.m. § 34c Abs. 6 Satz 4 EStG).[576] Die Refinanzierungszinsen sind aufgrund der Steuerpflicht im Inland abzugsfähig.[577] Es fällt keine Gewerbesteuer an, da es sich um ausländische Betriebsstätteneinkünfte handelt, die nach § 9 Nr. 3 GewStG zu kürzen sind.[578] Im Vergleich zur Fremdfinanzierung bei einer Besteuerung als originäre Einkünfte aus Kapitalvermögen kommt es zu einer Ersparnis in Höhe der Gewerbesteuer. Zusätzlich ist die Anrechnung der ausländischen Ertragsteuer möglich, sodass sich zusätzliche Vorteile erzielen lassen. Dennoch müssen auch hier die Auswirkungen auf die Dividendenbesteuerung berücksichtigt werden, wenn zusätzlich eine Beteiligung am Nennkapital besteht. Auch ist es in diesem Fall durch eine trackingstock Gestaltung möglich, die Zuordnung zum originär gewerblichen Bereich zu vermeiden.[579]

---

[575] Vgl. BFH vom 27.2.1991, BStBl 1991 II, S. 444; BFH vom 31.5.1995, BStBl 1995 II, S. 683.
[576] Siehe Abschnitt III.3.3.2.3 (S. 146).
[577] Siehe Abschnitt IV.2.1.1.1 (S. 192).
[578] Vgl. Günkel, M./Lieber, B., IWB 1999, Fach 10, Gruppe 2, S. 1399.
[579] Vgl. Hinder, J.-U./Bleschke, C., StuB 2004, S. 624.

V. Realisierbarkeit der Besteuerungsfolgen bei stiller Gesellschaft aufgrund konkreter Qualifikation in den einzelnen DBA

In diesem Kapitel wird untersucht, welche der in Kapitel III ermittelten Besteuerungsfolgen sich aufgrund der konkreten Qualifikation der Vergütung aus der stillen Gesellschaft realisieren lassen. Die Auswirkung von ausländischen Unterkapitalisierungsregelungen und der Rechtsfolgen des § 8a bei der typisch stillen Gesellschaft sowie spezielle Maßnahmen, die die Freistellung im Inland versagen, bleiben in diesem Kapitel unberücksichtigt, sie werden erst in Kapitel VI behandelt. Zur Beurteilung, ob sich durch die jeweils realisierbare Besteuerungsfolge Vorteile erzielen lassen, sei auf Kapitel IV verwiesen.

1. Qualifikationskonflikte als Folge der Abkommensauslegung

1.1 Möglichkeit des Entstehens von Qualifikationskonflikten als Ursache für Doppel- und Minderbesteuerungen

Die Höhe der aus der stillen Gesellschaft resultierenden Steuerbelastung hängt maßgeblich von der Zuordnung der Einkünfte zu einer Verteilungsnorm des Abkommens ab. Im Ausland bestimmt die Zuordnung die Höhe der Quellensteuer und im Inland, ob die Doppelbesteuerung durch Anrechnung oder Freistellung zu vermeiden ist.[580] Deshalb wird in diesem Kapitel untersucht, unter welchen Abkommensartikel die Vergütung in den konkreten DBA fällt. Die DBA verwenden hierbei zwar grundsätzlich eine eigene Begriffswelt, die vom nationalen Recht losgelöst ist, was zu einer einheitlichen Abkommensanwendung führen soll.[581] Dies gilt insbesondere für im Abkommen selbst definierte Ausdrücke. Die Zurechnung der Einkünfte aus der Stillen Gesellschaft zu einer der Verteilungsnormen durch den Quellen- und Ansässigkeitsstaat muss aber keinesfalls einheitlich erfolgen.[582] Ordnen die beiden Staaten Einkünfte unterschiedlichen Verteilungsnormen des DBA zu, wird im Folgenden von einem (objektiven)

---

[580] Siehe Abschnitt III.2.3.2 (S. 125), Abschnitt III.3.3.1.2 (S. 141).
[581] Vgl. Chebounov, A., Qualifikation, 2002, S. 46-49; Wassermeyer, F., StuW 1990, S. 405.
[582] Vgl. Menck, T., in: Becker, H./Höppner, H./Grotherr, S. u.a., Teil I, Abschnitt 6, Rn. 2.

Qualifikationskonflikt gesprochen.[583] Qualifikationskonflikte sind besonders bei nicht im Abkommen selbst definierten Ausdrücken möglich, für die klassischerweise drei Lösungswege bestehen:[584]

- Beide Staaten stimmen überein, dass die Qualifikation des Staats, in dem die Einkünfte erzielt werden, für beide Staaten verbindlich ist. Man spricht von einer Qualifikation nach dem Recht des Quellenstaats.

- Die beiden Staaten versuchen, aus dem Sinnzusammenhang des Abkommens eine einheitliche Lösung zu finden. Man spricht von einer abkommensautonomen Qualifikation.[585]

- Jeder Staat bestimmt die Abkommensbegriffe nach seinem innerstaatlichen Recht. Man spricht von einer Qualifikation nach dem Recht des Anwenderstaats (sog. lex fori).

Die Bindung an die Qualifikation des Quellenstaats soll immer dann Anwendung finden, wenn es durch den Rückgriff auf das jeweilige Recht des Anwenderstaats zu Doppelbesteuerungen oder doppelten Freistellungen kommen würde.[586] Es wird sich zeigen, dass von einer allgemeinen Bindung an die Qualifikation des Quellenstaats nicht ausgegangen werden kann.[587] Somit können die Staaten zur Auslegung der DBA auf das jeweilige nationale Recht zurückgreifen, wenn sich die Auslegung aus dem DBA selbst erschöpft hat (Art. 3 Abs. 2 OECD-MA). Dies trägt die Gefahr von Qualifikationskonflikten in sich, wenn die Begriffe in den Staaten unterschiedlich belegt sind.[588] Insbesondere führt eine ungenaue Umschreibung der stillen Gesellschaft im DBA häufig zu Qualifi-

---

[583] Der Begriff ist in der Literatur jedoch sehr unterschiedlich belegt. Siehe z.B. Debatin, H., DStR 1992, Beihefter zu Heft 23, S. 7-8; Piltz, D.J., Qualifikationskonflikte, 1993, S. 21-24; Vogel, K., in: Vogel, K./Lehner, M., 2003, Einl., Rz. 151-155 sowie die Übersicht zu unterschiedlichen Meinungen bei Hannes, B., Qualifikationskonflikte, 1992, S. 129-141.
[584] Vgl. Schoueri, L.E., Qualifikation, 2000, S. 929; Vogel, K., in: Vogel, K./Lehner, M., 2003, Einl., Rz. 156.
[585] Daneben besteht die Möglichkeit, die Auslegung aus Sicht des Anwenderstaats als „autonom" zu bezeichnen; so Wassermeyer, F., IStR 1995, S. 49. Im Folgenden wird der Begriff aber dahingehend gebraucht, dass von einer einheitlichen Qualifikation aus dem Sinnzusammenhang ausgegangen wird.
[586] Vgl. z.B. Vogel, K., SWI 2000, S. 111-112.
[587] Siehe Abschnitt V.3.2.3 (S. 263), Abschnitt V.3.2.3.2 (S. 263) zu den Fällen, in denen der Konflikt gelöst werden kann.
[588] Vgl. Raad, K. van, Coordination, 2000, S. 1094.

kationskonflikten.[589] Sie sind als Ursache für Doppel- und Minderbesteuerungen anzusehen.[590]

Die bisherigen Ausführungen zeigen für das weitere Vorgehen zweierlei. Zum Ersten führt der Rückgriff auf das nationale Recht zu dem Nachteil, dass für die DBA-rechtliche Einordnung im Ausland kein eindeutiges Ergebnis gefunden werden kann, da es im Rahmen dieser Arbeit nicht möglich ist, die Besteuerung der stillen Gesellschaft im nationalen ausländischen Recht abschließend zu klären. Dennoch lassen sich die Möglichkeiten in Abhängigkeit der Besteuerung im Ausland aufzeigen. Die DBA-rechtliche Qualifikation aus deutscher Sicht kann hingegen abschließend geklärt werden, sei es durch eine autonome Begriffsbestimmung oder den Rückgriff auf nationales Recht. Eine Ausnahme gilt bei der Bindung an die Qualifikation des Quellenstaats.

Zum Zweiten hängt die Möglichkeit von Qualifikationskonflikten maßgeblich davon ab, unter welchen Voraussetzungen auf das nationale Recht des Anwenderstaats zurückzugreifen ist. Dies wird im nachstehenden Abschnitt erörtert.

1.2 Auslegungsreihenfolge nach Art. 3 Abs. 2 OECD-MA

Jedes der untersuchten Länder enthält eine weitgehend dem Art. 3 Abs. 2 OECD-MA nachgebildete Regel zur Abkommensauslegung.[591] Ein im Abkommen nicht definierter Ausdruck hat die Bedeutung, die ihm nach dem Recht des Staats zukommt, der das Abkommen anwendet, wenn der Abkommenszusammenhang nichts anderes erfordert (Art. 3 Abs. 2 OECD-MA). Hieraus ergibt sich folgende Reihenfolge für die Auslegung eines DBA:[592]

- Definition der Abkommen
- Sinn- und Vorschriftenzusammenhang innerhalb des Abkommens
- Begriffsbestimmungen des innerstaatlichen Rechts (lex fori)

---

[589] Vgl. Piltz, D.J., Hybride, 1995, S. 142-143.
[590] Vgl. Schönhaus, M., Behandlung, 2005, S. 200-202.
[591] Vgl. die Übersicht bei Vogel, K., in: Vogel, K./Lehner, M., 2003, Art. 3 OECD-MA, Rz. 126.
[592] Vgl. BFH vom 15.1.1971, BStBl 1971 II, S. 379; BFH vom 21.8.1985, BStBl 1986 II, S. 4; BFH vom 10.11.1993, BStBl 1994 II, S. 218; Djanani, C./Brähler, G./Hartman, T., IStR 2004, S. 482; Lang, M., Auslegung, 1997, S. 295, 303; Schaumburg, H., Internationales, 1998, Rz. 16.58.

Hiernach ist der Rückgriff auf die Bedeutung des Begriffs nur zulässig, wenn sich die Auslegung aus dem Abkommen selbst erschöpft hat.[593] Nach einer anderen Meinung besteht systematisch keine vorrangige Auslegung aus dem Zusammenhang, vielmehr ist für nicht im Abkommen definierte Ausdrücke zunächst auf das innerstaatliche Recht zurückzugreifen und nur, wenn „Gründe besonderen Gewichts" dafür sprechen, die Bedeutung aus dem Sinn- und Vorschriftenzusammenhang maßgeblich.[594] Die vorrangige Auslegung aus dem Abkommen selbst wird als völkerrechtliche Theorie und vorrangige Anwendung des innerstaatlichen Rechts als landesrechtliche Theorie bezeichnet.[595] Welcher Theorie zuzustimmen ist, hängt entscheidend von der Auslegung der Bedingung „wenn der Zusammenhang nichts anderes erfordert" ab.[596] DBA sind völkerrechtliche Verträge und unterliegen somit den Normen des Wiener Übereinkommens über das Recht der Verträge (WÜRV),[597] somit auch den allgemeinen völkerrechtlichen Auslegungsregeln der Art. 31-33 WÜRV, wobei Art. 31 Abs. 1 WÜRV die größte Bedeutung zukommt.[598] Zwar geht Art. 3 Abs. 2 OECD-MA als spezielle Auslegungsregel dieser vor, jedoch gilt dies nur für andere Abkommensbestimmungen, auf sich selbst ist Art. 3 Abs. 2 OECD-MA nicht anwendbar.[599] Die Auslegung hat nach dem Wortlaut in seinem Zusammenhang und im Lichte des Ziels und Zwecks des Vertrags zu erfolgen (Art. 31 Abs. 1 WÜRV). Ziel und Zweck von DBA ist die Vermeidung von Doppelbesteuerungen. Eine Auslegung der Wortfolge „wenn der Zusammenhang nichts anderes erfordert" im Sinne eines vorzeitigen Rückgriffs auf nationales Recht birgt die Gefahr von Qualifikationskonflikten in sich, wenn die nationalen Begriffe nicht übereinstimmen. Da die Qualifikationskonflikte ursächlich für Dop-

---

[593] Vgl. Debatin, H., Auslegung, 1983, S. 311; Lang, M., DBA, 1992, S. 109-110.
[594] Vgl. Vogel, K., in: Vogel, K./Lehner, M., 2003, Art. 3 OECD-MA, Rz. 119-120, 122; Wassermeyer, F., StuW 1990, S. 409-410. In diesem Sinne auch BFH vom 18.12.1986, BStBl 1988 II, S. 521; BFH vom 17.10.1990, BStBl 1991 II, S. 211; BFH vom 15.12.1993, BStBl 1994 II, S. 220, in denen auf nicht im Abkommen definierte Ausdrücke sofort deutsches Recht angewendet wird.
[595] Vgl. Gloria, C., Verständigungsverfahren, 1988, S. 93, 95; Kluge, V., Steuerrecht, 2000, Rn. R 52.
[596] Vgl. Lang, M., DBA, 1992, S. 109.
[597] Vgl. Zustimmungsgesetz vom 3.8.1985, BGBl 1985 II, S. 926.
[598] Vgl. Debatin, H., DStR 1992, Beihefter zu Heft 23, S. 5; Vogel, K., IStR 2003, S. 525-526.
[599] Vgl. Chebounov, A., Qualifikation, 2002, S. 64; Gloria, C., RIW 1986, S. 975, Weber-Fas, R., Staatsverträge 1982, S. 89-90.

V. Realisierbarkeit aufgrund konkreter Qualifikation in den DBA 243

pelbesteuerungen oder Doppelfreistellungen sind, wird lediglich eine Auslegung gemäß der völkerrechtlichen Theorie den DBA gerecht.[600]

Bei Definitionen des Abkommens besteht einerseits die Möglichkeit, dass das Abkommen eine eigene Definition enthält (z.b. Definition der Zinsen in Art. 11 Abs. 3 und teilweise bei Dividenden in Art. 10 Abs. 3 OECD-MA). Die einheitliche Abkommensanwendung ist damit i.d.R. sichergestellt. Sollte es trotz der Definition zu Auslegungsschwierigkeiten kommen, so ist der in Frage stehende Begriffsbaustein der Definition nach dem Sinnzusammenhang zu interpretieren.[601] Ist dies nicht möglich, kann zur Auslegung des Begriffsbausteins auch auf nationales Recht zurückgegriffen werden.[602] Andererseits ist es möglich, dass das Abkommen auf einen Begriff des innerstaatlichen Rechts eines der beiden Vertragsstaaten verweist (sog. Definitionsverweis), der dann zu einer abkommensrechtlichen Definition wird, die für beide Vertragsstaaten verbindlich ist (z.B. teilweise bei der Dividendendefinition in Art. 10 Abs. 3 OECD-MA).[603]

Zur Auslegung der Begriffe nach dem Sinn- und Vorschriftenzusammenhang kommen aus methodischer Sicht insbesondere die grammatikalische, systematische, teleologische und historische Auslegung in Betracht. Die einzelnen Methoden stehen grundsätzlich gleichwertig gegenüber und dienen dem Zweck, den Sinn der Abkommensregelung für beide Vertragsstaaten verbindlich zu erschließen.[604]

Erfolgt ein Rückgriff auf das nationale Recht, so ist dem Begriff die Bedeutung beizumessen, wie sie im Ertrag- oder Vermögensteuerrecht des Staats gebräuchlich ist. Eine Definition in anderen Steuergesetzen oder im Zivilrecht ist nicht maßgebend.[605] Die Regelung ist dahingehend eindeutig, dass sie auf das jeweili-

---

[600] Vgl. Klebau, B., RIW 1986, S. 126-128; Lang, M., Auslegung, 1994, S. 34.
[601] Vgl. Chebounov, A., Qualifikation, 2002, S. 54.
[602] Vgl. Görl, M., in: Vogel, K./Lehner, M., 2003, Art. 5 OECD-MA, Rz. 8.
[603] Vgl. Schaumburg, H., Internationales, 1998, Rz. 16.61-16.62; Wotschofsky, S./Wittemann, T., SteuerStud 2002, S. 324.
[604] Vgl. Schaumburg, H., Internationales, 1998, Rz. 16.64-16.65.
[605] Vgl. Vogel, K., in: Vogel, K./Lehner, M., 2003, Art. 3 OECD-MA, Rz. 103.

ge Recht des abkommensanwendenden Staats hinweist.[606] Es handelt sich um einen dynamischen Verweis, sodass das jeweils geltende Recht bindend ist.[607]

2. Abkommensberechtigung bei stiller Gesellschaft

2.1 „Person" und „Ansässigkeit" als Voraussetzung

Zunächst muss geklärt werden, durch wen die Abkommensvergünstigungen in Anspruch genommen werden können. Die Vergünstigungen umfassen die Beschränkung der Quellenbesteuerung und die Vermeidung der Doppelbesteuerung durch Anrechnung oder Freistellung.[608] Grundsätzlich kommen hierbei die stille Gesellschaft selbst, der Inhaber des Betriebs (ausländische Tochterkapitalgesellschaft) und der stille Gesellschafter (inländische Mutterkapitalgesellschaft) in Betracht.[609] Abkommensberechtigt sind Personen, die in einem Vertragstaat ansässig sind (Art. 1 Abs. 1 OECD-MA). Es muss folglich geprüft werden, was eine „Person" darstellt und ob diese zusätzlich in einem Vertragstaat „ansässig" ist.[610] Personen im Sinne des Abkommens sind natürliche Personen, Gesellschaften und alle anderen Personenvereinigungen (Art. 3 Abs. 1 Buchst. a OECD-MA). Als Gesellschaften gelten „juristische Personen oder Rechtsträger, die für die Besteuerung wie juristische Personen behandelt werden" (Art. 3 Abs. 1 Buchst. b OECD-MA). Eine Person ist in einem Vertragstaat ansässig, wenn sie dort nach innerstaatlichem Recht unbeschränkt steuerpflichtig ist. Die Steuerpflicht knüpft an den Sitz, den Ort der Geschäftsleitung oder ein anderes persönliches Merkmal an (Art. 4 Abs. 1 OECD-MA).[611] Die Person muss uneingeschränkte Steuersubjekteigenschaft besitzen.

2.2 Keine Abkommensberechtigung der stillen Gesellschaft aus deutscher Sicht

Aus deutscher Sicht kann die stille Gesellschaft als Innengesellschaft nur unter den Begriff der anderen Personenvereinigung fallen, da sie weder eine juristi-

---

[606] Vgl. Wotschofsky, S./Wittemann, T., SteuerStud 2002, S. 326.
[607] Vgl. Wassermeyer, F., in: Debatin, H./Wassermeyer, F., Art. 3 OECD-MA, Rz. 92.
[608] Vgl. Müller, M./Wangler, C., IStR 2003, S. 147.
[609] Vgl. Geuenich, M., Atypisch, 2005, S. 64.
[610] Vgl. Debatin, H., BB 1989, Beilage 2 zu Heft 3, S. 2; Fischer, L./Kleineidam, H.-J./Warneke, P., Internationale, 2005, S. 65.
[611] Vgl. Jacobs, O.H., Internationale, 2002, S. 566.

sche Person ist und als Mitunternehmerschaft auch nicht wie eine juristische Person besteuert wird.[612] Allerdings ist die Personenvereinigung in vielen Abkommen nicht aufgenommen.[613] Trotz Qualifikation als Personenvereinigung bleibt der stillen Gesellschaft unabhängig von deren Ausprägungsform der Abkommensschutz versagt, da sie die Voraussetzung der Ansässigkeit nicht erfüllt.[614] Selbst wenn die atypisch stille Gesellschaft Objekt der Gewinnerzielung und Gewinnermittlung ist sowie Steuerobjekt für Zwecke der Gewerbesteuer darstellt, fehlt es ihr doch an der uneingeschränkten Steuersubjekteigenschaft, die für die Ansässigkeit notwendig ist. Der typisch stillen Gesellschaft kann keinerlei Steuersubjekteigenschaft zugesprochen werden.[615] Die Abkommensberechtigung steht im gegebenen Fall nur der inländischen Kapitalgesellschaft als stiller Gesellschafter und der ausländischen Kapitalgesellschaft als Inhaber des Handelsgeschäfts zu.

2.3 Möglichkeit der Abkommensberechtigung der atypisch stillen Gesellschaft aus ausländischer Sicht

Einer typisch stillen Gesellschaft bleibt auch aus ausländischer Sicht die Abkommensberechtigung versagt, da sie keine Steuersubjekteigenschaft besitzt.[616]

Erfolgt bei der atypisch stillen Gesellschaft die Besteuerung wie in Deutschland nach dem Transparenzprinzip, bleibt ihr die Abkommensberechtigung mangels eigenständiger Steuerpflicht ebenfalls versagt.[617] Abkommensberechtigt sind somit nur die an der stillen Gesellschaft beteiligten Kapitalgesellschaften. Entsprechendes gilt, wenn die Kapitalüberlassung wie eine Beteiligung am gesellschaftsrechtlichen Kapital des Inhabers oder als Fremdkapital behandelt wird, da dann aus ausländischer Sicht neben den Kapitalgesellschaften kein Rechtsgebilde existiert; vielmehr ist die Kapitalüberlassung als Finanzierung der ausländi-

---

[612] Vgl. Vogel, K., in: Vogel, K./Lehner, M., 2003, Art. 3 OECD-MA, Rz. 34.
[613] Siehe Übersicht bei Vogel, K., in: Vogel, K./Lehner, M., 2003, Art. 3 OECD-MA, Rz. 34.
[614] Vgl. Glessner, M., Stille, 2000, S. 218; Wassermeyer, F., in: Debatin, H./Wassermeyer, F., Art. 1 OECD-MA, Rz. 27e.
[615] Siehe Abschnitt III.3.2.1 (S. 134).
[616] Vgl. Fu, R., Stille 1997, S. 156; Schönhaus, M., Behandlung, 2005, S. 69.
[617] Vgl. Schaumburg, H., Internationales, 1998, Rz. 16.369 zur Personengesellschaft im Allgemeinen.

schen Kapitalgesellschaft durch die inländische Mutter anzusehen, sodass nur Kapitalgeber und -nehmer (Stiller und Inhaber) abkommensberechtigt sind.[618]

Wird die atypisch stille Gesellschaft im Ausland intransparent besteuert, so handelt es sich um einen Rechtsträger, der für die Besteuerung wie eine juristische Person behandelt wird. Sie ist somit Person i.S.d. Art. 3 Abs. 1 Buchst. b OECD-MA.[619] Dem steht nicht entgegen, dass sie zivilrechtlich kein Träger von Rechten und Pflichten sein kann, da der Begriff des Rechtsträgers lediglich Steuerrechtsfähigkeit erfordert.[620] Bei intransparent behandelten Personengesellschaften knüpft die persönliche Bindung zur Prüfung der Ansässigkeit regelmäßig an den Sitz oder den Ort der Geschäftsleitung an.[621] Da die stille Gesellschaft aufgrund ihrer Eigenschaft als Innengesellschaft über keinen Sitz verfügt, kann auf den Sitz des Inhabers des Handelsgeschäfts abgestellt werden.[622] Jedoch definiert das Abkommen die Ansässigkeit nicht selbst, sondern verweist auf die Merkmale des innerstaatlichen Rechts, die die Steuerpflicht begründen.[623] Ist die atypisch stille Gesellschaft nach innerstaatlichem Recht des Auslands dort unbeschränkt steuerpflichtig, dann gilt sie als dort ansässig und ist zumindest aus Sicht des Auslands abkommensberechtigt.[624] Auch wenn die stille Gesellschaft über keinen Sitz verfügt, wird in der für Personengesellschaften üblichen Terminologie mit dem Sitzstaat der stillen Gesellschaft der ausländische Staat, in dem sich das Handelsgeschäft des Inhabers befindet, und mit dem Ansässigkeitsstaat des Gesellschafters Deutschland angesprochen.

2.4 Bedeutung einer ggf. vorliegenden Bindung an die Abkommensberechtigung im Ausland

Aufgrund der unterschiedlichen Beurteilung der abkommensberechtigten Personen im In- und Ausland kann es ebenfalls zu Qualifikationskonflikten kommen

---

[618] Vgl. Becker, J.D., Atypisch, 2005, S. 105.
[619] Vgl. Schönhaus, M., Behandlung, 2005, S. 58-59 zur atypisch stillen Gesellschaft; Schmidt, C., WPg 2002, S. 1138 zur Personengesellschaft im Allgemeinen.
[620] Vgl. Lang, M., Hybride, 1991, S. 116.
[621] Vgl. Sutter, F.P., Atypisch, 2000, S. 218.
[622] Vgl. Fu, R., Stille 1997, S. 157.
[623] Vgl. Wicke, P., Personengesellschaften, 2003, S. 84.
[624] Vgl. Geuenich, M., Atypisch, 2005, S. 68 und Kessler, W., StbJb 2002/2003, S. 398 zur atypisch stillen Gesellschaft sowie Toifl, G., Personengesellschaften, 2003, S. 57-58 zur Personengesellschaft im Allgemeinen.

(subjektiver Qualifikationskonflikt).[625] Die Frage nach der Lösung eines solchen Konflikts kann an dieser Stelle unterbleiben.[626] Materiell macht es zunächst wenig Unterschied, ob die Abkommensvergünstigungen durch die stille Gesellschaft selbst oder durch die daran Beteiligten in Anspruch genommen werden. Im Abkommensrecht wird lediglich zwischen natürlichen Personen und Gesellschaften unterschieden, wobei für Gesellschaften in Bezug auf die Dividendenbesteuerung (Quellensteuerbegrenzung und Schachtelprivileg) weiter reichende Vergünstigungen gewährt werden. Bei fehlender Abkommensberechtigung der stillen Gesellschaft können die Abkommensvergünstigung durch die ausländische Kapitalgesellschaft als Inhaber des Handelsgeschäfts bzw. die inländische Kapitalgesellschaft als stiller Gesellschafter in Anspruch genommen werden, die beide auf Abkommensebene als Gesellschaft angesehen werden. Ist die stille Gesellschaft hingegen abkommensberechtigt, kann sie selbst anstelle einer der an ihr beteiligten Kapitalgesellschaften die Vergünstigung in Anspruch nehmen. Da in diesem Fall die stille Gesellschaft auf Abkommensebene selbst eine Gesellschaft darstellt, macht es keinen Unterschied, an welche Person die Vergünstigung anknüpft.[627]

3. DBA ohne Regelung zur stillen Gesellschaft (dem OECD-Musterabkommen entsprechend)

Zunächst wird die Behandlung der Einkünfte aus der stillen Gesellschaft im OECD-Musterabkommen untersucht. Anschließend wird untersucht, welche

---

[625] Vgl. Lüdicke, J., StBJb 1997/1998, S. 451; Schaumburg, H., Internationales, 1998, Rz. 16.85. Da die Einkünfte aufgrund der unterschiedlichen Auffassung bezüglich der Abkommensberechtigung unterschiedlichen Steuersubjekten – der stillen Gesellschaft oder dem Gesellschafter – zugerechnet werden, spricht man auch von einem Zurechnungskonflikt; vgl. Wolff, U., Zurechnungskonflikte, 2005, S. 694.
[626] Dies ist an späterer Stelle von Bedeutung und wird dort geklärt; siehe Abschnitt V.3.2.3.2.2 (S. 264).
[627] Probleme können hingegen – abweichend vom hier vorliegenden Fall – auftreten, wenn eine ausländische Personengesellschaft Einkünfte aus deutschen Quellen bezieht oder Drittstaateneinkünfte vorliegen. Siehe hierzu beispielhaft Mössner, J.M. u.a., International, 2005, Rz. E 66-E 72; Schmidt, C., WPg 2002, S. 1137-1145; Weggenmann, H., Personengesellschaften, 2002, S. 131-207.

Auswirkungen sich aus Abweichungen der konkreten Abkommen vom Musterabkommen ergeben.

3.1 Typisch stille Beteiligung: Zinsartikel (Art. 11 Abs. 3 OECD-MA)

3.1.1 Qualifikation aus deutscher Sicht

Die stille Gesellschaft ist im Musterabkommen selbst nicht definiert. Sie muss somit durch Auslegung einem Abkommensartikel zugeordnet werden. Die Bezüge aus der typisch stillen Gesellschaft können im OECD-Musterabkommen lediglich unter Dividenden oder Zinsen subsumiert werden.[628] Deswegen werden beide Artikel im Folgenden näher beleuchtet.

Die Definition der Dividende in Art. 10 Abs. 3 OECD-MA gliedert sich in drei Teile:

- „Einkünfte aus Aktien, Genussaktien oder Genussscheinen, Kuxen, Gründeranteilen oder"

- Einkünfte „aus anderen Rechten – ausgenommen Forderungen – mit Gewinnbeteiligung sowie"

- „aus sonstigen Gesellschaftsanteilen stammende Einkünfte, die nach dem Recht des Staates, in dem die ausschüttende Gesellschaft ansässig ist, den Einkünften aus Aktien steuerlich gleichgestellt sind."

Aus der Wortfolge der *sonstigen* Gesellschaftsanteile im dritten Teil folgt, dass das Vorliegen eines Gesellschaftsanteils für alle drei Teile Voraussetzung ist.[629] Allerdings ist für Einkünfte aus der stillen Gesellschaft auch nur der dritte Teil relevant. Im ersten Teil sind abschließend Rechtstitel genannt, deren Erträge in den Vertragstaaten auch nach innerstaatlichem Verständnis Dividenden darstellen.[630] Die stille Gesellschaft ist in der Aufzählung nicht enthalten. Der zweite Teil umfasst lediglich verbriefte Rechte,[631] sodass die Einkünfte der stillen Ge-

---

[628] Vgl. Suchanek, M./Herbst, C., FR 2003, S. 1110.
[629] Vgl. Portner, R., in: Becker, H./Höppner, H./Grotherr, S. u.a., Art. 10 OECD-MA, Rn. 151; Wassermeyer, F., in: Debatin, H./Wassermeyer, F., Art. 11 OECD-MA, Rz. 92.
[630] Vgl. Tischbirek, W., in: Vogel, K./Lehner, M., 2003, Art. 10 OECD-MA, Rz. 192.
[631] Vgl. OECD, Convention, Art. 10 OECD-MA, Nr. 24.

V. Realisierbarkeit aufgrund konkreter Qualifikation in den DBA

sellschaft nicht dazu gehören, auch wenn es sich nach dem Wortlaut um Rechte mit Gewinnbeteiligung handelt.[632]

Zinsen sind Einkünfte aus Forderungen jeder Art, wobei die Forderung auch mit einer Beteiligung am Gewinn des Schuldners ausgestattet sein kann (Art. 11 Abs. 3 OECD-MA).[633]

Die Abgrenzung zwischen den beiden Artikeln erfolgt danach, ob die Vergütung aufgrund eines für den Dividendenartikel maßgeblichen „Gesellschaftsanteils" oder einer für den Zinsartikel maßgeblichen „Forderung" bezahlt wird, ob also die Beziehungen zwischen Gläubiger und Schuldner gesellschaftsrechtlicher oder schuldrechtlicher Art sind.[634] Hierbei geht Art. 10 Abs. 3 dem Art. 11 Abs. 3 OECD-MA vor, sodass nur Einkünfte, die nicht zu den Dividenden zählen, als Zinseinkünfte qualifiziert werden können.[635] Ausschlaggebend für das Vorliegen eines Gesellschaftsanteils ist ein unternehmerisches Risiko, das über den Vergütungsanspruch der Kapitalüberlassung und Rückzahlung im Rahmen einer Forderung hinausgeht. Aus den Definitionen geht hervor, dass die Gewinnbeteiligung kein ausschlaggebendes Abgrenzungskriterium sein kann, da sie in beiden Definitionen enthalten ist, wobei der Gewinnbegriff positive und negative Erfolgskomponenten beinhalten kann, somit auch eine Beteiligung am Verlust.[636] Ob das alleinige Risiko des Verlusts der Einlage für ein unternehmerisches Risiko ausreicht, wird unterschiedlich diskutiert.[637] Dies muss hier nicht weiter vertieft werden, da in dieser Arbeit nur der Gewinnfall betrachtet wird und eine Verlustbeteiligung ausgeschlossen werden sollte, um der Gefahr auszuweichen, dass eine GmbH & typisch still als Mitunternehmerschaft gewertet wird.[638] Entscheidendes Kriterium ist jedoch, ob der Gläubiger durch eine Beteiligung an

---

[632] Vgl. Strobl., E./Schäfer, K., IStR 1993, S. 211.
[633] Vgl. Kluge, V., Steuerrecht, 2000, Rn. S 212.
[634] Vgl. Wassermeyer, F., in: Debatin, H./Wassermeyer, F., Art. 11 OECD-MA, Rz. 10.
[635] Vgl. OECD, Convention, Art. 11 OECD-MA, Nr. 19.
[636] Vgl. Sutter, F.P., Atypisch, 2000, S. 211.
[637] Dies befürwortend Portner, R., in: Becker, H./Höppner, H./Grotherr, S. u.a., Art. 10 OECD-MA, Rn. 168; Sutter, F.P., Atypisch, 2000, S. 211 ablehnend hingegen Leitner, R., SWI 2000, S. 160; Schönhaus, M., Behandlung, 2005, S. 142. Nach der Rechtsprechung reicht die theoretische Möglichkeit des Verlusts des eingesetzten Kapitals für die Annahme eines unternehmerischen Risikos nicht aus, wenn die Gefahr als gering einzuschätzen ist; vgl. FG Köln vom 11.12.2003, DStRE 2006, S. 23 (25).
[638] Siehe Abschnitt III.1.2.2 (S. 107).

den Vermögenswerten an den Chancen und Risiken des Unternehmens teilhat.[639] Da dies bei der typisch stillen Beteiligung aufgrund der fehlenden Beteiligung an den stillen Reserven sowie am Geschäfts- und Firmenwert ausscheidet, verbleibt lediglich eine Subsumtion unter den Zinsartikel.[640]

3.1.2 Qualifikation aus ausländischer Sicht

Im Ausland werden Einkünfte aus einer typisch stillen Gesellschaft nach nationalem Recht regelmäßig als Zins- oder Dividendeneinkünfte und nicht als Unternehmensgewinne erfasst.[641] Im Abkommensrecht hingegen werden die Einkünfte aufgrund des Forderungscharakters der typisch stillen Gesellschaft unabhängig von der Behandlung im nationalen Steuerrecht nur unter den Zinsartikel zu subsumieren sein, sofern das DBA keine spezielle Regelung enthält.[642]

Etwas anderes kann gelten, wenn der dritte Teil der Dividendendefinition auf die Voraussetzung des Gesellschaftsanteils verzichtet,[643] die stille Beteiligung im nationalen ausländischen Recht wie eine Nennkapitalbeteiligung behandelt wird und die Vergütungen somit als Dividende besteuert werden.[644] D.h. der Gewinnanteil mindert bei Entstehung den steuerlichen Gewinn des Inhabers nicht und wird bei Zahlung mit einer Quellensteuer belegt. In diesem Fall ist der Gewinnanteil nach dem Recht des Quellenstaats „den Einkünften aus Aktien steuerlich gleichgestellt" und erfüllt somit auch abkommensrechtlich sämtliche Voraussetzungen einer Dividende.[645] Eine ähnliche Regelung existiert im DBA mit Irland. Art. II Abs. Buchst. h DBA-Irland nennt lediglich beispielhaft einige Einkünfte, die für die Besteuerung in Deutschland abkommensrechtlich als Dividenden an-

---

[639] Siehe Abschnitt III.2.2.2 (S. 117).
[640] Vgl. Burmester, G., Probleme, 1996, S. 144; Kessler, W., StbJb 2002/2003, S. 399-400; Kluge, V., Steuerrecht, 2000, Rn. S 216; Löbker, R., Erträge, 2001, S. 182; Piltz, D.J., Hybride, 1995, S. 139; Pöllath, R., in: Vogel, K./Lehner, M., 2003, Art. 11 OECD-MA, Rz. 63; Schaumburg, H., Internationales, 1998, Rz. 16.332, 16.363; Schönhaus, M., Behandlung, 2005, S. 144; Tischbirek, W., in: Vogel, K./Lehner, M., 2003, Art. 10 OECD-MA, Rz. 165, 210; Wassermeyer, F., in: Debatin, H./Wassermeyer, F., Art. 10 OECD-MA, Rz. 115.
[641] Vgl. Burmester, G., Probleme, 1996, S. 143 m.w.N.
[642] Siehe Abschnitt V.3.1.1 (S. 248) zur Begründung.
[643] In den untersuchten Länder sind dies die DBA mit Australien (Art. 10 Abs. 3), Estland (Art. 10 Abs. 3), Frankreich (Art. 9 Abs. 6 Satz 2 Buchst. a), Großbritannien (Art. 10 Abs. 6), Italien (Art. 10 Abs. 6 Buchst. b), Kanada (Art. 10 Abs. 6 Buchst. b), Lettland (Art. 10 Abs. 3), Litauen (Art. 10 Abs. 3), Österreich (Art. 10 Abs. 3) und Polen (Art. 10 Abs. 3).
[644] Siehe Abschnitt III.2.1.2 (S. 114) zu Länderbeispielen.
[645] Vgl. Lechner, E., Behandlung, 1999, S. 92-93; Portner, R., in: Becker, H./Höppner, H./Grotherr, S. u.a., Art. 10 OECD-MA, Rn. 205-207.

zusehen sind, sodass sich für Irland als Anwenderstaat durch einen Rückgriff auf das nationale Recht ergibt, was abkommensrechtlich unter den Dividendenbegriff fällt.[646] Stellt die stille Beteiligung nach nationalem Recht eine Fremdkapitalüberlassung dar, verbleibt es bei einer Zuordnung zum Zinsartikel, da dann die Vergütung nicht den Einkünften aus Aktien steuerlich gleichgestellt ist.

3.1.3 Mögliche Qualifikationskonflikte

Setzt die Dividendendefinition einen Gesellschaftsanteil voraus, qualifizieren beide Staaten die Vergütung aus der typisch stillen Beteiligung abkommensrechtlich als Zins, sodass es zu keinem Qualifikationskonflikt kommt. Da für Zinsen in Deutschland die Anrechnungsmethode vorgesehen ist, kommt es zur Besteuerungsfolge „Doppelbelastung", wenn die Vergütung im Ausland nicht abzugsfähig ist und zur Besteuerungsfolge „Fremdfinanzierung" bei Abzugsfähigkeit.

Wird kein Gesellschaftsanteil vorausgesetzt und erfolgt die Besteuerung im Ausland nach den für Eigenkapital geltenden Grundsätzen, so ist auch Deutschland an die Qualifikation als Dividende gebunden, da durch den Verweis der Dividendendefinition auf das nationale Recht des Quellenstaats dieses zum Abkommensrecht erhoben wird.[647] Dieser Fall tritt nur ein, wenn die Vergütung im Ausland nicht abzugsfähig ist, sodass die Besteuerungsfolge „Schachtelfreistellung" resultiert, wenn es in Deutschland zur Freistellung als Schachteldividende kommt. Liegt hingegen keine Schachteldividende vor und kommt es zur Anrechnung der Quellensteuer, entsteht die Besteuerungsfolge „Doppelbelastung".

Keine Bindung an die Qualifikation als Dividende entfaltet hingegen das DBA mit Frankreich. Der dem dritten Teil der Dividendendefinition des OECD-MA entsprechende Art. 9 Abs. 6 Satz 2 Buchst. a DBA-Frankreich gilt lediglich für den Quellenstaat (im hier untersuchten Outbound-Fall: Frankreich) für Zwecke der Reduktion der Kapitalertragsteuer, nicht hingegen für die Zuweisung des

---

[646] Vgl. Rosenthal, M., in: Debatin, H./Wassermeyer, F., Art. 2 DBA-Irland, Rz. 47.
[647] Vgl. z.B. allgemein zu dieser Bindung Mössner, J.M. u.a, International, 2005, Rz. E 269; Vogel, K., in: Vogel, K./Lehner, M., 2003, Art. 23 OECD-MA, Rz. 108.

Besteuerungsrechts zum Wohnsitzstaat (hier: Deutschland) und damit nicht für die Vermeidung der Doppelbesteuerung.[648]

3.2 Atypisch stille Beteiligung: Betriebsstättengewinn (Art. 7 Abs. 1 OECD-MA)

3.2.1 Qualifikation aus deutscher Sicht

3.2.1.1 Zusammenhang zwischen den möglichen Verteilungsnormen

Bei der Einordnung des Gewinnanteils eines atypisch stillen Gesellschafters kommen der Dividendenartikel, Zinsartikel oder der Artikel für Unternehmenseinkünfte in Betracht.[649] Es ist möglich, dass Unternehmensgewinne gleichzeitig die Voraussetzungen des Zins- oder Dividendenartikels erfüllen. In diesem Fall geht – spiegelbildlich zur Subsidiaritätsklausel des § 20 Abs. 3 EStG im nationalen Recht – der Zins- oder Dividendenartikel als speziellerer Artikel vor (Art. 7 Abs. 7 OECD-MA).[650] Der Zins- und der Dividendenartikel schließen sich gegenseitig aus, wobei die Zuordnung zum Dividendenartikel Vorrang genießt,[651] sodass sich folgende Prüfungsreihenfolge[652] ergibt:

- Dividenden (Art. 10 Abs. 3 OECD-MA)
- Zinsen (Art. 11 Abs. 3 OECD-MA)
- Unternehmensgewinne (Art. 7 Abs. 1 OECD-MA)

Sollte eine Zuordnung zum Dividenden- oder Zinsartikel möglich sein, bedeutet dies nicht, dass die Prüfung, ob Unternehmensgewinne vorliegen, unterbleiben kann, da Dividenden und Zinsen zu den Unternehmensgewinnen zurückverwiesen werden, wenn der der Zahlung zugrunde liegende Anteil bzw. die Forderung tatsächlich zu einer Betriebsstätte gehört (Art. 10 Abs. 4, Art. 11 Abs. 4 OECD-MA).

---

[648] Vgl. Kramer, J.-D., in: Debatin, H./Wassermeyer, F., Art. 9 DBA-Frankreich, Rz. 48, 50. Die gleiche Wirkung entfalten die Vorschriften in den DBA mit Großbritannien und Irland, haben jedoch materiell keine Bedeutung da, bereits auf deutscher Seite durch eine explizite Regelung auch eine Qualifikation als Dividenden stattfindet.
[649] Vgl. Geuenich, M., Atypisch, 2005, S. 70; Schönhaus, M., Behandlung, 2005, S. 158.
[650] Vgl. Günkel, M./Lieber, B., IWB 1999, Fach 10, Gruppe 2, S. 1400; Lüdicke, J., StBJb 1997/1998, S. 451.
[651] Siehe Abschnitt V.3.1.1 (S. 248).
[652] Ähnlich Sutter, F.P., Atypisch, 2000, S. 210-211, der den Zins- vor dem Dividendenartikel prüft.

3.2.1.2 Keine Dividenden i.S.d. Art. 10 Abs. 3 OECD-MA

Eine Einordnung unter den Dividendenartikel scheidet schon deswegen aus, weil die atypisch stille Gesellschaft als transparent besteuerte Mitunternehmerschaft keine Gesellschaft im abkommensrechtlichen Sinn darstellt und die Vergütung somit nicht aus einem Gesellschaftsanteil stammt. Das Stammen aus einem Gesellschaftsanteil, der eine Gesellschaft und einen Anteil voraussetzt, wäre als gemeinsame Voraussetzung für sämtliche dem Dividendenartikel zuzurechnenden Einkünfte nötig.[653] Einer anderen Meinung zufolge liegt ein Gesellschaftsanteil vor, da die Kapitalgesellschaft, an der die atypisch stille Beteiligung besteht, als juristische Person den abkommensrechtlichen Gesellschaftsbegriff erfüllt (Art. 3 Abs. 1 Buchst. b OECD-MA). Auch soll dann der Stille über einen Anteil an dieser Kapitalgesellschaft verfügen, wenn dem Stillen eine Beteiligung an den stillen Reserven und am Geschäftswert eingeräumt wird.[654] Diese Meinung verkennt jedoch, dass die Kapitalüberlassung in Form der atypisch stillen Gesellschaft eben keinen Anteil an der Kapitalgesellschaft, sondern einen Anteil an der neben der Kapitalgesellschaft existierenden Mitunternehmerschaft vermittelt. Die Mitunternehmerstellung des Stillen verleiht ihm das Recht auf die Beteiligung an den Gewinnen, die der atypisch stillen Gesellschaft als Subjekt der Gewinnerzielung und Gewinnermittlung zugerechnet werden.[655] Die Trennung zwischen der Beteiligung an der selbständig steuerpflichtigen Kapitalgesellschaft und der transparent besteuerten stillen Gesellschaft hat auch auf Abkommensebene zu erfolgen, da genau die umfassende Steuersubjekteigenschaft das Abgrenzungskriterium zwischen Dividenden und Unternehmensgewinnen darstellt. Während Art. 10 OECD-MA Einkünfte aus der Beteiligung an einer selbständig steuerpflichtigen Kapitalgesellschaft erfasst, führt die Beteiligung an einer transparent besteuerten Personengesellschaft zu Unternehmensgewinnen i.S.d. Art. 7 OECD-MA.[656]

---

[653] Siehe Abschnitt III.2.2.2 (S. 117), V.2.2 (S. 244).
[654] Vgl. Suchanek, M., FR 2003, S. 608; Sutter, F.P., Atypisch, 2000, S. 214, 222-223. Suchanek, M., FR 2003, S. 609 ordnet im zweiten Schritt die Vergütung über den Betriebsstättenvorbehalt wieder als Betriebsstättengewinn ein (Art. 10 Abs. 4 OECD-MA).
[655] Vgl. Schönhaus, M., Behandlung, 2005, S. 171.
[656] Vgl. Schnieder, E.-A., IStR 1999, S. 394.

3.2.1.3 Keine Zinsen i.S.d. Art. 11 Abs. 3 OECD-MA

Weiterhin wird die Auffassung vertreten, die Einkünfte aufgrund der lediglich schuldrechtlichen Ansprüche, die dem stillen Gesellschafter im deutschen Zivilrecht vermittelt werden, als „Einkünfte aus Forderungen jeder Art" i.S.d. Zinsartikels anzusehen (Art. 11 Abs. 3 OECD-MA).[657] Der abkommensrechtliche Forderungsbegriff ist durch den Zusatz „jeder Art" weit gefasst, wodurch auch der Zinsbegriff umfassender ist als im nationalen Recht.[658] Eine Begrenzung erfährt der Zinsbegriff aus dem Abkommenszusammenhang in Abgrenzung zu den Einkünften der übrigen Artikel.[659] Zinsen unterscheiden sich abkommensrechtlich von Dividenden und Unternehmensgewinnen durch das fehlende Unternehmerrisiko, welches bei der atypisch stillen Beteiligung wegen der vermögensrechtlichen Beteiligung an den stillen Reserven und am Geschäftswert sowie der Möglichkeit des Ausfalls der Kapitalrückzahlung durch die Verlustbeteiligung stets gegeben ist.[660]

3.2.1.4 Betriebsstättengewinne i.S.d. Art. 7 Abs. 1 OECD-MA

Bei der Einordnung der Vergütung aus der atypisch stillen Gesellschaft unter die Unternehmensgewinne sind aus deutscher Sicht zwei Fragen von Bedeutung. Zum einen ist zu klären, ob die Vergütung als Unternehmensgewinn anzusehen und welcher Kapitalgesellschaft sie zuzuordnen ist. Diejenige Kapitalgesellschaft, der die Unternehmensgewinne zuzuordnen sind, besitzt nach dem Grundsatz des Betriebsstättenprinzips das alleinige Besteuerungsrecht (Art. 7 Abs. 1 Satz 1 HS 1 OECD-MA). Zum anderen muss geprüft werden, ob diese Kapitalgesellschaft im anderen Staat eine Betriebsstätte unterhält, was zur Folge hat, dass die Vergütung dann nach der Ausnahme des Betriebsstättenprinzips auch

---

[657] Vgl. Piltz, D.J., Hybride, 1995, S. 141; Wassermeyer, IStR 1995, S. 51. Die dort vertretene Auffassung wurde mittlerweile aufgegeben; vgl. Piltz, D.J., in: Wassermeyer, F./Lang, M./Schuch, J., 2004, Art. 7 OECD-MA, Rz. 99; Wassermeyer, F., in: Debatin, H./Wassermeyer, F., Art. 11 OECD-MA, Rz. 88.
[658] Vgl. Wassermeyer, F., in: Debatin, H./Wassermeyer, F., Art. 11 OECD-MA, Rz. 74.
[659] Vgl. Becker, J.D., Atypisch, 2005, S. 112.
[660] Vgl. Breuninger, G./Prinz, U., DStR 1995, S. 929; Pöllath, R., in: Vogel, K./Lehner, M., 2003, Art. 11 OECD-MA, Rz. 62-63; Suchanek, M., FR 2003, S. 608; Tiefel, T., IWB 1999, Fach 3, Gruppe 2, S. 798 sowie im Ergebnis gleich Geuenich, M., Atypisch, 2005, S. 150-152.

im anderen Staat besteuert werden kann (Art. 7 Abs. 1 Satz 1 HS 1 OECD-MA).[661] Für das Vorliegen von Unternehmensgewinnen ist es Voraussetzung, dass erstens Einkünfte aus einem abkommensrechtlichen Unternehmen vorliegen, das zweitens dem atypisch Stillen als Unternehmer zugerechnet werden kann. Ein Unternehmen bezieht sich lediglich auf die „Ausübung einer Geschäftstätigkeit" (Art. 3 Abs. 1 Buchst. c OECD-MA), ist aber ansonsten unbestimmt, sodass auf nationales Recht zurückzugreifen ist, da sich auch aus dem Zusammenhang nichts anderes ergibt.[662] Der Ausdruck des Ausübens einer Geschäftstätigkeit ist dem deutschen Steuerrecht zwar fremd, richtet sich jedoch für Deutschland als Anwenderstaat im Wesentlichen nach einer gewerblichen Betätigung i.S.d. § 15 Abs. 2 EStG.[663] Die Beteiligung an einer gewerblich tätigen Personengesellschaft stellt ebenfalls ein Unternehmen im Abkommenssinne dar und damit zählen auch die Gewinnanteile unstrittig zu den Unternehmensgewinnen.[664] Somit stellt auch die atypisch stille Beteiligung an der ausländischen Kapitalgesellschaft ein Unternehmen dar und damit der Gewinnanteil einen Unternehmensgewinn, selbst wenn das Unternehmen nicht selbst am Markt auftritt.[665] Ein Unternehmen ist keine abkommensberechtigte Person, es wird vielmehr einer Person zugeordnet, die als Betreiber anzusehen ist (Art. 3 Abs. 2 Buchst. d OECD-MA).[666] Dieser das Unternehmen betreibenden Person wird dann nach dem Grundsatz des Betriebsstättenprinzips das alleinige Besteuerungsrecht der aus dem Unternehmen erzielten Unternehmensgewinne zugewiesen, sofern die Gewinne nicht aus Quellen des anderen Staats stammen (Art. 7 Abs. 1 Satz 1 HS 1 OECD-MA).[667] Grundsätzlich ist der Begriff des Betreibens nach nationalem Recht auszulegen. Bei transparent besteuerten Personengesellschaften betreibt derjenige das Unternehmen, der die innerstaatlichen Voraussetzungen eines

---

[661] Vgl. Kluge, V., Steuerrecht, 2000, Rn. S 76.
[662] Vgl. OECD, Convention, Art. 3 OECD-MA, Nr. 4; Schmidt, C./Dendorfer, W., IStR 2000, S. 48; Wassermeyer, F., StuW 1990, S. 405; anderer Ansicht ist z.B. Knobbe-Keuk, B., Bilanz 1992, S. 545.
[663] Vgl. Kroppen, H.-K., in: Becker, H./Höppner, H./Grotherr, S. u.a., Art. 7 OECD-MA, Rn. 2, 46.
[664] Vgl. Riemenschneider, S., Personengesellschaften, 1995, S. 104-105; Weggenmann, H., Personengesellschaften, 2002, S. 213-215. Diesbezüglich gleicher Ansicht ist auch Hemmelrath, A., in: Vogel, K./Lehner, M., 2003, Art. 7 OECD-MA, Rz. 36-37, wenn ansonsten der Begriff der Unternehmensgewinne auch aus dem Abkommen heraus auszulegen ist (Rz. 29-30).
[665] Vgl. Schönhaus, M., Behandlung, 2005, S. 160.
[666] Vgl. Wilke, K.-M., in: Becker, H./Höppner, H./Grotherr, S. u.a., Art. 3 OECD-MA, Rn. 26.
[667] Vgl. Vogel, K., Verteilungsnormen, 2005, S. 624.

Mitunternehmers erfüllt.[668] Da dies beim atypisch still Beteiligten bereits aufgrund seiner Vermögensbeteiligung und der Mitspracherechte der Fall ist, handelt es sich abkommensrechtlich stets um Unternehmensgewinne i.S.d. Art. 7 Abs. 1 OECD-MA.[669]

Nun wird gezeigt, dass der atypisch stille Gesellschafter eine Betriebsstätte unterhält, über die er im Ausland Unternehmensgewinne bezieht. Dies ist insofern von Bedeutung, als dann diese Betriebsstätteneinkünfte auch im Ausland besteuert werden können (Art. 7 Abs. 1 Satz 1 HS 1 OECD-MA), was zur Folge hat, dass Deutschland die Doppelbesteuerung durch die Freistellungsmethode vermeiden muss.[670]

Der atypisch stille Gesellschafter bezieht ausländische Betriebsstätteneinkünfte, wenn erstens eine Betriebsstätte im Ausland vorliegt und zweitens diese Betriebstätte dem Unternehmen des Stillen zugerechnet werden kann.[671] Unter einer Betriebsstätte versteht man „eine feste Geschäftseinrichtung, durch die die Tätigkeit eines Unternehmens ganz oder teilweise ausgeübt wird" (Art. 5 Abs. 1 OECD-MA). Eine feste Geschäftseinrichtung bezeichnet eine Einheit oder Untereinheit unternehmerisch nutzbarer, körperlicher Gegenstände,[672] die einen festen Bezug, d.h. eine örtliche und zeitliche Fixierung,[673] zu einem Staat aufweisen. Der Geschäftsbetrieb des Inhabers des Handelsgeschäfts stellt eine solche feste Geschäftseinrichtung dar, in der sich die unternehmerische Tätigkeit vollzieht, sodass es sich eindeutig um eine Betriebsstätte des Inhabers handelt.[674] Auch kann die Betriebsstätte des Inhabers des Handelsgeschäfts als fremde Be-

---

[668] Vgl. BHF vom 1.7.1992, BStBl 1993 II, S. 222 (224); Piltz, D.J., Personengesellschaften, 1981, S. 153; Riemenschneider, S., Personengesellschaften, 1995, S. 108; Weggenmann, H., Personengesellschaften, 2002, S. 219.

[669] Vgl. BFH vom 21.7.1999, BStBl 1999 II, S. 812 (S. 813); BMF-Schreiben vom 28.12.1999, BStBl 1999 I, S. 1121; Blaurock, U., Handbuch, 2003, Rn. 29.34; Glessner, M., Stille, 2003, S. 221; Hemmelrath, A., in: Vogel, K./Lehner, M., 2003, Art. 7 OECD-MA, Rz. 53; Kessler, W., StbJb 2002/2003, S. 400; Müller, R., IStR 1996, S. 269-270; Schaumburg, H., Internationales, 1998, Rz. 16.228; Schmidt, C., Konsequenzen, 2003, S. 1419; Tischbirek, W., in: Vogel, K./Lehner, M., 2003, Art. 10 OECD-MA, Rz. 210; Wassermeyer, F., in: Debatin, H./Wassermeyer, F., Art. 11 OECD-MA, Rz. 88.

[670] Vgl. Schmidt, C., IStR 1996, S. 222 zur atypisch stillen Gesellschaft; Debatin, H., BB 1992, S. 1183 allgemein zur Personengesellschaft.

[671] Vgl. Becker, J.D., Atypisch 2005, S. 139; allgemein zu Personengesellschaften Riemenschneider, S., Personengesellschaften, 1995, S. 113.

[672] Vgl. Baranowski, K.-H., Auslandsbeziehungen, 1996, Rn. 215; Kumpf, W., Betriebstätten, 1982, S. 30.

[673] Vgl. Wassermeyer, F., in: Debatin, H./Wassermeyer, F., Art. 5 OECD-MA, Rz. 37-37a.

[674] Vgl. Günkel, M./Lieber, B., IWB 1999, Fach 10, Gruppe 2, S. 1403.

V. Realisierbarkeit aufgrund konkreter Qualifikation in den DBA

triebsstätte dem Unternehmen des stillen Gesellschafters zugerechnet werden, indem die Grundsätze für als Außengesellschaften auftretende, transparent besteuerte Personengesellschaften auf die stille Gesellschaft übertragen werden.[675] Bei einer ausländischen Personengesellschaft begründet der von ihr betriebene Geschäftsbetrieb eine Betriebsstätte.[676] Die Zurechnung der Betriebsstätte der Personengesellschaft zu deren Gesellschaftern richtet sich nach nationalem Recht, da sich aus dem Wortlaut des Art. 5 Abs. 1 OECD-MA lediglich entnehmen lässt, dass ein dauerhafter Bezug zwischen dem Unternehmen des (stillen) Gesellschafters und der festen Geschäftseinrichtung der Personengesellschaft bzw. des Geschäftsinhabers bestehen muss, nicht jedoch, welcher Art dieser Bezug sein muss.[677] Nach deutschem Steuerrecht ist für die Zuordnung einer festen Geschäftseinrichtung zu einem Unternehmer erforderlich, dass dieser die Verfügungsmacht, d.h. die unternehmerische Dispositionsbefugnis, über die Einrichtung besitzt.[678] Bei einer Personengesellschaft wird die Verfügungsmacht jedoch nicht aufgrund tatsächlicher Umstände sondern durch eine Fiktion vermittelt. Sofern auf Ebene der Personengesellschaft die Merkmale einer Betriebsstätte vorliegen, führt die mitunternehmerische Verbundenheit per se dazu, dass dem Gesellschafter an dem Ort eine Betriebsstätte zugerechnet wird, an dem die (teil-) rechtsfähige Personengesellschaft auch eine Betriebsstätte unterhält.[679] So ist es eben nicht nötig, dass jeder Mitunternehmer selbst die Verfügungsmacht über

---

[675] Vgl. BMF-Schreiben vom 28.12.1999, BStBl 1999 I, S. 1121; Gassner, B./Pöllath, R., JbFfSt 1985/86, S. 377-378; Schönhaus, M., Behandlung, 2005, S. 175; Schnieder, E.-A., IStR 1999, S. 394; Strobl, E./Schäfer, K., IStR 1993, S. 210; Tumpel, M., Beteiligung, 1998, S. 150; Wassermeyer, F., in: Debatin, H./Wassermeyer, F., Art. 5 OECD-MA, Rz. 44 teilweise ohne oder mit einer Begründung, die von der im Folgenden beschriebenen leicht abweicht. Dem gegenüber kritisch Müller, R., IStR 1996, S. 271-273 und Sutter, F.P., Atypisch, 2000, S. 226-229, die bei einer atypisch stillen Gesellschaft im Gegensatz zu Außengesellschaften nur dann die Zurechnung einer fremden Betriebsstätte für zulässig halten, wenn der Stille durch aktive Mitspracherechte, die über die Kontroll- und Informationsrechte des Stillen hinausgehen, eine besonders enge Bindung zum Wirtschaftsleben des Quellenstaats aufweist.

[676] Vgl. Riemenschneider, S., Personengesellschaften, 1995, S. 113-114.

[677] Vgl. Becker, J.D., Atypisch 2005, S. 140; Schmidt, C., IStR 1996, S. 222 zur atypisch stillen Gesellschaft. Daneben wird die Auffassung vertreten, dass ein Rückgriff auf das nationale Recht nicht nötig ist, da sich die Zurechnung der Betriebsstätte zum Gesellschafter bereits aus dem Abkommenszusammenhang bzw. Wortlaut ergibt; vgl. Riemenschneider S., Personengesellschaften, 1995, S. 114-115; Weggenmann, H., Personengesellschaften, 2002, S. 222-224 zur Personengesellschaft im Allgemeinen sowie Schönhaus, M., Behandlung, 2005, S. 172-173, S. 175-176 zur atypisch stillen Gesellschaft.

[678] Vgl. BFH vom 11.10.1989, BStBl 1990 II, S. 166 mit weiteren Hinweisen zur Rechtsprechung; Günkel, M., in: Becker, H./Höppner, H./Grotherr, S. u.a., Art. 5 OECD-MA, Rn. 93; Schaumburg, H., Internationales, 1998, Rz. 16.238.

[679] Vgl. Görl, M., in: Vogel, K./Lehner, M., 2003, Art. 5 OECD-MA, Rz. 18; Günkel, M./Lieber, B., IWB 1999, Fach 10, Gruppe 2, S. 1403.

die Betriebsstätte ausübt, vielmehr ist es ausreichend, wenn ein Mitunternehmer die Verfügungsmacht besitzt.[680] Dies folgt aus der Eigenschaft der Personengesellschaft als wirtschaftliche Einheit, bei der ein Gesellschafter im Interesse aller Gesellschafter tätig wird.[681]

Nichts anderes kann bei der atypisch stillen Gesellschaft gelten. Der Geschäftsinhaber besitzt die Verfügungsmacht über seinen Betrieb. Er wird im Innenverhältnis auch im Interesse des Stillen tätig. Die Zurechnung der Verfügungsmacht des Inhabers und damit seiner Betriebsstätte erfolgt allein durch die mitunternehmerische Verbundenheit. Die zivilrechtliche Besonderheit, dass die atypisch stille Gesellschaft kein Gesamthandsvermögen besitzt und die Beteiligung des Stillen am Vermögen des Inhabers nur schuldrechtlicher Art ist, kann keine andere Behandlung rechtfertigen, da diese schuldrechtliche Beteiligung aufgrund ihrer wirtschaftlichen Funktion die Mitunternehmerschaft im Steuerrecht begründet.[682] Auch kann es nicht darauf ankommen, dass der stille Gesellschafter durch Entfaltung von zusätzlicher Mitunternehmerinitiative, insbesondere durch die Einräumung von Geschäftsführungsbefugnissen, dinglich über die Geschäftseinrichtung verfügen muss.[683] Ein solches Abstellen auf formaljuristische anstelle von wirtschaftlichen Gegebenheiten würde zu einer nicht zu rechtfertigenden Ungleichbehandlung mit einem passiven Kommanditisten führen, dessen Stellung wirtschaftlich mit der des Stillen vergleichbar ist.[684]

3.2.2 Qualifikation aus ausländischer Sicht

In Abhängigkeit von der Ausgestaltung des nationalen ausländischen Rechts[685] können dort die Gewinnanteile aus der atypisch stillen Gesellschaft abkommensrechtlich zu Zinsen, Dividenden oder Betriebsstättengewinne führen.[686]

---

[680] Vgl. BFH vom 26.2.1992, BStBl 1992 II, S. 937 (S. 939); BFH vom 2.12.1992, BStBl 1993 II, S. 577 (S. 579); Möller, R., StuB 2005, S. 352.
[681] Vgl. Riemenschneider, S., Personengesellschaften, 1995, S. 114.
[682] Vgl. BFH vom 21.7.1999, BStBl 1999 II, S. 812 (S. 814); Geuenich, M., Atypisch, 2005, S. 91-92; Günkel, M./Lieber, B., IWB 1999, Fach 10, Gruppe 2, S. 1404-1405; Suchanek, M., FR 2003, S. 609.
[683] Vgl. Schmidt, C., Konsequenzen, 2003, S. 1428; dies jedoch fordernd Müller, R., IStR 1996, S. 271-273; Sutter, F.P., Atypisch, 2000, S. 226-229.
[684] Vgl. Schönhaus, M., Behandlung, 2005, S. 178-179.
[685] Siehe Abschnitt III.2.1 (S. 112) zu den Fallunterscheidungen mit Länderbeispielen.
[686] Vgl. Glessner, M., Stille, 2000, S. 224.

3.2.2.1 Betriebsstättengewinne bei Besteuerung als transparente Personengesellschaft

Sofern der ausländische Staat die stille Gesellschaft als Personengesellschaft transparent besteuert, stellen die Einkünfte in Übereinstimmung mit der Einordnung aus deutscher Sicht Unternehmensgewinne dar, die über eine Betriebsstätte bezogen werden,[687] denn die anteilige Zuordnung der Betriebsstätte einer transparent besteuerten Personengesellschaft zu den Gesellschaftern ist international üblich.[688]

3.2.2.2 Dividenden bei Besteuerung als intransparente Personengesellschaft oder als nennkapitalähnliche Beteiligung am Unternehmen des Inhabers

Für die Einordnung des ausbezahlten Gewinnanteils unter den Dividendenartikel (Art. 10 OECD-MA) sind zwei Fälle zu unterscheiden. Erstens kann die atypisch stille Gesellschaft eine Personengesellschaft darstellen, die zwingend oder aufgrund einer Option als eigenständiges Steuersubjekt im nationalen Recht einer intransparenten Besteuerung unterliegt. Zweitens kann die Kapitalüberlassung in Form der atypisch stillen Gesellschaft *wie* eine Beteiligung am Nennkapital des Inhabers angesehen werden. In beiden Fällen erfolgt die Besteuerung im nationalen Recht nach dem für Kapitalgesellschaften geltenden Trennungsprinzip.[689] Auch wurde herausgearbeitet, dass bei einer Einordnung unter den Dividendenartikel die der Zahlung zugrunde liegenden Unternehmensgewinne nach dem Grundsatz des Betriebsstättenprinzips nur im Ausland besteuert werden können. Erst wenn die Gewinnanteile als Dividenden an den inländischen stillen Gesellschafter überwiesen werden, wird auch Deutschland ein Besteue-

---

[687] Vgl. Burmester, G., Probleme, 1996, S. 130. So wird in Belgien die der deutschen atypisch stillen Gesellschaft vergleichbare association en participation im Gegensatz zu den meisten übrigen belgischen Personengesellschaften aufgrund ihrer fehlenden Rechtspersönlichkeit transparent besteuert; vgl. Heyvaert, W., Belgium, 1996, S. 45-46; Straka, K., in: Debatin, H./Wassermeyer, F., DBA-Belgien, Anhang, Rz. 9. Auch wird abkommensrechtlich die Betriebsstätte der Personengesellschaft den Gesellschaftern zugerechnet; vgl. Hinnekens, P., CDFI 1995, S. 104. Zur abkommensrechtlichen Behandlung in Belgien siehe ausführlich Geuenich, M., Atypisch, 2005, S. 217-222.

[688] Vgl. Görl, M., in: Vogel, K./Lehner, M., 2003, Art. 5 OECD-MA, Rz. 18 mit zahlreichen Quellen zum ausländischen Recht.

[689] Siehe Abschnitt III.2.1.2 (S. 114) mit Länderbeispielen.

rungsrecht eingeräumt, während dem Ausland ein beschränktes Quellenbesteuerungsrecht zusteht.[690] Im Folgenden muss nun gezeigt werden, dass der Gewinnanteil des Stillen zum Zeitpunkt des Entstehens auf Abkommensebene einen Unternehmensgewinn darstellt, der der stillen Gesellschaft selbst bzw. der Kapitalgesellschaft des Inhabers zugerechnet werden kann. Weiterhin muss zum Zeitpunkt des Gewinntransfers abkommensrechtlich eine Dividende angenommen werden können, die dem Stillen zuzurechnen ist.

(1) Besteuerung der stillen Gesellschaft als intransparente Personengesellschaft. Für das Vorliegen von Unternehmensgewinnen muss das Unternehmen des Inhabers der stillen Gesellschaft als abkommensberechtigte Person zugeordnet werden. Im vorliegenden Fall ist die stille Gesellschaft aufgrund ihrer selbständigen Steuerpflicht abkommensberechtigte Person.[691] Unproblematisch ist die Zuordnung bei intransparent besteuerten Personengesellschaften im Allgemeinen, da die Personengesellschaft selbst zivilrechtlich Unternehmensträger ist und somit das Unternehmen betreibt.[692] Bei der atypisch stillen Gesellschaft ist zivilrechtlich der Inhaber der Unternehmensträger. Dennoch kann aus folgenden Gründen nichts anderes gelten: Wer als Betreiber anzusehen ist und damit die Beantwortung der Frage, wem die Unternehmensgewinne zuzurechnen sind, erfolgt grundsätzlich nach nationalem Steuerrecht.[693] Betreiber ist nach nationalem Recht in allgemeiner Form derjenige, der mit den aus dem Unternehmen erzielten Einkünften steuerpflichtig ist. Dies ergibt sich aus der grundsätzlichen Beziehung zwischen Steuerobjekt und Steuersubjekt.[694] Werden die Unternehmensgewinne bei der stillen Gesellschaft selbst und nicht beim Inhaber des Handelsgeschäfts, der dann lediglich die Funktion eines Gesellschafters übernimmt, besteuert, so ist auch die stille Gesellschaft als Betreiberin anzusehen, sodass ihr die Unternehmensgewinne zugerechnet werden.

Werden die Gewinne zur inländischen Muttergesellschaft ausgeschüttet, so fällt diese Ausschüttung unter die aus „sonstigen Gesellschaftsanteilen" stammenden

---

[690] Siehe Abschnitt III.2.3 (S. 121).
[691] Siehe Abschnitt V.2.3 (S. 245).
[692] Vgl. Riemenschneider, S., Personengesellschaften, 1995, S. 182-183.
[693] Vgl. Wassermeyer, F., in: Debatin, H./Wassermeyer, F., Art. 3 OECD-MA, Rz. 24; zumindest für den Sitzstaat der Personengesellschaft als Quellenstaat ebenfalls Vogel, K., IStR 1999, S. 7.
[694] Vgl. Weggenmann, H., Personengesellschaften, 2002, S. 172.

V. Realisierbarkeit aufgrund konkreter Qualifikation in den DBA 261

Einkünfte des dritten Teils der Dividendendefinition[695] des Art. 10 Abs. 3 OECD-MA.[696] Erstens stellt die intransparent besteuerte stille Gesellschaft einen Rechtsträger dar, der für die Besteuerung wie eine juristische Person behandelt wird, und somit eine Gesellschaft im Sinne des Abkommens ist (Art. 3 Abs. 1 Buchst. b OECD-MA). Zweitens hält der atypisch Stille durch seine vermögensmäßige Beteiligung an den stillen Reserven und am Geschäfts- und Firmenwert einen Anteil an der Gesellschaft. Drittens werden die Einkünfte aus diesem Gesellschaftsanteil nach nationalem Recht wie Einkünfte aus Aktien besteuert. Erst wenn die Gewinne ausgeschüttet werden, handelt es sich um Einkünfte des Stillen, die auch in Deutschland besteuert werden können.

(2) Besteuerung als nennkapitalähnliche Beteiligung am Unternehmen des Inhabers. Die gewerbliche Tätigkeit des Inhabers stellt abkommensrechtlich ein Unternehmen dar (Art. 3 Abs. 1 Buchst c OECD-MA). Das Unternehmen kann nur dem Inhaber oder dem Stillen zugerechnet werden, da nur diese abkommensberechtigte Personen sind.[697] Die atypisch stille Gesellschaft begründet im nationalen ausländischen Steuerrecht kein Gesellschaftsverhältnis. Sie kann somit nicht als Personengesellschaft intransparent besteuert werden.[698] Das mitunternehmerische Gesellschaftsverhältnis ist aber gerade der Grund, weshalb der Stille abkommensrechtlich das Unternehmen des Inhabers anteilig betreibt.[699] Somit verbleibt aus ausländischer Sicht lediglich eine Zurechnung zum Inhaber, der mit sämtlichen durch die ausländische Kapitalgesellschaft erwirtschafteten Gewinnen steuerpflichtig ist. Er hat somit auch bei Entstehung des Gesamtgewinns, aus dem die Gewinnbeteiligung des Stillen bedient wird, das alleinige Besteuerungsrecht (Art. 7 Abs. 1 Satz 1 HS 1 OECD-MA).[700]

Wird der Gewinnanteil an den Stillen transferiert, so liegt aus Sicht des Auslands abkommensrechtlich eine Dividende vor, wofür ein beschränktes Quellen-

---

[695] Siehe Abschnitt V.3.1.1 (S. 248).
[696] So im Ergebnis der französischen société en participation Becker, J.D., Atypisch, 2005, S. 180 sowie Kommentierung aus französischer Sicht de Bourmont, J.-H./Julien-Saint-Amand, L., in: Debatin, H./Wassermeyer, F., Art. 9 OECD-MA, Rz. 116.
[697] Siehe Abschnitt V.2.3 (S. 245).
[698] Siehe Abschnitt III.2.1.2 (S. 114).
[699] So aus deutscher Sicht; siehe Abschnitt V.3.2.1.4 (S. 254).
[700] Vgl. Meilicke, W./Portner, R., IStR 2004, S. 402 zur atypisch stillen Beteiligung an einer US-Kapitalgesellschaft. Das gleiche gilt für Spanien.

besteuerungsrecht vorgesehen ist. Erst zu diesem Zeitpunkt wird aus Sicht des Auslands auch Deutschland das Besteuerungsrecht zugewiesen.[701] Da die stille Gesellschaft im ausländischen Recht keine Personengesellschaft begründet, erfolgt die Zahlung nicht aufgrund einer mitunternehmerischen Beteiligung, sondern aufgrund der Beteiligung an der Kapitalgesellschaft, die auch abkommensrechtlich eine Gesellschaft darstellt.[702]

3.2.2.3 Zinsen bei Besteuerung als Kreditverhältnis

In Ländern, in denen die atypisch stille Gesellschaft lediglich ein Kreditverhältnis darstellt und die Vergütung nach den für Zinsen geltenden Grundsätzen besteuert werden, wird die Vergütung auch abkommensrechtlich als Zinseinkünfte des Stillen qualifiziert werden. Auch wenn der Zinsbegriff im Abkommen autonom definiert ist, kann dennoch zur Bestimmung des Begriffsbestandteils „Forderung jeder Art" auf das nationale Recht zurückgegriffen werden.[703] Erst aus dem Abkommenszusammenhang ergibt sich, dass die Vergütung vorrangig dem Artikel für Dividenden oder Unternehmensgewinne zuzuordnen wäre, da der Stille stets unternehmerisches Risiko trägt, das diesen beiden Einkunftsarten im Gegensatz zu den Zinseinkünften zueigen ist.[704] Eine Zuordnung unter den Dividendenartikel gelingt jedoch nicht, da die Vergütung im Ausland den Einkünften aus Aktien nicht gleichgestellt ist. Aufgrund des fehlenden Gesellschaftsverhältnisses kann die Vergütung auch nicht als Unternehmensgewinn des Stillen angesehen werden. In diesem Zusammenhang ist zu beachten, dass lediglich der Stille als Bezieher der Einkünfte anzusehen ist. Im Rahmen der Unternehmensgewinne des Inhabers stellt die Vergütung lediglich eine Betriebsausgabe dar.

---

[701] Vgl. Becker, J.D., Atypisch, 2005, S. 124-125 zur atypisch stillen Gesellschaft in Spanien und den USA; Courage, C, IWB 1998, Fach 5, Spanien, Gruppe 2, S. 240.
[702] Zur Begründung für das Vorliegen einer Dividende i.S.d. Art. 10 Abs. 3 OECD-MA siehe im Übrigen in diesem Abschnitt unter (1).
[703] Kluge, V., Steuerrecht, 2000, Rn. S 212.
[704] Siehe Abschnitt V.3.2.1.3 (S. 254).

3.2.3 Mögliche Qualifikationskonflikte und Lösungsmöglichkeiten

3.2.3.1 Übereinstimmende Qualifikation als Betriebsstättengewinne

Lediglich für den Fall, dass auch das Ausland die atypisch stille Gesellschaft als Personengesellschaft transparent besteuert, kommt es zu keinen Problemen.[705] Der Gewinnanteil des Stillen stellt einen ausländischen Betriebsstättengewinn dar, der in beiden Staaten besteuert werden darf, wobei die Doppelbesteuerung in Deutschland durch die Freistellungsmethode vermieden wird. Es resultiert somit die Besteuerungsfolge „Schachtelfreistellung". Hierbei sind Quellensteuern nur zu berücksichtigen, falls im Ausland eine branch profits tax erhoben wird.

3.2.3.2 Qualifikationskonflikt aufgrund abweichender Besteuerung als Dividenden

3.2.3.2.1 Steuerbelastung bei Vorliegen des Qualifikationskonflikts

Grundsätzlich besteuert jeder Staat aufgrund der aus seiner Sicht vorgenommenen Qualifikation, da die Staaten das Abkommen unabhängig voneinander auslegen.[706] In der vorliegenden Konfliktsituation besteuert das Ausland nach dem für Kapitalgesellschaften geltenden Trennungsprinzip, Deutschland hingegen nach dem für transparente Personengesellschaften geltenden Betriebsstättenprinzip. Zum Zeitpunkt der Gewinnentstehung liegt aus Sicht des Auslands ein Unternehmensgewinn einer dort ansässigen Kapitalgesellschaft vor, der lediglich dort besteuert werden darf (Art. 7 Abs. 1 Satz 1 HS 1 OECD-MA). Materiell gelangt Deutschland zum gleichen Ergebnis. Zwar handelt es sich bei der Vergütung um einen ausländischen Betriebsstättengewinn des inländischen stillen Gesellschafters, der in beiden Staaten besteuert werden kann, jedoch vermeidet Deutschland die Doppelbesteuerung durch Freistellung, wodurch lediglich eine Besteuerung im Ausland erfolgt (Art. 7 Abs. 1 Satz 2 i.V.m. Satz 1 HS 2 OECD-MA, Art. 23A Abs. 1 OECD-MA). Zum Zeitpunkt des Gewinntransfers liegt aus Sicht des Auslands eine Dividende vor, die einer begrenzten Quellensteuer unterworfen werden darf, im Übrigen das Besteuerungsrecht aber Deutschland zugewiesen wird. Deutschland hätte dann die Doppelbesteuerung der Dividende durch Anrechnung oder bei Vorliegen einer Schachteldividende durch Freistel-

---

[705] Vgl. Wassermeyer, F. in: Debatin, H./Wassermeyer, F., Art. 11 OECD-MA Rz. 88.
[706] Vgl. Wassermeyer, F., IStR 1995, S. 49.

lung zu vermeiden. Aus deutscher Sicht ist die Gewinnverwendung jedoch nicht mehr relevant, da die Besteuerung bereits bei Gewinnentstehung auf Ebene der Betriebsstätte erfolgt. Eine Anrechnung der Quellensteuer unterbleibt aufgrund der Freistellung. Im Ergebnis kommt es zu einer gerechtfertigten Einmalbesteuerung nach ausländischen Verhältnissen.[707] Das Ergebnis ist die Besteuerungsfolge „Schachtelfreistellung", wobei Quellensteuern stets zu berücksichtigen sind.

3.2.3.2.2 Lösung des Konflikts bei intransparenter Besteuerung der stillen Gesellschaft

In diesem Abschnitt wird entgegen der wohl bislang herrschenden Meinung[708] begründet, dass bei einer im Ausland abweichenden abkommensrechtlichen Zuordnung der ausbezahlten Gewinnbeteiligung aus einer atypisch stillen Gesellschaft zum Dividendenartikel in Deutschland keine Betriebsstätteneinkünfte angenommen werden können, sondern der Qualifikation des Auslands zu folgen ist. Dies bedeutet, dass auch auf Abkommensebene das Trennungsprinzip mit der Folge Gültigkeit besitzt, dass die Einkünfte nur im Ausland besteuert werden dürfen. Gestützt wird diese Auffassung durch die Tatsache, dass eine solche abkommensrechtliche Behandlung bei als Außengesellschaften intransparent besteuerten Personengesellschaften allgemein anerkannt ist.[709] Da eine atypisch stille Gesellschaft in Deutschland nach der Mitunternehmerkonzeption besteuert wird, kann m.E. bei dieser nichts anderes gelten.

Von Vertretern der Meinung, dass sich der Qualifikationskonflikt bei einer atypisch stillen Gesellschaft nicht lösen lasse, geht von Ausnahmen[710] abgesehen

---

[707] Vgl. Meilicke, W./Portner, R., IStR 2004, S. 401-402 für den Fall, dass die stille Gesellschaft wie eine reguläre Beteiligung am Nennkapital im Ausland besteuert wird.

[708] Vgl. BFH vom 21.7.1999, BStBl 1999 II, S. 812; BMF-Schreiben vom 28.12.1999, BStBl 1999 I, S. 1121; Becker, J.D., Atypisch, 2004, S. 101-104, 124-125; Geuenich, M., Atypisch, 2005, S. 114; Kessler, W., StbJb 2002/2003, S. 401-402; Löwenstein, U./Looks, C. (Hrsg.), Betriebsstätten, 2003, S. 238; Strobl, E./Schäfer, K., IStR 1993, S. 211; Wassermeyer, F., in: Debatin, H./Wassermeyer, F., Art. 11 OECD-MA, Rz. 88. Anderer Ansicht ist Fu, R., Stille, 1997, S. 168-169 für den Fall dass die atypisch stille Gesellschaft im Ausland intransparent besteuert wird.

[709] Vgl. Djanani, C., International, 1998, S. 189; Fischer, L./Kleineidam, H.-J./Warneke, P., Internationale, 2005, S. 377; Greif, M./Fischer, B., CDFI 1995, S. 247; Knobbe-Keuk, B., RIW 1991, S. 314-315; Müller, M./Wangler, C., IStR 2003, S. 150-151; Prokisch, R., in: Vogel, K./Lehner, M., 2003, Art. 1 OECD-MA, Rz. 41; Schmidt, C., IStR 1996, S. 18-19; Vogel, K., in: Vogel, K./Lehner, M., 2003, Art. 23 OECD-MA, Rz. 3-4; Weggenmann, H., Personengesellschaften, 2002, S. 308-309.

[710] Vgl. Becker, J.D., Atypisch, 2004, S. 124-125.

nicht hervor, ob sie die Möglichkeit der intransparenten Besteuerung der atypisch stillen Gesellschaft im Ausland berücksichtigt haben. Ebenfalls ist nicht ersichtlich, ob sie nur den Fall berücksichtigen, dass die Vergütung im Ausland als Fremdkapitalvergütung abgezogen wird und dort keine Subsumtion unter den Zinsartikel, sondern „fälschlicherweise" unter den Dividendenartikel erfolgt, was zu einer doppelten Nichtbesteuerung führen kann, wenn in Deutschland dieser Qualifikation gefolgt wird. Die „falsche" Zuordnung zum Dividendenartikel erfolgt im Ausland nur deshalb, weil in den meisten deutschen DBA eine Regelung existiert, die zwar nur die Einkünfte aus einer typisch stillen Gesellschaft erfasst und diese dem Dividendenartikel zuordnet. Die Regelung ist jedoch so formuliert, dass sie vom Wortlaut auch die Einkünfte aus der atypisch stillen Gesellschaft einschließt.[711] Nach der hier vertretenen Auffassung kommt es in solchen Fällen ebenfalls zu keiner Konfliktlösung, sodass auch hier eine doppelte Freistellung infolge einer „falschen" Abkommensanwendung im Ausland vermieden wird.

Die Gleichbehandlung einer atypisch stillen Gesellschaft mit Personengesellschaften in der Form einer Außengesellschaft führt in letzter Konsequenz auch bei einer Besteuerung wie bei einer Nennkapitalbeteiligung im nationalen ausländischen Recht, bei der die Vergütung abkommensrechtlich ebenfalls zu Dividenden führt, dazu, dass das Trennungsprinzip auf Abkommensebene zu berücksichtigen ist.

Zur Lösung des vorliegenden Konflikts muss zunächst gezeigt werden, dass auch Deutschland die Abkommensberechtigung der stillen Gesellschaft[712] anerkennen muss und sodann auch die Zurechnung des Gewinnanteils als Unternehmensgewinn zur stillen Gesellschaft mit der Folge, dass das Trennungsprinzip auch auf Abkommensebene Gültigkeit besitzt.

Die stille Gesellschaft ist abkommensberechtigt, wenn es sich um eine Person handelt, die zumindest in einem Staat ansässig ist (Art. 1 OECD-MA).[713] Sollte die stille Gesellschaft eine Person darstellen, so wäre sie aufgrund ihrer unbe-

---

[711] Siehe Abschnitt V.4.2.1.2 (S. 276).
[712] Aus ausländischer Sicht ist die stille Gesellschaft im vorliegenden Fall abkommensberechtigt; siehe Abschnitt V.2.3 (S. 245).
[713] Vgl. Menhorn, M., Behandlung, 2001, S. 115.

schränkten Steuerpflicht im Ausland dort zweifelsfrei ansässig (Art. 4 Ab. 1 Satz 1 OECD-MA) und damit als ansässige Person zumindest eines Staats auch aus deutscher Sicht abkommensberechtigt. Personen sind u.a. Gesellschaften, wobei der Begriff juristische Personen und Rechtsträger, die wie juristische Personen besteuert werden, umfasst (Art. 3 Abs. 1 Buchst. a, b OECD-MA). Fraglich ist, ob die stille Gesellschaft als Rechtsträger gemäß der lex fori unter Rückgriff auf das Recht des abkommensanwendenden Staats wie eine juristische Person zu behandeln ist[714] (dann wäre sie aus deutscher Sicht keine Person) oder ob auf das Recht des Sitzstaats abgestellt werden kann[715] (dann wäre sie aus deutscher Sicht eine Person). Der Wortlaut bestimmt nicht, nach dem Recht welchen Staats die Besteuerung als juristische Person zu erfolgen hat. Dies legt zunächst nahe, dass dies jeder Staat durch Rückgriff auf sein nationales Recht bestimmen kann.[716] Jedoch schließt der Wortlaut auch nicht aus, dass es ausreicht, wenn der Rechtsträger lediglich nach dem Recht eines Staats (hier: des Sitzstaats) als eigenständiges Steuersubjekt qualifiziert wird.[717] Eine solche Auslegung wird durch den Systemzusammenhang des Art. 3 Abs. 1 Buchst. a, b mit Art. 4 Abs. 1 bestätigt. Art. 4 Abs. 1 OECD-MA stellt eindeutig auf das innerstaatliche Recht des potentiellen Sitzstaats ab, das auch der Ansässigkeitsstaat des Gesellschafters zur Beurteilung der Ansässigkeit zu berücksichtigen hat, sodass es zur Beurteilung der Abkommensberechtigung ausreichend ist, wenn die Personengesellschaft nach dem Recht des Sitzstaats Steuersubjekt ist und dort wie eine juristische Person besteuert wird.[718] Diese Auslegung entspricht auch dem Sinn und Zweck des Abkommens, durch eine einheitliche Beurteilung der

---

[714] Vgl. Becker, J.D., Atypisch, 2005, S. 103; Kluge, V., Steuerrecht, 2000, Rn. S 82; Löwenstein, U./Looks, C. (Hrsg.), Betriebsstätten, 2003, S. 223; Wassermeyer, F., in: Debatin, H./Wassermeyer, F., Art. 1 OECD-MA, Rz. 27-27d, 28f.
[715] Vgl. Djanani, C., International, 1998, S. 141; Fischer, L./Kleineidam, H.-J./Warneke, P., Internationale, 2005, S. 377; Knobbe-Keuk, B., RIW 1991, S. 314; Kahle, H., StuB 2005, S. 670; Krabbe, H., IWB 1998, Fach 3, Gruppe 2, S. 756; Schaumburg, H., Internationales, 1998, Rz. 16.171; Schmidt, C., WPg 2002, S. 1138-1139; Vogel, K., IStR 1999, S. 5-6; Wicke, P., Personengesellschaften, S. 98. Diese Meinung stellt wohl die herrschende dar; vgl. Wassermeyer, F., IStR 1998, S. 490; Fischer, L., Personengesellschaften, 2000, S. 965.
[716] Vgl. Wassermeyer, F., IStR 1998, S. 490-492.
[717] Vgl. Jacobs, O.H., Internationale, 2002, S. 566; Toifl, G., Personengesellschaften, 2003, S. 53-54: Nach dem Wortlaut ist es nur nötig, dass die Gesellschaft nach dem Recht eines Staats das Steuersubjekt darstellt, unabhängig nach welchem der beiden Staaten. Die Abkommensberechtigung richtet sich dann allein nach der Ansässigkeit.
[718] Vgl. Schönhaus, M., Behandlung, 2005, S. 102-103; Weggenmann, H., Personengesellschaften, 2002, S. 163-164.

V. Realisierbarkeit aufgrund konkreter Qualifikation in den DBA

Abkommensberechtigung (potentielle) Doppel- oder Minderbesteuerungen infolge subjektiver Qualifikationskonflikte zu vermeiden.[719] Es steht fest, dass die Abkommensberechtigung auch auf deutscher Seite anzuerkennen ist. Ebenso steht fest, dass es sich bei dem Gewinnanteil des Stillen aus der Sicht beider Staaten um Unternehmensgewinne handelt. Jedoch werden diese unterschiedlichen Personen zugeordnet, die unter Rückgriff auf das jeweilige nationale Recht als Betreiber anzusehen sind: der stillen Gesellschaft aus ausländischer[720] und dem stillen Gesellschafter aus deutscher Sicht.[721] Aus deutscher Sicht erfolgt die Zuordnung zum Gesellschafter nur, weil eine transparente Personengesellschaft selbst keine abkommensberechtigte Person ist und ein Unternehmen nur einer solchen zugerechnet werden kann.[722] Intransparent besteuerte Personengesellschaften sind hingegen allgemein als Betreiber eines Unternehmens anerkannt.[723] Da jedoch Deutschland die Abkommensberechtigung anzuerkennen hat, ist für die deutsche Seite der Rückgriff auf innerstaatliches Recht nicht mehr nötig, da es der Zusammenhang erfordert, dass dann auch die Unternehmensgewinne der stillen Gesellschaft als abkommensberechtigte Person zugerechnet werden.[724] Auch wird die Zuordnungsregel des Art. 3 Abs. 1 Buchst. d OECD-MA dem Ziel eines Abkommens, (potentielle)[725] Doppel- und

---

[719] Vgl. Piltz, D.J., Personengesellschaften, 1981, S. 134-135 sowie Fu, R., Stille 1997, S. 157-158 zur atypisch stillen Gesellschaft.
[720] Siehe Abschnitt V.3.2.2.2 (S. 259).
[721] Siehe Abschnitt V.3.2.1.4 (S. 254).
[722] Vgl. Weggenmann, H., Personengesellschaften, 2002, S. 215.
[723] Vgl. Krabbe, H., StbJb 2000/2001, S. 191; Vogel, K., in: Vogel, K./Lehner, M., 2003, Art. 3 OECD-MA, Rz. 44.
[724] Vgl. Mittermaier, J., Besteuerung, 1998, S. 329-320; Riemenschneider, S., Personengesellschaften, 1995, S. 184-185.
[725] Im hier vorliegenden Fall kommt es zwar zu keinen Doppelbesteuerungen, da Deutschland auch bei abweichender Zurechnung die Einkünfte als Betriebsstättengewinne freizustellen hat. Denkbar ist dies jedoch beispielsweise, wenn eine intransparent besteuerte Personengesellschaft (oder auch stille Gesellschaft) in einem Drittstaat, mit dem Deutschland kein DBA geschlossen hat, eine Betriebsstätte unterhält. Der Sitzstaat der Personengesellschaft würde die Betriebsstätteneinkünfte in voller Höhe der Gesellschaft zurechnen und besteuern. Deutschland würde hingegen die Betriebsstätteneinkünfte anteilig als Einkünfte des Gesellschafters ansehen und mangels DBA-Freistellung ebenfalls besteuern. Die Besteuerung der Betriebsstätteneinkünfte durch den Drittstaat erfolgt bei der Personengesellschaft im Rahmen ihrer beschränkten Steuerpflicht, sodass die Anrechnung in Deutschland mangels Subjektidentität zumindest fraglich erscheint. Siehe hierzu mit weiteren Problemen Vogel, K., IStR 1999, S. 7.

Minderbesteuerungen zu vermeiden, am besten gerecht, wenn das Unternehmen nur einem Betreiber oder mehreren zu gleichen Teilen zugeordnet wird.[726]

3.2.3.2.3 Lösung des Konflikts bei Besteuerung als Nennkapitalbeteiligung

Bei einer Besteuerung der Kapitalüberlassung im Rahmen der stillen Gesellschaft wie eine reguläre Nennkapitalbeteiligung kommt es zu keiner unterschiedlichen Beurteilung bezüglich der Steuersubjekteigenschaft.[727] Aus Sicht des Auslands genießen lediglich der Inhaber und der Stille Abkommensschutz, da die stille Gesellschaft kein Gesellschaftsverhältnis begründet.[728] Deutschland gelangt zum gleichen Ergebnis, da die stille Gesellschaft mangels Steuerpflicht in keinem Staat ansässig ist; steuerpflichtig sind stattdessen die Gesellschafter.[729] Dennoch werden die Unternehmensgewinne unterschiedlichen Steuersubjekten zugerechnet: aus ausländischer Sicht dem Inhaber und aus deutscher dem Stillen.

Auch in diesem Fall ist die ausländische Kapitalgesellschaft als Betreiber des Unternehmens aus abkommensrechtlicher Sicht durch Deutschland zu übernehmen. Bei einer transparent besteuerten Personengesellschaft betreibt auch aus steuerlicher Sicht diese das Unternehmen im eigentlichen Sinn.[730] Die Gesellschafter üben auf Ebene der Gesellschaft gemeinsam eine gewerbliche Tätigkeit i.S.d. § 15 Abs. 2 EStG aus, die abkommensrechtlich als eine unternehmerische Tätigkeit anzusehen ist. Die Unternehmensgewinne werden auf Ebene der Personengesellschaft erwirtschaftet und ermittelt, sodann aber bei den Gesellschaftern besteuert.[731] Das Auseinanderfallen des Betreibers eines Unternehmens und der Steuerpflicht ist der Grund, weshalb abkommensrechtlich die Beteiligung an einer Personengesellschaft als anteiliges Unternehmen des Gesellschafters anzusehen ist, denn nur unbeschränkt Steuerpflichtige können als abkommensberechtigte Personen ein Unternehmen betreiben. Um dennoch das Besteuerungsrecht des Sitzstaats, in dem die Personengesellschaft über eine feste Geschäftseinrich-

---

[726] Vgl. Daniels, T.H.M., Partnership, 1991, S. 158-159; Weggenmann, H., Personengesellschaften, 2002, S. 306.
[727] Vgl. Becker, J.D., Atypisch, 2005, S. 105.
[728] Siehe Abschnitt V.2.3 (S. 245).
[729] Siehe Abschnitt V.2.2 (S. 246).
[730] Vgl. BFH vom 25.6.1984, BStBl 1984 II, S. 751; Wacker, R., in: Schmidt, L., 2005, § 15 EStG, Rz. 180.
[731] Vgl. Jacobs, O.H., Rechtsform, 2002, S. 95, 195-197; Kirchhof, P., 2004, § 15 EStG, Rn. 200, 208.

tung verfügt, aufrecht zu erhalten, wird ihm als Betriebsstättenstaat das Quellenbesteuerungsrecht eingeräumt. Dieses Vorgehen wird auch als „international übereinstimmende Übung" bezeichnet.[732] Werden die Unternehmensgewinne jedoch unterschiedlichen Personen i.S.d. Abkommens zugerechnet, kann von einer übereinstimmenden Übung nicht mehr die Rede sein. Als Lösung bietet sich an, dass beide Staaten das Abkommen autonom anwenden und der Konflikt bestehen bleibt.[733] Dies kann einer am Abkommensziel – Vermeidung der Doppelbesteuerung – orientierten Auslegung, die eine Auslegungsharmonie[734] erfordert, nicht gerecht werden. Bei Personengesellschaften im Allgemeinen liegt eine übereinstimmende Übung vor, wenn beide Staaten nach dem Transparenzprinzip besteuern. Besteuert der andere Vertragstaat als Sitzstaat die Personengesellschaft intransparent, so liegt eine solche übereinstimmende Übung ebenfalls nicht mehr vor und Deutschland hat die Abkommensberechtigung und die Zurechnung der Einkünfte zur als Kapitalgesellschaft besteuerten Personengesellschaft als Ausnahme vom Grundsatz der Zurechnung nach nationalem Recht anzuerkennen.[735] Ebenso muss bei einer Behandlung der atypisch stillen Gesellschaft wie eine Nennkapitalbeteiligung an der Kapitalgesellschaft des Inhabers die Abkommensberechtigung der Kapitalgesellschaft und die Zurechnung der Einkünfte zu dieser vollumfänglich anerkannt werden. Sie ist Betreiber und auch abkommensberechtigte Person.[736]

3.2.3.2.4 *Materielle Auswirkung der Konfliktlösung*

Muss die Eigenständigkeit der intransparent besteuerten stillen Gesellschaft bzw. der ausländischen Kapitalgesellschaft des Inhabers und die Zurechnung der Einkünfte anerkannt werden, gilt also auch im Abkommen das Trennungsprinzip, so ist zwischen Gewinnentstehung und Ausschüttung zu unterscheiden. Deutschland steht zum Zeitpunkt der Gewinnentstehung aufgrund einer ab-

---

[732] Vgl. Hock, B., WPg 1996, S. 108-109; Knobbe-Keuk, B., RIW 1991, S. 308; Tumpel, M., Beteiligung, 1998, S. 149. Weniger deutlich Piltz, D.J., in: Debatin, H./Wassermeyer, F., Art. 7 OECD-MA, Rz. 66: Obwohl der Wortlaut des Art. 7 Abs. 1 OECD-MA diesbezüglich nicht aussagesicher ist, wird diese Interpretation „allgemein anerkannt". Kritisch hierzu ist Weggenmann, H., Personengesellschaften, 2002, S. 221-223.

[733] Vgl. Becker, J.D., Atypisch, 2005, S. 124-125; Kessler, W., StbJb 2002/2003, S. 401-402; Löwenstein, U./Looks, C. (Hrsg.), Betriebsstätten, 2003, S. 238; Strobl, E./Schäfer, K., IStR 1993, S. 211; Wassermeyer, F., in: Debatin, H./Wassermeyer, F., Art. 11 OECD-MA, Rz. 88.

[734] Vgl. Vogel, K., in: Vogel, K./Lehner, M., 2003, Einl., Rz. 114.

[735] Siehe den vorigen Abschnitt V.3.2.3.2.2 (S. 264) mit den dortigen Nachweisen.

[736] Vgl. Leitner, R., SWI 2000, S. 161-162.

schließenden Regelung im Verteilungsartikel bereits kein Besteuerungsrecht zu (Art. 7 Abs. 1 Satz 1 HS 1 OECD-MA), sodass es nicht zur Freistellung im Rahmen des Methodenartikels (Art. 23A OECD-MA) kommt.[737] Die Finanzverwaltung kennt zwar teilweise die Abkommensberechtigung von Personengesellschaften an, dennoch möchte sie undifferenziert in allen Fällen das Betriebsstättenprinzip anwenden und die Einkünfte nach Art. 23A OECD-MA freistellen.[738] Diese Auffassung muss aus den bereits zuvor genannten Gründen abgelehnt werden. Zudem ist sie inkonsequent, da die Abkommensberechtigung für das gesamte Abkommen und somit auch für die Vermeidung der Doppelbesteuerung gelten muss.[739] Die Unterschiede sind eher dogmatischer Art; materiell wirkt dies zunächst wenig aus.[740] Während bei einer Freistellung im Rahmen des Methodenartikels der Progressionsvorbehalt Anwendung findet und ggf. ein Aktivitätsvorbehalt zu beachten ist, scheidet beides bei einer Freistellung durch eine abschließende Verteilungsnorm grundsätzlich[741] aus.[742] Diese Unterschiede haben auf den Gegenstand dieser Untersuchung jedoch keine Auswirkungen, da sich ein Progressionsvorbehalt beim linearen Körperschaftsteuertarif nicht auswirkt und eine aktive Tätigkeit der Tochtergesellschaft unterstellt wurde.

---

[737] Vgl. Djanani, C., International, 1998, S. 189; Fischer, L./Kleineidam, H.-J./Warneke, P., Internationale, 2005, S. 377; Greif, M./Fischer, B., CDFI 1995, S. 247; Knobbe-Keuk, B., RIW 1991, S. 314-315; Müller, M./Wangler, C., IStR 2003, S. 150-151; Prokisch, R., in: Vogel, K./Lehner, M., 2003, Art. 1 OECD-MA, Rz. 41; Schmidt, C., IStR 1996, S. 18-19; Vogel, K., in: Vogel, K./Lehner, M., 2003, Art. 23 OECD-MA, Rz. 3-4; Weggenmann, H., Personengesellschaften, 2002, S. 308-309. Vgl. Fu, R., Stille, 1997, S. 168-169 zur intransparent besteuerten atypisch stillen Gesellschaft. Anderer Ansicht sind konsequenter Weise alle Vertreter der Meinung, die bereits die Anerkennung der intransparenten Personengesellschaft durch Deutschland ablehnen, siehe Abschnitt V.3.2.3.2.2, Fn. 714.

[738] Vgl. BMF-Schreiben vom 13.1.1997, BStBl 1997 I, S. 97 (Tschechien und Slowakei); BMF-Schreiben vom 25.8.1997, BStBl 1997 I, S. 796 (Tunesien); BMF-Schreiben vom 25.8.1997, BStBl 1997 I, S. 863 (Rumänien); BMF-Schreiben vom 28.5.1998, BStBl 1998 I, S. 557 (Spanien); siehe auch Krabbe, H., IWB 1998, Fach 3, Gruppe 2, S. 762-763.

[739] Vgl. Jacobs, O.H., Internationale, 2002, S. 573; Schmidt, C., WPg 2002, S. 1235.

[740] Vgl. Jacobs, O.H., Internationale, 2002, S. 574-575.

[741] Da der Gewinnanteil nach nationalem Recht dennoch als Einkünfte aus einer ausländischen Betriebsstätte zu behandeln ist, kann es bei passiver Tätigkeit dennoch zur Steuerpflicht in Deutschland kommen (§ 20 Abs. 2 AStG). Nach geänderter Rechtsprechung des BFH vom 19.12.2001, BStBl 2003 II, S. 302 kann bei einer Freistellung aufgrund einer abschließenden Verteilungsnorm der innerstaatliche Progressionsvorbehalt zur Anwendung kommen, wenn ein solcher im DBA nicht grundsätzlich verboten ist. Vgl. Fischer, L./Kleineidam, H.-J./Warneke, P., Internationale, 2005, S. 377. Kritisch zum Urteil des BFH äußert sich Kahle, H., StuB 2005, S. 672.

[742] Vgl. Prokisch, R., in: Vogel, K./Lehner, M., 2003, Art. 1 OECD-MA, Rz. 42; Schmidt, C., WPg 2002, S. 1235.

V. Realisierbarkeit aufgrund konkreter Qualifikation in den DBA 271

Beim Gewinntransfer an die inländische Kapitalgesellschaft liegt abkommensrechtlich eine Dividende vor (Art. 10 Abs. 3 OECD-MA), die durch den Verweis auf das Recht des Quellenstaats auch aus deutscher Sicht verbindlich anzuerkennen ist.[743] Hierfür wird Deutschland das Besteuerungsrecht zugewiesen (Art. 10 Abs. 1 OECD-MA). Es könnte angenommen werden, dass das Besteuerungsrecht insofern wahrgenommen wird, als nach nationalem Recht die Gewinnentstehung im Rahmen der mitunternehmerischen stillen Gesellschaft besteuert wird.[744] Hinsichtlich des Zeitpunkts der Besteuerung dürften zwar keine Probleme auftreten, da der Anspruch des Stillen mit Ablauf des Wirtschaftsjahres des Stillen entsteht und damit eine Zahlung i.S.d. Art. 10 Abs. 1 OECD-MA gegeben ist.[745] Jedoch ist es nicht ausreichend, ein abkommensrechtliches und eine nationales Besteuerungsrecht zu haben, ohne dass sich beide ihrer Art nach decken. Vielmehr muss das Trennungsprinzip konsequent Geltung besitzen.[746] Das Besteuerungsrecht der dem Gewinntransfer zugrunde liegenden Gewinnentstehung wurde schon im Vorfeld zugunsten des Auslands verteilt. Bei dem Gewinntransfer handelt es sich aus deutscher Sicht um eine Entnahme, die mangels Rechtsgrundlage im nationalen Recht nicht steuerbar ist und somit leer läuft.[747] Die Quellensteuer kann folglich nicht angerechnet werden. Im Ergebnis führt die Besteuerung im Ausland und Freistellung im Inland wie im Fall des Qualifikationskonflikts zur Besteuerungsfolge „Schachtelfreistellung".

Dennoch ist es wichtig, ob eine übereinstimmende Abkommensanwendung vorliegt. Einige DBA enthalten nämlich sog. switch-over Klauseln, die Deutschland bei einer unterschiedlichen Zuordnung der Einkünfte zu den Verteilungsnormen erlauben, von der Freistellungs- zur Anrechnungsmethode zu wechseln, wenn

---

[743] Vgl. Becker, J.D., Atypisch, 2005, S. 124; Schmidt, C., Konsequenzen, 2003, S. 127-128 jeweils zur atypisch stillen Gesellschaft; Aigner, H.-J./Züger, M., SWI 2000, S. 257; Riemenschneider, S., Personengesellschaften, 1995, S. 195 zur Personengesellschaft.

[744] Vgl. Fu, R., Stille, 1997, S. 170-171 und Riemenschneider, S., Personengesellschaften, 1995, S. 211: sofern die Ausschüttung im Jahr der Gewinnentstehung erfolgt; Aigner, H.-J./Züger, M., SWI 2000, S. 257-258 sowie Lang, M./Wimpissinger, C., Einkünfte, 2000, S. 95-96: unabhängig vom Zeitpunkt der Ausschüttung; ähnlich Knobbe-Keuk, B., RIW 1991, S. 315-316: Als Folge der Anerkennung der intransparent besteuerten Personengesellschaft liegt auch im nationalen Recht nicht mehr eine Entnahme, sondern eine Ausschüttung i.S.d § 20 Abs. 1 Nr. 1 EStG vor.

[745] Siehe Abschnitt III.3.3.1.1 (S. 138).

[746] Vgl. Menhorn, M., Behandlung, 2001, S. 119-120.

[747] Vgl. Kessler, W., StbJb 2002/2003, S. 401-402; Weggenmann, H., Personengesellschaften, 2002, S. 322-323.

sich das Ausland durch die unterschiedliche Zuordnung gehindert sieht, die Einkünfte nicht oder nur niedrig zu besteuern. Die Finanzverwaltung möchte selbst dann entsprechend vorgehen, wenn das entsprechende Abkommen eine solche Regelung nicht enthält.[748]

3.2.3.3 Qualifikationskonflikt aufgrund abweichender Besteuerung als Zinsen

Erfolgt die Besteuerung im nationalen ausländischen Recht nach den für Zinsen geltenden Grundsätzen, während aus deutscher Sicht eine Besteuerung nach dem Transparenzprinzip erfolgt, wendet jeder Staat das Abkommen unter Rückgriff auf das nationale Recht an. Abkommensberechtigte Personen sind aus Sicht beider Staaten der Inhaber und der Stille, wenn auch aus unterschiedlichen Gründen.[749] Ebenfalls stellen die Vergütungen abkommensrechtlich jeweils dem Stillen zuzurechnende Einkünfte dar. Lediglich die Zuordnung zu den Verteilungsnormen fällt unterschiedlich aus (objektiver Qualifikationskonflikt). Das Ausland nimmt Zinsen an und weist abgesehen von einer begrenzten Quellenbesteuerung im Übrigen Deutschland das Besteuerungsrecht zu, während aus deutscher Sicht freizustellende ausländische Betriebsstätteneinkünfte vorliegen. Anders als die Definition für Dividenden enthält die für Zinsen keinen Verweis auf das Recht des Quellenstaats, sodass Deutschland nicht an die Qualifikation des Auslands gebunden werden kann.[750] Hieraus resultiert die Besteuerungsfolge „weiße Einkünfte".

Etwas anderes gilt dann, wenn ein Abkommen entsprechend dem Musterabkommen von 1963 explizit Einkünfte unter den Zinsartikel subsumiert, die nach dem Recht des Quellenstaats den Einkünften aus Darlehen steuerlich gleichgestellt sind.[751] In diesem Fall gelten die Einkünfte für beide Staaten verbindlich

---

[748] Siehe hierzu Abschnitt VI (S. 299).
[749] Siehe Abschnitt V.2.2 (S. 244) zur Sichtweise im Inland und Abschnitt V.2.3 (S. 245VI) im Ausland.
[750] Vgl. Geuenich, M., Atypisch, 2005, S. 144-146; Günkel, M./Lieber, M., IWB 1999, S. 1402-1403; Wassermeyer, F., in: Debatin, H./Wassermeyer, F., Art. 11 OECD-MA, Rz. 88 anderer Ansicht z.B. Burmester, G., Probleme, 1996, S. 133; Glessner, M., Stille, 2000, S. 237.
[751] Vgl. Pöllath, R., in: Vogel, K./Lehner, M., 2003, Art. 11 OECD-MA, Rz. 58-59. Folgende Artikel der jeweiligen DBA der untersuchten Länder enthalten einen solchen Verweis: Australien (Art. 11 Abs. 2), Belgien (Art. 11 Abs. 4), Irland (Art. 7 Abs. 2), Italien (Art. 11 Abs. 4), Japan (Art. 11 Abs. 5), Kanada (Art. 11 Abs. 4), Portugal (Art. 11 Abs. 4), Schweiz (Art. 11 Abs. 2), Slowakei (Art. 11 Abs. 2), Spanien (Art. 11 Abs. 2), Tschechien (Art. 11 Abs. 2), Ungarn (Art. 11 Abs. 2) und die USA (Art. 11 Abs. 3).

als Zinsen.[752] Insbesondere kann Deutschland als Ansässigkeitsstaat den Methodenartikel nicht unterschiedlich auslegen, da die Einkunftsarten in der Verteilungs- und Vermeidungsnorm stets inhaltsgleich Anwendung finden.[753]

Anders als in den Fällen, in denen Deutschland bei einer steuerlichen Behandlung der Kapitalüberlassung im Ausland wie eine Nennkapitalbeteiligung oder als intransparent besteuerte Personengesellschaft die Qualifikation des Auslands anerkennen muss und demzufolge keine Betriebsstätteneinkünfte annehmen kann, wird Deutschland bei einer Zuordnung zum Zinsartikel nicht gehindert, die Vergütung gleichzeitig als Betriebsstättengewinn anzusehen. Aufgrund der Spezialität des Zinsartikels ist dieser vorrangig anzuwenden (Art. 7 Abs. 7 OECD-MA).[754] Es bleibt bei einer Qualifikation als Zinsen, wenn der Betriebsstättenvorbehalt des Art. 11 Abs. 4 OECD-MA nicht eingreift. Demnach werden Zinsen zu den Unternehmensgewinnen zurückverwiesen, wenn die inländische Kapitalgesellschaft als Nutzungsberechtigter aus dem Quellenstaat Zinsen bezieht und die der Zahlung zugrunde liegende Forderung tatsächlich zu einer ausländischen Betriebsstätte der inländischen Kapitalgesellschaft gehört.[755] Der Betriebsstättenvorbehalt erfasst jedoch nur der Betriebsstätte zufließende Erträge, nicht hingegen von der Betriebsstätte abfließende Erträge.[756] Auch muss die tatsächliche Zugehörigkeit der der Zinszahlung zugrunde liegenden Forderung zur Betriebsstätte abgelehnt werden. Ein Wirtschaftsgut gehört dann tatsächlich zu einer Betriebsstätte, wenn es aus Sicht der Betriebsstätte einen Aktivposten bildet und in einem funktionalen Zusammenhang mit der Tätigkeit der Betriebsstätte steht. Da die stille Gesellschaft über kein Gesamthandsvermögen verfügt, übernimmt das Betriebsvermögen des Inhabers diese Funktion.[757] Die Einlage des Stillen stellt beim Inhaber jedoch einen Passivposten dar, sodass auch aus

---

[752] Vgl. Geuenich, M., Atypisch, 2005, S. 228.
[753] Vgl. Vogel, K., in: Vogel, K./Lehner, M., 2003, Art. 23 OECD-MA, Rz. 180-181.
[754] Vgl. Günkel, M./Lieber, B., IWB 1999, Fach 10, Gruppe 2, S. 1400; Lüdicke, J., StBJb 1997/1998, S. 451.
[755] Vgl. Vogel, K., in: Vogel, K./Lehner, M., 2003, Vor Art. 10-12 OECD-MA, Rz. 34.
[756] Vgl. Burmester, G., Probleme, 1996, S. 137-138.
[757] Vgl. Degethof, M., StBp 2003, S. 4; Psyzka, T., DStR 2003, S. 858-859.

diesem Grund ein Rückverweis über den Betriebsstättenvorbehalt nicht möglich ist.[758]

Für Zinsen wird Deutschland stets bei Zahlung das vollumfängliche Besteuerungsrecht (Art. 11 Abs. 1 OECD-MA) unter Anrechnung der Quellensteuer (Art. 23B OECD-MA) eingeräumt.[759] Die Zahlung liegt vor, wenn zivilrechtlich die Forderung auf Auszahlung des Gewinnanteils entsteht, sodass die Vergütung nach Ablauf des Wirtschaftsjahres des Inhabers beim Stillen besteuert werden kann.[760] Es kommt zur Besteuerungsfolge „Fremdfinanzierung".

4. DBA mit Regelung zur stillen Gesellschaft (deutscher Abkommenspraxis entsprechend)

4.1 Klassifizierung der Sonderregelungen

In den untersuchten Ländern existieren mit Ausnahme von Polen Sonderregelungen zur stillen Gesellschaft. Bezüglich der Auswirkung der Sonderregelung auf die Besteuerungsfolgen sind die Regelungen auf zwei Ebenen zu klassifizieren.[761] Zum Ersten ist es von Bedeutung, welche Ausprägungsform der stillen Gesellschaft vom Anwendungsbereich der jeweiligen Sonderregelung erfasst wird und welcher Verteilungsnorm sie die Vergütung zuordnet. Zum Zweiten interessiert die Bindungsrichtung der Sonderregelung. Die Regelungen sind teils einseitig formuliert und somit nur für einen Staat bindend, teils beidseitig formuliert und somit für beide Staaten bindend.

Für die Einteilung nach dem Anwendungsbereich und der Zuordnung zu den Verteilungsnormen lassen sich zunächst drei Gruppen eines unterschiedlichen DBA-Typs erkennen:[762]

---

[758] Vgl. Geuenich, M., Atypisch, 2005, S. 159-160. Dennoch hält der BHH vom 21.7.1999, BStBl 1999 II, S. 812 (815) den Rückverweis über den Betriebsstättenvorbehalt für den Gewinnanteil aus einer atypisch stillen Beteiligung an einer schweizerischen Kapitalgesellschaft möglich, falls die Vergütung abkommensrechtlich als Dividende anzusehen sein sollte.
[759] Vgl. Schaumburg, H., Internationales, 1998, Rz. 16.358.
[760] Siehe Abschnitt III.3.3.1.1. (S. 138).
[761] Ähnlich Schönhaus, M., Behandlung, 2005, S. 153.
[762] Vgl. Glessner, M., Stille, 2000, S. 251-252.

1. Gruppe: DBA mit expliziter Regelung zur typisch und atypisch stillen Gesellschaft:
   Luxemburg, Niederlande, Österreich

2. Gruppe: DBA mit expliziter Regelung zur typisch stillen Gesellschaft:
   Belgien, Spanien

3. Gruppe: DBA mit undifferenzierter Regelung zur stillen Gesellschaft:
   Australien, China, Dänemark, Estland, Finnland, Frankreich, Griechenland, Großbritannien, Irland, Italien, Japan, Kanada, Lettland, Litauen, Portugal, Schweden, Schweiz, Slowakei, Slowenien, Tschechien, Ungarn, USA

Die DBA mit expliziter Regelung zur typisch stillen Gesellschaft (1. und 2. Gruppe) ordnen die Vergütung regelmäßig dem Dividendenartikel zu. Eine Ausnahme hiervon stellt das DBA mit Österreich dar, das eine Einordnung zum Zinsartikel vornimmt. Die DBA mit einer undifferenzierten Regelung (3. Gruppe) sehen ebenfalls den Dividendenartikel für maßgeblich an. Es lässt sich zeigen, dass sich diese Regelungen zumindest aus deutscher Sicht ebenfalls nur auf die typisch stille Gesellschaft beziehen. Die expliziten Regelungen zur typisch stillen Gesellschaft und die undifferenzierten Regelungen sind in ihrer Gesamtheit nicht einheitlich bezüglich der Bindungsrichtung ausgestaltet, sodass bei der typisch stillen Gesellschaft eine Unterscheidung auf zweiter Ebene zu erfolgen hat, bevor die materiellen Konsequenzen für Quellen- und Wohnsitzstaat herausgearbeitet werden.

Die DBA mit expliziter Regelung zur atypisch stillen Gesellschaft (1. Gruppe) ordnen die Vergütung dem Artikel für Unternehmensgewinne zu. Durch Rückschluss lässt sich zeigen, dass das gleiche auch für die DBA mit lediglich einer Regelung zur typisch stillen Gesellschaft gilt (2. Gruppe). Die DBA mit undifferenzierter Regelung sind für die atypisch stille Gesellschaft nicht anwendbar, sodass auf die allgemein möglichen Verteilungsartikel zurückgegriffen werden muss.[763] Da die Regelungen zur atypisch stillen Gesellschaft stets beidseitig

---

[763] Siehe Abschnitt V.3.2 (S. 252).

formuliert sind, kann die Unterscheidung auf zweiter Ebene unterbleiben und sofort die materiellen Konsequenzen abgeleitet werden.

Da sich das DBA mit Österreich bezüglich der typisch stillen Gesellschaft wegen der unterschiedlichen Rechtsfolge in dieses Schema nicht einordnen lässt, wird es an separater Stelle behandelt.

4.2 Typisch stille Gesellschaft

4.2.1 Anwendungsbereich der typisch stillen Gesellschaft mit Zuordnung zum Dividendenartikel

4.2.1.1 DBA mit expliziter Regelung zur typisch stillen Gesellschaft

Die DBA mit Belgien (Art. 10 Abs. 5 Satz 2 Nr. 2), Luxemburg (Protokoll Nr. 11 zu Art. 5, 7 und 13), den Niederlanden (Protokoll Nr. 9 zu Art. 5, 7 und 13) und Spanien (Art. 10 Abs. 4 Satz 2) erweitern den Dividendenbegriff um Einkünfte aus einer typisch stillen Gesellschaft, indem sie konstitutiv[764] bestimmen, dass die Vergütungen als Dividenden anzusehen sind. Zwar wird der Begriff typisch stille Gesellschaft nicht verwendet, die DBA mit Luxemburg, den Niederlanden und Spanien stellen jedoch darauf ab, dass der Stille nicht am Vermögen beteiligt ist. Das DBA-Belgien bindet die Einordnung an die Bedingung, dass die Einkünfte in der BRD als Einkünfte aus Kapitalvermögen behandelt werden. In beiden Fällen wird klar, dass damit die typische Ausprägungsvariante gemeint ist.

4.2.1.2 DBA mit undifferenzierter Regelung zur stillen Gesellschaft

Komplizierter gestaltet es sich, den Anwendungsbereich der Sonderregelung nur auf die typisch stille Gesellschaft zu beziehen, wenn das Abkommen undifferenziert regelt, dass „Einkünfte eines stillen Gesellschafters aus seiner Beteiligung als stiller Gesellschafter" unter den Dividendenartikel zu subsumieren sind, da der Wortlaut beide Ausprägungsvarianten einbezieht.[765] Gemeint ist stets nur die

---

[764] Die Einordnung hat konstitutive Bedeutung, weil die Vergütungen gerade nicht die für Dividenden notwendigen Merkmale erfüllen; vgl. Tischbirek, W., in: Vogel, K./Lehner, M., 2003, Art. 10 OECD-MA, Rz. 165.
[765] Vgl. Glessner, M., Stille, 2000, S. 254; Wassermeyer, F., IStR 1999, S. 119.

typisch stille Gesellschaft.[766] Dies lässt sich sowohl mit einem Rückgriff auf das innerstaatliche Recht des Anwenderstaats nach der lex fori (Art. 3 Abs. 2 OECD-MA) oder durch das Heranziehen von Parallelabkommen als Auslegungshilfe begründen.[767] Das deutsche Einkommensteuergesetz subsumiert „Einnahmen aus der Beteiligung an einem Handelsgewerbe als stiller Gesellschafter" als Einkünfte aus Kapitalvermögen, die einem Quellensteuerabzug unterliegen (§ 20 Abs. 1 Nr. 4 EStG, § 43 Abs. 1 Satz 1 Nr. 3 EStG). Gemeint ist die typisch stille Gesellschaft.[768] Auch wenn das deutsche Steuerrecht die atypisch stille Gesellschaft in § 15 Abs. 1 Satz 1 Nr. 2 EStG regelt, ohne den Begriff der stillen Gesellschaft zu verwenden, spricht die Tatsache, dass in einigen Abkommen[769] stille Gesellschaft und partiarisches Darlehen gemeinsam in der Dividendendefinition genannt werden, dafür, nur Einkünfte i.S.d § 20 Abs. 1 Nr. 4 EStG, also gerade nicht Gewinnbeteiligungen aus atypisch stillen Beteiligungen, darunter zu fassen.[770] Teilweise wird auch speziell auf eine Beteiligung als stiller Gesellschafter im Sinne des deutschen Rechts abgestellt, sodass dann diese Einordnung auch für den anderen Staat verbindlich wird.[771] Das Heranziehen von Parallelabkommen ist als Auslegungshilfe ebenfalls zulässig. Abkommen, die die typisch stille Gesellschaft explizit regeln, subsumieren diese ebenfalls unter den Dividendenartikel, sodass sich dieser allgemeine Grundsatz auch auf Abkommen übertragen lässt, die eine undifferenzierte Regel enthalten.[772]

---

[766] Vgl. Geuenich, M., Atypisch, 2005, S. 227; Schönhaus, M., Behandlung, 2005, S. 187; Tischbirek, in: Vogel, K./Lehner, M., 2003, Art. 10 OECD-MA, Rz. 231; anderer ist Ansicht Piltz, D.J., Hybride, 1995, S. 142.
[767] Vgl. Schmidt, C., IStR 1996, S. 218-219.
[768] Vgl. Weber-Grellet, H., in: Schmidt, L., 2005, § 20 EStG, Rz. 130. Weiterhin wird jedoch auch die atypisch stille Gesellschaft im Zusammenhang mit Beschränkungen zur Verlustverrechnung genannt (§ 15 Abs. 4 Satz 6, § 15a Abs. 5 Nr. 1 EStG). Da es hier lediglich um Verluste behandelnde Spezialvorschriften geht, kann diese Bedeutung nicht auf Abkommensebene für die Behandlung für Einkünfte herangezogen werden.
[769] So geregelt in den DBA mit Dänemark, Frankreich, Japan, Kanada, Schweden, der Schweiz, der Slowakei, Tschechien, Ungarn und den USA.
[770] Vgl. Wassermeyer, F., IStR 1997, S. 273.
[771] Vgl. Tischbirek, W., in: Vogel, K./Lehner, M., 2003, Art. 10 OECD-MA, Rz. 231. So die DBA mit Finnland und der Schweiz.
[772] Vgl. Schmidt, C., IStR 1996, S. 219.

4.2.2 Bindungsrichtung

4.2.2.1 Beidseitig formulierte DBA mit Bindung für beide Vertragsstaaten

Sonderregelungen, die beidseitig formuliert sind,[773] besagen lediglich, dass der Ausdruck „Dividenden" Einkünfte eines stillen Gesellschafters aus seiner Beteiligung als stiller Gesellschafter mit einschließt, ohne auf einen bestimmten Staat als Anwenderstaat abzustellen. Da sich der Dividendenartikel an beide Staaten richtet, indem er das Besteuerungsrecht zwischen beiden Staaten zugunsten eines umfassenden Besteuerungsrechts des Ansässigkeitsstaats und eines beschränkten Besteuerungsrechts des Quellenstaats aufteilt, gilt die Sonderregelung für beide Staaten gleichermaßen verbindlich.[774]

4.2.2.2 Einseitig formulierte DBA mit Bindung für Deutschland als Ansässigkeitsstaat

Der Großteil der DBA ist lediglich einseitig formuliert[775] und stellt dabei auf Deutschland als Anwenderstaat ab, indem gesagt wird, dass „in der Bundesrepublik Deutschland", „im Fall der Bundesrepublik Deutschland" oder „für Zwecke der Besteuerung in der Bundesrepublik Deutschland" der Ausdruck „Dividenden" Einkünfte eines stillen Gesellschafters aus seiner Beteiligung als stiller Gesellschafter mit einschließt. Die unterschiedlichen Formulierungen haben materiell keine Auswirkung.[776] Zum Teil wird die Meinung vertreten, durch diese Formulierungen sei nur Deutschland als Quellenstaat für abfließende Vergütungen gebunden,[777] da die Regelungen auf Wunsch der deutschen Verhandlungsdelegation eingeführt wurden, um das Quellenbesteuerungsrecht zu sichern, denn im Gegensatz zum Zinsartikel, der nach deutscher Abkommenspraxis zumeist das alleinige Besteuerungsrecht dem Ansässigkeitsstaat zuweist, belässt

---

[773] Dies sind alle DBA der 1. und 2. Gruppe (explizite Regel zur typisch stillen Gesellschaft) sowie ein Teil der 3. Gruppe (undifferenzierte Regel zur stillen Gesellschaft): DBA mit Belgien, China, Finnland, Japan, Luxemburg, den Niederlanden, der Schweiz, Tschechien, der Slowakei, Spanien und Ungarn.
[774] Vgl. Glessner, M., Stille, 2000, S. 259-260; Schönhaus, M., Behandlung, 2005, S. 150-151.
[775] Dies sind die verbleibenden DBA der 3. Gruppe: Australien, Dänemark, Estland, Frankreich, Griechenland, Großbritannien, Irland, Italien, Kanada, Lettland, Litauen, Polen, Portugal, Schweden, Slowenien, USA.
[776] Vgl. Glessner, M., Stille, 2000, S. 260-261.
[777] Vgl. Tischbirek, W., in: Vogel, K./Lehner, M., 2003, Art. 10 OECD-MA, Rz. 165.

der Dividendenartikel ein der Höhe nach begrenztes Quellenbesteuerungsrecht.[778] Diese Meinung ist abzulehnen, denn der Wortlaut enthält keinen Hinweis auf die Flussrichtung der Zahlung, die hierfür notwendig wäre. Vielmehr richtet sich der Dividendenartikel in erster Linie an den Ansässigkeitsstaat, da er diesem das unbeschränkte Besteuerungsrecht zuweist.[779] Lediglich die DBA mit Australien, Frankreich und Slowenien machen hiervon eine Ausnahme. Nach seinem eindeutigen Wortlaut qualifiziert Art. 9 Abs. 6 Satz. 2 Buchst. a DBA-Frankreich lediglich für Zwecke der Quellenbesteuerung, nicht jedoch für die Zuweisung des Besteuerungsrechts, Einkünfte eines stillen Gesellschafters als Dividenden und betrifft aufgrund seiner einseitigen Formulierung somit nur Deutschland als Quellenstaat.[780] Entsprechendes bestimmt Art. 10 Abs. 3 HS. 2 DBA-Australien.[781] Das für Slowenien fortgeltende DBA mit dem ehemaligen Jugoslawien regelt in Art. 11 nur aus Deutschland abfließende Dividenden, da es im ehemaligen Jugoslawien keine Kapitalgesellschaften gab.[782] Somit gilt die Qualifikation der Einkünfte aus der typisch stillen Gesellschaft unter den Dividendenartikel auch lediglich für stille Beteiligungen an einem deutschen Handelsgewerbe. Da die Sonderregelung für Australien, Frankreich und Slowenien weder für Deutschland als Ansässigkeitsstaat und wegen der einseitigen Formulierung auch nicht für den ausländischen Quellenstaat gilt, muss jeder Staat die Qualifikation nach den allgemeinen Abkommensregeln vornehmen, sodass ein Zustand herrscht, als ob keine Regelung bestünde.

4.2.3 Konsequenzen für den ausländischen Quellenstaat des Inhabers

Im Fall einer beidseitigen Formulierung bewirkt die Sonderregelung im Ausland, dass die für Dividenden vorgesehenen Begrenzungen der Quellensteuersätze einzuhalten sind. Dies gilt unabhängig davon, ob es sich um eine explizite Regelung zur typisch stillen Gesellschaft oder um eine undifferenzierte handelt, da die typisch stille Gesellschaft zumindest auch von der undifferenzierten Regelung erfasst wird. Aufgrund der zusätzlichen Nennkapitalbeteiligung an der

---

[778] Vgl. Baranowski, K.-H., Auslandsbeziehungen, 1996, Rn. 471.
[779] Vgl. Glessner, M., Stille, 2000, S. 261; Schönhaus, M., Behandlung, 2005, S. 151.
[780] Vgl. Kramer, J.-D., in: Debatin, H./Wassermeyer, F., Art. 9 DBA-Frankreich, Rz. 48, 52.
[781] Vgl. Glessner, M., Stille, 2002, S. 257.
[782] Vgl. Raber, H.G., in: Debatin, H./Wassermeyer, F., Art. 11 DBA-Jugoslawien, Rz. 1.

ausländischen Kapitalgesellschaft findet auch der für Schachteldividenden vorgesehene Satz Anwendung.[783]

Da eine einseitig formulierte Regelung nur Deutschland bindet, erfolgt im Ausland eine Qualifikation entsprechend der regulären Abkommensbestimmungen im Regelfall zum Zinsartikel.[784]

Jedoch kann das jeweilige DBA in beiden Fällen eine für die Einkünfte aus der typisch stillen Beteiligung anzuwendende Ausnahmeregelung enthalten, die das volle Quellenbesteuerungsrecht aufrechterhält oder einen besonderen Steuersatz vorsieht, sofern die Zahlung eine Betriebsausgabe darstellt.[785]

4.2.4 Konsequenzen für den inländischen Ansässigkeitsstaat des Stillen

Alle Sonderregelungen sind für Deutschland mit konstitutiver Wirkung bindend, auch wenn die typisch stille Beteiligung die Voraussetzungen an einen Gesellschaftsanteil, der eine Dividende generiert, nicht erfüllt. Fraglich könnte sein, ob der im Methodenartikel verwendete Ausdruck der Dividende identisch ist mit der Dividendendefinition des Art. 10 Abs. 3 OECD-MA und somit die für Dividenden vorgesehenen Methoden zur Vermeidung der Doppelbesteuerung Anwendung finden.[786] Materiell bedeutungslos ist diese Frage für Dividenden, die die Voraussetzungen an eine Schachteldividende nicht erfüllen. Gilt nämlich die Sonderregelung, die die Vergütung unter die Dividenden subsumiert, im Rahmen der Vermeidungsnorm nicht, so liegen für Zwecke der Vermeidung der Doppelbesteuerung nach den allgemeinen Verteilungsnormen Zinsen vor. Sowohl für Zinsen als auch für Nicht-Schachteldividenden ist jedoch die Anrechnung vorgesehen. Materiell erlangt die Frage allerdings Bedeutung für Schachteldividenden, da bei einer einheitlichen Auslegung das internationale Schachtelprivileg und damit die Freistellung Anwendung findet, falls zusätzlich eine Beteiligung am Nennkapital des Inhabers besteht, die die Anforderung an die Mindestbeteiligung erfüllt.[787] Dem Vernehmen nach vertritt die Finanzverwaltung die Auffassung, dass der Dividendenbegriff im Methodenartikel von dem-

---

[783] Siehe Abschnitt III.2.3.2.1 (S. 125).
[784] Siehe Abschnitt V.3.1.2 (S. 250).
[785] Siehe Abschnitt III.2.3.2.1 (S. 125), Abschnitt III.2.3.2.3 (S. 130).
[786] Vgl. Wagner, S., StBp 2001, S. 351.
[787] Siehe Abschnitt III.2.3.2.1 (S. 125).

jenigen der Verteilungsnorm abweicht, auch wenn diese Meinung in keinem Schreiben der Finanzverwaltung Niederschlag gefunden hat.[788] Jedoch ist der Begriff in beiden Abkommensnormen einheitlich auszulegen. Dies ist eindeutig in Abkommen,[789] in denen in der Vermeidungsnorm bezüglich der Dividenden ausdrücklich auf den Art. 10 OECD-MA entsprechenden Artikel Bezug genommen wird. Auch in DBA, die einen solchen Verweis nicht enthalten, ergibt sich die Identität des wortgleichen Begriffs Dividenden aus dem systematischen Zusammenhang der Vorschriften. Der Methodenartikel greift auf die Verteilungsnorm zurück, indem er bestimmt, wie die Doppelbesteuerung für Einkünfte, die nach der jeweiligen Verteilungsnorm in beiden Staaten besteuert werden dürfen, zu vermeiden ist. Durch diesen Rückgriff wird deutlich, dass auch die Begrifflichkeiten der Verteilungsnorm für den Methodenartikel Gültigkeit besitzen.[790] In einigen DBA erfolgt die Subsumtion der Vergütung unter den Dividendenartikel in den Protokollen, wobei sich aus der Überschrift des Protokolls ergibt, dass sich die Regelung nur auf den Dividendenartikel und nicht auf den Methodenartikel bezieht. Dennoch kann hier nichts anderes gelten. Erstens sind die Protokolle genauso verbindlich wie der Abkommenstext selbst.[791] Zweitens ergibt sich der Bezug auch hier aus dem Zusammenhang beider Vorschriften.[792] Auch das DBA mit Schweden bestimmt durch die einleitende Formulierung „der Ausdruck Dividende bedeutet für Zwecke dieses Artikels" zunächst, dass die Definition nur für die Verteilungsnorm Gültigkeit besitzt (Art. 10 Abs. 4), dennoch gilt im Rahmen des Methodenartikel kein anderes Begriffsverständnis.[793]

---

[788] Vgl. Suchanek, M./Herbst, C., FR 2003, S. 1115.
[789] So z.B. Art. 23 Abs. 1 Nr. 2 Buchst. a DBA-Belgien; Art. 20 Abs. 2 Satz 3 DBA-Niederlande; Art. 24 Abs. 2 Buchst. b Doppelbuchst. aa DBA-Portugal; Art. 24 Abs. 1 Buchst. b DBA-Schweiz.
[790] Vgl. Siegers, D., in: Debatin, H./Wassermeyer, F., Art. 20 DBA-Luxemburg, Rz. 125; Suchanek, M./Herbst, C., FR 2003, S. 1113 zur typisch stillen Beteiligung an einer luxemburgischen Kapitalgesellschaft sowie Mössner, J.M. u.a., International, 2005, Rz. E 269; Grotherr, S., in: Becker, H./Höppner, H./Grotherr, S. u.a., Art. 23A/23B OECD-MA, Rn. 104; Tischbirek, W., in: Vogel, K./Lehner, M., 2003, Art. 10, Rz. 184; Vogel, K., in: Vogel, K./Lehner, M., 2003, Art. 23 OECD-MA, Rz. 108; Wassermeyer, F., in: Debatin, H./Wassermeyer, F., Art. 10 OECD-MA, Rz. 91a, 119 zur Identität des Dividendenbegriffs im Allgemeinen. Stets für die Anrechnungsmethode bei Einkünften aus der typisch stillen Gesellschaft ist Glessner, M., Stille, 2000, S. 267.
[791] Vgl. Vogel, K., in: Vogel, K./Lehner, M., 2003, Einl., Rz. 91.
[792] Vgl. Suchanek, M./Herbst, C., FR 2003, S. 1113.
[793] Vgl. Lüdicke, J., in: Debatin, H./Wassermeyer, F., Art. 10 DBA-Schweden, Rz. 102.

Die Schachtelfreistellung ist auch zu gewähren, wenn die Vergütung im Ausland eine Betriebsausgabe darstellt. Zwar ist es einerseits möglich, den Inhalt der Norm anhand ihres Sinns und Zwecks einschränkend auszulegen (teleologische Reduktion). Sinn und Zweck des Schachtelprivilegs ist es, die wirtschaftliche Doppelbesteuerung der Dividende mit Körperschaftsteuer auf Ebene der ausschüttenden Gesellschaft und beim Dividendenempfänger zu vermeiden. Durch den Betriebsausgabenabzug kann es nicht zu einer Doppelbelastung kommen, sodass es dem Sinn und Zweck der Vorschrift entsprechen würde, die Freistellung nicht zu gewähren.[794] Jedoch ist andererseits eine derartige Einschränkung der Vergünstigung zu Ungunsten des Steuerpflichtigen aufgrund verfassungsrechtlicher Grundsätze (Vorbehalt des Gesetzes) nicht zulässig.[795] Sofern nicht eine der nachstehenden Regelungen Anwendung findet, kommt es für die betreffenden Länder zur Besteuerungsfolge „Schachtelfreistellung", wenn die Vergütung im Ausland nicht abzugsfähig ist, und zur Besteuerungsfolge „weiße Einkünfte" bei Abzugsfähigkeit.

Trotz des grundsätzlich einheitlich verwendeten Begriffs der Schachteldividende werden die Voraussetzungen in einigen Abkommen im Methodenartikel enger definiert als in der Verteilungsnorm,[796] sodass von einer grundsätzlichen Freistellung bei Subsumtion unter den Dividendenartikel nicht ausgegangen werden kann.[797] Hierbei ergeben sich in den untersuchten Ländern folgende Abweichungen. Erstens sind die DBA mit Italien und Kanada zu nennen, die die Dividendendefinition entsprechend der des Musterabkommens in drei Teile gliedern, wobei die Einkünfte des stillen Gesellschafters als eigene Kategorie unter den dritten Teil gefasst werden (Art. 10 Abs. 6 Buchst. b DBA-Italien, Art. 10 Abs. 3 Buchst. b DBA-Kanada). Die Schachtelfreistellung wird allerdings nur für Dividenden gewährt, die unter die ersten beiden Teile fallen, somit für Einkünfte aus Aktien oder anderen Rechten mit Gewinnbeteiligung, nicht jedoch für Einkünfte aus der stillen Beteiligung (Art. 24 Abs. 3 Buchst. a Satz 3 DBA-

---

[794] Vgl. Fries, W., IStR 2005, S. 808.
[795] Vgl. Siegers, D., in: Debatin, H./Wassermeyer, F., Art. 10 DBA-Luxemburg, Rz. 125; Suchanek, M./Herbst, C., FR 2003, S. 1114.
[796] Vgl. Grotherr, S., in: Becker, H./Höppner, H./Grotherr, S. u.a., Art. 23A/23B OECD-MA, Rn. 104.
[797] Vgl. Portner, R., in: Becker, H./Höppner, H./Grotherr, S. u.a., Art. 10 OECD-MA, Rn. 215.

Italien, Art. 23 Abs. 2 Buchst. a Satz 2 DBA-Kanada).[798] Eine ähnliche Regelung enthält das DBA mit den USA (Art. 23 Abs. 2 Buchst a Satz 3), das die Schachtelfreistellung nur für Einkünfte aus Gesellschaftsanteilen gewährt.[799] Da die Vergütung aus der typisch stillen Gesellschaft nicht auf der Grundlage eines Gesellschaftsanteils bezahlt wird,[800] kommt es zu keiner Freistellung. Allen drei Abkommen ist gemeinsam, dass unabhängig von der Behandlung der Vergütung im nationalen ausländischen Recht lediglich die für Nicht-Schachteldividenden vorgesehene Anrechnung der Quellensteuer in Betracht kommt. Es ergibt sich die Besteuerungsfolge „Doppelbelastung",[801] wenn die Vergütung im Ausland nicht abzugsfähig ist, bzw. „Fremdfinanzierung" bei Abzugsfähigkeit.

Zweitens gewährt das Abkommen mit Schweden (Art. 23 Abs. 1 Buchst. a Satz 4) das internationale Schachtelprivileg nicht, wenn die Zahlung den steuerpflichtigen Gewinn der ausschüttenden Gesellschaft mindert, um das Entstehen weißer Einkünfte zu vermeiden.[802] Dies ist regelmäßig der Fall, wenn im Ausland die Kapitalüberlassung als Fremdkapital eingestuft wird. Anstelle der Freistellung ist die Anrechnung der im Ausland angefallenen Quellensteuer vorgesehen, sodass es zur Besteuerungsfolge „Fremdfinanzierung" kommt. Ist die Vergütung nicht abzugsfähig, bleibt es im – Gegensatz zu den Regelungen im DBA mit Italien, Kanada und den USA – bei der Freistellung, sodass die Besteuerungsfolge „Schachtelfreistellung" entsteht.

---

[798] Vgl. Krabbe, H., in: Debatin, H./Wassermeyer, F., Art. 24 DBA-Italien, Rz. 24; Piltz, D.J., Hybride, 1995, S. 130 zu Italien sowie Wassermeyer, W., in: Debatin, H./Wassermeyer, F., Art. 23 DBA-Kanada, Rz. 88 zu Kanada.

[799] Vgl. Haun, J., Hybride, 1996, S. 173-174; Wolff, U., in: Debatin, H./Wassermeyer, F., Art. 23 DBA-USA, Rz. 216.

[800] Siehe Abschnitt V.3.1.2 (S. 250).

[801] So stets bei einer stillen Gesellschaft an einer italienischen Kapitalgesellschaft, da die Vergütung nach nationalem Recht keine Betriebsausgabe darstellt; siehe Abschnitt III.2.1.2 (S. 114).

[802] Vgl. Grotherr, S., in: Becker, H./Höppner, H./Grotherr, S. u.a., Art. 23 DBA-Schweden, Rn. 7; Lüdicke, J., in: Debatin, H./Wassermeyer, F., Art. 23 DBA-Schweden, Rz. 61. Eine entsprechende Regelung enthalten auch die DBA mit Österreich (Art. 23 Abs. 1 Buchst. a Satz 3), Polen (Art. 24 Abs. 1 Buchst. a Satz 2) und den USA (Art. 23 Abs. 2 Buchst a Satz 4), die dort aber materiell keine Wirkung entfalten. Im DBA mit den USA kommt es mangels eines Gesellschaftsanteils bereits zur Anrechnung; siehe weiter oben in diesem Abschnitt. In Polen erfolgt mangels Sonderregelung zur typisch stillen Gesellschaft bei Abzugsfähigkeit der Vergütung eine Subsumtion unter den Zinsartikel, wofür in Deutschland die Anrechnungsmethode vorgesehen ist. Zur Behandlung im DBA Österreich siehe Abschnitt V.4.2.5 (S. 284).

4.2.5 DBA mit Österreich

Im DBA-Österreich gelten Vergütungen aus der typisch stillen Gesellschaft hingegen expressis verbis für beide Staaten verbindlich als Zinsen (Art. 11 Abs. 2 i.V.m. Protokoll Nr. 3 zu Art. 7, 10 DBA-Österreich), wohingegen der Dividendenartikel maßgeblich ist, wenn die Vergütung beim Inhaber keine Betriebsausgabe darstellt (Art. 10 Abs. 3 Satz 2 DBA-Österreich). Aufgrund der Abzugsfähigkeit der Zahlung in Österreich liegen abkommensrechtlich stets Zinsen vor.[803] Nur im Fall, dass die Kapitalausstattung durch die typisch stille Gesellschaft einem Fremdvergleich nicht standhält, was in dieser Untersuchung ausgeschlossen wurde, ist die Vergütung als verdeckte Gewinnausschüttung nicht abzugsfähig und somit der Dividendenartikel einschlägig. Materiell kommt der Regelung somit keine Bedeutung zu, da dieses Ergebnis auch ohne Sonderregelung eintreten würde.[804]

4.3 Atypisch stille Gesellschaft

4.3.1 Anwendungsbereich der atypisch stillen Gesellschaft mit Zuordnung zum Artikel für Unternehmensgewinne

Die DBA mit expliziter Regelung zur atypisch stillen Gesellschaft (1. Gruppe: Luxemburg, Österreich und Niederlande) bestimmen, dass ein stiller Gesellschafter wie ein Unternehmer zu behandeln ist, wenn mit seiner Einlage „eine Beteiligung am Vermögen des Unternehmens verbunden ist".[805] Somit wird die deutsche Besteuerung als intransparente Personengesellschaft auf Abkommensebene verbindlich für beide Staaten übernommen. Zu beachten ist, dass nach dem Wortlaut eine Zuordnung zu den Unternehmensgewinnen nur erfolgt, wenn eine Vermögensbeteiligung eingegangen wird, sodass die Vorschrift nicht greift, falls eine atypisch stille Gesellschaft lediglich aufgrund einer stark ausgeprägten Mitunternehmerinitiative und einer Verlustbeteiligung, jedoch ohne Beteiligung

---

[803] Vgl. Schuch, J./Haslinger, K., in: Wassermeyer, F./Lang, M./Schuch, J., 2004, Art. 10 DBA-Österreich, Rz. 12, Art. 11 DBA-Österreich, Rz. 7-8.
[804] Vgl. Lechner, E., Behandlung, 1999, S. 92-93.
[805] Protokoll Nr. 11 Satz 1 zu Art. 5, 7 und 13 DBA-Luxemburg; Protokoll Nr. 9 Satz 1 zu Art. 5, 7 und 13 DBA-Niederlande; Protokoll Nr. 3 zu Art. 7 und 10 DBA-Österreich.

an den stillen Reserven und am Geschäfts- und Firmenwert vorliegt.[806] Dieser Fall ist im Rahmen dieser Arbeit nicht relevant, da annahmegemäß bei der atypisch stillen Gesellschaft eine Vermögensbeteiligung stets eingeräumt wird.[807]

Die DBA mit expliziter Regelung zur typisch stillen Gesellschaft (2. Gruppe: Belgien und Spanien) ordnen diese dem Dividendenartikel zu, wenn keine Beteiligung am Vermögen des Inhabers vorliegt.[808] Somit scheidet eine Zuordnung der Einkünfte aus der atypisch stillen Gesellschaft ebenfalls zum Dividendenartikel aus, sodass lediglich eine Zuordnung zum Artikel für Zinsen oder für Unternehmensgewinne übrig bleibt. Aus dem Regelungszusammenhang beider Vorschriften lässt sich durch Rückschluss bestimmen, dass für die atypisch stille Gesellschaft eine Zuordnung zum Artikel für Unternehmensgewinne erfolgen muss, ansonsten würde man zu einem unsachgemäßen Ergebnis gelangen. Einerseits erfolgte für Vergütungen aus der typisch stillen Beteiligung, die lediglich eine Vermögensverwaltung darstellt, eine Zuordnung zum Dividendenartikel, und damit eine Gleichstellung des typisch Stillen mit einem Unternehmensrisiko tragenden Anteilseigner einer Kapitalgesellschaft. Andererseits würde durch die Zuordnung des Gewinnanteils eines atypisch stillen Gesellschafters, der durch die umfassende Vermögensbeteiligung Unternehmerrisiko trägt, zum Zinsartikel der atypisch Stille mit dem Gläubiger einer Darlehensforderung gleichgestellt.[809]

4.3.2 Konsequenzen der verbindlichen Qualifikation für beide Staaten

Die Regelungen sind in den betreffenden Abkommen beidseitig formuliert, sodass die Einordnung für das Ausland und Deutschland verbindlich sind. Das Besteuerungsrecht steht somit beiden Staaten zu. Ob das Ausland von seinem Besteuerungsrecht als Betriebsstättengewinne bei der Gewinnentstehung Gebrauch macht, hängt vom nationalen Steuerrecht ab. Die DBA-rechtliche Einordnung als Betriebsstättengewinn schränkt ein nationales Quellenbesteuerungsrecht

---

[806] Vgl. Schauhoff, S., in: Debatin, H./Wassermeyer, F., Art. 5 DBA-Niederlande, Rz. 20; Schmidt, C., Konsequenzen, 2003, S. 1425.
[807] Siehe Abschnitt III.1.2.2 (S. 107).
[808] Siehe Abschnitt V.4.2.1.1 (S. 276).
[809] Vgl. Glessner, M., Stille, 2000, S. 254; Malinski, P., in: Debatin, H./Wassermeyer, F., Art. 10 DBA-Belgien, Rz. 44; Portner, R., in: Becker, H./Höppner, H./Grotherr, S. u.a., Art. 10 DBA-Spanien, Rn. 6; Schmidt, C., IStR 1996, S. 118.

beim Gewinntransfer nicht ein.[810] In Deutschland erfolgt stets eine Freistellung der Betriebsstätteneinkünfte. Somit ist es theoretisch möglich, dass es bei Abzugsfähigkeit der Vergütung im nationalen ausländischen Steuerrecht zur Besteuerungsfolge „weiße Einkünfte" kommt. Jedoch besteuern die entsprechenden Länder entweder die Einkünfte im Rahmen der beschränkten Steuerpflicht des Stillen als Anteil an einer transparent besteuerten Personengesellschaft mit Körperschaftsteuer (so in Belgien, Luxemburg, den Niederlanden und Österreich), oder die Beteiligung des Stillen wird wie eine Nennkapitalbeteiligung an der ausländischen Kapitalgesellschaft des Inhabers angesehen, sodass die Einkünfte im Rahmen der unbeschränkten Steuerpflicht der ausländischen Kapitalgesellschaft der Körperschaftsteuer unterliegen (so in Spanien).[811] Es kommt stets zur Besteuerungsfolge „Schachtelfreistellung".

5. Zwischenergebnis

Es gilt die möglichen Besteuerungsfolgen der einzelnen Länder in Abhängigkeit von den unterschiedlichen Besteuerungsmöglichkeiten der stillen Gesellschaft im nationalen Recht und den unterschiedlichen Formulierungen der einschlägigen Abkommensartikel zu bestimmen. Im Ausland wird die Besteuerungsfolge wesentlich durch das nationale Recht beeinflusst. Entscheidend ist, ob die Gewinnbeteiligung beim Inhaber als Vergütung für Eigenkapital im steuerlichen Gewinn enthalten ist oder ob sie als Vergütung für Fremdkapital eine Betriebsausgabe darstellt. Die DBA können im Ausland lediglich die Höhe der Quellensteuer beschränken. Im Inland entscheidet die Zuordnung zu einem der Verteilungsartikel, ob die Doppelbesteuerung durch Anrechnung oder Freistellung zu vermeiden ist und bestimmt somit wesentlich die Besteuerungsfolge. Es ist sinnvoll, die DBA danach zu klassifizieren, ob sie eine Regelung zur stillen Gesellschaft enthalten, da diese Regelung als speziellere Vorschrift verbindlich ist, und damit eine Qualifikation nach den allgemeinen Abkommensvorschriften unterbleibt.

---

[810] Siehe Abschnitt III.2.3.2.2 (S. 128).
[811] Siehe Abschnitt III.2.1.2 (S. 114).

5.1 Typisch stille Gesellschaft

DBA mit Sonderregelungen zur typisch stillen Gesellschaft lassen sich in Abkommen klassifizieren, die eine für beide Staaten verbindliche oder eine nur für Deutschland verbindliche Vorschrift zur typisch stillen Gesellschaft enthalten. Die Einkünfte des Stillen werden dann stets als Dividenden qualifiziert. Findet sich keine Sonderregelung im Abkommen, qualifizieren die Staaten die Vergütungen aus der typisch stillen Beteiligung anhand der allgemeinen Abkommensbestimmungen, die teilweise auf das nationale Recht verweisen. Es können dann Zinsen oder Dividenden vorliegen. Bei einer Zuordnung im Quellenstaat zum Zinsartikel kommt es zur für Zinsen vorgesehenen Reduktion der Quellensteuersätze.[812] Bei einer Zuordnung zum Dividendenartikel finden die für Dividenden vorgesehenen Reduktionen statt, wobei auch der für Schachteldividenden vorgesehene niedrigere Satz möglich ist,[813] wenn die Voraussetzungen an die Mindestbeteiligung durch eine zusätzliche Nennkapitalbeteiligung erfüllt sind.[814] Auf Abweichungen von diesen Quellensteuersätzen wird explizit eingegangen. Die Vergünstigungen der Zins- und Lizenz- oder Mutter-Tochter-Richtlinie finden hingegen keine Anwendung.[815]

In DBA, die durch eine für beide Staaten verbindliche Vorschrift zur typisch stillen Gesellschaft eine Zuordnung zum Dividendenartikel vornehmen (Abbildung V.1, S. 288), sind Qualifikationskonflikte ausgeschlossen.[816] Switch-over Klauseln, die bei einer unterschiedlichen Zuordnung zu den Verteilungsnormen die Anwendung der Anrechnungsmethode anordnen, können somit keine Anwendung finden. Ausnahmen von der für Dividenden vorgesehenen Begrenzung des Quellensteuersatzes bilden die DBA mit China (Protokoll Nr. 4 zu Art. 10), Finnland (Art. 10 Abs. 2 Buchst. b), Japan (Art. 10 Abs. 8), der Schweiz (Art. 10 Abs. 2 Buchst. b) und Ungarn (Art. 10 Abs. 2 Buchst. b). Während China und Japan das volle sowie der Schweiz ein auf maximal 30% begrenztes Quellenbesteuerungsrecht lediglich dann zusteht, wenn die Vergütung abzugsfähig ist, sehen die DBA mit Finnland und Ungarn einen von anderen Dividenden abweichenden Höchstsatz von 25% vor, der unabhängig davon zur Anwendung kommt, ob die Vergütung beim Inhaber abzugsfähig ist oder nicht.

---

[812] Siehe Tabelle II.6 (S. 37) zu den Höchstsätzen der einzelnen DBA.
[813] Siehe Tabelle II.2 (S. 28) zu den Höchstsätzen und Beteiligungsquoten der DBA.
[814] Siehe Abschnitt III.2.3.2.1 (S. 125).
[815] Siehe Abschnitt III.2.2.2 (S. 117).
[816] Vgl. Burmester, G., Probleme, 1996, S. 144.

Abbildung V.1: Mögliche Besteuerungsfolgen in Abhängigkeit vom ausländischen Recht bei beidseitig formulierten Sonderregelungen zur typisch stillen Gesellschaft

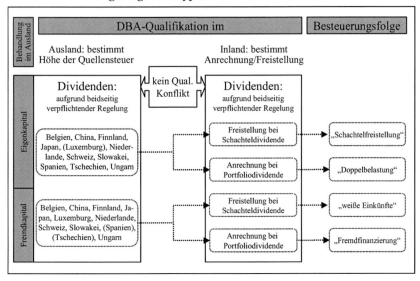

Im Inland werden die Einkünfte freigestellt, wenn die Voraussetzungen an eine Schachteldividende erfüllt sind. Andernfalls werden die Einkünfte unter Anrechnung der Quellensteuer im Inland besteuert. Die Anforderungen an die Höhe der Mindestbeteiligung stimmen mit denjenigen der Schachteldividende für Zwecke der Quellensteuerreduktion überein, sodass hierauf verwiesen werden kann.[817] Die DBA mit Belgien und China sehen keinen reduzierten Quellensteuersatz für Schachteldividenden vor, gewähren jedoch im Rahmen des Methodenartikels eine Freistellung ab einer Beteiligungsquote von 25% (Belgien) bzw. 10% (China). Stellt die Kapitalüberlassung im ausländischen Recht Eigenkapital dar,[818] resultiert die Besteuerungsfolge „Schachtelfreistellung", wenn die Voraussetzung an die Mindestbeteiligung erfüllt ist, ansonsten resultiert die Besteuerungsfolge „Doppelbelastung". Zählt die Kapitalüberlassung im Ausland zum

---

[817] Siehe Tabelle II.2 (S. 28).
[818] Da dies in Luxemburg nur theoretisch möglich ist, steht Luxemburg im oberen Teil von Abbildung V.1 (S. 288) in Klammern. Tatsächlich ist die Vergütung Betriebsausgabe. Siehe Abschnitt III.2.1.1 (S. 112).

Fremdkapital,[819] kommt es zur Besteuerungsfolge „weiße Einkünfte", wenn eine Schachteldividende vorliegt, ansonsten zur „Fremdfinanzierung".

Abbildung V.2: Mögliche Besteuerungsfolgen in Abhängigkeit vom ausländischen Recht bei nur für Deutschland bindenden Sonderregelungen zur typisch stillen Gesellschaft

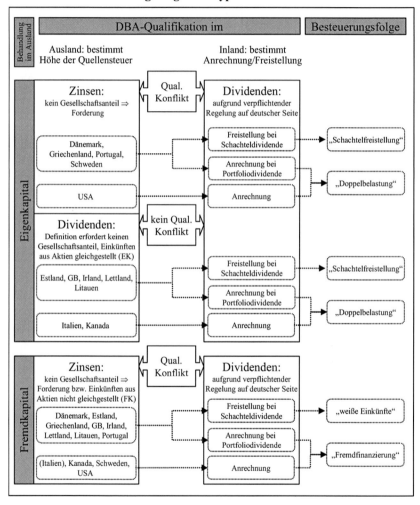

---

[819] Da dies in Tschechien und Spanien nur theoretisch möglich ist, stehen diese Länder im unteren Teil von Abbildung V.1 (S. 288) in Klammern. Tatsächlich ist die Vergütung keine Betriebsausgabe. Siehe Abschnitt III.2.1.1 (S. 112).

Einseitig formulierte Sonderregelungen zu den Einkünften aus der typisch stillen Gesellschaft (Abbildung V.2, S. 289) klassifizieren die Vergütung lediglich für Deutschland als Ansässigkeitsstaat verbindlich als Dividenden. Im Ausland verbleibt es hingegen bei einer Qualifikation nach den allgemeinen Abkommensvorschriften, wobei danach zu unterscheiden ist, ob der dritte Teil der Dividendendefinition das Stammen der Einkünfte aus einem Gesellschaftsanteil erfordert.

Ist das Stammen aus einem Gesellschaftsanteil Voraussetzung für Dividenden, scheidet unabhängig von der Behandlung im nationalen ausländischen Recht eine Subsumtion unter den Dividendenartikel aus, weil aufgrund des fehlenden Risikos kein Gesellschaftsanteil vorliegt, sodass stets eine Zuordnung zum Zinsartikel vorzunehmen ist. Von diesen Abkommen seien zunächst **Dänemark**, **Griechenland** und **Portugal** herausgegriffen, da diese im Ergebnis ähnlich sind. Die Höhe der Quellensteuer bestimmt sich grundsätzlich nach den für Zinsen geltenden Grundsätzen.[820] Lediglich Portugal darf seinen nationalen Quellensteuersatz anwenden, wenn die Vergütung eine Betriebsausgabe darstellt (Protokoll Nr. 4 zu Art. 11 Abs. 2). In allen drei Ländern kommt es stets zu einem Qualifikationskonflikt, der jedoch materiell bedeutungslos bleibt, da keines der DBA eine switch-over Klausel enthält. In Abhängigkeit davon, ob die Kapitalüberlassung im Ausland Fremd- oder Eigenkapital darstellt und ob in Deutschland bei einer Schachteldividende die Freistellung[821] oder bei einer Nicht-Schachteldividende die Anrechnung erfolgt, kann es wie im Fall der beidseitigen Regelung zu allen vier Besteuerungsfolgen kommen.[822] Jedoch fallen

---

[820] Art. 10 Abs. 5 DBA-Dänemark gestattet zwar einen Quellensteuerabzug von maximal 25%, wenn die Vergütung beim Schuldner eine Betriebsausgabe darstellt, die Vorschrift ist jedoch anders als die meisten vergleichbaren Regelungen nur auf Einkünfte anwendbar, die abkommensrechtlich Dividenden darstellen; vgl. Krabbe, H., in: Debatin, H./Wassermeyer, F., Art. 10 DBA-Dänemark, Rz. 38.

[821] Siehe Tabelle II.2 (S. 28) zu den Mindestbeteiligungsquoten. Im DBA mit Portugal ist für Schachteldividenden kein besonderer Quellensteuersatz vorgesehen; eine Schachtelfreistellung erfolgt ab einer Beteiligung von 25% (Art. 24 Abs. 2 Buchst. a Satz 3).

[822] Eine Ausnahme bildet Griechenland. Als einziges mit Deutschland geschlossenes DBA sieht Art. 17 Abs. 2 Nr. 2 Buchst. b DBA-Griechenland für die Vermeidung einer wirtschaftlichen Doppelbelastung bei Schachteldividenden eine pauschale Anrechnung i.H.v. 30% der Bruttodividende auf die deutsche Körperschaftsteuer vor; vgl. Krabbe, H., in: Debatin, H./Wassermeyer, F., Art. 17 DBA-Griechenland, Rz. 34. Diese Steuerbelastung lässt sich nicht in das System dieser Arbeit einordnen, sodass ein einzelfallspezifischer Vorteilhaftigkeitsvergleich vorzunehmen ist.

hier aufgrund der Zuordnung im Ausland zum Zinsartikel die Quellensteuersätze unterschiedlich aus.

Auch im Verhältnis zu den **USA** erfolgt für Zwecke der Quellenbesteuerung stets eine Zuordnung zum Zinsartikel, der grundsätzlich eine Besteuerung verbietet (Art. 11 Abs. 1). Ist die Vergütung allerdings abzugsfähig, bleibt das volle Besteuerungsrecht bestehen (Art. 10 Abs. 5).[823] Die Doppelbesteuerung wird hingegen immer durch Anrechnung vermieden, da die Freistellung in Deutschland nur für Dividenden gewährt wird, die aufgrund von Gesellschaftsanteilen bezahlt werden. Ist die Vergütung abzugsfähig, kommt es zur Besteuerungsfolge „Fremdfinanzierung", ansonsten zur „Doppelbelastung". Der Qualifikationskonflikt ist trotz switch-over Klausel bedeutungslos, da die Freistellungsmethode ohnehin keine Anwendung findet.

Das DBA mit **Schweden** nimmt eine Zwischenstellung ein. Da der dritte Teil der Dividendendefinition Einkünfte aus einem Gesellschaftsanteil voraussetzt, kann die Vergütung nur dem Zinsartikel zugeordnet werden. Stellt die Kapitalüberlassung steuerlich Eigenkapital dar, werden die Einkünfte in Deutschland freigestellt, wenn eine Mindestbeteiligung von 10% vorliegt, sodass es zur Besteuerungsfolge „Schachtelfreistellung" kommt, ansonsten führt die Anrechnung zur Besteuerungsfolge „Doppelbelastung". Stellt die Vergütung beim Inhaber eine Betriebsausgabe dar, bleibt es in Schweden zwar beim für Zinsen vorgesehenen reduzierten Steuersatz,[824] jedoch gewährt Deutschland dann keine Schachtelfreistellung, wodurch lediglich die Besteuerungsfolge „Fremdfinanzierung" möglich ist. Die switch-over Klausel kann die Besteuerungsfolge „Schachtelfreistellung" einschränken.

Die DBA mit **Estland, Großbritannien, Irland, Italien, Kanada, Lettland** und **Litauen** verzichten im dritten Teil der Dividendendefinition auf das Erfor-

---

[823] Obwohl sich die Regelung im Dividendenartikel befindet, ist sie durch einen Verweis auf den Zinsartikel auch auf Einkünfte anzuwenden, die abkommensrechtlich Zinsen darstellen; vgl. Wolff, U., in: Debatin, H./Wassermeyer, F., Art. 10 DBA-USA, Rz. 143, 147.

[824] Anders als die meisten ähnlichen Regelungen, ist Art. 10 Abs. 5 DBA-Schweden, der bei einer Abzugsfähigkeit der Vergütung beim Schuldner dem Quellenstaat das volle Besteuerungsrecht zugesteht, nur auf Einkünfte anwendbar, die abkommensrechtlich Dividenden darstellen; vgl. Lüdicke, J., in: Debatin, H./Wassermeyer, F., Art. 10 DBA-Schweden, Rz. 147.

dernis des Stammens aus einem Gesellschaftsanteil, sodass die Einkünfte für den Fall einer Besteuerung nach den für Eigenkapital geltenden Grundsätzen den Einkünften aus Aktien steuerlich gleichgestellt sind und abkommensrechtlich Dividenden darstellen. Hingegen sind die Vergütungen den Einkünften aus Aktien nicht gleichgestellt, wenn sie entsprechend der Fremdkapitalvergütungen beim Inhaber abzugsfähig sind. Sie stellen dann abkommensrechtlich Zinsen dar. Die DBA mit Estland (Protokoll Nr. 5 zu Art. 11), Italien (Protokoll Nr. 8 zu Art. 11), Lettland (Protokoll Nr. 5 zu Art. 11) und Litauen (Protokoll Nr. 5 zu Art. 11) erlauben aufgrund der Abzugsfähigkeit der Vergütung bei der Zuordnung zum Zinsartikel eine unbeschränkte Quellenbesteuerung nach den nationalen Sätzen.[825] Für Einkünfte aus Italien und Kanada ist unabhängig von der steuerlichen Behandlung im Ausland lediglich die Anrechnung der Quellensteuer möglich. Das Ergebnis bildet die Besteuerungsfolge „Doppelbelastung", wenn die Kapitalüberlassung im Ausland Eigenkapital darstellt bzw. „Fremdfinanzierung", wenn sie als Fremdkapital eingestuft wird. Bei Einkünften aus den übrigen Ländern gewährt Deutschland das internationale Schachtelprivileg, wenn die Mindestbeteiligungsquote erreicht wird.[826] Somit sind im Verhältnis zu diesen Ländern zusätzlich die Besteuerungsfolgen „Schachtelfreistellung" bei einer Einstufung im Ausland als Eigenkapital und „weiße Einkünfte" bei einer Einstufung als Fremdkapital möglich. Die in den DBA mit Estland, Lettland und Litauen enthaltenen switch-over Klauseln können jedoch die Freistellung in Deutschland verhindern. Die switch-over Klauseln in den DBA mit Italien und Kanada sind wegen der Anrechnung bedeutungslos.

Von den untersuchten Ländern enthält lediglich das DBA mit **Polen** keine Regelung zur typisch stillen Gesellschaft, sodass die DBA-rechtliche Qualifikation der Vergütung nach den allgemeinen Regelungen vorzunehmen ist. Entsprechendes gilt für die DBA mit **Australien, Frankreich** und **Slowenien**, da die einseitig formulierte Regelung lediglich auf aus Deutschland abfließende Vergütungen Anwendung findet.[827] Das DBA mit **Österreich** enthält zwar eine beid-

---

[825] Gemäß Protokoll Nr. 3 DBA-Kanada zu Art. 10 Abs. 2 kommt es ebenfalls zu keiner Beschränkung der Quellensteuer, wenn die Vergütung beim Schuldner abzugsfähig ist. Jedoch gilt die Regel nur für Einkünfte, die abkommensrechtlich Dividenden darstellen, nicht hingegen für Zinsen. Vgl. Wassermeyer, W., in: Debatin, H./Wassermeyer, F., Art. 10 DBA-Kanada, Rz. 39, 127.
[826] Siehe Tabelle II.2 (S. 28) zu den Mindestbeteiligungsquoten. Im DBA mit Irland ist für Schachteldividenden kein besonderer Quellensteuersatz vorgesehen; eine Schachtelfreistellung erfolgt ab einer Beteiligung von 25%.
[827] Siehe Abschnitt V.4.2.2.2 (S. 278).

seitig verpflichtende Regelung, führt aber zum gleichen Ergebnis, als ob keine Sonderregelung bestünde.[828] Deshalb werden diese fünf Abkommen zusammen behandelt. Die möglichen Besteuerungsfolgen sind in Abbildung V.3 zusammengefasst.

Abbildung V.3: Mögliche Besteuerungsfolgen in Abhängigkeit vom ausländischen Recht ohne abkommensrechtliche Sonderregelungen zur typisch stillen Gesellschaft

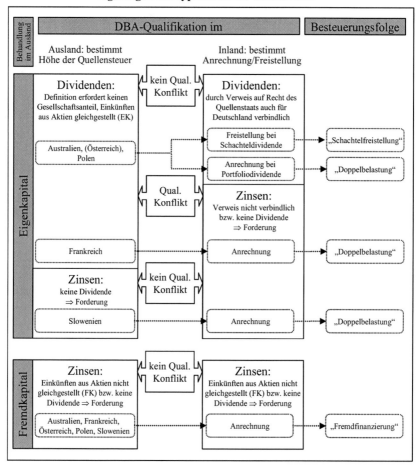

---

[828] Siehe Abschnitt V.4.2.5 (S. 284).

Art. 10 Abs. 3 DBA-Australien, Art. 9 Abs. 6 Satz 2 Buchst. a DBA-Frankreich und Art. 10 Abs. 3 DBA-Polen bestimmen lediglich, dass Einkünfte, die im Quellenstaat den Einkünften aus Aktien steuerlich gleichgestellt sind, abkommensrechtlich Dividenden darstellen, ohne dass es sich um Einkünfte aus Gesellschaftsanteilen handeln muss. Somit fallen die Vergütungen aus der typisch stillen Gesellschaft unter den Dividendenartikel, wenn die Kapitalüberlassung im Ausland steuerlich Eigenkapital darstellt. Das gleiche gilt für Österreich aufgrund einer expliziten Regelung.[829] Es gelten die für Dividenden maßgeblichen Reduktionen der Quellensteuern. Durch den Verweis auf das nationale Recht des Quellenstaats wird dieses auch für Deutschland zu verbindlichem Abkommensrecht erhoben, sodass die Einkünfte entweder als Schachteldividende freizustellen sind,[830] woraus die Besteuerungsfolge „Schachtelfreistellung" resultiert oder die Quellensteuer anzurechnen ist, woraus die Besteuerungsfolge „Doppelbelastung" resultiert. Zu Qualifikationskonflikten kann es aufgrund der Bindung des Ansässigkeitsstaats nicht kommen. Etwas anderes gilt im DBA mit Frankreich, das im dritten Teil der Dividendendefinition lediglich Einkünfte für Zwecke der Quellensteuerreduktion als Dividenden qualifiziert.[831] Für Zwecke der Vermeidung der Doppelbesteuerung scheidet eine Subsumtion unter den Dividendenartikel aus. Im DBA mit Slowenien gelingt ebenfalls keine Subsumtion der Vergütung unter den Dividendenartikel,[832] sodass aus Sicht beider Staaten eine Zuordnung zum Zinsartikel als Einkünfte aus Forderungen jeder Art erfolgt. Es entsteht die Besteuerungsfolge „Doppelbelastung", wenn die Vergütung im Ausland keine Betriebsausgabe darstellt.

---

[829] Da dies in Österreich nur theoretisch möglich ist, steht Österreich im oberen Teil von Abbildung V.3 (S. 293) in Klammern. Tatsächlich ist die Vergütung Betriebsausgabe. Siehe Abschnitt III.2.1.1 (S. 112).

[830] Siehe Tabelle II.2 (S. 28) zu den Mindestbeteiligungsquoten. Im DBA mit Australien ist für Schachteldividenden keine besonderer Quellensteuersatz vorgesehen; eine Schachtelfreistellung erfolgt ab einer Beteiligung von 25%.

[831] Siehe Abschnitt V.3.1.3 (S. 251).

[832] Art. 11 DBA-Slowenien gilt nur für aus Deutschland abfließende Dividenden. Für aus Slowenien abfließende Dividenden kann der aus sozialistischen Zeiten stammende Art. 8 DBA-Slowenien zur Besteuerung von Gewinnen aus einer „Organisation der Vereinten Arbeit" maßgeblich sein. Hierunter fallen einer gemäß Art. 26 Abs. 3 getroffenen Verständigungsregelung zwischen beiden Staaten keine Einkünfte aus einer stillen Beteiligung; vgl. BMF-Schreiben vom 21.7.1997, BStBl 1997 I, S. 724.

Stellt die Gewinnbeteiligung im Ausland entsprechend einer Fremdkapitalvergütung beim Inhaber eine Betriebsausgabe dar, nehmen beide Staaten einheitlich eine Zuordnung zum Zinsartikel vor. Dies erfolgt in den DBA mit Australien, Frankreich und Polen,[833] da die Einkünfte den Einkünften aus Aktien nicht gleichgestellt sind, im DBA mit Österreich aufgrund einer expliziten Regelung und mit Slowenien, da der Dividendenartikel nicht anwendbar ist. Im Quellenstaat greift der reduzierte Steuersatz für Zinsen nur in Australien und Slowenien, da die Abkommen mit Frankreich (Art. 9 Abs. 9), Österreich (Art. 11 Abs. 2) und Polen (Protokoll Nr. 2 zu Art. 11) das voll Besteuerungsrecht aufrechterhalten, wenn die Vergütung eine Betriebsausgabe darstellt. Aufgrund der für Zinsen vorgesehenen Anrechnung der Quellensteuer kommt es stets zur Besteuerungsfolge „Fremdfinanzierung". Die fiskalisch unerwünschte Besteuerungsfolge „weiße Einkünfte" ist in Ländern ohne Sonderregelung zur stillen Gesellschaft nicht möglich.

5.2 Atypisch stille Gesellschaft

Im Verhältnis zu Ländern, deren DBA die Einkünfte des atypisch stillen Gesellschafters dem Artikel für Unternehmensgewinne zuordnen (**Belgien, Luxemburg, Niederlande, Österreich und Spanien**), kommt es stets zur Besteuerungsfolge „Schachtelfreistellung", auch wenn bei einer steuerlichen Behandlung als Fremdkapitalvergütung im Ausland die Besteuerungsfolge „weiße Einkünfte" theoretisch möglich wäre.[834]

Da die DBA der übrigen Länder die Qualifikation der Einkünfte des atypisch stillen Gesellschafters nicht regeln, ist die Qualifikation anhand der allgemeinen Abkommensbestimmungen vorzunehmen. Die möglichen Besteuerungsfolgen sind in Abbildung V.4 (S. 296) zusammengefasst.

Stellt die Kapitalüberlassung im nationalen ausländischen Steuerrecht Eigenkapital dar, kommt es unabhängig von der genauen Behandlung im Ausland zur Besteuerungsfolge „Schachtelfreistellung", wobei Qualifikationskonflikte aus-

---

[833] Das DBA mit Polen gewährt für Schachteldividenden nur dann eine Freistellung, wenn die Vergütung beim Schuldner nicht abzugsfähig ist (Art. 24 Abs. 1 Buchst. a Satz 2). Die Vorschrift läuft jedoch leer, da es sich bei Abzugsfähigkeit um Zinsen handelt, wofür auch nur die Anrechnung vorgesehen ist.

[834] Siehe Abschnitt V.4.3.2 (S. 285).

geschlossen sind. Wird die atypisch stille Gesellschaft als Personengesellschaft transparent besteuert, findet in beiden Staaten auf Abkommensebene gleichermaßen das Betriebsstättenprinzip Anwendung. Auf den Gewinntransfer können abgesehen von Ländern, die eine branch profits tax kennen (Kanada und USA), keine Quellensteuern anfallen.[835]

Abbildung V.4: Mögliche Besteuerungsfolgen in Abhängigkeit vom ausländischen Recht ohne abkommensrechtliche Sonderregelungen zur atypisch stillen Gesellschaft

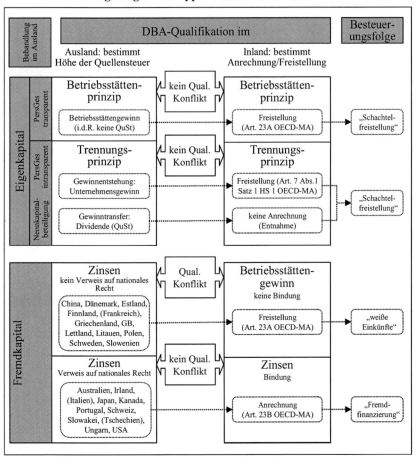

---

[835] Siehe Abschnitt V.3.2.3.1 (S. 263).

V. Realisierbarkeit aufgrund konkreter Qualifikation in den DBA

Besteuert das Ausland die atypisch stille Gesellschaft abweichend von der deutschen Besteuerungskonzeption als Personengesellschaft intransparent oder wie eine Nennkapitalbeteiligung an der ausländischen Kapitalgesellschaft, wird ein Qualifikationskonflikt dadurch gelöst, dass intransparent besteuerte Personengesellschaften und Kapitalgesellschaften als abkommensberechtigte Personen Abkommenschutz erlangen, der auch deutscherseits anzuerkennen ist. Als Folge kann die Vergütung weder bei Gewinnentstehung noch beim Gewinntransfer in Deutschland besteuert werden.[836]

Im Ausland werden auf den Transfer Quellensteuern erhoben, die durch DBA entsprechend der für Dividenden maßgeblichen Höchstsätze[837] begrenzt werden. Für die Inanspruchnahme des für Schachteldividenden vorgesehenen niedrigeren Steuersatzes ist es bei einer Besteuerung wie eine Nennkapitalbeteiligung erforderlich, dass die Mindestbeteiligungsquote durch eine zusätzliche Beteiligung am regulären Nennkapital erfüllt wird. Bei einer Besteuerung als intransparent besteuerte Personengesellschaft kann die Beteiligungsquote auch durch die stille Beteiligung selbst erfüllt werden.[838] Bei einer Besteuerung als intransparent besteuerte Personengesellschaft entfällt die Quellenbesteuerung, sofern die Voraussetzung an die Mindestbeteiligung der Mutter-Tochter-Richtlinie vorliegt.[839]

Stellt die Gewinnbeteiligung des atypisch Stillen beim Inhaber nach nationalem ausländischen Recht eine steuerlich abzugsfähige Vergütung aus einer Fremdkapitalüberlassung dar, zählen diese auch abkommensrechtlich als Einkünfte aus Forderungen jeder Art zu den Zinsen.[840] Es wird eine entsprechende Reduktion der Quellensteuer vorgenommen. Ausnahmen bilden die DBA mit China (Protokoll Nr. 4 zu Art. 11), Estland (Protokoll Nr. 5 zu Art. 11), Italien (Protokoll Nr. 8 zu Art. 11), Lettland (Protokoll Nr. 5 zu Art. 11), Litauen (Protokoll Nr. 5 zu Art. 11), Polen (Protokoll Nr. 2 zu Art. 11), Portugal (Protokoll Nr. 4 zu Art. 11 Abs. 2) und den USA (Art. 10 Abs. 5), die für Einkünfte aus Forderungen mit Gewinnbeteiligung das volle Quellenbesteuerungsrecht aufrechterhalten, wenn die Einkünfte bei der Ermittlung des Gewinns des Schuldners abzugs-

---

[836] Siehe Abschnitt V.3.2.3.2 (S. 263).
[837] Siehe Tabelle II.2 (S. 28).
[838] Siehe Abschnitt III.2.3.2.1 (S. 125).
[839] Siehe Abschnitt III.2.2.2 (S. 117) sowie Tabelle II.2 (S. 28) zu den Voraussetzungen.
[840] Siehe Abschnitt V.3.2.2.3 (S. 262).

fähig sind. Vergünstigungen aus der Zins- und Lizenzrichtlinie können nicht beansprucht werden.[841]

Für die Bestimmung der Besteuerungsfolge ist es entscheidend, ob die Zinsdefinition einen Verweis auf das Recht des Quellenstaats enthält.[842] Ist ein solcher Verweis nicht enthalten, ist Deutschland an die Qualifikation des Auslands nicht gebunden und stellt die Einkünfte als Betriebsstättengewinne frei. Es entstehen „weiße Einkünfte". Enthält das DBA einen Verweis, so ist auch Deutschland an die Qualifikation gebunden und erhält das Besteuerungsrecht für die Einkünfte, wobei die Quellensteuern anzurechnen sind. Es entsteht die Besteuerungsfolge „Fremdfinanzierung".

Für Zwecke der Quellensteuerreduktion können unabhängig von der steuerlichen Behandlung im nationalen ausländischen Recht Abweichungen auftreten, wenn das entsprechende DBA eine undifferenzierte Regelung zur stillen Gesellschaft enthält, die die Vergütung aus der stillen Beteiligung für beide Staaten verbindlich als Dividenden erklärt (China, Finnland, Japan, Schweiz, Slowakei, Tschechien und Ungarn).[843] In diesem Fall ist es möglich, dass das Ausland abweichend von der deutschen Qualifikation nicht nur die Einkünfte aus der typisch stillen, sondern auch aus der atypisch stillen Beteiligung als Dividenden ansieht und die entsprechenden Quellensteuersätze anwendet.[844] Da aus deutscher Sicht die Zuordnung zum Dividendenartikel aufgrund einer „unzutreffenden" Abkommensanwendung des Auslands erfolgt, ist Deutschland an diese Qualifikation nicht gebunden.[845]

---

[841] Siehe Abschnitt III.2.2.2 (S. 117).
[842] Siehe Abschnitt V.3.2.3.3 (S. 272).
[843] Siehe Abschnitt V.4.1 (S. 274).
[844] Siehe die Ausführungen zu den beidseitig formulierten Regelungen zur typisch stillen Gesellschaft in Abschnitt V.5.1 (S. 287).
[845] Vgl. Wassermeyer, F., in: Debatin, H./Wassermeyer, F., Art. 10 OECD-MA Rz. 91b.

VI. Maßnahmen zur Vermeidung der Minderbesteuerung

Es besteht die Möglichkeit, dass der Quellenstaat die Vergütung aus der stillen Gesellschaft zum Abzug zulässt und die Einkünfte in Deutschland gleichzeitig als Betriebsstättengewinne oder Schachteldividende freigestellt werden. Subsumiert das Ausland die Vergütung unter den Zins- oder Dividendenartikel, entstehen unbesteuerte „weiße" Einkünfte, wenn das Abkommen für diese Einkünfte die Erhebung von Quellensteuern untersagt oder nur niedrig besteuerte „graue" Einkünfte, wenn das Abkommen die Quellensteuersätze lediglich reduziert.[846] Beide werden in dieser Arbeit unter die Besteuerungsfolge „weiße Einkünfte" gefasst.

Diesem fiskalisch unerwünschten Ergebnis kann auf zweierlei Weise entgegen gewirkt werden. Erstens ist es möglich, dass Deutschland die Freistellung nicht uneingeschränkt gewährt, sondern zur Verhinderung einer Minderbesteuerung zur Anrechnungsmethode wechselt. Hierbei ist zwischen in einigen Abkommen enthaltenen Sonderregelungen und der einschränkenden Auslegung des Methodenartikels durch die deutsche Finanzverwaltung zu unterscheiden. Zweitens ist es möglich, dass die Abzugsfähigkeit der Vergütung im ausländischen Recht durch eine Regelung zur Unterkapitalisierung versagt wird. Auch wenn solche Regelungen in erster Linie darauf ausgerichtet sind, eine übermäßige Fremdfinanzierung zu vermeiden,[847] wirken sie dennoch dem Entstehen „weißer" Einkünfte entgegen.

1. Regelungen zum Wechsel von der Freistellung zur Anrechnungsmethode

1.1 Regelungen auf Abkommensebene

1.1.1 Keine Anwendung von subject-to-tax Klauseln und Quellenregeln

Es gibt in den Doppelbesteuerungsabkommen verschiedene Regelungen, die darauf gerichtet sind, weiße oder graue Einkünfte zu vermeiden. Es handelt sich

---

[846] Vgl. Günkel, M./Lieber, B., IWB 1999, Fach 10, Gruppe 2, S. 1396-1397; Piltz, D.J., Hybride 1995, S. 143.
[847] Vgl. Piltz, D.J., CDFI 1996, S. 23.

um subject-to-tax Klauseln, Quellenregeln und switch-over Klauseln. Den Regeln ist gemeinsam, dass in Deutschland von der Freistellungs- zur Anrechnungsmethode übergegangen wird.[848]

Subject-to-tax Klauseln bestimmen, dass der Wohnsitzstaat für gewisse Einkünfte ausnahmsweise die Freistellung nicht gewährt, wenn die Einkünfte im Quellenstaat nicht der Besteuerung unterliegen. Diese Klauseln beziehen sich jedoch nur auf bestimmte Einkunftsarten. Zinsen, Dividenden oder Betriebsstätteneinkünfte fallen in den Abkommen, die solche Regelungen enthalten, nicht darunter.[849] Auf die Einkünfte eines stillen Gesellschafters sind sie somit nicht anzuwenden.

Von den Abkommen mit den untersuchten Ländern enthalten vier eine sog. Quellenregel, deren Wortlaute nur geringfügig variieren (Art. 24 Abs. 3 DBA-Dänemark, Prot. Nr. 16 Buchst. d DBA-Italien, Art. 24 Abs. 3 DBA-Norwegen, Art. 23 Abs. 1 Satz 2 DBA-Schweden, Art. 23 Abs. 2 Satz 2 DBA-USA). Danach gelten Einkünfte einer im Wohnsitzstaat ansässigen Person für Zwecke des Methodenartikels als aus Quellen des anderen Staats stammend, wenn sie im anderen Staat in Übereinstimmung mit dem Abkommen besteuert werden.[850] Den Abkommen ist gemeinsam, dass die Anrechnung bzw. Freistellung im Wohnsitzstaat davon abhängt, ob die jeweiligen Einkünfte aus dem anderen Staat stammen. Die Quellenregel bestimmt durch Fiktion, dass diese Voraussetzung stets erfüllt ist, wenn die Einkünfte im anderen Staat besteuert werden können und auch besteuert werden. Hierdurch wird sichergestellt, dass die Doppelbesteuerung vermieden wird und nicht deswegen bestehen bleibt, weil der Ansässigkeitsstaat die Einkünfte nach seinem nationalen Recht nicht als aus dem Quellenstaat stammend ansieht.[851] Teile des Schrifttums[852] und der Finanzver-

---

[848] Vgl. Lentz, M., Freistellung, 2002, S. 105-106.
[849] Siehe Runge, B., Abwehrklauseln, 2003, S. 1716; Vogel, K., IStR 1997, Beihefter zu Heft 24, S. 2; Vogel, K., in: Vogel, K./Lehner, M., 2003, Vor Art. 6-22 MA, Rz. 33 zu den subject-to-tax Klauseln in deutschen DBA bezüglich der anderen Einkunftsarten.
[850] Vgl. Vogel, K., IStR 1997, Beihefter zu Heft 24, S. 1. Daneben wird auch der Begriff Rückfallklausel oder subject-to-tax Klausel verwendet; vgl. Schmidt, C./Weggenmann, H., in: Strunk, G./Kaminski, B./Köhler, S., Art. 23 A/B OECD-MA, Rz. 164.
[851] Vgl. Hey, F.E.F., RIW 1997, S. 82-83; o.V., IStR 1994, S. 167-168; Vogel, K., IStR 1997, Beihefter zu Heft 24, S. 8-12; Wassermeyer, F., IStR 1998, S. 84-85; Wolff, U., IStR 2004, S. 544.
[852] Vgl. Grotherr, S., IWB 2003, Fach 3, Gruppe 2, S. 691-694, S. 709-715; Lampe, M., IWB 1999, Fach 3, Gruppe 2, S. 774-780; Valová, D./Bodenloher, C./Koch, D., IStR 2002, S. 405-406; Hauck, A., Intertax 1996, S. 52-55, der den Anwendungsbereich auf Qualifikationskonflikte einschränkt.

waltung[853] legen die Quellenregeln im Sinne von subject-to-tax Klauseln aus. Die Regelung bestimme demnach im Umkehrschluss, dass Einkünfte als nicht aus dem Quellenstaat stammend gelten, wenn sie dort nicht besteuert werden und deshalb für die nicht besteuerten Einkünfte von der Freistellungs- auf die Anrechnungsmethode überzuwechseln sei. Spätestens seit dem zum alten DBA mit Kanada ergangenen Urteil des BFH,[854] in dem die Interpretation im Sinne einer subject-to-tax Klausel unter expliziter Bezugnahme zu den gegenteiligen Literaturmeinungen und Meinung der Finanzverwaltung abgelehnt wurde, besteht auch bezüglich der Regelungen der übrigen Länder Rechtssicherheit.[855] Lediglich die Regelung im DBA mit Italien kann aufgrund einer stark abweichenden Formulierung als subject-to-tax Klausel betrachtet werden.[856] Diese wirkt sich jedoch bei Einkünften aus der stillen Gesellschaft nicht aus, da die Einkünfte unabhängig von der Ausprägungsvariante in Italien besteuert werden und für Einkünfte aus der typisch stillen Gesellschaft in Deutschland nicht freigestellt werden.[857]

1.1.2 Switch-over Klauseln

1.1.2.1 Voraussetzungen und Rechtsfolgen bei stiller Gesellschaft

Zunächst werden die Voraussetzungen und die Rechtsfolgen einer switch-over Klausel bei Einkünften aus der stillen Gesellschaft erläutert, bevor die möglichen Auswirkungen auf die Besteuerungsfolgen in den einzelnen Ländern abgeleitet werden. Eine switch-over Klausel setzt für die Anwendung der Anrechnungs- anstelle der Freistellungsmethode zum Zweck der Vermeidung weißer Einkünfte voraus, dass

- Einkünfte in den Vertragstaaten unterschiedlichen Verteilungsnormen zugeordnet werden,

---

[853] Vgl. OFD Düsseldorf, Verfügung vom 11.12.1996, IStR 1997, S. 53; OFD Frankfurt am Main, Verfügung vom 18.12.1998, FR 1999, S. 277; OFD München, Verfügung vom 10.5.1995, RIW 1995, S. 614.
[854] Vgl. BFH vom 17.12.2003, BStBl 2004 II, S. 260.
[855] Vgl. Hahn, H., CDFI 2004, S. 346; Jacob, F., IStR 2004, S. 244; Lohse, C./Zanzinger, D., DStR 2005, S. 852-853; Prinz zu Hohenlohe, F./Ribbrock, M., RIW 2004, S. 559; Wolff, U., IStR 2004, S. 545; hieran zweifelnd Hensel, C., PIStB 2004, S. 114.
[856] Vgl. Holthaus, J., IStR 2005, S. 338 sowie bereits Vogel, K., IStR 1997, Beihefter zu Heft 24, S. 11-12, der die Auslegung der Quellenregeln in den anderen Abkommen im Sinne von subject-to-tax Klauseln ablehnt.
[857] Siehe Abschnitt III.2.1 (S. 112) und V.4.2.4 (S. 280).

- ein Verständigungsverfahren erfolglos blieb,
- aufgrund der unterschiedlichen Zuordnung Deutschland für diese Einkünfte die Freistellung vorsieht und
- die Einkünfte im Quellenstaat „unbesteuert oder zu niedrig besteuert" bleiben (z.B. Prot. Nr. 21 Abs. 1 Buchst. a Doppelbuchst. aa DBA-USA).[858]

Zahlreiche weitere Abkommen enthalten ähnliche Regelungen, die vom DBA-USA nur geringfügig abweichen. So wird anstelle der Formulierung „unbesteuert oder zu niedrig besteuert" auch „nicht oder nur ermäßigt besteuert" verwendet.[859] Tabelle VI.1 listet die unterschiedlichen Formulierungen für die DBA der untersuchten Länder auf, die eine switch-over Klausel enthalten.

Tabelle VI.1: Switch-over Klauseln in deutschen DBA

DBA mit	Norm	Besteuerungshöhe im Quellenstaat
Dänemark	Art. 45 Abs. 1	unbesteuert oder zu niedrig besteuert
Estland	Prot. Nr. 7 Buchst. b	unbesteuert oder zu niedrig besteuert
Italien	Prot. Nr. 18	nicht oder nur ermäßigt besteuert
Kanada	Prot. Nr. 9	nicht oder nur ermäßigt besteuert
Lettland	Prot. Nr. 7 Buchst. b	unbesteuert oder zu niedrig besteuert
Litauen	Prot. Nr. 7 Buchst. b	unbesteuert oder zu niedrig besteuert
Österreich	Art. 28 Abs. 1	unbesteuert oder zu niedrig besteuert
Schweden	Art. 43 Abs. 1	unbesteuert oder zu niedrig besteuert
USA	Prot. Nr. 21	unbesteuert oder zu niedrig besteuert

Quelle: Petereit, A., IStR 2003, S. 578-579

Die erste Voraussetzung besagt, dass ein Methodenwechsel nur in Betracht kommt, wenn ein Qualifikationskonflikt vorliegt. Kommt es bei übereinstimmender Zuordnung der Einkünfte zu einer Minderbesteuerung, ist eine switch-over Klausel nicht anwendbar.[860] Die zweite Voraussetzung ist stets erfüllt, da

---

[858] Vgl. Grotherr, S., IWB 2004, Fach 3, Gruppe 2, S. 1153; Runge, B., Abwehrklauseln, 2003, S. 1720; Rust, A., Avoidance, 2003, S. 127-128; Seibold, S., IStR 1998, S. 546-655.
[859] Hierbei handelt es sich nur um redaktionelle Unterschiede ohne materielle Bedeutung; vgl. Hahn, H., CDFI 2004, S. 342; Portner, A., EWS 1991, S. 126; Vetter, T., IWB 1997, Fach 3, Gruppe 2, S. 731-733.
[860] Vgl. Gassner, W., Anwendung, 1999, S. 276.

bei Qualifikationskonflikten, die zu Minderbesteuerungen führen, ein Verständigungsverfahren grundsätzlich keinen Erfolg haben wird.[861] Die dritte Voraussetzung liegt vor, wenn die Einkünfte aus der typisch stillen Gesellschaft als Schachteldividende oder die Einkünfte aus der atypisch stillen Gesellschaft als Betriebsstättengewinn nach dem DBA freizustellen sind.

Viertens müssen die dem Qualifikationskonflikt zugrunde liegenden Einkünfte im Quellenstaat unbesteuert bleiben oder dürfen nur einer zu niedrigen Besteuerung unterliegen. Hierbei muss die niedrige Besteuerung aufgrund der Zuordnung, also nicht aufgrund nationaler Vorschriften erfolgen.[862] Die Zuordnung der Vergütung aus der stillen Beteiligung zu einer der Verteilungsnormen kann die Besteuerung des Inhabers bezüglich der Gewinne, aus der die Vergütung bezahlt wird, nicht einschränken,[863] sodass sich die niedrige Besteuerung nur auf die beschränkte Steuerpflicht des Stillen im Quellenstaat beziehen kann. Fälle, in denen die Vergütung nach dem nationalen Recht des Quellenstaats beim Inhaber eine Betriebsausgabe darstellt, werden von switch-over Klauseln nicht erfasst.

Eindeutig ist die Regelung bezüglich des Wortlauts „unbesteuert". Ordnet der ausländische Staat bei abweichender Qualifikation im Inland die Vergütung einer Verteilungsnorm zu, die dem Ausland kein Besteuerungsrecht einräumt, so sind die Einkünfte unbesteuert.[864] Jedoch ist es für die Anwendung der switch-over Klausel ausreichend, wenn die Einkünfte nur „zu niedrig" besteuert werden. Schränkt das DBA die Quellenbesteuerung lediglich ein, so stellt sich die Frage, im Vergleich zu welcher Besteuerung eine „zu niedrige" Besteuerung vorliegt. Da sich die Regelung an den Ansässigkeitsstaat – also Deutschland – wendet, der in der Rechtsfolge von der Freistellungs- zur Anrechnungsmethode wechselt, ist die Beurteilung aus seiner Sicht vorzunehmen.[865] Da der Zweck der

---

[861] Vgl. Menck, T., in: Becker, H./Höppner, H./Grotherr, S. u.a., Teil I, Abschn. 6, Rn. 53.
[862] Vgl. Jacob, F., IStR 2004, S. 243; Lang, M./Stefaner, M.C., in: Wassermeyer, F./Lang, M./Schuch, J., 2004, Art. 28 DBA-Österreich, Rz. 3; Meilicke, W./Portner, R., IStR 2004, S. 400-401; Vetter, T., IStR 1997, S. 652; Wolff, U., in: Debatin, H./Wassermeyer, F., Art. 23 DBA-USA, Rz. 308; anderer Ansicht ist Krabbe, H., in: Debatin, H./Wassermeyer, F., Art. 23 DBA-Italien, Rz. 74.
[863] Siehe Abschnitt III.2.3.1 (S. 122).
[864] Vgl. Debatin, H., DB 1990, S. 660; Hahn, H., CDFI 2004, S. 342.
[865] Vgl. Petereit, A., IStR 2003, S. 582.

Vorschrift darin besteht, durch Qualifikationskonflikte verursachte Minderbesteuerungen zu vermeiden, sind Einkünfte dann zu niedrig besteuert, wenn die Steuerbelastung im Ausland bei Vorliegen des Qualifikationskonflikts niedriger ist als die Steuerbelastung bei konfliktfreier Qualifikation. Die Steuerbelastung bei konfliktfreier Qualifikation ist diejenige Steuerbelastung, die im Ausland anfallen würde, wenn die Einkünfte entsprechend der deutschen Qualifikation im Ausland besteuert würden.[866]

1.1.2.2 Mögliche Auswirkungen auf die Besteuerungsfolgen der Länder

Im Folgenden werden die Länder, deren DBA eine switch-over Klausel enthalten, daraufhin untersucht, ob und in welchen Fällen die Voraussetzungen erfüllt sind und dies durch den Wechsel von der Freistellungs- zur Anrechnungsmethode dazu führt, dass bei Abzugsfähigkeit der Vergütung im Ausland nur noch die Besteuerungsfolge „Fremdfinanzierung" anstelle von „weiße Einkünfte" möglich ist bzw. „Doppelbelastung" anstelle von „Schachtelfreistellung", wenn die Vergütung nicht abzugsfähig ist. Es wird zwischen der typisch und der atypisch stillen Gesellschaft unterschieden.

Die Auswirkungen der switch-over Klauseln bei der typisch stillen Gesellschaft sind in Tabelle VI.2 (S. 305) zusammengefasst. Ein Qualifikationskonflikt (erste Voraussetzung) bei gleichzeitiger Freistellung im Inland (zweite Voraussetzung) entsteht in den untersuchten Ländern nur, wenn eine lediglich für Deutschland verbindliche Sonderregelung die Einkünfte als Dividende qualifiziert. Während die Einkünfte in Deutschland als Schachteldividende freigestellt sind, werden sie im Ausland nach den allgemeinen Abkommensbestimmungen als Zinsen qualifiziert. In Abhängigkeit von der Behandlung im nationalen ausländischen Recht sind nur in folgenden Ländern[867] die Voraussetzungen an einen Qualifikationskonflikt bei gleichzeitiger Freistellung erfüllt:

---

[866] Vgl. Schönhaus, M., Behandlung, 2005, S. 230-231; Vetter, T., IWB 1997, Fach 3, Gruppe 2, S. 731-733; Wolff, U., in: Debatin, H./Wassermeyer, F., Art. 23 DBA-USA, Rz. 308.

[867] In den übrigen Ländern, mit denen ebenfalls switch-over Klauseln vereinbart sind, ist stets eine Voraussetzung nicht erfüllt. In Italien, Kanada und den USA findet die Schachtelfreistellung für Einkünfte aus der typisch stillen Gesellschaft keine Anwendung; siehe Abschnitt V.4.2.4 (S. 280) und Abschnitt V.5.1 (S. 287), Abbildung V.2 (S. 289). In Österreich kommt es aufgrund einer beidseitig verbindlichen Regel zu keinem Qualifikationskonflikt; siehe Abschnitt V.4.2.5 (S. 284) und Abbildung V.3 (S. 293).

VI. Maßnahmen zur Vermeidung der Minderbesteuerung

- Dänemark: unabhängig von der Behandlung im ausländischen Recht.
- Schweden: nur bei Behandlung als Eigenkapital, da bei einer Behandlung als Fremdkapital Deutschland die Schachtelfreistellung nicht gewährt.
- Estland, Lettland, Litauen: nur bei Behandlung als Fremdkapital, da bei einer Behandlung als Eigenkapital im Ausland ebenfalls eine Qualifikation als Dividenden erfolgt.[868]

Tabelle VI.2: Auswirkung von switch-over Klauseln auf die Besteuerungsfolgen bei Einkünften aus der typisch stillen Gesellschaft

Land	ausländische Steuerbelastung		Auswirkung auf die Besteuerungsfolge		
	bei Konflikt: Zins	konfliktfrei: Dividende	Methodenwechsel?	Freistellung	Anrechnung
Dänemark:					
• EK	0%	5%	ja	„Schachtelfreistellung"	„Doppelbelastung"
• FK				„weiße Einkünfte"	„Fremdfinanzierung"
Schweden:					
• EK	0%	5%	ja	„Schachtelfreistellung"	„Doppelbelastung"
• FK	keine Freistellung		nein	-	„Fremdfinanzierung"
Estland, Lettland, Litauen:					
• EK	kein Konflikt		nein	„Schachtelfreistellung"	-
• FK	unbeschränkt	unbeschränkt	nein	„weiße Einkünfte"	-
Legende:					
	Besteuerungsfolge wegen Eingreifen der switch-over Klausel nicht mehr möglich				

Eine zu niedrige Besteuerung (vierte Voraussetzung) liegt vor, wenn im Ausland die DBA-rechtlich zulässige Steuerbelastung bei Bestehen des Konflikts niedriger ist als bei konfliktfreier Qualifikation. Eine konfliktfreie Qualifikation liegt im Ausland vor, wenn dort eine Zuordnung zu der Verteilungsnorm aus deut-

---

[868] Siehe Abschnitt V.5.1 (S. 287), insbesondere Abbildung V.2 (S. 289).

scher Sicht übernommen wird. Da aus deutscher Sicht Dividenden vorliegen, während aus Sicht des Auslands Zinsen vorliegen, ist die Niedrigbesteuerung gegeben, wenn der für Zinsen gemäß DBA zulässige Steuersatz (Steuerbelastung bei Bestehen des Qualifikationskonflikts) unter dem für Dividenden zulässigen Steuersatz (konfliktfreie Steuerbelastung) liegt. Da im DBA mit Dänemark der DBA Quellensteuersatz für Zinsen unter dem von Dividenden liegt und auch die übrigen Voraussetzungen erfüllt sind, können die Besteuerungsfolgen „Schachtelfreistellung" und „weiße Einkünfte" nicht realisiert werden. Stattdessen kommt es zur Besteuerungsfolge „Doppelbelastung" bei Behandlung als Eigenkapital bzw. „weiße Einkünfte" bei Behandlung als Fremdkapital der stillen Beteiligung im national ausländischen Recht. Das gleiche gilt für Schweden bei Behandlung als Eigenkapital. In Estland, Lettland und Litauen sind zwar bei einer Behandlung der Einkünfte aus der stillen Beteiligung im nationalen Recht als Fremdkapitalüberlassung die Voraussetzungen an den Qualifikationskonflikt und die Freistellung erfüllt, jedoch liegt keine niedrige Besteuerung vor. Aufgrund der Abzugsfähigkeit der Vergütung wird nämlich das nationale Quellenbesteuerungsrecht nicht beschränkt. Dies gilt unabhängig davon, ob die Vergütung abkommensrechtlich als Zins oder Dividende qualifiziert wird (Protokoll Nr. 5 zu Art. 10 und 11 des jeweiligen DBA). Es bleibt bei der Besteuerungsfolge „weiße Einkünfte".

Die Auswirkungen der switch-over Klauseln bei der atypisch stillen Gesellschaft auf die Besteuerungsfolgen sind in Tabelle VI.3 (S. 307) dargestellt. Ein Qualifikationskonflikt (erste Voraussetzung) tritt nur auf, wenn die Zahlung nach nationalem ausländischen Recht eine Fremdkapitalvergütung darstellt und im DBA dem Zinsartikel zugeordnet wird, während in Deutschland Betriebsstättengewinne angenommen werden, weil der Zinsartikel keinen Verweis auf das ausländische Recht enthält. Aufgrund der Zuordnung zum Artikel für Betriebsstättengewinne gewährt Deutschland die Freistellung (dritte Voraussetzung). Von den Ländern, mit denen eine switch-over Klausel vereinbart wurde, erfüllen Dänemark, Estland, Lettland, Litauen und Schweden diese beiden Voraussetzungen.[869]

---

[869] Siehe Abschnitt V.5.2 (S. 295), insbesondere Abbildung V.4 (S. 296).

Tabelle VI.3: Auswirkung von switch-over Klauseln auf die Besteuerungsfolgen bei Einkünften aus der atypisch stillen Gesellschaft

Land	ausländische Steuerbelastung		Auswirkung auf die Besteuerungsfolge		
	bei Konflikt: Zins	konfliktfrei: BS-Gewinn	Methodenwechsel?	Freistellung	Anrechnung
Dänemark:					
FK	0%	unbeschränkt	ja	„weiße Einkünfte"	„Fremdfinanzierung"
Schweden:					
FK	0%	unbeschränkt	ja	„weiße Einkünfte"	„Fremdfinanzierung"
Estland, Lettland, Litauen:					
FK	unbeschränkt	unbeschränkt	nein	„weiße Einkünfte"	-
Legende:					
	Besteuerungsfolge wegen Eingreifen der switch-over Klausel nicht mehr möglich				

Die zu niedrige Besteuerung (vierte Voraussetzung) liegt vor, wenn der für Zinsen im DBA vorgesehene Quellensteuersatz (Steuerbelastung bei Bestehen des Qualifikationskonflikts) unter dem im DBA für Betriebsstättengewinne zulässigen Steuersatz (konfliktfreie Steuerbelastung) liegt. Da das DBA für Betriebsstättengewinne dem ausländischen Staat das volle Besteuerungsrecht zuweist, ist die Besteuerung immer dann zu niedrig, wenn das Quellenbesteuerungsrecht auf Zinsen der Höhe nach beschränkt wird. Dies ist in den DBA mit Dänemark und Schweden der Fall, sodass durch den Wechsel von der Freistellung zur Anrechnungsmethode die Besteuerungsfolge „weiße Einkünfte" bei Abzugsfähigkeit der Vergütung im Ausland nicht möglich ist; stattdessen kommt es zur Besteuerungsfolge „Fremdfinanzierung". Die DBA mit Estland, Lettland und Litauen schränken dagegen das Besteuerungsrecht auf Zinsen nicht ein, sodass keine niedrige Besteuerung vorliegt und es bei der Freistellung mit der Folge „weiße Einkünfte" bleibt, wenn die Vergütung nach nationalem Recht eine Betriebsausgabe darstellt.

1.2 Einschränkende Auslegung des Methodenartikels durch die deutsche Finanzverwaltung

1.2.1 Auffassung der Finanzverwaltung

Im Gegensatz zu switch-over Klauseln bezieht sich die einschränkende Auslegung des Methodenartikels zur Vermeidung weißer Einkünfte durch die Finanzverwaltung nur auf Beteiligungserträge aus der atypisch stillen Gesellschaft, nicht hingegen aus der typisch stillen Gesellschaft. Es wird die Ansicht vertreten, dass die Einkünfte aus der atypisch stillen Beteiligung an einem ausländischen Unternehmen unabhängig von der Behandlung im Ausland auf deutscher Seite abkommensrechtlich Betriebstätteneinkünfte darstellen.[870] Zur Vermeidung einer Minderbesteuerung sollen anstelle der Freistellung die Einkünfte unter Anrechnung der ausländischen Steuer in die inländische Bemessungsgrundlage einbezogen werden dürfen, wenn der Quellenstaat sich aufgrund einer abweichenden Zuordnung der Einkünfte zum Zins- oder Dividendenartikel daran gehindert sieht, die Einkünfte voll zu besteuern, d.h. wenn er kein oder nur ein begrenztes Quellenbesteuerungsrecht besitzt.[871] Diese Ansicht zur Vermeidung von Qualifikationskonflikten stützt sich auf die von der OECD im sog. Partnership Report[872] entwickelten Grundsätze zur abkommensrechtlichen Behandlung von Sondervergütungen bei Personengesellschaften. Der Ansässigkeitsstaat hat für die Anwendung des Methodenartikels demnach die Einkünftequalifikation des Quellenstaats als Zinsen oder Dividenden zu übernehmen (Qualifikationsverkettung) und die Methode zur Vermeidung der Doppelbesteuerung anzuwenden, die er auch sonst bei Einkünften dieser Art anwendet, wobei für Schachteldividenden eine Freistellung ausgeschlossen sein soll.[873]

Dieses Ergebnis wird durch eine einschränkende Interpretation des die Freistellungsmethode regelnden Art. 23A OECD-MA im Wege der teleologischen Reduktion erreicht. Die Freistellung im Wohnsitzstaat wird nur unter der Prämisse gewährt, dass dem Quellenstaat abkommensrechtlich das volle Besteuerungsrecht zusteht. Im anderen Fall entspricht die Freistellung nicht mehr dem Sinn der Vorschrift, eine Doppelbesteuerung zu vermeiden, da mangels Besteuerung im Quellenstaat eine solche gar nicht entsteht. Dies soll sich aus der Formulierung entnehmen lassen, dass die Freistellung für Einkünfte zu gewähren ist, wenn „diese Einkünfte [...] nach diesem Abkommen im anderen Vertragstaat besteuert werden" können (Art. 23A Abs. 1 OECD-MA).[874]

---

[870] Vgl. BMF-Schreiben vom 28.12.1999, BStBl 1999 I, S. 1121, Tz. 1.
[871] Vgl. BMF-Schreiben vom 28.12.1999, BStBl 1999 I, S. 1121, Tz. 2; Krabbe, H., IWB 2000, Fach 3, Gruppe 2, S. 870.
[872] Vgl. OECD, Partnership, 1999.
[873] Vgl. Krabbe, H., IStR 1999, S. 592.
[874] Vgl. Menck, T., IStR 1999, S. 148-149; OECD, Partnership, 1999, Tz. 102-105; Scapa, A./Henie, L.A., Intertax 2005, S. 273.

1.2.2 Kritik an der Auffassung der Finanzverwaltung

Zur Beurteilung, ob es durch eine teleologische Auslegung des Methodenartikels möglich ist, „weiße Einkünfte" im Zusammenhang mit der atypisch stillen Beteiligung an einer ausländischen Kapitalgesellschaft zu vermeiden, ist danach zu unterscheiden, ob die Kapitalüberlassung im national ausländischen Recht steuerlich als Eigen- oder Fremdkapitalüberlassung anzusehen ist.

Im erstgenannten Fall kommt es immer zu einer unterschiedlichen Einordnung der Einkünfte zu den Verteilungsnormen, wenn das Ausland die stille Gesellschaft als Personengesellschaft intransparent oder wie eine Nennkapitalbeteiligung an der ausländischen Kapitalgesellschaft besteuert, da laut BMF-Schreiben unabhängig von der ausländischen Qualifikation Betriebsstätteneinkünfte anzunehmen sind, während im Ausland Dividenden vorliegen. Nach der hier vertretenen Auffassung ist schon in diesem Punkt aus den bereits genannten Gründen zu widersprechen.[875] Folgt man dennoch weiter der Auffassung der Finanzverwaltung, wäre in Deutschland die Anrechnungsmethode anzuwenden, wenn im DBA für die Dividenden eine Begrenzung des Quellensteuersatzes vorgesehen ist, was regelmäßig eintritt, wenn die Vergütung den Gewinn des Schuldners nicht mindert, sodass keine der Sonderreglungen eingreifen kann, die für gewinnabhängige Vergütungen das volle Quellenbesteuerungsrecht bei Abzugsfähigkeit vorsehen. Der Auffassung der Finanzverwaltung ist nur zu entnehmen, dass die Quellensteuer angerechnet werden kann.[876] Ob auch eine Anrechnung der Körperschaftsteuer möglich ist, kann dem Schreiben nicht entnommen werden. Dies deutet darauf hin, dass die Finanzverwaltung offenbar nur den Fall bedacht hat, in dem die Vergütung im Ausland abzugsfähig ist, und „fälschlicherweise" die Einkünfte aufgrund einer undifferenzierten Regelung zur stillen Gesellschaft unter den Dividendenartikel subsumiert. Dann fällt auch keine Körperschaftsteuer an, die angerechnet werden könnte. Die Anrechnung der Körperschaftsteuer muss möglich sein, da abkommensrechtlich Betriebsstättengewinne vorliegen, und somit schon auf Abkommensebene die Körperschaftsteuer des Inhabers in eine Steuer des Stillen umgedeutet werden kann.[877] Bei

---
[875] Siehe Abschnitt V.3.2.3.2.2-V.3.2.3.2.3 (S. 264).
[876] Vgl. BMF-Schreiben vom 28.12.1999, BStBl 1999 I, S. 1121, Tz. 2.
[877] Siehe Abschnitt III.3.3.2.3 (S. 146).

Anrechnung der Quellen- und Körperschaftsteuer entsteht die Besteuerungsfolge „Doppelbelastung". Da es auch bei Freistellung zu einer sachgemäßen Einmalbesteuerung nach ausländischem Steuerniveau kommt,[878] ist die mögliche Mehrbelastung, die bei Anrechnung entsteht, wenn das ausländische Steuerniveau unter dem deutschen Körperschaftsteuersatz liegt, ungerechtfertigt. Es liegt eine Ungleichbehandlung gegenüber der Situation vor, in der das Ausland die stille Gesellschaft als Personengesellschaft transparent besteuert, es zu einer übereinstimmenden Qualifikation als Betriebsstätteneinkünfte kommt und die Einkünfte unstrittig freigestellt sind.

Der Methodenwechsel lässt sich auch nicht mit der Situation von Sondervergütungen bei im Ausland intransparent besteuerter Personengesellschaften vergleichen, deren Behandlung nach dem Vorschlag des Partnership Reports zur Begründung herangezogen wird. Sondervergütungen stellen bei einer intransparent besteuerten Personengesellschaft eine Betriebsausgabe dar, sie werden allenfalls mit einer der Höhe nach reduzierten Quellensteuer belegt, sodass in diesem Fall eine Freistellung als Betriebsstättengewinn dem Sinn und Zweck des Methodenartikel widersprechen mag.[879] Im vorliegenden Fall unterliegt die Vergütung auf Ebene der stillen Gesellschaft oder beim Inhaber der Ertragsbesteuerung, sodass für eine teleologische Reduktion kein Platz verbleibt. Die Situation entspricht der Behandlung des Gewinnanteils an einer intransparent besteuerten Personengesellschaft, die auch durch den Ansässigkeitsstaat anzuerkennenden Abkommenschutz genießt und somit nur im Ausland besteuert werden darf.[880]

Stellt die Vergütung aus der atypisch stillen Gesellschaft im Ausland als Fremdkapitalvergütung eine Betriebsausgabe dar und kommt es – wie nach der in dieser Untersuchung vertretenen Meinung – zu einer abweichenden Qualifikation im Ausland zum Zinsartikel,[881] so kann der durch die Finanzverwaltung vorgeschriebenen Übergang von der Freistellungs- zur Anrechnungsmethode nur erfolgen, wenn sich dies durch eine teleologisch reduzierte Auslegung des Metho-

---

[878] Vgl. Meilicke, W./Portner, R., IStR 2004, S. 401-402.
[879] Vgl. dies befürwortend Krabbe, H., FR 2000, S. 130-132 sowie dies ablehnend Günkel, M./Lieber, B., FR 2001, S. 132.
[880] Siehe Abschnitt V.3.2.3.2.2-V.3.2.3.2.3 (S. 264).
[881] Siehe Abschnitt V.3.2.3.3 (S. 272) sowie Abbildung V.4 (S. 296) zu den entsprechenden Ländern.

denartikels tatsächlich begründen lässt.⁸⁸² Ansonsten entbehrt dieses Vorgehen einer Rechtsgrundlage. Sämtliche Artikel, die in den DBA mit den untersuchten Ländern die Rechtsgrundlage für die Freistellung bilden, sind so formuliert, dass diejenigen Einkünfte freizustellen sind, die nach dem Abkommen im Quellenstaat besteuert werden können, und entsprechen somit der Formulierung im Musterabkommen.⁸⁸³ Der Wortlaut des Abkommenstextes bildet die Grenze der Auslegung, eine über den Wortlaut hinausgehende Interpretation ist nicht zulässig.⁸⁸⁴ Ob zur Beurteilung der Voraussetzung des Methodenartikels, dass die Einkünfte nach dem Abkommen im Quellenstaat besteuert werden können, die Sicht des Quellenstaats (dann Zinsen) oder des Ansässigkeitsstaats (dann Betriebsstättengewinne) heranzuziehen ist, lässt sich dem Wortlaut nicht entnehmen, sodass es zumindest möglich ist, der Qualifikation des Quellenstaats folgen.⁸⁸⁵ Akzeptiert man, dass es dem Zweck der Vorschrift entspricht, doppelte Nichtbesteuerungen zu vermeiden,⁸⁸⁶ so ist der Qualifikation des Quellenstaats zu folgen, denn die doppelte Nichtbesteuerung entsteht gerade dadurch, dass der Quellenstaat davon ausgeht, dass er die Einkünfte nicht besteuern darf, während der Ansässigkeitsstaat annimmt, dass beiden Staaten das Besteuerungsrecht zusteht und die Doppelbesteuerung durch die Freistellung zu vermeiden ist. Eine teleologisch reduzierte Auslegung des Methodenartikels ist somit möglich, mit der Folge, dass Deutschland lediglich die für Zinsen vorgesehene Anrechnung gewähren muss.⁸⁸⁷

Jedoch ist für die Freistellung lediglich Voraussetzung, dass die Einkünfte entsprechend der Qualifikation des Quellenstaats dort nach dem Abkommen besteuert werden können. Übernimmt Deutschland die Qualifikation des Quellenstaats als Zinsen, so können diese nach dem Abkommen besteuert werden, wenn dem Ausland auch nur ein beschränktes Quellenbesteuerungsrecht zusteht. Der Wortlaut ist insofern eindeutig. Somit werden durch den Wortlaut des Methodenartikels nur die Fälle getragen, in denen bei Subsumtion der Einkünfte aus der atypisch stillen Gesellschaft unter den Zinsartikel Deutschland als Ansässig-

---

[882] Vgl. Hahn, H., CDFI 2004, S. 339.
[883] Vgl. auch Lüdicke, J., Besteuerung, 2000, S. 29.
[884] Vgl. Scapa, A./Henie, L.A., Intertax 2005, S. 276; Schönhaus, M., Behandlung, 2005, S. 214.
[885] Vgl. Loukota, H., SWI 1999, S. 75; Schönhaus, M., Behandlung, 2005, S. 214; dies bereits ablehnend Günkel, M./Lieber, B., IWB 2000, Fach 3 Gruppe 2, S. 875-876.
[886] Dies ablehnend Lang, M., Application, 2000, S. 29.
[887] Vgl. Weggenmann, H., IStR 2002, S. 617.

keitsstaat das alleinige Besteuerungsrecht für Zinsen zugewiesen wird. Steht dem Ausland für Einkünfte aus der atypisch stillen Gesellschaft, die abkommensrechtlich Zinsen darstellen, ein beschränktes Quellenbesteuerungsrecht zu, bleibt es entgegen der Auffassung der Finanzverwaltung bei der Freistellung, da die Einkünfte im Quellenstaat nach dem Abkommen besteuert werden können.[888] Ebenfalls unerheblich ist, ob das Ausland von seinem Besteuerungsrecht Gebrauch macht.[889] Entsprechendes gilt wohl auch nach Ansicht der Finanzverwaltung, wenn dem Ausland aufgrund der Abzugsfähigkeit der Vergütung das volle Quellenbesteuerungsrecht eingeräumt wird.

Dennoch ist fraglich, ob es Sinn und Zweck der die Freistellung regelnden Norm entspricht, zur Beurteilung, ob die Einkünfte im Quellenstaat besteuert werden können, auf die Qualifikation des Quellenstaats zurückzugreifen. Zur Ermittlung des Zwecks einer DBA-Vorschrift ist darauf abzustellen, was die vertragsschließenden Parteien offenbar gewollt haben.[890] Hierbei ist auf den Willen zum Zeitpunkt des Vertragsschlusses abzustellen.[891] Offenbar gewollt war die Vermeidung der Doppelbesteuerung, fraglich hingegen ist, ob auch eine generelle Qualifikationsverkettung zur Vermeidung der doppelten Nichtbesteuerung gewollt war.[892] Da die Vorschrift dem Wortlaut des Musterabkommens entspricht, ist es nach Art. 31 WÜRV geboten, den Musterkommentar in seiner Fassung zum Zeitpunkt des Vertragschlusses als Interpretationshilfe heranzuziehen, um den Willen beider Parteien zu ermitteln.[893] Aus dem Kommentar zu Art. 23 OECD-MA 1997 bis zu seiner Neufassung im Jahr 2000 konnte eindeutig entnommen werden, dass die Staaten eine Qualifikationsverkettung nicht für nötig hielten.[894] Auch deuten die in neueren Abkommen regelmäßig verankerten switch-over Klauseln, die in ihrer Wirkung durchaus vergleichbar sind, darauf hin, dass die Vertragsparteien doppelte Nichtbesteuerungen entweder bewusst in Kauf ge-

---

[888] Vgl. Geuenich, M., Atypisch, 2005, S. 143.
[889] Vgl. Lüdicke, J., Besteuerung, 2000, S. 21-22; OECD, Convention, Art. 23A OECD-MA, Nr. 34.
[890] Vgl. BFH vom 27.1.1972, BStBl 1972 II, S. 459 (S. 460); BFH vom 28.4.1982, BStBl 1982 II, S. 566 (S. 566).
[891] Vgl. Schönhaus, M., Behandlung, 2005, S. 225; Avery Jones, J.F., BIFD 2002, S. 103.
[892] Vgl. Weggenmann, H., IStR 2002, S. 620.
[893] Vgl. Lang, M., Auslegung, 2003, S. 1489; Vogel, K., in: Vogel, K./Lehner, M., 2003, Einl., Rz. 126-127.
[894] Vgl. Weggenmann, H., Personengesellschaften, 2002, S. 246.

nommen haben oder zum Zeitpunkt des Vertragsschlusses von Minderbesteuerungen infolge eines Qualifikationskonflikts keine Kenntnis besaßen. Entspräche die teleologische Auslegung des Methodenartikels bereits dem Zweck der Vorschrift und würde nur klarstellen, was die DBA ohnehin regeln,[895] wären switch-over Klauseln überflüssig.[896] Die teleologisch reduzierte Auslegung des Methodenartikels wurde zwar in den Musterkommentar der OECD mit der Revision im Jahr 2000 übernommen[897] und ist somit für diejenigen Vertragsstaaten verbindlich, deren Abkommen dem Wortlaut des Musterabkommens entsprechen. Eine verbindliche Wirkung entfalten Änderungen des Kommentars nur für Abkommen, die zeitlich nach der Änderung abgeschlossen wurden; eine rückwirkende Bindung ist unzulässig, soweit die Änderung über eine Klarstellung der Vertragsauslegung hinausgeht.[898] Der Kommentar wird vom Committee of Fiscal Affairs, das durch Vertreter der Finanzverwaltungen der OECD-Staaten besetzt ist, ausgearbeitet. Dieses ist zur Rechtssetzung nicht legitimiert.[899] Eine rückwirkende materielle Änderung des Kommentars könnte somit den Inhalt eines durch Zustimmungsgesetz parlamentarisch genehmigten DBA verändern, was aus verfassungsrechtlichen Gründen nicht möglich ist.[900]

1.2.3 Mögliche Auswirkungen auf die Besteuerungsfolgen der Länder

Das BMF-Schreiben kann von den untersuchten Ländern nur auf die DBA mit Kanada, Österreich und Polen angewendet werden, da diese nach 2000 durch Zustimmungsgesetz in nationales Recht transformiert wurden.[901] Materielle Wirkung kann es lediglich auf Einkünfte aus einer atypisch stillen Beteiligung in

---

[895] So aber Krabbe, H., IStR 2000, S. 200 zur Personengesellschaft im Allgemeinen; Krabbe, H., IStR 1999, S. 592 zur atypisch stillen Gesellschaft.
[896] Vgl. Lüdicke, J., Besteuerung, 2000, S. 32; Wolff, U., IStR 2004, S. 548. Auch das Argument, dass die teleologische Auslegung nur die doppelte Nichtbesteuerung erfasst, während switch-over Klauseln auch die zu niedrige Besteuerung erfassen, kann nicht überzeugen. Die Finanzverwaltung möchte ohnehin auch für Einkünfte die Freistellung versagen, die im Ausland mit einer reduzierten Quellensteuer besteuert werden können. Zudem existieren auch switch-over Klauseln, die lediglich auf unbesteuerte Einkünfte abstellen, so z.B. Protokoll Nr. 10 DBA-Norwegen.
[897] Vgl. OECD, Convention, Art. 23 OECD-MA, Nr. 32.1-32.7, Art. 23A OECD-MA, Nr. 34.1.
[898] Vgl. Scapa, A./Henie, L.A., Intertax 2005, S. 278; Schmidt, C., IStR 2001, S. 496-497; Suchanek, M., FR 2003, S. 611-612; Vogel, K., IStR 2003, S. 527-528; Wassermeyer, F., in: Debatin, H./Wassermeyer, F., Art. 11 OECD-MA, Rz. 88; Wattel, P.J./Marres, O., ET 2003, S. 233.
[899] Vgl. Vogel, K., IStR 2003, S. 527.
[900] Vgl. Lang, M., Auslegung, 2003, S. 1492.
[901] Vgl. Gesetz vom 23.3.2002, BStBl 2002, S. 505 zu Kanada; Gesetz vom 26.3.2002, BStBl 2002 I, S. 584 zu Österreich; Gesetz vom 15.9.2004, BGBl 2004 II, S. 1304 zu Polen.

Polen Auswirkung entfalten, da die anderen beiden DBA bereits switch-over Klauseln enthalten. Jedoch wird Polen für gewinnabhängige Vergütungen, die beim Schuldner abzugsfähig sind, das volle Quellenbesteuerungsrecht eingeräumt, sodass es zu keinem Übergang zur Anrechnungsmethode kommt.

2. Unterkapitalisierungsregelungen

2.1 Grundsätzlich keine Abweichung von Besteuerungsfolgen bei Qualifikation der stillen Gesellschaft als Eigenkapital

Unterkapitalisierungsregelungen können nur zur Anwendung kommen, wenn die Vergütung an den stillen Gesellschafter beim Inhaber als Fremdkapitalvergütung eine Betriebsausgabe darstellt. Ohne eine solche Regelung entstehen die Besteuerungsfolgen „Fremdfinanzierung" bei Anwendung der Anrechnungsmethode im Inland bzw. „weiße Einkünfte" bei Freistellung. Greift im Ausland eine Regelung zur Unterkapitalisierung, bewirkt diese, dass die Vergütung an den Stillen beim Inhaber den steuerlichen Gewinn nicht mindert. Es sind somit nur die Besteuerungsfolgen „Schachtelfreistellung" und „Doppelbelastung" möglich. Grundsätzlich kommt es genau zu den gleichen Besteuerungsfolgen wie für den Fall, dass die Kapitalüberlassung im Ausland als Eigenkapital eingestuft wird.[902] Dennoch ist es möglich, dass sich durch die Unterkapitalisierungsregelung die abkommensrechtliche Qualifikation der Vergütung ändert, was im Ausland lediglich zu einer abweichenden Quellenbesteuerung, in Deutschland hingegen zu einer Änderung der Methode zur Vermeidung der Doppelbesteuerung und damit zu einer Änderung der Besteuerungsfolge führen kann. Eine Änderung der abkommensrechtlichen Qualifikation hängt im Wesentlichen davon ab, ob die Rechtsfolge der ausländischen Unterkapitalisierungsregelung in einer nicht abzugsfähigen Betriebsausgabe oder einer verdeckten Gewinnausschüttung besteht. Hierbei kann grundsätzlich auf die Ausführungen zur Unterkapitalisierung bei klassischer Fremdfinanzierung verwiesen werden.[903]

---

[902] Siehe Abschnitt V.5.1 (S. 287) zur typisch und Abschnitt V.5.2 (S. 295) zur atypisch stillen Gesellschaft.
[903] Siehe Abschnitt II.6.3 (S. 94).

VI. Maßnahmen zur Vermeidung der Minderbesteuerung

Da Unterkapitalisierungsregelung ein Darlehen voraussetzen, kann die atypisch stille Gesellschaft im nationalen Recht kein Gesellschaftsverhältnis begründen. Dementsprechend ist es abkommensrechtlich auch nur möglich, dass die nicht zum Abzug zugelassenen Vergütungen dort Zinsen oder Dividenden darstellen; Betriebsstättengewinne sind hingegen ausgeschlossen. Abweichend von den Ausführungen zur Unterkapitalisierung bei klassischer Fremdfinanzierung ist jedoch zu berücksichtigen, dass gewinnabhängige Vergütungen nicht vom Anwendungsbereich der Zins- und Lizenzrichtlinie erfasst werden, sodass weder die Abzugsfähigkeit der Vergütung im Ausland wegen eines Verstoßes gegen sekundäres Gemeinschaftsrecht herbeigeführt werden kann, noch die Quellensteuervergünstigung beansprucht werden kann.[904] Hingegen sind die Vergünstigungen der Mutter-Tochter-Richtlinie anwendbar, wenn die Vergütung in eine verdeckte Gewinnausschüttung umqualifiziert wird, da diese in den Anwendungsbereich der Richtlinie fallen.[905]

Im Folgenden wird untersucht, ob sich im Inland die abkommensrechtliche Qualifikation und damit die Besteuerungsfolge ändert, wobei zwischen den Vergütungen aus der typisch stillen und der atypisch stillen Gesellschaft zu unterscheiden ist.

2.2 Mögliche Abweichungen bei der typisch stillen Gesellschaft

2.2.1 *Abweichende Besteuerungsfolge „Eigenfinanzierung" bei Anwendung des § 8a KStG im Inland*

Bei Vergütungen aus der typisch stillen Gesellschaft ist zusätzlich zu unterscheiden, ob die Voraussetzungen des § 8a KStG im Outbound-Fall vorliegen, sodass noch die Besteuerungsfolge „Eigenfinanzierung" hinzukommt.

Liegen in Deutschland die Voraussetzungen des § 8a KStG vor, d.h. die Mindestbeteiligungsquote von 25% ist überschritten und die Vergütungen überschreiten die Freigrenze von 250.000 €, so entsteht unabhängig von der DBA-rechtlichen Qualifikation die Besteuerungsfolge „Eigenfinanzierung", da die Vergütungen aus der stillen Gesellschaft aufgrund des nationalen Dividenden-

---

[904] Siehe Abschnitt III.2.2.1 (S. 117).
[905] Siehe Abschnitt III.2.2.2 (S. 117).

privilegs bereits freigestellt sind. Die Regelung findet unabhängig davon Anwendung, ob die Vergütung im Ausland aufgrund einer thin-capitalization-rule oder aufgrund der Einstufung der Kapitalüberlassung als Eigenkapital im Ausland der Besteuerung unterliegt.[906]

2.2.2 Grundsätzlich keine Abweichungen aufgrund abkommensrechtlicher Qualifikation

2.2.2.1 Für Deutschland verbindliche Sonderregelung zur typisch stillen Gesellschaft

Ist eine der Voraussetzungen des § 8a KStG nicht erfüllt, so ist zu prüfen, ob es zur gleichen abkommensrechtlichen Behandlung der Vergütung wie in dem Fall kommt, in dem die Kapitalüberlassung im nationalen ausländischen Recht steuerlich als Eigenkapital qualifiziert wird. Hierbei ist danach zu differenzieren, ob eine für Deutschland verbindliche oder keine Regelung zur typisch stillen Gesellschaft existiert.

Besteht eine Regelung, die die Einkünfte aus der typisch stillen Gesellschaft für die Abkommensanwendung durch Deutschland konstitutiv dem Dividendenartikel zuordnet,[907] kann eine abweichende Zuordnung zum Zinsartikel im Ausland nur möglich sein, wenn die Regelung lediglich Deutschland verpflichtet. Selbst wenn in dieser Situation der Zinsartikel einen Verweis auf das nationale Recht des Quellenstaats enthält und das nationale Recht zum Abkommensrecht erhebt, kann hierdurch keine Bindungswirkung ausgehen, da die Regelung zur stillen Gesellschaft gegenüber der allgemein gehaltenen Zinsdefinition lex specialis darstellt.[908] Es erfolgt genau die gleiche abkommensrechtliche Qualifikation wie bei einer Behandlung der Kapitalüberlassung in Form der stillen Gesellschaft als Eigenkapital, sodass sich keine Änderung der Besteuerungsfolgen ergibt. Es sind jedoch Abweichungen bei der Quellenbesteuerung möglich.[909]

---

[906] Siehe Abschnitt III.3.2.2 (S. 137).
[907] Dies ist in Ländern möglich, deren DBA eine beidseitig (Abbildung V.1, S. 288) oder lediglich eine für Deutschland verbindliche (Abbildung V.2, S. 289) Regelung enthalten.
[908] Vgl. Geuenich, M., Atypisch, 2005, S. 227-228 zum DBA mit Tschechien.
[909] Siehe Abschnitt 5.1 (S. 287), insbesondere Abbildung V.1 (S. 288) bei beidseitig verbindlichen Regelungen bzw. Abbildung V.2 (S. 289) bei für Deutschland verbindlichen Regelungen.

2.2.2.2 Keine Sonderregelung zur typisch stillen Gesellschaft

Enthält das DBA keine Sonderregelung zur typisch stillen Gesellschaft, muss zunächst untersucht werden, welche abkommensrechtliche Qualifikation die durch die Unterkapitalisierungsregelung nicht zum Abzug zugelassene Vergütung erfährt. Anschließend muss geprüft werden, ob dies zu einer abweichenden Qualifikation im Inland führt. Greift keine Unterkapitalisierungsregelung ein, so stellen die Vergütungen aus der typisch stillen Gesellschaft abkommensrechtlich Zinsen dar, da sie auch im nationalen Recht als Fremdkapitalvergütung gelten.[910] Für die DBA-rechtliche Behandlung bei Unterkapitalisierung ist nach der Rechtsfolge der Regelung zu unterscheiden.

Führt die Regel dazu, dass lediglich die Vergütung nicht zum Abzug zugelassen wird, ohne dass die Vergütung in eine verdeckte Gewinnausschüttung umqualifiziert wird, so ändert sich nichts an der Zuordnung zum Zinsartikel, da die Vergütung eben nicht den Einkünften aus Aktien steuerlich gleichgestellt ist.[911] Auch aus deutscher Sicht liegen dann stets Zinsen vor, da Deutschland zum gleichen Auslegungsergebnis kommt. Ein Verweis der Zinsdefinition auf das Recht des Quellenstaats bleibt somit bedeutungslos. Abweichungen zum Fall, in dem die Kapitalüberlassung im Ausland zum Eigenkapital zählt, ergeben sich immer dann, wenn in der Dividendendefinition auf das Stammen aus einem Gesellschaftsanteil verzichtet wird. Da die Einkünfte in diesem Fall den Einkünften aus Aktien steuerlich gleichgestellt sind, liegen Dividenden vor, während es durch die thin-capitalization-rule zu Zinsen kommt. Dieser Fall ist in Polen und Australien möglich.[912] Da bei Zinsen die Anrechnungsmethode vorgesehen ist, kommt es anstelle der Besteuerungsfolge „Schachtelfreistellung" zur nachteiligen „Doppelbelastung".

Kommt es hingegen zur Umqualifizierung der Zinsen in eine verdeckte Gewinnausschüttung, wäre es zunächst denkbar, dass die Vergütung unter den letzten Teil des abkommensrechtlichen Dividendenbegriffs fällt, da dann die Zinsen „den Einkünften aus Aktien steuerlich gleichgestellt" sind. Hierzu ist es jedoch zusätzlich erforderlich, dass die Zahlung aufgrund eines Gesellschaftsanteils er-

---

[910] Siehe Abschnitt V.3.1.2 (S. 250).
[911] Vgl. Piltz, D.J., CDFI 1996, S. 71.
[912] Siehe Tabelle V.3 (S. 268).

folgt.⁹¹³ Diesbezüglich wird die Meinung vertreten, dass ein Gesellschaftsanteil immer gegeben ist, wenn die Rechtsfolge der Unterkapitalisierungsregelung eine verdeckte Gewinnausschüttung darstellt, wodurch auf nationaler Ebene die Einkünfte aus einer Darlehensforderung in Einkünfte aus einem Gesellschaftsanteil umqualifiziert werden und der Verweis auf das innerstaatliche Recht bewirkt, dass diese Einordnung auf Abkommensebene durchschlägt.⁹¹⁴ Bei dieser Argumentation wird aber übersehen, dass sich der Verweis nur auf die Behandlung wie eine Ausschüttung bezieht, nicht aber auf den Gesellschaftsanteil, der nach wie vor aus dem Abkommen selbst zu interpretieren ist.⁹¹⁵ Das Einbeziehen einer durch eine nationale Unterkapitalisierungsregelung umqualifizierten Vergütung in den Dividendenartikel ist nur dann möglich, wenn zur Abgrenzung gegenüber einer Forderung ein unternehmerisches Risiko eingegangen wird.⁹¹⁶ Für das Vorliegen eines unternehmerischen Risikos sprechen im hier betrachteten Fall einer typisch stillen Gesellschaft insbesondere die Gewinnbeteiligung und ein hohes Verhältnis der Einlage im Vergleich zum Eigenkapital.⁹¹⁷ Dass die alleinige Gewinnbeteiligung für ein unternehmerisches Risiko nicht ausreichend ist, wurde bereits begründet.⁹¹⁸ Da nach Nr. 25 OECD-MK die Beurteilung des Unternehmerrisikos nur im Einzelfall unter Beurteilung der Gesamtumstände zu erfolgen hat, kann nicht von einer Qualifikation unter den Dividendenartikel ausgegangen werden, wenn auf vorgegebene Eigen-/Fremdkapitalrelationen abgestellt wird oder gewinnabhängige Vergütungen generell von der Unterkapitalisierungsregelung erfasst werden.⁹¹⁹ Ein unternehmerisches Risiko liegt vor, wenn ein fremder Dritter die stille Beteiligung unter gleichen Bedingungen nicht

---

[913] Vgl. Tischbirek, W., in: Vogel, K./Lehner, M., 2003, Art. 10 OECD-MA, Rz. 200.
[914] Vgl. Schönhaus, M., Behandlung, 2005, S. 148 zur typisch stillen Gesellschaft sowie im Allgemeinen Menck, T., FR 1994, S. 72; Wassermeyer, F., in: Debatin, H./Wassermeyer, F., Art. 10 OECD-MA, Rz. 114.
[915] Vgl. Lang, M., Unterkapitalisierung, 1994, S. 139; Schaumburg, H., Internationales, 1998, Rz. 16.330, 16.338, 18.191. Zwar wird zur Abgrenzung zwischen Zinsen und Dividenden eine „weitere Auslegung" des Dividendenbegriffs für möglich erachtet, die besagt, dass Einkünfte aus finanziellen Beziehungen unter den Dividendenbegriff fallen können, wenn die Beziehungen nach nationalem Recht wie Gesellschaftsanteile behandelt werden; vgl. OECD, Thin Capitalization, 1987, Tz. 56. Selbst wenn man dieser weiten Auslegung folgt, wäre es dann aber nicht nur erforderlich, die Vergütungen in verdeckte Gewinnausschüttungen, sondern auch das Fremdkapital in verdecktes Nennkapital umzuqualifizieren; vgl. Portner, R., in: Becker, H./Höppner, H./Grotherr, S. u.a., Art. 10 OECD-MA, Rn. 201-202; Portner, R., IStR 1996, S. 67-68. Zudem wurde diese „weitere Auslegung" nicht in den Musterkommentar übernommen.
[916] Vgl. Bartone, R. Gesellschafterfremdfinanzierung, 2001, S. 137.
[917] Vgl. OECD, Convention, Art. 10 OECD-MA, Nr. 25.
[918] Siehe Abschnitt V.3.1.1 S. (248).
[919] Vgl. Knobbe-Keuk, B., DB 1993, S. 64-65; Lang, M., Unterkapitalisierung, 1994, S. 145-146.

eingegangen wäre. Dann beruht das Finanzierungsgeschäft auf der Gesellschaftsbeteiligung.[920] Da diese Arbeit auf der Annahme beruht, dass sämtliche Vereinbarungen dem Fremdvergleich entsprechen, kann die in eine verdeckte Gewinnausschüttung umqualifizierte Vergütung nur unter den Dividendenartikel fallen, wenn der dritte Teil der Dividendendefinition auf das Stammen aus einem Gesellschaftsanteil verzichtet.

Besteht die Rechtsfolge in einer verdeckten Gewinnausschüttung, werden die Vergütungen sowohl infolge der Unterkapitalisierungsregelung als auch bei einer Behandlung der Kapitalüberlassung in Form der stillen Gesellschaft im Ausland als Eigenkapital unter den gleichen Anforderungen an das DBA unter den Dividendenartikel subsumiert. Da in beiden Fällen die Einkünfte nicht aus einem Gesellschaftsanteil stammen, erfolgt eine Zuordnung zum Dividendenartikel nur, wenn das Abkommen auf diese Voraussetzung verzichtet. Ansonsten liegen in beiden Fällen Zinsen vor. Somit kann es bei einer verdeckten Gewinnausschüttung zu keiner abweichenden Besteuerungsfolge kommen.

2.3 Mögliche Abweichungen bei der atypisch stillen Gesellschaft

Der Gewinnanteil aus der atypisch stillen Gesellschaft fällt nicht in den Anwendungsbereich des § 8a KStG,[921] sodass keine zusätzliche Besteuerungsfolge entstehen kann. Ob das Versagen der Abzugsfähigkeit der Vergütung im Ausland zu abweichenden Besteuerungsfolgen führen kann als in dem Fall, in dem die Vergütung als Eigenkapitalvergütung mit ausländischer Ertragsteuer belastet ist, hängt von der abkommensrechtlichen Behandlung der nicht zum Abzug zugelassenen Vergütung ab.

Besteht die Rechtsfolge in einer verdeckten Gewinnausschüttung, wird somit die Vergütung den Einkünften aus Aktien steuerlich gleichgestellt, liegt abkommensrechtlich unabhängig von der Ausgestaltung der Definitionsnorm stets eine Dividende vor, die wegen des Verweises auf das nationale Recht des Quellenstaats auch für Deutschland verbindlich ist.[922] Die Voraussetzung an das Stammen aus einem Gesellschaftsanteil liegt vor: Da die stille Gesellschaft im aus-

---

[920] Vgl. Aigner, H.-J., IStR 2005, S. 156; Tischbirek, W., in: Vogel, K./Lehner, M., 2003, Art. 10 OECD-MA, Rz. 201.
[921] Vgl. Bornheim, W., Stbg 2004, S. 311.
[922] Vgl. Schmidt, C., Konsequenzen, 2003, S. 1426-1427.

ländischen Recht kein Gesellschaftsverhältnis begründet, sondern als Fremdfinanzierung der Kapitalgesellschaft zu werten ist, erfolgt die Zahlung durch eine Gesellschaft. Ebenfalls wird durch die Beteiligung an den stillen Reserven unternehmerisches Risiko eingegangen.[923] Es erfolgt die gleiche Besteuerung wie in einer Situation, in der die Kapitalüberlassung als nennkapitalähnliche Beteiligung anzusehen ist.[924] Es entsteht entsprechend einer Behandlung als Eigenkapital die Besteuerungsfolge „Schachtelfreistellung".

Besteht die Rechtsfolge der thin-capitalization-rule in der Nichtabzugsfähigkeit der Vergütung, erfolgt im Ausland eine Qualifikation unter den Zinsartikel, da die Vergütung den Einkünften aus Aktien steuerlich nicht gleichgestellt ist.[925] Enthält der Zinsartikel keinen Verweis auf das nationale Recht des Quellenstaats, ist diese Qualifikation auf deutscher Seite nicht bindend, sodass die Vergütung als Betriebsstättengewinn zu qualifizieren und freizustellen ist (Art. 7 Abs. 1 Satz 1 HS 2 i.V.m. Art. 23A Abs. 1 OECD-MA). Es entsteht die Besteuerungsfolge „Schachtelfreistellung", sodass sich ebenfalls keine Abweichungen gegenüber einer Behandlung als Eigenkapital ergeben.[926]

Zählt die an den Stillen gezahlte Vergütung aufgrund eines Verweises der Definitionsnorm auf das nationale Recht des Quellenstaats abkommensrechtlich zu den Zinsen, so erlangt diese Qualifikation auch für Deutschland Verbindlichkeit.[927] Abkommensrechtlich wird Deutschland für die Zahlung das Besteuerungsrecht zugewiesen, wobei das Ausland ein der Höhe nach begrenztes Quellenbesteuerungsrecht behält. Der Zinsartikel besagt nichts über die Behandlung der Fremdkapitalvergütung im Rahmen der steuerlichen Gewinnermittlung der Unternehmensgewinne des Schuldners, sodass es zulässig ist, die Vergütung in dessen steuerlichen Gewinn einzubeziehen.[928] Das Deutschland zugewiesene Besteuerungsrecht kann ausgeübt werden. Problematisch könnte sein, dass nach nationalem Recht die Entstehung der gewerblichen Gewinne des Inhabers beim Stillen anteilig besteuert wird und die Auszahlung des Gewinns eine nicht steu-

---

[923] Siehe Abschnitt V.3.2.2.2 (S. 259).
[924] Siehe Abschnitt V.3.2.3.2.4 (S. 269).
[925] Siehe Abschnitt V.3.2.2.3 (S. 262).
[926] Siehe Abschnitt V.3.2.3.1 (S. 263).
[927] Siehe Tabelle V.4 zu den entsprechenden Ländern (S. 271).
[928] Siehe Abschnitt II.6.1.3 (S. 86).

erbare Entnahme darstellt. Jedoch sind nationales Recht und Abkommensrecht voneinander zu trennen.[929] Im Abkommensrecht ist zu beachten, dass die Vergütung keinen Unternehmensgewinn darstellt, der nur beim Betreiber des Unternehmens besteuert werden darf, sondern eine Fremdkapitalvergütung, die lediglich aus fiskalischen Zwecken nicht zum Abzug zugelassen ist. Auch geht der Zinsartikel anders als der Dividendenartikel nicht davon aus, dass der Zahlung Unternehmensgewinne einer Gesellschaft zugrunde liegen, für die im Vorfeld das Besteuerungsrecht bereits ausschließlich dem Ausland als Sitzstaat der Gesellschaft eingeräumt wurde. Durch das Abkommen kann Deutschland nur verpflichtet werden, die Quellensteuer anzurechnen. Da nach deutschem Recht keine Zinsen, sondern gewerbliche Gewinne aus einer ausländischen Mitunternehmerschaft besteuert werden, ist auch die ausländische Körperschaftsteuer als Steuer auf diesen Gewinn des Stillen anzusehen und nach deutschen Vorschriften anzurechnen.[930] Während bei einer Behandlung der Kapitalüberlassung im Ausland als Eigenkapital stets die Besteuerungsfolge „Schachtelfreistellung" entsteht, kommt es im hier beschriebenen Fall zur abweichenden Besteuerungsfolge „Doppelbelastung".

---

[929] Vgl. Debatin, H., DB 1985, Beilage 23, S. 3; Schmidt, Konsequenzen 2003, S. 1419.
[930] Siehe Abschnitt III.3.3.2.3 (S. 146).

VII. Zusammenfassung der Ergebnisse

(1) Erstes Ziel der Arbeit. Erstes Ziel der Arbeit ist es, die theoretisch möglichen Steuerbelastungen, die sich in Abhängigkeit von den möglichen Ausgestaltungen des nationalen ausländischen Rechts und der DBA bei der Finanzierung einer ausländischen Tochterkapitalgesellschaft mittels stiller Gesellschaft ergeben können, auf die Vorteilhaftigkeit gegenüber der klassischen Finanzierung mit Eigen- oder Fremdkapital zu untersuchen.

Hierzu muss zunächst die optimale klassische Finanzierungsform als Beurteilungsmaßstab bestimmt werden. Bei Eigenfinanzierung unterliegt die Dividende der ausländischen Ertragsteuerbelastung zzgl. Quellensteuer und zu 5% der inländischen Ertragsteuer (§ 8b Abs. 5 KStG). Bei Fremdfinanzierung unterliegen die Zinsen der inländischen Ertragsteuer aus Körperschaftsteuer zzgl. Solidaritätszuschlag und Gewerbesteuer (Tabelle VII.1, S. 324). Aufgrund des hohen deutschen Steuerniveaus ist die Eigenfinanzierung in fast allen der 28 untersuchten Länder der Fremdfinanzierung unabhängig vom Hebesatz und der Beteiligungshöhe vorzuziehen, wenn eine gewerbesteuerliche Schachtelbeteiligung vorliegt. Liegt eine Portfoliobeteiligung vor, dreht sich aufgrund der gewerbesteuerlichen Erfassung der Dividende die Vorteilhaftigkeit um. An dieser Aussage ändert sich nichts durch die Aufnahme eines Refinanzierungsdarlehens. Ausländische Unterkapitalisierungsregelungen sollten zur Vermeidung steuerlicher Nachteile beachtet werden.

Bei der stillen Gesellschaft sind vier grundsätzliche Besteuerungsfolgen infolge einer zweifachen Unterscheidung möglich (Tabelle VII.1, S. 324). Erstens kann die Vergütung an den Stillen im Ausland als Fremdkapitalvergütung abzugsfähig sein oder als Eigenkapitalvergütung mit Ertragsteuer belastet sein. Zusätzlich fällt Quellensteuer an. Zweitens kann die Vergütung aufgrund unterschiedlicher DBA-Qualifikationen im Inland unter Anrechnung der ausländischen Steuer besteuert oder freigestellt werden. Zudem ist zwischen der typischen und der atypischen Ausprägungsvariante zu unterscheiden. Während in Fällen der

Besteuerung im Inland die Vergütung aus der typisch stillen Gesellschaft wie eine Darlehensvergütung der regulären Ertragsteuerbelastung unterliegt und lediglich die Quellensteuer angerechnet werden kann, fällt bei der atypisch stillen Gesellschaft, die als Mitunternehmerschaft zu besteuern ist, nur Körperschaftsteuer an und es kann zusätzlich die ausländische Ertragsteuer angerechnet werden. Diese Unterschiede begründen, weshalb sich durch die atypisch stille Gesellschaft in mehr Fällen und höherem Umfang Vorteile erzielen lassen.

Tabelle VII.1: Besteuerungsfolgen bei stiller Gesellschaft und klassischer Finanzierung

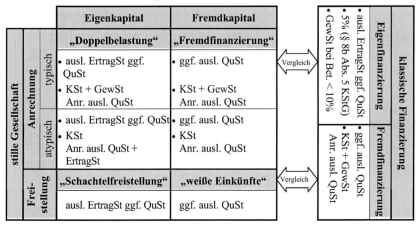

Im Fall, dass keine Refinanzierung erfolgt, zeigt ein Vergleich der stillen Gesellschaft mit den klassischen Finanzierungsformen,[931] dass sich bei der Besteuerungsfolge „Doppelbelastung" der typisch stillen Gesellschaft aufgrund der Besteuerung im Aus- und Inland weder im Vergleich zu Ländern/Unternehmen, bei denen die Eigenfinanzierung, noch im Vergleich zu Ländern/Unternehmen, bei denen die Fremdfinanzierung die optimale Finanzierungsform darstellt, Vorteile erzielen lassen. Bei der atypisch stillen Gesellschaft hingegen sind im Vergleich zu beiden klassischen Finanzierungsformen Vorteile möglich, da im Inland lediglich Körperschaftsteuer anfällt, auf die sämtliche ausländischen Steuern dem Grunde nach angerechnet werden können. Es ist zu beachten, dass es leicht zu

---

[931] Siehe auch Tabelle IV.11 (S. 191).

Anrechnungsüberhängen kommen kann und sich die Vorteilhaftigkeit dadurch schnell umkehren kann.

Bei der Besteuerungsfolge „Schachtelfreistellung" lassen sich im Vergleich zur Eigenfinanzierung Vorteile erzielen, da die Vergütung nicht der Besteuerung nach § 8b Abs. 5 KStG unterliegt. Hinzu kommt bei einer Beteiligung von weniger als 10%, dass die Vergütungen nicht der Gewerbesteuer unterliegen, da die Hinzurechnung nur für Dividenden erfolgt. Diese Vorteile können sich auch umkehren, wenn die Quellensteuer auf die Vergütung aus der stillen Gesellschaft über der auf Dividenden liegt. Im Vergleich zur Fremdfinanzierung lassen sich keine allgemeingültigen Aussagen ableiten.

Bei der Besteuerungsfolge „Fremdfinanzierung" lassen sich durch die typisch stille Gesellschaft keine oder nur sehr geringe Vorteile erzielen, da die Steuerbelastung derjenigen bei klassischer Fremdfinanzierung entspricht und weitgehend mit der inländischen Ertragsteuerbelastung übereinstimmt. Bei der atypisch stillen Gesellschaft hingegen kommt es im Vergleich zur Eigenfinanzierung bei einer gewerbesteuerlichen Portfoliobeteiligung und im Vergleich zur Fremdfinanzierung immer zu Vorteilen, da die Steuerbelastung weitgehend mit dem inländischen Körperschaftsteuersatz übereinstimmt. Vorteile bei Vorliegen einer Schachtelbeteiligung lassen sich grundsätzlich dann erzielen, wenn der ausländische Ertragsteuersatz über 25% liegt.

Die Besteuerungsfolge „weiße Einkünfte" führt meistens zu Vorteilen. Dies ist jedoch nicht zwingend. Ausnahmen sind im Vergleich zur Eigenfinanzierung möglich, wenn der Ertragsteuersatz sehr niedrig ist und ein hoher Quellensteuersatz bei stiller Gesellschaft anfällt, der oft durch ein DBA nicht reduziert werden kann.

Durch die Aufnahme eines Refinanzierungsdarlehens werden die Vorteile der stillen Gesellschaft stark eingeschränkt. Ursache hierfür ist, dass die Refinanzierungszinsen im Inland nicht geltend gemacht werden können, wenn die Vergütung nach dem DBA freigestellt ist. Im Ausland sind sie nur abzugsfähig, wenn die atypisch stille Gesellschaft nach der Mitunternehmerkonzeption besteuert wird und der Abzug von Aufwendungen des Gesellschafters als Sonderbetriebsausgaben zulässig ist. Dies ist zumeist nicht der Fall. Sind die Einkünfte aus der stillen Gesellschaft unter Anrechnung der ausländischen Steuern im Inland steuerpflichtig, können die Refinanzierungszinsen zwar berücksichtigt werden. Da ein Abzug im Ausland ausscheidet, kommt es jedoch häufig zu Anrechnungsüberhängen. Bei der Eigenfinanzierung hingegen sind die Zinsen auch bei Freistellung vollumfänglich zu berücksichtigen, ebenso bei der Fremdfinanzierung, wobei auch hier Anrechnungsüberhänge möglich sind.

In den untersuchten Ländern sind durch die stille Gesellschaft bei Refinanzierung keine Vorteile erzielbar, wenn die Besteuerungsfolge „Doppelbelastung" oder „Schachtelfreistellung" resultiert. Auch in den Fällen, in denen die stille Gesellschaft ohne Refinanzierung immer vorteilhaft ist, lässt sich die Vorteilhaftigkeit bei Refinanzierung nur in Abhängigkeit von den Ausprägungen der Einflussgrößen (ausländischer Ertragsteuersatz, Quellensteuersätze, Hebesatz der Gewerbesteuer und Höhe der Refinanzierungszinsen) im Einzelfall bestimmen.[932] Für die unterschiedlichen Kombinationsmöglichkeiten der Einflussgrößen ist die Vorteilhaftigkeit tabellarisch dargestellt, sodass auch im konkreten Einzelfall Aussagen getroffen werden können.

(2) Zweites Ziel der Arbeit. Zweites Ziel der Arbeit ist es, die einzelnen DBA daraufhin zu untersuchen, welche der zuvor abgeleiteten Besteuerungsfolgen sich durch die DBA-rechtliche Behandlung der Vergütung aus der stillen Gesellschaft ergeben und damit, welche Vorteile sich realisieren lassen. Es ist zwischen der typisch und der atypisch stillen Gesellschaft zu differenzieren. Es ist nicht Ziel der Arbeit, zu bestimmen, ob im nationalen Recht der einzelnen Länder die Kapitalüberlassung Eigen- oder Fremdkapital darstellt, was darüber entscheidet, ob die Vergütung als Eigenkapitalvergütung mit Ertragsteuer belastet oder als Fremdkapitalvergütung abzugsfähig ist. Auch nehmen die DBA diesbezüglich keine Einschränkungen vor, sodass zusätzlich beide Fälle zu unterscheiden sind.

Einkünfte aus der typisch stillen Gesellschaft stellen im DBA Zinsen dar, wenn ausnahmsweise keine Sonderregelung enthalten ist. Jedoch enthalten fast alle DBA zumindest für Deutschland als Anwenderstaat Sonderregelungen, die die Einkünfte mit konstitutiver Wirkung als Dividenden qualifizieren. Somit sind

---

[932] Siehe Tabelle IV.18 (S. 234).

die Einkünfte in Deutschland freizustellen, wenn die Voraussetzungen an eine Schachteldividende vorliegen. Sind die Voraussetzungen nicht erfüllt, sind die Einkünfte unter Anrechnung der Quellensteuer steuerpflichtig.

Stellt die Kapitalüberlassung im Ausland Eigenkapital dar, können nur Vorteile realisiert werden, wenn es aufgrund der Freistellung zur Besteuerungsfolge „Schachtelfreistellung" kommt. Wird die Doppelbesteuerung durch die Anrechnungsmethode vermieden, sodass die Besteuerungsfolge „Doppelbelastung" entsteht, führt die stille Gesellschaft immer zu Nachteilen. Da sich bei Refinanzierung auch durch die Besteuerungsfolge „Schachtelfreistellung" keine Vorteile realisieren lassen, ist von der Finanzierung mittels typisch stiller Gesellschaft in diesem Fall ganz abzuraten. Im DBA mit Frankreich, Italien, Kanada und Slowenien ist die Freistellung für Einkünfte aus der typisch stillen Gesellschaft nicht möglich, sodass es stets zur nachteiligen Besteuerungsfolge „Doppelbelastung" kommt.

Ist die Vergütung aus der typisch stillen Gesellschaft im Ausland als Fremdkapitalvergütung abzugsfähig, kommt es zur Besteuerungsfolge „weiße Einkünfte", wenn eine Schachteldividende vorliegt, andernfalls zur Besteuerungsfolge „Fremdfinanzierung". Während die Besteuerungsfolge „weiße Einkünfte" grundsätzlich vorteilhaft ist, lassen sich bei „Fremdfinanzierung" – zumindest ohne Refinanzierung – keine oder nur geringe Vorteile realisieren. In den DBA mit Australien, Frankreich, Italien, Kanada, Österreich, Polen, Schweden, Slowenien und den USA gelingt keine Freistellung, sodass nur die Besteuerungsfolge „Fremdfinanzierung" möglich ist.

Die Vergütung aus der atypisch stillen Gesellschaft zählt auf deutscher Seite grundsätzlich zu den Betriebsstättengewinnen, die im Inland freizustellen sind (Art. 23A OECD-MA). Stellt die Kapitalüberlassung im Ausland Eigenkapital dar und wird die stille Gesellschaft im Ausland ebenfalls als Personengesellschaft transparent besteuert, kommt das Ausland zum gleichen Ergebnis, sodass die Besteuerungsfolge „Schachtelfreistellung" resultiert, die lediglich ohne Refinanzierung zu Vorteilen führen kann. Zum gleichen Ergebnis gelangt man nach der hier vertretenen Auffassung, wenn die atypisch stille Gesellschaft im Ausland als Personengesellschaft intransparent besteuert wird oder die Kapitalüberlassung wie eine Nennkapitalbeteiligung an der ausländischen Kapitalgesellschaft behandelt wird. Da Deutschland die Abkommensberechtigung der intransparent besteuerten Personengesellschaft bzw. der ausländischen Kapitalgesellschaft anzuerkennen hat, dürfen die Gewinne bei Eintritt der Vermögensmehrung aufgrund der abschließenden Verteilungsnorm für Unternehmensgewinne nur im Ausland besteuert werden (Art. 7 Abs. 1 Satz 1 HS 1 OECD-MA). Bei „Ausschüttung" steht Deutschland zwar das Besteuerungsrecht für Dividenden zu, kann allerdings nicht ausgeübt werden, da dieser Vorgang im nationalen Recht eine nicht steuerbare Entnahme darstellt. Auch ist es nicht möglich, sozusagen nachträglich die Vermögensmehrung zu besteuern, da bei Dividenden davon auszugehen ist, dass diese aus Unternehmensgewinnen bezahlt werden, für die im Vorfeld bereits das alleinige Besteuerungsrecht dem Ausland zugewiesen wurde.

Ist die Vergütung als Fremdkapitalvergütung im Ausland abzugsfähig, gelingt dort nur eine abkommensrechtliche Qualifikation als Zinsen. In Deutschland liegen hingegen freizustellende Betriebsstätteneinkünfte vor, sodass die grundsätzlich vorteilhafte Besteuerungsfolge „weiße Einkünfte" entsteht. Etwas anderes gilt, wenn der Zinsartikel auf das nationale Recht des Quellenstaats verweist, wodurch die Qualifikation auch für Deutschland verbindlich wird. Dann kann die Vergütung unter Anrechnung der ausländischen Quellensteuer im Inland besteuert werden, da der Zinszahlung keine Unternehmensgewinne zugrunde liegen, sodass die Vermögensmehrung und nicht die Entnahme besteuert werden kann. Es kommt zur Besteuerungsfolge „Fremdfinanzierung", durch die sich ohne Refinanzierung in den meisten Fällen und mit Refinanzierung einzelfallspezifisch Vorteile erzielen lassen.

Die Besteuerungsfolge „Doppelbelastung" ist bei der atypisch stillen Gesellschaft nicht möglich, da bei einer Einstufung der Kapitalüberlassung als Eigenkapital die Einkünfte stets freigestellt werden.

Switch-over Klauseln, die bei einer unterschiedlichen Zuordnung der Einkünfte unabhängig davon, ob die Vergütung im Ausland eine Betriebsausgabe darstellt, in Deutschland die Freistellung verwehren, um Minderbesteuerungen zu vermeiden, können lediglich in Dänemark und Schweden zu Einschränkungen führen. Die Finanzverwaltung möchte durch eine einschränkende Auslegung des Methodenartikels zum gleichen Ergebnis gelangen. Einer solchen Auslegung fehlt in den DBA mit den untersuchten Ländern eine Rechtsgrundlage.

Unterkapitalisierungsregelungen ergeben bei der typisch stillen Gesellschaft keine anderen Besteuerungsfolgen als in dem Fall, in dem die Kapitalüberlassung als Eigenkapital einzustufen ist. Bei der atypisch stillen Gesellschaft ist hingegen die nachteilige Besteuerungsfolge „Doppelbelastung" möglich, wenn die Rechtsfolge der Unterkapitalisierungsregelung in einer nicht abzugsfähigen Betriebsausgabe besteht, sodass lediglich eine Zuordnung zum Zinsartikel möglich ist. Enthält die Zinsdefinition in einer solchen Situation einen Verweis auf das Recht des Quellenstaats, so ist Deutschland an diese Qualifikation gebunden. Die Besteuerungsfolge führt bei Refinanzierung stets zu Nachteilen.

Um dem Ziel der Arbeit gerecht zu werden, sämtliche möglichen Steuerbelastungen der stillen Gesellschaft mit den klassischen Finanzierungsformen zu vergleichen, müssen die Steuerbelastungen zunächst losgelöst vom konkreten DBA und vom nationalen ausländischen Recht ermittelt werden. Somit lässt sich die Vorteilhaftigkeitsanalyse auch auf nicht untersuchte Länder eines jeden DBA-Falls übertragen. Für die Anwendung der Arbeit auf den praktischen Fall kann jedoch eine vom Aufbau abweichende Vorgehensweise sinnvoll sein. Ist die steuerliche Behandlung der Kapitalüberlassung als Eigen- oder Fremdkapital im Ausland bekannt, kann durch folgendes Vorgehen in drei Schritten beurteilt werden, ob sich durch den Einsatz einer stillen Gesellschaft Vorteile erzielen lassen: Im ersten Schritt ist die optimale klassische Finanzierungsform in Abhängigkeit von den Ausprägungen der Einflussgrößen des Einzelfalls Abschnitt II.5 (S. 71) zu entnehmen. Im zweiten Schritt ist die Besteuerungsfolge zu bestimmen, die sich aus dem konkreten DBA ergibt (Abschnitt V.5.1 (S. 287) zur typisch stillen und Abschnitt V.5.2 (S. 295) zur atypisch stillen Gesellschaft). Im dritten Schritt erfolgt der Vergleich mit der optimalen klassischen Finanzierungsform aus dem entsprechenden Abschnitt von Kapitel IV.

Anhang

Anhang I: Indifferenzsteuersätze zwischen Eigen- und Fremdfinanzierung bei gewerbesteuerlichem Schachtelprivileg (ohne Refinanzierung) für Portugal

Der Ertragsteuersatz von Portugal beträgt 27,50%. Die Indifferenzsteuersätze zeigen, dass ab einer Beteiligungsquote von 20% die Eigenfinanzierung stets vorzuziehen ist. Bei einer Beteiligungsquote von weniger als 20% hängt die Vorteilhaftigkeit vom Hebesatz ab.

Hebesatz	Bet. < 20%	20% ≤ Bet. < 25%	Bet. ≥ 25%
		Quellensteuer auf	
	• Dividenden 15% • Zinsen 15%	• Dividenden 0% • Zinsen 15%	• Dividenden 0% • Zinsen 0%
350,00%	23,63%	35,31%	36,15%
375,00%	24,40%	35,96%	36,80%
400,00%	25,15%	36,60%	37,44%
425,00%	25,88%	37,22%	38,06%
450,00%	26,60%	37,83%	38,67%
482,07%	27,50%	38,60%	39,44%
500,00%	27,99%	39,02%	39,86%

Bet. = Beteiligungshöhe

Anhang II: Einflussgrößen und Bandbreiten der Indifferenzsteuersätze zwischen Eigen- und Fremdfinanzierung bei Bestehen eines Anrechnungsüberhangs

Im oberen Teil der Tabellen sind zur Bestimmung der Bandbreiten der Indifferenzsteuersätze die oberen und unteren Extremwerte für Quellensteuersätze auf Dividenden und Zinsen sowie für Hebesatz und $^Z/_G$ angegeben. Im unteren Teil sind die Indifferenzsteuersätze abgebildet.

1. QuStZ 10%; QuStDiv 15%

Australien (30%), Belgien (34%), Griechenland (35%), Italien (33), Japan (41,33%), Kanada (34,12), Litauen (15%), Spanien (35%)

	QuStDiv	QuStZ	Hebesatz	$^Z/_G$
- Untergrenze	↑ 15%	↓ 10%	↓ 350%	↓ 60,00%
- Obergrenze	↓ 15%	↑ 10%	↑ 500%	↑ 84,42%
	Schachteldividende		Nicht-Schachteldividende	
	Anrechnung	Abzug	Anrechnung	Abzug
		Australien		Litauen
- Untergrenze	24,63%	32,16%	13,07%	22,45%
	Australien, Belgien, Italien	Belgien, Italien	Litauen	
- Obergrenze	36,09%	36,09%	23,13%	23,13%
	Japan	Japan	Australien, Belgien, Griechenland, Italien, Japan, Kanada, Spanien	Australien, Belgien, Griechenland, Italien, Japan, Kanada, Spanien

Anhang 333

2. Japan (QuStZ 10%; QuStDiv 10%; est_A 41,33%):

	QuStDiv	QuStZ	Hebesatz	$z/_G$
- Untergrenze	↑ 10%	↓ 10%	↓ 350%	↓ 60,00%
- Obergrenze	↓ 10%	↑ 10%	↑ 500 %	↑ 84,42%
	Schachteldividende			
	Anrechnung		Abzug	
- Untergrenze	28,28%		36,01%	
- Obergrenze	39,72%		39,72%	

3. Kanada (QuStZ 10%; QuStDiv 5%; est_A 34,12%):

	QuStDiv	QuStZ	Hebesatz	$z/_G$
- Untergrenze	↑ 5%	↓ 10%	↓ 424,15%	↓ 60,00%
- Obergrenze	↓ 5%	↑ 10%	↑ 500,00%	↑ 84,42%
	Schachteldividende			
	Anrechnung		Abzug	
- Untergrenze	34,12%		41,24%	
- Obergrenze	42,97%		42,97%	

4. Portugal (QuStZ 15%; QuStDiv 15%; est_A 27,50%):

	QuStDiv	QuStZ	Hebesatz	$z/_G$
- Untergrenze	↑ 15%	↓ 15%	↓ 482,07%	↓ 40,00%
- Obergrenze	↓ 15%	↑ 15%	↑ 500,00%	↑ 76,63%
	Schachteldividende			
	Anrechnung		Abzug	
- Untergrenze	27,50%		39,22%	
- Obergrenze	39,46%		39,46%	

5. China (QuStZ 10%; QuStDiv 0%; est$_A$ 33%):

	QuStDiv	QuStZ	Hebesatz	$^z/_G$
- Untergrenze	↑ 0%	↓ 10%	↓ 350%	↓ 60,00%
- Obergrenze	↓ 0%	↑ 10%	↑ 500%	↑ 84,42%
	keine Schachteldividende			
	Anrechnung		Abzug	
- Untergrenze	27,94%		35,71%	
- Obergrenze	36,86%		36,86%	

6. Polen (QuStZ 5%; QuStDiv 15%; est$_A$ 19%):

	QuStDiv	QuStZ	Hebesatz	$^z/_G$
- Untergrenze	↑ 15%	↓ 5%	↓ 350%	↓ 80,00%
- Obergrenze	↓ 15%	↑ 5%	↑ 500%	↑ 92,21%
	keine Schachteldividende			
	Anrechnung		Abzug	
- Untergrenze	13,45%		18,14%	
- Obergrenze	18,85%		18,85%	

7. Portugal (QuStZ 15%; QuStDiv 15%; est$_A$ 27,50%):

	QuStDiv	QuStZ	Hebesatz	$^z/_G$
- Untergrenze	↑ 15%	↓ 15%	↓ 350%	↓ 40,00%
- Obergrenze	↓ 15%	↑ 15%	↑ 500%	↑ 76,63%
	keine Schachteldividende			
	Anrechnung		Abzug	
- Untergrenze	12,69%		26,76%	
- Obergrenze	27,40%		27,40%	

Anhang III: Maximale Verhältnisse von Refinanzierungszins zu Gewinn ($^Z/_G$) damit keine Anrechnungsüberhänge entstehen bzw. die Anrechnungsmethode die vorzuziehen ist

1. Besteuerungsfolge „Doppelbelastung" bei typisch stiller Gesellschaft

est$_A$	HS	QuStSG 0,00% kein ÜH	0,00% Anr+	5,00% kein ÜH	5,00% Anr+	10,00% kein ÜH	10,00% Anr+	15,00% kein ÜH	15,00% Anr+	20,00% kein ÜH	20,00% Anr+	25,00% kein ÜH	25,00% Anr+	30,00% kein ÜH	30,00% Anr+
12,50%	350%			70,00%	81,31%	52,50%	75,11%	35,00%	68,92%	17,50%	62,72%	0,00%	56,53%	-17,50%	50,34%
IRL	500%				80,68%		73,86%		67,05%		60,23%		53,41%	-17,50%	46,59%
15,00%	350%			68,00%	78,98%	51,00%	72,97%	34,00%	66,95%	17,00%	60,93%	0,00%	54,92%	-17,00%	48,90%
CH, LT, LV	500%				78,38%		71,75%		65,13%		58,51%		51,89%	-17,00%	45,26%
16,00%	350%			67,20%	78,05%	50,40%	72,11%	33,60%	66,16%	16,80%	60,22%	0,00%	54,27%	-16,80%	48,32%
H	500%				77,46%		70,91%		64,37%		57,82%		51,28%	-16,80%	44,73%
19,00%	350%			64,80%	75,27%	48,60%	69,53%	32,40%	63,80%	16,20%	58,06%	0,00%	52,33%	-16,20%	46,60%
PL, SK	500%	nicht relevant, da keine anrechenbaren Steuern vorliegen (Quellensteuer beträgt null; Ertragsteuer ist nicht anrechenbar)			74,69%		68,38%		62,07%		55,76%		49,44%	-16,20%	43,13%
25,00%	350%			60,00%	69,69%	45,00%	64,38%	30,00%	59,07%	15,00%	53,76%	0,00%	48,45%	-15,00%	43,15%
A, SLO	500%				69,16%		63,31%		57,47%		51,63%		45,78%	-15,00%	39,94%
26,00%	350%			59,20%	68,76%	44,40%	63,52%	29,60%	58,29%	14,80%	53,05%	0,00%	47,81%	-14,80%	42,57%
CZ, EST	500%				68,23%		62,47%		56,70%		50,94%		45,17%	-14,80%	39,41%
27,50%	350%			58,00%	67,37%	43,50%	62,24%	29,00%	57,10%	14,50%	51,97%	0,00%	46,84%	-14,50%	41,71%
P	500%				66,85%		61,20%		55,55%		49,90%		44,26%	-14,50%	38,61%
28,00%	350%			57,60%	66,90%	43,20%	61,81%	28,80%	56,71%	14,40%	51,61%	0,00%	46,52%	-14,40%	41,42%
S	500%				66,39%		60,78%		55,17%		49,56%		43,95%	-14,40%	38,34%

29,00% FIN	350%	56,80%	65,97%	42,60%	60,95%	28,40%	55,92%	14,20%	50,90%	0,00%	45,87%	-14,20%	40,84%
	500%		65,47%		59,94%		54,40%		48,87%		43,34%		37,81%
30,00% AUS, DK, GB	350%	56,00%	65,04%	42,00%	60,09%	28,00%	55,13%	14,00%	50,18%	0,00%	45,22%	-14,00%	40,27%
	400%		64,55%		59,09%		53,64%		48,18%		42,73%		37,28%
30,38% L	350%	55,70%	64,69%	41,77%	59,76%	27,85%	54,84%	13,92%	49,91%	0,00%	44,98%	-13,92%	40,05%
	500%		64,20%		58,77%		53,35%		47,92%		42,50%		37,07%
31,50% NL	350%	54,80%	63,65%	41,10%	58,80%	27,40%	53,95%	13,70%	49,10%	0,00%	44,26%	-13,70%	39,41%
	500%		63,16%		57,83%		52,49%		47,15%		41,81%		36,48%
33,00% RC, I	350%	53,60%	62,26%	40,20%	57,51%	26,80%	52,77%	13,40%	48,03%	0,00%	43,29%	-13,40%	38,54%
	500%		61,78%		56,56%		51,34%		46,12%		40,90%		35,68%
34,00% B	350%	52,80%	61,33%	39,60%	56,66%	26,40%	51,98%	13,20%	47,31%	0,00%	42,64%	-13,20%	37,97%
	500%		60,86%		55,72%		50,57%		45,43%		40,29%		35,15%
34,12% CDN	350%	52,70%	61,22%	39,53%	56,55%	26,35%	51,89%	13,18%	47,23%	0,00%	42,56%	-13,18%	37,90%
	500%		60,75%		55,61%		50,48%		45,35%		40,21%		35,08%
34,93% F	350%	52,06%	60,46%	39,04%	55,86%	26,03%	51,25%	13,01%	46,65%	0,00%	42,04%	-13,01%	37,43%
	500%		60,00%		54,93%		49,86%		44,79%		39,72%		34,65%
35,00% E, GR	350%	52,00%	60,40%	39,00%	55,80%	26,00%	51,20%	13,00%	46,60%	0,00%	41,99%	-13,00%	37,39%
	500%		59,94%		54,87%		49,81%		44,74%		39,68%		34,61%
38,68% USA	350%	49,06%	56,98%	36,79%	52,64%	24,53%	48,30%	12,26%	43,96%	0,00%	39,62%	-12,26%	35,28%
	500%		56,54%		51,76%		46,99%		42,21%		37,43%		32,65%
41,33% J	350%	46,94%	54,52%	35,20%	50,36%	23,47%	46,21%	11,73%	42,06%	0,00%	37,90%	-11,73%	33,75%
	500%		54,10%		49,53%		44,96%		40,38%		35,81%		31,24%

nicht relevant, da keine anrechenbaren Steuern vorliegen (Quellensteuer beträgt null; Ertragsteuer ist nicht anrechenbar)

Anhang 337

2. Besteuerungsfolge „Doppelbelastung" bei atyp. stiller Gesellschaft; Refinanzierungszinsen im Ausland nicht abziehbar

est_A	QuStSG 0,00%		5,00%		10,00%		15,00%		20,00%		25,00%		30,00%	
	kein ÜH	Anr+	kein ÜH	Anr+	kein ÜH	Anr+	kein ÜH	Anr+	kein ÜH	Anr+	kein ÜH	Anr+	kein ÜH	Anr+
12,50% (IRL)	50,00%	87,50%	32,50%	83,13%	15,00%	78,75%	ÜH	74,38%	ÜH	70,00%	ÜH	65,63%	ÜH	61,25%
15,00% (CH, LT, LV)	40,00%	85,00%	23,00%	80,75%	6,00%	76,50%	ÜH	72,25%	ÜH	68,00%	ÜH	63,75%	ÜH	59,50%
16,00% (H)	36,00%	84,00%	19,20%	79,80%	2,40%	75,60%	ÜH	71,40%	ÜH	67,20%	ÜH	63,00%	ÜH	58,80%
19,00% (PL, SK)	24,00%	81,00%	7,80%	76,95%	ÜH	72,90%	ÜH	68,85%	ÜH	64,80%	ÜH	60,75%	ÜH	56,70%
25,00% (A. SLO)	0,00%	75,00%	ÜH	71,25%	ÜH	67,50%	ÜH	63,75%	ÜH	60,00%	ÜH	56,25%	ÜH	52,50%
26,00% (CZ, EST)	ÜH	74,00%	ÜH	70,30%	ÜH	66,60%	ÜH	62,90%	ÜH	59,20%	ÜH	55,50%	ÜH	51,80%
27,50% (P)	ÜH	72,50%	ÜH	68,88%	ÜH	65,25%	ÜH	61,63%	ÜH	58,00%	ÜH	54,38%	ÜH	50,75%
28,00% (S)	ÜH	72,00%	ÜH	68,40%	ÜH	64,80%	ÜH	61,20%	ÜH	57,60%	ÜH	54,00%	ÜH	50,40%
29,00% (FIN)	ÜH	71,00%	ÜH	67,45%	ÜH	63,90%	ÜH	60,35%	ÜH	56,80%	ÜH	53,25%	ÜH	49,70%
30,00% (AUS, DK, GB)	ÜH	70,00%	ÜH	66,50%	ÜH	63,00%	ÜH	59,50%	ÜH	56,00%	ÜH	52,50%	ÜH	49,00%
30,38% (L)	ÜH	69,62%	ÜH	66,14%	ÜH	62,66%	ÜH	59,18%	ÜH	55,70%	ÜH	52,22%	ÜH	48,73%
31,50% (NL)	ÜH	68,50%	ÜH	65,08%	ÜH	61,65%	ÜH	58,23%	ÜH	54,80%	ÜH	51,38%	ÜH	47,95%
33,00% (RC, I)	ÜH	67,00%	ÜH	63,65%	ÜH	60,30%	ÜH	56,95%	ÜH	53,60%	ÜH	50,25%	ÜH	46,90%
34,00% (B)	ÜH	66,00%	ÜH	62,70%	ÜH	59,40%	ÜH	56,10%	ÜH	52,80%	ÜH	49,50%	ÜH	46,20%
34,12% (CDN)	ÜH	65,88%	ÜH	62,59%	ÜH	59,29%	ÜH	56,00%	ÜH	52,70%	ÜH	49,41%	ÜH	46,12%
34,93% (F)	ÜH	65,07%	ÜH	61,82%	ÜH	58,56%	ÜH	55,31%	ÜH	52,06%	ÜH	48,80%	ÜH	45,55%
35,00% (E, GR)	ÜH	65,00%	ÜH	61,75%	ÜH	58,50%	ÜH	55,25%	ÜH	52,00%	ÜH	48,75%	ÜH	45,50%
38,68% (USA)	ÜH	61,32%	ÜH	58,25%	ÜH	55,19%	ÜH	52,12%	ÜH	49,06%	ÜH	45,99%	ÜH	42,92%
41,33% (J)	ÜH	58,67%	ÜH	55,74%	ÜH	52,80%	ÜH	49,87%	ÜH	46,94%	ÜH	44,00%	ÜH	41,07%

3. Besteuerungsfolge „Doppelbelastung" bei atypisch stiller Gesellschaft; Refinanzierungszinsen im Ausland abziehbar

est_A	QuStSG 0,00%		5,00%		10,00%		15,00%		20,00%		25,00%		30,00%	
	kein ÜH	Anr+	kein ÜH	Anr+	kein ÜH	Anr+	kein ÜH	Anr+	kein ÜH	Anr+	kein ÜH	Anr+	kein ÜH	Anr+
12,50% (IRL)	100,00%	100,00%	61,90%	94,33%	27,27%	88,73%	ÜH	83,22%	ÜH	77,78%	ÜH	72,41%	ÜH	67,12%
15,00% (CH, LT, LV)	100,00%	100,00%	53,49%	94,17%	13,04%	88,44%	ÜH	82,81%	ÜH	77,27%	ÜH	71,83%	ÜH	66,48%
16,00% (H)	100,00%	100,00%	48,98%	94,10%	5,66%	88,32%	ÜH	82,64%	ÜH	77,06%	ÜH	71,59%	ÜH	66,22%
19,00% (PL, SK)	100,00%	100,00%	28,06%	93,90%	ÜH	87,94%	ÜH	82,11%	ÜH	76,42%	ÜH	70,85%	ÜH	65,40%
25,00% (A, SLO)	ÜH	100,00%	ÜH	93,44%	ÜH	87,10%	ÜH	80,95%	ÜH	75,00%	ÜH	69,23%	ÜH	63,64%
26,00% (CZ, EST)	ÜH	100,00%	ÜH	93,36%	ÜH	86,95%	ÜH	80,74%	ÜH	74,75%	ÜH	68,94%	ÜH	63,33%
27,50% (P)	ÜH	100,00%	ÜH	93,23%	ÜH	86,71%	ÜH	80,42%	ÜH	74,36%	ÜH	68,50%	ÜH	62,85%
28,00% (S)	ÜH	100,00%	ÜH	93,19%	ÜH	86,63%	ÜH	80,31%	ÜH	74,23%	ÜH	68,35%	ÜH	62,69%
29,00% (FIN)	ÜH	100,00%	ÜH	93,10%	ÜH	86,47%	ÜH	80,09%	ÜH	73,96%	ÜH	68,05%	ÜH	62,36%
30,00% (AUS, DK, GB)	ÜH	100,00%	ÜH	93,01%	ÜH	86,30%	ÜH	79,87%	ÜH	73,68%	ÜH	67,74%	ÜH	62,03%
30,38% (L)	ÜH	100,00%	ÜH	92,97%	ÜH	86,24%	ÜH	79,78%	ÜH	73,58%	ÜH	67,62%	ÜH	61,90%
31,50% (NL)	ÜH	100,00%	ÜH	92,86%	ÜH	86,04%	ÜH	79,52%	ÜH	73,26%	ÜH	67,27%	ÜH	61,51%
33,00% (RC)	ÜH	100,00%	ÜH	92,72%	ÜH	85,78%	ÜH	79,15%	ÜH	72,83%	ÜH	66,78%	ÜH	60,99%
34,00% (B)	ÜH	100,00%	ÜH	92,61%	ÜH	85,59%	ÜH	78,90%	ÜH	72,53%	ÜH	66,44%	ÜH	60,63%
34,12% (CDN)	ÜH	100,00%	ÜH	92,60%	ÜH	85,57%	ÜH	78,87%	ÜH	72,49%	ÜH	66,40%	ÜH	60,59%
34,93% (F)	ÜH	100,00%	ÜH	92,52%	ÜH	85,41%	ÜH	78,67%	ÜH	72,24%	ÜH	66,13%	ÜH	60,29%
35,00% (E, GR)	ÜH	100,00%	ÜH	92,51%	ÜH	85,40%	ÜH	78,65%	ÜH	72,22%	ÜH	66,10%	ÜH	60,26%
38,68% (USA)	ÜH	100,00%	ÜH	92,10%	ÜH	84,66%	ÜH	77,65%	ÜH	71,04%	ÜH	64,78%	ÜH	58,86%
41,33% (J)	ÜH	100,00%	ÜH	91,77%	ÜH	84,08%	ÜH	76,88%	ÜH	70,12%	ÜH	63,77%	ÜH	57,79%

4. Besteuerungsfolge „Fremdfinanzierung" bei typisch stiller Gesellschaft

	QuStSG											
	0,00%		5,00%		10,00%		15,00%		20,00%		25,00%		30,00%	
HS	kein ÜH	Anr +	kein ÜH	Anr +	kein ÜH	Anr +	kein ÜH	Anr +	kein ÜH	Anr +	kein ÜH	Anr +	kein ÜH	Anr +
350%	100,00%	100,00%	80,00%	92,92%	60,00%	85,84%	40,00%	78,76%	20,00%	71,68%	0,00%	64,61%	-20,00%	57,53%
500%	100,00%	100,00%	80,00%	92,21%	60,00%	84,42%	40,00%	76,63%	20,00%	68,83%	0,00%	61,04%	-20,00%	53,25%

5. Besteuerungsfolge „Fremdfinanzierung" bei atypisch stiller Gesellschaft

	QuStSG											
	0,00%		5,00%		10,00%		15,00%		20,00%		25,00%		30,00%	
HS	kein ÜH	Anr +	kein ÜH	Anr +	kein ÜH	Anr +	kein ÜH	Anr +	kein ÜH	Anr +	kein ÜH	Anr +	kein ÜH	Anr +
350%	100,00%	100,00%	80,00%	95,00%	60,00%	90,00%	40,00%	85,00%	20,00%	80,00%	0,00%	75,00%	-20,00%	70,00%
500%														

Anhang IV: Bandbreiten der Indifferenzsteuersätze (est$_A$*) zwischen stiller Gesellschaft und EF (Refinanzierung)

1. Besteuerungsfolge „Fremdfinanzierung" bei stiller Gesellschaft

QuStD	QuStSG 5,00% HS 350% Anrechnung	QuStSG 5,00% HS 500% Abzug	QuStSG 10,00% HS 350% Anrechnung	QuStSG 10,00% HS 500% Abzug	QuStSG 15,00% HS 350% Anrechnung	QuStSG 15,00% HS 500% Abzug	QuStSG 20,00% HS 350% Abzug	QuStSG 20,00% HS 500% Abzug	QuStSG 25,00% HS 350% Abzug	QuStSG 25,00% HS 500% Abzug	QuStSG 30,00% HS 350% Abzug	QuStSG 30,00% HS 500% Abzug
z/IG	80,00%–92,21%	80,00%–100,0%	80,00%–84,42%	85,84%–100,0%	80,00%–100,0%	80,00%–100,0%	80,00%–100,0%	80,00%–100,0%	80,00%–100,0%	80,00%–100,0%	80,00%–100,0%	80,00%–100,0%
typisch stille Gesellschaft z/IG												
0,00%	35,87%–42,87%	39,34%–42,87%	40,96%–45,88%	42,53%–45,88%	45,73%–45,88%	45,88%–48,88%	48,92%–51,89%	49,30%–51,89%	52,11%–54,90%	52,47%–54,90%	55,30%–57,90%	55,64%–57,90%
5,00%	32,43%–39,80%	36,08%–39,80%	37,79%–42,97%	39,45%–42,97%	42,81%–46,13%	46,13%–49,30%	46,18%–49,30%	49,54%–52,47%	49,54%–52,47%	52,90%–55,64%	52,90%–55,64%	
10,00%	28,59%–36,38%	32,46%–36,38%	34,26%–39,72%	36,01%–39,72%	39,57%–43,07%	43,07%–46,42%	43,12%–46,42%	46,68%–49,77%	46,68%–49,77%	50,23%–53,12%	50,23%–53,12%	
15,00%	24,30%–32,54%	28,40%–32,54%	30,31%–36,09%	32,16%–36,09%	35,93%–39,64%	39,64%–43,19%	43,19%–46,74%	43,47%–46,74%	47,24%–50,29%	47,24%–50,29%		
20,00%	19,45%–28,21%	23,81%–28,21%	25,85%–31,99%	27,82%–31,99%	31,83%–35,77%	35,77%–39,55%	35,84%–39,55%	39,85%–43,33%	39,85%–43,33%	43,86%–47,10%	43,86%–47,10%	

Anrechnung bei z/IG ≥ 80,00% nie vorteilhaft (15,00% QuStSG, HS 350% Anrechnung)

QuStD	5,00% HS 350% Anrechnung	5,00% HS 500% Abzug	10,00% HS 350% Anrechnung	10,00% HS 500% Abzug	15,00% HS 350% Anrechnung	15,00% HS 500% Abzug	20,00% HS 350% Abzug	20,00% HS 500% Abzug	25,00% HS 350% Abzug	25,00% HS 500% Abzug	30,00% HS 350% Abzug	30,00% HS 500% Abzug
z/IG	80,00%–95,00%	95,00%–100,0%	80,00%–90,00%	90,00%–100,0%	80,00%–85,00%	85,00%–100,0%	80,00%–100,0%	80,00%–100,0%	80,00%–100,0%	80,00%–100,0%	80,00%–100,0%	80,00%–100,0%
atypisch stille Gesellschaft z/IG												
0,00%	29,16%–35,73%	34,03%–35,73%	34,26%–39,11%	37,51%–39,11%	39,35%–40,98%	40,98%–43,62%	43,62%–47,38%	44,45%–47,38%	48,20%–51,14%	48,51%–51,14%	51,95%–54,90%	52,47%–54,90%
5,00%	25,36%–32,27%	30,49%–32,27%	30,73%–35,84%	34,15%–35,84%	36,10%–37,81%	37,81%–40,59%	40,59%–44,55%	41,47%–44,55%	45,42%–48,51%	45,42%–48,51%	49,37%–52,47%	49,37%–52,47%
10,00%	21,13%–28,42%	26,55%–28,42%	26,80%–32,19%	30,41%–32,19%	32,47%–34,28%	34,28%–37,21%	37,21%–41,40%	38,15%–41,40%	42,32%–45,58%	42,32%–45,58%	46,50%–49,77%	46,50%–49,77%
15,00%	16,38%–24,11%	22,13%–24,11%	22,40%–28,10%	26,23%–28,10%	28,41%–30,33%	30,33%–33,43%	33,43%–37,87%	34,43%–37,87%	38,85%–42,30%	38,85%–42,30%	43,28%–46,74%	43,28%–46,74%
20,00%	11,03%–19,24%	17,15%–19,24%	17,43%–23,49%	21,51%–23,49%	23,83%–25,87%	25,87%–29,16%	29,16%–33,88%	30,23%–33,88%	34,94%–38,60%	34,94%–38,60%	39,65%–43,33%	39,65%–43,33%

2. Besteuerungsfolge „weiße Einkünfte" bei stiller Gesellschaft

	QuStSG																											
	0,00%				5,00%				10,00%				15,00%				20,00%				25,00%				30,00%			
	HS				HS				HS				HS				HS				HS				HS			
	350%		500%		350%		500%		350%		500%		350%		500%		350%		500%		350%		500%		350%		500%	
	\multicolumn{2}{c}{z_I/G}																											
QuStD	80,00%	100,00%	80,00%	100,00%	80,00%	100,00%	80,00%	100,00%	80,00%	100,00%	80,00%	100,00%	80,00%	100,00%	80,00%	100,00%	80,00%	100,00%	80,00%	100,00%	80,00%	100,00%	80,00%	100,00%	80,00%	100,00%	80,00%	100,00%
0,00%	24,07%	32,35%	29,16%	37,45%	34,26%	42,56%	39,35%	47,66%	44,45%	52,77%	49,54%	57,87%	54,64%	62,98%
5,00%	19,99%	28,71%	25,36%	34,09%	30,73%	39,47%	36,10%	44,85%	41,47%	50,23%	46,84%	55,61%	52,20%	60,98%
10,00%	15,45%	24,65%	21,13%	30,34%	26,80%	36,03%	32,47%	41,71%	38,15%	47,40%	43,82%	53,08%	49,49%	58,77%
15,00%	10,37%	20,11%	16,38%	26,14%	22,40%	32,17%	28,41%	38,20%	34,43%	44,23%	40,44%	50,25%	46,45%	56,28%
20,00%	4,63%	14,99%	11,03%	21,40%	17,43%	27,82%	23,83%	34,23%	30,23%	40,65%	36,63%	47,06%	43,03%	53,48%

Anhang V: Bandbreiten der Indifferenzsteuersätze (est$_A^*$) zwischen Besteuerungsfolge „Eigenfinanzierung" bei typisch stiller Gesellschaft und Fremdfinanzierung mit QuStZ = 10% (Refinanzierung)

	QuStSG									
	0,00%		5,00%		10,00%		15,00%		20,00%	
	Anrechnung	Abzug	Anrechnung	Abzug	Anrechnung	Abzug	Anrechnung	Abzug	Anrechnung	Abzug
Untergrenze: HS = 350%, $z_{/G}$ = 80%	40,96%	42,53%	37,79%	39,45%	34,26%	36,01%	30,01%	32,16%	25,85%	27,82%
Obergrenze: HS = 500%, $z_{/G}$ = 84,42%	45,88%	45,88%	42,97%	42,97%	39,72%	39,72%	36,09%	36,09%	31,99%	31,99%

Anhang VI: Bandbreiten der Indifferenzsteuersätze (Quellensteuersatz bei stiller Gesellschaft) zwischen Besteuerungsfolge „Fremdfinanzierung" der atypisch stillen Gesellschaft und klassischer Fremdfinanzierung (Refinanzierung)

1. Kein Überhang bei Fremdfinanzierung, Überhang mit Vorteilhaftigkeit der Anrechnungsmethode bei stiller Gesellschaft

QuStZ	$^z/_G$ ÜH	$^z/_G$ Abz	bei HS	QuStSG 0,00%	5,00%	10,00%	15,00%	20,00%	25,00%	30,00%
			$^z/_G$ ÜH	100,00%	80,00%	60,00%	40,00%	20,00%	0,00%	0,00%
			$^z/_G$ Abz	100,00%	95,00%	90,00%	85,00%	80,00%	75,00%	70,00%
0,00%	100,00%	100,00%	350%				**7,08%**	8,67%	10,26%	11,85%	13,45%	15,04%
		100,00%	500%				*14,11%*	20,86%	27,61%	34,35%	41,10%	41,10%
5,00%	80,00%	92,92%	350%					**11,58%**	11,58%	11,58%	13,17%	14,77%
		92,21%	500%					*20,58%*	27,33%	34,08%	40,83%	40,83%
10,00%	60,00%	85,84%	350%						**17,68%**	17,68%	17,68%	17,68%
		84,42%	500%						*27,06%*	33,80%	40,55%	40,55%
15,00%	40,00%	78,76%	350%							**23,77%**	23,77%	23,77%
		76,63%	500%							*33,53%*	40,28%	40,28%
20,00%	20,00%	71,68%	350%								**29,87%**	29,87%
		68,83%	500%								*40,00%*	40,00%
25,00%	0,00%	64,61%	350%									**35,97%**
		61,04%	500%									*39,37%*

Legende:
- **fett** — Vorteilhaftigkeit der stillen Gesellschaft
- *kursiv* — Vorteilhaftigkeit der Fremdfinanzierung
- normal — Vorteilhaftigkeit unbestimmt
- Vorteilhaftigkeit der stillen Gesellschaft, da QuStSG ≤ QuStZ
- bei stiller Gesellschaft Abzugs-, bei Fremdfinanzierung Anrechnungsmethode
- bei stiller Gesellschaft Anrechnungs-, bei Fremdfinanzierung Abzugsmethode

2. Überhang mit Vorteilhaftigkeit der Anrechnungsmethode bei beiden Finanzierungsalternativen

QuStZ	$^z/_G$ ÜH	$^z/_G$ Abz	bei HS	QuStSG	0,00%	5,00%	10,00%	15,00%	20,00%	25,00%	30,00%
				$^z/_G$ ÜH	100,00%	80,00%	60,00%	40,00%	20,00%	0,00%	0,00%
				$^z/_G$ Abz	100,00%	95,00%	90,00%	85,00%	80,00%	75,00%	70,00%
0,00%	100,00%	100,00%	350%		-	-	-	-	-	-	-
		100,00%	500%		-	-	-	-	-	-	-
5,00%	80,00%	92,92%	350%				11,03%	*11,31%*	*11,58%*	-	-
		92,21%	500%				**13,84%**	*13,84%*	*13,84%*	-	-
10,00%	60,00%	85,84%	350%					**16,31%**	16,58%	*16,85%*	*17,13%*
		84,42%	500%					**20,31%**	20,31%	*20,31%*	*20,31%*
15,00%	40,00%	78,76%	350%						**21,65%**	21,85%	*22,13%*
		76,63%	500%						**26,78%**	26,78%	*26,78%*
20,00%	20,00%	71,68%	350%							**27,04%**	27,13%
		68,83%	500%							**33,25%**	33,25%
25,00%	0,00%	64,61%	350%								*32,42%*
		61,04%	500%								*39,73%*

3. Überhang mit Vorteilhaftigkeit unterschiedlicher Methoden bei den jeweiligen Finanzierungsalternativen

QuStZ	$^z/_G$ ÜH	$^z/_G$ Abz	QuStSG bei HS	0,00%	5,00%	10,00%	15,00%	20,00%	25,00%	30,00%
			$^z/_G$ ÜH	100,00%	80,00%	60,00%	40,00%	20,00%	0,00%	0,00%
			$^z/_G$ Abz	100,00%	95,00%	90,00%	85,00%	80,00%	75,00%	70,00%
0,00%	100,00%	100,00%	350%		-	-	-	-	-	-
		100,00%	500%		-	-	-	-	-	-
5,00%	80,00%	92,92%	350%				11,40%	9,98%	8,56%	8,56%	8,56%
		92,21%	500%				14,78%	14,78%	14,78%	14,78%	14,78%
10,00%	60,00%	85,84%	350%					16,77%	15,35%	13,93%	12,52%
		84,42%	500%					18,51%	19,56%	19,56%	19,56%
15,00%	40,00%	78,76%	350%						21,25%	20,73%	19,31%
		76,63%	500%						24,08%	24,34%	24,34%
20,00%	20,00%	71,68%	350%							25,98%	26,10%
		68,83%	500%							29,66%	29,66%
25,00%	0,00%	64,61%	350%								30,70%
		61,04%	500%								35,23%

4. Überhang mit Vorteilhaftigkeit der Abzugsmethode bei beiden Finanzierungsalternativen

QuStZ	$z/_G$ ÜH	$z/_G$ Abz	bei HS	QuStSG	0,00%	5,00%	10,00%	15,00%	20,00%	25,00%	30,00%
				$z/_G$ ÜH	100,00%	80,00%	60,00%	40,00%	20,00%	0,00%	0,00%
				$z/_G$ Abz	100,00%	95,00%	90,00%	85,00%	80,00%	75,00%	70,00%
0,00%	100,00%	100,00%	350%			-	-	-	-	-	-
		100,00%	500%			-	-	-	-	-	-
5,00%	80,00%	92,92%	350%				**11,70%**	*11,70%*	*11,70%*	*11,70%*	*11,70%*
		92,21%	500%				**14,78%**	*14,78%*	*14,78%*	*14,78%*	*14,78%*
10,00%	60,00%	85,84%	350%					**15,96%**	*15,96%*	*15,96%*	*15,96%*
		84,42%	500%					**19,50%**	*19,56%*	*19,56%*	*19,56%*
15,00%	40,00%	78,76%	350%						**20,21%**	*20,21%*	*20,21%*
		76,63%	500%						**24,00%**	*24,34%*	*24,34%*
20,00%	20,00%	71,68%	350%							**24,47%**	*24,47%*
		68,83%	500%							**28,50%**	*29,00%*
25,00%	0,00%	64,61%	350%								28,72%
		61,04%	500%								33,00%

Anhang VII: Bandbreiten der Indifferenzsteuersätze (Quellensteuersatz bei stiller Gesellschaft) zwischen Besteuerungsfolge „weiße Einkünfte" der stillen Gesellschaft und klassischer Fremdfinanzierung (Refinanzierung)

1. Kein Überhang bei Fremdfinanzierung

QuStZ	$z/_G$	HS	QuStSG 0,00%	5,00%	10,00%	15,00%	20,00%	25,00%	30,00%
0,00%	100,00%	350%	**5,48%**	**5,48%**	5,48%	5,48%	5,48%	5,48%	5,48%
	0,00%	500%	**41,10%**	**41,10%**	41,10%	41,10%	41,10%	41,10%	41,10%
5,00%	80,00%	350%	**11,58%**	**11,58%**	**11,58%**	11,58%	11,58%	11,58%	11,58%
	0,00%	500%	**40,83%**	**40,83%**	**40,83%**	40,83%	40,83%	40,83%	40,83%
10,00%	60,00%	350%	**17,68%**	**17,68%**	**17,68%**	**17,68%**	17,68%	17,68%	17,68%
	0,00%	500%	**40,55%**	**40,55%**	**40,55%**	**40,55%**	40,55%	40,55%	40,55%
15,00%	40,00%	350%	**23,77%**	**23,77%**	**23,77%**	**23,77%**	**23,77%**	23,77%	23,77%
	0,00%	500%	**40,28%**	**40,28%**	**40,28%**	**40,28%**	**40,28%**	40,28%	40,28%
20,00%	20,00%	350%	**29,87%**	**29,87%**	**29,87%**	**29,87%**	**29,87%**	**29,87%**	29,87%
	0,00%	500%	**40,00%**	**40,00%**	**40,00%**	**40,00%**	**40,00%**	**40,00%**	40,00%
25,00%	0,00%	350%	**35,97%**	**35,97%**	**35,97%**	**35,97%**	**35,97%**	**35,97%**	**35,97%**
	0,00%	500%	**39,73%**	**39,73%**	**39,73%**	**39,73%**	**39,73%**	**39,73%**	**39,73%**

Legende:
fett Vorteilhaftigkeit der stillen Gesellschaft
kursiv Vorteilhaftigkeit der Fremdfinanzierung
normal Vorteilhaftigkeit unbestimmt

2. Überhang mit Vorteilhaftigkeit der Anrechnungsmethode bei Fremdfinanzierung

QuStZ	$z/_G$	QuStSG HS	0,00%	5,00%	10,00%	15,00%	20,00%	25,00%	30,00%
0,00%	100,00%	350%	-	-	-	-	-	-	-
	100,00%	500%	-	-	-	-	-	-	-
5,00%	92,21%	350%	**10,87%**	**10,87%**	**10,87%**	*10,87%*	*10,87%*	*10,87%*	*10,87%*
	80,00%	500%	**13,84%**	**13,84%**	**13,84%**	*13,84%*	*13,84%*	*13,84%*	*13,84%*
10,00%	84,42%	350%	**16,26%**	**16,26%**	**16,26%**	**16,26%**	16,26%	*16,26%*	*16,26%*
	60,00%	500%	**20,31%**	**20,31%**	**20,31%**	**20,31%**	20,31%	*20,31%*	*20,31%*
15,00%	76,63%	350%	**21,65%**	**21,65%**	**21,65%**	**21,65%**	**21,65%**	21,65%	*21,65%*
	40,00%	500%	**26,78%**	**26,78%**	**26,78%**	**26,78%**	**26,78%**	26,78%	*26,78%*
20,00%	68,83%	350%	**27,04%**	**27,04%**	**27,04%**	**27,04%**	**27,04%**	**27,04%**	27,04%
	20,00%	500%	**33,25%**	**33,25%**	**33,25%**	**33,25%**	**33,25%**	**33,25%**	33,25%
25,00%	61,04%	350%	**32,42%**	**32,42%**	**32,42%**	**32,42%**	**32,42%**	**32,42%**	**32,42%**
	0,00%	500%	**39,73%**	**39,73%**	**39,73%**	**39,73%**	**39,73%**	**39,73%**	**39,73%**

3. Überhang mit Vorteilhaftigkeit der Abzugsmethode bei Fremdfinanzierung

QuStZ	$z/_G$	QuStSG HS	0,00%	5,00%	10,00%	15,00%	20,00%	25,00%	30,00%
0,00%	100,00%	350%	-	-	-	-	-	-	-
	100,00%	500%	-	-	-	-	-	-	-
5,00%	100,00%	350%	**8,62%**	**8,62%**	8,62%	8,62%	*8,62%*	*8,62%*	*8,62%*
	92,92%	500%	**12,94%**	**12,94%**	12,94%	12,94%	*12,94%*	*12,94%*	*12,94%*
10,00%	100,00%	350%	**11,75%**	**11,75%**	**11,75%**	11,75%	*11,75%*	*11,75%*	*11,75%*
	85,84%	500%	**18,51%**	**18,51%**	**18,51%**	18,51%	*18,51%*	*18,51%*	*18,51%*
15,00%	100,00%	350%	**14,88%**	**14,88%**	**14,88%**	14,88%	14,88%	*14,88%*	*14,88%*
	78,76%	500%	**24,08%**	**24,08%**	**24,08%**	24,08%	24,08%	*24,08%*	*24,08%*
20,00%	100,00%	350%	**18,01%**	**18,01%**	**18,01%**	**18,01%**	18,01%	18,01%	*18,01%*
	71,68%	500%	**29,66%**	**29,66%**	**29,66%**	**29,66%**	29,66%	29,66%	*29,66%*
25,00%	100,00%	350%	**21,15%**	**21,15%**	**21,15%**	**21,15%**	**21,15%**	21,15%	21,15%
	64,61%	500%	**35,23%**	**35,23%**	**35,23%**	**35,23%**	**35,23%**	35,23%	35,23%

Literaturverzeichnis

Achatz, M. (Unterkapitalisierung, 2005), Unterkapitalisierung und wirtschaftliche Doppelbesteuerung im Lichte des DBA- und Europarechts, in: Lang, M./Jirousek, H. (Hrsg.), Praxis des Internationalen Steuerrechts, Festschrift für Helmut Loukota zum 65. Geburtstag, Wien 2005, S. 1-13

Aigner, H.-J., Die verdeckte Gewinnausschüttung im DBA-Recht, in: IStR 2005, S. 154-157

Aigner, H.-J./Züger, M., Sind Entnahmen aus Personengesellschaften abkommensrechtlich „Dividenden"?, in: SWI 2000, S. 254-259

Altehoefer, D./Landendinger, M., Die Ausgestaltung von Genussrechten ausländischer Kapitalgeber und die Beschränkung der inländischen Quellenabzugsbeschränkung durch DBA und EG-recht, in: IStR 1997, S. 323-324

Avery Jones, J.F., The Effect of Changes in the OECD Commentaries after the Treaty is Concluded, in: BIFD 2002, S. 102-109

Baetge, J./Kirsch, H.-J./Thiele, S. (Konzernbilanzen, 2004), Konzernbilanzen, 7. Aufl., Düsseldorf 2004

Baetge, J./Kirsch, H.-J./Thiele, S. (Bilanzen, 2005), Bilanzen, 8. Aufl., Düsseldorf 2005

Baranowski, K.-H. (Auslandsbeziehungen, 1996), Besteuerung von Auslandsbeziehungen, 2. Aufl., Herne/Berlin 1996

Bartone, R. (Gesellschafterfremdfinanzierung, 2001), Gesellschafterfremdfinanzierung, Bielefeld 2001

Baumbach, A./Hopt, K.J./Merkt, H., Handelsgesetzbuch, Kommentar, 31. Aufl., München 2003

Becker, J.D. (Atypisch), Die atypisch stille Gesellschaft als Outbound-Finanzierungsalternative, Düsseldorf 2005

Becker, E., Grundfragen aus den neuen Steuergesetzen, StuW 1925, Sp. 1579-1610

Becker, H./Höppner, H./Grotherr, S. u.a., DBA-Kommentar, Doppelbesteuerungsabkommen auf dem Gebiet der Steuern vom Einkommen und vom

Vermögen, auf dem Gebiet der Erbschaftsteuer, Herne/Berlin 1997, Stand Juli 2005 (16. Erg.-Lief.)

Bendlinger, S., Der Ort der tatsächlichen Geschäftsleitung im DBA-Recht, in: SWI 2004, S. 167-173

Benecke, A./Schnitger, A., Lösung von Qualifikationskonflikten im internationalen Steuerrecht – der „abgeleitete" Qualifikationskonflikt, in: RIW 2002, S. 439-448

Benecke, A./Schnittger, A., Anwendung des § 8a KStG, in: IStR 2004, S. 44-48

Bertl, R./Djanani, C./Eberhartinger, E. u.a. (Hrsg.) (Finanzierung, 2004), Handbuch der österreichischen Steuerlehre, Band IV: Investition, Finanzierung und Steuern, Wien 2004

Birk, D., Zuzug und Wegzug von Kapitalgesellschaften, in: IStR 2003, S. 469-473

Blaurock, U., Die GmbH & Still im Steuerrecht, in: BB 1992, S. 1969-1978

Blaurock, U. (Handbuch, 2003), Handbuch der stillen Gesellschaft, 6. Aufl., Köln 2003

Blumenberg, J. (Fremdfinanzierung, 1997), Die Besteuerung der Gesellschafter-Fremdfinanzierung, Baden-Baden 1997

Blümich, W., Einkommensteuergesetz, Körperschaftsteuergesetz, Gewerbesteuergesetz, Kommentar, 16. Aufl., München 1998, Stand Oktober 2005 (88. Erg.-Lief.)

Böck, H./Böhringer, M./Weber, M., Steuerliche Aspekte der Unternehmensfinanzierung im Kontext der internationalen Kapitalmärkte, in: Stbg 2003, S. 308-316

Booten, V./Schnitger, A./Rometzki, S., Finanzierung ausländischer Tochterkapitalgesellschaften durch ausländische nahestehende Personen – Tz. 27 des BMF-Schreibens zu § 8a KStG n.F., in: DStR 2005, S. 907-910

Bornheim, W., Neufassung des § 8a KStG und Finanzierung von jungen Unternehmen, Stbg 2004, S. 307-311

Breuninger, G./Prinz, U., DStR-Fachliteratur-Auswertung: Besteuerung von Personengesellschaften, in: DStR 1995, S. 927-929

Brosens, L., Thin capitalization rules and EU law, EC Tax Review 2004, S. 188-213

Bullinger, P., Änderungen der Mutter-Tochter-Richtlinie ab 2005: Erweiterung des Anwendungsbereiches und verbleibende Probleme, in: IStR 2004, S. 406-412

Bünning, M., Germany: Use of Partnerships and Other Hybrid Instruments in Cross-Border Transactions, in: Intertax 2003, S. 401-409

Burmester, G. (Probleme, 1996), Ausgewählte international-steuerrechtliche Probleme der stillen Gesellschaft, in: Haarmann, W. (Hrsg.), Unternehmensstrukturen und Rechtsformen im Internationalen Steuerecht, Köln 1996, S. 122-147

Burmester, G. (Unternehmensfinanzierung, 2003), Unternehmensfinanzierung im Internationalen Steuerrecht, Köln 2003

Cerioni, L., European Union: Intra-EC Interest and Royalties Tax Treatment, in: ET 2004, S. 47-53

Chebounov, A. (Qualifikation, 2002), Die Qualifikationsproblematik im deutschen Recht der Doppelbesteuerungsabkommen, Frankfurt am Main/Bern/Berlin u.a. 2002

Costede, J., Steuerrechtsfragen der GmbH & Still, in: StuW 1983, S. 308-317

Courage, C, Steuerliche Behandlung spanischer Personengesellschaften nach DBA, in: IWB 1998, Fach 5, Spanien, Gruppe 2, S. 227-248

Daniels, T.H.M. (Partnership, 1991), Issues in International Partnership Taxation, Deventer/Boston 1991

Dautzenberg, N., Präzisierung der Mutter-Tochter-Richtlinie durch den EuGH, in: UM 2003, S. 174-176

Dautzenberg, N., Europäische „Agenda" für das Ertragsteuerrecht im Jahr 2004: Die Richtlinien vom Juni 2003, in: BB 2004, S. 17-21

Dautzenberg, N., Die Besteuerung von Zinsen und Lizenzgebühren in einem europäischen Konzern, in: StuB 2005, S. 524-531

Dautzenberg, N., Die Mutter-Tochter-Richtlinie in der geänderten Form ab dem 1.1.2005, in: StuB 2005, S. 254-261

Debatin, H. (Auslegung, 1983), Zur Auslegung von Doppelbesteuerungsabkommen, in: Fischer, L. (Hrsg.), Unternehmung und Steuer, Festschrift zur Vollendung des 80. Lebensjahres von Peter Scherpf, Wiesbaden 1983, S. 305-317

Debatin, H., System und Auslegung von Doppelbesteuerungsabkommen, in: DB 1985, Beilage 23 zu Heft Nr. 39

Debatin, H., Subjektiver Schutz unter Doppelbesteuerungsabkommen, in: BB 1989, Beilage 2 zu Heft 3

Debatin, H., Das neue Doppelbesteuerungsabkommen mit den USA, in: DB 1990, S. 598-603, S. 654-661

Debatin, H., Doppelbesteuerungsabkommen und innerstaatliches Recht, in: DStR 1992, Beihefter zu Heft 23

Debatin, H., Zur Behandlung von Beteiligungen an Personengesellschaften unter den Doppelbesteuerungsabkommen im Lichte der neueren Rechtsprechung des Bundesfinanzhofs, in: BB 1992, S. 1181-1188

Debatin, H./Wassermeyer, F., Doppelbesteuerung, Kommentar zu allen deutschen Doppelbesteuerungsabkommen, München, Stand Mai 2005 (96. Erg.-Lief.)

Degesys, R., Lithuania – Taxation of Companies, in: ET 2004, S. 295-302

Degethof, M., Praxishinweise bei der Betriebsprüfung der atypisch stillen Gesellschaft (insbesondere der GmbH & Still), in: StBp 2002, S. 349-355, StBp 2003, S. 1-9

DIHK (Hebesätze), Realsteuer-Hebesätze deutscher Städte über 50.000 Einwohner, http://www.dihk.de, Rubrik Recht und Fairplay/Steuerrecht/Gewerbe- und Grundsteuer (29.8.2005)

Djanani, C. (International, 1998), Internationales Steuerrecht, 2. Aufl., Wien 1998

Djanani, C./Brähler, G.,/Hartman, T., Die Finanzverwaltung und die autonome Abkommensauslegung, in: IStR 2004, S. 481-485

Döllerer, G., Die atypisch stille Gesellschaft – gelöste und ungelöste Probleme, in: DStR 1985, S. 295-303

Dörr, I./Krauß, R./Schreiber, S., Quellensteuerbefreiung bei Lizenzgebühren auf Grund EG-Richtlinie: Wann handelt der Gesetzgeber?, in: IStR 2004, S. 469-475

Dörr, I./Küppers, C., Überblick über das Steuerrecht der Niederlande, in: IWB 2005, Fach 5, Niederlande, Gruppe 2, S. 411-424

Dötsch, E./Eversberg, H./Jost, W.F. u.a., Die Körperschaftsteuer, Kommentar zum Körperschaftsteuergesetz, zum Umwandlungssteuergesetz und zu den einkommensteuerlichen Vorschriften der Anteilseignerbesteuerung, Stuttgart, Stand November 2005 (55. Erg.-Lief.)

Dötsch, E./Pung, A., Steuersenkungsgesetz: Die Änderungen bei der Körperschaftsteuer und bei der Anteilseignerbesteuerung, in: DB 2000, Beilage 4 zu Heft Nr. 34

Dötsch, E./Pung, A., Die Neuerungen bei der Körperschaftsteuer und bei der Gewerbesteuer durch das Steuergesetzgebungspaket vom Dezember 2003, in: DB 2004, S. 91-100, S. 151-156

Duncan, J.A., Besteuerung hybrider Finanzierung in grenzüberschreitenden Situationen (Generalbericht), in: CDFI 2000, Bd. LXXXVa, S. 51-66

Ebenroth, T.C./Boujong, K./Joost, D., Handelsgesetzbuch, Kommentar, München 2001

Eicker, K./Aramini, F., Overview on the recent Developments of the EC Directive on Withholding Taxes on Royalty and Interest Payments, in: EC Tax Review 2004, S. 134-145

Eilers, S./Schiessl, M. (Einsatz, 2003), Der Einsatz von hybriden Finanzierungsformen und hybriden Gesellschaftsformen im Konzern, in: Grotherr, S. (Hrsg.), Handbuch der internationalen Steuerplanung, 2. Aufl., Herne/Berlin 2003, S. 441-453

Eilers, S./Schmidt, R., Die Steuerbefreiung von Dividenden und Veräußerungsgewinnen nach § 8b KStG – Praxis-Kommentierung zum BMF-Schr. v. 28.04.2003 (GmbHR 2003, 603) zur Anwendung des § 8b KStG 2002 und zu Auswirkungen auf die Gewerbesteuer, GmbHR 2003, S. 613-643

Endres, D., Musterfälle „Grenzüberschreitende Investitionen 2004/2005", in: PIStB 2004, Sonderdruck

Englisch, J., Die Besteuerung grenzüberschreitender Kapitalgesellschaften in neuem Licht: EuGH „Manninen", in: GmbHR 2004, S. R 421-R 422

Englisch, J., Europarechtskonforme Dividendenbesteuerung – „Aims and effects"?, in: RIW 2005, S. 187-194

Englisch, J./Schütze, A., The Implementation of the EC Parent-Subsidiary Directive in Germany – Recent Developments and Unresolved Issues, in: ET 2005, S. 488-499

Ernst & Young/ZEW (Hrsg.) (Taxation, 2004), Company Taxation in the New EU Member States, 2. Aufl., Frankfurt am Main/Mannheim 2004

Fichtelmann, H. (Still, 2000), GmbH & Still im Steuerrecht, 5. Aufl., Heidelberg 2000

Fischbach, N., Gestaltungsüberlegungen zur Finanzierung brasilianischer Tochtergesellschaften, in: IWB 2002, Fach 8, Brasilien, Gruppe 2, S. 149-166

Fischer, E., Wechselwirkungen zwischen der Einkommen- und Körperschaftsteuer und der Gewerbesteuer bei Anteilen im Streubesitz nach dem UntStFG, in: DStR 2002, S. 610-616

Fischer, L. (Personengesellschaften, 2000), Die Beteiligung an ausländischen Personengesellschaften vor dem Hintergrund der Betriebsstätten-Verwaltungsgrundsätze vom 24.12.1999, in: Kirchhof, P./Lehner, M./Raupach, A. u.a. (Hrsg.), Staaten und Steuern, Festschrift für Klaus Vogel zum 70. Geburtstag, Heidelberg 2000, S. 963-986

Fischer, L./Kleineidam, H.-J./Warneke, P. (Internationale, 2005), Internationale Betriebswirtschaftliche Steuerlehre, 5. Aufl., Berlin 2005

Fischer-Zernin, J., Die US-Branch Profits Tax für deutsche Investoren, in: DB 1990, S. 1940-1943

Flick, H. (Finanzierung, 1983), Steuerliche Aspekte der Finanzierung von Auslandsinvestitionen, in: Fischer, L. (Hrsg.), Unternehmung und Steuer, Festschrift zur Vollendung des 80. Lebensjahres von Peter Scherpf, Wiesbaden 1983, S. 319-331

Flick, H./Wassermeyer, F./Baumhoff, H., Außensteuerrecht, Kommentar, 6. Aufl., Köln 1999, Stand November 2005 (56. Erg.-Lief.)

Fries, W., Internationales Schachtelprivileg für Vergütungen aus einer typisch stillen Beteiligung an einer luxemburgischen Tochtergesellschaft, in: IStR 2005, S. 805-808

Frotscher, G., Gesellschafter-Fremdfinanzierung durch nicht anrechnungsberechtigte Anteilseigner, in: IStR 1994, S. 201-211

Frotscher, G. (International, 2001), Internationales Steuerrecht, München 2001

Frotscher, G., Die Ausgabenbeschränkung nach § 3c EStG und ihre Auswirkung auf Finanzierungsentscheidungen, in: DStR 2001, S. 2045-2054

Frotscher, G., Die rechtlichen Wirkungen des § 8a KStG n.F., in: DStR 2004, S. 377-386

Frotscher, G./Maas, E., Praxis Kommentar, Körperschaftsteuergesetz, Umwandlungssteuergesetz, Freiburg, Stand november 2005 (81. Erg.-Lief.)

Fu, R. (Stille, 1997), Die stille Gesellschaft im internationalen Steuerrecht aus deutscher Sicht, Frankfurt am Main 1997

Funk, T.E., Hybride Finanzinstrumente im US-Steuerrecht, in: RIW 1998, S. 138-145

Gassner, W. (Anwendung, 1999), Anwendung des Abkommens in bestimmten Fällen (Art. 28 DBA-Entwurf), in: Gassner, W. (Hrsg.), Das neue Doppelbesteuerungsabkommen Österreich-Deutschland, Wien 1999, S. 269-291

Gassner, B./Pöllath, R., Ausgewählte ertragsteuerliche Aspekte bei atypisch stiller Beteiligung an einer GmbH einschließlich ihrer Folgen bei Auslandsbeziehungen, in: JbFfSt 1985/86, S. 353-386

Geiger, R. (Völkerrecht, 2002), Grundgesetz und Völkerrecht, 3. Aufl., München 2002

Gerke, W./Bank, M. (Finanzierung, 2003), Finanzierung, 2. Aufl., Stuttgart 2003

Geuenich, M. (Atypisch, 2005), Qualifikationskonflikte im OECD-Musterabkommen am Beispiel einer atypisch stillen Gesellschaft, Berlin 2005

Glanegger, P./Güroff, G./Kusterer, S. u.a., Heidelberger Kommentar zum Handelsgesetzbuch: Handelsrecht – Bilanzrecht – Steuerrecht, 5. Aufl., Heidelberg 1999

Glessner, M. (Stille, 2000), Die grenzüberschreitende stille Gesellschaft im Internationalen Steuerrecht, Frankfurt am Main/Berlin/Bern u.a. 2000

Gloria, C., Die Doppelbesteuerungsabkommen der Bundesrepublik Deutschland und die Bedeutung der Lex-Fori-Klausel für ihre Auslegung, in: RIW 1986, S. 970-978

Gloria, C. (Verständigungsverfahren, 1988), Das steuerliche Verständigungsverfahren und das Recht auf diplomatischen Schutz, Berlin 1988

Golücke, M./Franz, M., Der Entwurf des BMF-Schreibens zur Gesellschafter-Fremdfinanzierung (§ 8a KStG) – eine erste Übersicht, in: GmbHR 2004, S. 708-714

Gosch, D., Zum Schachtelprivileg bei nur mittelbarer Beteiligung, in: StBp 2001, S. 81-83

Gouthière, B., A Comparative Study of the Thin Capitalization Rules in the Member States of the European Union and Certain Other States, in: ET 2005, S. 367-451

Greif, M./Fischer, B., Internationale Einkommenssteuerprobleme bei Personengesellschaften (Landesberichte, Deutschland), in: CDFI 1995, Bd. LXXXa, S. 231-253

Groh, M. (Atypisch, 2001), Die atypisch stille Gesellschaft als fiktive Gesamthandsgesellschaft, in: Drenseck, W./Seer, R. (Hrsg.), Festschrift für Heinrich Wilhelm Kruse zum 70. Geburtstag, Köln 2001, S. 417-432

Große, S., Berücksichtigung polnischer Steuern im deutschen Einkommensteuerrecht, in: RIW 2001, S. 587-598

Grotherr, S. (Unterkapitalisierung, 1995), Ausländische Unterkapitalisierungsregelungen, in: Piltz, D.J./Schaumburg, H. (Hrsg.), Unternehmensfinanzierung im Internationalen Steuerrecht, Köln 1995, S. 49-87

Grotherr, S., Vergleich der steuerlichen Regelungen zur Unterkapitalisierung in den OECD-Mitgliedsstaaten, in: IWB 1995, Fach 10, Gruppe 2, S. 1077-1100

Grotherr, S., Gewerbesteuerliche Auswirkungen der mit steuerfreien Dividenden im Zusammenhang stehenden nicht abzugsfähigen Betriebsausgaben, in: BB 2001, S. 597-603

Grotherr, S., Quellensteuerabzug und –ermäßigung bei Dividenden, Zinsen und Lizenzgebühren in DBA-Fällen, in: IWB 2002, Fach 3, Gruppe 2, S. 977-1012

Grotherr, S., Zweifelsfragen bei der Anwendung der Rückfallklausel („subject to tax clause") gemäß DBA, in: IWB 2003, Fach 3, Gruppe 2, S. 689-718

Grotherr, S., Auswirkungen des neuen § 8a KStG auf die Gesellschafter-Fremdfinanzierung von Auslandsgesellschaften, in: GmbHR 2004, S. 850-864

Grotherr, S., Geänderte Rechtsauffassung des BFH zur Anwendung der abkommensrechtlichen Rückfallklausel („subject-to-tax-clause"), in: IWB 2004, Fach 3, Gruppe 2, S. 1145-1156

Grotherr, S., International relevante Änderungen durch das Gesetz zur Umsetzung der Protokollerklärung zum Steuervergünstigungsabbaugesetz („Korb II-Gesetz"), in: IWB 2004, Fach 3, Gruppe 1, S. 2017-2056

Grotherr, S., Kritische Analyse des neuen BMF-Schreibens vom 15.7.2004 zur Gesellschafter-Fremdfinanzierung, in: IWB 2004, Fach 3, Gruppe 4, S. 463-474

Grotherr, S. (Zweifelsfragen, 2005), Zweifelsfragen zur Ausgabenberücksichtigung bei der Ermittlung ausländischer Einkünfte, in: Gocke, R./Gosch, D./Lang, M. (Hrsg.), Körperschaftsteuer – Internationales Steuerrecht – Doppelbesteuerung, Festschrift für Franz Wassermeyer zum 65. Geburtstag, München 2005, S. 303-321

Grotherr, S./Herfort, C./Strunk, G. u.a. (International, 2003), Internationales Steuerrecht, 2. Aufl., Achim 2003

Günkel, M., „GmbH & Still" mit ausländischer Muttergesellschaft, in: JbFfSt 1996/97, S. 206-214

Günkel, M./Lieber, B., Atypisch stille Gesellschaft als grenzüberschreitendes Gestaltungsinstrument, in: IWB 1999, Fach 10, Gruppe 2, S. 1393-1408

Günkel, M./Lieber, B., Abkommensrechtliche Qualifikation von Sondervergütungen, in: FR 2000, S. 853-858

Günkel, M./Lieber, B., BMF-Schreiben zur steuerlichen Behandlung von Gewinnanteilen aus atypisch stillen Beteiligungen nach den DBA, in: IWB 2000, Fach 3, Gruppe 2, S. 871-878

Günkel, M./Lieber, B., Duplik zu H. Krabbe, Abkommensrechtliche Behandlung von Sondervergütungen, in: FR 2001, S. 132

Gusmeroli, M./Massimiliano, R., Italian Thin Capitalization Rules, Tax Traeties and EC Law: Much Ado About Something, in: Intertax 2004, S. 593-619

Gutmann, D./Hinnekens, L., The Lankhorst-Hohorst case. The ECJ finds German thin capitalization rules incompatible with freedom of establishment, in: EC Tax Review 2003, S. 90-97

Haas, U., Die Subordination von Gesellschafterdarlehen im deutschen und italienischen GmbH-Recht, in: GmbHR 2004, S. 557-563

Hahn, H., Doppelte Nichtbesteuerung (Berichte von IFA Gruppen, Deutschland), in: CDFI 2004, Bd. 89a, S. 325-352

Hahn, H., Europarechtswidrigkeit des neuen § 8a KStG, in: GmbHR 2004, S. 277-279

Hahn, H., Gemeinschaftsrecht und Recht der direkten Steuern, in: DStZ 2005, S. 433-442, 469-481, 507-515

Hamaekers, H., Fiscal Sovereignity and Tax Harmonization in the EC, in: ET 1993, S. 25-27

Hannes, B. (Qualifikationskonflikte, 1992), Qualifikationskonflikte im internationalen Steuerrecht, Hamburg 1992

Hasbargen, U./Johnsen, K.M., Financing of German subsidiaries – German and US tax treatment of silent partnerships and profit participating loans, in: Intertax 1990, S. 377-386

Hauck, A., Germany: Interpretation of the So-called „regress-clauses" in Double Tax Treaties, in: Intertax 1996, S. 52-55

Haun, J. (Hybride, 1996), Hybride Finanzierungsinstrumente im deutschen und US-amerikanischen Steuerrecht, Frankfurt am Main/Berlin/Bern u.a. 1996

Hebig, M./Heuer, F., Besteuerung einer grenzüberschreitenden stillen Gesellschaft an einer österreichischen Kapitalgesellschaft, in: RIW 1985, S. 797-801

Heinrich, J. (Hybride, 2005), Grenzüberschreitende hybride Finanzierungen im Verhältnis Deutschland – Österreich, in: Lang, M./Jirousek, H. (Hrsg.), Praxis des Internationalen Steuerrechts, Festschrift für Helmut Loukota zum 65. Geburtstag, Wien 2005, S. 155-174

Helminen, M. (Dividend, 1999), The Dividend Concept in International Tax Law, Den Haag/London/Boston 1999

Helminen, M., Dividend equivalent benefits and the concept of profit distribution of the EC Parent-Subsidiary Directive, in: EC Tax Review 2000, S. 161-171

Hensel, C., Das Doppelbesteuerungsabkommen mit Kanada, in: IWB 2002, Fach 8, Gruppe 2, S. 209-214

Hensel, C., Rückfallklauseln in den DBA vor dem Aus?, in: PIStB 2004, S. 112-114

Herrmann, C./Heuer, G./Raupach, A., Einkommensteuer- und Körperschaftsteuergesetz, Kommentar, Köln, Stand August 2005 (219. Erg.-Lief.)

Herzig, N., Standortsicherungsgesetz: Gesetzliche Regelung der Gesellschafter-Fremdfinanzierung in § 8a KStG, in: DB 1994, S. 110-115, S. 168-177

Herzig, N., Thema I: Hybride Finanzinstrumente im nationalen und internationalen Steuerrecht, in: IStR 2000, S. 482-485

Herzig, N., Aktuelle Entwicklungen bei § 8b KStG und § 3c EStG, in: DB 2003, S. 1459-1468

Herzig, N./Dautzenberg, N., Der EWG-Vertrag und die Doppelbesteuerungsabkommen – Rechtsfragen im Verhältnis zwischen Doppelbesteuerungsabkommen und den Diskriminierungsverboten des EWGV, in: DB 1992, S. 2519-2524

Herzig, N./Dautzenberg, N., Die Einwirkungen des EG-Rechts auf das deutsche Unternehmensteuerrecht, in: DB 1997, S. 8-17

Herzig, N./Lochmann, U., Anwendungsbereich und Rechtsfolgen von § 8a KStG n.F., in: StuW 2004, S. 144-157

Herzig, N./Wagner, T., Finnische Gruppenbesteuerung vor dem EuGH – Mögliche Folgen für die Organschaft, in: DB 2005, S. 2374-2381

Hey, F.E.F., Anmerkung zum Urteil des BFH vom 11.6.1996, I R 8/96, in: RIW 1997, S. 82-83

Hey, J., Die Besteuerung von Personen(handels)gesellschaften in den Mitgliedstaaten der Europäischen Union, der Schweiz und den USA, in: IStR 2005, S. 649-657

Heyvaert, W. (Belgium, 1996), Belgium, in: Bureau Francis Lefebvre/Loyens & Volkmars/Oppenhoff & Rädler (Hrsg.), Hybrid Financing, Amsterdam 1996, S. 15-54

Hilpold, P./Steinmair, W. (Grundriss, 2005), Grundriss des italienischen Steuerrechts I, 3. Aufl., Wien/Bozen/Heidelberg u.a. 2005

Hinder, J.-U./Bleschke, C., Steuerliche Behandlung der typisch und atypisch stillen Gesellschaft, in: StuB 2004, S. 621-627

Hinnekens, P., Régime fiscal international des sociétés de personnes en matière d'impôt sur le revenue (Rapports Nationaux, Belgique), in: CDFI 1995, Bd. LXXXa, S. 87-109

Hinnekens, L., Compatibility of Bilateral Tax Treaties with European Community Law. The Rules, in: EC Tax Review 1994, S. 146-166

Hinnekens, L., Revised OECD-TAG Definition of Place of Effective Management in Treaty Tie-Breaker Rule, in: Intertax 2003, S. 314-319

Hock, B., Zur Besteuerungspraxis bei grenzüberschreitenden Beteiligungen an gewerblichen Personengesellschaften, in: WPg 1996, S. 106-113

Hofert, S./Arends, V., Mezzanine-Finanzierung der GmbH, in: GmbHR 2005, S. 1381-1390

Holthaus, J., Aktuelle Anwendung der Rückfallklauseln der DBA in der Praxis – Wo und wann kann die Finanzverwaltung trotz geänderter Rechtsauffassung des BFH noch „weiße Einkünfte" verhindern?, in: IStR 2005, S. 337-339

Höötmann, A. (Stille, 2001), Die stille Gesellschaft als Finanzierungsalternative bei grenzüberschreitender Unternehmenstätigkeit, Frankfurt am Main/Bern/Berlin u.a. 2001

Hörnschemeyer, A./Lühn, M., Gestaltungsüberlegungen zur internationalen Rechtsformwahl in der EU nach der Änderung der Mutter-Tochter-Richtlinie, in: GmbHR 2005, S. 1397-1408.

Hueck, G./Windbichler, C., (Gesellschaftsrecht, 2003), Gesellschaftsrecht, 20. Aufl., München 2003

Hundsdoerfer, J., Beteiligungsaufwendungen im Halbeinkünfteverfahren, in: BB 2001, S. 2242-2250

IBFD (EC Tax Law, 2004), EC Corporate Tax Law, Commentary on the EC Direct Tax Measures and Member State Implementation, Amsterdam 1991, Stand August 2005 (29. Erg.-Lief.)

IBFD (Europa, 2006), Steuerberater Handbuch Europa, Bonn/Berlin 1997, Stand Februar 2006 (50. Erg.-Lief.)

Jacob, F., Anmerkung zum Urteil des BFH vom 17.12.2003, I R 14/02, in: IStR 2004, S. 240-244

Jacobs, O.H. (Rechtsform, 2002), Unternehmensbesteuerung und Rechtsform, 3. Aufl., München 2002

Jacobs, O.H. (Internationale, 2002), Internationale Unternehmensbesteuerung, 5. Aufl., München 2002

Jacobs, O.H./Storck, A., Tochterkapitalgesellschaft oder Betriebstätte im Ausland? – Eine Analyse der internationalen Unternehmensbesteuerung, in: DBW 1977, S. 379-397

Jaeger, C. (Europa, 2001), Die Körperschaftsteuersysteme in Europa, Lohmar/Köln 2001

Kahle, H., Die Ertragsbesteuerung der Beteiligung an einer ausländischen Personengesellschaft, in: StuB 2005, S. 666-672, S. 702-708

Kahle, H., Steuergestaltung bei international tätigen Personengesellschaften, in: StuW 2005, S. 61-70

Kastl, M./Schleweit, K.A. (Unterkapitalisierung, 2002), Gesellschafter-Fremdfinanzierung und steuerliche Unterkapitalisierungsregelungen in mittel- und osteuropäischen Staaten, in: Grotherr, S. (Hrsg.), Handbuch der internationalen Steuerplanung, 2. Aufl., Herne/Berlin 2003, S. 455-470

Kempf, A., Nochmals: Die EU-Zins-/Lizenzrichtlinie und § 8 Nr. 1 GewStG, IStR 2005, S. 773-775

Kerath, A. (Maßstäbe, 1995), Maßstäbe zur Auslegung und Anwendung von Doppelbesteuerungsabkommen unter besonderer Berücksichtigung des Verständigungsverfahrens, Hamburg 1995

Kerssenbrock, O.-F., § 8b Abs. 5 KStG nach der „Lankhorst-Hohorst"-Entscheidung des EuGH, in: BB 2003, S. 2148-2157

Kessler, W., Die stille Gesellschaft als Instrument der Steuergestaltung nach der Unternehmenssteuerreform, in: StbJb 2002/2003, S. 375-415

Kessler, W., Die Gesellschafter-Fremdfinanzierung im Spannungsfeld zum Recht der Doppelbesteuerungsabkommen und Europarecht, in: DB 2003, S. 2507-2514

Kessler, W. (Konzernbesteuerung, 2004), Rahmenbedingungen der Konzernbesteuerung in Deutschland, in: Kessler, W./Kröner, M./Köhler, S. (Hrsg.), Konzernsteuerrecht, München 2004, S. 1-28

Kessler, W., Weiterentwicklung des deutschen und Internationalen Steuerrechts, in: IStR 2004, S. 810-815, S. 841-846

Kessler, W./Becker, J.D., Die atypisch stille Gesellschaft als Finanzierungsalternative zur Reduzierung der Steuerbelastung aus der Hinzurechnungsbesteuerung, in: IStR 2005, S. 505-510

Kessler, W./Eicker, K./Obser, R., Die Gesellschafter-Fremdfinanzierung im Lichte der Kapitalverkehrsfreiheit, in: IStR 2004, S. 325-329

Kessler, W./Eicker, K./Obser, R., Die Schweiz und das Europäische Steuerrecht, in: IStR 2005, S. 658-669

Kessler, W./Eicker, K./Schindler, J., Hinzurechnung von Dauerschuldzinsen nach § 8 Nr. 1 GewStG verstößt gegen die Zins- /Lizenzgebühren-Richtlinie, in: IStR 2004, S. 678-680

Kessler, W./Müller, M.A., Ort der Geschäftsleitung einer Kapitalgesellschaft nach nationalem und DBA-Recht – Bestandsaufnahme und aktuelle Entwicklungen, in: IStR 2003, S. 361-369

Kessler, W./Obser, R., Überblick zur Gesellschafter-Fremdfinanzierung in den Mitgliedstaaten der Europäischen Union, in: IStR 2004, S. 187-191

Kessler, W./Reitsam, M., Die typisch stille Gesellschaft als Alternative zur Organschaft, in: DStR 2003, S. 269-273, S. 315-319

Kirchhof, P., EStG KompaktKommentar, Einkommensteuergesetz, 5. Aufl., Heidelberg 2005

Klebau, B., Einzelprobleme bei der Auslegung von Doppelbesteuerungsabkommen, in: RIW 1986, S. 125-134

Kluge, V. (Steuerrecht, 2000), Das Internationale Steuerrecht, 4. Aufl., München 2000

Köhler, S., Aktuelles Beratungs-Know-how Internationales Steuerrecht, in: DStR 2005, S. 227-232

Kocmánková, J., Investitionen in der Tschechischen Republik in Form einer atypisch stillen Gesellschaft, in: IStR 1999, S. 558-560

Knaus, M., Slowenien: Neue nationale Quellensteuerabzugsregelung, in: SWI 2005, S. 35-40

Knobbe-Keuk, B., "Qualifikationskonflikte" im internationalen steuerrecht der Personengesellschaften, in: RIW 1991, S. 306-316

Knobbe-Keuk, B. (Bilanz, 1992), Bilanz- und Unternehmenssteuerrecht, 9. Aufl., Köln 1992

Knobbe-Keuk, B., Wieder einmal ein Entwurf zu § 8a KStG – Wiederauflage einer Regelung zur Gesellschafterfremdfinanzierung im Standortsicherungsgesetz, in: DB 1993, S. 60-66.

Knobbe-Keuk, B., Die Fremdfinanzierung inländischer Kapitalgesellschaften durch nichtanrechnungsberechtigte Anteilseigner, in: StuW 1982, S. 201-222

Köhler, S., Diskussionsforum Unternehmenssteuerreform: Auswirkungen der steuerlichen Änderungen auf deutsche Auslandsinvestitionen, in: DStR 2000, S. 613-620

Köhler, S./Eicker, K., Aktuelles Beratungs-Know-how Internationales Steuerrecht, in: DStR 2004, S. 672-676

Körner, A., Das „Bosal"-Urteil des EuGh – Vorgaben für die Abzugsfähigkeit der Finanzierungsaufwendungen des Beteiligungserwerbs, in: BB 2003, S. 2436-2442

KPMG (Express-Informations-Service Nr. 25), Express-Informations-Service Nr. 25 vom 22. April 2004: Die Umsetzung der Mutter-Tochter-Richtlinie in Tschechien, Polen, Ungarn, Slowakei und Slowenien, http://www.kpmg.at, Rubrik virtuelle Bibliothek/Express Informations Service/Nr. 25 (2.12.2004)

KPMG (EU News No. 6), EU Enlargement Tax News No. 6 May-June 2004, http://www.kpmg.at, Rubrik: virtuelle Bibliothek/Express Informations Service/Nr. 34 (2.12.2004)

Krabbe, H., Steuerliche Behandlung der Personengesellschaften nach den Doppelbesteuerungsabkommen, in: IWB 1998, Fach 3, Gruppe 2, S. 753-772

Krabbe, H., Qualifikationskonflikte bei atypisch stillen Gesellschaften, in: IStR 1999, S. 591-592

Krabbe, H., Die Personengesellschaft im Internationalen Steuerrecht, in: StbJb 2000/2001, S. 183-203

Krabbe, H., Betriebsstätten-Verwaltungsgrundsätze und Personengesellschaften, in: IWB 2000, Fach 3, Gruppe 2, S. 863-870

Krabbe, H., Anwendung des § 8b Abs. 7 KStG – Anmerkung zum BMF-Schreiben vom 10.1.2000, in: IStR 2000, S. 53-55

Krabbe, H., OECD-Musterabkommen 2000, in: IStR 2000, S. 196-201

Krabbe, H., Abkommensrechtliche Behandlung von Sondervergütungen – Ein Replik, in: FR 2001, S. 129-132

Kraft, G., Profit and Loss Attribution between Head Office and Permanent Establishment in Different Jurisdictions: The German Tax Administration's Point of View Critically Analysed, ET 2001, S. 82-87

Kraft, A./Kreutz, P. (Gesellschaftsrecht, 2004), Gesellschaftsrecht, 12. Aufl., Neuwied 2004

Krawitz, N./Büttgen, D./Hick, C., Zwischenholdinggesellschaften inländisch beherrschter internationaler Konzerne unter dem Einfluss der Reformen des Unternehmenssteuerrechts, in: WPg 2002, S. 85-103

Kroppen, K.-H./Schreiber, K., International relevante Aspekte des Steuerentlastungsgesetzes 1999/2000/2002, in: IWB 1999, Fach 3, Gruppe 3, S. 1227-1248

Kubaile, H./Kapalle, U., Atypisch stille Beteiligung an Schweizer Kapitalgesellschaft sichert attraktive Steuerquote, in: PIStB 2004, S. 272-278

Kühnberger, M., Mezzaninekapital als Finanzierungsalternative von Genossenschaften, in: DB 2004, S. 661-667

Kumpf, W. (Betriebstätten, 1982), Besteuerung inländischer Betriebstätten von Steuerausländern, Köln 1982

Kumpf, W., Betriebsstättenfragen nach Steuersenkungsgesetz und Betriebsstättenerlass, FR 2001, S. 449-460

Kumpf, W./Roth, A., Einzelfragen der Ergebniszuordnung nach den neuen Betriebsstätten-Verwaltungsgrundsätzen, in: DB 2000, S. 787-793

Küting, K./Dürr, U.L., Mezzanine-Kapital – Finanzierungsentscheidungen im Sog der Rechnungslegung, in: DB 2005, S. 1529-1534

Kußmaul, H./Beckmann, S., Anrechnung oder Abzug ausländischer Steuern – Vorteilhaftigkeitsanalyse und Entscheidungshilfe, in: StuB 2000, S. 1188-1198

Lampe, M., Auslegung der sogenannten Rückfallklauseln in DBA, IWB 1999, Fach 3, Gruppe 2, S. 773-782

Lang, M. (Hybride, 1991), Hybride Finanzierungen im Internationalen Steuerrecht, Wien 1991

Lang, M. (DBA, 1992), Doppelbesteuerungsabkommen und innerstaatliches Recht, Wien 1992

Lang, M. (Bedeutung, 1994), Die Bedeutung des Musterabkommens und des Kommentars des OECD-Steuerausschusses für die Auslegung von Doppelbesteuerungsabkommen, in: Gassner, W./Lang, M./Lechner, E. (Hrsg.), Aktuelle Entwicklungen im Internationalen Steuerrecht, Wien 1994, S. 11-41

Lang, M. (Unterkapitalisierung, 1994), Unterkapitalisierung, in: Gassner, W./Lang, M./Lechner, E. (Hrsg.), Aktuelle Entwicklungen im Internationalen Steuerrecht, Wien 1994, S. 127-156

Lang, M. (Auslegung, 1997), Die Bedeutung des originär innerstaatlichen Rechts für die Auslegung von Doppelbesteuerungsabkommen, in: Burmester, G./Endres, D. (Hrsg.), Außensteuerrecht, Doppelbesteuerungsabkommen und EU-Recht im Spannungsverhältnis, Festschrift für Helmut Debatin zum 70. Geburtstag, München 1997, S. 283-304

Lang, M. (Einführung, 2002), Einführung in das Recht der Doppelbesteuerungsabkommen, 2. Aufl., Wien 2002

Lang, M. (Application, 2000), The Application of the OECD Model Tax Convention to Partnerships, Wien 2000

Lang, M. (Auslegung, 2003), Die Auslegung von Doppelbesteuerungsabkommen als Problem der Planungssicherheit bei grenzüberschreitenden Sachverhalten, in: Grotherr, S. (Hrsg.), Handbuch der internationalen Steuerplanung, 2. Aufl., Herne/Berlin 2003, S. 1487-1501

Lang, M. (Kapitaleinkommensbesteuerung), Internationale Kapitaleinkommensbesteuerung nach dem Wohnsitzprinzip oder dem Quellenprinzip, http://www2.wu-wien.ac.at/taxlaw/sfb/Working_Papers/workingpaper5.pdf (1.8.2005)

Lang, M./Wimpissinger, C. (Einkünfte, 2000), Die Einkünfte einer Personengesellschaft aus abkommensrechtlicher Sicht, in: Gassner, W./Lang,

M./Lechner, E. (Hrsg.), Personengesellschaften im Recht der Doppelbesteuerungsabkommen, Wien 2000, S. 85-100

Lange, J. (Personengesellschaften, 2005), Personengesellschaften im Steuerrecht, 6. Aufl., Herne/Berlin 2005

Lechner, E. (Behandlung, 1999), Die Behandlung von Dividenden nach dem neuen DBA-Österreich-Deutschland, in: Gassner, W. (Hrsg.), Das neue Doppelbesteuerungsabkommen Österreich-Deutschland, Wien 1999, S. 81-95

Lefebvre, F. (Fiscal, 2005), Mémento Pratique Francis Lefebvre, Fiscal, Levallois 2005

Le Gall, J.-P., Internationale Einkommenssteuerprobleme bei Personengesellschaften (Generalbericht), in: CDFI 1995, Bd. LXXXa, S. 709-777

Lehner, M., Der Einfluss des Europarechts auf die Doppelbesteuerungsabkommen, in: IStR 2001, S. 329-337

Leitner, R., Die stille Gesellschaft im Recht der Doppelbesteuerungsabkommen, in: SWI 2000, S. 159-163

Lentz, M. (Freistellung, 2002), Die Freistellung ausländischer Einkünfte unter Vorbehaltsklauseln in der internationalen Vertragspraxis, in: Sutter, F.P./ Wimpissinger, C. (Hrsg.), Freistellungs- und Anrechnungsmethode in den Doppelbesteuerungsabkommen, Wien 2002, S. 103-125

Leopold, K./Reichling, C., Alternative Finanzierungsformen: Mezzanine-Finanzierung für die Masse?, in: DStR 2004, S. 1360-1364

Lieber, B./Stifter, J., Die atypisch stille Gesellschaft als Alternative zur Ausgliederung, in: FR 2003, S. 831-836

Littmann, E./Bitz, H./Pust, H., Das Einkommensteuerrecht, Kommentar zum Einkommensteuerrecht, 15. Aufl., Stuttgart, Stand November 2005 (68. Erg.-Lief.)

Löbker, R. (Erträge, 2001), Die Erträge der stillen Gesellschaft im Abkommensrecht, in: Urtz, C./Züger, M. (Hrsg.), Personengesellschaften im Internationalen Steuerrecht, Wien 2001, S. 177-190

Lohse, C./Zanzinger, D., Rechtsprechungsänderungen des BFH bei Ertragsteuern im Jahre 2004, in: DStR 2005, S. 849-853

Loukota, H., Lösung internationaler Qualifikationskonflikte, in: SWI 1999, S. 70-78

Loukota, H. (Personengesellschaften, 2000), Der OECD-Report zur Anwendung des OECD-Musterabkommens auf Personengesellschaften, in: Gassner, W./Lang, M./Lechner, E. (Hrsg.), Personengesellschaften im Recht der Doppelbesteuerungsabkommen, Wien 2000, S. 15-25

Loukota, H., Seminar B: Der Ort der Geschäftsleitung im DBA-Recht, in: IStR 2004, S. 558-564

Loukota, W. (Betriebsstättendiskriminierung, 2005), Verbot der Betriebsstättendiskriminierung – DBA-Recht versus EG-Recht, in: Lang, M./Jirousek, H. (Hrsg.), Praxis des Internationalen Steuerrechts, Festschrift für Helmut Loukota zum 65. Geburtstag, Wien 2005, S. 329-347

Loukota, H., Das DBA-Diskriminierungsverbot – Eine Bestandsaufnahme der Verwaltungspraxis, in: SWI 2005, S. 56-66

Löwenstein, U./Looks, C. (Hrsg.) (Betriebsstätten, 2003), Betriebsstättenbesteuerung, München 2003

Lüdicke, J., Neue Entwicklungen der Besteuerung von Personengesellschaften im internationalen Steuerrecht, in: StBJb 1997/1998, S. 449-492

Lüdicke, J. (Besteuerung, 2000), Die Besteuerung von international tätigen Personengesellschaften – geänderte Rechtsauffassungen der Finanzverwaltung im Betriebsstättenerlaß und anderen BMF-Schreiben, Hefte zur Internationalen Besteuerung, Heft 134, Hamburg, 2000

Lühn, A., Körperschaftsteuerpflichtige Personengesellschaften in der EU – eine attraktive Alternative zur Kapitalgesellschaft nach Änderung der Mutter-Tochter-Richtlinie?, in: IWB 2004, Fach 11, Gruppe 2, S. 635-650

Lühn, A./Engelsing, L., Die Besteuerung von Erträgen aus ausländischen Kapitalgesellschaften, Personengesellschaften und Betriebsstätten, in: UM 2005, S. 45-49

Lutter, M./Scheffler, E./Schneider, U.H. (Konzern, 1998), Der Konzern als finanzwirtschaftliche Einheit, in: Lutter, M./Scheffler, E./Schneider, U.H. (Hrsg.), Handbuch der Konzernfinanzierung, Köln 1998, S. 1-29

Maier, J., Hybride Finanzierungen für Gemeinnützige Körperschaften – Aspekte internationaler Konzernbesteuerung für Fundraiser und Mäzene, in: DB 2005, S. 1708-1712

Maier-Frischmuth, M., Unternehmensbesteuerung im internationalen Vergleich, in: StuB 2003, S. 7-12

Maisto, G., The 2003 amendments to the EC Parent-Subsidiary Directive: what's next?, in: EC Tax Review 2004, S. 164-181

Maiterth, R., Die steueroptimale Finanzierung ausländischer Tochtergesellschaften, in: FB 2002, S. 566-576

Maiterth, R., Zur sachgerechten Behandlung von Beteiligungsaufwendungen im Steuerrecht, in: DBW 2002, S. 169-183

Malinski, P., Seminar B: Steuerliche Wirkungen von Währungsgewinnen und -verlusten, in: IStR 200, S. 499-504

Meilicke, W./Portner, R., Grenzen für den Übergang von der Freistellungs- zur Anrechnungsmethode, in: IStR 2004, S. 397-402

Mennel, A./Förster, J. (Steuern, 2004), Steuern in Europa, Amerika und Asien, Herne/Berlin 1980, Stand April 2004 (53. Erg.-Lief.)

Menck, T., Unterkapitalisierung und DBA – Zu § 8a KStG und zum OECD-Musterabkommen, in: FR 1994, S. 69-94

Menck, T., Neuere Grundmodelle grenzüberschreitender Steuerplanung im Blickfeld der Außenprüfung, in: StBp 1997, S. 173-178, S. 197-201

Menck, T., OECD-Bericht zur Personengesellschaft und zum Qualifikationskonflikt, in: IStR 1999, S. 147-149

Menhorn, M. (Behandlung, 2001), Die abkommensrechtliche Behandlung von Beteiligungserträgen an einer ausländischen Personengesellschaft, in: Urtz, C./Züger, M. (Hrsg.), Personengesellschaften im Internationalen Steuerrecht, Wien 2001, S. 101-124

Menhorn, M., Ausländische Quellensteuer auf im Inland steuerfreie Dividenden als Betriebsausgabe nach § 26 Abs. 6 KStG abziehbar, in: DStR 2005, S. 1885-1890

Mensching, O., Stille Beteiligung und § 8a KStG n.F., in: DStR 2004, S. 408-414

Michielse, G.M.M., Zur Regelung der Gesellschafter-Fremdfinanzierung in EU-Mitgliedstaaten und in Doppelbesteuerungsabkommen, in: StuW 1994, S. 331-340

Mittermaier, J. (Besteuerung, 1998), Besteuerung von Personengesellschaften im Verhältnis USA-Deutschland, Heidelberg 1998

Möller, R., Der Begriff der Betriebsstätte im deutschen Steuerrecht, in: StuB 2005, S. 350-356

Mössner, J.M. u.a. (International, 2005), Steuerrecht international tätiger Unternehmen, 3. Aufl., Köln 2005

Moudry, M., Tax treatment of hybrid financial instruments in cross-border transactions (National Reports, Czech Republic), in: CDFI 2000, Bd. LXXXVa, S. 247-252

Mueller, J., Bestätigung der Voraussetzungen für die Anwendung der Zins-Richtlinie ab 1.7.2005 durch ECOFIN-Rat, in: IWB Nr. 12 vom 22.6.2005, IWB Aktuell, S. 561-562

Müller, J., The Interest & Royalty Directive, in: TPI/EUF 2005, Nr. 6, S. 12-20

Müller, M.A., Double-Dip-Modelle bei deutschen Personengesellschaften, in: IStR 2005, S. 182-187

Müller, M./Wangler, C., Qualifikationskonflikte bei der Beteiligung inländischer Investoren an ausländischen Personengesellschaften, in: IStR 2003, S. 145-154

Müller, R., Die atypisch ausgestaltete stille Gesellschaft im Abkommensrecht, in: IStR 1996, S. 266-275

Müller-Dott, J.P., Die Rechtsänderung des § 34c EStG zur Anrechnung ausländischer Steuern durch das StVergAbG, in: DB 2003, S. 1468-1470

Muniozguren, J.I.G., Silent Partnership Structures: A Flexible, Tax-Efficient Vehicle for Doing Business in Spain, in: JIT 2002, S. 59-61

Obser, R., § 8a KStG im Inbound-Sachverhalt – eine EG-rechtliche Beurteilung, in: IStR 2005, S. 799-804

OECD (Thin Capitalization, 1987), Thin Capitalization, Taxation of Entertainers, Artistes and Sportsmen, Issues in International Taxation No. 2, Paris 1987

OECD (Partnership, 1999), Application of the OECD Model Tax Convention to Partnerships, Issues in International Taxation No. 6, Paris 1999

OECD (Convention, 2003), Model Tax Convention on Income and on Capital, Paris, Stand Januar 2003

Oestreicher, A. (Einfluss, 2005), Einfluss der Besteuerung auf betriebswirtschaftliche Entscheidungen international tätiger Unternehmen, in: Oestreicher, A. (Hrsg.), Internationale Steuerplanung, Herne/Berlin 2005, S. 59-88

o.V., "Keinmalbesteuerung" von Betriebsstätten-Gewinnen?, in: IStR 1994, S. 166-168

Pering, W., Auswirkungen von Währungsschwankungen auf den Betriebstättengewinn, in: DB 1986, S. 2299-2302

Petereit, A., Die sog. switch-over-Klausel in den deutschen Doppelbesteuerungsabkommen, in: IStR 2003, S. 577-586

Picot, A./Dietl, H./Franck, E. (Organisation, 2002), Organisation, 3. Aufl., Stuttgart 2002

Piltz, D.J. (Personengesellschaften, 1981), Die Personengesellschaften im internationalen Steuerrecht der Bundesrepublik Deutschland, Heidelberg 1981

Piltz, D.J. (Qualifikationskonflikte, 1993), Qualifikationskonflikte im internationalen Steuerrecht unter besonderer Berücksichtigung von Personengesellschaften, in: Lutz, F. (Hrsg.), Besteuerung internationaler Konzerne, Köln 1993, S. 21-47

Piltz, D.J. (Hybride, 1995), Hybride Finanzierungen in Doppelbesteuerungsabkommen, in: Piltz, D.J./Schaumburg, H. (Hrsg.), Unternehmensfinanzierung im Internationalen Steuerrecht, Köln 1995, S. 125-144

Piltz, D.J. (Zinsen, 1995), Besteuerung umqualifizierter Zinsen im Empfängerstaat, in: Piltz, D.J./Schaumburg, H. (Hrsg.), Unternehmensfinanzierung im Internationalen Steuerrecht, Köln 1995, S. 116-124

Piltz, D.J., Internationale Aspekte der Unterkapitalisierung (Generalbericht), in: CDFI 1996, Bd. LXXXIb, S. 19-81

Portner, A., Modellcharakter des neuen DBA-USA, in: EWS 1991, S. 125-131

Portner, R., Vereinbarkeit des § 8a KStG mit den Doppelbesteuerungsabkommen, in: IStR 1996, S. 23-30, S. 66-70

Portner, R., Doppelbesteuerungsabkommen – Uneingeschränktes Quellenbesteuerungsrecht bei Abzugfähigkeit von Vergütungen auf gewinnabhängige Finanzierungsinstrumente, in: IStR 1996, S. 409-411

Post, M./Hoffmann, G.F. (Beteiligung, 1984), Die stille Beteiligung am Unternehmen der Kapitalgesellschaft – GmbH & Still, 2. Aufl., Bielefeld 1984

Potthof, A. (Finanzierung, 1998), Finanzierung ausländischer Unternehmenseinheiten, Wiesbaden 1998

Praetzler, O., Ausgewälte Zweifelsfragen zum neuen § 8a KStG bei konzerntypischen Holdingstrukturen sowie zu dessen Anwendung auf in Deutschland nicht der Besteuerung unterliegende Kapitalgesellschaften, in: DB 2004, S. 621-625

Prinz, U., Ausgewählte Einzelfragen zu § 8a KStG mit internationalem Bezug, in: FR 2004, S. 1249-1256

Prinz, U./Breuninger, G., Steuergestaltung mit ausländischen Personengesellschaften, in: IWB 1997, Fach 10, Gruppe 2, S. 1293-1310

Prinz, U./Simon, S., Kuriositäten und Ungereimtheiten des UntStFG: Ungewollte Abschaffung des gewerbesteuerlichen Schachtelprivilegs für Kapitalgesellschaften?, in: DStR 2002, S. 149-152

Prinz zu Hohenlohe, F./Ribbrock, M., RIW-Kommentar zum Urteil des BFH vom 17.12.2003, I R 14/02, in: RIW 2004, S. 558-559

Pyszka, T., Aktuelle Fragen zur atypisch stillen Gesellschaft im internationalen Steuerrecht, in: IStR 1999, S. 577-583

Pyszka, T., Gewerbesteuerfreistellung von Dividenden und Einkünften aus der Veräußerung von Anteilen an Kapitalgesellschaften bei Bestehen einer atypisch stillen Beteiligung, in: DB 2003, S. 686-688

Pyszka, T., Atypisch stille Beteiligung an einzelnen Unternehmenssegmenten, in: DStR 2003, S. 857-862

Pyszka, T./Brauer, M. (Personengesellschaften, 2004), Ausländische Personengesellschaften im Unternehmenssteuerrecht, Herne/Berlin 2004

Raad, K. van (Coordination, 2000), International Coordination of Tax Treaty Interpretation and Application, in: Kirchhof, P./Lehner, M./Raupach, A. u.a.

(Hrsg.), Staaten und Steuern, Festschrift für Klaus Vogel zum 70. Geburtstag, Heidelberg 2000, S. 1091-1103

Reith, T. (International, 2004), Internationales Steuerrecht, München 2004

Reusch, P. (Stille, 1989), Die stille Gesellschaft als Publikumspersonengesellschaft, Berlin 1989

Riegler, B./Salomon, K., Der Dividenden- und Zinsbegriff nach den Doppelbesteuerungsabkommen mit der Bundesrepublik Deutschland, in: DB 1991, S. 2205-2208

Riemenschneider, S. (Personengesellschaften, 1995), Abkommensberechtigung von Personengesellschaften und abkommensrechtliche Behandlung der Einkünfte aus Beteiligungen inländischer Gesellschafter an ausländischen Personengesellschaften, Frankfurt am Main/Berlin/Bern u.a. 1995

Ritter, W. Perspektiven für die Fortentwicklung des deutschen internationalen Steuerrechts, in: IStR 2001, S. 430-437

Rödder, T., Gewerbesteuerliche Hinzurechnung von „Streubesitzdividenden" nach § 8 Nr. 5 GewStG n.F. – Zusammenfassung der bisherigen Ergebnisse –, in: WPg 2002, S. 625-627

Rödder, T./Ritzer, K., § 8a KStG n.F. im Outbound-Fall, in: DB 2004, S. 891-894

Rödder, T./Schumacher, A., Rechtsfolgen des § 8a KStG n.F., in: DStR 2004, S. 758-765

Rödder, T./Schumacher, A., Das BMF-Schreiben zu § 8a KStG, in: DStR 2004, S. 1449-1460

Rolle, G./Mejnardi, C., Developments in the Italian Regional Income Tax Case: An Issue of Refunds, in: TPI/EUF 2005, Nr. 4, S. 13-15

Ruban, R., Die atypisch stille Gesellschaft im Ertragsteuerrecht – Tendenzen in der neueren Rechtsprechung des Bundesfinanzhofs, in: DStZ 1995, S. 637-646

Rudolph, B. (Kapitalstruktur, 1998), Die Konzernweiten Finanzierungsregeln und Kapitalstruktur, in: Lutter, M./Scheffler, E./Schneider, U.H. (Hrsg.), Handbuch der Konzerfinanzierung, Köln 1998, S. 30-58

Ruhser, A.-K., Zweifelsfragen des § 8a KStG bei Cash Pooling im Konzern, in: DStR 2004, S. 2034-2038

Runge, B. (Abwehrklauseln, 2003), Die DBA-eigenen Abwehrklauseln als Schranke der internationalen Steuerplanung, in: Grotherr, S. (Hrsg.), Handbuch der internationalen Steuerplanung, 2. Aufl., Herne/Berlin 2003, S. 1709-1723

Rust, A. (Avoidance, 2003), Avoidance of Double Non-Taxation in Germany, in: Lang. M. (Hrsg.), Avoidance of Double Non-Taxation, Wien 2003, S. 109-135

Rust, A., Diskriminierungsverbote verbieten Diskriminierungen!, in: IStR 2004, S. 391-396

Schaumburg, H. (Internationales, 1998), Internationales Steuerrecht, 2. Aufl., Köln 1998

Schaumburg, H. (Konzernsteuerrecht, 1998), Grundzüge des Konzernsteuerrechts, in: Schaumburg, H. (Hrsg.), Kölner Konzernrechtstage – Steuerrecht und steuerorientierte Gestaltung im Konzern, Köln 1998, S. 1-59

Schaumburg, H., Außensteuerrecht und europäische Grundfreiheiten, in: DB 2005, S. 1129-1137

Schaumburg, H./Jesse, L. (Holding, 1998), Die internationale Holding aus steuerlicher Sicht, in: Lutter, M. (Hrsg.), Holding-Handbuch, 3. Aufl., Köln 1998, S. 681-761

Schaumburg, H./Jesse, L. (Konzernfinanzierung, 1998), Die Konzernfinanzierung im internationalen Steuerrecht, in: Lutter, M./Scheffler, E./Schneider, U.H. (Hrsg.), Handbuch der Konzerfinanzierung, Köln 1998, S. 1186-1244

Scapa, A./Henie, L.A., Avoidance of Double Non-Taxation under the OECD Model Tax Convention, in: Intertax 2005, S. 266-285

Scheffler, E. (Eigenkapitalfinanzierung, 1998), Die Gestaltung der Eigenkapitalfinanzierung im Konzern, in: Lutter, M./Scheffler, E./Schneider, U.H. (Hrsg.), Handbuch der Konzernfinanzierung, Köln 1998, S. 213-246

Scheffler, W., Betriebswirtschaftliche Analyse des Wahlrechts zwischen Anrechnung und Abzug ausländischer Steuern nach dem Steueränderungsgesetz 1992, in: DB 1993, S. 845-851

Scheffler, W. (Unternehmenstätigkeit, 2002), Besteuerung der grenzüberschreitenden Unternehmenstätigkeit, 2. Aufl., München 2002

Scheffler, W. (Besteuerung, 2005), Besteuerung von Unternehmen, Band I: Ertrag-, Substanz- und Verkehrsteuern, 8. Aufl., Heidelberg 2005

Schenke, R., Die Position der Finanzverwaltung zur Gesellschafter-Fremdfinanzierung im Outbound-Fall – Europarechtliche Achillesferse des § 8a KStG, in: IStR 2005, S. 188-192

Scherer, T.B. (Doppelbesteuerung, 1995), Doppelbesteuerung und Europäisches Gemeinschaftsrecht, München 1995

Schmidt, C., Zur DBA-Anwendung und inländischen Steuerpflicht bei im Sitzstaat rechtsfähigen ausländischen Personengesellschaften, in: IStR 1996, S. 14-23

Schmidt, C., Die atypisch stille Gesellschaft im deutschen Internationalen Steuerrecht – Wie begründet ist die herrschende Meinung?, in: IStR 1996, S. 213-223

Schmidt, C. (Investitionen, 1998), Steuerliche Probleme bei grenzüberschreitenden Investitionen in osteuropäischen gewerblichen Personengesellschaften, in: Fischer, L. (Hrsg.), Steuerplanung zwischen Abkommens- und nationalem Außensteuerrecht, Köln 1998, S. 39-82

Schmidt, C., Personengesellschaften im internationalen Steuerrecht nach dem OECD-Bericht „The Application of the OECD Model Tax Convention to Partnerships" und den Änderungen im OECD-MA und im OECD-Kommentar im Jahre 2000, in: IStR 2001, S. 489-497

Schmidt, C., Personengesellschaften im Abkommensrecht, in: WPg 2002, S. 1134-1145, S. 1232-1242

Schmidt, C. (Konsequenzen, 2003), Steuerrechtliche Konsequenzen und Probleme beim Einsatz der typischen und atypischen stillen Beteiligung im Ausland, in: Grotherr, S. (Hrsg.), Handbuch der internationalen Steuerplanung, 2. Aufl., Herne/Berlin 2003, S. 1409-1433

Schmidt, C./Dendorfer, W., Beteiligungen an US-amerikanischen Immobilienfonds – Doppelbesteuerung von Zinserträgen aufgrund von Qualifikationskonflikten, in: IStR 2000, S. 46-50

Schmidt, K. (Gesellschaftsrecht, 2002), Gesellschaftsrecht, 4. Aufl., Köln/ Berlin/Bonn u.a. 2002

Schmidt, K., Münchener Kommentar zum Handelsgesetzbuch, München 2002

Schmidt, L., Einkommensteuergesetz, Kommentar, 24. Aufl., München 2005

Schmidt, V./Kieker, A., Gewerbesteuerpflicht von Dividenden, insbesondere von Dividenden ausländischer Kapitalgesellschaften, in: NWB 2003, Fach 5, Gewerbesteuer, S. 1523-1526

Schnieder, E.-A., Die atypisch stille Gesellschaft im Recht der deutschen DBA, in: IStR 1999, S. 392-397

Schnitger, A., Verstoßen Körperschaftsteuer-Erhöhung und Gesellschafter-Fremdfinanzierung gegen die Mutter/Tochter-Richtlinie?, in: GmbHR 2003, S. 1240-1244

Schnitger, A., Anrechnung ausländischer Quellensteuern bei steuerfreien ausländischen Einkünften unter besonderer Beachtung von § 8b Abs. 5 KStG, in: IStR 2003, S. 298-303

Schnittker, H./Lemaitre, C., Steuersubjektqualifikation ausländischer Personen- und Kapitalgesellschaften anhand des Rechtstypenvergleichs: Welche Vergleichskriterien sind heranzuziehen?, in: GmbHR 2003, S. 1314-1320

Schön, W., Besteuerung im Binnenmarkt – die Rechtsprechung des EuGH zu den direkten Steuern, in: IStR 2004, S. 289-300

Schönhaus, M. (Behandlung, 2005), Die Behandlung der stillen Gesellschaft im Recht der Doppelbesteuerungsabkommen unter besonderer Berücksichtigung des OECD-Partnership-Reports, Frankfurt am Main 2005

Schönwald, S., Beteiligung an anderen Körperschaften (§ 8b KStG), in: SteuerStud 2002, S. 136-146

Schönwald, S., Änderungen bei der Körperschaftsteuer durch das Steuervergünstigungsabbaugesetz, in: SteuerStud 2003, S. 486-490

Schoor, H.W./Natschke, T. (GmbH, 2005), Die GmbH & Still im Steuerrecht, 4. Aufl., Herne/Berlin 2005

Schoueri, L.E. (Qualifikation, 2000), Qualifikation und Substitution im internationalen Steuerrecht, in: Kirchhof, P./Lehner, M./Raupach, A. u.a. (Hrsg.), Staaten und Steuern, Festschrift für Klaus Vogel zum 70. Geburtstag, Heidelberg 2000, S. 925-943

Schreiber, U. (Besteuerung, 2005), Besteuerung der Unternehmen, Berlin/Heidelberg 2005

Schulze zur Wiesche, Die Einmann-GmbH & Still und Mitunternehmerschaft, in: GmbHR 1983, S. 202-203

Schulze zur Wiesche, D. (GmbH, 1997), Die GmbH & Still, 3. Aufl., Heidelberg 1997

Schwacke, P. (Methodik, 2003), Juristische Methodik, 4. Aufl., Düsseldorf 2003

Sedemund, J., Steine statt Brot oder immer noch europarechtswidrig? – Gedanken zur Neufassung des § 8a KStG, in: IStR 2003, S. 595-600

Segat, G., The Tax Implications of Italian Silent Partnerships with Non-Resident Partners, in: ET 2000, S. 499-512

Seibold, S., Neuere Entwicklungen auf dem Gebiet der deutschen Steuerabkommen, in: IStR 1998, S. 649-657

Seiler, D./Lohr, J.-A., Behandlung von Zinsen im deutschen und europäischen Steuerrecht, in: StuB 2005, S. 109-115

Söffing, G. (Hrsg.) (Mitunternehmer, 2005), Besteuerung der Mitunternehmer, 5. Aufl., Herne/Berlin 2005

Sommerhalder, R.A., Approaches to Thin Capitalization, in: ET 1996, S. 82-95

Spengel, C./Golücke, M., Gesellschafter-Fremdfinanzierung: Implikationen der EG-Rechtswidrigkeit von § 8a KStG für die Praxis und den Gesetzgeber, in: RIW 2003, S. 333-347

Spetzler, W., Wirkung und Einfluß des Rechts der Europäischen Gemeinschaft auf das nationale Steuerrecht, in: DB 1993, S. 553-558

Stapperfend, T., Der Einfluß der Grundfreiheiten und der Diskriminierungsverbote des EG-Vertrags auf die inländische Besteuerung, in: FR 2003, S. 165-174

Staringer, C. (Kapitalgesellschaften, 1999), Besteuerung doppelt ansässiger Kapitalgesellschaften, Wien 1999

Starke, P., Gewerbesteuerliche Behandlung von Dividenden, in: FR 2005, S. 681-684

Streu, V. (Konzernfinanzierung, 1997), Grenzüberschreitendes Leasing als Instrument der Konzernfinanzierung, Baden-Baden 1997

Strobl, E./Schäfer, K., Berücksichtigung von Auslandsverlusten bei atypisch stiller Gesellschaft, in: IStR 1993, S. 206-212

Strunk, G., Steuerliche Aspekte mezzaniner Unternehmensfinanzierungen, in: Stbg 2005, S. 341-347

Strunk, G./Kaminski, B., Anmerkungen zum Betriebsstättenerlaß, IStR 2000, S. 33-42

Strunk, G./Kaminski, B., Aktuelle Entwicklungen bei der Besteuerung von ausländischen Betriebsstätten und Personengesellschaften in Abkommensfällen, in: IStR 2003, S. 181-187

Strunk, G./Kaminski, B., Der Entwurf des BMF-Schreibens zur Gesellschafterfremdfinanzierung gem. § 8a KStG vom 12. Mai 2004, in: Stbg 2004, S. 301-306

Strunk, G./Kaminski, B./Köhler, S., Außensteuergesetz, Doppelbesteuerungsabkommen, Kommentar, Bonn/Berlin 2004, Stand Oktober 2005 (4. Erg.-Lief.)

Stüttgen, H.-G. (Beteiligung, 1988), Die stille Beteiligung an der gewerblichen Familien-GmbH, Düsseldorf 1988

Suchanek, M., Atypisch stille Beteiligungen im Recht der Doppelbesteuerungsabkommen, in: FR 2003, S. 605-612

Suchanek, M./Herbst, C., Gewährung des internationalen Schachtelprivilegs für einen typisch still Beteiligten an einer luxemburgischen Kapitalgesellschaft – als Beispiel für die Auslegung von DBA, in: FR 2003, S. 1108-1116

Suchanek, M./Hagedorn, S., Steuerpraxisfragen der GmbH & atypisch Still, in: FR 2004, S. 1149-1154

Süchting, J. (Finanzmanagement, 1995), Finanzmanagement: Theorie und Politik der Unternehmensfinanzierung, 6. Aufl., Wiesbaden 1995

Sudhoff, H./Sudhoff, M., Stille Beteiligung an einer GmbH und die Umwandlung dieser Beteiligung, in: GmbHR 1984, S. 77-81

Suhrbier-Hahn, U., RIW 2003, RIW-Kommentar, EuGH, Urteil vom 18. September 2003 – C-168/01 Bosal Holding BV gegen Staatssecretaris van Financiën, S. 882-884

Sutter, F.P. (Atypisch, 2000), Die Abkommensrechtliche Stellung der atypisch stillen Beteiligung, in: Gassner, W./Lang, M./Lechner, E. (Hrsg.), Personengesellschaften im Recht der Doppelbesteuerungsabkommen, Wien 2000, S. 205-234

Terra, B./Wattel, P. (European, 2001), European Tax Law, 3. Aufl., Den Haag/London/Boston 2001

Theisen, M.R. (Konzern, 2000), Der Konzern, 2. Aufl., Stuttgart 2000

Thömmes, O., EG-rechtliche Aspekte einer Auslandsinvestition, in: IWB 2003, Fach 11, Gruppe 2, S. 547-554

Thömmes, O., Abzugsbeschränkungen nach § 8b KStG und dem Halbeinkünfteverfahren, in: IStR 2005, S. 685-693

Thömmes, O./Stricof, R./Nakhai, K., Thin Capitalization Rules and Non-Discrimination Principles, in: Intertax 2004, S. 126-137

Toifl., G. (Personengesellschaften, 2003), Personengesellschaften im Recht der Doppelbesteuerungsabkommen, Wien 2003

Tiefel, T., Behandlung der atypisch stillen Gesellschaft nach dem DBA-Schweiz, in: IWB 1999, Fach 3, Gruppe 2, S. 795-798

Tumpel, M. (Beteiligung, 1998), Die Beteiligung an einer Personengesellschaft als Betriebstätte des Gesellschafters, in: Gassner, W./Lang, M./Lechner, E. (Hrsg.), Die Betriebsstätte im Recht der Doppelbesteuerungsabkommen, Wien 1998, S. 145-155

Uhrmann, K., Zur Abgrenzung der inländischen Devisengeschäfte mit dem Ausland von den Devisengeschäften einer Betriebsstätte im Ausland, in: StBp 1996, S. 243-246

Valová, D./Bodenloher, C./Koch, D., Die Rückfallklausel in Doppelbesteuerungsabkommen, in: IStR 2002, S. 405-407

Vetter, T., Offene Fragen zur „Minderbesteuerung" als Folge des Qualifikationskonflikts im deutschen DBA-Netz, in: IWB 1997, Fach 3, Gruppe 2, S. 729-734

Vetter, T., Zum Begriff des „Qualifikationskonflikts" im DBA Deutschland-USA, in: IStR 1997, S. 649-652

Vogel, K., Zu einigen Fragen des Internationalen Steuerrechts – Erwiderung zu dem Beitrag von Debatin, DB 1985 Beil. 23 – in: DB 1986, S. 507-509

Vogel, K., Die Mär von den „Rückfall-Klauseln" in Doppelbesteuerungsabkommen, in: IStR 1997, Beihefter zu Heft 24

Vogel, K., Zur Abkommensberechtigung ausländischer Personengesellschaften, in: IStR 1999, S. 5-8

Vogel, K., Probleme der Auslegung von Doppelbesteuerungsabkommen, in: SWI 2000, S. 103-112

Vogel, K., Transnationale Auslegung von Doppelbesteuerungsabkommen, in: IStR 2003, S. 523-529

Vogel, K. (Verfassungsstaat, 2004), Keine Bindung an völkervertragswidrige Gesetze im offenen Verfassungsstaat – Europäisches Gemeinrecht in der Entwicklung, in: Blankenagel, A./Pernice, I./Schulze-Fielitz, H. (Hrsg.), Verfassung im Diskurs der Welt, Liber Amicorum für Peter Häberle zum siebzigsten Geburtstag, Tübingen 2004, S. 481-499

Vogel, K. (Verteilungsnormen, 2005), Zur Dogmatik der Verteilungsnormen in Doppelbesteuerungsabkommen, in: Lang, M./Jirousek, H. (Hrsg.), Praxis des Internationalen Steuerrechts, Festschrift für Helmut Loukota zum 65. Geburtstag, Wien 2005, S. 621-628

Vogel, K./Lehner, M., Doppelbesteuerungsabkommen der Bundesrepublik Deutschland auf dem Gebiet der Steuern vom Einkommen und Vermögen, Kommentar auf der Grundlage der Musterabkommen, 4. Aufl., München 2003

Vögele, A./Borstell, T./Engler, G. u.a. (Verrechnungspreise, 2004), Handbuch der Verrechnungspreise, 2. Aufl., München 2004

Wachter, S. (Gewinnermittlung, 1996), Die Gewinnermittlung und die Gewinnverteilung in der stillen Gesellschaft, Frankfurt am Main/Berlin/Bern u.a. 1996

Wagner, S., Steuerliche Zweifelsfragen rund um die stille Gesellschaft in Luxemburg, in: StBp 2001, S. 349-353

Wagner, S., Die Zukunft des internationalen Steuerrechts nach dem Manninen-Urteil, in: DStZ 2005, S. 325-333

Warner, P.J. (Luxembourg, 2004), Luxembourg in International Tax Planning, 2. Aufl., Amsterdam 2004

Watrin, C./Lühn, M., Mezzanine-Finanzierungen im Rahmen des § 8a KStG n.F., in: StuB 2004, S. 724-731

Wassermeyer, F., Die Auslegung von Doppelbesteuerungsabkommen durch den Bundesfinanzhof, in: StuW 1990, S. 404-412

Wassermeyer, F., Merkwürdigkeiten bei der Auslegung von DBA durch die Finanzverwaltung, in: IStR 1995, S. 49-51

Wassermeyer, F., Die Vermeidung der Doppelbesteuerung im Europäischen Binnenmarkt, in: DStJG 1996, S. 151-165

Wassermeyer, F., Atypisch stille Beteiligung eines Steuerinländers an einer schweizerischen AG, in: IStR 1997, S. 271-273

Wassermeyer, F., Auslegung der Rückfallklausel im DBA-Kanada, Anmerkung zum Urteil des BFH vom 27.8.1997, I R 127/95, in: IStR 1998, S. 83-85

Wassermeyer, F., Die Beurteilung der Abkommensberechtigung ausländischer Personengesellschaften durch Deutschland als dem Nichtansässigkeitsstaat der Personengesellschaft, in: IStR 1998, S. 489-494

Wassermeyer, F., Vermeidung der Doppelbesteuerung unbeschränkt steuerpflichtiger leitender Angestellter von schweizerischen Kapitalgesellschaften, in: IStR 1999, S. 117-119

Wassermeyer, F., Der Wirrwarr mit den Aktivitätsklauseln im deutschen Abkommensrecht, in: IStR 2000, S. 65-70

Wassermeyer, F., § 8a KStG n.F. und die gescheiterte Rückkehr zur Fiktionstheorie – keine Auswirkung auf Gesellschafterebene, in: DStR 2004, S. 749-754

Wassermeyer, F./Lang, M./Schuch, J., Doppelbesteuerung, OECD-Musterabkommen, DBA Österreich-Deutschland, Kommentar, München/Wien 2004

Wattel, P.J./Marres, O., The Legal Status of the OECD Commentary and Static or Ambulatory Interpretation of Tax Treaties, in : ET 2003, S. 222-235

Weber, K., Ende der typisch stillen Beteiligung bei beherrschendem Einfluss?, in: DB 1992, S. 546-549

Weber, K., Die Bedeutung der Geschäftsführer-Tätigkeit für die Annahme einer atypisch stillen GmbH & Still, in: GmbHR 1994, S. 144-147

Weber-Fas, R. (Staatsverträge 1982), Staatsverträge im Internationalen Steuerrecht, Tübingen 1982

Weber-Grellet, H., Europäisiertes Steuerrecht? Stand und Entwicklungen, in: StuW 1995, S. 336-351

Weggenmann, H., Die Empfehlungen der OECD an den Ansässigkeitsstaat zur Lösung von Einordnungskonflikten in Bezug auf Sondervergütungen, in: IStR 2002, S. 614-623

Weggenmann, H. (Personengesellschaften, 2002), Einordnungskonflikte bei Personengesellschaften im Recht der deutschen Doppelbesteuerungsabkommen unter besonderer Berücksichtigung des OECD-Partnership-Reports, Nürnberg 2002

Werner, H.S. (Still, 2004), Stilles Gesellschaftskapital und Genussrechtskapital, 4. Aufl., Wolfratshausen 2004

Weßling, J./Romswinkel, M., Die Gesellschafter-Fremdfinanzierung nach „Lankhorst/Hohorst" – Oder: Was kann der Gesetzgeber bei § 8a KStG überhaupt noch tun?, in: GmbHR 2003, S. 925-928

Wicke, P. (Personengesellschaften, 2003), Personengesellschaften im Recht der deutschen Doppelbesteuerungsabkommen, Lohmar 2003

Widmayer, G., Genussrechte als Instrumente für grenzüberschreitende Finanzierungen, in: IStR 2001, S. 337-343

Wolff, U., Generalthema I: Doppelte Nicht-Besteuerung, in: IStR 2004, S. 542-549

Wolff, U. (Zurechnungskonflikte, 2005), Negative Zurechnungskonflikte im Abkommensrecht, in: Lang, M./Jirousek, H. (Hrsg.), Praxis des Internationalen Steuerrechts, Festschrift für Helmut Loukota zum 65. Geburtstag, Wien 2005, S. 691-705

Wotschofsky, S./Wittemann, T., Qualifikationsprobleme bei der Auslegung bilateraler Abkommen, in: SteuerStud 2002, S. 317-328

Wunderlich, N./Albath, L., Der Europäische Gerichtshof und die direkten Steuern, in: DStZ 2005, S. 547-554

Zacharias, E./Hebig, M./Rinnewitz, J. (Stille, 2000), Die atypisch stille Gesellschaft, 2. Aufl., Bielefeld 2000

Zantow, R. (Finanzierung, 2004), Finanzierung, München/Boston/San Francisco u.a. 2004

Verzeichnis der Rechtsquellen und der sonstigen Quellen

I. Verzeichnis der Gerichtsentscheidungen

Datum	Aktenzeichen	Fundstelle

1. Reichsfinanzhof

12.02.1930	VI A 899/27	RStBl 1930, S. 444

2. Bundesfinanzhof

15.01.1971	III R 125/69	BStBl 1971 II, S. 379
27.01.1972	I R 37/70	BStBl 1972 II, S. 459
23.01.1974	I R 206/69	BStBl 1974 II, S. 480
27.10.1977	IV R 60/74	BStBl 1978 II, S. 100
18.07.1979	I R 199/75	BStBl 1979 II, S. 750
06.02.1980	I R 50/76	BStBl 1980 II, S. 477
19.02.1981	IV R 152/76	BStBl 1981 II, S. 602
28.04.1982	I R 151/78	BStBl 1982 II, S. 566
21.06.1983	VIII R 237/80	BStBl 1983 II, S. 563
26.01.1984	IV R 236/80	BStBl 1984 II, S. 347
25.06.1984	GrS 4/82	BStBl 1984 II, S. 751
05.12.1984	I R 62/80	BStBl 1985 II, S. 311
21.08.1985	I R 63/80	BStBl 1986 II, S. 4
09.10.1986	IV R 235/84	BStBl 1987 II, S. 124
18.12.1986	I R 52/83	BStBl 1988 II, S. 521
21.04.1988	IV R 47/85	BStBl 1989 II, S. 722

01.02.1989	I R 74/86	BStBl 1990 II, S. 4
26.04.1989	I R 96/85	BFH/NV 1990, S. 63
09.08.1989	I B 118/88	BStBl 1990 II, S. 175
11.10.1989	I R 77/88	BStBl 1990 II, S. 166
13.09.1998	I R 117/87	BStBl 1990 II, S. 57
17.10.1990	I R 16/89	BStBl 1991 II, S. 211
11.12.1990	VIII R 122/86	BFHE 1991, Bd. 163, S. 346
11.12.1990	VIII R 8/87	BStBl 1992 II, S. 232
27.02.1991	I R 15/89	BStBl 1991 II, S. 444
22.05.1991	I R 32/90	BStBl 1992 II, S. 94
05.02.1992	I R 127/90	BStBl 1992 II, S. 532
26.02.1992	I R 85/91	BStBl 1992 II, S. 937
02.12.1992	I R 165/90	BStBl 1993 II, S. 577
10.12.1992	XI R 45/88	BStBl 1993 II, S. 538
15.12.1992	VIII R 42/90	BStBl 1994 II, S. 702
10.11.1993	I R 53/91	BStBl 1994 II, S. 218
15.12.1993	II R 66/89	BStBl 1994 II, S. 220
16.03.1994	I R 42/93	BStBl 1994 II, S. 799
13.07.1994	I R 120/93	BStBl 1995 II, S. 129
10.08.1994	I R 133/93	BStBl 1995 II, S. 357
15.03.1995	I R 98/94	BStBl 1995 II, S. 580
25.07.1995	VIII R 54/93	BStBl 1995 II, S. 794
17.05.1995	I B 183/94	BStBl 1995 II, S. 781
31.05.1995	I R 74/93	BStBl 1995 II, S. 683
01.08.1996	VIII R 12/94	BStBl 1997 II, S. 272
16.02.1996	I R 46/95	BStBl 1996 II, S. 588
16.02.1996	I R 43/95	BStBl 1997 II, S. 128

29.05.1996	I R 15/94	BStBl 1997 II, S. 57
26.11.1996	VIII R 42/94	BStBl 1998 II, S. 328
09.04.1997	I R 178/94	BStBl 1997 II, S. 657
24.04.1997	VIII R 23/93	BStBl 1999 II, S. 342
04.11.1997	VIII R 18/95	BStBl 1999 II, S. 384
15.12.1998	IV R 18/98	BStBl 1999 II, S. 286
24.03.1999	I R 114/97	BStBl 2000 II, S. 399
21.07.1999	I R 110/98	BStBl 1999 II, S. 812
31.08.1999	VIII R 21/98	BFH/NV 2000, S. 554
28.10.1999	VIII R 66-70/97	BStBl 2000 II, S. 183
29.03.2000	I R 15/99	BStBl 2000 II, S. 577
18.06.2001	IV B 88/00	BFH/NV 2001, S. 1550
05.02.2002	VIII 31/01	BStBl 2002 II, S. 464
06.03.2002	XI R 9/01	BStBl 2002 II, S. 737
05.07.2002	IV B 42/02	DStRE 2002, S. 1339
22.08.2002	IV R 6/01	BFH/NV 2003, S. 36
28.03.2003	VIII B 194/01	BFH/NV 2003, S. 1308
14.10.2003	VIII B 281/01	BFH/NV 2004, S. 188
17.12.2003	I R 14/02	BStBl 2004 II, S. 260
24.02.2005	IV R 12/03	FR 2005, S. 933

3. Finanzgerichte

FG Köln

11.12.2003	2 K 7273/00 (rkr.)	DStRE 2006, S. 23

3. Europäischer Gerichtshof

05.02.1963	Rs. 26/62 (van Gend & Loos)	EuGHE 1963, S. 3
03.04.1968	Rs. 28/67 (Molkerei Zentrale Westfalen-Lippe)	EuGHE 1968, S. 216
05.04.1979	Rs. 148/78 (Ratti)	EuGHE 1979, S. 1621
19.01.1982	Rs. 8/81 (Becker)	EuGHE 1982, S. 53
26.2.1986	Rs. 152/84 (Marshall)	EuGHE 1986, S. 723
17.10.1996	Rs. C-283/94, Rs. C-291/94, Rs. C-292/94 (Denkavit)	EuGHE 1996, S. I-5063
04.10.2001	Rs. C-294/99 (Athinaiki Zythopoiia)	EuGHE 2001, S. I-6797
07.10.2004	Rs. C-319/02 (Manninen)	HFR 2004, S. 1262

II. Verzeichnis der Erlasse, Schreiben und Verfügungen der Finanzverwaltung

BMF-Schreiben vom 23.2.1983 (Verwaltungsgrundsätze), IV C 5 – S 1341 – 4/83, BStBl 1983 I, S. 218

BMF-Schreiben vom 13.1.1997, IV C 5 – S 1301 Tsche – 2/96, BStBl 1997 I, S. 97

BMF-Schreiben vom 21.7.1997, IV C 6 – S 1301 Slow – 4/97, BStBl 1997 II, S. 724

BMF-Schreiben vom 25.8.1997, IV C 6 – S 1301 Tun – 1/97, BStBl 1997 I, S. 796

BMF-Schreiben vom 1.10.1997, IV C 6 – S 1301 Rum – 7/97, BStBl 1997 I, S. 863

BMF-Schreiben vom 28.5.1998, IV C 5 – S 1301 Spa – 2/98, BStBl 1998 II, S. 557

BMF-Schreiben vom 24.12.1999 (Betriebsstätten-Verwaltungsgrundsätze), IV B 4 – S 1300 – 111/99, BStBl 1999 I, S. 1076

BMF-Schreiben vom 28.12.1999, IV D 3 – S 1300 – 25/99, BStBl 1999 I, S. 1121

BMF-Schreiben vom 15.7.2004, IV A 2 – S 2742a – 20/04, BStBl 2004 I, S. 593

BMF-Schreiben vom 5.1.2005, IV B 6 – S 1300 – 308/04, BStBl 2005 I, S. 298

OFD Düsseldorf, Verfügung vom 11.12.1996, S 1301 A – St 1121, IStR 1997, S. 53

OFD Erfurt, Verfügung vom 23.10.2003, S 2241 A – 08 – L 221, FR 2003, S. 1299

OFD Frankfurt am Main, Verfügung vom 18.12.1998, S 1301 A – 55 –St III 1a FR 1999 S. 277

OFD Frankfurt am Main, Verfügung vom 14.9.2000, S 2241 A – 37 – St II 21, FR 2000, S. 1367

OFD München, Verfügung vom 10.5.1995, S 1300 – 95 – St 425, RIW 1995, S. 614

III. Verzeichnis der Abkommen, Richtlinien und Entscheidungen auf EU-Ebene

Abkommen zwischen der Europäischen Gemeinschaft und der Schweizerischen Eidgenossenschaft über Regelungen, die den in der Richtlinie 2003/48/EG des Rates im Bereich der Besteuerung von Zinserträgen festgelegten Regelungen gleichwertig sind, Abl. EG vom 29.12.2004, L 385/30

Richtlinie des Rates vom 23.7.1990 über das gemeinsame Steuersystem der Mutter- und Tochtergesellschaften verschiedener Mitgliedstaaten (90/435/EWG), Abl. EG vom 20.8.1990, L 225/6

Richtlinie des Rates vom 3.6.2003 im Bereich der Besteuerung von Zinserträgen (2003/48/EG), Abl. EG vom 26.6.2003, L 157/38

Richtlinie des Rates vom 3.6.2003 über eine gemeinsame Steuerregelung für Zahlungen von Zinsen und Lizenzgebühren zwischen verbundenen Unternehmen verschiedener Mitgliedstaaten (2003/49/EG), Abl. EG vom 26.6.2003, L 157/49

Richtlinie des Rates vom 22.12.2003 zur Änderung der Richtlinie 90/435/EWG über das gemeinsame Steuersystem der Mutter- und Tochtergesellschaften verschiedener Mitgliedstaaten (2003/123/EG), Abl. EG vom 13.1.2004, L 7/41

Richtlinie des Rates vom 29.4.2004 zur Änderung der Richtlinie (2003/49/EG) insoweit als bestimmte Mitgliedstaaten Übergangszeiten für eine gemeinsame Steuerregelung für Zahlungen von Zinsen und Lizenzgebühren zwischen verbundenen Unternehmen verschiedener Mitgliedstaaten anwenden können (2004/76/EG), Abl. EG vom 30.4.2004, L 157/106

Schlussanträge des Generalanwalts Alber, S. vom 10.05.2001 in der Rs. C-294/99 (Athinaiki Zythopoiia), EuGHE 2001, S. I-6797

Schlussanträge der Generalanwältin Kokott, J. vom 18.3.2004 in der RS. C-319/02 (Manninen), HFR 2004, S. 1262

Aus unserem Verlagsprogramm:

Betriebswirtschaftliche Steuerlehre in Forschung und Praxis

Nicole Marenbach
**Die Erweiterung der Kapitalbasis einer GmbH:
(Verdeckte) Einlage und Gesellschafterdarlehen**
*Zivil-, gesellschafts-, handels- und steuerrechtliche Darstellung
und betriebswirtschaftliche Analyse*
Hamburg 2006 / 436 Seiten / ISBN 3-8300-2657-9

Stephanie Pfeifer
Steueroptimale Gesellschafterfinanzierung einer Kapitalgesellschaft
*Belastungsvergleich, Vorteilhaftigkeitsaussagen und Gestaltungsmöglichkeiten
unter der Ägide des § 8a KStG i.d.F. Korb II-Gesetz*
Hamburg 2006 / 380 Seiten / ISBN 3-8300-2641-2

Susanne Kölbl
Besteuerung eines Joint Ventures zwischen USA und Deutschland
Hamburg 2006 / 426 Seiten / ISBN 3-8300-2565-3

Dirk Nitzschke
**Der Einfluss von Missbrauchsvorschriften des deutschen Steuerrechts
auf den Erwerb internationaler Konzerne**
Hamburg 2006 / 310 Seiten / ISBN 3-8300-2494-0

Sascha Ludenia
Analyse entscheidungsrelevanter Risiken im Besteuerungsprozess
*Ursachen und Erscheinungsformen steuerlicher Risiken
und betriebswirtschaftliche Ansätze zur ihrer Verminderung*
Hamburg 2006 / 432 Seiten / ISBN 3-8300-2464-9

Christian Eschner
Wertpapieranlage unter Berücksichtigung von Steuern
Ein Modell zur Unterstützung von Anlageentscheidungen
Hamburg 2006 / 248 Seiten / ISBN 3-8300-2323-5